O JESUS HISTÓRICO

prefácio de
N.T. WRIGHT

editores
DARRELL L. BOCK
J. ED KOMOSZEWSKI

O JESUS HISTÓRICO

CRITÉRIOS *e* CONTEXTOS *no* ESTUDO *das* ORIGENS CRISTÃS

Paul N. Anderson, Michael F. Bird, Craig L. Blomberg, Robert M. Bowman Jr., Jeannine K. Brown, Paul Rhodes Eddy, Craig A. Evans, Larry Hurtado, Craig S. Keener, Michael R. Licona, Robert K. McIver, Scot McKnight, Michael B. Metts, Greg Monette, Nicholas Perrin, Darlene M. Seal, Beth M. Sheppard, Benjamin Sutton, Daniel B. Wallace

THOMAS NELSON
B R A S I L®

Título original: *Jesus, Skepticism, and the Problem of History*
Copyright © 2019 por Darrell L. Bock and J. Ed Komoszewski
Edição original por Zondervan. Todos os direitos reservados.
Copyright da tradução © Vida Melhor Editora LTDA., 2021.

Os pontos de vista desta obra são de responsabilidade de seus autores e colaboradores diretos, não refletindo necessariamente a posição da Thomas Nelson Brasil, da HarperCollins Christian Publishing ou de sua equipe editorial.

Publisher	*Samuel Coto*
Editores	*André Lodos Tangerino e Bruna Gomes*
Tradutor	*Francisco Nunes*
Copidesque	*Josemar de Souza Pinto*
Diagramação	*Sonia Peticov*
Capa	*Rafael Brum*

DADOS INTERNACIONAIS DE CATALOGAÇÃO NA PUBLICAÇÃO (CIP)
(Benitez Catalogação Ass. Editorial, MS, Brasil)

B648j
    Bock, Darrel L.
    O Jesus histórico: critérios e contextos no estudo das origens cristãs / Darrel L. Bock, J. Ed Komoszweski; tradução de Francisco Nunes. — 1.ed. — Rio de Janeiro: Thomas Nelson Brasil, 2020.
    448 p.; 15,5 x 23 cm.

    Tradução de *Jesus, skepticism, and the problem of history*
    Bibliografia.
    ISBN 978-65-56891-54-5

    1. 1. Biografia. 2. Jesus Cristo — História. 3. Referências históricas. 4. Teologia. I. Komoszweski, J. Ed. II. Nunes, Francisco.

                                         CDD: 226.067
11-2020/45   CDU 2-32

Índice para catálogo sistemático:
1. Jesus Cristo: Historicidade
2. Biografia: Referências históricas: Teologia

Aline Graziele Benitez — Bibliotecária — CRB-1/3129

Thomas Nelson Brasil é uma marca licenciada à Vida Melhor Editora LTDA.
Todos os direitos reservados à Vida Melhor Editora LTDA.
Rua da Quitanda, 86, sala 601A — Centro
Rio de Janeiro — RJ — CEP 20091-005
Tel.: (21) 3175-1030
www.thomasnelson.com.br

Sumário

PARTE 3:   O LIVRO DE ATOS E AS ORIGENS CRISTÃS

PARTE 4:   RESPOSTAS E REFLEXÕES

Prefácio

N. T. Wright

Provoque o assunto de Jesus, e você terá uma boa conversa. Convide alguns estudiosos para a discussão, e tudo pode acontecer. Acrescente as questões que os historiadores antigos gostam de levantar — questões sobre arqueologia, artefatos antigos, pergaminhos etc. —, e não há como saber onde você chegará com a conversa.

As perguntas sobre Jesus têm sido sempre o assunto do momento, entre estudiosos e na imprensa popular, há mais de dois séculos e não mostra sinais de ter diminuído. Para entender o que está acontecendo, você precisa saber não apenas sobre as fontes antigas, mas também sobre filosofia, dogma, questões de cosmovisão, preconceito cultural, como avaliar fontes orais e escritas e todas as questões maiores sobre o que os judeus antigos estavam esperando, o que os romanos antigos estavam tentando fazer e o que os gregos antigos pensavam sobre tudo isso. Você precisaria lidar com muito disso para entender um dos imperadores romanos da época (Tito, p. ex., que liderou o exército que destruiu Jerusalém em 70 d.C.). Muito mais ainda, ao falar de um homem cujo nascimento marca a "mudança das eras" para o mundo de hoje e cujos seguidores até hoje insistem que ele não é apenas uma poderosa memória, mas uma presença viva e perturbadora.

O presente livro mergulha exatamente nessa conversa. Os colaboradores discutem não apenas as questões teóricas (começando com como devemos ter essa conversa), mas também vários exemplos reais que ela envolve. Existem maneiras úteis e menos úteis de dispor os problemas. Este livro mostra tanto umas quanto outras. Hoje em dia, algumas pessoas têm sérias dúvidas sobre se podemos realmente ter essa conversa histórica; bem, os autores presentes ouviram esses problemas e aqui os enfrentam. Hoje, algumas pessoas — ansiosas, talvez, com os "resultados" negativos de certos projetos — pensam que só podemos falar sobre o Jesus humano de maneira muito limitada.

Alguns temem que até mesmo levantar a questão sobre quem Jesus realmente era, como um ser humano genuíno do mundo do Oriente Médio do primeiro século, perturbe o "crente comum". Será que essas perguntas farão bem a alguém? Essas são questões justas a serem levantadas. Mas jogar fora todo o processo é esconder a cabeça na areia. O cristianismo convencional sempre insistiu que Jesus era e é plenamente humano, além de plenamente divino. Sua plena humanidade nos convida a entendê-lo como uma figura real da história. Descobri que, sempre que me dedico a esse trabalho, ideias novas e às vezes surpreendentes podem surgir. Como disse um distinto estudioso, o cristianismo apela à história, e a história deve prosseguir.

Há muito no presente livro para estimular uma reflexão mais aprofundada sobre Jesus: quem ele era, quem ele é, como podemos saber e o que disso resulta. É importante tratar as questões e as objeções válidas que têm sido levantadas, e esses ensaios fazem exatamente isso. Muitas pessoas em muitos contextos, incluindo igrejas, seminários e universidades, e em outros ainda mais amplos, precisam de ajuda para entender como tratar o assunto e o que acontece quando o fazemos. A coleção de ensaios aqui apresentada é um bom exemplo de como proceder e do que é possível fazer. Ela deve prover um sólido passo adiante nas conversas que estão em andamento.

TOM WRIGHT

Bispo N. T. Wright, Doutor em Divindade FRSE
[Membro da Sociedade Real de Edimburgo]
Professor Pesquisador de Novo Testamento e cristianismo primitivo
Universidade de St. Andrews

Abreviaturas

ETL	*Ephemerides Theologicae Lovanienses*
EvQ	*Evangelical Quarterly*
ExpTim	*Expository Times*
GFC	Geschichte des frühen Christentums
HBT	*Horizons in Biblical Theology*
HistTh	*History and Theory*
HTR	*Harvard Theological Review*
HvTSt	*Hervormde teologiese studies*
ICC	International Critical Commentary
IEJ	*Israel Exploration Journal*
IGNTP	The International Greek New Testament Project
JBL	*Journal of Biblical Literature*
JCDA	*Jesus, Criteria, and the Demise of Authenticity*
JCTCRS	Jewish and Christian Texts in Contexts and Related Studies
JETS	*Journal of the Evangelical Theological Society*
JGRChJ	*Journal of Greco-Roman Christianity and Judaism*
JQR	*Jewish Quarterly Review*
JRA	*Journal of Roman Archaeology*
JSHJ	*Journal for the Study of the Historical Jesus*
JSNT	*Journal for the Study of the New Testament*
JSNTSup	Journal for the Study of the New Testament Supplement Series
JSOTSup	Journal for the Study of the Old Testament Supplement Series
JTS	*Journal of Theological Studies*
LEC	Library of Early Christianity
LHBOTS	Library of Hebrew Bible/Old Testament Studies
LNTS	Library of New Testament Studies
NA^{28}	Novum Testamentum Graece, Nestle-Aland, 28.ª ed.
NCB	New Century Bible
Neot	*Neotestamentica*
NTS	*New Testament Studies*
NICNT	New International Commentary on the New Testament
NIGTC	New International Greek Testament Commentary
NovT	*Novum Testamentum*
NovTSup	Supplements to Novum Testamentum
NTL	New Testament Library
NTTS	New Testament Tools and Studies
NTTDS	New Testament Tools, Studies, and Documents
PHSC	Perspectives on Hebrew Scriptures and Its Contexts

PMMS	Palgrave Macmillan Memory Studies
PRSt	*Perspectives in Religious Studies*
QD	Quaestiones Disputatae
RBL	*Review of Biblical Literature*
RBS	Resources for Biblical Study
RCT	*Revista catalana de teologia*
SBLGNT	The Greek New Testament Society of Biblical Literature Edition
SBLDS	Society of Biblical Literature Dissertation Series
SBLSP	Society of Biblical Literature Seminar Papers
SBT	Studies in Biblical Theology
SemeiaSt	Semeia Studies
SHBC	Smyth & Helwys Bible Commentary
SNTSMS	Society for New Testament Studies Monograph Series
SP	Sacra Pagina
StBibLit	Studies in Biblical Literature
SymS	Symposium Series
TANZ	Texte und Arbeiten zum neutestamentlichen Zeitalter
TDNT	*Theological Dictionary of the New Testament*
TENTS	Texts and Editions for New Testament Study
THGNT	The Greek New Testament Tyndale House Edition
THNTC	Two Horizons New Testament Commentary
TSAJ	Texts and Studies in Ancient Judaism
TU	Texte und Untersuchungen
TynBul	*Tyndale Bulletin*
WBC	Word Biblical Commentary
WUNT	Wissenschaftliche Untersuchungen zum Neuen Testament
WW	*Word and World*
ZECNT	Zondervan Exegetical Commentary on the New Testament
ZNW	*Zeitschrift für die neutestamentliche Wissenschaft und die Kunde der älteren Kirche*
ZTK	Zeitschrift für Theologie und Kirche

PARTE UM

O VALOR DOS ESTUDOS HISTÓRICOS SOBRE O NOVO TESTAMENTO

1

O JESUS HISTÓRICO

E A IGREJA BÍBLICA: POR QUE ESSA BUSCA É IMPORTANTE

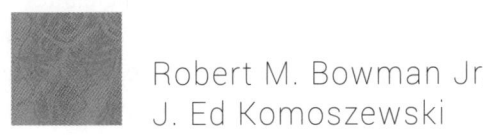

Robert M. Bowman Jr.
J. Ed Komoszewski

Em um ensaio provocativo, Scot McKnight argumentou que "os estudos históricos sobre Jesus são inúteis para a igreja".[1] A alegação de McKnight — a qual ele justificou de algumas maneiras importantes — convida estudiosos cristãos a refletir sobre o significado da busca do Jesus histórico pela igreja. Como a igreja deve ver o estudo moderno e histórico de Jesus? Que papel, se houver, os cristãos devem desempenhar nos estudos históricos sobre Jesus, e o que a igreja tem a ganhar com essa participação?

A PRIMEIRA "BUSCA" DE FATO

Considerando que Jesus Cristo é o fundador e a figura central da fé cristã, a igreja obviamente tem preocupações legítimas com o que as pessoas dizem sobre ele. Os escritores do Novo Testamento estavam bem cientes da diversidade de opiniões sobre Jesus e relataram nos Evangelhos pontos de vista

---

[1] Scot McKnight, "Why the Authentic Jesus Is of No Use for the Church" [Por que o Jesus autêntico não é útil para a igreja], em *Jesus, Criteria, and the Demise of Authenticity* [Jesus, critérios e o fim da autenticidade], ed. Chris Keith e Anthony Le Donne (Londres: T&T Clark, 2012), 176.

muito diversos, mesmo durante a vida terrena dele. A pergunta de Cristo aos apóstolos: "Quem o povo diz que eu sou?" (Marcos 8:27; cf. Mateus 16:13; Lucas 9:18) é tão relevante hoje quanto foi no primeiro século.

Em resposta a essa pergunta, os discípulos responderam que, à época, as pessoas identificavam Jesus com João, o Batista, ou com Elias, ou talvez um dos outros profetas (Mateus 16:14; Marcos 8:28; Lucas 9:19). Essas especulações foram desencadeadas pelos relatos dos exorcismos e milagres realizados por Jesus e seus discípulos (Marcos 6:12-15; Lucas 9:7,8). A noção de que Jesus era João, o Batista, *redivivus* se originou porque os milagres de Jesus se tornaram amplamente conhecidos pouco tempo depois de Herodes Antipas ter ordenado a decapitação de João. Até Herodes aceitou essa explicação (Mateus 14:2; Marcos 6:16,17; cf. Lucas 9:9). A identificação de Jesus com Elias sugere que os judeus daquela época reconheciam que pelo menos alguns dos milagres feitos por Jesus eram semelhantes aos realizados por Elias. Essas duas teorias estavam intimamente relacionadas, uma vez que o próprio ministério de João o identificou, se não como Elias que literalmente voltou dos mortos, como uma espécie de Elias dos últimos dias (Lucas 1:17; cf. Malaquias 4:5; veja tb. João 1:20,25), um ponto de vista afirmado, segundo relatam Mateus e Marcos, pelo próprio Jesus (Mateus 11:14; 17:10-13; Marcos 9:11-13).

Obviamente, a ideia de que Jesus era João, o Batista, foi rapidamente dissipada, mesmo antes de sua última semana em Jerusalém. É certo que essa explicação para os milagres de Jesus não teria mais aceitação após a crucificação. Também não se veem indicações de que a igreja primitiva tenha considerado necessário desmerecer sugestões de que Jesus era o Elias dos últimos dias conforme ela propagava o evangelho. Podemos identificar com segurança o *Sitz im Leben* dessas "teorias de Jesus" como seu ministério na Galileia.

As especulações de que Jesus era João ou Elias estavam entre as teorias mais elogiosas que circulavam durante seu ministério itinerante. Os quatro Evangelhos relatam que os críticos de Jesus às vezes alegavam que ele era possuído por demônios ou estava ligado ao diabo (Mateus 9:34; 10:25; 11:13; 12:24-28; Marcos 3:22,26; Lucas 7:33; 11:15-20; João 7:20; 8:48-52; 10:20,21).[2] Aqui, uma vez mais, o que as pessoas de fora do círculo dos

---

[2]Para uma análise minuciosa do motivo pelo qual os oponentes de Jesus fizeram essa acusação, veja Dwight D. Sheets, "Jesus as Demon-Possessed" [Jesus como possuído por demônios], em *Who Do My Opponents Say I Am? An Investigation of the Accusations against Jesus* [Quem meus oponentes dizem que eu sou? Uma investigação das acusações contra Jesus], ed. Scot McKnight e Joseph B. Modica, LNTS 327 (Londres: T&T Clark, 2008), 27-49.

discípulos de Jesus procuravam explicar eram os relatos aparentemente inegáveis de seus impressionantes exorcismos e curas. Porém, ao contrário da efêmera especulação de que Jesus poderia ser um João ressuscitado, a teoria de que ele realizou milagres mediante poder demoníaco provavelmente continuou como uma crítica comum a ele, à qual o movimento cristão primitivo precisava responder. Existe evidência dessa crítica séculos mais tarde no Talmude Babilônico, que acusava Jesus de "feitiçaria" (*b. Sanhedrin* 43a).[3]

Intimamente associada à acusação de atividade demoníaca ou feitiçaria, estava a acusação de que Jesus era um blasfemador e um falso profeta. A acusação de blasfêmia por fazer reivindicações divinas é encontrada nos quatro Evangelhos (Mateus 9:3; 26:65; Marcos 2:7; 14:64; Lucas 5:21; João 10:33).[4] Os que prenderam Jesus o provocaram com desafios para ele profetizar (Mateus 26:67,68; Marcos 14:65; Lucas 22:63-65), implicando, é claro, que ele era um falso profeta. A acusação de que Jesus "estava incitando o povo à rebelião" (Lucas 23:2,14) usa uma linguagem que, no modo de falar judaico, era uma acusação de ser ele um falso profeta.[5] Essas numerosas declarações nos Evangelhos demonstram que os críticos judeus de Jesus o viam como um falso profeta e mago ou feiticeiro — alguém que se abastecia de poder demoníaco.[6]

Todas essas avaliações sobre Jesus feitas por quem não pertencia à comunidade de seus seguidores tinham em comum o reconhecimento de que ele era um operador de milagres. Como observa Barry Blackburn, "os estudiosos concordam quase unanimemente que esse galileu realizou curas e exorcismos, cujo sucesso levou a seguidores dedicados e a opositores que o acusaram de feitiçaria".[7] As pessoas do mundo antigo que não criam em Jesus de modo

---

[3]Sobre a descrição do Talmude a respeito de Jesus como independente da igreja primitiva, veja Graham H. Twelftree, *Jesus the Miracle Worker: A Historical and Theological Study* [Jesus, o operador de milagres: um estudo histórico e teológico] (Downers Grove, IL: InterVarsity Press, 1999), 254-55.
[4]Veja Darrell L. Bock, "Jesus as Blasphemer" [Jesus como blasfemador], em McKnight e Modica, *Who Do My Opponents Say I Am*, 76-94. Bock escreveu extensivamente sobre o assunto.
[5]Joel B. Green, "The Death of Jesus" [A morte de Jesus], em *Handbook for the Study of the Historical Jesus* [Manual para o estudo do Jesus histórico], 4 vols., ed. Tom Hólmen e Stanley E. Porter (Leiden: Brill, 2011), 3:2399.
[6]Graham N. Stanton, "Jesus of Nazareth: A Magician and a False Prophet Who Deceived God's People?" [Jesus de Nazaré: Um mágico e um falso profeta que enganou o povo de Deus?], em *Jesus and Gospel* [Jesus e o evangelho] (Cambridge: Cambridge University Press, 2004), 127-61.
[7]Barry L. Blackburn, "The Miracles of Jesus" [Os milagres de Jesus], em *Studying the Historical Jesus: Evaluations of the State of Current Research* [Estudando o Jesus histórico: avaliações da situação da pesquisa atual], ed. Bruce Chilton e Craig A. Evans, NTTS 19 (Leiden: Brill, 1998), 362, 392. Veja tb. Jostein Ådna, "The Encounter of Jesus with the Gerasene Demoniac" [O encontro de Jesus com o geraseno demoníaco], em *Authenticating the Activities of Jesus* [Autenticando as atividades de Jesus],

geral achavam convincentes as evidências dos milagres por ele realizados, mas os reinterpretavam para se ajustarem a suas suposições culturais e religiosas. No mundo moderno, as pessoas que não creem em Jesus habitualmente negam os milagres por ele feitos, pois não se encaixam nas suposições culturais e religiosas que elas têm. O que parecia mais implausível a respeito de Jesus para muitos dos antigos não era o fato de ele ter feito milagres, mas que ele os realizou de maneiras que viraram suas expectativas culturais de cabeça para baixo. O que parece mais implausível a respeito de Jesus para muitos modernos não é que ele virou as expectativas culturais antigas de cabeça para baixo, mas que ele o fez de maneiras miraculosas. Acima de tudo, os céticos contemporâneos não podem aceitar um Jesus que vira as expectativas *deles* de cabeça para baixo. Assim, a questão da plausibilidade está sempre diante de nós, mas se manifesta de maneiras diferentes. A igreja cristã sempre pregou um Jesus que parece implausível para muitos.

UM JESUS OU MUITOS?

A Busca moderna, lançada nos primeiros anos do Iluminismo, assumiu, assim como a igreja, que havia um Jesus real. Para Hermann Samuel Reimarus, pai da Busca no século 18, o projeto tinha um objetivo simples e claro: determinar quem Jesus realmente era e o que ele realmente fez. Cerca de 240 anos depois, o pensamento acadêmico sobre Jesus desistiu, em ampla escala, da ideia de conhecer a verdade sobre o Jesus real. Em vez disso, os estudos modernos geralmente distinguem muitos Jesus diferentes.

McKnight, por exemplo, em seu artigo na revista *Christianity Today* [Cristianismo hoje] sobre o assunto faz uma distinção entre o "Jesus judeu" (aquele que Pilatos crucificou, "situado em seu contexto judeu"), o "Jesus canônico" (a interpretação dos escritos do Novo Testamento sobre Jesus como "o agente da redenção de Deus"), o "Jesus ortodoxo" (a Segunda Pessoa da Trindade) e o "Jesus histórico". Com relação ao último deles, McKnight dá a seguinte definição:

> O Jesus histórico é o Jesus que os estudiosos reconstruíram com base em métodos históricos, contra os retratos canônicos de Jesus nos Evangelhos

---

ed. Bruce Chilton e Craig A. Evans, NTTS 28 (Leiden: Brill, 2002), 279-302; Graham N. Stanton, *The Gospels and Jesus* [Os Evangelhos e Jesus], 2.ª ed., Oxford Bible Series (Oxford: Oxford University Press, 2002), 235; Craig S. Keener, *Miracles: The Credibility of the New Testament Accounts* [Milagres: a credibilidade dos registros do Novo Testamento], 2 vols. (Grand Rapids: Baker Academic, 2011), 19, 23.

de nosso Novo Testamento, e contra o Jesus ortodoxo da igreja. O Jesus histórico é mais parecido com o Jesus judeu do que com o Jesus canônico ou o Jesus ortodoxo.[8]

No ensaio citado anteriormente, McKnight afirma mais ou menos a identidade do Jesus canônico e ortodoxo. Os Evangelhos *"nos forneceram uma representação de Jesus (Filho de Deus, Senhor, Messias, Filho do Homem, Mestre etc.), os credos, então, desenvolveram o mesmo Jesus em outro conjunto de categorias significativas (o homem divino), e essa representação em duas etapas de Jesus é o Jesus da igreja"*.[9]

Richard Soulen propõe uma análise semelhante em seu livro *Defining Jesus: The Earthly, the Biblical, the Historical, and the Real Jesus, and How Not to Confuse Them* [Definindo Jesus: o Jesus terreno, o bíblico, o histórico e o verdadeiro Jesus, e como não confundi-los]. Como sugerido pelo subtítulo, Soulen também faz distinção entre quatro tipos diferentes de Jesus. O "Jesus terreno" é sinônimo do "Jesus judeu" de McKnight (os fatos conhecidos e certos sobre Jesus), o "Jesus bíblico" é o mesmo que o "Jesus canônico" de McKnight, o "Jesus histórico" significa a mesma coisa em McKnight, e o "verdadeiro Jesus" significa o Jesus experimentado subjetivamente na igreja.[10] Na análise de Soulen, o "Jesus ortodoxo" de McKnight é o que sobra depois dos cortes que sofre. Um quinto tipo, Jesus "como ele realmente era", é incognoscível. O próprio Jesus era desconhecido até mesmo para Jesus, porque o conhecimento objetivo de si mesmo ou dos outros é impossível para os seres humanos. Somente Deus sabe quem Jesus realmente era.[11]

Obviamente, não sabemos *tudo* sobre como Jesus realmente era. Os Evangelhos não pretendem dar um relato exaustivo ou abrangente da vida de Jesus. Em vez disso, eles alegam apresentar relatos sobre Jesus com base em testemunhos oculares de pessoas que relataram o que viram e ouviram (Lucas 1:1-4; 24:48; João 15:27; 19:35; 20:30; 21:24; cf. Mateus 26:13;

---

[8]Scot McKnight, "The Jesus We'll Never Know: Why Scholarly Attempts to Discover the 'Real' Jesus Have Failed. And Why That's a Good Thing" [O Jesus que nunca conheceremos: por que as tentativas acadêmicas de descobrir o Jesus "real" têm falhado. E porque isso é uma coisa boa], *Christianity Today* (9 de abril de 2010): 24.

[9]McKnight, "Why the Authentic Jesus Is of No Use for the Church", 178, grifo no original.

[10]Richard N. Soulen, *Defining Jesus: The Earthly, the Biblical, the Historical, and the Real Jesus, and How Not to Confuse Them* [Definindo Jesus: o Jesus terreno, o bíblico, o histórico e o verdadeiro Jesus, e como não confundi-los] (Eugene, OR: Cascade Books, 2015), 9, 19-20, 76-79.

[11]Soulen, *Defining Jesus*, 3-8. De modo similar, John P. Meier, "Basic Methodology in the Quest for the Historical Jesus" [Metodologia básica na busca pelo Jesus histórico], em Hólmen e Porter, *Handbook for the Study of the Historical Jesus*, 1:291-92.

Marcos 14:9). João faz questão de negar a possibilidade de apresentar um registro exaustivo (João 21:25). No entanto, podemos saber e sabemos *alguma coisa* sobre como Jesus realmente era. A natureza perspectiva e parcial do testemunho ocular significa que não sabemos tudo sobre Jesus, mas também nos assegura que o que sabemos diz respeito ao verdadeiro Jesus "do mundo real".

Uma coisa é distinguir diferentes aspectos do que se pode saber sobre Jesus, mas outra é usar essas distinções para tornar inacessível o conhecimento do Jesus real. Contra análises desse tipo, a igreja deve insistir que existe realmente apenas um só Jesus e que temos conhecimento genuíno sobre ele. Isso significa, por um lado, que a igreja proclama que seu Jesus é o Jesus real, aquele que viveu na história. Como Lesslie Newbigin observou: "O longo debate sobre o relacionamento entre o Jesus da história e o Cristo da fé é simplesmente uma manifestação da ilusão que assombra nossa cultura desde o Iluminismo. Existe apenas um só Jesus, e há apenas uma história."[12] Por outro lado, significa que a igreja está genuinamente comprometida em garantir que aquilo que proclama e ensina sobre Jesus seja fiel ao que podemos saber sobre o Jesus real. Assim, Michael Bird está certo quando comenta: "Para Jesus não se tornar o produto de nossa própria mente e aspirações, devemos garantir vigilantemente que o Jesus dos credos, da adoração, da fé, da erudição, da liturgia, da devoção, dos sermões e da piedade é o mesmo e único Judeu que andou nas planícies da Palestina."[13] Assim, a igreja tem um interesse genuíno em qualquer busca intelectual ou acadêmica por conhecimento que possa lançar alguma luz sobre Jesus — refinando ou, se necessário, até corrigindo a maneira como a igreja fala sobre ele.

O JESUS TERRENO É O JESUS DA IGREJA

Como McKnight e Soulen apontam, e como a maioria dos especialistas em estudos históricos a respeito de Jesus concorda, podemos estar razoavelmente certos sobre vários fatos básicos sobre o Jesus "terreno" ou "judeu". Usualmente, é claro, sabemos que Jesus de Nazaré de fato existiu. Contra os memes ateus populares de que Jesus nunca existiu, apoiados por

---

[12]Lesslie Newbigin, *Foolishness to the Greeks: The Gospel and Western Culture* [Loucura para os gregos: o evangelho e a cultura ocidental] (Grand Rapids: Eerdmans, 1986), 61.
[13]Michael Bird, "Shouldn't Evangelicals Participate in the 'Third Quest for the Historical Jesus'?" [Os evangélicos não deveriam participar da "Terceira busca pelo Jesus histórico"?] *Themelios* 29.2 (2004): 11 (5-14).

mero punhado de escritores com alguma credibilidade acadêmica,[14] a igreja está em um terreno histórico absolutamente sólido ao falar de Jesus como um indivíduo histórico real.[15] Além desse fato racionalmente incontestável, um número considerável de fatos específicos sobre Jesus são tão bem sustentados historicamente que são amplamente reconhecidos pela maioria dos estudiosos, sejam cristãos (de qualquer estirpe) ou não:[16]

- Jesus nasceu entre 6 a.C. e 4 a.C.
- Ele era um judeu da Galileia.
- Ele cresceu em Nazaré.
- Sua língua materna era o aramaico (embora talvez conhecesse também hebraico e grego).

---

[14]Robert M. Price, *The Christ-Myth Theory and Its Problems* [A teoria do mito de Cristo e seus problemas] (Austin, TX: American Atheist Press, 2011); e Richard Carrier, *On the Historicity of Jesus: Why We Might Have Reason for Doubt* [Sobre a historicidade de Jesus: por que podemos ter razão em duvidar] (Sheffield: Sheffield Academic Press, 2014). Ensaios argumentando diferentes pontos de vista estão incluídos em Thomas L. Thompson e Thomas S. Verenna, eds., *"Is This Not the Carpenter?" The Question of the Historicity of the Figure of Jesus* ["Não é o carpinteiro?" A questão da historicidade da figura de Jesus], Copenhagen International Seminar (Sheffield: Equinox, 2012; Durham: Acumen, 2013).

[15]Obras especialmente relevantes sobre esse ponto incluem Robert E. Van Voorst, *Jesus outside the New Testament: An Introduction to the Ancient Evidence* [Jesus fora do Novo Testamento: uma introdução à evidência antiga] (Grand Rapids: Eerdmans, 2000); Paul Rhodes Eddy e Gregory A. Boyd, *The Jesus Legend: A Case for the Historical Reliability of the Synoptic Jesus Tradition* [A lenda de Jesus: um argumento a favor da confiabilidade histórica da tradição sinóptica de Jesus] (Grand Rapids: Baker Academic, 2007); Bart D. Ehrman, *Did Jesus Exist? The Historical Argument for Jesus of Nazareth* [Jesus existiu? O argumento histórico a favor de Jesus de Nazaré] (Nova York: HarperOne, 2012). Veja tb. as respostas a Robert Price dadas por Luke Timothy Johnson, James D. G. Dunn e Darrell L. Bock em James K. Beilby e Paul R. Eddy, eds., *The Historical Jesus: Five Views* [O Jesus histórico: cinco pontos de vista] (Downers Grove, IL: InterVarsity Press, 2009), 89-103.

[16]P. ex., E. P. Sanders, *The Historical Figure of Jesus* [A figura histórica de Jesus] (Londres: Penguin, 1993), 10-11; N. T. Wright, *Jesus and the Victory of God* [Jesus e a vitória de Deus], vol. 2 de *Christian Origins and the Question of God* [Origens cristãs e a questão sobre Deus] (Minneapolis: Fortress, 1996), 147-48; Paula Fredriksen, *Jesus of Nazareth, King of the Jews: A Jewish Life and the Emergence of Christianity* [Jesus de Nazaré, Rei dos judeus: uma vida judaica e o surgimento do cristianismo] (Nova York: Random House, 1999), 268; Amy-Jill Levine, "Introduction" [Introdução], em *The Historical Jesus in Context* [O Jesus histórico em contexto], ed. Amy-Jill Levine, Dale C. Allison Jr. e John Dominic Crossan, Princeton Readings in Religions (Princeton: Princeton University Press, 2006), 4; Petr Pokorný, "Jesus Research as Feedback on His *Wirkungsgeschichte*" [A pesquisa sobre Jesus como pano de fundo de seu *Wirkungsgeschichte*], em Hólmen e Porter, *Handbook for the Study of the Historical Jesus*, 1:344-47; Soulen, *Defining Jesus*, 10-20. Na lista de Sanders, veja tb. Mark Allan Powell, *Jesus as a Figure of History: How Modern Historians View the Man from Galilee* [Jesus como uma figura da história: como os historiadores modernos veem o Homem da Galileia] (Louisville: Westminster John Knox, 1998), 117; William R. Herzog II, *Prophet and Teacher: An Introduction to the Historical Jesus* [Profeta e Mestre: uma introdução ao Jesus histórico] (Louisville: Westminster John Knox, 2005), 1-3; Paul K. Moser, *Jesus and Philosophy: New Essays* [Jesus e Filosofia: novos ensaios] (Cambridge: Cambridge University Press, 2008), 34-40.

- Ele foi batizado no rio Jordão por um profeta do deserto chamado João pouco antes deste ser preso e executado por ordem de Herodes Antipas, o tetrarca da Galileia.
- Ele desempenhou um ministério itinerante em toda a Galileia e regiões vizinhas.
- Ele foi seguido por um grupo de discípulos homens e mulheres.
- Ele ensinou sobre o reino de Deus.
- Ele costumava falar em parábolas.
- Ele tinha a reputação de operar maravilhas ao expulsar demônios e curar pessoas.
- Ele mostrou e pregou compaixão a pessoas que os judeus geralmente consideravam impuras ou ímpias, como leprosos, cobradores de impostos, prostitutas e romanos.
- Ele se envolveu com fariseus no debate sobre assuntos relacionados à Lei judaica (Torá).
- Ele foi a Jerusalém para a Páscoa na semana de sua morte.
- Ele causou um distúrbio no templo em Jerusalém alguns dias antes de sua prisão.
- Ele fez uma refeição final com seu círculo interno de discípulos que se tornou a base do rito que os cristãos chamam de Última Ceia (ou Eucaristia).
- Ele foi preso a pedido do sumo sacerdote em Jerusalém, o líder do Sinédrio.
- Ele foi crucificado nos arredores de Jerusalém por ordem de Pôncio Pilatos, chefe da prefeitura da Judeia, em 30 d.C. ou 33 d.C.
- Seus discípulos criam ter ele lhes aparecido logo após a morte, propiciando-lhes experiências que os convenceram de que Deus o levantara dentre os mortos.

Essa lista deixa uma série de perguntas altamente controversas sobre Jesus ainda sem respostas. No entanto, o que se pode saber sobre Jesus com um alto grau de certeza, à parte das pautas teológicas ou ideológicas, é talvez surpreendentemente robusto. Com certeza, existem pessoas para quem alguns desses fatos, ou mesmo a mera existência de Jesus, são inconvenientes. Muitos ateus contemporâneos preferem pensar que Jesus nunca existiu. A maioria dos muçulmanos acredita, com base em argumentos teológicos dogmáticos, que Jesus não foi crucificado e, de fato, que ele nunca morreu — essa é a interpretação tradicional do Corão

(4:157,158).[17] No entanto, a igreja tem "história" — isto é, os fatos — a favor de seu lado nesses assuntos.[18] O *onus probandi* recai sobre aqueles que contestam o entendimento da igreja sobre Jesus em relação a esses fatos extremamente bem evidenciados.

Para olhar a situação do outro lado, todos os fatos geralmente aceitos sobre Jesus são consistentes com as crenças da igreja sobre Jesus. Ou seja, *não há um único fato histórico bem evidenciado sobre Jesus que mine a visão "ortodoxa" de Jesus.* Quase dois séculos e meio de estudos, pesquisas e descobertas diligentes de arqueólogos, historiadores, críticos de texto e outros estudiosos que buscam uma alternativa para Jesus não conseguiram encontrar um fragmento de evidência que contrarie o que os cristãos tradicionalmente dizem sobre ele.

Sim, ocasionalmente alguém afirma ter descoberto essa evidência. No século 21, talvez as duas alegações mais notórias tenham sido aquelas expressas no romance sensacionalista *O código da Vinci*[19] e no empenho da mídia pseudoarqueológica sobre o chamado *Túmulo da família de Jesus.*[20] Nos dois casos, legítimos conhecedores dos estudos históricos de Jesus, sejam cristãos conservadores, cristãos teologicamente liberais ou não cristãos, refutaram completa e profundamente essas alegações.[21] O processo de

---

[17]Veja Todd Lawson, *The Crucifixion and the Qur'an: A Study in the History of Muslim Thought* [A crucificação e o Corão: um estudo na história do pensamento muçulmano] (Londres: Oneworld, 2009).

[18]Uma coleção útil de ensaios que apresenta argumentos detalhados para a maioria desses fatos históricos é Darrell L. Bock e Robert L. Webb, eds., *Key Events in the Life of the Historical Jesus: A Collaborative Exploration of Context and Coherence* [Eventos importantes na vida do Jesus histórico: uma exploração colaborativa de contexto e coerência] (Grand Rapids: Eerdmans, 2010).

[19]Dan Brown, *O código da Vinci* (Guarulhos, SP: Editora Arqueiro, 2004).

[20]James D. Tabor, *A dinastia de Jesus: A história secreta das origens do cristianismo* (Rio de Janeiro, RJ: Ediouro, 2006); Simcha Jacobovici e Charles Pellegrino, *A tumba da família de Jesus: a descoberta, a investigação e as provas que podem mudar a história* (São Paulo, SP: Planeta do Brasil, 2007); *O túmulo secreto de Jesus*, dir. Simcha Jacobovici, prod. exec. James Cameron (Discovery Channel, 2007; DVD, Rio de Janeiro, RJ: Focus Filmes, 2007); James D. Tabor e Simcha Jacobovici, *The Jesus Discovery: The New Archaeological Find that Reveals the Birth of Christianity* [A descoberta de Jesus: o novo achado arqueológico que revela o nascimento do cristianismo] (Nova York: Simon & Schuster, 2012).

[21]Sobre *O código da Vinci*, veja Darrell L. Bock, *Quebrando o código da Vinci: respostas às perguntas que todos estão fazendo* (São Paulo, SP: Novo Século, 2004); Ben Witherington III, *The Gospel Code: Novel Claims about Jesus, Mary Magdalene, and Da Vinci* [O código do Evangelho: novas reivindicações sobre Jesus, Maria Madalena e Da Vinci] (Downers Grove, IL: InterVarsity Press, 2004); Bart D. Ehrman, *A verdade e a ficção em O código da Vinci: Um historiador expõe tudo o que se sabe sobre Jesus, Maria Madalena e Constantino* (Rio de Janeiro, RJ: Record, 2006); J. Ed Komoszewski, M. James Sawyer e Daniel B. Wallace, *Reinventing Jesus: How Contemporary Skeptics Miss the Real Jesus and Mislead Popular Culture* [Reinventando Jesus: como os céticos contemporâneos perdem o verdadeiro Jesus e enganam a cultura popular] (Grand Rapids: Kregel, 2006). Sobre o assunto "tumba da família de Jesus", veja Gary R. Habermas, *The Secret of the Talpiot Tomb: Unraveling the Mystery*

submeter essas reivindicações a um exame cuidadoso não apenas as refutou, mas veio a derramar mais luz sobre a morte e o sepultamento de Jesus. A igreja deveria agradecer por tantos estudiosos, incluindo muitos que não aceitam a fé da igreja em Jesus como o divino Salvador do mundo, poderem recorrer a um profundo reservatório de conhecimento sobre Jesus e seu mundo para responder a essas popularizadas distorções dos fatos. A Busca, por todas as suas falhas, tem bem servido à igreja em casos como esses.

A falta de fatos bem fundamentados que contradigam os retratos bíblicos de Jesus nos Evangelhos aceitos pela igreja não é uma questão de somenos. Existem religiões que defendem teorias altamente revisionistas sobre Jesus, para as quais fatos conhecidos são decididamente inconvenientes. Já mencionamos o problema enfrentado pelos apologistas muçulmanos de tentar conciliar a afirmação do Corão de que Jesus nunca morreu e as evidências históricas. Algumas religiões de origem moderna — das quais talvez a mais famosa seja a Igreja de Cristo, Cientista (i.e., Ciência Cristã) — também negam que Jesus morreu.[22] No entanto, talvez o fato mais seguro conhecido sobre Jesus seja sua morte por crucificação.[23]

O JESUS CANÔNICO É O ÚNICO JESUS QUE TEMOS

Um ponto em comum das teorias de *O código da Vinci* e de *A tumba da família de Jesus* foi o apelo a textos não canônicos que supostamente fornecem apoio para um entendimento radicalmente diferente a respeito de Jesus. O mais importante desses textos, frequentemente chamado de apócrifos do Novo

---

of the Jesus Family Tomb [O segredo da tumba de Talpiot: desvendando o mistério da tumba da família de Jesus] (Nashville: Broadman & Holman, 2008); Charles L. Quarles, ed., *Buried Hope ou Risen Savior: The Search for the Jesus Tomb* [Esperança sepultada ou Salvador ressurreto: a busca pela tumba de Jesus] (Nashville: B&H Academic, 2008); James H. Charlesworth, ed., *The Tomb of Jesus and His Family? Exploring Ancient Jewish Tombs Near Jerusalem's Walls* [O túmulo de Jesus e de sua família? Explorando antigos túmulos judaicos perto das muralhas de Jerusalém], Fourth Princeton Symposium on Judaism and Christian Origins [Quarto Simpósio de Princeton sobre judaísmo e origens cristãs] (Grand Rapids: Eerdmans, 2013); Craig A. Evans, *Jesus and the Remains of His Day: Studies in Jesus and the Evidence of Material Culture* [Jesus e os vestígios de sua época: estudos sobre Jesus e as evidências da cultura material] (Peabody, MA: Hendrickson, 2015). O livro editado por Charlesworth traz um amplamente representativo grupo de estudiosos de várias disciplinas, bem como diferentes perspectivas sobre o Jesus histórico.

[22]Mary Baker G. Eddy, *Ciência e saúde com a chave das Escrituras* (Boston: Christian Science Board of Directors, 1963), 42-46, 51. Eddy não negava a crucificação de Jesus, mas sustentava que ele não morreu de verdade.

[23]John Dominic Crossan, *Quem matou Jesus? As raízes do antissemitismo na história evangélica da morte de Jesus* (Rio de Janeiro, RJ: Imago Editora, 1995), 5; Green, "Death of Jesus", 2383.

Testamento ou apócrifos cristãos, são os vários textos vagamente designados como Evangelhos gnósticos.[24] Os defensores das teorias revisionistas sobre Jesus encontram apoio de um grupo de estudiosos que elogiam em demasia os Evangelhos apócrifos, especialmente os textos gnósticos, como evidência de pontos de vista alternativos sobre Jesus que a igreja primitiva suprimiu arbitrariamente. Karen King, por exemplo, afirma: "A história, como sabemos, é escrita pelos vencedores. No caso do cristianismo primitivo, isso significou que muitas vozes nesses debates foram silenciadas por meio da repressão ou da negligência."[25] *Os Evangelhos gnósticos*[26], livro de Elaine Pagels publicado em 1979, estabelece a narrativa básica tantas vezes repetida na grande mídia nas últimas quatro décadas. O cristianismo ortodoxo, de acordo com esse relato, é apenas uma de muitas correntes de crença cristã que fluíram nos primeiros séculos após a morte de Jesus e foi a que conseguiu emergir politicamente vitoriosa no quarto século. A pauta estabelecida mediante essa narrativa não foi a de adicionar esses textos ao cânon do Novo Testamento, mas a de questionar toda a ideia de um cânon. A maior parte do entusiasmo acadêmico pelos Evangelhos apócrifos não tem relação com advogar as ideias expressas por esses escritos, mas explorá-las para minar a compreensão da igreja de que Jesus tem alguma posição normativa. Em suma, o valor dos Evangelhos apócrifos para muitos estudiosos modernos é sua utilidade para minar o Jesus "canônico".

Contra esse apelo cada vez mais comum a favor dos Evangelhos apócrifos contra o Jesus da igreja, a igreja não precisa assumir *a priori* "que Evangelhos não canônicos são menos confiáveis historicamente simplesmente porque, por um motivo qualquer, eles não foram acolhidos no cânon cristão".[27] Em vez disso, os estudiosos da igreja usam adequadamente as ferramentas da pesquisa histórica a fim de determinar o valor desses textos para nosso

---

[24]Vários estudiosos têm levantado preocupações com respeito aos termos "gnóstico" e "gnosticismo". P. ex., Michael Allen Williams, *Rethinking "Gnosticism": An Argument for Dismantling a Dubious Category* [Repensando o "gnosticismo": um argumento para desmantelar uma categoria duvidosa] (Princeton: Princeton University Press, 1996); Karen L. King, *What Is Gnosticism?* [O que é gnosticismo?] (Cambridge: Harvard University Press, 2003). Algumas dessas preocupações são um tanto exageradas; King, p. ex., também pensa que "construções" como *judaísmo*, *cristianismo* ou mesmo *religião* são inúteis (3).
[25]Karen L. King, *The Gospel of Mary of Magdala: Jesus and the First Woman Apostle* [O *Evangelho de Maria Madalena: Jesus e a primeira apóstola*] (Santa Rosa, CA: Polebridge, 2003), 6-7.
[26]Elaine Pagels, *Os Evangelhos gnósticos* (São Paulo, SP: Cultrix, 1979).
[27]Essa queixa é encontrada em John S. Kloppenborg, "Sources, Methods and Discursive Locations in the Quest of the Historical Jesus" [Fontes, métodos e locais discursivos na busca do Jesus histórico], em Hólmen e Porter, *Handbook for the Study of the Historical Jesus*, 1:252.

conhecimento do que Jesus realmente fez e ensinou. O que se descobre, em geral, é que esses textos são de valor extremamente escasso para esse fim. Sem dúvida, os Evangelhos apócrifos lançaram luz significativa sobre as diferentes formas de cristianismo no segundo e terceiro séculos. Não é exatamente novidade que tenham existido correntes tão diferentes de crença cristã. Os pais da igreja escreveram volumosamente sobre muitas delas. Nesse sentido, podemos ser gratos pela descoberta dos textos de Nag Hammadi e outros achados que nos deram uma visão interna de alguns desses movimentos e nos permitiram entender suas crenças com mais precisão e até com mais caridade. Ao mesmo tempo, essas descobertas confirmaram que a igreja acertou em privilegiar os textos sobre Jesus que se tornaram parte do cânon formal das Escrituras. Há pelo menos duas razões para essa posição.

Primeiro, os Evangelhos canônicos são certamente anteriores à maioria e provavelmente anteriores a todos os Evangelhos não canônicos. Embora existam alguns discrepantes, os principais estudos bíblicos datam os quatro Evangelhos do Novo Testamento no primeiro século, geralmente entre os anos 60 e 90.[28] Todos os textos dos Evangelhos não canônicos, por outro lado, são geralmente datados do século segundo ou posterior. Bart Ehrman, por exemplo, em seu livro *Lost Scriptures*, discute a data de dezessete Evangelhos não incluídos no Novo Testamento e não data nenhum deles no primeiro século.[29] Em outros lugares, ele admite que, embora parte de seu conteúdo possa ter fontes que remontem ao primeiro século, "os Evangelhos não canônicos são mais importantes para entendermos a diversidade do cristianismo nos séculos segundo, terceiro e posteriores do que para conhecer sobre os escritos dos primeiros cristãos".[30]

O *Evangelho de Tomé* é o texto não canônico cuja origem frequentemente sugere-se ser do primeiro século. Tem sido datado em qualquer parte da metade do primeiro século até o final do segundo, com a maioria dos estudiosos favorecendo a opinião de que foi escrito no terço médio do

---

[28]P. ex., David Noel Freedman, ed., *Anchor Bible Dictionary* [Dicionário da Bíblia Anchor], 6 vols. (Nova York: Doubleday, 1992); Michael D. Coogan, ed., *The Oxford Encyclopedia of the Books of the Bible* [Enciclopédia Oxford dos livros da Bíblia] (Oxford: Oxford University Press, 2011); e Joel B. Green, Jeannine K. Brown e Nicholas Perrin, eds., *Dictionary of Jesus and the Gospels* [Dicionário de Jesus e dos Evangelhos], 2.ª ed. (Downers Grove, IL: InterVarsity Press, 2013); veja tb. Bart D. Ehrman, *The New Testament: A Historical Introduction to the Early Christian Writings* [O Novo Testamento: uma introdução histórica aos primeiros escritos cristãos], 6.ª ed. (Nova York: Oxford University Press, 2016), 100.
[29]Bart D. Ehrman, *Lost Scriptures: Books That Did Not Make It into the New Testament* [Escrituras perdidas: livros que não entraram no Novo Testamento] (Nova York: Oxford University Press, 2003), 7-89.
[30]Ehrman, *New Testament*, 233.

segundo século.[31] Sem dúvida, é razoável colocar fontes anteriores por trás de Tomé ou de qualquer outro evangelho não canônico, mas o mesmo pode ser dito dos Evangelhos canônicos, cujas fontes devem ter sido ainda mais antigas. A maioria dos estudiosos reconhece que Tomé era dependente dos Evangelhos Sinópticos[32] ou que derivava de uma corrente de tradição que se sobrepunha à corrente da qual os Sinópticos eram dependentes.[33] Em ambos os casos, muito pouco ou nenhum material de Tomé apresenta informações sobre Jesus que se originaram antes dos Evangelhos do Novo Testamento.

Em segundo lugar, os Evangelhos canônicos são candidatos viáveis a informações históricas ou factuais sobre Jesus, ao passo que isso simplesmente não pode ser dito sobre os Evangelhos não canônicos. Qualquer que seja a classificação precisa de gênero que se possa preferir para os Evangelhos do Novo Testamento, eles certamente não são mitos (μῦθοι). Ao contrário do "esnobismo cronológico" (como citado por C. S. Lewis[34]) de alguns céticos modernos, os cristãos no período do Novo Testamento eram capazes de distinguir entre mitos e verdade, e alguns escritores cristãos primitivos insistiram explicitamente que sua fé se baseava na verdade, e não em mitos (2Timóteo 4:4; 2Pedro 1:16). Como já vimos, os Evangelhos canônicos contêm muitas informações sobre as atividades e os ensinamentos de Jesus que os estudiosos puderam confirmar.

Justino Mártir, escrevendo nos anos 150, chamou os Evangelhos da igreja de "memórias" (ἀπομνημονεύματα) dos apóstolos (*Apologia I* 66.3; 67.3; *Dialógo* 100-107).[35] É discutível se esse era um termo técnico usado para um gênero específico de escrita, mas indica que Justino entendia que

---

[31]Veja o levantamento das datas propostas em Simon Gathercole, *The Gospel of Thomas: Introduction and Commentary* [O Evangelho de Tomé: introdução e comentário], TENTS 11 (Leiden: Brill, 2014), 125-27. Treze dos 31 estudiosos que ele pesquisou apoiam o período de 135 a 175 ou mais. O próprio Gathercole data Tomé no período entre 135 e 200 (124).

[32]Uma notável defesa recente dessa posição é Mark Goodacre, *Thomas and the Gospels: The Case for Thomas's Familiarity with the Synoptics* [Tomé e os Evangelhos: o argumento a favor da familiaridade de Tomé com os Sinópticos] (Grand Rapids: Eerdmans, 2012).

[33]P. ex., Stephen J. Patterson, "The Gospel of (Judas) Thomas and the Synoptic Problem" [O Evangelho de (Judas) Tomé e o problema sinóptico], em *The Gospel of Thomas and Christian Origins: Essays on the Fifth Gospel* [O Evangelho de Tomé e as origens cristãs: ensaios sobre o quinto Evangelho], Nag Hammadi and Manichaean Studies [Estudos sobre Nag Hammadi e os maniqueístas] 84 (Leiden: Brill, 2013), 93-118.

[34]C. S. Lewis, *Surpreendido pela alegria* (São Paulo, SP: Editora Mundo Cristão, 1998 [orig. publ. em 1955]), 215-23, onde confessou que, antes da conversão, era culpado desse erro.

[35]O fato de Justino estar se referindo aos Evangelhos canônicos (incluindo João) foi demonstrado por Charles E. Hill, *Who Chose the Gospels? Probing the Great Gospel Conspiracy* [Quem escolheu os Evangelhos? Sondando a grande conspiração do Evangelho] (Nova York: Oxford University Press, 2010), 123-50.

os Evangelhos preservavam as lembranças de testemunhas oculares.[36] Essa descrição é muito semelhante à declaração de Papias feita décadas antes[37] de que os escritos de Marcos foram baseados no que Pedro "lembrava" (ἀπεμνημόνευσεν) do que Cristo havia dito ou feito (Eusébio, *História eclesiástica* 3.39.15).[38] Charles Hill salienta que Papias e Justino usaram dois outros termos significativos da mesma maneira: Papias afirmou que Pedro não apresentou um "arranjo" (σύνταξις) de suas lembranças de Jesus, enquanto Justino comentou que os escritores do Evangelho "arranjaram" (συντετάχθαι) seu material; Papias disse que Marcos "seguiu" Pedro, e Justino falou sobre "os apóstolos e aqueles que os seguiram, ambos usando formas do verbo παρακολουθέω". Essa evidência parece forte o suficiente para concluir que é mais do que provável que Justino dependia de Papias,[39] embora ainda seja possível que Justino, sem dependência direta de Papias, estivesse utilizando uma maneira de falar sobre os Evangelhos que já era comum no início do segundo século.[40] Em ambos os casos, o entendimento de que os Evangelhos eram lembranças ou memórias dos apóstolos sobre as palavras e as ações de Jesus é atestado em Papias menos de vinte anos depois da data em que a maioria dos estudiosos modernos pensa que todos os Evangelhos foram escritos. Craig Keener comenta: "O uso desse

---

[36]Wally V. Cirafesi e Gregory P. Fewster, "Justin's Ἀπομνημονεύματα and Ancient Greco-Roman Memoirs" [Ἀπομνημονεύματα de Justino e as memórias greco-romanas antigas], *Early Christianity* [Cristianismo primitivo] 7 (2016): 186-212.

[37]O trabalho de Papias já foi comumente datado entre 125 e 140, mas a tendência nas últimas décadas tem sido de dar-lhe uma data anterior, provavelmente entre 95 e 110. Veja Robert W. Yarbrough, "The Date of Papias: A Reassessment" [A data de Papias: uma reavaliação], *JETS* 26 (1983): 181-91; Robert H. Gundry, *Matthew: A Commentary on His Handbook for a Mixed Church under Persecution* [Mateus: um comentário sobre seu manual para uma igreja mista sob perseguição], 2.ª ed. (Grand Rapids: Eerdmans, 1994), 610-11. Uma data em torno de 110 é defendida também por Dennis R. MacDonald, *Two Shipwrecked Gospels: The* Logoi *of Jesus and Papias's* Exposition of Logia *about the Lord* [Dois Evangelhos náufragos: Os *Logoi de Jesus* e a *Exposição de* Logia *sobre o Senhor*, de Papias], ECL 8 (Atlanta: Society of Biblical Literature, 2012), 46-47. MacDonald data Lucas-Atos depois de Papias e argumenta que Lucas era dependente de Papias (47-48)!

[38]O fato de Papias ter-se referido ao que Pedro lembrou, e não ao que Marcos lembrou, foi bem argumentado por Richard Bauckham, *Jesus and the Eyewitnesses: The Gospels as Eyewitness Testimony*, 2.ª ed. (Grand Rapids: Eerdmans, 2017), 211-12. [*Jesus e as testemunhas oculares: os Evangelhos como testemunho de testemunhas oculares* (São Paulo, SP: Paulus Editora, 2011).]

[39]Assim Charles E. Hill, *The Johannine Corpus in the Early Church* [O *corpus* joanino na igreja primitiva] (Oxford: Oxford University Press, 2004), 339-40; veja tb. Michael J. Kok, *The Gospel on the Margins: The Reception of Mark in the Second Century* [O Evangelho das margens: a recepção de Marcos no segundo século] (Minneapolis: Fortress, 2015), 112-15.

[40]P. ex., Michael J. Kruger, *The Question of Canon: Challenging the Status Quo in the New Testament Debate* [A questão do cânon: desafiando o *status quo* no debate do Novo Testamento] (Downers Grove, IL: IVP Academic, 2013), 184; Bauckham, *Jesus and the Eyewitnesses*, 212-13.

termo [memórias] fornece atestado de que, desde o início, alguns viam os Evangelhos como uma forma de biografia."[41]

Os estudiosos modernos raramente chamam os Evangelhos de "memórias" (exceto quando discutem o uso do termo por Justino), mas muitos deles agora aceitam o grego βίοι (vidas) como uma palavra apropriada para classificar seu gênero. O estudo-referência de Richard Burridge, de 1992, para o qual o trabalho de seu professor Graham Stanton e de outros havia preparado o caminho, convenceu a maioria dos estudiosos que hoje trabalham nos estudos do Evangelho dessa classificação.[42] Esse gênero também é rotulado como biografias greco-romanas antigas, com os adjetivos qualificadores distinguindo essas obras antigas das biografias modernas escritas de acordo com convenções ou expectativas ocidentais. Antes do reconhecimento dos Evangelhos como biografias antigas, muitos estudiosos da Bíblia tendiam a assumir uma falta de interesse dos autores delas pelo Jesus "histórico" ou mesmo em saber algo factual sobre sua vida. Agora é mais amplamente admitido que essa suposição não tem credibilidade, embora a admissão disso seja muitas vezes relutante. Hoje, alguns estudiosos preferem descrever um ou mais dos Evangelhos como historiografia antiga ou escrito histórico, mas no caso dos Evangelhos não parece haver uma linha bem definida entre esse gênero e βίος.[43] As discussões acadêmicas sobre o gênero dos Evangelhos estão agora muitíssimo focadas não em decidir o que era esse gênero, mas no significado do gênero βίοι para a compreensão dos Evangelhos.[44]

---

[41]Craig S. Keener, *The Gospel of John: A Commentary* [O Evangelho de João: um comentário], 2 vols. (Grand Rapids: Baker Academic, 2012 [orig. 2003]), 1:5.

[42]Richard A. Burridge, *What Are the Gospels? A Comparison with Graeco-Roman Biography* [O que são os Evangelhos? Uma comparação com a biografia greco-romana], SNTSMS 70 (Cambridge: Cambridge University Press, 1992), lançado recentemente em uma edição do 25.º aniversário (Waco, TX: Word, 2018). Obras anteriores de importância incluem Graham N. Stanton, *Jesus of Nazareth in New Testament Preaching* [Jesus de Nazaré na pregação do Novo Testamento], SNTSMS 27 (Cambridge: Cambridge University Press, 1974), 117-36; Charles H. Talbert, *What Is a Gospel? The Genre of the Canonical Gospels* [O que é um Evangelho? O gênero dos Evangelhos canônicos] (Filadélfia: Fortress, 1977); e David E. Aune, *The New Testament in Its Literary Environment* [O Novo Testamento em seu ambiente literário], ed. Wayne A. Meeks, LEC 8 (Filadélfia: Westminster, 1987), 47 (17-76).

[43]Veja Eve-Marie Becker, "Historiographical Literature in the New Testament Period (1st and 2nd Centuries CE)" [Literatura historiográfica no período do Novo Testamento (primeiro e segundo séculos d.C.)], em Hólmen e Porter, *Handbook for the Study of the Historical Jesus*, 2:1810-13.

[44]Tais trabalhos notáveis incluem Justin Marc Smith, *Why βίος? On the Relationship between Gospel Genre and Implied Audience* [Por que βίος? Sobre a relação entre o gênero evangelho e a audiência implicitada], LNTS 518 (Londres: T&T Clark, 2015); Craig S. Keener e Edward T. Wright, eds., *Biographies and Jesus: What Does It Mean for the Gospels to be Biographies?* [Biografias e Jesus: o que significa para os Evangelhos serem biografias?] (Lexington, KY: Emeth Press, 2016); Michael R. Licona, *Why Are There Differences in the Gospels? What We Can Learn from Ancient Biography* [Por que existem diferenças entre os Evangelhos? O que podemos aprender da biografia antiga], prefácio

Duas precauções devem ser tomadas com respeito a essa classificação dos Evangelhos canônicos como βίοι. A primeira é que βίοι é uma classificação descritiva dependente de semelhanças entre os textos, e não uma categoria prescritiva com regras pelas quais os autores eram restritos. Keener alertou, com razão, que "a identificação de gênero biográfico não nos permite impor uma grade uniforme baseada em gênero a todas as biografias ou Evangelhos antigos".[45] É um erro inferir a partir dessa classificação de gênero que se deva esperar que os Evangelhos sejam como outras βίοι em todos os aspectos, uma vez que *nenhuma* "biografia" antiga era como as demais em todos os aspectos. Os estudiosos estão ocupados propondo subcategorias de βίοι para acomodar diferenças entre as obras assim classificadas, mas é da própria natureza da literatura que nenhuma análise sistemática das características de gênero será exaustiva ou precisa. Uma maneira claramente importante pela qual os Evangelhos são diferentes das típicas βίοι antigas são suas raízes profundas na herança teológica e literária da subcultura judaica.[46] A conclusão de Larry Hurtado em seu verbete de 1992 sobre o gênero dos Evangelhos, publicado no mesmo ano do livro de Burridge, ainda parece correto: "Em termos muito gerais, os Evangelhos podem ser comparados a outros exemplos de biografias populares greco-romanas, mas eles também formam um grupo distinto dentro desse amplo corpo de escritos antigos."[47]

A segunda precaução é que identificar os Evangelhos como βίοι não nos permite tirar conclusões definitivas sobre a historicidade de suas narrativas. As biografias greco-romanas tinham propósitos um tanto variados e eram de qualidade variada como fontes de informação histórica. Como a opinião de que os Evangelhos são βίοι tem-se mantido como a posição dominante, os estudiosos do Evangelho às vezes apelaram para diferentes aspectos das antigas biografias greco-romanas como apoio para suas opiniões variadas sobre o valor histórico dos Evangelhos. Craig Blomberg, um estudioso evangélico com uma visão elevada do valor histórico dos

---

de Craig A. Evans (Nova York: Oxford University Press, 2017); Jean-Noël Aletti, *The Birth of the Gospels as Biographies: With Analyses of Two Challenging Pericopae* [O nascimento dos Evangelhos como biografias: com análises de duas perícopes desafiadoras], Analecta Biblica Studia 10 (Roma: Gregorian University Press, 2017).

[45]Craig Keener, "Ancient Biographies and the Gospels: Introduction" [Biografias antigas e os Evangelhos: introdução], em *Biographies and Jesus*, ed. Keener e Wright, 2.

[46]Michael F. Bird, *The Gospel of the Lord: How the Early Church Wrote the Story of Jesus* [O evangelho do Senhor: como a igreja primitiva escreveu a história de Jesus] (Grand Rapids: Eerdmans, 2014), 270-71.

[47]Larry W. Hurtado, "Gospel (Genre)" [Evangelho (gênero)], em *Dictionary of Jesus and the Gospels* [Dicionário de Jesus e dos Evangelhos], 1.ª ed., ed. Joel B. Green, Scot McKnight e I. Howard Marshall (Downers Grove, IL: InterVarsity Press, 1992), 282 (verbete completo, 276-82).

Evangelhos, alertou com razão: "Concluir que os Evangelhos são biográficos não é o mesmo que decidir que tudo neles realmente aconteceu. Isso torna improvável que eles sejam amplamente fictícios, mas algumas biografias no mundo de Jesus foram mal pesquisadas, enquanto outras foram bem pesquisadas."[48] Seria um erro inferir a partir da classificação de gênero que certos elementos nos Evangelhos devem ser historicamente precisos (por causa dos interesses biográficos dessas obras) ou que eles não devem ser historicamente precisos (por causa de outros propósitos em outras obras como essas). Certamente devemos fazer comparações estreitas dos Evangelhos com as βίοι greco-romanas, como os estudiosos estão fazendo hoje, mas com atenção àquilo em que os Evangelhos são diferentes de outras obras assim e também àquilo em que são semelhantes a elas.

Se categorizamos os Evangelhos como memórias ou biografias greco-romanas, ou alguma outra designação de gênero semelhante, sua intenção de informar os leitores sobre a pessoa de Jesus é clara tanto pelas características formais do gênero quanto pelo número considerável de reivindicações factuais importantes que eles fazem sobre Jesus e podem ser confirmadas pelos historiadores. Em contraste com os Evangelhos canônicos, os "Evangelhos" apócrifos existentes não se qualificam de modo algum como memórias, biografias ou escritos históricos sobre Jesus.[49] Na maioria das vezes, eles nem mesmo *vindicam* apresentar informações históricas sobre Jesus. A maioria deles contém pouca ou nenhuma narrativa e praticamente nenhuma referência a eventos específicos na vida de Jesus. O *Evangelho de Tomé* é uma coleção de 114 ditos de Jesus sem conexão entre si, em sua maioria, com quase nenhuma estrutura narrativa. Stanton observou essa diferença anos atrás: "Não há vestígios dos oponentes de Jesus, nem dos muitos e variados tipos de pessoas com quem Jesus se associa nos Evangelhos canônicos, nem das ações de Jesus."[50] A maioria dos estudiosos classifica Tomé como uma coleção de "ditos sábios".[51] Karen King, entre outros estudiosos, classifica

---

[48]Craig L. Blomberg, *The Historical Reliability of the New Testament: Countering the Challenges to Evangelical Christian Beliefs* [A confiabilidade histórica do Novo Testamento: combatendo os desafios das crenças evangélicas cristãs], B&H Studies in Christian Apologetics [Estudos da B&H em apologética cristã] (Nashville: B&H Academic, 2016), 27.
[49]Alguns dos "Evangelhos" judaico-cristãos podem ter sido biográficos em gênero, mas infelizmente não existem cópias substanciais dessas obras; veja Burridge, *What Are the Gospels*, 242; Smith, *Why βίος*, 16. A certeza sobre o gênero do *Evangelho de Pedro* é ilusória, porque muito do livro foi perdido, mas não parece ter sido uma βίος; cf. Smith, *Why βίος*, 123.
[50]Stanton, *Jesus of Nazareth in New Testament Preaching*, 130.
[51]Smith, *Why βίος*, 115.

o *Evangelho de Maria* como "um diálogo pós-ressurreição", movendo-se de diálogos entre os discípulos para um diálogo entre o Salvador e Maria, antes de concluir com "diálogos entre a alma e os Poderes".[52]

O ambiente físico em que Jesus viveu é quase inexistente nos antigos Evangelhos apócrifos: nos quatro Evangelhos — chamados *de Tomé, Pedro, Maria* e *Judas* — combinados há referências a apenas três lugares específicos (Jerusalém, Judeia e jardim de José), em comparação com as dezenas de localidades citadas pelo nome nos Evangelhos do Novo Testamento. Para ser justo, isso ocorre porque os Evangelhos apócrifos realmente não pretendiam fornecer informações biográficas sobre Jesus. Esses textos apresentam supostas trocas verbais entre Jesus e alguns de seus discípulos e pouco mais do que isso, dando-lhes relativamente pouco fundamento no contexto histórico e cultural mais amplo.

Clareza sobre o gênero ou gêneros dos assim chamados Evangelhos apócrifos foram dificultados ao serem designados como "Evangelhos". Jörg Frey fez a seguinte observação importante:

> Nas coleções publicadas de "Apócrifos do Novo Testamento", os textos são geralmente agrupados de acordo com os gêneros dos escritos do Novo Testamento: (a) Evangelhos, (b) material "apostólico" (epístolas e atos de diferentes apóstolos), (c) apocalipses e (possível como uma categoria adicional, embora não contida no Novo Testamento) (d) ordens da igreja. Essa distinção pressupõe uma ideia clara sobre o gênero "evangelho".[53]

Avançando um passo, essa classificação dos textos apócrifos pressupõe que "evangelho" *é* um gênero, uma hipótese comum durante grande parte do século 20, quando essas coleções estavam sendo compiladas. Agora sabemos que essa hipótese estava incorreta: os Evangelhos não são um gênero em si mesmos, *sui generis*, mas estão na forma de um tipo de antigas βίοι greco-romanas. Categorizar os escritos apócrifos em grupos que imitam o arranjo do cânon do Novo Testamento tem provavelmente contribuído para a impressão equivocada de que os "livros de Jesus" apócrifos são do mesmo gênero dos Evangelhos canônicos.

---

[52]King, *Gospel of Mary of Magdala*, 30.
[53]Jörg Frey, "Texts about Jesus: Non-Canonical Gospels and Related Literature" [Textos sobre Jesus: Evangelhos não canônicos e literatura relacionada], em *The Oxford Handbook of Early Christian Apocrypha* [Guia Oxford dos primeiros apócrifos cristãos], ed. Tobias Nicklas e Joseph Verheyden (Nova York: Oxford University Press, 2015), 14.

Os diferentes gêneros dos textos canônicos e dos não canônicos sobre Jesus fazem parte da história mais abrangente de por qual motivo os quatro Evangelhos se tornaram a base do cânon do Novo Testamento da igreja, enquanto os outros textos, não. Os assim chamados Evangelhos gnósticos geralmente assumiram a forma de autodescritas coleções de ditos "secretos" ou "ocultos" de Jesus, evidentemente porque os quatro textos biográficos sobre Jesus já haviam alcançado aceitação pública e uso generalizado na igreja. Exemplos de textos desse tipo incluem o *Evangelho de Tomé*, o *Evangelho de Maria*, o *Apócrifo de João*, o *Diálogo do Salvador*, a *Sofia de Jesus Cristo*, o *Evangelho de Filipe* e o *Evangelho de Judas*. Essa é uma das várias linhas de evidência que mostram que os quatro Evangelhos do Novo Testamento eram o padrão desses textos no início do segundo século.[54]

Craig Evans fez o seguinte comentário irônico: "Quando os alunos me perguntam por que certos Evangelhos foram omitidos no cânon do Novo Testamento e se alguns deles deveriam ser incluídos, peço que leiam esses Evangelhos. Eles o fazem, e isso responde a suas perguntas."[55] A descoberta e publicação dos Evangelhos apócrifos proporcionou uma oportunidade para a igreja apreciar quão valiosos são de fato os Evangelhos canônicos como fontes de informação sobre Jesus. Podemos não ser capazes de "provar" que tudo nos Evangelhos do Novo Testamento ocorreu, mas pelo menos eles nos fornecem material rico e historicamente substancial que pode ser considerado de modo racional na busca por aprender algo sobre Jesus de Nazaré. Charles Hill observou corretamente:

> Pode ser um segredo bem guardado, mas historiadores sérios não acreditam realmente que os ensinamentos do Jesus histórico sejam mais bem traçados mediante o *Evangelho de Judas*, o *Evangelho de Maria*, o *Evangelho de Filipe* ou mesmo o *Evangelho de Tomé* do que é mediante os Evangelhos de Mateus, Marcos, Lucas e João. Sem dúvida, algumas pessoas na Antiguidade preferiram os Evangelhos gnósticos aos canônicos, assim como algumas fazem hoje. Mas as razões para fazê-lo, quaisquer

---

[54]Charles E. Hill, "A Four-Gospel Canon in the Second Century? Artifact and Arti-fiction" [Um cânon de quatro Evangelhos no segundo século? Artefato e ficção artística], *Early Christianity* 4.3 (2013): 310-34.
[55]Craig A. Evans, *Fabricating Jesus: How Modern Scholars Distort the Gospels* (Downers Grove, IL: InterVarsity Press, 2006), 98-99. [*O Jesus fabricado: como os acadêmicos atuais distorcem o evangelho* (São Paulo, SP: Editora Cultura Cristã, 2009).]

que tenham sido e possam ser, não incluem justificadamente um acesso melhor e mais verdadeiro ao Jesus histórico e à sua autêntica situação de vida palestina.[56]

O JESUS HISTÓRICO É O JESUS REAL

O que a igreja deve pensar dos estudos sobre o "Jesus histórico" depende principalmente do que se entende pelos termos "história" e "histórico". Joel Green ressalta que o termo "história" pode significar o próprio passado, o "estudo" do passado ou a "representação" (p. ex., escrita) do passado.[57] Essas são apenas três das muitas definições disponíveis.[58] No que diz respeito à expressão "o Jesus histórico", podemos distinguir duas definições principais implícitas na primeira e terceira definições de Green a respeito de *história*. Por *Jesus histórico*, podemos nos referir a (1) Jesus como ele realmente era no passado; essa definição corresponderia ao que Richard Soulen, citado anteriormente, chama de "Jesus real". Por outro lado, por *Jesus histórico* podemos nos referir a (2) qualquer representação (em livro, filme, etc.) que expresse quem ou o que seu autor ou criador entende ter Jesus sido no passado. A segunda definição de *história* de Green poderia se aplicar ao Jesus histórico em qualquer uma das definições, referindo-se ao estudo de Jesus como ele era no passado ou ao estudo das representações de Jesus, conforme seus autores ou criadores o entendem.

No entanto, com relação às duas principais definições que apresentamos, o primeiro sentido de Jesus histórico tem apenas um referente: Jesus como ele realmente era no passado. O segundo sentido, no entanto, tem numerosos referentes, uma vez que muitas representações foram feitas de Jesus como ele era no passado.

A maioria dos estudiosos associados aos estudos do "Jesus histórico" insiste na segunda definição e rejeita a primeira. Aceitar a distinção é praticamente um pré-requisito para se entrar na guilda. Da mesma forma, a suposição dominante nesse campo é que o "Jesus histórico" que é constituído de representações de Jesus nunca produz o verdadeiro Jesus do passado.

---

[56]Hill, *Who Chose the Gospels*, 234.
[57]Joel B. Green, "Historicisms and Historiography" [Historicismos e historiografia], em *Dictionary of Jesus and the Gospels*, 2.ª ed., 383.
[58]Michael R. Licona, "Historians and Miracle Claims" [Historiadores e alegações de milagre], *JSHJ* 12 (2014): 108, menciona ter encontrado dezesseis definições.

John Meier afirma a questão de forma epigramática: "O Jesus histórico não é o Jesus real. O Jesus real não é o Jesus histórico."[59]

Uma linha de raciocínio por trás dessa veemente distinção é uma consideração geral que se aplica a todo estudo histórico. Nunca temos informações suficientes sobre um indivíduo para produzir uma representação dessa pessoa como ela realmente era. Mencionamos anteriormente a afirmação de Richard Soulen de que uma pessoa não pode nem mesmo se conhecer como realmente é, muito menos alguém do passado. Segundo Meier, mesmo o histórico Richard Nixon se sobrepõe ao verdadeiro Richard Nixon, apesar de termos acesso a informações suficientes para construir uma representação "razoavelmente completa" dele. A situação é muito pior com figuras antigas, porque nossas informações sobre elas são muito fragmentárias. "Com exceção de relativamente poucas figuras públicas de destaque, as pessoas 'reais' da história antiga — sejam elas Hillel e Shammai ou Jesus e Simão Pedro — simplesmente não são acessíveis a nós hoje por meio de pesquisas históricas, e nunca serão."[60] Como resultado, o Jesus histórico não é Jesus como ele realmente era, mas "uma abstração e uma construção modernas. [...] O Jesus histórico pode nos dar fragmentos da pessoa 'real', mas nada mais".[61]

Com base nessa compreensão, os estudiosos normalmente definem o Jesus histórico como obra de historiadores. Quase meio século atrás, Leander Keck afirmou: "O Jesus histórico é o Jesus do historiador, e não um kantiano *Ding an sich*." Essa afirmação foi ecoada por vários estudiosos, como Dunn, que cita explicitamente Keck.[62] Marianne Meye Thompson, embora não cite Keck, também afirma: "O Jesus histórico é o Jesus do historiador."[63]

Observe a mudança que essa afirmação gera. Agora, o Jesus histórico não inclui todas as tentativas de criar uma representação de Jesus, mas apenas as representações produzidas pelos historiadores. Essa mudança pode parecer muito razoável e inocente — historiadores fazem coisas históricas —, mas está implícito nessa afirmação que apenas certos tipos de representações se

---

[59]Meier, "Basic Methodology", 291.
[60]Meier, "Basic Methodology", 294-95.
[61]Meier, "Basic Methodology", 296, 298.
[62]James D. G. Dunn, *A New Perspective on Jesus: What the Quest for the Historical Jesus Missed* (Grand Rapids: Baker Academic, 2005), 29 [*Jesus em nova perspectiva: o que os estudos sobre o Jesus histórico deixaram para trás* (São Paulo, SP: Paulus Editora, 2013)], citando Leander E. Keck, *A Future for the Historical Jesus* [Um futuro para o Jesus histórico] (Nashville: Abingdon Press, 1971), 20.
[63]Marianne Meye Thompson, "The Historical Jesus and the Johannine Christ" [O Jesus histórico e o Cristo joanino], em *Exploring the Gospel of John: In Honor of D. Moody Smith* [Explorando o Evangelho de João: em homenagem a D. Moody Smith], ed. R. Alan Culpepper e C. Clifton Black (Louisville: Westminster John Knox, 1996), 25.

qualificam como "históricas". Quais são esses tipos? A resposta-padrão é que as únicas representações qualificadas são aquelas criadas de acordo com as regras da disciplina da história moderna, usando "as ferramentas científicas da pesquisa moderna".[64] E essas ferramentas, somos informados, não podem considerar o divino, o miraculoso ou as reivindicações de dogma e religião. Em resumo, o Jesus "verdadeiro" ou "real", se fez algo miraculoso ou divino, se era algo diferente de um ser humano comum, é por definição não histórico, pois o histórico exclui qualquer coisa além do natural, qualquer coisa específica à fé cristã. Ian Howard Marshall, que foi crítico dessa mudança, explicou suas implicações com clareza cristalina: "O resultado é que o historiador se acredita justificado em escrever uma 'história' de Jesus na qual o miraculoso e o sobrenatural não aparecem nas afirmações históricas. O 'Jesus histórico' — Jesus como aparece ao historiador — é um homem comum."[65]

Alguém chame um filósofo.

Charles Stephen Evans — um filósofo incomum que escreveu sobre os estudos a respeito do Jesus histórico — reconhece "que os relatos feitos pelos historiadores sobre Jesus de Nazaré nunca podem ser completamente certos ou completos". No entanto, ele considera a distinção entre o verdadeiro Jesus e o Jesus histórico "inútil".[66] Isso "insulta a linguagem comum, na qual dizer que dado relato de algum evento é histórico não significa apenas dizer que ele ocorre em uma narrativa feita por um historiador moderno, mas que o evento realmente ocorreu". Evans está preparado para falar do "Jesus dos historiadores", mas prefere fazer uma distinção entre esse constructo e "o Jesus histórico" para evitar a confusão.[67] Da mesma forma, N. T. Wright ressalta que ainda ocorre de a maioria das pessoas assumir que os termos "história" e "histórico" se referem a "eventos passados" — o que "realmente aconteceu" —, e não apenas "ao que as pessoas escrevem sobre eventos passados".[68]

O problema com a distinção entre o real e o histórico não é meramente o de que ela se afasta da linguagem comum usada pela maioria das pessoas. Igualar o Jesus histórico com o Jesus do historiador implica que todos os

---

[64]Meier, "Basic Methodology", 296.
[65]Ian Howard Marshall, *I Believe in the Historical Jesus* [Eu creio no Jesus histórico], ed. rev. (Vancouver: Regent College, 2004), 59.
[66]C. Stephen Evans, *The Historical Christ and the Jesus of Faith: The Incarnational Narrative as History* [O Cristo histórico e o Jesus da fé: a narrativa encarnacional como história] (Oxford: Clarendon, 1996), 8.
[67]Evans, *The Historical Christ and the Jesus of Faith*, 8-9.
[68]N. T. Wright, "Abandon Studying the Historical Jesus? No, We Need History" [Abandonar o estudo do Jesus histórico? Não, nós precisamos de história], *Christianity Today* 54.4 (2010): 27.

relatos acerca de Jesus feitos pelos historiadores são "históricos", ao mesmo tempo que nenhum relato de não historiadores se qualifica como tal. Como Evans salienta, "se o 'Jesus histórico' é simplesmente um relato feito por um historiador, logo nenhum relato feito por um historiador pode deixar de ser histórico".[69] Nunca poderíamos negar que o relato de Jesus por um historiador em particular fosse histórico, independentemente dos erros que ele contivesse. Uma solução para esse problema, é claro, seria sustentar que um relato se qualifica como histórico não apenas porque é apresentado por um historiador, mas porque foi produzido usando "as ferramentas científicas da pesquisa moderna". No entanto, dada a diversidade de teorias sobre Jesus construídas com essas ferramentas, parece que as ferramentas são inadequadas para o trabalho ou quem as maneja o faz com diferentes graus de competência.

Um ponto relacionado a isso é que, se "histórico" se refere apenas a relatos do passado, e não a pessoas ou eventos do passado, nunca poderíamos falar de um relato como "historicamente impreciso". No entanto, os historiadores fazem isso o tempo todo, incluindo especialistas em estudos históricos de Jesus. Eles chamam de "historicamente impreciso" aquilo que "não aconteceu no passado".[70] Afirmar que algumas coisas são "históricas" no sentido de terem realmente acontecido, enquanto outras não são "históricas" nesse sentido, mostra que todos nós ainda estamos usando o termo "histórico" da maneira comum.

Não é ingênuo, então, alguém dizer que "o Jesus histórico", significando o Jesus que realmente existiu no primeiro século, fez isso ou disse aquilo. Os historiadores às vezes falam dessa forma, embora o que afirmem possa ser discutível. Assim, por exemplo, Robert Miller afirmou que o objetivo do Seminário de Jesus é "clarificar o que o Jesus histórico disse e fez".[71] Quando Dale Allison opina: "Aqueles que subscrevem Niceia devem estar preocupados, pois o Jesus histórico não pensava de si mesmo o que eles pensam dele",[72] ele está fazendo uma afirmação sobre como Jesus realmente era no passado, e não uma afirmação sobre um constructo de Jesus feito

---

[69]Evans, *Historical Christ and the Jesus of Faith*, 9.

[70]Meier chega perto de defender esse ponto quando afirma que os historiadores não devem dizer que os Evangelhos retratam ou não "o Jesus histórico", para que a distinção entre o verdadeiro Jesus e o Jesus histórico seja obscurecida. Veja Meier, "Basic Methodology", 298.

[71]Robert J. Miller, *The Jesus Seminar and Its Critics* [O Seminário de Jesus e seus críticos] (Santa Rosa, CA: Polebridge, 1999), 22.

[72]Dale C. Allison Jr., *The Historical Christ and the Theological Jesus* [O Cristo histórico e o Jesus teológico] (Grand Rapids: Eerdmans, 2009), 89.

por algum historiador moderno. De fato, Allison está afirmando saber não apenas o que Jesus não fez ou disse, mas também o que ele não *pensou*. Mesmo Meier, que argumenta longamente sobre traçar uma distinção clara e consistente entre o Jesus real e o Jesus histórico, esquece-o assim que passa a discutir quais critérios "são úteis para tomar uma decisão sobre qual material vem do Jesus histórico".[73]

Muitos estudos sobre o Jesus histórico parecem suspeitosamente um grande exercício de equívoco. Dizem-nos que o Jesus "real" ou "verdadeiro" é inacessível e incognoscível, de modo que deve ser distinguido do Jesus "histórico", que é a abstração ou a construção hipotética feita pelo historiador moderno. Ao mesmo tempo, os historiadores modernos nos dizem que "o Jesus histórico" fez ou não fez certas coisas, que ensinou uma coisa, mas não outra, e assim por diante. A mesma preocupação deve ser levantada com relação a afirmações mais simples sobre o que Jesus fez ou não fez ou ensinou. Se o verdadeiro Jesus é realmente inacessível e incognoscível, os estudiosos do "Jesus histórico" não podem fazer afirmações como "Jesus não contou alegorias, mas contou parábolas".[74]

Em vez de sermos capturados em tal equívoco confuso (se não enganoso), achamos melhor corrigir a expressão "o Jesus histórico" para referir-se adequadamente a como Jesus realmente era no passado, na história humana. O Jesus histórico não é um Jesus diferente do Jesus "real" ou "verdadeiro" que viveu e morreu no primeiro século. Não importa muito se nos referimos a uma representação moderna sobre Jesus como um "Jesus historiográfico" ou uma "reconstrução histórica de Jesus" ou um "retrato histórico de Jesus". No entanto, não devemos usar o termo "Jesus histórico" para nos referir a essas representações. Há um Jesus histórico — o homem do primeiro Século, Jesus de Nazaré — e muitas representações históricas sobre Jesus.

Uma vez dissipada essa confusão semântica, estamos em condição de tratar da alegação de que os historiadores não podem considerar elementos religiosos, miraculosos ou divinos como parte do estudo a respeito do Jesus histórico. Se o Jesus histórico é definido como o Jesus discernível apenas pelos métodos históricos modernos e se distingue do Jesus real e verdadeiro do passado, a questão sobre o Jesus histórico ter realmente realizado milagres ou ressuscitado dos mortos pode ser deixada de lado como

---

[73]Meier, "Basic Methodology", 308; para exemplos adicionais, veja 319-23.
[74]James M. Robinson, "The Gospel of the Historical Jesus" [O Evangelho do Jesus histórico], em Hólmen e Porter, *Handbook for the Study of the Historical Jesus*, 1:456.

um tecnicismo, por assim dizer. Alguns historiadores, incluindo alguns que claramente acreditam que Jesus ressuscitou dos mortos, sustentam que essa crença não pode ser fundamentada ou mesmo discutida historicamente, pois tais eventos estão, por definição, fora dos limites do que a história pode investigar. Em nossa opinião, essa é uma desastrosa concessão que nenhum cristão jamais deveria fazer. Na realidade, a concessão abriria o campo para os críticos do cristianismo — historiadores ou outros — argumentarem sem oposição contra o Jesus da igreja. Evans adverte:

> Uma análise das práticas dos críticos históricos, bem como dos relatos teóricos a respeito do que o método histórico envolve, torna evidente que muitos estudiosos afirmam que os métodos históricos comuns exigem esse viés contra o sobrenatural. Se é esse o caso, defender a historicidade da narrativa usando métodos históricos "comuns" será necessariamente uma batalha perdida. Isso levanta a questão de saber se os defensores da narrativa desistiram, em essência, da disputa por aceitar os termos do combate de seus oponentes.[75]

O perigo de admitir que o miraculoso não pode ser objeto de investigação histórica é que essa limitação metodológica na prática se aplica apenas ao crente, e não ao cético. Nenhum argumento histórico é permitido se concluir a favor do miraculoso, mas argumentos históricos que põem em dúvida o miraculoso são perfeitamente permitidos. Como isso funciona pode ser ilustrado por *Como Jesus se tornou Deus*, livro de Bart Ehrman. No início de seu comentário sobre a ressurreição de Jesus, Ehrman assegura a seus leitores que o preconceito contra milagres não está envolvido:

> O motivo pelo qual historiadores não podem provar ou contestar que Deus tenha operado um milagre no passado — tal como ressuscitar Jesus — não é porque historiadores tenham que ser humanistas seculares com preconceito antissobrenaturalista. Quero ressaltar esse ponto porque apologistas cristãos conservadores, a fim de sustentar pontos de debate, costumam dizer que se trata disso.[76]

A explicação de Ehrman continua por mais de seis páginas, durante as quais fica claro que a restrição de sua perspectiva não impede o "historiador"

---

[75]Evans, *Historical Christ and the Jesus of Faith*, 33.
[76]Bart D. Ehrman, *Como Jesus se tornou Deus* (São Paulo, SP: LeYa, 2014), 116-17.

de negar a ressurreição de Jesus, somente de afirmar que ela é histórica. Os historiadores não podem concluir que Jesus ressuscitou dos mortos porque essa afirmação pressupõe crenças teológicas específicas ao cristianismo e que não são comumente compartilhadas pela maioria ou por todas as pessoas.[77] Ele, então, vincula explicitamente essa afirmação à distinção convencional entre história e passado:

> História, para os historiadores, não é a mesma coisa que "o passado". Passado é tudo que aconteceu antes; história é o que podemos estabelecer que aconteceu antes usando formas de evidência histórica. Evidência histórica não é e não pode se basear em suposições religiosas e teológicas que alguns de nós, mas não todos, compartilham.[78]

Mais adiante, no entanto, quando Ehrman começa a discutir as questões factuais específicas em torno da ressurreição de Jesus, sua posição epistemológica muda ainda mais. Ehrman revisa brevemente várias teorias sobre o que aconteceu com o corpo de Jesus após sua morte: os discípulos roubaram o corpo, as mulheres foram para o túmulo errado ou Jesus apenas perdeu a consciência e não morreu. A seguir, ele comenta:

> Não sou adepto de nenhuma dessas ideias alternativas porque não acho que saibamos o que aconteceu com o corpo de Jesus. Todavia, olhando para o assunto de um ponto de vista histórico, apenas, qualquer uma das ideias é mais plausível do que a afirmação de que Deus ressuscitou Jesus fisicamente. Uma ressurreição seria um milagre, e como tal desafiaria todas as "probabilidades". De outro modo não seria um milagre. Dizer que um acontecimento que desafia a probabilidade é mais provável do que algo que seja simplesmente improvável é ir de encontro a qualquer coisa que envolva probabilidades.[79]

Em suma, tendo afirmado que sua posição como historiador não inclui nenhum viés contra milagres, Ehrman acaba afirmando, antes de encerrar o capítulo, que qualquer explicação dos fatos seria mais historicamente plausível do que um milagre. No capítulo seguinte, ele argumenta que as aparições da ressurreição devem ser entendidas como visões religiosas comparáveis às visões de luto, talvez precipitadas por uma combinação de

---

[77]Ehrman, *Como Jesus se tornou Deus*, 117-22.
[78]Ehrman, *Como Jesus se tornou Deus*, 121.
[79]Ehrman, *Como Jesus se tornou Deus*, 133.

tristeza e culpa.[80] Desse modo, talvez aqueles "apologistas cristãos conservadores" a quem Ehrman mencionou tivessem razão.

O termo técnico para o tratamento da história exemplificado por Ehrman é "naturalismo metodológico". A qualificação "metodológico" distingue esse conceito do naturalismo ontológico ou metafísico, que é a afirmação de que o mundo ou o reino natural é tudo o que existe. O naturalismo metodológico não nega a existência de seres sobrenaturais ou de um mundo ou reino transcendente, mas não lhes permite qualquer papel na busca do conhecimento científico, incluindo as ciências físicas e biológicas, bem como a história e outras ciências humanas (p. ex., psicologia, sociologia ou antropologia). Na verdade, existem muitas versões diferentes do naturalismo metodológico. Os filósofos Paul Moser e David Yandell definiram a ideia central como a posição de que "todo método legítimo de aquisição de conhecimento consiste ou se baseia nos métodos hipoteticamente concluídos das ciências empíricas (ou seja, nos métodos naturais)".[81]

O naturalismo metodológico tem sofrido sérias críticas nos últimos anos, assim como o naturalismo ontológico.[82] Está longe de ser uma questão resolvida que os cientistas, muito menos os historiadores, nunca devem considerar a questão da atividade ou de eventos sobrenaturais. Uma vez que o naturalismo metodológico se torne uma regra inflexível da qual nenhuma fuga pode

---

[80]Ehrman, *Como Jesus se tornou Deus*, 148-58. Ehrman é cuidadoso ao concluir que os historiadores não podem provar se as visões eram "verídicas" ou não, mas a força de seu argumento é, pelo menos, pôr em dúvida sua veracidade.

[81]Paul K. Moser e Keith Yandell, "Farewell to Philosophical Naturalism" [Adeus ao naturalismo filosófico], em *Naturalism: A Critical Analysis* [Naturalismo: uma análise crítica], ed. William Lane Craig e J. P. Moreland, Routledge Studies in Twentieth-Century Philosophy [Estudos Routledge sobre a filosofia do século 20] (Londres: Routledge, 2000), 9 (declaração originalmente em itálico).

[82]Além da obra editada por Craig e Moreland, veja especialmente Stewart Goetz e Charles Taliaferro, *Naturalism* [Naturalismo], Interventions [Intervenções] (Grand Rapids: Eerdmans, 2008); Bruce L. Gordon e William A. Dembski, eds., *The Nature of Nature: Examining the Role of Naturalism in Science* [A natureza da natureza: examinando o papel do naturalismo na ciência] (Wilmington, DE: ISI Books, 2011); Alvin Plantinga, *Ciência, religião e naturalismo. Onde está o conflito?* (São Paulo, SP: Vida Nova, 2018); R. Scott Smith, *Naturalism and Our Knowledge of Reality: Testing Religious Truth-claims* [Naturalismo e nosso conhecimento da realidade: testando alegações de verdades religiosas], Ashgate New Critical Thinking in Religion, Theology, and Biblical Studies [Novo pensamento crítico de Ashgate em religião, teologia e estudos bíblicos] (Londres: Routledge, 2016 [orig. 2012]); Joseph B. Onyango Okello, *A History and Critique of Methodological Naturalism: The Philosophical Case for God's Design of Nature* [Uma história e crítica do naturalismo metodológico: o caso filosófico do desígnio da natureza de Deus] (Eugene, OR: Wipf & Stock, 2016); Jonathan Bartlett e Eric Holloway, eds., *Naturalism and Its Alternatives in Scientific Methodologies* [Naturalismo e suas alternativas em metodologias científicas], Proceedings of the 2016 Conference on Alternatives to Methodological Naturalism [Anais da Conferência de 2016 sobre Alternativas ao naturalismo metodológico] (Broken Arrow, OK: Blyth Institute Press, 2016); e veja os ensaios de diferentes perspectivas em Kelly James Clark, ed., *The Blackwell Companion to Naturalism* [O guia de bolso Blackwell sobre naturalismo] (Malden, MA: John Wiley & Sons, 2016).

ser permitida, ele se torna um dogma e é operacionalmente indistinguível do naturalismo ontológico. Com relação ao estudo da figura histórica de Jesus, simplesmente não há razão para que os historiadores não possam investigar se ele realizou milagres ou ressuscitou dos mortos. Se Jesus fez essas coisas, elas foram ações realizadas por um ser humano em lugares específicos e em momentos específicos do passado, e, assim, ocorreram na história.

Em um estudo *tour de force*, Craig Keener mostrou que milagres, especialmente curas miraculosas, foram relatados ao longo da história em várias culturas, inclusive na era moderna. Keener discute numerosos exemplos documentados de várias partes do mundo fora do Ocidente e no cristianismo ocidental ao longo da história da igreja. Seu catálogo de milagres termina com um capítulo sobre relatos de curas de cegos e coxos, ressurreição de mortos e milagres da natureza. Finalmente, Keener envolve cuidadosamente possíveis explicações não sobrenaturais antes de defender a conclusão de que pelo menos muitos dos relatos são mais bem explicados como milagres reais. Keener argumenta de modo efetivo que os milagres relatados no Novo Testamento têm inúmeras analogias com o testemunho ocular de multidões de pessoas no passado e no presente e, portanto, não podem ser descartados como inacreditáveis. "Portanto, parece não haver razão, com base no princípio da analogia histórica, para negar que testemunhas oculares do primeiro século tenham crido que viram Jesus curar olhos cegos, fazer paralíticos andarem ou ressuscitar mortos, curas essas que testemunhas oculares também afirmam ocorrer hoje."[83]

Concordamos com Ehrman que evidência histórica não pode ser baseada em suposições teológicas específicas a uma religião em particular. No entanto, reconhecer que eventos como curas que não podem ser explicadas de modo natural ocorrem na história não pressupõe um comprometimento religioso específico ou um sistema de crenças teológicas. Um milagre específico pode requerer ou implicar a validade de uma afirmação teológica, mas isso não é a mesma coisa que o milagre assumir ou pressupor uma posição teológica específica. Derivar implicações teológicas de um evento miraculoso, ou interpretar um milagre como tendo um significado religioso ou teológico específico, não é em si mesmo um julgamento histórico, embora se refira ao milagre como um evento para o qual boas evidências históricas foram identificadas. Paul Eddy e Gregory Boyd propõem um "método histórico-crítico aberto", no qual o historiador prefere explicações naturais que concordam com as evidências, mas permanecem abertas para concluir que

---

[83]Keener, *Miracles*, 2:761.

um evento era sobrenatural, se a evidência o apoiar. Chegar a essa conclusão não assume um compromisso particular de fé e deve ser diferenciado de uma explicação ou interpretação teológica do evento.

> A natureza do empreendimento historiográfico crítico é tal que nunca pode ir além das declarações de probabilidade, e seus parâmetros disciplinares terminam antes que perguntas sobre a fonte transcendente e/ou significado teológico de uma ocorrência plausivelmente sobrenatural possam ser respondidas.[84]

De modo similar, Michael Licona argumentou: "Os historiadores podem apresentar um veredicto positivo referente à historicidade de um evento, deixando sua causa indeterminada. [...] Se nenhuma explicação natural se provar adequada e uma sobrenatural o faz, o historiador pode julgar se o evento ocorreu, mas deixa de nomear sua causa."[85]

Esse "método histórico-crítico aberto" pode ser o melhor modo de lidar com a Busca para os estudiosos da igreja. O método não faz apelos a favor do entendimento da igreja sobre Jesus nem fecha a porta para investigar as evidências factuais referentes aos aspectos mais importantes e controversos das crenças da igreja. Ele evita a armadilha de separar o Jesus histórico do Jesus real, ao mesmo tempo que reconhece a distinção válida entre o Jesus real da história e o que podemos saber sobre ele.

DE VOLTA A JESUS

Devemos reconhecer que a maioria dos especialistas que pretendem estudar o Jesus histórico pressupõe que ele deve ser muito diferente do Jesus da igreja. Tem sido assim desde o começo com Reimarus, que argumentou que Jesus era um revolucionário fracassado. O objetivo principal de um estudo desse tipo tem sido compreendido, de modo geral, ser o de separar o trigo de um Jesus histórico meramente humano do joio do Cristo encarnado. Como observou Joachim Jeremias: "Toda a atividade acadêmica, centrada no Jesus histórico, representou uma tentativa de romper com o dogma. O grito de guerra era: 'De volta a Jesus, o homem de Nazaré!'"[86]

---

[84]Eddy e Boyd, *Jesus Legend*, 88.
[85]Licona, "Historians and Miracle Claims", 122-23.
[86]Joachim Jeremias, "The Search for the Historical Jesus" [A busca do Jesus histórico], em *Jesus and the Message of the New Testament* [Jesus e a mensagem do Novo Testamento], ed. K. C. Hanson, Fortress Classics in Biblical Studies [Clássicos Fortress sobre estudos bíblicos] (Minneapolis: Fortress, 2002), 3. A observação foi feita inúmeras vezes.

A resposta apropriada da igreja a essa "busca" deve, obviamente, ser discordar do objetivo de encontrar um Jesus diferente. No entanto, argumentaríamos que é um erro ceder "o Jesus histórico" a esses buscadores. Os estudiosos cristãos não devem concordar com os termos estabelecidos pelos naturalistas, mas podem e devem *se envolver com as questões levantadas na busca* — e, felizmente, muitos estão fazendo isso.

Além disso, a igreja tem sua própria busca: não procurar um Jesus de sua própria fabricação, mas conhecer a verdade sobre Jesus e apresentá-lo fielmente. Envolver-se na busca é importante para a igreja não apenas defender suas crenças a respeito de Jesus, mas porque a igreja está sempre buscando um entendimento mais pleno e mais acurado de Jesus. A afirmação da igreja nunca foi que ela sabe tudo sobre Jesus ou que o conheça perfeitamente. Podemos e devemos aprender mesmo com os participantes da busca que não compartilham nossas opiniões sobre Jesus, mas que geralmente trazem uma riqueza de informações e percepções sobre os contextos e significados de elementos específicos nos relatos de Jesus nos Evangelhos da igreja.

Como N. T. Wright observou: "É necessário um estudo histórico genuíno — não para construir um 'quinto Evangelho', mas para entender os quatro que já temos."[87] O estudo do Jesus histórico realizado adequadamente não tenta construir um "quinto Evangelho", o que é feito pelos liberais com suas reconstruções seletivas e pelos fundamentalistas ocasionalmente, com suas harmonizações forçadas, alegando, por exemplo, que Pedro negou Jesus seis vezes.[88] Ambos os extremos falham em permitir que cada Evangelho fale em seus próprios termos. Ambos são exercícios legítimos levados ao extremo: não há nada de errado em tentar reconstruir o que aconteceu quando nossas informações são incompletas ou com métodos de harmonização onde são possíveis harmonizações razoáveis.

O único interesse da igreja é seguir o Jesus histórico e nele crer — o verdadeiro Jesus, o verdadeiro homem de Nazaré. A evidência mostra que o Jesus da história era um homem real que realizava curas e exorcismos notáveis, que proclamava nele ter chegado o reino de Deus, que fez várias outras afirmações surpreendentes sobre si mesmo que seus discípulos passaram a entender como reivindicações de divindade, que morreu em uma cruz por ordem de Pôncio Pilatos e, sim, que ressuscitou dos mortos. Não há outro Jesus.

---

[87]Wright, "No, We Need History", 28.
[88]Johnston M. Cheney, *The Life of Christ in Stereo* [A vida de Cristo em estéreo] (Portland: Western Conservative Baptist Seminary Press, 1969), 190-92, 258; Harold Lindsell, *The Battle for the Bible* [A batalha pela Bíblia] (Grand Rapids: Zondervan, 1976), 174-76.

2

O JESUS HISTÓRICO

NA RECENTE ERUDIÇÃO EVANGÉLICA

Craig L. Blomberg
Darlene M. Seal

A erudição bíblica tende a mover-se em ciclos, com atividades agitadas em uma área específica, seguidas por momentos mais calmos. Atualmente, Paulo está no centro das atenções, com perspectivas antigas, novas e mais novas e grandes e importantes obras que merecem ser examinadas em detalhes saindo das gráficas das editoras mais depressa do que os leitores conscientes e rápidos conseguem acompanhar. O estudo do Jesus histórico está ficando notavelmente para trás. Sem dúvida, isso parece justo. Esse tópico ocupou o centro do palco durante os vinte anos de meados da década de 1980 a meados da década de 2000, o cerne do qual foi chamado de Terceira Busca. A busca original pelo Jesus histórico foi o rótulo dado por Albert Schweitzer para os estudos (principalmente alemães) do século 19, que ele pesquisou e depois começou a expor-lhes as falsas e exageradas pretensões no início do século 20. Como resultado, o que se seguiu foi o que N. T. Wright chamou de período de "não busca", dominado pelo ceticismo de Rudolf Bultmann de saber muito além da mera "objetividade" de Jesus. Então, após a Segunda Guerra Mundial, veio a nova busca, iniciada por vários ex-alunos de Bultmann, especialmente Günther Bornkamm, Ernst Käsemann e James M. Robinson. Ela permaneceu cética em relação a porções significativas da tradição sinóptica, mas reabilitou seus principais contornos sobre o que Jesus fez e especialmente validou uma série de suas palavras. Somente a partir de 1980, porém, emergiu uma discreta terceira pesquisa por Jesus de Nazaré, utilizando maior sofisticação criteriológica, metodologia interdisciplinar e fontes extracanônicas. Ela fazia perguntas holísticas sobre causa e efeito, estudava os atos de Jesus pelo menos tanto quanto as palavras e, mais importante, replantava Jesus firmemente no solo judeu em que ele realmente crescera, terreno que havia sido regularmente perdido no meio de todo o antissemitismo, especialmente na Europa, durante meados do século 20.[1]

É assim, pelo menos, que várias pessoas que tentam resumir um século e meio de estudos sintetizam as coisas em um escopo administrável. A história nunca é tão limpa e ordenada, e as fases da história tendem a emergir na mente dos historiadores à medida que tentam sistematizar e dar sentido a ela, comunicando-a e tornando-a interessante para os outros, mais do que nos aspectos complexos e diversificados da realidade. A visão geral detalhada do período coberto pelas três buscas feita por Stanley Porter mostra: como houve inúmeros tratamentos diferentes durante cada "fase", que nunca houve realmente um período de "não busca" e que as generalizações sobre cada busca são simplesmente isto: tendências que ganham atenção e caracterizam um período um pouco mais do que outros, mas não na medida em que os resumos excessivamente abreviados e simplificados possam sugerir.[2] No entanto, com essas advertências em mente, o que pretendemos fazer a seguir é esboçar os contornos amplos dos atuais estudos sobre o Jesus histórico, delinear contribuições evangélicas para eles, ao mesmo tempo que damos atenção às críticas e aos desafios enfrentados por estudiosos evangélicos, e, por fim, indicar algumas potenciais direções futuras que podem dar frutos na pesquisa do Jesus histórico.

A SITUAÇÃO ATUAL DA PESQUISA DO JESUS HISTÓRICO

Bem, em que pé estamos agora? E onde estão os evangélicos na confusão acadêmica? A generalização abrangente e simplificada para responder à

---

[1]Veja esp. Stephen Neill e Tom Wright, *The Interpretation of the New Testament 1861-1988* [A interpretação do Novo Testamento 1861-1988], 2.ª ed. (Oxford: Oxford University Press, 1988), 112-46.
[2]Stanley E. Porter, *The Criteria of Authenticity in Historical-Jesus Research: Previous Discussion and New Proposals* [Os critérios de autenticidade na pesquisa do Jesus histórico: discussão anterior e novas propostas], JSNTSup 191 (Sheffield: Sheffield Academic Press, 2000), 28-62. Cf. tb. F. Bermejo Rubio, "The Fiction of the 'Three Quests': An Argument for Dismantling a Dubious Historiographical Paradigm" [A ficção das "Três Buscas": um argumento para desmantelar um paradigma historiográfico dúbio], *JSHJ* 7 (2009): 211-53.

primeira dessas perguntas é que estamos em uma calmaria geral no mundo da pesquisa a respeito de Jesus. Nenhum trabalho da magnitude ou com a influência de *Jesus and Judaism* [Jesus e o judaísmo], de E. P. Sanders (1985),[3] *O Jesus histórico*, de Dominic Crossan (1993),[4] *Jesus and the Victory of God* [Jesus e a vitória de Deus], de N. T. Wright (1996),[5] ou *Jesus Remembered* [Jesus rememorado], de James D. G. Dunn (2003),[6] apareceu nos últimos quinze anos. Mais vozes do que ouvimos anteriormente estão nos dizendo que a Terceira Busca já fez sua jogada, de modo que é hora de embaralhar as cartas e começar uma nova partida, por assim dizer. Nas facções dos estudos bíblicos, bem à esquerda e bem à direita, ouvimos mensagens muito estranhas. Bem à esquerda, entre os ateus, homens como Richard Carrier e Robert Price convencem muitas pessoas crédulas de que realmente não há nenhuma evidência histórica sólida sobre a existência de Jesus.[7] Felizmente, estudiosos bíblicos de boa-fé, como Bart Ehrman e Maurice Casey, que muitas vezes têm-se mostrado nêmesis dos evangélicos, têm integridade e conhecimento suficientes para escrever monografias inteiras que refutam esse ceticismo completo.[8]

Bem à direita aparece F. David Farnell, saindo-se à semelhança de seu mentor Robert Thomas e censurando qualquer evangélico que até mesmo participe da pesquisa sobre o Jesus histórico como tendo capitulado ao pós-modernismo, porque, aparentemente, para ele o realismo ingênuo é a única epistemologia aceitável, apesar da incapacidade dela de entregar a certeza do conhecimento que esses estudiosos exigem.[9] Uma boa dose de realismo crítico é uma solução muito melhor. Em outras palavras, pesquisas

---

[3]E. P. Sanders, *Jesus and Judaism* (Filadélfia: Fortress, 1985).
[4]John Dominic Crossan, *O Jesus histórico: A vida de um camponês judeu do Mediterrâneo* (Rio de Janeiro, RJ: Imago, 1994).
[5]N. T. Wright, *Jesus and the Victory of God*, vol. 2 de *Christian Origins and the Question of God* [Origens cristãs e a pergunta sobre Deus] (Minneapolis: Fortress, 1996).
[6]James D. G. Dunn, *Jesus Remembered*, vol. 1 de *Christianity in the Making* [Cristianismo em formação] (Grand Rapids: Eerdmans, 2003).
[7]Richard Carrier, *On the Historicity of Jesus: Why We Might Have Reason for Doubt* [Sobre a historicidade de Jesus: por que podemos ter razões para duvidar] (Sheffield: Sheffield Phoenix, 2014); Robert M. Price, *Deconstructing Jesus* [Desconstruindo Jesus] (Amherst, NY: Prometheus, 2000).
[8]Bart D. Ehrman, *Jesus existiu ou não?* (Rio de Janeiro, RJ: HarperCollins Brasil, 2014); Maurice Casey, *Jesus: Evidence and Argument or Mythicist Myths?* [Jesus: evidências e argumentos ou mitos míticos?] (Nova York: T&T Clark, 2014).
[9]Veja seu capítulo e vários outros em F. David Farnell, ed., *Vital Issues in the Inerrancy Debate* [Questões vitais no debate sobre inerrância] (Eugene, OR: Wipf & Stock, 2015); cf. os capítulos dele e os de Thomas em Robert L. Thomas e F. David Farnell, eds., *The Jesus Crisis: The Inroads of Historical Criticism into Evangelical Scholarship* [A crise de Jesus: as incursões da crítica histórica na erudição evangélica] (Grand Rapids: Kregel, 1998).

históricas sobre qualquer tópico só podem lidar com probabilidades, mas muitas probabilidades estão "além da dúvida razoável" e as vivemos diariamente. Alguém que se rende à "feia e ampla vala" de Lessing de que as verdades acidentais da história nunca podem formar a base para as verdades necessárias da razão falha ao não perceber que os seres humanos caídos e finitos nunca podem ter 100% de segurança sobre nada. Mesmo uma Escritura inerrante deve ser interpretada por humanos errantes, embora a revelação dada por Deus certamente nos dê uma significativa vantagem. O realismo crítico nos lembra que podemos alcançar graus de probabilidade altos o suficiente a fim de exceder as probabilidades das outras opções por uma diferença grande o bastante para merecer nossa confiança.[10]

Entre esses dois extremos, encontra-se um amplo espectro de entendimentos. Ainda podemos encontrar representantes de cada uma das várias caracterizações de Jesus que apareceram na taxonomia de Ben Witherington há mais de vinte anos. Jesus pode ser um guru oriental, um filósofo cínico itinerante, um milagreiro infundido de espírito de modo único, um profeta escatológico, um estímulo à mudança social, um sábio prudente ou um messias judeu marginalizado.[11] Se acrescentarmos a perspectiva do escritor muçulmano *freelancer* Reza Aslan, temos até o Jesus de S. G. F. Brandon como um zelote reconstruído.[12] Curiosamente, após repetidas tentativas de transformar Jesus em fariseu, essênio ou mesmo zelote, até onde sabemos ele ainda não foi descrito como saduceu.[13] Mesmo essa afirmação faria mais

---

[10]Para uma excelente introdução, veja Ben F. Meyer, *Reality and Illusion in New Testament Scholarship: A Primer in Critical Realist Hermeneutics* [Realidade e ilusão nos estudos do Novo Testamento: uma cartilha sobre crítica hermenêutica realista] (Collegeville, MN: Michael Glazier, 1995). Para aplicação à busca por Jesus, veja esp. Jonathan Bernier, *The Quest for the Historical Jesus after the Demise of Authenticity: Toward a Critical Realist Philosophy of History in Jesus Studies* [A busca pelo Jesus histórico após o fim da autenticidade: em direção a uma filosofia realista crítica da história nos estudos sobre Jesus], LNTS 540 (Nova York: T&T Clark, 2016).

[11]Ben Witherington III, *The Jesus Quest: The Third Search for the Jew of Nazareth* [A busca por Jesus: a terceira pesquisa pelo judeu de Nazaré] (Downers Grove, IL: InterVarsity Press, 1995). O rótulo "guru oriental" é nosso, mas o conceito está presente no conjunto de títulos de capítulos de Witherington que formam sua taxonomia.

[12]Reza Aslan, *Zealot: The Life and Times of Jesus of Nazareth* [Zelote: A vida e os tempos de Jesus de Nazaré] (Nova York: Random House, 2014). Cf. S. G. F. Brandon, *Jesus and the Zealots: A Study of the Political Factor in Primitive Christianity* [Jesus e os zelotes: um estudo do fator político no cristianismo primitivo] (Manchester: University of Manchester Press, 1967).

[13]Entre os trabalhos historicamente responsáveis, veja esp., sobre o fariseu, Harvey Falk, *Jesus the Pharisee: A New Look at the Jewishness of Jesus* [Jesus, o fariseu: um novo olhar sobre o judaísmo de Jesus] (Nova York: Paulist, 1985); sobre um relacionamento próximo com os essênios, Bargil Pixner, *Paths of the Messiah: Messianic Sites in Galilee and Jerusalem: Jesus and Jewish Christianity in Light of Archaeological Discoveries* [Caminhos do Messias: sítios messiânicos na Galileia e em Jerusalém: Jesus

sentido do que tentar dizer que Jesus nunca existiu ou que participar da busca é uma traição perigosa à própria fé. Mas seria um exagero e totalmente pouco convincente!

Embora ainda possam ser encontrados os proponentes de todas as várias caracterizações de Witherington, três se destacam em relação às demais: o profeta escatológico, o proponente de mudança social e o messias judeu marginalizado. Sob o primeiro desses títulos, alguns como Amy-Jill Levine e André LaCocque tentam tornar Jesus tão judeu que praticamente qualquer coisa distinta nos Evangelhos é eliminada como inautêntica.[14] Esse entendimento tão completamente sustenta o famoso critério de dissimilaridade de Bultmann[15] que ele se torna um critério de similaridade. Em lugar de imaginar que aquilo que separava Jesus de seus contemporâneos muito pouco provavelmente foi inventado por eles, agora procuramos maneiras pelas quais ele pode ser mostrado como um judeu completo. Somente o que é entendido que Jesus disse ou fez de altamente semelhante ao judaísmo do início do primeiro século em Israel se torna crível. Combine isso com o outro lado do critério de dissimilaridade e com o cristianismo emergente, e você terá o entendimento *continuum*, ou o duplo critério de similaridade, de Tom Holmén.[16] O que era parte integrante do pensamento judaico e permaneceu entrincheirado no cristianismo emergente se torna o que é atribuído mais confiadamente a Jesus. Esses estudiosos louvavelmente apagaram qualquer traço de antissemitismo da figura de Jesus que apresentavam, mas nos perguntamos se Jesus teria tido a influência que teve se fosse de fato tão indiscutivelmente judeu como afirmam. Também não restaria nenhuma razão convincente para sua crucificação, um desses fatos fundamentais atestados até por historiadores não cristãos antigos.[17]

---

e o cristianismo judaico à luz das descobertas arqueológicas] (San Francisco: Ignatius, 2010 [orig. alemão 1991]).

[14]Amy-Jill Levine, *The Misunderstood Jew: The Church and the Scandal of the Jewish Jesus* [O judeu incompreendido: a igreja e o escândalo do Jesus judeu] (San Francisco: HarperSanFrancisco, 2006); André LaCocque, *Jesus the Central Jew: His Times and His People* [Jesus, o judeu central: seu tempo e seu povo] (Atlanta: SBL Press, 2015).

[15]Rudolf Bultmann, *The History of the Synoptic Tradition* [A história da tradição sinóptica], ed. rev., trad. John Marsh (Oxford: Blackwell, 1963), p. 205.

[16]Veja esp. Tom Holmén, ed., *Jesus in Continuum* [Jesus no *continuum*], WUNT 289 (Tübingen: Mohr Siebeck, 2002). Cf. tb. Tom Holmén, ed., *Jesus from Judaism to Christianity: Continuum Approaches to the Historical Jesus* [Jesus, do judaísmo ao cristianismo: tratamento *continuum* ao Jesus histórico], LNTS 352 (Nova York: T&T Clark, 2007).

[17]Veja John P. Meier, *The Roots of the Problem and the Person* [As raízes do problema e da pessoa], vol. 1 de *A Marginal Jew: Rethinking the Historical Jesus* [Um judeu marginal: repensando o Jesus histórico], ABRL (Nova York: Doubleday, 1991), 177, e seu "critério de rejeição e execução".

O segundo modo de lidar com o assunto baseia-se na análise sociocientífica, tanto das narrativas do Evangelho quanto das dinâmicas culturais mais relevantes para o Israel de Jesus, a fim de retratá-lo como anti-imperial em um grau ou outro. A crítica ao império tem agora permeado os estudos de cada livro do Novo Testamento, e é fácil sucumbir a uma de duas tentações: ver críticas implícitas ao domínio romano à espreita em quase todos os lugares ou minimizar o impacto do império em praticamente todos os locais, exceto na própria cidade de Roma. Richard Horsley é provavelmente o campeão mais incansável da primeira dessas tendências;[18] alguns evangélicos se voltaram mais na direção oposta, mesmo que apenas por negligência.

O terceiro conjunto de estudos é o mais promissor. Às vezes, baseia-se no modelo idealizado por Sanders de Jesus como profeta; às vezes, está disposto a aceitar a possibilidade de que as ações simbólicas de Jesus apontavam para um tipo de afirmação ou consciência messiânica, e ocasionalmente reconhece que a cristologia da "identidade divina" surgiu tão cedo na história do movimento de Jesus que a única fonte razoável para a crença dos discípulos nele devem ter sido as coisas que o próprio Jesus vindicou de maneira bastante explícita.[19] Witherington colocou John Meier na categoria de messias marginalizado após os dois primeiros volumes de sua obra magistral sobre o Jesus histórico, na qual ele imaginou um "conclave não papal" de um estudioso judeu, um católico, um protestante e um agnóstico enclausurados no porão da biblioteca da Harvard Divinity School até que produzissem um documento de consenso, usando os critérios-padrão de autenticidade, sobre o que Jesus mais provavelmente disse e fez. Em volumes recentes, Meier adicionou um estudioso muçulmano a seu conclave imaginário. Em cada um dos quatro primeiros volumes, ele prometeu que o próximo seria o último, mas, no quinto e mais recente, ele parou de fazer previsões. Tendo começado em 1991, só podemos esperar que ele viva tempo suficiente para concluir o projeto.[20] Ele mesmo admite que o quinto volume o surpreendeu

---

[18]Talvez a obra mais representativa, que estende o tema para todas as Escrituras, seja Richard A. Horsley, ed., *In the Shadow of Empire: Reclaiming the Bible as a History of Faithful Resistance* [À sombra do império: resgatando a Bíblia como uma história de fiel resistência] (Louisville: Westminster John Knox, 2008). O próprio Horsley sumariza bem suas ideias sobre Jesus no capítulo "Jesus and Empire" [Jesus e o império], 75-96. Para mais detalhes, veja Richard A. Horsley, *Jesus and the Politics of Roman Palestine* [Jesus e a política da Palestina romana] (Columbia: University of South Carolina Press, 2014).

[19]Veja esp. Andrew Ter Ern Loke, *The Origin of Divine Christology* [A origem da cristologia divina], SNTSMS 169 (Cambridge: Cambridge University Press, 2017) e os estudos que ele avalia.

[20]John P. Meier, *A Marginal Jew: Rethinking the Historical Jesus* [Um judeu marginal: repensando o Jesus histórico], 5 vols. ABRL (Nova York: Doubleday; New Haven: Yale University Press, 1991-2016).

com as próprias descobertas; ele agora acredita que apenas quatro parábolas de Jesus podem ser apontadas, com maior probabilidade, como autênticas, embora, para a maioria dos pesquisadores sobre Jesus, elas forneçam o núcleo fundamental dos ensinamentos de Jesus sobre o reino de Deus, o tema mais central de seu ministério.[21] Qualquer um que prediga onde Meier chegará ao final está, portanto, especulando prematuramente.

Apoiando integralmente os estudos que veem uma consciência messiânica no Jesus histórico são os escritos de Larry Hurtado e Richard Bauckham, embora nenhum deles tenha escrito uma obra sobre o Jesus histórico *per se*.[22] Hurtado chamou repetidamente a atenção para os paralelos parciais entre a descrição de Jesus apresentada nos Evangelhos e as representações no judaísmo do Segundo Templo feitas do Espírito de Deus, da Torá, da Sabedoria, do *Logos* ou Palavra, e dos patriarcas exaltados e dos arcanjos. Ao lado de outros, ele enfatizou que o monoteísmo judaico anterior a 70 d.C. era mais variado do que após a destruição do templo em Jerusalém e permitiu uma unidade diferenciada dentro da natureza de Deus.[23] Tão importante quanto isso é sua repetida demonstração da natureza "revolucionária", e não evolutiva, da cristologia primitiva e elevada, que ocorre em todas as fontes que se pode localizar mais próximas do tempo da vida de Cristo às quais escolhamos seguir.[24] Bauckham enfatizou como os seguidores de Jesus deram um passo que outros judeus do Segundo Templo nunca deram, não importando quão perto tenham chegado da deificação de outras figuras exaltadas ou da reificação de conceitos mais abstratos, quando incluíram Jesus na própria identidade divina, ainda sem negar o monoteísmo.[25]

Também é possível encontrar algumas antologias muito grandes da pesquisa do Jesus histórico na última década que combinam perspectivas díspares de uma maneira que era bastante rara uma geração atrás, mostrando assim como os estudos mais conservadores atingiram a maioridade e

---

[21] John P. Meier, *Probing the Authenticity of the Parables* [Sondando a autenticidade das parábolas], vol. 5 de *A Marginal Jew: Rethinking the Historical Jesus*, ABRL (New Haven: Yale University Press, 2016).
[22] A menos que se considere Richard Bauckham, *Jesus: A Very Short Introduction* [Jesus: uma introdução muito breve] (Oxford: Oxford University Press, 2011).
[23] Veja esp. Larry W. Hurtado, *One God, One Lord: Early Christian Devotion and Ancient Jewish Monotheism* [Um Deus, um Senhor: Devoção cristã primitiva e monoteísmo judaico antigo], 3.ª ed. (Nova York: T&T Clark, 2015).
[24] Larry W. Hurtado, "The Gospel of Mark: Evolutionary or Revolutionary Document?" [O Evangelho de Marcos: Documento evolucionário ou revolucionário?], *JSNT* 40 (1990): 15-32.
[25] Veja esp. Richard Bauckham, *Jesus and the God of Israel: God Crucified and Other Studies on the New Testament's Christology of Divine Identity* [Jesus e o Deus de Israel: Deus crucificado e outros estudos sobre a cristologia do Novo Testamento sobre a identidade divina] (Grand Rapids: Eerdmans, 2008).

ganharam certo respeito na academia e como os próprios evangélicos estão mais dispostos a interagir com um amplo espectro de estudiosos e seu trabalho. O "manual" (!) de quatro volumes de Porter e Holmén ganha destaque tanto por quantidade quanto por preço, quase não deixando pedra sobre pedra e nenhum tópico sem ser tratado.[26] A antologia em dois volumes de James Charlesworth e Petr Pokorný sobre a pesquisa a respeito de Jesus tem aproximadamente o mesmo número de contribuições de alta qualidade, mas sem algumas das entradas menos valiosas que fazem Porter e Holmén ter o dobro do tamanho.[27]

Um incremento muito encorajador foi o lançamento do *Journal for the Study of the Historical Jesus* [Jornal para o estudo do Jesus histórico], que lançou seu primeiro volume em 2003. Ele estabeleceu um fórum para várias críticas e diálogos sobre algumas das principais ou mais recentes contribuições para a busca, como as de Wright ou as de Dunn. Também publicou outros fascículos temáticos relacionados a temas como memória, oralidade, João, o Batista, e milagres, além de numerosos artigos independentes sobre passagens individuais, temas maiores e metodologias ou critérios na pesquisa do Jesus histórico.[28] Desde o início, a qualidade dos artigos coincidiu com a dos periódicos muito mais bem conhecidos e estabelecidos há mais tempo nos campos do Novo Testamento e dos estudos bíblicos, e às vezes a excedia.

É claro que, se alguém analisar detalhadamente os últimos dez a quinze anos da pesquisa sobre Jesus, ficará claro porque as tentativas de agrupar períodos de tempo sob um ou mesmo alguns tópicos estão inevitavelmente fadadas ao fracasso. Os incrementos prosseguem em várias direções. Por exemplo, *Jesus Remembered*, de Dunn, levou vários outros estudiosos a expandir a observação bastante óbvia que não foi explicitamente declarada com suficiente frequência: o máximo que as obras históricas e biográficas, incluindo os Evangelhos, podem fazer é nos dar eventos e personagens como as pessoas deles se lembram.[29] Uma coleção altamente seletiva de informações,

---

[26]Tom Holmén e Stanley E. Porter, eds., *Handbook for the Study of the Historical Jesus*, 4 vols. (Leiden: Brill, 2011).
[27]James H. Charlesworth e Petr Pokorný, eds., *Jesus Research* [A pesquisa sobre Jesus], 2 vols. (Grand Rapids: Eerdmans, 2007, 2014).
[28]O periódico é publicado por E. J. Brill; dezesseis volumes consecutivos foram lançados de 2003 a 2018 até a época do lançamento do presente livro.
[29]Para uma avaliação equilibrada do tratamento e da pauta de Dunn, veja esp. *Memories of Jesus: A Critical Appraisal of James D. G. Dunn's* Jesus Remembered [Memórias de Jesus: uma avaliação crítica de *Jesus rememorado*, de James D. G. Dunn], ed. Robert B. Stewart e Gary R. Habermas (Nashville: B&H Academic, 2010).

historietas e ensinamentos é organizada como o historiador ou o biógrafo desejar, e no mundo antigo esse arranjo é frequentemente feito tanto por tópicos quanto por cronologia. O significado que o autor ou o compilador vê nos eventos é destacado pela repetição, também pela narrativa, pela duração da narração, pela sequência de arranjos e por inúmeras outras características literárias e retóricas. *Jesus and the Eyewitnesses*, de Richard Bauckham, agora em uma edição significativamente atualizada e ampliada, apresenta inúmeras razões pelas quais a "memória social" — a maneira como as coisas são lembradas em grupos de pessoas que valorizam muito as memórias de indivíduos ou de eventos que procuram preservar — torna provável que os escritores dos Evangelhos se lembrassem muito bem de Jesus.[30]

Por outro lado, muitos críticos apontam para testes modernos com a memória das pessoas, em que elas se enganam ou falham, a fim de lançar dúvidas sobre até que ponto os transmissores da tradição do Evangelho do primeiro século poderiam se lembrar de Jesus.[31] O problema com esse tratamento do assunto é que a memória é altamente cultivada em culturas orais sob formas quase inexistentes em nossa sociedade moderna voltadas para textos impressos. Mas, como corretamente apontou Paul Foster, o máximo que a discussão sobre memória social pode efetuar é criar algumas expectativas de preservação cuidadosa, mas não pode autenticar nenhuma perícope ou quaisquer temas como reais nos Evangelhos.[32] Outro grupo de pesquisadores a respeito de Jesus usa a refração da luz como analogia para a memória. O que temos são lembranças refratadas de Jesus, inclinadas ou distorcidas em certa direção. Mas, se pudermos reconhecer que inclinações são essas e levá-las em consideração, ainda podemos voltar a prováveis informações autênticas sobre Jesus.[33] Essa forma de tratar o assunto produz como que

---

[30]Richard Bauckham, *Jesus and the Eyewitnesses: The Gospels as Eyewitness Testimony*, 2.ª ed. (Grand Rapids: Eerdmans, 2017), esp. 319-57.

[31]P. ex., April DeConick, "Human Memory and the Sayings of Jesus: Contemporary Experimental Exercises in the Transmission of Jesus Traditions" [Memória humana e os ditos de Jesus: exercícios experimentais contemporâneos na transmissão das tradições de Jesus], em *Jesus, the Voice, and the Text: Beyond the Oral and the Written Gospel* [Jesus, a voz e o texto: além do Evangelho oral e escrito], ed. Tom Thatcher (Waco, TX: Baylor University Press, 2008), 135-79.

[32]Paul Foster, "Memory, Orality, and the Fourth Gospel: Three Dead Ends in Historical-Jesus Research" [Memória, oralidade e o Quarto Evangelho: três becos sem saída na pesquisa sobre o Jesus histórico], *JSHJ* 10 (2012): 191-227, esp. 193-202.

[33]Anthony Le Donne, *The Historiographical Jesus: Memory, Typology, and the Son of David* [O Jesus historiográfico: memória, tipologia e o Filho de Davi] (Waco, TX: Baylor University Press, 2009), usa esse tratamento do assunto para argumentar que o título "Filho de Davi", mais frequente em Mateus, pode ser uma formulação da igreja para sumarizar para um público judaico-cristão o significado das reivindicações autênticas de Jesus de ter autoridade sobre o templo.

uma via média entre o uso da memória para apoiar ou desafiar a autenticidade dos Evangelhos.

Um modo diferente de focar como Jesus foi lembrado é trabalhar de trás para a frente, dos efeitos à causa. N. T. Wright, já em *Jesus and the Victory of God*, há pouco mais de vinte anos e sem apelar para a memória social, argumentou, de modo inovador, que uma consciência messiânica já deveria estar presente no batismo de Jesus por João, o Batista. Mas ele a coloca muito mais tarde no ministério de Jesus, com a confissão que este faz em seu julgamento perante o Sinédrio (Marcos 14:62 e paralelos) e pergunta o que deve ter provocado o questionamento do sumo sacerdote e a resposta de Jesus. Certamente os Evangelhos apresentam o incidente com Jesus no templo como uma provocação e um catalisador para sua prisão. Mas, a partir de E. P. Sanders, a Terceira Busca muitas vezes vê o episódio também como uma previsão da destruição vindoura do templo em vez de apenas um apelo à reforma do culto. De qualquer maneira, ao desempenhar uma "lição objetiva" tão poderosa, quem Jesus pensava ser? Alguma autocompreensão bastante elevada devia estar presente. Voltando na história a partir desse evento, a chamada entrada triunfal, com sua consciente encenação de Zacarias 9:9, deve ter tido um significado messiânico para Jesus. E, dessa maneira, Wright continua retrocedendo por causa e efeito até chegar ao batismo de Jesus.[34]

Jens Schröter, mais recentemente, não é tão otimista quanto Wright sobre quanto pode ser recuperado. No entanto, ele aplica uma estratégia ou um critério de explicação necessário para autenticar os encontros de Jesus com João, o Batista, seu chamado dos Doze, a centralidade do reino em sua mensagem e em seu ministério, seus milagres de cura e exorcismos, seu uso messiânico de "Filho do Homem", sua oferta de pureza para os impuros, sua prisão em razão de suas ações contra o templo e sua morte por crucificação.[35] Novamente, questões holísticas e mais amplas, envolvendo eventos importantes na vida de Jesus em vez de apenas a análise atomística de ditos individuais, estão dando frutos.

Um tipo muito diferente de tendência é o aumento perceptível no que foi chamado de psicobiografia. Após décadas de insistência acadêmica de não tentarmos aplicar percepções psicológicas modernas aos povos antigos, especialmente àqueles conhecidos apenas por fontes altamente seletivas e

---

[34]Wright, *Jesus and the Victory of God*, 489-539.
[35]Jens Schröter, *Jesus of Nazareth: Jew from Galilee, Savior of the World* [Jesus de Nazaré: judeu da Galileia, Salvador do mundo] (Waco, TX: Baylor University Press, 2014), esp. 85-199.

ideologicamente opinativas, agora existem tentativas mais sofisticadas que estão ganhando credibilidade acadêmica, pelo menos em alguns círculos.[36] Qual, por exemplo, poderia ter sido o efeito em Jesus de ter crescido sem pai biológico? E, quanto mais outros sabiam que José não era esse indivíduo, mais Jesus pode ter sido estereotipado e estigmatizado como *mamzer* (o equivalente aramaico de bastardo). Essas experiências podem explicar por que Jesus enfatizou Deus como Pai?[37]

Obviamente, a maioria das pessoas que se envolvem com a pesquisa a respeito de Jesus não produz estudos referentes a toda a vida dele. É mais provável que estejam interessadas em uma fase, um tema ou uma característica específica de seu ministério. O estudo das parábolas de Jesus mostra-se permanentemente popular. Um trabalho muito recente sobre as parábolas capta o crescente reconhecimento de que elas eram, na verdade, um tipo de alegoria (ou pelo menos analogia), e cria um espectro útil de quão alegórica era dada parábola e as implicações de cada classificação para o significado de Jesus.[38] Por outro lado, esse modo de tratar o assunto que considera várias parábolas de Jesus não como retratando os modos de Deus lidar com a humanidade, mas lamentando a injustiça dos personagens muito reais e meramente humanos nelas, ataca toda "parábola do rei" conhecida na tradição rabínica (que contém literalmente centenas delas).[39] A maneira de explicar por que os personagens principais das parábolas de Jesus fazem coisas sem escrúpulos às vezes é perceber que eles não estão sendo comparados a Deus *em todos os aspectos* e que muitas vezes há uma lógica implícita *a fortiori* — do menor para o maior. Se mesmo um personagem humano iníquo agiria de certa (positiva) maneira sob certas circunstâncias, quanto mais Deus agirá da mesma maneira?[40]

---

[36]Veja esp. os artigos na seção "Psychobiography: Jesus within His Contexts" [Psicobiografia: Jesus dentro de seus contextos], em *Jesus Research: New Metodologies and Perceptions, The Second Princeton-Prague Symposium on Jesus Research Princeton 2007* [Pesquisa sobre Jesus: novas metodologias e percepções, Segundo Simpósio Princeton-Praga sobre a pesquisa Princeton acerca de Jesus 2007], ed. James H. Charlesworth, Brian Rhea e Petr Pokorný (Grand Rapids: Eerdmans, 2014), 399-466. Cf. tb. Bas van Os, *Psychological Analyses and the Historical Jesus* [Análises psicológicas e o Jesus histórico] (Nova York: T&T Clark, 2011).

[37]Andries van Aarde, *Fatherless in Galilee: Jesus as Child of God* [Sem pai na Galileia: Jesus como Filho de Deus] (Harrisburg, PA: Trinity Press International, 2001).

[38]Suk Kwan Wong, *Allegorical Spectrum of the Parables of Jesus* [Espectro alegórico das parábolas de Jesus] (Eugene, OR: Wipf & Stock, 2017).

[39]Para um exemplo recente clássico dessa falácia, veja Elizabeth V. Dowling, *Taking Away the Pound: Women, Theology, and the Parable of the Pounds in the Gospel of Luke* [Tirar a mina: mulheres, teologia e a parábola das minas no Evangelho de Lucas], LNTS 324 (Nova York: T&T Clark, 2007).

[40]Veja em todo Craig L. Blomberg, *Interpreting the Parables* [Interpretando as parábolas], 2.ª ed. (Downers Grove, IL: InterVarsity Press, 2012).

Outros estudos sobre o Jesus histórico se concentram em uma fase específica de sua vida, como a chamada saída da Galileia. A controvérsia gira em torno da questão de saber se o Jesus histórico de fato antecipou uma missão gentia para seus seguidores. Isso é um prenúncio de tal missão? Para onde foram os setenta (e dois) que Lucas 10:1-20 diz que Jesus enviou depois e além dos Doze (Marcos 6:7-13 e paralelos), e eles estavam predizendo o envio dos discípulos até os confins da terra? As balanças se inclinam um pouco na direção de reconhecer que isso pode ser exatamente o que essas passagens indicam,[41] mesmo se a aceitação da historicidade da Grande Comissão *per se* (Mateus 28:19,20a), pelo menos na forma trinitária em que hoje existe, ainda é difícil de encontrar fora dos círculos explicitamente evangélicos.[42]

Outro tratamento dado aos estudos sobre o Jesus histórico é focar um tema específico. Já mencionamos o título Filho do Homem, a autodenominação mais característica e distintiva de Jesus. Apesar de Maurice Casey afirmar ter encontrado a solução definitiva para o significado desse rótulo como não sendo um título e implicando apenas um ser humano,[43] parece haver uma aceitação crescente da probabilidade de Daniel 7:13 estar por trás disso *e* de que nessa passagem há um indivíduo muito elevado chamado "filho do homem", e não apenas um monograma corporativo para os santos de Israel. No entanto, a exata ambiguidade desse rótulo permitiu que Jesus o envolvesse de seu próprio significado, e as três principais categorias de seu uso (ditos terrenos, celestiais e do Filho do Homem sofredor) podem empregar o título de maneiras ligeiramente diferentes.[44] Notavelmente menos estudiosos do que em épocas anteriores continuam a duvidar da origem pré-cristã das parábolas em *1Enoque*, que se referem regularmente ao Filho do Homem como uma figura celestial.[45] A provável origem pré-cristã dessas parábolas aumenta ainda mais a probabilidade de Jesus também ter usado a designação nesse sentido de título.

---

[41]Esp. à luz de Michael F. Bird, *Jesus and the Origin of the Gentile Mission* [Jesus e a origem da missão gentia], LNTS 331 (Nova York: T&T Clark, 2007).

[42]Mas, dentro desses círculos, veja agora o argumento de Loke, *Origin of Divine Identity Christology*, 174-80.

[43]Maurice Casey, *The Solution to the "Son of Man" Problem* [A solução para o problema do "Filho do Homem"], LNTS 343 (Nova York: T&T Clark, 2009).

[44]Veja esp. Larry W. Hurtado e Paul L. Owen, eds., *"Who Is This Son of Man?" The Latest Scholarship on a Puzzling Expression of the Historical Jesus* ["Quem é este Filho do Homem?" Os mais recentes estudos sobre uma expressão intrigante do Jesus histórico], LNTS 390 (Nova York: T&T Clark, 2011).

[45]Veja esp. Darrell L. Bock e James H. Charlesworth, eds., *Parables of Enoch: A Paradigm Shift* [Parábolas de Enoque: uma mudança de paradigma], JCTCRS 11 (Nova York: T&T Clark, 2013).

Esses são apenas alguns dos muitos exemplos possíveis que demonstram porque é difícil caracterizar o período em que atualmente se vive com os rótulos temáticos que os historiadores podem usar anos depois. Quem sabe o que terá e não terá valor ou influência duradouros? Quem pode dizer quais eventos de nossos dias capturarão o interesse de futuros pesquisadores e escritores a tal ponto que, por sua vez, virão a enfatizar seus efeitos e, em seguida, procurarão rastreá-los até suas respectivas causas em nosso mundo contemporâneo? Onde estamos agora e onde estão os evangélicos na mistura da pesquisa do Jesus histórico?

OS EVANGÉLICOS E O ESTUDO DO JESUS HISTÓRICO

A resposta curta para: "Onde os evangélicos estão na mistura da pesquisa sobre Jesus hoje?" é: "Em quase todo lugar." A proliferação de evangélicos na academia significa que é difícil existir uma disciplina, subdisciplina ou subsubdisciplina nas pesquisas do Novo Testamento, dos Evangelhos ou de Jesus em que cristãos comprometidos e crentes na Bíblia não tenham publicado obras significativas com os mais altos níveis de erudição. Um dos editores deste volume, Darrell Bock, tem-se destacado em várias áreas dos estudos sobre o Jesus histórico. Ele ganhou tanta credibilidade e cultivou relações tão fortes com estudiosos em todo o espectro teológico e ideológico que até mesmo seus críticos geralmente incluem os seus pontos de vista e recorrem a eles.[46] O mesmo se aplica a outros importantes pesquisadores evangélicos de Jesus, como Craig Evans, Ben Witherington e Michael Bird.[47] Isso é verdade também para os principais especialistas evangélicos em subdisciplinas, como Graham Twelftree acerca dos milagres

---

[46]Começando com o mais importante de Darrell L. Bock, *Blasphemy and Exaltation in Judaism and the Final Examination of Jesus: A Philological-Historical Study of the Key Jewish Themes Impacting Mark 14:61-64* [Blasfêmia e exaltação no judaísmo e o exame final de Jesus: um estudo filológico-histórico dos principais temas judaicos que impactam Marcos 14:61-64], WUNT 2/106 (Tübingen: Mohr Siebeck, 1998). Essa obra veio à luz logo após um grande comentário em dois volumes sobre *Luke* [Lucas], 2 vols. BECNT (Grand Rapids: Baker Academic, 1994, 1996), no qual ele discute a historicidade de cada perícope em uma subseção distinta do comentário sobre aquela passagem.

[47]De muitos livros que poderiam ser listados, as obras-chave incluem Craig A. Evans, *Jesus and His Contemporaries: Comparative Studies* [Jesus e seus contemporâneos: estudos comparativos] (Leiden: Brill, 2001); Ben Witherington III, *Jesus the Seer: The Progress of Prophecy* [Jesus, o vidente: o progresso da profecia] (Peabody, MA: Hendrickson, 1999); idem, *Jesus the Sage: The Pilgrimage of Wisdom* [Jesus, o sábio: a peregrinação da sabedoria] (Minneapolis: Fortress, 2000); Michael F. Bird, *Are You the One Who Is to Come? The Historical Jesus and the Messianic Question* [Tu és aquele que viria? O Jesus histórico e a questão messiânica] (Grand Rapids: Baker, 2009).

de Jesus, Klyne Snodgrass acerca de suas parábolas ou Michael Licona sobre a ressurreição.[48]

James Charlesworth, que é membro do Institute of Biblical Research [Instituto de Pesquisa Bíblica], uma sociedade de estudiosos da Bíblia declaradamente evangélica, listou sob 27 diferentes títulos com diferentes graus de probabilidade o que ele acredita que podemos saber sobre o Jesus histórico apenas por motivos históricos. Ele conclui que "obtivemos uma grande quantidade de informações sobre o judeu que se aventurou nas colinas de Nazaré, centrou seu ministério em Cafarnaum, subiu a Jerusalém e ao templo para adorar e acabou morrendo em uma cruz de madeira fora dos muros ocidentais de Jerusalém". Charlesworth acrescenta que Jesus "instou com todos os que o ouviram a estarem preparados para o governo de Deus, que às vezes parecia incrivelmente próximo daqueles que estavam perto dele. Ele habitualmente ensinava seus seguidores a orar [a chamada Oração do Senhor encontrada em Lucas 11:2-4]".[49]

Craig Keener vai ainda mais longe em seu lúcido e cheiíssimo de notas *The Historical Jesus of the Gospels* [O Jesus histórico dos Evangelhos], para tratar com detalhes consideráveis os ensinamentos éticos de Jesus, seus conflitos com outros mestres, suas palavras e ações proféticas, sua autocompreensão como mais do que um Messias terreno, sua confrontação com a elite judaica em Jerusalém e sua provocação a ela, sua prisão, sua crucificação como martírio voluntário e sua ressurreição.[50] Keener domina de forma incomparável as antigas fontes primárias judaica e greco-romana, que ele cita constantemente em suas obras em quantidade muito maior do que qualquer outro estudioso vivo, o que acrescenta tremenda credibilidade a seus pontos de vista.

O lugar de destaque, porém, deve ser dado a uma coleção de ensaios completamente evangélica, pelo menos em um sentido amplo, e que aplica maior precisão metodológica e consistência na análise do que qualquer

---

[48]Veja esp. Graham H. Twelftree, *Jesus the Exorcist: A Contribution to the Study of the Historical Jesus* [Jesus, o exorcista: uma contribuição ao estudo do Jesus histórico], WUNT 2/54 (Tübingen: Mohr Siebeck, 1993); Graham H. Twelftree, *Jesus the Miracle-Worker* [Jesus, o operador de milagres] (Downers Grove, IL: InterVarsity Press, 1999); Klyne R. Snodgrass, Stories with Intent: *A Comprehensive Guide to the Parables of Jesus* [Histórias com intenção: um guia abrangente das parábolas de Jesus] (Grand Rapids: Eerdmans, 2008); Michael R. Licona, *The Resurrection of Jesus: A New Historiographical Approach* [A ressurreição de Jesus: um novo entendimento historiográfico] (Downers Grove, IL: InterVarsity Press, 2010).

[49]James H. Charlesworth, *The Historical Jesus: An Essential Guide* [O Jesus histórico: um guia essencial] (Nashville: Abingdon, 2008), 121.

[50]Craig S. Keener, *The Historical Jesus of the Gospels* (Grand Rapids: Eerdmans, 2009).

outro trabalho recente que conheçamos. Estamos nos referindo à obra editada por Robert L. Webb e Darrell L. Bock, *Key Events in the Life of the Historical Jesus: A Collaborative Exploration of Context and Coherence*, que reflete o fruto de uma década de reuniões do Grupo de Estudo sobre Jesus do Instituto de Pesquisas Bíblicas.[51] Tantos quantos dos onze participantes disponíveis reuniram-se todos os anos para examinar minuciosamente rascunhos de um ou dois ensaios, passando vários dias juntos e passando linha por linha por todos os capítulos, discutindo as possíveis maneiras de melhorar cada estudo. Todas as declarações sobre origens judaicas ou greco-romanas específicas tiveram de ser apoiadas por citações reais de fontes antigas, pessoalmente confirmadas pelos próprios estudiosos. Citações de segunda mão de outros trabalhos da erudição moderna não foram consideradas aceitáveis. Os critérios-padrão de autenticidade foram aplicados a doze eventos-chave,[52] e os autores foram responsáveis por tornar o argumento mais forte, mas também o mais honesto possível, tanto para a autenticidade quanto para o significado de cada evento. Cada evento foi selecionado desde o início com a convicção de que outras pesquisas existentes já tornavam provável a corroboração da historicidade. Se um argumento parecesse especioso ou fosse formulado de uma maneira que fosse além do que as evidências poderiam apoiar completamente, os colegas do Grupo de Estudo insistiriam invariavelmente que o autor reescrevesse aquela parte do artigo.

Bock resume bem os resultados das descobertas encontradas na obra com relação à identidade geral e à autocompreensão de Jesus. Suas palavras merecem citação detalhada:

> Em resumo, o Jesus histórico apresentou o reino de Deus e a oportunidade de participação nele. Essa participação envolvia uma mudança mediante o arrependimento para reafirmar a responsabilidade da aliança que Deus originalmente deu a Israel, algo a que a participação de Jesus no batismo de João, o Batista, e a seleção dos doze deu início. A atividade de Jesus exigia um povo de Deus restaurado e um relacionamento renovado com Deus,

---

[51]Darrell L. Bock e Robert L. Webb, eds., *Key Events in the Life of the Historical Jesus: A Collaborative Exploration of Context and Coherence*, WUNT 247 (Tübingen: Mohr Siebeck, 2009).

[52]"O batismo de Jesus por João", "exorcismos e o reino", "Jesus e os Doze", "a comunhão à mesa de Jesus com os pecadores", "Jesus e as controvérsias sinópticas sobre o sábado", "a declaração de Pedro em Cesareia de Filipe sobre a identidade de Jesus", "a entrada real de Jesus em Jerusalém", "o incidente do templo", "a Última Ceia", "a blasfêmia judaica contra Jesus e o exame judaico dele", "o exame e a crucificação romanos de Jesus" e "o túmulo vazio de Jesus e sua aparição em Jerusalém" (Bock e Webb, *Key Events in the Life of the Historical Jesus*, vii-viii).

construído sobre sua própria autoridade. Esse novo relacionamento, evidenciado pelo chamado aos estranhos, acabaria por reformar o relacionamento dos discípulos com os outros, levando na direção da retidão e da reconciliação. O restante dos ensinamentos de Jesus, que não procuramos corroborar em nosso estudo, vem com o privilégio de estar conectado ao governo de Deus. Esse ensinamento conclamava à busca de uma justiça pessoal e social desafiadora que honrasse a Deus, reconfigurasse nosso papel como criaturas de Deus e servisse como um paradigma contrastante para o mundo sobre como viver. Essa trajetória parece estar de acordo com o que estabelecemos. Ao agir para mostrar a chegada dessa era decisiva, Jesus afirmou seu papel central na vinda dela, exortando as pessoas a crerem no que Deus estava fazendo por meio dele e, ao fazê-lo, segui-lo.[53]

Resultados semelhantes surgiram do trabalho magistral de Martin Hengel e Anna Maria Schwemer em alemão, *Jesus und das Judentum*.[54] De fato, uma notável seção contrária de monografias sobre o Jesus histórico chegou a conclusões comparáveis, se não idênticas, sobre os numerosos contornos da tradição de Jesus que podem ser autenticados, especialmente nos Evangelhos Sinópticos.[55] A contribuição de *Key Events in the Life of the Historical Jesus* não está sugerindo que novas áreas da vida de Cristo a partir dos Evangelhos devam ser aceitas como históricas, mas estabelecendo a historicidade de passagens ou de temas que os colaboradores estudaram com um rigor metodológico inigualável.

Desde o início, foi planejado publicar o livro com as descobertas do Grupo de Estudo do IPB com a editora Mohr Siebeck em Tübingen,

---

[53]Darrell L. Bock, "Key Events in the Life of the Historical Jesus: A Summary" [Eventos-chave na vida do Jesus histórico: um resumo], em Bock e Webb, *Key Events in the Life of the Historical Jesus*, 825-53 (aqui: 852).

[54]Martin Hengel e Anna Maria Schwemer, eds., *Jesus und das Judentum*, GFC 1 (Tübingen: Mohr Siebeck, 2007).

[55]Além das obras citadas em outras partes desse ensaio, podemos acrescentar Armand Puig i Tàrrech, *Jesus: A Biography* [Jesus: uma biografia] (Waco, TX: Baylor University Press, 2011); Gerald L. Borchert, *Jesus of Nazareth: Background, Witnesses, and Significance* [Jesus de Nazaré: pano de fundo, testemunhas e significância] (Macon, GA: Mercer University Press, 2011); Gerhard Lohfink, *Jesus of Nazareth: What He Wanted, Who He Was* [Jesus de Nazaré: o que ele queria, quem ele era] (Collegeville, MN: Liturgical Press, 2012); Helen K. Bond, *The Historical Jesus: A Guide for the Perplexed* [O Jesus histórico: um guia para os perplexos] (Nova York: T&T Clark, 2012); Lee Martin McDonald, *The Story of Jesus in History and Faith: An Introduction* [A história de Jesus na história e na fé: uma introdução] (Grand Rapids: Baker, 2013); Samuel Byrskog, Tom Holmén e Matti Kankaanniemi, eds., *The Identity of Jesus: Nordic Voices* [A identidade de Jesus: vozes nórdicas], WUNT 2/373 (Tübingen: Mohr Siebeck, 2014); José A. Pagola, *Jesus: An Historical Approximation* [Jesus: uma aproximação histórica], ed. rev. (Miami, FL: Convivium, 2014); e outras.

Alemanha, com uma das duas séries do Wissenschaftliche Untersuchungen zum Neuen Testament, que refletem os mais altos níveis de trabalho técnico e estão entre as séries de maior prestígio do mundo em estudos do Novo Testamento. Mas, para que a obra atraísse um público mais amplo, uma versão em brochura com a editora Eerdmans estava planejada para ser publicada no ano seguinte ao volume de Mohr Siebeck. Finalmente, em 2012, o próprio Bock escreveu uma popularização muito breve da obra em *Who Is Jesus? Linking the Historical Jesus with the Christ of Faith* [Quem é Jesus? Ligando o Jesus histórico ao Cristo da fé].[56] Infelizmente, a palavra nem sempre é publicada tão bem quanto se poderia esperar. Entre alguns que descobriram a obra, críticas da esquerda ou da direita podem ter evitado pelo menos parte da notoriedade que o livro merecia.

CRÍTICA À PESQUISA EVANGÉLICA SOBRE O JESUS HISTÓRICO E SEUS DESAFIOS

As críticas feitas contra *Key Events in the Life of the Historical Jesus* servirão como um conveniente estudo de caso para demonstrar o tipo de crítica que os estudos evangélicos sobre o Jesus histórico geralmente enfrentam, tanto de posições bem conservadoras quanto de bem liberais. Da ala esquerda, a principal crítica que surgiu contra a obra do IPB foi a de que não se pode esperar que uma sociedade que tenha uma base confessional como fundamento para a afiliação possa gerar estudos imparciais e confiáveis.[57] Em outras palavras, o IPB já está comprometido com uma visão elevada das Escrituras; então, é claro, que vai publicar sobre os aspectos da vida de Jesus que acredita poderem ser bem sustentados apenas por métodos históricos. Mas onde está a revisão por pares ou a interação com colegas acadêmicos que adotam posições bastante divergentes? Da ala direita, o mero envolvimento em erudição histórico-crítica torna o produto imediatamente suspeito.[58] Por definição, nem tudo nos Evangelhos será sustentado, e nem tudo o que for sustentado o será com o mesmo grau de confiança. Na melhor das

---

[56]Darrell L. Bock, *Who Is Jesus? Linking the Historical Jesus with the Christ of Faith* (Nova York: Howard Books, 2012).

[57]P. ex., Robert J. Miller, "Why It's Futile to Argue about the Historical Jesus: A Response to Bock, Keener, and Webb" [Por que é inútil discutir sobre o Jesus histórico: uma resposta a Bock, Keener e Webb], *JSHJ* 9 (2011): 85-95.

[58]P. ex., em Barry Hofstetter, ed., *Basics of Biblical Criticism: Helpful or Harmful?* [Noções básicas de crítica bíblica: útil ou prejudicial?] (Scotts Valley, CA: Create Space, 2012).

hipóteses, esse entendimento não tem valor para a igreja; na pior das hipóteses, ele se torna perigoso porque pode provocar as pessoas a questionarem a fé. Pense em estar entre a cruz e a espada! Por um lado, o trabalho do IPB é visto como autoconscientemente cristão demais para ser levado a sério como fato histórico; por outro lado, é visto como autoconscientemente histórico demais para ser levado a sério como cristão.

Ambas as reivindicações, em uma inspeção mais minuciosa, revelam-se vazias. Como Bultmann famosamente alegou, a exegese sem pressupostos é impossível.[59] Todo erudito tem suas inegociáveis funcionais, independentemente de ter ou não de afirmar uma declaração confessional de fé em sua escola ou em seu local de culto. Todo acadêmico tem o desafio de estar aberto a perspectivas bastante diferentes das suas, e, sendo franco, na academia de hoje, a maioria dos evangélicos faz isso melhor do que muitos de seus colegas de esquerda, que raramente interagem com posições fora de seu círculo de estudiosos com ideias afins. Ironicamente, os evangélicos aprenderam que não serão levados a sério, a menos que interajam com todos os principais ramos da erudição e, mesmo assim, nem sempre serão ouvidos de modo favorável. Os estudiosos mais liberais, por outro lado, muitas vezes podem evitar todas as posições mais conservadoras que as suas e ainda assim obter uma audiência significativa.[60]

Um tipo diferente de crítica vindo da ala esquerda é mais estranho. Dominic Crossan, por exemplo, manifesta uma perspectiva, de modo algum exclusiva dele, que sugere que a objetividade de uma pessoa na pesquisa sobre o Jesus histórico depende de quantas partes da tradição do Evangelho ela vem a questionar.[61] Em outras palavras, se tudo o que se faz é usar os critérios de autenticidade para apoiar a confiabilidade histórica de uma passagem, de um tema ou episódio da vida de Cristo, então não se está usando as ferramentas adequadamente. Só se mostra falta de preconceito ao encontrar, pelo menos,

[59]Rudolf Bultmann, "Is Exegesis without Presuppositions Possible?" [É possível exegese sem pressuposições?], *Existence and Faith: Shorter Writings of Rudolf Bultmann* [Existência e fé: escritos mais curtos de Rudolf Bultmann], ed. Schubert M. Ogden (Londres: Collins, 1961), 342-52.

[60]Como exemplo clássico, veja as duas obras produzidas pelo Seminário de Jesus: Robert W. Funk, Roy W. Hoover e o Seminário de Jesus, *The Five Gospels: The Search for the Authentic Words of Jesus* [Os cinco Evangelhos: a busca pelas autênticas palavras de Jesus] (Nova York: Macmillan, 1993); e Robert W. Funk e o Seminário de Jesus, *The Acts of Jesus: The Search for the Authentic Deeds of Jesus* [Os atos de Jesus: a busca pelos feitos autênticos de Jesus] (Nova York: HarperCollins, 1998). Um punhado de evangélicos participou desde o início, com o número diminuindo à medida que os processos se desenrolavam. Mas nada nos resultados publicados dá voz às perspectivas deles.

[61]John Dominic Crossan, "Reflexões finais: reflexões sobre o debate", em *O Jesus dos Evangelhos: mito ou realidade? Um debate entre William Lane Craig e John Dominic Crossan*, ed. Paul Copan (São Paulo, SP: Vida Nova, 2012), 173-75.

tantas coisas para rejeitar como não históricas quantas para aceitar como históricas, e, quanto mais, melhor. Existe alguma outra linha de investigação acadêmica ou crítica em que um tratamento tão ridículo seja considerado? Se um documento é consistentemente histórico (ou consistentemente não histórico), é desse modo que os historiadores devem classificá-lo, e não que precise existir certa quantidade de material rotulado como não histórico para tornar credível o veredicto do restante como histórico.

No outro extremo do espectro teológico, na ala bem à direita, a alegação é que, na melhor das hipóteses, o que a pesquisa sobre o Jesus histórico pode obter é o veredicto da *provável* autenticidade de certa *porção* da tradição do Evangelho. Os cristãos, por outro lado, devem declarar com certeza que todos os Evangelhos, por fazerem parte das Escrituras sagradas e canonizadas da igreja, são confiáveis.[62] Essa posição também aplica padrões que ninguém pensaria em empregar em qualquer outra arena da vida e que, quando empregados em assuntos religiosos, não cumprem o que seus proponentes desejam. Imagine alguns caminhantes seguindo uma trilha bastante clara através de uma floresta nas montanhas. De vez em quando, surgem caminhos secundários, mas eles nunca parecem tão amplos ou livres de obstáculos quanto o caminho principal. Frequentemente, marcas amarelas no tronco das árvores perto do caminho correto informam aos caminhantes que eles ainda estão seguindo a trilha certa. Em dado ponto do caminho, no entanto, uma dessas marcas não está suficientemente próxima para ficar à vista. Os caminhantes ficarão paralisados toda vez que chegarem a um caminhozinho lateral confuso? Claro que não; eles permanecerão na trilha principal e acabarão vendo outra marca amarela no tronco de uma árvore. Somente se avançassem muitíssimo sem ver uma marca daquelas e, então, observassem que essa nova trilha tinha cada vez menos a aparência constante da trilha principal, eles começariam a suspeitar que, sem saber, haviam se desviado de seu curso.

A aplicação à pesquisa de Jesus é instrutiva. Detalhes suficientes, especialmente os vindos da tradição sinóptica, demonstraram ser provavelmente autênticos, mais do que vários detalhes para os quais tem-se de retornar um veredicto de *non liquet* (não claro)[63] — não temos motivos para ficar

---

[62]Veja em Norman L. Geisler e F. David Farnell, eds., *The Jesus Quest: The Danger from Within* [A busca por Jesus: o perigo interno] (Maitland, FL: Xulon, 2014). Cf. F. David Farnell, "Three Searches for the 'Historical Jesus' but No Biblical Christ (Part 2): Evangelical Participation in the Search for the 'Historical Jesus'" [Três pesquisas sobre o "Jesus histórico", mas nenhum Cristo bíblico (parte 2): participação evangélica na busca do "Jesus histórico"], *Master's Seminary Journal* 24 (2013): 25-67.

[63]A expressão latina que Meier (*A Marginal Jew*, 5 vols.) gosta de usar quando os critérios são inconclusivos sobre certa parte da tradição do Evangelho.

perturbados. Como a grande maioria de todas as evidências que poderiam corroborar porções de documentos antigos está perdida para sempre na Antiguidade, não é realista esperar que os historiadores sejam capazes de autenticar grandes porções desses textos. No caso dos Sinópticos, foi autenticado o suficiente para dar o benefício da dúvida ao texto naqueles lugares em que não pode ser testado.[64] A fé de alguém não precisa erguer-se e sucumbir com todos os caprichos da crítica histórica. De fato, a única maneira de imaginar que alguém tem certeza absoluta é empregar uma forma dedutiva (e não indutiva) de raciocínio que começa com a inspiração divina dos textos canônicos, segue para a premissa de que Deus não pode mentir ou enganar e, portanto, deduz a total inerrância dos textos. Mas, para começar, como postular a inspiração divina dos textos canônicos? Ou é uma verdade "adequadamente básica" infalsificável (e, portanto, inverificável), que deve ser apenas postulada, ou é preciso usar argumentos históricos para defender que a igreja tomou decisões corretas ao reconhecer os textos inspirados por Deus, o que nos traz de volta ao reino das probabilidades.[65]

A importância de os evangélicos estarem envolvidos na pesquisa sobre o Jesus histórico não é para que venham a substituir o quadro inevitavelmente truncado daquilo que a história talvez possa corroborar pelos retratos canônicos mais bem ajustados. Uma das principais razões para estarem envolvidos é o valor apologético do empreendimento. No mínimo, a pesquisa por Jesus pode desbancar as alegações dos minimalistas que dizem que podemos saber muito pouco sobre a vida de Jesus de Nazaré (ou a noção completamente especiosa de que ele nunca existiu). Na melhor das hipóteses, convencerá algumas pessoas de que podemos conhecer bastante e que a figura advinda das melhores obras sobre o Jesus histórico realmente aponta na direção do divino Cristo das Escrituras. Norman Geisler costumeiramente afirma que ninguém se torna crente por esse tipo de raciocínio,[66] mas essa é uma afirmação infundada que é contradita pelos fatos. Um dos autores do presente livro já conheceu pessoalmente algumas pessoas, incluindo ex e atuais

---

[64]Cf. esp. Craig L. Blomberg, *A confiabilidade histórica dos Evangelhos* (São Paulo, SP: Vida Nova, 2019).

[65]Veja tb., de Craig L. Blomberg, *Can We Still Believe the Bible? An Evangelical Engagement with Contemporary Questions* [Ainda podemos acreditar na Bíblia? Um envolvimento evangélico com questões contemporâneas] (Grand Rapids: Brazos, 2014), 43-82 (sobre o cânon) e 119-45 (sobre a inerrância).

[66]Um dos autores do presente livro ouviu-o dizer isso repetidamente em conferências e palestras, incluindo, mas não se limitando à, a Sociedade Teológica Evangélica, em vários lugares ao longo dos anos.

alunos, bem como pessoas em conferências e palestras, que expressaram seu agradecimento por muitos de nós, evangélicos envolvidos na pesquisa sobre Jesus, que escreveram obras que foram fundamentais para que viessem ao Senhor. Também conhecemos estudiosos de vários continentes que nos disseram que essas obras os levaram de volta à fé quando estavam em sérias dúvidas. É trágico que pessoas como Farnell e Geisler nos censurem por esse tipo de trabalho para o reino, no mínimo porque prejudica as próprias causas evangelísticas e apologéticas que eles prezam.

Uma segunda razão principal para o envolvimento evangélico é que a pesquisa sobre o Jesus histórico pode destacar o que era dominante e o que era distintivo em Jesus. Itens dominantes são coisas que provavelmente serão lembradas e corroboradas por fontes independentes (múltipla atestação), e itens distintivos satisfarão os vários critérios de dissimilaridade. A pessoa que apenas lê os quatro Evangelhos em sequência ou, como a maioria dos leitores da Bíblia o faz, lê cada Evangelho em momentos diferentes, com intervalos consideráveis entre eles, muito provavelmente não vai entender isso. No primeiro caso, os leitores notarão mais atestações múltiplas do que realmente existem, porque provavelmente não estarão procurando o que caracteriza Marcos, Q, M, L e João[67], mas assumirão que o material que aparece em passagens paralelas em Mateus, Marcos e Lucas é várias vezes atestado quando, na verdade, representa apenas uma fonte independente: Marcos. No segundo caso, é menos provável que lembrem detalhadamente o conteúdo do que leram um pouco antes e não tenham uma percepção do que domina toda a tradição sinóptica, seja com base em apenas uma fonte independente, seja em várias. Quanto ao que é distintivo, apenas a imersão detalhada nos antecedentes histórico-culturais do mundo de Jesus permitirá essas solicitações de julgamento. Mas a mesma mentalidade que desencoraja a participação na arena maior da pesquisa sobre o Jesus histórico muitas vezes parece questionável ao passar muito tempo estudando textos não canônicos do mundo antigo,[68] sem os quais não se pode ter uma boa noção do que era distintivo no Jesus da história.

Um tipo muito diferente de desafio surge de estudiosos mais moderados, mais próximos do centro do espectro. Talvez os critérios de autenticidade

---

[67]Adotando a solução "quatro fontes" mais comum para o problema sinóptico, popularizada pela primeira vez por B. H. Streeter, *The Four Gospels: A Study of Origins* [Os quatro Evangelhos: um estudo das origens] (Londres: Macmillan, 1924).

[68]P. ex., Robert L. Thomas, *Evangelical Hermeneutics: The New versus the Old* [Hermenêutica evangélica: o novo *versus* o velho] (Grand Rapids: Kregel, 2002), esp. 271-322.

estejam todos errados, ou amplamente errados, e precisamos substituí-los por diferentes. Talvez o tratamento ao tópico de usar critérios de qualquer tipo em partes individuais da tradição do Evangelho esteja errado. Em 2012, Chris Keith e Anthony Le Donne editaram um livro que apresentava um desafio para aqueles que empregariam os critérios-padrão de autenticidade.[69] Um refrão recorrente no livro era remeter a dois artigos formativos escritos por Morna Hooker na década de 1970. De fato, a própria Hooker escreveu o prefácio dessa obra.[70] Perto do final do período da segunda (ou, então, simplesmente a "nova") busca, Hooker fez observações importantes sobre as limitações dos critérios. O critério de dupla dissimilaridade (o que é autêntico na tradição de Jesus é aquilo que é significativamente diferente do judaísmo dos dias de Jesus e das ênfases da igreja emergente) pode demonstrar apenas o que é distintivo, e não necessariamente o que é característico de Jesus (a menos que, por vezes, o que é distintivo seja também dominante). A atestação múltipla pode ser usada positivamente de maneira muito mais confiável do que pode ser usada negativamente. Em outras palavras, quanto maior o número de fontes independentes que testemunham alguma coisa, maior a probabilidade de que o evento realmente tenha acontecido. No entanto, a atestação única não deve inerentemente causar suspeitas; pode haver várias razões legítimas pelas quais algo pode estar hoje preservado em apenas uma fonte que é, apesar disso, histórica. O critério do ambiente palestino permanece em desacordo com o critério de dissimilaridade do judaísmo. Por um lado, pede-se que o elemento da tradição se encaixe bem no mundo de Jesus; por outro lado, que seja visivelmente distinto dele. Finalmente, o critério de coerência, por mais útil que possa parecer, é um critério derivado ou secundário, exigindo um corpo de material já bem autenticado a fim de que possa ser dito que outras coisas harmonizam-se com ele.[71]

Quando Hooker escreveu essas críticas na década de 1970, ela as apontava principalmente para estudiosos mais liberais do que ela e, portanto, mais céticos sobre a capacidade de reconstruir as façanhas do Jesus histórico em qualquer detalhe. Ironicamente, estudiosos mais moderados estão agora usando essas mesmas críticas para rejeitar tentativas evangélicas de se envolver

---

[69]Chris Keith e Anthony Le Donne, eds., *Jesus, Criteria, and the Demise of Authenticity* (Nova York: T&T Clark, 2012).

[70]Morna D. Hooker, "Foreword: Forty Years On" [Prefácio: quarenta anos depois], em Keith e Le Donne, *Jesus, Criteria, and the Demise of Authenticity*, xiii-xvii.

[71]Morna D. Hooker, "On Using the Wrong Tool" [Sobre o uso da ferramenta errada], *Theology* [Teologia] 75 (1972): 570-81; Morna D. Hooker, "Christology and Methodology" [Cristologia e metodologia], *NTS* 17 (1970-71): 480-87.

na pesquisa sobre Jesus. Em uma resenha do livro de Keith e Le Donne, um dos presentes autores apontou que, sem dúvida, as duas melhores obras da pesquisa evangélica sobre o Jesus histórico dos anos recentes — a obra de Craig Keener e a antologia do IPB — mal foram levadas em consideração.[72] Em correspondência pessoal, Keith respondeu que nem sequer estava ciente da existência da publicação do IPB — um reconhecimento revelador. Scot McKnight, um dos colaboradores do livro de Keith e Le Donne, que já havia escrito sobre o fim e a inutilidade das missões, observou que o livro de Keener havia acabado de chegar à sua mesa, mas não teve tempo de considerá-lo.

Curiosamente, um dos colaboradores de *Jesus, Criteria, and the Demise of Authenticity* foi Dagmar Winter. O título de seu ensaio era "Saving the Quest for Authenticity from the Criterion of Dissimilarity: History and Plausibility" [Salvando a busca pela autenticidade do critério de dissimilaridade: história e plausibilidade].[73] Sem dúvida, ela estava em um campo diferente do daqueles que, como Keith e McKnight, queriam desistir completamente. Winter é mais conhecida por seu livro com Gerd Theissen, cujo título foi traduzido para o inglês por *The Quest for the Plausible Jesus: The Question of Criteria* [A busca pelo Jesus plausível: a questão dos critérios].[74] Seu título em alemão, no entanto, é *Die Kriterienfrage in der Jesusforschung: Vom Differenzkriterium zum Plausibilitätskriterium* (A questão dos critérios na pesquisa sobre Jesus: do critério de dissimilaridade ao critério de plausibilidade).[75] Winter não está sugerindo que abandonemos a Terceira Busca, ou qualquer busca. Ela está preocupada com o fato de que precisamos levar em consideração as críticas legítimas dos critérios-padrão, o que de fato os colaboradores da publicação do IPB sobre Jesus fizeram. Mas ela captou o que Theissen desenvolveu com Annette Merz em seu livro sobre o Jesus histórico no final dos anos 1990 e chamou de o critério de plausibilidade.[76]

---

[72]Craig L. Blomberg, "Review of Chris Keith and Anthony Le Donne, eds., *Jesus, Criteria, and the Demise of Authenticity*" [Resenha de *Jesus, Criteria, and the Demise of Authenticity*, de Chris Keith e Anthony Le Donne, eds.], *Denver Journal* 16 (2013): *On-line*: https://denverseminary.edu/article/jesus-criteria-and-the-demise-of-authenticity/

[73]Dagmar Winter, "Saving the Quest for Authenticity from the Criterion of Dissimilarity: History and Plausibility", em Keith e Le Donne, *Jesus, Criteria, and the Demise of Authenticity*, 115-31.

[74]Gerd Theissen e Dagmar Winter, *The Quest for the Plausible Jesus: The Question of Criteria* (Louisville: Westminster John Knox, 2002).

[75]Gerd Theissen e Dagmar Winter, *Die Kriterienfrage in der Jesusforschung: Vom Differenzkriterium zum Plausibilitätskriterium*, Novum Testamentum et Orbis Antiquus 34 (Göttingen: Vandenhoeck & Ruprecht, 1997).

[76]Gerd Theissen e Annette Merz, *The Historical Jesus: A Comprehensive Guide* [O Jesus histórico: um guia abrangente] (Minneapolis: Fortress, 1998), 116-18.

Mais especificamente, o critério de plausibilidade histórica, conforme verteram os tradutores da obra de Theissen e Merz, contém quatro partes: sob a categoria "coerência e concordância" aparecem tanto "plausível coerência de influência" quanto "correspondência de contexto". Sob "incoerência [ou 'distinção'] e desacordo" vêm "plausível influência contrária à tendência" e "individualidade de contexto".[77] Percebe-se de pronto que esse é o critério de dissimilaridade dupla mais antigo combinado com o novo tratamento de *continuum*. N. T. Wright já havia independentemente identificado o mesmo tratamento em quatro partes do critério de dupla similaridade e dupla dissimilaridade.[78] Em outras palavras: se um elemento da tradição do Evangelho é concebível em um contexto judaico do início do primeiro século dentro de Israel, mas, ao mesmo tempo, tem alguma idiossincrasia distintiva que provavelmente não teria sido inventada pelo judaísmo convencional, e se, ao mesmo tempo, pode-se demonstrar que isso influenciou o cristianismo subsequente, mas não completamente, de modo que exista algum elemento único que não seja plausível que um cristão posterior tenha inventado, então temos um argumento muito forte e poderoso a favor de sua autenticidade.

Não é de surpreender que o livro de Theissen e Merz seja bastante semelhante aos livros de "consenso" sobre o Jesus histórico anteriormente mencionados a respeito do conteúdo dos Sinópticos que eles autenticam (veja acima). Essa semelhança mostra que, mesmo quando os estudiosos, pelo menos na Terceira Missão, enfatizavam a dissimilaridade, seus outros critérios frequentemente validavam o que era característico também. Por outro lado, quando os estudiosos preferiam a compreensão de *continuum*, não estavam abandonando completamente a dissimilaridade. E, como a busca de Winter por um Jesus plausível é admitida como parte da crítica de Keith e Le Donne ao *status quo*, não precisamos falar do fim dos esforços históricos para estabelecer a autenticidade. Certamente, o Jesus histórico nunca será o Jesus real, mas também não é o Jesus canônico. Ambos são apenas pequenos subconjuntos de tudo o que Jesus foi e fez (João 21:25). Talvez a linguagem de "um Jesus plausível" seja mais apropriadamente modesta e precisa em termos de resultados do que "o Jesus histórico", caso em que uma mudança na terminologia pode ser preferível a desistir completamente do empreendimento.

---

[77]Theissen e Merz, *Historical Jesus*, 118.
[78]Wright, *Jesus and the Victory of God*, 131-33.

PERSPECTIVAS PARA A PESQUISA DO JESUS HISTÓRICO

Se a busca não estiver morta, mas simplesmente precisar assumir contornos diferentes, como eles devem ser? Pode-se visualizar facilmente um segundo volume para o projeto IPB, tratando outras dez a doze perícopes com evidências corroboradoras talvez um pouco menos sólidas por meio dos critérios-padrão de autenticidade, mas com o suficiente para apresentar casos sugestivos. Poder-se-ia tomar as áreas que Theissen e Merz não examinaram e fazer a mesma coisa, apenas com o critério deles de quatro partes de plausibilidade histórica. Em toda essa discussão, no entanto, nenhuma palavra foi proferida sobre o Evangelho de João. O projeto IPB contava apenas com passagens dos Evangelhos Sinópticos multiplamente atestadas. Wright, em seu livro sobre o Jesus histórico, deteve-se apenas nos Sinópticos. Evangélicos ainda mais conservadores, como Craig Keener e Darrell Bock, em seus significativos estudos sobre o Jesus histórico, incorporam João ou tratam-no separadamente de Mateus, Marcos e Lucas.[79] Tudo isso, sem dúvida, é intencional, por causa do ceticismo extremo que os estudiosos do Jesus histórico em geral têm há mais de 150 anos sobre a confiabilidade geral do Quarto Evangelho. Por que travar uma batalha árdua tentando convencer estudiosos menos conservadores de um Jesus messiânico no Evangelho de João, se um argumento credível pode ser produzido a partir do material contido nos Sinópticos?

No entanto, quando se olha para o futuro, é tentador concordar com os críticos que alegam que a Terceira Busca *tem* desempenhado seu papel, mas concordar por motivos diferentes daqueles por eles apresentados. Não é que os critérios sejam tão ruins quanto afirmam esses críticos; não é que não haja razoável consenso sobre nada. Não é que os liberais tenham pensamentos tão preconceituosos que é perigoso até mesmo se envolver nos mesmos esforços acadêmicos que eles, nem que os conservadores sejam tão confessionalmente paralisados que não possam trazer objetividade a suas pesquisas. Pelo contrário, é a quase total ausência do Evangelho de João em todas essas conversas. E, no entanto, há mais de meio século, o que John A. T. Robinson no final dos anos 1950 chamou de "o novo olhar sobre João"[80]

---

[79]Bock e Webb, *Key Events in the Life of the Historical Jesus*; Wright, *Jesus and the Victory of God*; Keener, *Historical Jesus of the Gospels*; Darrell L. Bock e Benjamin I. Simpson, *Jesus according to Scripture: Restoring the Portrait from the Gospels* [Jesus de acordo com as Escrituras: restaurando a imagem a partir dos Evangelhos], 2.ª ed. (Grand Rapids: Baker, 2017).

[80]John A. T. Robinson, "The New Look on the Fourth Gospel" [O novo olhar sobre o Quarto Evangelho], *TU* 73 (1959): 338-50.

tem crescido em adeptos, em precisão metodológica e na confiança de que uma minoria significativa dos detalhes únicos do Quarto Evangelho pode ser corroborada e incluída em uma biografia de Jesus *apenas por motivos históricos*, isto é, sem necessariamente pressupor fé cristã.

Os três volumes produzidos pelo John, Jesus, and History Seminar of the Society of Biblical Literature [Seminário João, Jesus e História da Sociedade de Literatura Bíblica] e editados por Paul Anderson, Felix Just e Tom Thatcher podem representar melhor o *statis questionis* e até que ponto o "novo olhar" chegou.[81] Uma lista significativa de detalhes distintivos do Quarto Evangelho passam incólumes por um ou mais dos critérios convencionais de autenticidade e/ou encontra pelo menos uma corroboração parcial em evidências extrabíblicas. Os oito que Anderson destaca particularmente são "o ministério simultâneo de Jesus ao lado de João, o Batista, e a disponibilidade prolífica de poder purificador", "a purificação do templo feita por Jesus como um sinal profético inaugural", "a viagem de Jesus de e para Jerusalém e seu múltiplo ministério de um ano", "primeiros eventos no ministério público de Jesus" (João 2—4), "recepções favoráveis na Galileia entre samaritanos, mulheres e gentios", "ministério de Jesus na Judeia" com todo o seu "realismo arqueológico", "a Última Ceia como uma refeição comum e sua datação apropriada" e "os ensinamentos de Jesus sobre o caminho do Espírito e o reino da verdade".[82]

Se alguém tomar o critério de dupla similaridade e dupla dissimilaridade e aplicá-lo ao Evangelho de João, dificilmente haverá uma perícope em que nenhum elemento satisfaça esse teste de quatro pontas da plausibilidade histórica.[83] Outra forma complementar de tratar o assunto é retornar ao auge da crítica da forma e da redação, retirar as camadas obviamente mais redacionais de cada passagem e ver quais temas recorrentes permanecem nos núcleos das passagens que restarem. Esse modo não precisa implicar que o que é redacional é não histórico, embora obviamente menos críticos conservadores

---

[81]Paul N. Anderson, Felix Just e Tom Thatcher, eds., *John, Jesus e History* [João, Jesus e história], 3 vols. (Atlanta: SBL Press, 2007-2016). Cf. tb. James H. Charlesworth, "The Historical Jesus in the Fourth Gospel: A Paradigm Shift?" [O Jesus histórico no Quarto Evangelho: uma mudança de paradigma?] *JSHJ* 8 (2010): 3-46; e Stanley E. Porter, *John, His Gospel, and Jesus: In Pursuit of the Johannine Voice* [João, seu Evangelho e Jesus: em busca da voz joanina] (Grand Rapids: Eerdmans, 2015).

[82]Cf. esp. Paul N. Anderson, *The Fourth Gospel and the Quest for Jesus: Modern Foundations Reconsidered* [O Quarto Evangelho e a busca por Jesus: reconsiderados os fundamentos modernos], LNTS 321 (Nova York: T&T Clark, 2008), 154-73.

[83]Veja em toda a obra de Craig L. Blomberg, *The Historical Reliability of John's Gospel: Issues and Commentary* [A confiabilidade histórica do Evangelho de João: questões e comentários] (Downers Grove, IL: InterVarsity Press, 2001).

tenham feito essa afirmação. Em vez disso, como para John Meier, essas situações devem ser rotuladas como *non liquet* — não podemos, *apenas por motivos históricos*, apresentar um veredicto de uma maneira ou de outra. Mas o que não é *comprovadamente* redacional e, de modo especial, o que não é comprovadamente *não* redacional pode ser analisado em busca de padrões ou temas repetidos que bem podem representar o que foi afixado de maneira sólida na tradição mais antiga e, portanto, com maior probabilidade de estar ligado ao Jesus histórico. Poderão surgir novos itens que normalmente não são encontrados na pesquisa sobre Jesus que se limita aos Sinópticos? Ou podem surgir certas ênfases que refletem temas presentes, mas não tão enfatizados nos Sinópticos? Esses itens e ênfases poderiam melhorar nosso entendimento a respeito de Jesus de Nazaré de alguma maneira?[84]

Paul Anderson tem repetidamente chamado a uma quarta busca do Jesus histórico que visaria tratar desse tipo de pergunta. Anderson gostaria que as tradições sinóptica e joanina recebessem igual posição como bancos de dados para examinar quem era Jesus e o que ele disse e fez.[85] Os resultados podem extrair ainda mais dos Sinópticos do que de João, mas não seriam tão uniforme e unilateralmente dependentes apenas dos Sinópticos. O próprio Anderson tem trabalhado em um projeto desse tipo, mas resta saber se e quando será publicado. Certamente não há razão para que outras pessoas não se envolvam em investigações semelhantes.

Ainda não se sabe se os historiadores vindouros olharão para trás e descreverão uma coleção de estudos como uma quarta busca. Se o fizerem, talvez não seja porque surgiu uma grande leva de obras, incluindo material do Quarto Evangelho, mas talvez por algumas outras características. Parece improvável, no entanto, que a pesquisa sobre Jesus permaneça na comparativa calmaria que é sentida no momento. Como Markus Bockmuehl destacou, mesmo naqueles contextos que foram dominados por secularismo e ateísmo, os historiadores do mundo ocidental (e, cada vez mais, do mundo inteiro) não podem explicar grandes desenvolvimentos na civilização sem

---

[84]Para um exemplo de como isso pode funcionar, veja Craig L. Blomberg, "The Historical Jesus from the Synoptics and the Fourth Gospel? Jesus the Purifier" [O Jesus histórico a partir dos Sinópticos e do Quarto Evangelho? Jesus, o Purificador], *The Message of Jesus: John Dominic Crossan and Ben Witherington III in Dialogue* [A mensagem de Jesus: John Dominic Crossan e Ben Witherington III em diálogo], ed. Robert B. Stewart (Minneapolis: Fortress, 2013), 163-79.

[85]Anderson, *The Fourth Gospel and the Quest for Jesus* [O Quarto Evangelho e a busca por Jesus], 192; Paul N. Anderson, "Aspects of Historicity in the Fourth Gospel: Consensus and Convergences" [Aspectos da historicidade no Quarto Evangelho: consenso e convergências", em Anderson, Just e Thatcher, *John, Jesus, and History*, 2:379-86.

levar em consideração a história da recepção da Bíblia e especialmente dos Evangelhos.[86] Jesus tem sido uma figura influente demais nos últimos dois milênios para imaginar o contrário disso. Pessoas verdadeiramente instruídas têm de lidar com ele, quaisquer que sejam suas conclusões.

Ao estudarmos a história da recepção, frequentemente vemos que as pessoas de gerações anteriores tinham percepções importantes nos estudos bíblicos que foram esquecidas ou pelo menos minimizadas mais recentemente. É um mito imaginar que erudição na área de humanas sempre ocorre de maneira evolutiva, com desenvolvimentos mais recentes sobrepujando inerentemente os mais antigos. Mesmo que a "interpretação teológica das Escrituras" esteja recuperando o melhor da exegese pré-crítica,[87] a pesquisa do Novo Testamento precisa estar em sintonia com as contribuições importantes, mas muitas vezes negligenciadas, das gerações passadas. Talvez elas envolvam o valor permanente dos comentários de J. B. Lightfoot do século 19, especialmente sobre Paulo,[88] ou a obra ainda útil de B. F. Westcott sobre João.[89] Talvez devamos aprender novamente com a apropriação mais conservadora que Vincent Taylor fez da crítica da forma em seu auge, quando Bultmann e Dibelius estavam defendendo um uso mais radical.[90] Nos estudos sobre o Jesus histórico, isso pode envolver seguir os passos de Dale Allison a fim de resgatar o melhor de Albert Schweitzer e o papel da "escatologia consistente" no pensamento e nas ações de Jesus.[91] Se os evangélicos continuarem com o ímpeto que exibiram nas últimas décadas, e conseguirem arrancar os grilhões com os quais os negativistas da direita, da esquerda e até do centro os amarrariam, os melhores dias para a pesquisa sobre o Jesus histórico podem estar ainda por vir.

---

[86]Markus Bockmuehl, *Seeing the Word: Refocusing New Testament Study* [Examinando a Palavra: reorientando o estudo do Novo Testamento], Studies in Theological Interpretation [Estudos em Interpretação Teológica] (Grand Rapids: Baker Academic, 2006), 66-68.

[87]Para uma excelente introdução ao assunto, veja Daniel J. Treier, *Introducing Theological Interpretation of Scripture: Recovering a Christian Practice* [Introdução à interpretação teológica das Escrituras: recuperando uma prática cristã] (Grand Rapids: Baker Academic, 2008).

[88]Daí a publicação recente dos manuscritos redescobertos de J. B. Lightfoot, *Atos dos Apóstolos: um comentário recém-descoberto*, Série O Legado de Lightfoot, vol. 1 (São Paulo, SP: Cultura Cristã, 2018); e J. B. Lightfoot, *2Coríntios e 1Pedro: um comentário recém-descoberto*, Série O Legado de Lightfoot, vol. 3 (São Paulo, SP: Cultura Cristã, 2019).

[89]B. F. Westcott, *The Gospel according to St. John* [O Evangelho segundo São João] (Londres: John Murray, 1908).

[90]Darlene M. Seal, "The Form Criticism of Vincent Taylor" [A crítica da forma de Vincent Taylor], em *Pillars in the History of Biblical Interpretation* [Pilares na história da interpretação bíblica], vol. 3, ed. Stanley E. Porter e Zachary K. Dawson (Eugene, OR: Pickwick, a ser publicado).

[91]Dale C. Allison Jr., *Constructing Jesus: Memory, Imagination, and History* [Construindo Jesus: memória, imaginação e história] (Grand Rapids: Baker Academic, 2010), 31-220.

3

A NEGLIGENCIADA DESCONTINUIDADE ENTRE A ANTIGA CRÍTICA DA FORMA E A NOVA BUSCA COM REFERÊNCIA À ÚLTIMA CEIA

Michael B. Metts

Este ensaio irá apontar alguns aspectos negligenciados da descontinuidade entre a antiga crítica da forma e os Novos Buscadores. O objetivo é combater diretamente os argumentos de certos críticos dos critérios de autenticidade (referidos simplesmente como "critérios" a partir de agora), especificamente Chris Keith, que entende que os critérios são devedores demais para formar críticas que se provem úteis. Embora Keith esteja correto em algumas das afirmações metodológicas que ele atribuiu à criteriologia da Nova Busca, tais atribuições são apresentadas em um contexto abreviado, eclipsando parcialmente a visão do contexto maior da busca pelo Jesus histórico que está ocorrendo. Para ver de modo claro porque os Novos Buscadores praticavam a metodologia que praticavam, é necessário ouvi-los diretamente não apenas sobre os desafios da crítica da forma, mas também sobre os desafios apresentados pelas buscas anteriores. Discutiremos principalmente sobre Ernst Käsemann, mas contribuições de Günther Bornkamm, James M. Robinson e Norman Perrin também serão consideradas. O ensaio tenta focar-se na Última Ceia sempre que possível, mas, onde isso não for possível, será substituída pelos eventos cruciais durante a última semana de Jesus em Jerusalém. A Última Ceia propicia, portanto, um útil estudo de caso para a pesquisa apresentada.

A DÍVIDA

Embora Keith ressalte que Käsemann fez um avanço na crítica da forma, na medida em que procurou "a figura histórica de Jesus, em vez de um estado anterior da tradição", ele afirma que Käsemann fez isso dentro de um herdado entendimento da pré-história do Evangelho que é crítico quanto à forma.[1] Ao explicar como os Novos Buscadores se esforçaram apenas para mudar o objeto de sua investigação, em vez de "romper com a própria metodologia de crítica da forma", ele não é de modo algum justo.[2] A dívida é vista ainda mais na adoção que a Nova Busca faz entre a "separação da tradição do Evangelho e a interpretação teológica cristã primitiva".[3] Com o colapso da crítica da forma e de seu entendimento da pré-história do Evangelho, qualquer metodologia que deva seu aparato lógico em parte à historiografia crítica da forma também entra em colapso.

Ninguém discorda que a crítica da forma esteja sofrendo em todas as frentes. Os fundamentos da crítica da forma, que serão examinados em breve, há muito são vistos como rachando e desmoronando. A preocupação, ao contrário, é com até que ponto os critérios têm dívida, têm obrigações com a crítica da forma e, portanto, compartilham de seu fracasso. Como será demonstrado, é possível fazer uma leitura mais generosa dos Novos Buscadores e manter um grau suficiente de *descontinuidade* com a crítica da forma, entendendo o trabalho dos Novos Buscadores como menos dependente de seus antecessores do que admitido por Keith.[4] Certamente, pode-se

---

[1]Chris Keith, "The Indebtedness of the Criteria Approach to Form Criticism and Recent Attempts to Rehabilitate the Search for an Authentic Jesus" [A dívida do uso de critérios para a crítica da forma e as tentativas recentes de reabilitar a busca por um Jesus autêntico], em *Jesus, Criteria, and the Demise of Authenticity*, ed. Chris Keith e Anthony Le Donne (Nova York: T&T Clark, 2012), 25-48 (aqui: 33).
[2]Keith, "The Indebtedness of the Criteria Approach", 33. Veja tb. Benjamin I. Simpson, *Recent Research on the Historical Jesus* [Pesquisa recente sobre o Jesus histórico], Recent Research in Biblical Studies [Pesquisa recente em estudos bíblicos] 6 (Sheffield: Sheffield Phoenix Press, 2014), 24.
[3]Chris Keith, *Jesus Against the Scribal Elite: The Origins of the Conflict* [Jesus contra a elite dos escribas: as origens do conflito] (Grand Rapids: Baker Academic, 2014), 76; idem, "The Indebtedness of the Criteria Approach", 35-37.
[4]Chris Keith, *Jesus' Literacy: Scribal Culture and the Teacher from Galilee* [A capacidade de ler e escrever de Jesus: cultura dos escribas e o Mestre da Galileia] LNTS 413 (Londres: T&T Clark, 2011), 30, argumenta que "*todo o empreendimento* de critérios de autenticidade depende de uma estrutura de crítica da forma. Pois o tratamento do assunto por meio de critérios *adota indiscriminadamente* a concepção da crítica da forma quanto ao desenvolvimento da tradição de Jesus e, portanto, seu método para obter o que está 'por trás' do texto". (Grifo nosso apenas na segunda frase.) O ensaio de Keith, "Memory and Authenticity: Jesus Tradition and What Really Happened" [Memória e autenticidade: a tradição de Jesus e o que realmente aconteceu], *ZNW* 102 (2011): 155-77, foi reimpresso com modificações e expansões em *Jesus' Literacy*; assim, não será citado separadamente.

concordar que, na medida em que os Novos Buscadores têm adotado princípios específicos de crítica da forma que foram comprovadamente desacreditados, o trabalho de Keith fornece aos pesquisadores atuais um corretivo útil. Mas, como será demonstrado, os critérios de autenticidade, especificamente o critério de dissimilaridade, foram realmente propostos para corrigir mal-entendidos fundamentais na historiografia não apenas de certos críticos da forma, mas também, principalmente, dos historiadores da Primeira Busca.[5]

A ANTIGA CRÍTICA DA FORMA

Históricos de forma[6] originalmente incluíam a história da tradição oral, uma vez que o objetivo deles era demonstrar a pré-história da forma de determinado texto do Evangelho,[7] e não apenas sua categorização literária.[8]

---

[5]Keith negligência a forma de dissimilaridade de Käsemann como resposta à crítica histórica da Primeira Busca. Essa negligência se deve provavelmente a seu interesse em retratar os critérios como exclusivamente em dívida para com um contexto de crítica da forma. Keith, "The Indebtedness of the Criteria Approach", 25-48; idem, *Jesus Against the Scribal Elite*, 73-81; idem, *Jesus' Literacy*, 29-41.
[6]Embora "crítica da forma" seja frequentemente usado como tradução do termo alemão "Formgeschichte", "histórico de forma" seria uma tradução mais precisa. O plural ("históricos de forma") é usado aqui apenas para especificar as muitas obras de crítica da forma usadas na pesquisa do Evangelho.
[7]William Baird, *History of New Testament Research* [História da pesquisa do Novo Testamento], 3 vols. (Minneapolis: Fortress, 1992, 2003, 2013), 2:283, faz uma citação direta de Rudolf Bultmann explicando o interesse na tradição oral: "O objetivo da crítica da forma é estudar a história da tradição oral por trás dos Evangelhos." Werner H. Kelber, *The Oral and the Written Gospel: Hermeneutics of Speaking and Writing in the Synoptic Tradition, Mark, Paul, and Q* [O Evangelho oral e o Evangelho escrito: hermenêutica da fala e da escrita na tradição sinóptica, de Marcos, de Paulo e de Q] (Indianapolis: Indiana University Press, 1983), 18: "Continua sendo a realização permanente da crítica da forma concentrar a atenção na natureza predominantemente oral da maior parte da tradição sinóptica pré-canônica." Considere também Christopher Tuckett, "Form Criticism" [Crítica da forma], em *Jesus in Memory: Traditions in Oral and Scribal Perspectives* [Jesus na memória: tradições nas perspectivas oral e dos escribas], ed. Werner H. Kelber e Samuel Byrskog (Waco, TX: Baylor University Press, 2009), 21-38 (aqui: 29): "Ambos [Martin Dibelius e Bultmann] assumiram, p. ex., que a tradição anterior ao surgimento do primeiro Evangelho existente, Marcos, era primariamente tradição oral." Contrastando um pouco com essa posição, Terence Mournet, "The Jesus Tradition as Oral Tradition" [A tradição de Jesus como tradição oral], em Kelber e Byrskog, *Jesus in Memory*, 45, observa que as observações de caráter oral de Bultmann e Dibelius são apenas "da boca para fora". Embora seja uma afirmação justa, o foco atual é apenas estabelecer a conexão com a tradição oral, por mais tênue que a conexão permaneça na prática.
[8]Rudolf Bultmann declara no início de seu trabalho seminal, *The History of the Synoptic Tradition* [A história da tradição sinóptica], ed. rev., trad. John Marsh (Oxford: Blackwell, 1963; reimp., Peabody, MA: Hendrickson, 1994), 3-4: "Estou inteiramente de acordo com M. Dibelius quando ele afirma que a crítica da forma não é simplesmente um exercício de estética nem ainda simplesmente um processo de descrição e classificação; i.e., não consiste em identificar as unidades individuais da tradição de acordo com suas características estéticas ou outras e colocá-las em suas várias categorias. É muito mais *redescobrir a origem e a história de determinadas unidades e, assim, lançar alguma luz sobre a história da tradição antes que ela assumisse a forma literária*" (grifo nosso). Darrell Bock resume a crítica da forma da seguinte maneira: "Em resumo, a crítica da forma, como formulada originalmente,

No entanto, por causa de seus laços historiográficos com as tradições folclorísticas, a crítica da forma adotada agora desmente as leis de tradição que estavam em conflito direto com os processos de tradição explicitamente atestados no Novo Testamento.[9] Considerando que o Novo Testamento atesta testemunhas oculares e mestres de suas tradições,[10] e, embora o processo

---

é tanto descritiva quanto histórica em seus interesses" (Darrell L. Bock, "Form Criticism" [Crítica da forma], em *Interpreting the New Testament: Essays on Methods and Issues* [Interpretando o Novo Testamento: ensaios sobre métodos e pontos de debate], ed. David Alan Black e David S. Dockery [Nashville: Broadman & Holman, 2001], 108). Também Terence C. Mournet, *Oral Tradition and Literary Dependence: Variability and Stability in the Synoptic Tradition and Q* [Tradição oral e dependência literária: variabilidade e estabilidade na tradição sinóptica e em *Q*], WUNT 2/195 (Tübingen: Mohr Siebeck, 2005), 56, escreve: "Embora a categorização das várias tradições do Evangelho seja uma das dimensões do processo crítico da forma, não é o único ou mesmo o principal objetivo da disciplina. Por meio de análise e categorização, Dibelius espera *explicar a origem da tradição sobre Jesus e, assim, penetrar em um período anterior àquele em que os Evangelhos que temos e suas fontes escritas foram registrados*'" (citando Dibelius, *From Tradition to Gospel* [Da tradição ao Evangelho]). Mournet observa, com razão, que a obra de Bultmann e a de Dibelius estavam historicamente interessadas tanto em propósito quanto em projeto.

[9]Para um dos estudos mais influentes que desacredita as "leis de transmissão" da crítica da forma, veja E. P. Sanders, *The Tendencies of the Synoptic Tradition* [As tendências da tradição sinóptica], SNTSMS 9 (Londres: Cambridge University Press, 1969), 272. Veja John P. Meier, *The Roots of the Problem and the Person* [As raízes do problema e da pessoa], vol. 1 de *A Marginal Jew: Rethinking the Historical Jesus*, ABRL (Nova York: Doubleday, 1991), 182. Sobre o uso indevido de folcloristicos por críticos da forma anteriores, especificamente Bultmann, que seguiu o entendimento de Herman Gunkel da tradição dos irmãos Grimm, veja Mournet, *Oral Tradition and Literary Dependency*, 5, 166-74. Paul Foster, "Memory, Orality, and the Fourth Gospel: Three Dead-Ends in Historical Jesus Research", *JSHJ* 10 (2012): 191-227 (aqui: 204), explica criticamente que "Mournet deseja se apegar às percepções dos irmãos Grimm que foram usados pelos críticos da forma, o que os levou a imaginar um estágio oral no processo de transmissão. No entanto, ele rejeita simultaneamente a conclusão de que a maioria das tradições não pode ser rastreada até o Jesus histórico". Observe também a discussão minuciosa e cuidadosa de Paul Rhodes Eddy e Gregory A. Boyd, *The Jesus Legend: A Case for the Historical Reliability of the Synoptic Jesus Tradition* (Grand Rapids: Baker Academic, 2007), 291-98. Por fim, Arland J. Hultgren, "Form Criticism and Jesus Research" [A crítica da forma e a pesquisa por Jesus], em *Handbook for the Study of the Historical Jesus*, 4 vols., ed. Tom Holmén e Stanley E. Porter (Leiden: Brill, 2011), 1:649-71 (esp. 650-51 a respeito de suas origens nos estudos folclóricos).

[10]Notável é a ênfase que Richard Bauckham dá a um observável tema "desde o princípio", característico do testemunho ocular, visto em Lucas 1:1,2; 3:23; 23:5; Atos 1:21,22; 10:36-42 e João 2:11; 15:26,27. Os testemunhos de mais peso dados por testemunhas oculares pertenciam àqueles que eram seguidores de Jesus *desde o princípio*. Veja Richard Bauckham, *Jesus and the Eyewitnesses: The Gospels as Eyewitness Testimony*, 2.ª ed. (Grand Rapids: Eerdmans, 2017), 114-54. Cf. Craig S. Keener, *Acts: An Exegetical Commentary* [Atos: um comentário exegético], vol. 1, *Introduction and 1:1—2:47* [Introdução e 1:1—2:47] (Grand Rapids: Baker Academic, 2012), 185n161: "'Desde o princípio' aparece nas narrativas para reivindicar a presença de testemunhas oculares a partir do início." No que diz respeito aos transmissores especificados, Eddy e Boyd, *The Jesus Legend*, 287, explicam que "certos indivíduos-chave são destacados no Novo Testamento por seu papel de testemunhas, mestres e preservadores fiéis da tradição de Jesus; p. ex., Pedro, Tiago e João, bem como Tiago, o irmão de Jesus (p. ex.: Atos 1:15,21,22; 2:14,42 [...] 4:13,19 [...] 5:15,29; 8:14; 12:2; 1Coríntios 15:1-8; Gálatas 2:9; Efésios 2:20)". (Duas citações foram omitidas.) Em seguida, eles resumem: "É difícil explicar esse apelo comum ao testemunho das testemunhas oculares no Novo Testamento se não for enraizado no fato histórico." James D. G. Dunn também fala da "proeminência dos mestres"

de tradições tenha deixado uma evidente impressão em todo o Novo Testamento,[11] a crítica da forma ignorou o significado dessas atestações.[12] Em vez disso, a crítica da forma adotou princípios folclorísticos, como um longo período de transmissão da tradição, e um período sem qualquer influência estabilizadora atuando sobre a tradição, como os especificados e nomeados transmissores.[13] Bultmann, um dos principais críticos da forma,

em "Altering the Default Setting: Re-envisaging the Early Transmission of the Jesus Tradition" [Alterando o cenário-padrão: Reexaminando a transmissão inicial da tradição sobre Jesus], em *The Oral Gospel Tradition* [A tradição oral do Evangelho] (Grand Rapids: Eerdmans, 2013), 55n51, citando Atos 13:1; Romanos 12:7; 1Coríntios 12:28,29; Gálatas 6:6; Efésios 4:11; Hebreus 5:12; Tiago 3:1; *Didaquê* 13.2; 15.1-2.

[11]Note Romanos 6:17; 16:17; 1Coríntios 11:2,23,24; 15:3-8; Filipenses 4:9; 2Tessalonicenses 2:15; 2Timóteo 3:14; Judas 3, mas veja Michael F. Bird, *The Gospel of the Lord: How the Early Church Wrote the Story of Jesus* (Grand Rapids: Eerdmans, 2014), 88n58, para referências adicionais. Bird também nota habilmente a pesquisa secundária sobre as tradições a respeito de Jesus em Paulo (26-27n15). Note tb. James D. G. Dunn, *Jesus Remembered*, vol. 1 de *Christianity in the Making* (Grand Rapids: Eerdmans, 2003), 182nn48, 49, para dezenas de tradições a respeito de Jesus associadas à literatura epistolar do Novo Testamento. A respeito das tradições sobre Jesus refletidas em Tiago, veja idem, *Beginning from Jerusalem* [Começando de Jerusalém], vol. 2 de *Christianity in the Making* (Grand Rapids: Eerdmans, 2009), 1122-45, esp. 1132-36. O conhecimento que Pedro tinha a respeito da tradição sobre Jesus é fornecido em 1147-66, esp. 1154. Em relação a João, veja idem, *Neither Jew nor Greek* [Nem judeu nem grego], vol. 3 de *Christianity in the Making* (Grand Rapids: Eerdmans, 2015), 324-27, e idem, *Oral Gospel Tradition* [Tradição oral do Evangelho], 138-63 e 164-95 (dois ensaios publicados anteriormente). Além disso, sobre Tiago e a tradição a respeito de Jesus, note Samuel Byrskog, *Story as History—History as Story: The Gospel Traditions in the Context of Ancient Oral History* [Narrativa como história, história como narrativa: as tradições evangélicas no contexto da história oral antiga], WUNT 123 (Tübingen: Mohr Siebeck, 2000), 167-76. Um importante estudo da história das tradições do Novo Testamento pode ser encontrado no trabalho de E. Earle Ellis, *The Making of the New Testament Documents* [A produção dos documentos do Novo Testamento], BIS 39 (Leiden: Brill, 1999). Ellis habilmente liga as tradições dos apóstolos (inclusive de Paulo) diretamente às tradições a respeito de Jesus nos Evangelhos e, portanto, ao Jesus terreno. Seu livro é uma resposta direta à contínua influência de F. C. Baur e da crítica da forma (1), que juntos entendem as missões apostólicas como existindo em conflito e entendem as tradições sobre Jesus e as tradições pós-Páscoa como incongruentemente relacionadas. Um exemplo de como Ellis manuseia o processo de tradições pode ser encontrado em sua discussão sobre as virtudes e os vícios das tradições "comuns às missões de Tiago, paulina, petrina e joanina", que compartilham "uma conexão importante com as tradições evangélicas", especificamente Marcos 7:21-23 (41). A base da ética apostólica é, assim, a ética de Jesus. Os apóstolos "estavam envolvidos na formação e na transmissão tanto das tradições evangélicas *a partir do Jesus terreno* e de outras tradições originárias da missão pós-ressurreição da igreja" (45-46; grifo nosso). Os vários "padrões de ensino" apostólicos (Romanos 6:17) não são vistos como existindo em conflito entre si, mas são de fato tão misturados que garantem uma conexão mútua com o Jesus terreno e, portanto, a transmissão fiel de suas palavras e de seus atos entre seus seguidores (53-237).

[12]Veja Byrskog, *Story as History — History as Story*, 101-5. Também Alan Kirk, "Memory Theory and Jesus Research" [Teoria da memória e a pesquisa sobre Jesus], em Hólmen e Porter, *Handbook for the Study of the Historical Jesus*, 1:809-42 (em especial o subtítulo "Form Criticism and Memory" [Crítica da forma e memória], 809-15). Kirk explica que o trabalho de Bultmann demonstra uma "desconexão programática entre a memória e a crescente tradição" (810).

[13]Veja Eddy e Boyd, *Jesus Legend*, 291-98. Cf. Bauckham, *Jesus and the Eyewitnesses*, 39-66 (a respeito do significado dos nomes associados às tradições do Evangelho).

entendeu que a tradição a respeito de Jesus era resultado da *Kleinliteratur* — tradições não sofisticadas, criadas pelas populações simples, respondendo a necessidades sociológicas *e operando sob a mesma "lei" de outras tradições folclóricas*. A avaliação de Bultmann das tradições do povo o levou a concluir que os *narradores antigos não apresentam registros longos e unificados*, mas *criam pequenas e independentes unidades de tradição* (as "formas" identificadas pela crítica da forma). À medida que são transmitidas, *essas unidades de tradição tendem a ser expandidas*, com detalhes sendo adicionados.[14]

Em essência, a crítica da forma levantava a hipótese de que um texto do Evangelho começava como uma unidade isolada, conhecida como perícope, que circulava independentemente de outras tradições e tinha apenas uma base mínima (se alguma) na vida terrena de Jesus.[15] Em certo ponto de sua longa história de tradições, as "condições e os desejos de vida bastante definidos"[16] da comunidade cristã primitiva alteraram a tradição, resultando ao

---

[14]Eddy e Boyd, *Jesus Legend*, 240 (grifo nosso).

[15]Demonstrar "a natureza 'contada' do conhecimento humano" e relacioná-la com Jesus e sua recepção é uma das significativas contribuições de N. T. Wright para os estudos do Novo Testamento: N. T. Wright, *The New Testament and the People of God* [O Novo Testamento e o povo de Deus], vol. 1 de *Christian Origins and the Question of God* (Minneapolis: Fortress, 1992), 45, 109-20; idem, *Jesus and the Victory of God*, vol. 2 de *Christian Origins and the Question of God* (Minneapolis: Fortress, 1996), 137-44; idem, *Paul and the Faithfulness of God* [Paulo e a fidelidade de Deus], vol. 4 de *Christian Origins and the Question of God* (Minneapolis: Fortress, 2013), 24-47, 456-537 e 538-69. Wright mostrou de modo convincente que as pessoas, especificamente judeus antigos, não encontram significado em perícopes atomísticas, mas em relatos completos, e que esse pensamento baseado em narrativas é intrínseco à cosmovisão judaica. Dale C. Allison Jr., *Constructing Jesus: Memory, Imagination, and History* (Grand Rapids: Baker Academic, 2010), 405, destaca a importância de 1Coríntios 11:23-25 para o conhecimento de Paulo a respeito da tradição de Jesus "em um contexto de narrativa", evidenciado pelo prefácio de Paulo de ἐν τῇ νυκτὶ ᾗ παρεδίδετο ("na noite em que ele [Jesus] foi traído"); veja tb. Eric Eve, *Behind the Gospels: Understanding the Oral Tradition* [Por trás dos Evangelhos: compreendendo a tradição oral] (Minneapolis: Fortress, 2013), 165. Contraste com Martin Dibelius, *From Tradition to Gospel* [Da tradição ao Evangelho], trad. Bertram Lee Woolf, ed. William Barclay (Londres: Redwood, 1971), 178: "No período inicial, não havia narrativa conectada da vida, ou pelo menos da obra de Jesus, ou seja, uma narrativa comparável a uma biografia literária ou à vida lendária de um santo."

[16]Bultmann, *History of the Synoptic Tradition*, 4: "O entendimento adequado da crítica da forma repousa no julgamento de que a literatura na qual a vida de determinada comunidade, mesmo a comunidade cristã primitiva, tomou forma, brotou de condições e desejos de vida bastante definidos a partir dos quais cresce um estilo bastante definido e formas e categorias bastante específicas." Essa situação da vida é explicada como "influências no trabalho na vida da comunidade". Na conclusão (368), Bultmann escreve: "Os motivos que levaram a sua [da literatura dos Evangelhos] formação são claros. *A coleção do material da tradição começou na igreja palestina primitiva*. Apologética e polêmica levaram à coleta e à produção de seções apotegmáticas." (Grifo no original.) A premissa de um hipotético *Sitz im Leben* para as tradições do Evangelho é significativamente informativa quanto à crítica da forma. E convida à pergunta óbvia de Eddy e Boyd, *Jesus Legend*, 305: Por que há um virtual silêncio nos Evangelhos sobre os dilemas mais prementes da igreja primitiva, especificamente a entrada e a

final que o significado da perícope se tornou algo completamente diferente do que significava em seu contexto original.[17] Dessa maneira, as tradições foram deslocadas de um *Sitz im Leben Jesu* e colocadas dentro de um hipotético *Sitz im Leben der Kirche*. Ou, como Käsemann apontou: "A obra dos Críticos da Forma foi projetada para mostrar que a mensagem de Jesus, dada a nós pelos autores dos Sinópticos, não é, na maioria das vezes, autêntica, mas foi cunhada pela fé da comunidade cristã primitiva em seus vários estágios."[18] Consequentemente, observaram que os Evangelhos Sinópticos eram coleções de registros expandidos — mesmo registros fabricados — que demonstravam as necessidades das primeiras comunidades cristãs defronte da autêntica[19] tradição de Jesus.

---

integração de gentios na igreja (com todos os desafios a eles relacionados)? No que diz respeito a Marcos 7:19b, "Ao dizer isto, Jesus declarou 'puros' todos os alimentos", Bauckham explica, de modo proveitoso, que, em vez de a igreja primitiva demonstrar criatividade com as tradições a respeito de Jesus a fim de se adequar a seu próprio *Sitz im Leben*, a interpretação de Marcos é feita "puramente em um adendo editorial" (*Jesus and the Eyewitnesses*, 605). "Ele não modifica as palavras do próprio Jesus."

[17]Gerd Theissen e Annette Merz, *The Historical Jesus: A Comprehensive Guide* [O Jesus histórico: um guia abrangente] (Minneapolis: Fortress, 1996), 102, escrevem: "Nesse ponto de vista, a tradição cristã primitiva sobre Jesus deve sua existência e sua forma exclusivamente a um 'interesse de pregação' orientado no presente." Para definições mais completas de crítica da forma, consulte David E. Aune, "Form Criticism" [Crítica da forma], em *The Blackwell Companion to the New Testament* [O guia de bolso Blackwell do Novo Testamento], ed. David E. Aune (Chichester: Wiley-Blackwell, 2010), 140-55. Nicholas Perrin, "Form Criticism" [Crítica da forma], em *Dictionary of Jesus and the Gospels* [Dicionário de Jesus e dos Evangelhos], 2.ª ed. (Downers Grove, IL: InterVarsity Press, 2013), 288-94; Baird, *History of New Testament Research*, 2:269-87 (observe a excelente bibliografia apresentada em 2:514-18); Richard Bauckham, "The Gospels as Testimony to Jesus Christ: A Contemporary View of their Historical Value" [Os Evangelhos como testemunho de Jesus Cristo: uma visão contemporânea de seu valor histórico], em *Oxford Handbook of Christology* [Manual Oxford de cristologia], ed. Francesca Aran Murphy e Troy A. Stefano (Oxford: Oxford University Press, 2015), 55-71 (aqui: 58-9); Darrell L. Bock, *Studying the Historical Jesus: A Guide to Sources and Methods* [Estudando o Jesus histórico: um guia para fontes e métodos] (Grand Rapids: Baker Academic, 2002), 181-87; Tuckett, "Form Criticism", 21-38.

[18]Ernst Käsemann, "The Problem of the Historical Jesus" [O problema do Jesus histórico], em *Essays on New Testament Themes* [Ensaios sobre temas do Novo Testamento], trad. S. J. Montague, SBT 41 (Londres: SCM, 1964), 15-47 (aqui: 15). Ele continua: "Assim, pelo fato de que a genuína tradição sobre Jesus só nos foi transmitida incorporada na pregação do cristianismo primitivo e revestida por ela, chegou-se à conclusão de que o verdadeiro portador e modelador do Evangelho havia sido a fé pascal." Observe também as implicações relativas ao ônus da prova. A crítica da forma declara os Evangelhos como "não autênticos" (15). É com essa situação que os Novos Buscadores estão lidando.

[19]Embora alguns estudiosos pós-modernistas tenham escrito de forma crítica contra a "autenticidade" nos lugares em que ela é entendida em um sentido positivista, permanece o fato de que poucos estudiosos a respeito de Jesus que atualmente escrevem usam o termo dessa maneira. A maioria dos estudiosos notáveis que hoje em dia faz uso metodológico dos critérios de autenticidade em suas pesquisas tem explicitamente comparado o valor epistemológico dela à probabilidade. Veja, p. ex., Meier, *Marginal Jew*, 1:167-68: "De fato, uma vez que na busca pelo Jesus histórico quase tudo é possível, a função dos critérios é passar do meramente possível ao realmente provável, inspecionar várias probabilidades e decidir qual candidato é mais provável. Normalmente, os critérios não podem esperar fazer mais." E, no final do capítulo cinco: "Como muitos buscadores cansados já comentaram

Por várias razões, no entanto, a crítica da forma se mostrou insustentável, de acordo com sua formulação clássica.[20] Isso é em grande parte uma consequência dos avanços feitos a respeito de melhor entendimento da dinâmica sócio-histórica da Palestina do primeiro século, a saber, o reconhecimento de que ela era, nos dias de Jesus, já helenizada.[21] Como os mais antigos

---

antes, o uso dos critérios válidos é mais uma arte do que uma ciência. [...] Nunca se pode dizer demais que essa arte geralmente produz apenas graus variáveis de probabilidade, e não certeza absoluta." Em tempos mais recentes, em John P. Meier, *Probing the Authenticity of the Parables,* vol. 5 de *A Marginal Jew: Rethinking the Historical Jesus,* ABRL (New Haven: Yale University Press, 2016), 12 e n. 15, é dito que os critérios são "regras para julgar o que vem do Jesus histórico" que "se pode esperar para obter resultados confiáveis". Robert L. Webb, "The Historical Enterprise and Historical Jesus Research" [O empreendimento histórico e a pesquisa do Jesus histórico], em *Key Events in the Life of the Historical Jesus: A Collaborative Exploration of Context and Coherence,* ed. Darrell L. Bock e Robert L. Webb (Grand Rapids: Eerdmans, 2009), 56: "Assim, o objetivo dos métodos críticos ou dos critérios [de autenticidade] é determinar a probabilidade de algo declarado no estágio dos Evangelhos escritos poder ser ou não, e em que medida, acompanhado até o estágio dos eventos." Craig S. Keener, *The Historical Jesus of the Gospels* (Grand Rapids: Eerdmans, 2012), xxxiv: "O empreendimento histórico prossegue com base nas probabilidades e trabalha com uma base limitada de evidências; portanto, é limitado nas reivindicações que faz." Além disso, do critério do ambiente palestino, "as características judaicas palestinas não precisam garantir que um dito tenha se originado inevitavelmente de Jesus, mas elas nos levam de volta ao círculo mais antigo de testemunhas de Jesus, aumentando consideravelmente a probabilidade de o dito ser autêntico" (157). Quanto ao desejo positivista pelas "palavras exatas de Jesus" (*ipsissima verba Jesu*), ou pela imprecisão da "voz exata de Jesus" (*ipsissima vox Jesu*), Pitre propõe uma útil via média que evita a certeza positivista, por um lado, e a falta de definição, por outro. Ele explica isso como a "*substantia verba Jesu* — ou seja, a substância das palavras de Jesus" (Brant Pitre, *Jesus and the Last Supper* [Jesus e a Última Ceia] [Grand Rapids: Eerdmans, 2015], 47).

[20]Seis suposições errôneas de crítica da forma são detalhadas por Eddy e Boyd nos subtítulos das páginas 237 a 306: (1) A suposição de um período puramente oral; (2) A suposta falta de uma narrativa coerente; (3) A suposta falta de interesse biográfico; (4) Papel limitado das testemunhas oculares; (5) Supostas "leis" das tradições orais e escritas; (6) "Inspiração profética" e ditos de Jesus. Bird, *The Gospel of the Lord,* 115-24, detalha quatro falhas (também são subtítulos): (1) A distinção entre ambientes palestinos e helenísticos; (2) Uma visão errônea da tradição oral; (3) O papel dos profetas cristãos se acrescentando à tradição dominical; e (4) A ligação entre a forma do texto e o *Sitz im Leben.* Bauckham registrou a morte da crítica da forma em *Jesus in the Eyewitnesses,* 240-9, o que foi confirmado na segunda edição *nova,* nas páginas 590-615. Uma adição notável às listas de falhas que não foi particularmente mencionada é a adoção da crítica bultmanniana da forma das premissas da escola da história das religiões.

[21]Martin Hengel, *Judaism and Hellenism: Studies in Their Encounter in Palestine During the Early Hellenistic Period* [Judaísmo e helenismo: estudos sobre seu encontro na Palestina durante o período helenístico inicial] (Filadélfia: Fortress, 1974; reimp., Eugene, OR: Wipf & Stock, 2003), 104, escreve o seguinte ao resumir suas constatações: "No geral, verifica-se que o helenismo também ganhou terreno como poder intelectual na Palestina judaica desde cedo e tenazmente. Sob essa perspectiva, a distinção usual entre o judaísmo palestino e o helenístico precisa ser corrigida. Aqui, ela não é apenas usada enganosamente como designação de uma matéria de estudo e, em um contraste falso, como um conceito geográfico, mas tende a dar um registro equivocado da nova situação do judaísmo no período helenístico." Em outros lugares, Hengel observa a presença de "cristãos judeus de língua grega do ano 30 ou 31 até à época de Paulo — na verdade, ele mesmo [Paulo] era um deles". Também: "A comunidade primitiva de língua aramaica em Jerusalém e a comunidade judaico--cristã de língua grega em Jerusalém, Cesareia, Damasco, Antioquia e Roma nem sempre se sucedem no tempo, mas ficam lado a lado, de modo que também seria possível, em teoria, que tradições da 'comunidade primitiva' de língua grega fossem também retomadas pela comunidade de língua

críticos da forma entendiam que o processo de transmissão havia começado com uma tradição oral palestina primitiva e iletrada antes de terminar em uma tradição escrita helenística muito posterior e inventiva, suas teorias não poderiam ser defendidas com segurança à luz de pesquisas recentes.[22] O contexto das primeiras comunidades cristãs incluía judaísmo e helenismo misturados, de modo que uma cultura não podia ser considerada com exclusão da outra.[23] A divisão entre as procedências palestina e helenística também funcionou como uma cama de Procusto para muitas tradições a respeito de Jesus, especificamente tradições "cultuais", como a Última Ceia,[24] que quase sempre eram vistas como *nova* helenística secundária.[25] A dispensa da

---

aramaica" (Martin Hengel, "Christology and New Testament Chronology" [Cristologia e cronologia do Novo Testamento], em *Between Jesus and Paul: Studies in the Earliest History of Christianity* [Entre Jesus e Paulo: estudos da história primitiva do cristianismo] (Eugene, OR: Wipf & Stock, 2003), 37. Veja tb. Tuckett, "Form Criticism", 30.

[22]Keith, *Jesus' Literacy*, 30-32, reconhece corretamente esse ponto como uma falha crítica da forma. Mas Käsemann, "Problem of the Historical Jesus", 36, escreve com prevenção: "A situação se torna ainda mais difícil pelo fato de não podermos traçar uma linha exata entre o cristianismo judeu palestino e o helenístico, nem, por outro lado, podemos simplesmente identificar os dois."

[23]Cf. Bird, *Gospel of the Lord*, 44-45.

[24]A Última Ceia é continuamente retratada nos estudos do Novo Testamento como uma "narrativa institucional" ou como "tradição litúrgica". Mas Rudolf Pesch demonstra que Marcos 14:22-25 faz parte da composição pré-marcana sobre a Paixão e é o "mais antigo registro" atestado do evento histórico. Ele explica ainda que o texto "reflete com precisão a própria compreensão e interpretação histórica de Jesus sobre sua morte, ou seja, como uma morte vicária sacrificial expiatória que não está em conflito com a pregação de Jesus sobre o reino de Deus (mas é seu fundamento real), com a renovação (por meio dos apóstolos) da missão de salvação para Israel e sua extensão universal" (Robert J. Daly, *"Das Abendmahl und Jesu Todesverständnis*: Review" [Resenha], CBQ 43 [1981]: 308-10). Cf. Scot McKnight, *Jesus and His Death: Historiography, the Historical Jesus, and Atonement Theory* [Jesus e sua morte: historiografia, o Jesus histórico e a teoria da expiação] (Waco, TX: Baylor University Press, 2006), 262 com n10.

[25]Esse foi o resultado da influência da escola da história das religiões. Veja Dunn, *Beginning from Jerusalem*, 36-40, que observa que Wilhelm Heitmüller "propôs o desafio [i.e., que o cristianismo primitivo foi influenciado por outras religiões] de maneira mais acentuada em termos do entendimento paulino a respeito do batismo e da Ceia do Senhor" (37). Foi dito que a Eucaristia refletia "o culto de mistério dionisíaco". Bultmann, *History of the Synoptic Tradition*, 265 (fiando-se explicitamente em Heitmüller) e 369; Dibelius, *From Tradition to Gospel*, 189s. Apesar dos avanços, a noção de etiologias do culto na adoração das comunidades paulinas se estendeu aos futuros pesquisadores. Embora Käsemann, "Paul and Early Catholicism" [Paulo e o catolicismo primitivo], em *New Testament Questions of Today* [Perguntas de hoje sobre o Novo Testamento], trad. J. W. Montague (Filadélfia: Fortress, 1969), 246, mencione que Paulo teve de "lutar contra" a "distorção constantemente". E, em outro lugar, citando 1Coríntios 10:19ss., Käsemann, "The Pauline Doctrine of the Lord's Supper" [A doutrina paulina a respeito da Ceia do Senhor], em *Essays on New Testament Themes* [Ensaios sobre temas do Novo Testamento], 108, escreve: "A tentativa de lançar luz sobre os ensinamentos de Paulo a respeito da Ceia do Senhor, a partir das ligações entre ela e os cultos helenísticos, foi completamente aniquilada, no que diz respeito às questões essenciais." Deve-se mencionar também que os Terceiros Buscadores apontaram frequentemente os semitismos no relato da Última Ceia em Marcos 14:22-25, deslocando-o firmemente de uma proveniência helenística por meio do uso de um critério de autenticidade. Veja, p. ex., Joachim Jeremias, *The Eucharistic Words of Jesus* [As palavras eucarísticas de Jesus], Study Edition [Edição de estudo] (Londres: SCM, 1974), 173-84,

tradição da Última Ceia na vida do Jesus histórico teve um efeito devastador no entendimento acadêmico da autocompreensão de Jesus, de sua paixão e do significado de sua morte pelos cristãos.[26] Não é de surpreender que muitas obras sobre o Jesus histórico desde Bultmann tenham sido negligentes ao lidar com a Última Ceia. Essa negligência foi corretamente apontada por Brant Pitre, estudioso do Jesus histórico, que inicia seu recente estudo, *Jesus and the Last Supper*, afirmando isso.[27]

UM EXEMPLO DA FORMGESCHICHTE DE RUDOLF BULTMANN

Um exemplo da metodologia de crítica da forma de Bultmann pode ser visto no modo como ele trata a tradição da Última Ceia em Marcos 14. Bultmann entende que a perícope real e qualquer história originalmente atestada por trás de Marcos 14:22-25 foram "substituídas" pela tradição das Palavras de Instituição, agora relatadas em seu lugar. Essa é uma conclusão que Bultmann afirma exegeticamente em razão de faltar à narrativa "qualquer introdução própria".[28] Marcos adota uma "lenda cultual dos círculos helenísticos" associada à missão paulina, e é essa tradição que Marcos inseriu cuidadosa e editorialmente em seu Evangelho, a fim de obter "continuação orgânica" com os versículos 12-16.[29] Como ele explica em *Jesus and the Word*, "as palavras relativas à Ceia do Senhor são formulações litúrgicas da celebração helenística da Eucaristia, substituindo uma narrativa mais antiga, da qual ainda restam vestígios, especialmente em Lucas".[30] A narrativa da

---

que identifica nada menos que 23 semitismos no registro da Última Ceia em Marcos; também Maurice Casey, *Aramaic Sources of Mark's Gospel* [Fontes aramaicas do Evangelho de Marcos], SNTSMS 102 (Nova York: Cambridge University Press, 1998), 219-52, que reconstruiu um texto aramaico inteiro subjacente ao relato da Última Ceia encontrado em Marcos.

[26]Note Rudolf Bultmann, "The Primitive Christian Kerygma and the Historical Jesus" [O querigma cristão primitivo e o Jesus histórico", em *The Historical Jesus and the Kerygmatic Christ: Essays on the New Quest for the Historical Jesus* [O Jesus histórico e o Cristo querigmático: ensaios sobre a nova busca pelo Jesus histórico], ed. Carl E. Braaten e Roy A. Harrisville (Nashville: Abingdon, 1964), 15-41 (aqui: 23): "O maior embaraço à tentativa de reconstruir um retrato de Jesus é o fato de que não podemos saber como ele entendeu seu fim, sua morte."

[27]Veja Pitre, *Jesus and the Last Supper* [Jesus e a Última Ceia], 14-21. Pitre aponta para o Jesus reconstruído de Albert Schweitzer como o primeiro catalisador dessa negligência, uma vez que o estabelecimento de uma aliança não estava de acordo com a compreensão de Schweitzer a respeito de um apocalipse iminente.

[28]Bultmann, *History of the Synoptic Tradition*, 265, 278.

[29]Bultmann, *History of the Synoptic Tradition*, 265. A perícope "não pode ter sido uma unidade independente, mas foi composta tendo em vista o que se seguiu" (278).

[30]Rudolf Bultmann, *Jesus and the Word* [Jesus e a Palavra] (Nova York: Charles Scribner's Sons, 1958), 214.

traição em Marcos 14:17-21 também é considerada uma "unidade separada da tradição", uma vez que "ocorre em Lucas [22:21-23] em outro lugar".[31] (Lucas coloca a profecia a respeito da traição de Judas após os Doze participarem dos elementos da Última Ceia, enquanto Marcos a coloca antes.) Como evidência adicional de sua teoria da composição da história da Ceia, Bultmann identifica o versículo 26 também como composição editorial — com sua menção ao cantar de um hino, seguido de uma transição abrupta para o monte das Oliveiras —, uma vez que ele serve para fazer uma ponte entre a negação de Pedro e a narrativa anterior.[32] A unidade da preparação da Páscoa em Marcos 14:12-16 também é vista como uma construção, uma vez que é "uma reminiscência de 1Samuel 10, onde Samuel prediz quem Saul encontrará no caminho".[33] Em suma: as partes constituintes de toda a tradição sobre a Última Ceia são tratadas do seguinte modo: (1) A unidade da preparação para a Páscoa é considerada uma construção histórica (v. 12-16); (2) o relato da traição é considerado não histórico e "pertencente à lenda" (v. 17-21);[34] (3) a instituição da Ceia do Senhor é um mito etiológico (v. 22-25); e (4) a negação de Pedro (v. 26-31), com exceção do versículo 26, que é editorial, e do versículo 28, que quebra a sequência narrativa de maneira muito grosseiramente, é considerada "um relato histórico, mas com traços de lenda".[35] Em resumo, a deserção de Pedro é tida como histórica, e uma refeição de algum tipo está envolvida, embora não seja uma refeição pascal, nem com certeza uma tradição decorrente da última refeição de Jesus. "Assim, o querigma de Cristo é uma lenda cultual e *os Evangelhos são lendas cultuais expandidas*."[36] Em outros lugares, Bultmann declara categoricamente: "O Cristo do querigma não é uma figura histórica que poderia gozar de continuidade com o Jesus histórico."[37] Dentro do

---

[31] Bultmann, *History of the Synoptic Tradition*, 278.

[32] Bultmann, *History of the Synoptic Tradition*, 278.

[33] Bultmann, *History of the Synoptic Tradition*, 278, 264. A perícope da preparação, escreve Bultmann, é baseada em "um motivo de conto de fadas" (264).

[34] Bultmann, *History of the Synoptic Tradition*, 264.

[35] Bultmann, *History of the Synoptic Tradition*, 267.

[36] Bultmann, *History of the Synoptic Tradition*, 370-71.

[37] Bultmann, "The Primitive Christian Kerygma and the Historical Jesus", 18. Meier, *Marginal Jew*, 1:27, contextualiza de maneira útil a expressa descontinuidade de Bultmann no que é principalmente a historiografia existencialista, observando Martin Heidegger e Martin Kähler: "Bultmann identifica-se com Kähler ao enfatizar a proclamação cristã central (querigma) da morte e ressurreição de Jesus e ao rejeitar o Jesus histórico como a base ou o conteúdo da fé cristã." Deve-se notar, no entanto, que, apesar dos desejos de Bultmann, uma hermenêutica existencial de resposta ao Cristo, ou de um encontro com ele, nada faz para alcançar a continuidade histórica entre Jesus de Nazaré e o testemunho dos Evangelhos. Stanley E. Porter, "A Dead End or a New Beginning? Examining the Criteria for

trabalho de crítica da forma de Bultmann, os Evangelhos são deixados, como pode ser visto, em frangalhos: fragmentos solitários que não mais, nem de maneira significativa, são coerentes.

Notavelmente, para que a teoria da composição de Bultmann de uma pré-história estratificada do Evangelho seja suficiente, é necessário, como nos estudos folclorísticos, tempo suficiente para que tais desenvolvimentos significativos ocorram. Mas tempo é algo que o historiador de Jesus não se pode permitir. Ao contrário dos folcloristas que lidam com Homero, os estudiosos do Novo Testamento estão trabalhando em uma janela de tempo significativamente menor, ou seja, o tempo entre Jesus e o Evangelho de Marcos, mas com uma verificação importante e muitas vezes negligenciada da tradição da Última Ceia em Paulo, reduzindo aproximadamente em uma década a janela de tempo. Além disso, poderíamos perguntar: onde estavam todos os discípulos enquanto ocorriam mudanças não direcionadas nas tradições de Jesus? Para um estudioso do Novo Testamento, eles devem ter sido transladados imediatamente para o céu após a ressurreição de Cristo![38]

Distinguível de *History of the Synoptic Tradition*, que é radicalmente cético,[39] é a maneira de Bultmann de dividir o material entre as proveniências cristãs palestinas e helenísticas, sua negação de continuidade entre Jesus e querigma e suas teorias da tradição em dívida folclorísticas.

Authenticity in Light of Albert Schweitzer", em *Jesus Research: An International Perspective, The First Princeton-Prague Symposium on Jesus Research*, ed. James H. Charlesworth e Petr Pokorný (Grand Rapids: Eerdmans, 2009), 16-35 (aqui: 17): "Esses estudiosos [inclusive Bultmann] trouxeram o amplo reconhecimento de que era, de fato, impossível escrever uma vida de Jesus."

[38]Vincent Taylor, *The Formation of the Gospel Tradition* [A formação da tradição do Evangelho] (Londres: Macmillan, 1933), 41.

[39]Considero a dúvida metodológica sobre um relato histórico que coloca o ônus da prova nesse relato como excessivamente cética. Vários estudiosos também consideraram o trabalho de Bultmann muito radical na separação de Jesus do querigma. Veja esp. James M. Robinson, *A New Quest for the Historical Jesus* [Uma nova busca pelo Jesus histórico], SBT 25 (Londres: SCM, 1959), 85-92. Stanley E. Porter, *The Criteria for Authenticity in Historical-Jesus Research: Previous Discussion and New Proposals* [Os critérios de autenticidade na pesquisa pelo Jesus histórico: discussão anterior e novas propostas], JSNTSup 191 (Sheffield: Sheffield Academic Press, 2000), 45, escreve: "Este modelo [Jesus como profeta escatológico] aparentemente dominou as representações alemãs de Jesus na primeira metade do século 20. Os resultados dessa orientação foram encontrados no trabalho de estudiosos como Bultmann, que eram altamente céticos em relação às tentativas de encontrar o Jesus histórico em documentos produzidos pela fé cristã." Cf. Gerd Theissen e Dagmar Winter, *The Quest for the Plausible Jesus: The Question of Criteria* (Louisville: Westminster John Knox, 2002), 105. Mais recentemente, Aune, "Form Criticism", 144, organiza a discussão sobre a busca do *Sitz im Leben* pelos críticos da forma sob o título "Early Christian Creativity and the Historical Skepticism of Form Critics" [Criatividade cristã primitiva e o ceticismo histórico dos críticos da forma]. E Simpson, *Recent Research on the Historical Jesus*, 18, escreve: "Vários alunos de Bultmann lançaram a Nova Busca, ou Segunda Busca, em reação ao ceticismo de seu mestre."

ERNST KÄSEMANN E A NOVA BUSCA[40]

Apesar da influência de Bultmann, vários Novos Buscadores das décadas de 1950 e 1960 discordavam enfaticamente sobre a possibilidade de conhecimento do Jesus histórico.[41] Publicação após publicação sobre o Jesus histórico foi lançada quando os Novos Buscadores começaram a prestar mais cuidadosa atenção à negligenciada historicidade dos Evangelhos.[42] Käsemann, um aluno de Bultmann, instigou a Nova Busca declarando que um Jesus histórico poderia ser corroborado por meio de um manejo cuidadoso dos Evangelhos, usando os critérios corretos e utilizando-os corretamente. Embora Käsemann considerasse que os Evangelhos haviam sido coloridos pela fé das comunidades cristãs primitivas, continua sendo importante o fato de ele considerar a história autêntica conforme permanece atestada dentro dessas tradições. Onde Bultmann entendia que a vigorosa descontinuidade era superada apenas por meio de um conflito existencial,[43] Käsemann afirmou uma continuidade que poderia ser significativamente superada mediante a aplicação cuidadosa de critérios específicos.[44]

---

[40]Ou seja, uma "Nova Busca", em oposição ao período anterior de "Nenhuma Busca" associado a Bultmann. O fato de Bultmann, mas não seus alunos, estar associado a um período de Nenhuma Busca quanto à pesquisa do Jesus histórico já suscita suspeitas sobre a ideia de continuidade historiográfica/metodológica entre ele e seus alunos. No entanto, deve-se notar que o período de Nenhuma Busca foi, mais ou menos, apenas uma disposição nos estudos acadêmicos em língua alemã e não funciona como uma definição precisa do período, uma vez que a busca por Jesus continuou, particularmente nos estudos em língua inglesa. Cf. Porter, *Criteria of Authenticity in Historical-Jesus Research*, 45.

[41]Cf. Alexander J. M. Wedderburn, *Jesus and the Historians* [Jesus e os historiadores], WUNT 269 (Tübingen: Mohr Siebeck, 2010), 81: O movimento, iniciado pelos alunos de Bultmann, "reagiu àquilo que percebeu como atitude negativa de Bultmann com respeito à possibilidade, à legitimidade e ao valor do conhecimento histórico de Jesus".

[42]Além das obras da Nova Busca citadas abaixo, pesquisas pós-bultmannianas adicionais sobre Jesus são cuidadosamente catalogadas por Craig Evans, *Life of Jesus Research: An Annotated Bibliography* [Pesquisa sobre a vida de Jesus: uma bibliografia anotada], JSNTSup 13 (Leiden: Brill, 1996), 27-109, 127-46. Veja tb. Baird, *History of New Testament Research*, 3:129-91.

[43]Bultmann, "The Primitive Christian Kerygma and the Historical Jesus", 18: "O Cristo do querigma não é uma figura histórica que poderia gozar de continuidade com o Jesus histórico." E (30): "O Cristo do querigma, por assim dizer, substituiu o Jesus histórico e dirige-se autoritariamente ao ouvinte, a todos os ouvintes." Além disso (31): "Ele se baseia no conflito, na medida em que se mantém aberto às possibilidades de autocompreensão que a história nos oferece, assim como às possibilidades da própria autocompreensão."

[44]Käsemann, "Blind Alleys in the 'Jesus of History' Controversy" [Becos sem saída na controvérsia do "Jesus da história"], em *New Testament Questions for Today* [Perguntas do Novo Testamento para hoje], 23-65 (aqui: 47): "Pode-se admitir prontamente que o querigma preservou alguns traços essenciais do Jesus terrenal." Baird, *History of New Testament Research*, 3:136, escreve: "O retorno atual à busca foi encorajado, segundo Käsemann, pelo reconhecimento de que os Evangelhos Sinópticos contêm uma tradição mais confiável do que se supunha, e que o querigma incluía fatos e pressupunha uma *continuidade* com a tradição histórica sobre Jesus" (grifo nosso). Além disso (137, grifo nosso): "Käsemann quer [...] demonstrar a *continuidade* material entre o Jesus histórico e o querigma."

Como resultado, os Novos Buscadores foram pioneiros e implementaram critérios específicos, os "critérios de autenticidade", a fim de substanciar criticamente as genuínas tradições sobre Jesus. Isso foi feito em um esforço de combater a ideia de que Jesus havia se perdido sob tradições querigmáticas posteriores. Pelo contrário, as genuínas tradições de Jesus faziam parte delas. Theissen e Winter, pesquisadores do Jesus histórico, explicam que, "para a 'Nova Busca' (J. Robinson), *a questão da continuidade entre o Jesus histórico e o Jesus Cristo da fé pós-Páscoa estava no centro da discussão*".[45]

A convicção governante dos Novos Buscadores é que Jesus não pode ser separado do significado atribuído a ele nos Evangelhos.[46] Foram, em grande medida, os historiadores do *Leben Jesu* que colocaram um Jesus histórico separado do querigma. Foi Bultmann quem afirmou o conflito com um Cristo querigmático despojado à parte da historicidade do Nazareno. Mas foram Käsemann e outros Novos Buscadores que afirmaram a história querigmática, ou a história dentro do querigma.[47] Jesus não pode ser desteologizado — ou demitologizado — sem que, com isso, fique distante de tudo encontrado na proclamação cristã primitiva. Se é possível considerar que os Novos Buscadores têm um axioma metodológico central, seria o seguinte:[48]

---

[45]Theissen e Winter, *Quest for the Plausible Jesus*, 2 (grifo nosso). Veja Käsemann, "Problem of the Historical Jesus", 15-47; idem, "Blind Alleys in the 'Jesus of History' Controversy", 23-65; Baird, *History of New Testament Research*, 3:136-38.

[46]Cf. Günther Bornkamm, *Jesus of Nazareth* [Jesus de Nazaré] (Nova York: Harper & Brothers, 1960), 21: "Nossa tarefa, então, é buscar a história no querigma dos Evangelhos e, nessa história, buscar o querigma."

[47]Para Keith, talvez por causa de sua influência pós-moderna, a história interpretada não parece prover acesso ao Jesus histórico. Em contraste, para Käsemann, a presença de "historificação em nossos Evangelhos" (o alemão traz *Historisierung*) é o problema pretendido pelo título de seu ensaio: "The Problem of the Historical [*historischen*] Jesus" [O problema do Jesus histórico]. Se o querigma é apenas interpretação, o que o historiador faz com o histórico? Contraste também o pensamento de Jonathan Bernier, *The Quest for the Historical Jesus after the Demise of Authenticity: Toward a Critical Realist of Philosophy of History in Jesus Studies*, LNTS 540 (Nova York: T&T Clark, 2016), 28, que escreve: "O impasse fatal que finalmente desfez o tratamento dos critérios residia justamente em seus esforços para excluir o subjetivo, reduzindo-o a seu componente empírico. [...] Aqueles que agora declaram que não podemos saber nada sobre Jesus são principalmente empiristas desiludidos [...]."Além de assumir o fim dos critérios, que não são substanciados em seu tratamento (cf. p. 1-2n3), Bernier trabalha com a suposição de que os criteriologistas pretendem que os critérios sejam ferramentas historicistas em um sentido positivista. Mas isso seria uma volta à Primeira Busca, que buscava um Jesus histórico por meio de *bruta facta*.

[48]Käsemann, "Blind Alleys in the 'Jesus of History' Controversy", 36: "Simplesmente não entendo a antítese extraordinariamente radical de continuidade histórica e material entre Jesus e a pregação cristã primitiva que permeia todo o seu ensaio; na verdade, é provável que nossos caminhos comecem a divergir aqui desde o início." Além disso (47): "Pode-se admitir prontamente que o querigma preservou algumas características essenciais do Jesus terreno." Para Bornkamm, *Jesus of Nazareth*, 20, o assunto da conexão é quase "indissolúvel". É impressionante que, em cada exemplo

a história querigmática ainda é história. Ou, como escreve o especialista em Novo Testamento James D. G. Dunn: "Uma história, é claro, considerada do ponto de vista da fé; no entanto, apesar disso, a história de Jesus."[49]

Embora Keith afirme que é preocupação de Käsemann e de outros Novos Buscadores "desprender" a história do Evangelho de sua "estrutura teológica",[50] Käsemann realmente procura reapresentar a importância da teologia mediante o casamento do Jesus histórico com o querigma. Ele coloca além de qualquer dúvida a união certa da história com o querigma quando escreve:

> O coração de nosso problema está aqui: o Senhor exaltado quase engoliu completamente a imagem do Senhor terreno e, no entanto, a comunidade mantém a identificação do Senhor exaltado com o terreno. A solução desse problema não pode, no entanto, se nossas descobertas estiverem corretas, ser tratada com alguma esperança de sucesso na linha dos supostos *bruta facta* históricos, mas apenas na linha da conexão e da tensão entre a pregação de Jesus e a de sua comunidade. A questão do Jesus histórico é, em sua forma legítima, a questão da continuidade do Evangelho dentro da descontinuidade dos tempos e dentro da variação do querigma.[51]

KÄSEMANN E A DISSIMILARIDADE

Como a crítica da forma perpetuou muito a dúvida metodológica vista nas histórias do *Leben Jesu*, a criteriologia de Käsemann é corretamente considerada como uma resposta a ambos os entendimentos.[52] Observe como

---

em *Jesus, Criteria, and the Demise of Authenticity* em que os desenvolvimentos historiográficos de Bultmann a Käsemann estão à vista ou são explicitamente discutidos (p. 12, 36, 54, 115, 121, 129), o afastamento de Käsemann e de outros Novos Buscadores em relação à historiografia de Bultmann está perceptivelmente ausente. Em vez disso, os colaboradores retratam Käsemann em cada instância como de fato levando adiante o que Bultmann iniciou, sem esclarecimentos adicionais. De modo animador, Michael Bird declarou recentemente, com cuidadosa precisão, o contraste: "Ernst Käsemann, em uma crítica direta e deliberada a seu mentor Rudolf Bultmann, argumentou que a igreja primitiva nunca perdeu o interesse na vida de Jesus como sendo adequadamente básica para sua fé" (Bird, *Gospel of the Lord*, 24).
[49]James D. G. Dunn, *Jesus Remembered*, vol. 1 de *Christianity in the Making* (Grand Rapids: Eerdmans, 2003), 79.
[50]Keith, "Indebtedness of the Criteria Approach", 36.
[51]Käsemann, "Problem of the Historical Jesus", 46.
[52]Veja Simpson, *Recent Research on the Historical Jesus*, 18: "Ele [Käsemann] criticou o trabalho de seu professor em dois pontos. Primeiro: ele argumentou que os teólogos dialéticos, que reagiram ao liberalismo da Primeira Busca ao se retirar da pesquisa histórica, cometeram o mesmo erro da Primeira Busca ao contrário, abandonando a história em favor da teologia." Simpson explica que Bultmann e

ele descreve os dois séculos anteriores de estudos acadêmicos sobre os Evangelhos na Alemanha:

> Qualquer um que tente impedir esse veredicto [de que o caminho do libe-ralismo na reconstrução de uma "história de vida" de Jesus foi vão] está tentando roubar-nos dos frutos e do significado de todas as nossas pesquisas dos últimos dois séculos e evocar mais uma vez a dolorosa história da crítica histórica, que teria de ser repetida de uma forma ainda mais drástica. Ele também não está entendendo que a descoberta de fatos históricos e de seu nexo causal não é necessariamente útil para nós em nossa própria situação histórica, mas que eles devem ser interpretados antes que sua relevância e seu desafio possam ser esclarecidos. A mera história é a história petrificada, cujo significado histórico não pode ser trazido à luz simplesmente pela veri-ficação e transmissão dos fatos. Pelo contrário, a transmissão dos *bruta facta* pode, como tal, obstruir diretamente uma compreensão adequada dela.[53]

Demonstrando sua aceitação do ônus da prova histórica, um ônus exigido pelas pesquisas anteriores,[54] Käsemann escreve que "a obrigação que

---

os teólogos dialéticos abandonaram a história em favor da teologia, enquanto os Primeiros Buscadores cometeram o erro oposto em abandonar a teologia em favor da história. Dunn, *Jesus Remembered*, também caracteriza as buscas dessa maneira com os títulos de seus capítulos, "Flight from Dogma" [Fuga do dogma] e "Flight from History" [Fuga da história]. Cf. Werner H. Kelber, "Rethinking the Oral-Scribal Transmission/ Performance of the Jesus Tradition" [Repensando a transmissão oral--escribal/Desempenho da tradição de Jesus], em *Jesus Research: New Methodologies and Perceptions, The Second Princeton-Prague Symposium on Jesus Research Princeton 2007* [Pesquisa sobre Jesus: novas metodologias e percepções, Segundo Simpósio Princeton-Praga sobre a pesquisa Princeton acerca de Jesus 2007], ed. James H. Charlesworth, Brian Rhea e Petr Pokorný (Grand Rapids: Eerdmans, 2014), 500-530 (aqui: 501): "Profundamente alojado nos imensos trabalhos das várias buscas, foi, e é, o conflito entre teologia e história, a versão moderna do embate medieval de fé *versus* razão."
[53]Käsemann, "Problem of the Historical Jesus", 23-24.
[54]Contra Chris Keith, "Die Evangelien als 'kerygmatische Erzählungen' über Jesus und die 'Kriterien' in der Jesusforschung", em *Jesus Handbuch*, ed. Jens Schröter e Christine Jacobi (Tübingen: Mohr Siebeck, 2017), 86-98 (aqui: 87): "Diese Position kehrt die Perspektive gegenüber einer älteren Sichtweise geradezu um, wie sie beispielsweise im 'Leben Jesu' von David Friedrich Strauß in der zweiten Auflage aus dem 1830er Jahren erkennbar wird, wo Kriterien für den Erweis des unhis-torischen Charakters von Teilen der Jesusüberlieferung entwickelt wurden." Mas a crítica histórica já havia feito a inversão. Em um sentido muito importante, a busca pelo Jesus histórico baseia-se na premissa cética de que os Evangelhos não são confiáveis. Observe Ben F. Meyer, *The Aims of Jesus* [Os objetivos de Jesus], Princeton Theological Monograph Series [Série Princeton de mono-grafia teológica] 48 (Eugene, OR: Pickwick, 2002), 29: "O que torna Reimarus significativo é que ele concebeu a história de Jesus como uma desconhecida que ainda permanece a ser conhecida." Wedderburn partilhou de sentimentos semelhantes (*Jesus and the Historians*, 161-64). Veja tb. Bornkamm, *Jesus of Nazareth*, 20: "O exegeta e historiador crítico é, portanto, *obrigado*, em questões relativas à história da tradição, a falar de palavras de Jesus 'autênticas' ou 'não autênticas' e, assim, a distinguir as palavras do Jesus histórico das 'criações da Igreja'" (grifo nosso). Também, Robinson,

agora é colocada sobre nós é investigar e tornar credível não a possível falta de autenticidade da unidade individual de material, mas, pelo contrário, sua genuinidade".[55] Em face da crítica histórica e do ceticismo bultmanniano, a "crítica radical" é necessária para alcançar a autenticidade por meio dos mais recentes historiadores de Jesus.[56]

É com esse reconhecimento, então, que a sensibilidade do critério de dissimilaridade pode ser introduzida. Onde quer que haja dúvida metodológica sobre o Jesus histórico ou se algum dito ou evento atribuído a ele foi invenção da igreja primitiva, uma dúvida que continua a persistir nos estudos de Jesus,[57] a dissimilaridade de tal invenção fornece ao historiador crítico

---

New Quest for the Historical Jesus, 38: "No século 19, o ônus da prova recai sobre o estudioso que via interpolações teológicas em fontes históricas; no século 20, o ônus da prova recai sobre o estudioso que vê fonte de material factual objetivo no livro de adoração comum da igreja primitiva. O resultado é óbvio: o ônus da prova foi transferido para a pessoa que mantém a possibilidade da busca." (Käsemann, portanto, herda a responsabilidade, pois mantém a possibilidade de buscar Jesus seguindo seus predecessores do século 20.) Veja tb. Porter, *Criteria for Authenticity in Historical-Jesus Research*, 65: "Como resultado do ceticismo engendrado em alguns círculos por aqueles tipicamente identificados como parte do período de 'nenhuma busca' (e que estavam no centro do desenvolvimento da crítica da forma), o peso foi colocado sobre aqueles que desejavam distinguir a tradição e seu desenvolvimento na igreja primitiva das supostas palavras autênticas de Jesus." Theissen e Winter, *Quest for the Plausible Jesus*, 128, explicam que "a tradição em geral é considerada não confiável" para Käsemann, novamente por causa de buscas anteriores. E, mais recentemente, Bauckham, *Jesus and the Eyewitnesses*, 611 (2.ª ed.), escreve: "Vale a pena notar que esse critério [dissimilaridade] não foi tomado emprestado dos métodos comuns da investigação histórica, mas inventado para essa situação em que as fontes já haviam sido praticamente desqualificadas como confiáveis para a história."
[55]Käsemann, "Problem of the Historical Jesus", 34.
[56]Käsemann, "Problem of the Historical Jesus", 35; idem, "Blind Alleys in the 'Jesus of History' Controversy", 35-65. Tom Holmén, "Authenticity Criteria" [Critérios de autenticidade], em *The Routledge Encyclopedia of the Historical Jesus* [Enciclopédia Routledge do Jesus histórico], ed. Craig A. Evans (Nova York: Routledge, 2010), 43-54 (aqui: 43): "Uma razão para o aumento da conscientização nesse ponto era que o interesse revivido pela figura histórica de Jesus agora enfrentava o ceticismo sobre a confiabilidade histórica dos Evangelhos que, principalmente na sequência da crítica da forma, aportou de modo abrangente na academia." Veja tb. Theissen e Winter, *Quest for the Plausible Jesus*, 2, 113, que também observam o ceticismo da crítica da forma. A seção 2.2 (95-112) é intitulada "The Critical Method of Dialectical Theology and the Skepticism of Form Criticism" [O método crítico da teologia dialética e o ceticismo da crítica da forma]. Theissen e Winter observam frequentemente a discordância entre a antiga crítica da forma e os buscadores subsequentes.
[57]Veja Paula Fredriksen, *From Jesus to Christ* [De Jesus a Cristo], 2.ª ed. (New Haven: Yale University Press, 2000), 97: "A intuição de eruditos anteriores era sólida: não é possível recuperar 'o que realmente aconteceu' durante o ministério de Jesus por meio das descrições do Evangelho do que aconteceu. Mas, examinando essas descrições à luz do nosso conhecimento do contexto do Jesus histórico, podemos estabelecer com razoável segurança o que *possivelmente* aconteceu, o que *provavelmente* aconteceu e o que *não poderia* ter acontecido." I. Howard Marshall, "The Last Supper" [A Última Ceia] em Bock e Webb, *Key Events in the Life of the Historical Jesus*, 481-588, observa Marcus Borg e John W. Riggs (481-83). Borg escreve a partir da posição de ceticismo e com referência específica à Última Ceia: "É difícil fazer um julgamento histórico sobre os detalhes da 'última ceia', incluindo as palavras de fato ditas por Jesus, simplesmente por serem a lembrança e a celebração dela tão centrais na adoração da igreja primitiva. Assim, os detalhes da história foram afetados pela prática litúrgica da

um meio de negociar tal ceticismo. Corroborando essa afirmação, Theissen e Winter oferecem a seguinte explicação da dissimilaridade käsemanniana:

> Käsemann apontou qual, na sua opinião, era o *atual déficit na pesquisa sobre a vida de Jesus*, por um lado, *e na teologia de Bultmann*, por outro. Com o conceito bultmanniano de querigma como seu ponto de partida, ele se preocupa com os pontos de ancoragem duplos do querigma: *a fé pascal, por um lado* (aqui ele vê um déficit na teologia da vida de Jesus e um correto, embora unilateral, novo ponto de partida de Bultmann) e *a proclamação de Jesus* [ou ensinamentos de Jesus], *por outro lado* (aqui ele vê um déficit no tratamento que Bultmann dá ao assunto e um tratamento correto na teologia da vida de Jesus, que apelava unilateralmente ao ensino de Jesus).[58]

O critério de dissimilaridade de Käsemann pretende, então, tratar da "dolorosa narrativa da crítica histórica", ou a Primeira Busca, por um lado, com seu desejo modernista-positivista por "fatos históricos e seu nexo causal" ausente de significado teológico,[59] e, por outro lado, tratar do modelo "radical" de crítica da forma de Bultmann que "nos deixa em apuros", uma vez que está estritamente "preocupado com o *Sitz im Leben*" da igreja primitiva, e não com a vida do Jesus histórico.[60] O reconhecimento desses dois polos que a criteriologia käsemanniana pretende ajustar é fundamental para entender a necessidade dos critérios — e é em detrimento de Keith que seus argumentos negligenciam a polêmica histórico-crítica da criteriologia käsemanniana.

Deve-se afirmar cuidadosamente que, embora o critério de dissimilaridade fosse a ferramenta que Käsemann e outros usaram para demonstrar a

---

igreja" (Marcus Borg, *Jesus: A New Vision: Spirit, Culture, and the Life of Discipleship* [Jesus: uma nova visão — o espírito, a cultura e a vida de discipulado] [San Francisco: Harper & Row, 1987], 187-88.) E mais de modo mais cáustico, Riggs escreve: "O que veio a se tornar o sacramento que é chamado pelos diferentes nomes de Ceia do Senhor, Santa Comunhão, Eucaristia e Missa não tem origem em nenhuma suposta última ceia que Jesus compartilhou com seus discípulos. Não houve última ceia de Jesus como a que é retratada na carta de Paulo a Corinto ou nos Evangelhos. [...] As narrativas da Paixão nos Evangelhos, que incluem as cenas da última ceia, são composições eclesiais" (John W. Riggs, "The Sacred Food of Didache 9—10 and Second-Century Ecclesiologies" [O alimento sagrado da Didaquê 9—10 e eclesiologias do segundo século], em *The Didache in Context: Essays on its Text, History and Transmission* [A Didaquê em contexto: ensaios sobre a história de seu texto e sua transmissão], ed. Clayton N. Jefford, NovTSup 77 [Leiden: Brill, 1995], 257).
[58]Theissen e Winter, *Quest for the Plausible Jesus*, 114 (grifo nosso).
[59]Käsemann, "Problem of the Historical Jesus", 23.
[60]Käsemann, "Problem of the Historical Jesus", 35. Observe tb. (25): "O cristianismo primitivo é obviamente da opinião de que o Jesus terreno não pode ser entendido de outra maneira senão do lado oposto ao da Páscoa, i.e., em sua majestade como Senhor da comunidade, e que, de modo inverso, *o evento da Páscoa não pode ser adequadamente compreendido se considerado à parte do Jesus terreno*."

autêntica tradição de Jesus, o maior escopo em que a historiografia operou é o da continuidade histórica.[61] Os Novos Buscadores empregaram intencionalmente esse critério como meio de conectar Jesus e o querigma ou de demonstrar como os dois poderiam de fato ser contínuos. Nesse sentido, a metodologia deles *não é totalmente diferente* da hermenêutica da dissimilaridade de Tom Holmén no *continuum* judaísmo-Jesus-cristianismo.[62]

À luz dessa análise, portanto, é difícil entender que Käsemann ainda afirme a historiografia da crítica da forma de Bultmann de maneira significativa ou interpretar a historiografia de Käsemann como fechada na correspondência metodológica individual com a crítica da forma, ao mesmo tempo apreciando as maneiras pelas quais ele avança na pesquisa sobre Jesus.

---

[61]Observe Jürgen Becker, "The Search for Jesus' Special Profile" [A busca pelo perfil especial de Jesus], em Holmén e Porter, *Handbook for the Study of the Historical Jesus*, 1:57-89 (aqui: 85): "Critérios são úteis quando mantêm em mente as condições originais de um fenômeno histórico e suas consequências. Jesus é percebido como uma pessoa histórica apenas onde é interpretado em vista de seu lar religioso, cultural e social e também em vista do impacto que causou na história. E ambos os contextos são marcados por continuidade e inovação. Não podemos integrar Jesus totalmente ao cristianismo e tratar com indiferença suas raízes judaicas, nem podemos interpretar Jesus exclusivamente em um contexto judaico e despojá-lo do impacto que ele causou na história."

[62]Veja Tom Holmén, ed., *Jesus in Continuum* [Jesus no *continuum*], WUNT 2/289 (Tübingen: Mohr Siebeck, 2012), 3-9: "dissimilaridade no *continuum*" (9). Mas observe os importantes ensaios críticos de Holmén sobre a dissimilaridade e outros critérios: Holmén, "Doubts about Dissimilarity: Reconstructing the Main Criterion of Jesus of History Research" [Dúvidas sobre a dissimilaridade: reconstruindo o critério principal sobre o Jesus da pesquisa histórica], em *Authenticating the Words of Jesus* [Autenticando as palavras de Jesus], ed. Bruce Chilton e Craig A. Evans, NTTS 28.1 (Leiden: Brill, 1999), 47-80; idem, "Seven Theses on the So-Called Criteria of Authenticity of Historical Jesus Research" [Sete teses sobre os assim chamados critérios de autenticidade da pesquisa do Jesus histórico], *RCT* 33 (2008): 343-76. Em seu ensaio "Doubts about Dissimilarity", Holmén, mencionando Ben F. Meyer e Morna D. Hooker, explica que o critério de dissimilaridade exige que Jesus seja diferente de seu contexto judaico (52-56; esp. 55). Mas será que o critério de dissimilaridade, especificamente dissimilaridade com relação ao judaísmo, deve ser entendido de modo tão estrito? Como será mostrado, os Novos Buscadores, como Norman Perrin, não procuraram empregar o critério de uma maneira que separasse Jesus do judaísmo. Em vez disso, ao interpretar Jesus dentro de seu contexto judaico, eles procuraram o material que o diferenciava como indivíduo judeu. Resta, no entanto, que o ensaio "Doubts about Dissimilarity", de Holmén, é cheio de correções valiosas para a dissimilaridade, incluindo: (1) A dissimilaridade não atua como um teste de inautenticidade, ou seja, não pode extirpar a tradição que não concorda com ela. Com efeito, não existe critério de similaridade/inautenticidade tal que, se uma tradição deixar de passar pela autenticidade, ela se mostraria, portanto, não histórica ou inautêntica. (2) Ao sujeitar o critério de coerência à dissimilaridade, a atomização da tradição de Jesus é necessariamente implicada. Isso se deve a John Meier e outros que entendem a coerência como aplicável apenas ao material intacável remanescente após a operação dos critérios principais. (Ou, apresentado de modo mais simples, por entender a coerência como um critério secundário.) Mas deve-se notar que nem todos os estudiosos aceitam a coerência como um critério secundário. Notável nesse aspecto é Pitre, um ex-aluno de John Meier, que se afasta de Meier nesse ponto. Veja Brant Pitre, *Jesus, the Tribulation, and the End of the Exile: Restoration Eschatology and the Origin of the Atonement* [Jesus, a tribulação e o fim do exílio: escatologia da restauração e a origem da expiação], WUNT 2/204 (Tübingen: Mohr Siebeck, 2005), 27.

A criteriologia adotada pelos Novos Buscadores é mais bem entendida como uma crítica aos tratamentos anteriores, e não como um avanço ou uma adoção irrefletida da crítica da forma. Käsemann apresenta uma convocação para futuros historiadores de Jesus, e ele desafiou diretamente os estudos acadêmicos reinantes em seus dias. Ele escreve entusiasmado sobre os desenvolvimentos que se seguiram ao ceticismo de Bultmann. Ele afirma:

> Está sendo discutida com particular vigor a confiabilidade, se não de toda a tradição dos Evangelhos a respeito da Paixão e da Páscoa, pelo menos dos elementos mais primitivos nela. Em ambos os casos, a preocupação é contrariar qualquer separação, ou mesmo antítese, drástica do querigma ou da tradição.[63]

GÜNTHER BORNKAMM

Günther Bornkamm, outro pupilo de Bultmann, foi o primeiro estudioso da Nova Busca a produzir um tratamento completo do Jesus histórico. No início de sua obra *Jesus of Nazareth* [Jesus de Nazaré], ele deixa claro que está seguindo a liderança de Käsemann, o que pode ser visto na maneira como detalha a união da história com o querigma:

> Em outro aspecto, também, *o interesse da fé na história pré-pascal deve ser esclarecido*. A seguinte pergunta poderia ser feita a respeito da igreja pós-Páscoa, que vivia na garantia da presença do Cristo ressuscitado e na esperança de seu rápido retorno: A igreja não caiu em um estranho anacronismo? *Ela se fez contemporânea de seu senhor terreno pré-pascal. Ela se fez contemporânea de fariseus e sumos sacerdotes* de muito tempo atrás. *Ela se fez contemporânea dos primeiros ouvintes de Jesus* que ouviram sua mensagem a respeito da vinda do reino de Deus; *dos discípulos* que o seguiram; *dos doentes* a quem ele curou; *de coletores de impostos e pecadores* com quem ele se sentou à mesa.[64]

Aqui Bornkamm, em harmonia com Käsemann, reflete sobre o elemento histórico pré-pascal nos Evangelhos como um problema para os buscadores — entendido como problema positivo — e que merece

---

[63]Käsemann, "Problem of the Historical Jesus", 17.
[64]Bornkamm, *Jesus of Nazareth*, 23 (grifo nosso). Cf. Käsemann, "Problem of the Historical Jesus", 30-34. Veja tb. Baird, *History of New Testament Research*, 3:159; em 3:163, ele escreve: "Bornkamm afirma a *continuidade* entre o Jesus histórico e o Cristo da fé pós-Páscoa" (grifo nosso).

uma resposta.[65] Como o historiador deve considerar o elemento histórico pré-pascal que se mistura tão inextricavelmente ao querigma dos Evangelhos, se os Evangelhos refletem *apenas* o *Sitz im Leben* de seus autores? Para Bornkamm, o retrato de Jesus que disso resulta é um pouco complicado em razão dessa mistura, mas, ainda assim, rastreável. A viagem de Jesus a Jerusalém e suas declarações de sofrimento e de reivindicação são consideradas como históricas. Considera-se que Lucas 13:31-33 contém um núcleo autêntico em sua descrição do desejo de Jesus de ir a Jerusalém como outros profetas o haviam feito; como Bornkamm explica, a provável intenção de Jesus aqui é levar sua mensagem profética com respeito ao reino vindouro de Deus à cidade de Deus.[66]

Embora ele postule a existência de desenvolvimentos de cunho lendário pós-Páscoa na narrativa da paixão de Jesus, afirma, no entanto, a ampla historicidade da Paixão. E afirma que é exclusivamente histórico no que diz respeito às narrativas mais antigas dos Evangelhos, especificamente por causa da "plenitude de detalhes e da conexão dos eventos".[67] Em outras palavras, Bornkamm considera a historicidade aqui, embora ainda não tenha sido complicada pelas reflexões pós-Páscoa, como sendo autêntica por causa dos detalhes compartilhados e do acordo cronológico entre os Evangelhos.

No que diz respeito especificamente à Última Ceia, "os textos revelam com certeza" que "Jesus celebra a Ceia com seus discípulos na expectativa do reino de Deus que chegava".[68] Embora negando a refeição final de Jesus como de natureza pascal, Bornkamm continua a afirmar um grau de autenticidade das Palavras de Instituição. Ele considera as referências ao pão e ao vinho como historicamente autênticas, embora se diga que foram expressas no desenvolvimento litúrgico posterior.[69] Os desenvolvimentos da separação que Bultmann faz entre história e querigma são positivamente reveladores. Bornkamm rompe a barreira da etiologia do

---

[65]Bornkamm, *Jesus of Nazareth*, 22, observa que "não se pode afirmar seriamente que os Evangelhos e sua tradição não permitam indagações sobre o Jesus histórico. Eles não apenas permitem, mas exigem esse esforço". Käsemann, "Problem of the Historical Jesus", 22, também observa a legitimidade histórica das tradições do Evangelho pré-pascal como problemática para os estudos da Antiga Busca sobre Jesus, os quais colocavam forte descontinuidade entre o Jesus pré-pascal e o Jesus pós-pascal. Käsemann, "Blind Alleys in the 'Jesus of History' Controversy", 23: "A 'nova questão' só merece ser chamada de 'nova' porque a relevância teológica do elemento histórico se tornou, em uma extensão sem precedentes, um problema sério e decisivo que ninguém realmente conseguiu dominar a fundo."
[66]Bornkamm, *Jesus of Nazareth*, 154-55.
[67]Bornkamm, *Jesus of Nazareth*, 154-55.
[68]Bornkamm, *Jesus of Nazareth*, 160.
[69]Bornkamm, *Jesus of Nazareth*, 161.

culto à historicidade da Última Ceia, adotada por Bultmann, a partir dos antecessores da história das religiões.

JAMES M. ROBINSON

No entanto, um terceiro aluno de Bultmann, o primeiro a designar a Nova Busca como tal, foi James M. Robinson. Robinson não mediu palavras quando explicou a Nova Busca como uma crítica autoconsciente a Bultmann:

> O repúdio alemão no início do século à busca do Jesus histórico encontrou sua cristalização definitiva nos estudos de Rudolf Bultmann. *Sua pesquisa de crítica da forma tendia a confirmar o ponto de vista de que tal busca é impossível*, e sua teologia existencial sustentou a tese de que tal busca é ilegítima. Portanto, *não surpreende que o reexame crítico de sua posição feito por seus alunos comece nesse ponto*.[70]

Citando a resposta inicial de Käsemann como a primeira indicação, Robinson aponta quanto os alunos de Bultmann estavam interessados principalmente na continuidade do querigma com o Jesus histórico, uma vez que Bultmann havia apresentado desafios significativos a essa continuidade.[71] Não menos significativo foi *Jesus of Nazareth*, de Bornkamm, discutido acima, que foi o primeiro livro escrito entre os alunos de Bultmann sobre o Jesus histórico e que também se interessa pela questão da continuidade.[72] A tarefa dos Novos Buscadores, então, era demonstrar que o Jesus da história e o querigma cristão primitivo estavam historicamente relacionados de maneira significativa e até genuína — isto é, "se não queremos, no final das contas, nos comprometer com um Senhor mitológico".[73]

---

[70]Robinson, *New Quest for the Historical Jesus*, 12 (grifo nosso). Cf. Baird, *History of New Testament Research*, 3:168-79.

[71]Robinson, *New Quest for the Historical Jesus*, 14; citando Käsemann, "The Problem of the Historical Jesus".

[72]Robinson, *New Quest for the Historical Jesus*, 16.

[73]Robinson, *New Quest for the Historical Jesus*, 13. Bornkamm também expôs, no capítulo três de *Jesus of Nazareth*, de acordo com Robinson (16), uma "tentativa de descrever a *impressão* humana que Jesus causou nas pessoas de uma maneira claramente sugestiva do significado que Jesus tinha para a fé, como se um contato humano com Jesus fosse, pelo menos potencialmente, um encontro com o querigma". Um tanto interessante é a palavra "impressão", usada por Robinson, que no contexto funciona como uma espécie de ponte entre Jesus e a fé de seus primeiros seguidores. Isso não é diferente do uso metodológico que Dunn faz do "impacto" em *Jesus Remembered*, 329, que também funciona como uma

Ao longo de seu livro de argumentos cuidadosos, Robinson explica que demonstrar a continuidade é tarefa não apenas dos alunos de Bultmann, mas de qualquer estudioso que procure autenticar Jesus como uma figura histórica significativa para a fé cristã:

> Pois como se pode afirmar a indispensável historicidade de Jesus, ao mesmo tempo que se mantém a irrelevância do que significaria um conflito histórico com ele, uma vez que essa se tornou uma possibilidade real dado o surgimento da historiografia moderna? Tal posição não pode deixar de levar à conclusão de que o Jesus do querigma poderia igualmente ser apenas um mito, pois, de fato, se declarou irrelevante o significado de sua pessoa histórica.[74]

O que Robinson procura demonstrar em seu capítulo final é que tanto o querigma quanto a história, juntos, são ingredientes necessários para a busca de Jesus. Se há apenas o querigma, os pesquisadores estão operando com "uma deficiência formal significativa: ele [o querigma] vê Jesus apenas em termos determinados pelo conflito cristão e, assim, obscurece formalmente a concretude de sua realidade histórica".[75] O erro oposto, afirma Robinson, seria prosseguir com a "ilegitimidade da busca original", que supunha que a história não interpretada pudesse demonstrar Jesus "não dialeticamente, não paradoxalmente, inofensivamente" como Senhor, quando só pudesse observar que "Jesus 'nasceu de uma mulher, nasceu sob a lei'".[76] (Robinson se refere aqui à crítica histórica e à história como *bruta facta*.)

É importante parar e observar mais uma vez que a tarefa historiográfica após Bultmann mudou de maneira significativa, em razão especificamente dos desafios únicos de Bultmann para os buscadores de Jesus em entender que Jesus foi eclipsado inteiramente pela pregação cristã primitiva. E, com essa mudança de tarefa, houve uma mudança na metodologia. Ao apontar para a criteriologia de Käsemann e de outros Novos Buscadores, Robinson escreve:

---

ponte entre o Jesus histórico e o ensino apostólico. Robinson parece antecipar a discussão atual sobre "impacto" e "memória". Com relação à memória, ele escreve que os primeiros cristãos "responderam à [sua] situação explicando intuitivamente sua memória até que encontrassem nela o querigma, ou seja, por 'querigmatizar' sua memória" (Robinson, *New Quest for the Historical Jesus*, 86). Estudiosos, como Byrskog, que se concentram na autópsia, reconheceram a importância de um componente narrativizante na narração da história (*Story as History — History as Story*, 222-23).
[74]Robinson, *New Quest for the Historical Jesus*, 88; cf. 85-92.
[75]Robinson, *New Quest for the Historical Jesus*, 86.
[76]Robinson, *New Quest for the Historical Jesus*, 86-87 (uma referência a Gálatas 4:4).

Pois um novo e promissor ponto de partida foi elaborado precisamente pelos estudiosos que estão mais conscientes das dificuldades da busca anterior. De fato, esse novo desenvolvimento é reconhecido em todo o seu significado somente quando se observa que ele forma um impulso central em uma segunda, "pós-bultmanniana" fase da teologia alemã do pós-guerra.[77]

NORMAN PERRIN

Outro estudioso intimamente associado à Nova Busca é Norman Perrin. Perrin, que fez o doutorado na Universidade de Göttingen, Alemanha, descreveu os desenvolvimentos pós-bultmannianos da seguinte maneira:

> As questões tratadas mais imediata e vigorosamente na discussão subsequente foram, antes, aquelas com respeito à continuidade entre o Cristo do querigma e o Jesus histórico, e quanto ao significado de uma visão existencialista da história em conexão com o "problema do Jesus histórico".[78]

Perrin também explica o significado de "The Problem of the Historical Jesus", o ensaio de Käsemann, da seguinte maneira:

> Em seu ensaio "Das Problem des historischen Jesus", ele emitiu um alerta sobre o perigo de uma posição em que não havia uma continuidade real e material entre o Jesus histórico e o Cristo querigmático: o perigo de cair no docetismo ou de que a fé se degenerasse em mero misticismo ou moralismo.[79]

Notável aqui é o entendimento que Perrin tem sobre os Novos Buscadores como aqueles que afirmam um Jesus histórico que existe em continuidade com a proclamação cristã primitiva. Essa é, novamente, uma reviravolta teológica que foi adotada para avançar em relação aos buscadores anteriores que procuravam fazer uma diferenciação metodológica entre Jesus e o querigma.

---

[77]Robinson, *New Quest for the Historical Jesus*, 10. Mais tarde (14), Robinson observa que as "divergências de Bornkamm [em relação a Bultmann] expressam o interesse recém-despertado pela mensagem e pela conduta de Jesus em sua relação com o querigma".
[78]Norman Perrin, *Rediscovering the Teaching of Jesus* [Redescobrindo o ensino de Jesus] (Nova York: Harper & Row, 1976), 226.
[79]Perrin, *Rediscovering the Teaching of Jesus*, 226. Perrin torna explícito seu apoio à preocupação de continuidade de Novos Buscadores na p. 234

Perrin observou ainda que, assim como Käsemann, ele aceitou o ônus da prova nas buscas por Jesus. Perrin declara explicitamente que, "se devemos atribuir um dito a Jesus *e aceitar que o ônus da prova nos seja imposto*, devemos ser capazes de mostrar que o dito não procede nem da igreja nem do judaísmo antigo".[80] E, corroborando ainda mais os argumentos do presente ensaio, Perrin explica cuidadosamente o que pretende por meio do critério de dissimilaridade do judaísmo:

> A forma mais antiga que podemos alcançar de um dito pode ser considerada autêntica se for demonstrado que é dissimilar das ênfases *características* tanto do judaísmo antigo quanto da igreja primitiva [...].[81]

Ele continua:

> O ensino de Jesus foi estabelecido no contexto do judaísmo antigo, e, *em muitos aspectos, esse ensino deve ter sido uma variação de temas da vida religiosa do judaísmo antigo*. Mas, *se quisermos buscar o que é mais característico de Jesus*, não o encontraremos nos ensinamentos que ele compartilha com seus contemporâneos, mas *nas coisas em que difere deles*.[82]

Fica evidente, com base nessas duas citações de Perrin, seu interesse em iluminar, ou acentuar, os ensinamentos de Jesus em contraste com o contexto de seus contemporâneos e das práticas mais comuns, ou características, do judaísmo. A ideia é reconhecer como os ensinamentos de Jesus se destacam em seu contexto, e não o que faz Jesus opor-se à religião do judaísmo.[83] Embora o critério possa emprestar-se perigosamente a preconceitos antijudaicos e a acomodar pautas de ódio, não parece que

---

[80]Perrin, *Rediscovering the Teaching of Jesus*, 39.
[81]Perrin, *Rediscovering the Teaching of Jesus*, 39 (grifo nosso). Ao enfatizar um contraste com as práticas características do judaísmo, a criteriologia de Perrin se mostra um tanto inócua diante das objeções relativas à necessidade de conhecimento exaustivo do contexto judaico de Jesus e das acusações de distanciar Jesus do judaísmo. Observe Porter, *Criteria of Authenticity in Historical Jesus Research*, 74 e n22; Dunn, *Jesus Remembered*, 82-83, citando Morna Hooker, "Christology and Methodology", *NTS* 17 (1970): 480-87; também Hooker, "On Using the Wrong Tool" [Sobre o uso da ferramenta errada], *Theology* 75 (1972): 570-81.
[82]Perrin, *Rediscovering the Teaching of Jesus*, 39 (grifo nosso).
[83]Veja a proveitosa análise de Theissen e Winter, *Quest for the Plausible Jesus*, 131. O objetivo da dissimilaridade no pensamento de Perrin é revelar "o que é distintivo no judaísmo ou na igreja". Theissen e Winter fazem a citação aqui do artigo de Perrin, *What is Redaction Criticism?* [O que é crítica da redação?] (Filadélfia: Fortress, 1969), 71.

os Novos Buscadores citados no presente ensaio se interessassem por esses objetivos.[84] Perrin cita o trabalho de Joachim Jeremias sobre o uso formulado por Jesus de "Digo-lhes a verdade" como um exemplo de dissimilaridade. Embora o dito seja "uma característica do estilo de ensino de Jesus", também é comum ao judaísmo. A dissimilaridade é vista na maneira única como Jesus emprega a frase, como uma introdução ao ensino, e não, mais comumente, como uma conclusão.[85] Novamente, a dissimilaridade de Perrin não é do tipo que divisa Jesus contra o judaísmo, mas é mais um esforço sincero para identificar a singularidade de Jesus dentro de sua continuidade com o judaísmo.

PENSAMENTOS FINAIS

A análise anterior não se destina a adotar o ponto de vista da Nova Busca pelo Jesus histórico, nem uma adoção antiquada de sua criteriologia à parte dos avanços recentes. Tampouco tentou desacreditar todas as preocupações de Keith com respeito aos critérios, ou reviver o espírito dos Segundos Buscadores. Pretende-se, no entanto, observar com mais cuidado os pontos de descontinuidade entre a Nova Busca e o que a precedeu. O próprio Bultmann entendeu isso e respondeu explicitamente a seus alunos no ensaio "The Primitive Christian Kerygma and the Historical Jesus".[86] Embora seja fácil, de nosso ponto de vista histórico, identificar continuidade entre Bultmann e a influência contínua da crítica da forma na obra dos Novos Buscadores, a virada teológica de Käsemann foi levada a sério em seus dias.[87] Embora a crítica bultmanniana da forma quase tenha estabelecido

---

[84]Veja a notável pesquisa de Dagmar Winter em "Saving the Quest for Authenticity from the Criterion of Dissimilarity: History and Plausibility", em Keith e Le Donne, *Jesus, Criteria, and the Demise of Authenticity*, 120n16. Meier, *Marginal Jew*, 5:15, continua a afirmar o critério: "Embora eu concorde que devemos suspeitar muito de um Jesus histórico que seja surpreendentemente descontínuo em relação ao judaísmo de seu tempo e lugar, há casos em que a questão da descontinuidade em relação às opiniões judaicas da época surgem legitimamente — de fato, até mesmo necessariamente — quando peneiramos a tradição de Jesus em busca de um núcleo histórico."
[85]Perrin, *Rediscovering the Teaching of Jesus*, 38.
[86]Bultmann, "Primitive Christian Kerygma and the Historical Jesus", 15: "Hoje a situação está invertida. A ênfase está na elaboração da unidade do Jesus histórico com o Cristo do querigma." E páginas 20-21: "Existem dois tipos de tentativas de ir além do 'aquilo' e de demonstrar a continuidade entre o Jesus histórico e o querigma como uma harmonia material." (Com o trabalho de Käsemann explicitamente citado.) Bultmann está argumentando contra a tentativa de seus ex-alunos de manter a continuidade histórica. Veja Baird, *History of New Testament Research*, 3:124-25n155.
[87]Observe a importância postulada por Stephen Neill e Tom Wright, *The Interpretation of the New Testament* [A interpretação do Novo Testamento], 1861-1986 (Oxford: Oxford University Press, 2003), 288-91.

como dogma a declaração de que o Jesus histórico não fazia sentido para o querigma,[88] os alunos de Bultmann defenderam corajosamente Jesus como uma pessoa histórica, acessível ao historiador crítico diretamente pelo querigma e em continuidade com ele.[89] Richard Bauckham, estudioso do Novo Testamento, apresenta a transição da antiga crítica da forma para os critérios de autenticidade da seguinte forma:

> *Os que olhavam para isso teologicamente* não tinham tanta certeza quanto Bultmann de que a fé cristã não precisava saber nada sobre o Jesus que viveu na Palestina, exceto que ele existia. *Mas a visão crítica da forma sobre como as tradições do Evangelho alcançaram os Evangelhos impediu uma nova busca.* Como a tradição deveria estar orientada para o presente e despreocupada com a preservação das tradições de Jesus, qualquer coisa de valor histórico teria sobrevivido, apesar das tendências da tradição. Foram necessários critérios extremamente rigorosos para identificar material "autêntico". [...] Essa foi a situação que os "critérios de autenticidade" foram planejados para atender.[90]

Deve ficar claro que não é mais permitido falar da historiografia da Nova Busca fora dos interesses históricos por continuidade explicitamente declarados dos Novos Buscadores. Mesmo no caso do critério de dissimilaridade, os historiadores continuam a trabalhar pela continuidade dos ensinamentos cristãos primitivos e pela continuidade das práticas judaicas conhecidas. Esse cuidadoso ponto focal foi obscurecido por críticos recentes que pretendem explicar a historiografia da Nova Busca apenas em termos de uma opinião errônea sobre a dissimilaridade ou por quem, de outra forma, prova um entendimento contextual vazio de como a dissimilaridade foi ajustada metodologicamente para incluir uma nuance específica de continuidade.

---

[88]Neill e Wright observam que a impossibilidade da busca por Jesus proferida por Bultmann foi "considerada quase canônica por um quarto de século" (*Interpretation of the New Testament*, 291).

[89]Reginald Fuller procurou avançar ainda mais na ideia de continuidade entre o Jesus histórico e o querigma. No início de sua obra *The Foundations of New Testament Christology* [Os fundamentos da cristologia do Novo Testamento], ele afirma explicitamente que seu objetivo é defender tal Jesus: "Como veremos, ele tinha sua própria autocompreensão. Mas a cristologia da igreja nunca consistiu em simplesmente repetir essa autocompreensão, embora, como procuraremos mostrar, *haja uma linha direta de continuidade entre a autocompreensão de Jesus e a interpretação cristológica da igreja* a respeito dele" (Reginald H. Fuller, *The Foundations of New Testament Christology* [Nova York: Scribner's, 1965], 15 [grifo nosso]).

[90]Bauckham, "Gospels as Testimony to Jesus Christ", 58 (grifo nosso).

Ao encerrar essa discussão, alguns pontos de síntese são apresentados em ordem. Primeiro: embora a antiga crítica da forma estivesse interessada tanto na historicidade da tradição do Evangelho quanto no caráter oral da tradição em seus estágios mais primitivos, tais interesses foram desenvolvidos nas teorias da transmissão da tradição influenciadas por folclore, agora desacreditadas. Segundo: a crítica da forma de Bultmann era excessivamente cética em relação às tradições do Evangelho, e isso pode ser observado em sua historiografia da dúvida metodológica. Na obra de Bultmann, o Jesus histórico se torna desnecessário para o ensino cristão, um simples *datum* apenas pressuposto, mas não significativamente essencial, para a proclamação querigmática. De maneira docética, Bultmann afirmou que não havia possibilidade da busca por Jesus, apesar de prever a existência de uma tradição oral primitiva que potencialmente apontava para ele. Terceiro: começando com Käsemann, a Nova Busca empenhou-se, de maneira fundamental, a mudar o rumo a partir de Bultmann, especificamente por buscar um Jesus em continuidade com os Evangelhos. Novos Buscadores não devem ser vistos como mantendo o mesmo programa da crítica da forma. Uma quantidade razoável de pesquisa foi provida a fim de validar essa reivindicação. Grande parte da discussão recente sobre os critérios de autenticidade seria mais bem atendida pela apreciação da descontinuidade entre Bultmann e seus alunos. De maneira semelhante, apesar do interesse de Keith em retratar os critérios como totalmente dependentes de uma estrutura de crítica da forma, foi observado no ensaio programático de Käsemann que sua criteriologia corretiva é instruída por um segundo polo, o das histórias da Primeira Busca. Reconhecer isso é importante, pois se mostra problemático para a reivindicação de dívida de Keith.

Quarto e último: a lógica do critério de dissimilaridade de Perrin é clara: se uma tradição não pode ser atribuída a uma suposta igreja primitiva inventiva e se for possível demonstrar que há continuidade com o contexto judaico de Jesus — mas também uma singularidade identificável —, é provável que tais tradições procedam de Jesus e são, como nas palavras de Käsemann, "terreno mais ou menos seguro" em relação à autenticidade. Enquanto houver ceticismo em relação à historicidade dos Evangelhos, e independentemente do fracasso da crítica da forma, mantém-se um lugar permanente e até acolhedor para os critérios de autenticidade. O critério de dissimilaridade ajuda sensivelmente a estabelecer um retrato confiável do Jesus histórico, *especificamente onde* o ceticismo é abundante em relação aos primeiros cristãos como preservadores da tradição de Jesus.

PARTE DOIS

OS EVANGELHOS E O JESUS HISTÓRICO

4 CRÍTICA TEXTUAL
E O CRITÉRIO DE
CONSTRANGIMENTO

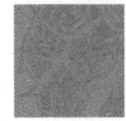

Daniel B. Wallace

INTRODUÇÃO

Quase meio século atrás, como uma voz solitária clamando no deserto, Morna Hooker protestou contra a validade dos critérios de autenticidade em seu artigo "Christology and Methodology".[1] Ela expandiu isso um ano depois em "On Using the Wrong Tool".[2] Aqui, ela expõe uma das objeções fundamentais ao uso otimista desses critérios, a saber, que eles mascaram seus preconceitos com um ar de objetividade: "Qualquer tentativa de reconstruir o que está por trás dos Evangelhos que temos é altamente especulativa e, em grande medida, reflete nossas próprias pressuposições sobre o material."[3]

A noção de que pressupostos regem métodos não é novidade. A percepção de Hooker ecoa o que o modernista católico George Tyrrell havia

---

[1]Morna D. Hooker, "Christology and Methodology", *NTS* 17 (1970-71): 480-87. Ela lamenta que suas "críticas tenham sido rejeitadas ou ignoradas por estudiosos que se dedicavam ao uso de tais critérios" (idem, "Foreword: Forty Years On" [Prefácio: Quarenta anos depois], em *Jesus, Criteria, and the Demise of Authenticity*, ed. Chris Keith e Anthony Le Donne [Londres: T&T Clark, 2012], xiii).
[2]Morna D. Hooker, "On Using the Wrong Tool", *Theology* 75 (1972): 570-81.
[3]Hooker, "On Using the Wrong Tool", 580.

afirmado sobre a reconstrução da vida de Jesus feita por Adolf von Harnack: "O Cristo que Harnack vê, olhando através de dezenove séculos de escuridão católica, é apenas o reflexo de um rosto protestante liberal, visto no fundo de um poço profundo."[4]

Talvez o exemplo mais extremo de preconceitos desse tipo possa ser encontrado na Alemanha na primeira metade do século 20. O critério de dissimilaridade foi reforçado pelo antissemitismo que encontrou seu ápice no Estado nazista. Em 1899, Houston Stewart Chamberlain publicou sua obra muitíssimo influente *Die Grundlagen des neunzehnten Jahrhunderts*, um trabalho racista que alegava, *inter alia*, que Jesus não era judeu.[5] Apesar de ser um ponto de vista absurdo, ganhou, no entanto, alguma força de tração na crítica maior alemã. Walter Grundmann, um ativista nazista e assistente de Gerhard Kittel no *Theologisches Wörterbuch*, adotou a mesma posição; Paul Fiebig e Gerhard Kittel também foram algumas das vozes mais declaradamente antijudaicas nas fileiras dos estudiosos do NT naquele período da história.

De acordo com Maurice Casey, a pausa "sem busca" (entre *A busca do Jesus histórico*, de Schweitzer[6], e "Das Problem des historischen Jesus", de Käsemann[7]) foi, na realidade, a "mais crucial fase da busca porque é a mais esclarecedora".[8] Casey argumenta que os tentáculos da mentalidade nazista estenderam-se muito além da Segunda Guerra Mundial ao falar da "*função social* da obra de Bultmann e de outros": "O *efeito* de suas críticas radicais foi garantir que, livre de dificuldades ou perigos, dos Evangelhos sinópticos nunca poderia sair um judeu."[9] Isso está implícito em sua opinião sobre o

---

[4]George Tyrrell, *Christianity at the Cross-roads* [Cristianismo na encruzilhada] (Londres: Longmans, 1909), p. 44.

[5]Houston Stewart Chamberlain, *Die Grundlagen des neunzehnten Jahrhunderts*, 2 vols. (Munique: Bruckmann, 1899).

[6]Albert Schweitzer, *The Quest of the Historical Jesus: A Critical Study of Its Progress from Reimarus to Wrede* [A busca do Jesus histórico: um estudo crítico de seu progresso de Reimarus a Wrede] (Londres: Black, 1910), a tradução em inglês do livro definitivo de Schweitzer sobre a busca publicado pela primeira vez em 1906. [Em português, a primeira edição é de 2003, pela antiga Editora Novo Século, hoje Fonte Editorial (São Paulo). (N. do T.)]

[7]Ernst Käsemann, "Das Problem des historischen Jesus", uma palestra proferida em 1953 e publicada no ano seguinte (*ZTK* 51 [1954]: 125-53).

[8]Maurice Casey, "Where Wright is Wrong: A Critical Review of N. T. Wright's *Jesus and the Victory of God*" [Onde Wright está errado: uma resenha crítica de *Jesus e a vitória de Deus*, de N. T. Wright], *JSNT* 69 (1998): 95-103 (aqui: 96).

[9]Maurice Casey, *Jesus of Nazareth: An Independent Historian's Account of His Life and Teaching* [O relato de um historiador independente sobre a vida e o ensino de Jesus de Nazaré] (Londres: T&T Clark, 2010), 11. Na seção *The Nazi Period* [O período nazista] (4-9), ele argumenta que, durante o assim chamado período de "sem busca", havia um foco fortemente germânico na singularidade de Jesus, em particular em sua distinção de qualquer coisa judaica.

Seminário de Jesus, que está "saindo completamente dos trilhos"[10] porque apresenta um Jesus não judeu.[11] Nem todos consideram que a atitude antissemita na Alemanha seja tão influente nos estudos acadêmicos do NT,[12] mas parece ser o caso de que parte do impulso para o critério de dissimilaridade, praticado por bom número de estudiosos, é um distanciamento subconsciente de Jesus em relação ao judaísmo, em razão de certos valores culturais.[13]

Como Tyrrell fez um século atrás, outro estudioso católico, Francis Schüssler Fiorenza, argumentou que a busca por Jesus é muitas vezes distorcida por um viés anticatólico: "Quando comecei os estudos de pós-graduação, era comumente aceito nos estudos do Novo Testamento que, além da atestação múltipla por fontes independentes, um dito provavelmente retornava ao Jesus histórico se sua origem não pudesse ser atribuída nem ao judaísmo nem à igreja primitiva. [...] O que essa regra significa? Significa simplesmente: se alguém puder mostrar que uma afirmação é, ao mesmo tempo, tanto antijudaica quanto anticatólica romana, então, eis que, *ecco*, alguém demonstrou ser ela um dito autêntico de Jesus."[14]

---

[10]Casey, "Where Wright Is Wrong", 97. Embora ele não mencione o Seminário de Jesus nesse momento, prepara-se para fazê-lo quando espanca o Seminário de Jesus no início de seu artigo, observando que o livro de Wright é "infinitamente melhor do que qualquer coisa que possa surgir do Seminário Americano de Jesus" (ibid., 95).

[11]Casey, *Jesus of Nazareth*, 18-22. Aqui ele também critica John Dominic Crossan por sucumbir ao ambiente social em que este se encontra, resultando em um Jesus que "não surge como um líder judeu plausível do primeiro século" (20).

[12]Para uma visão geral histórica dessa influência, veja Peter M. Head, "The Nazi Quest for an Aryan Jesus" [A busca nazista por um Jesus ariano], *JSHJ* 2.1 (2004): 55-89. Embora Head evite judiciosamente a falácia *post hoc propter hoc*, ele ainda assim perceptivelmente sugere: "Uma maneira pela qual Grundmann *é* paradigmático para toda a Busca é que ele exibe de maneira notável o modo pelo qual suposições e preconceitos decorrentes do próprio ambiente social e religioso do acadêmico molda e *pode* determinar o resultado de qualquer investigação sobre o Jesus histórico" (88).

[13]A esse respeito, a contribuição de E. P. Sanders para nossa compreensão do Jesus histórico dificilmente pode ser superestimada. Como observa Casey sobre a pauta geral de Sanders vista em *Jesus and Judaism, The Historical Figure of Jesus* e *Paul and Palestinian Judaism* [Paulo e o judaísmo palestino], "uma das primeiras tarefas de Sanders foi demolir preconceitos cristãos sobre o judaísmo" (Casey, *Jesus of Nazareth*, 15).

[14]Francis Schüssler Fiorenza, "The Jesus of Piety and the Historical Jesus" [O Jesus da piedade e o Jesus histórico], *CTSA Proceedings* [Procedimentos CTSA] 49 (1994): 95 (artigo completo: 90-99). Sua equiparação da "igreja primitiva" com o catolicismo romano, no entanto, é um anacronismo curioso. Veja tb. Anthony Le Donne, "The Rise of the Quest for an Authentic Jesus: An Introduction to the Crumbling Foundations of Jesus Research" [O surgimento da busca por um Jesus autêntico: uma introdução aos desintegrados fundamentos da pesquisa sobre Jesus], em Keith e Le Donne, *Jesus, Criteria, and the Demise of Authenticity*, 3-21 (aqui: 7): "Para estabelecer Jesus como o grande criador do cristianismo (na verdade, como o arquétipo do protestantismo alemão), foi necessário estabelecer seus ensinamentos originais." Observe também o argumento de Allison: "São nossas expectativas que determinam em grande medida como usamos os critérios. Sempre podemos encontrar paralelos quando precisamos deles para excluir material, e sempre podemos encontrar diferenças quando queremos autenticar material. As ferramentas não ditam como são usadas; as mãos que as seguram

Os preconceitos não são apenas antissemitas e anticatólicos. Theissen e Merz observam que, mesmo na mente popular, Jesus é formado à imagem do intérprete, na qual o veem como "o grande irmão", "o precursor do socialismo", um existencialista, um "artista galileu que tinha a arte de viver", o herói daqueles que se opõem à religião institucionalizada.[15] Mesmo na imaginação acadêmica, ele é um filósofo cínico, amigo de toda a humanidade, criador de problemas políticos, um visionário apocalíptico equivocado, rabino empático, o Messias, Deus encarnado. Esses pontos de vista são todos condicionados — pelo menos até certo ponto — por preconceitos e pressupostos do exegeta.[16]

É esse estado de coisas que levou um pequeno, mas crescente, núcleo de acadêmicos a alinhar-se com Hooker e abandonar a legitimidade das pedras de toque da autenticidade. Mais notavelmente, vemos essa atitude em *Jesus, Criteria, and the Demise of Authenticity*, obra de muitos autores publicada em 2012, que inclui ensaios de luminares como Dale Allison, Scot McKnight, Morna Hooker e Mark Goodacre. Vários outros, incluindo Helen Bond e Stanley Porter, também levantaram a voz contra os testes de historicidade da Terceira Busca. Este capítulo se concentra em apenas um critério que dificilmente tem sido trazido aos debates e em como ele se relaciona com o texto dos Evangelhos.

O CRITÉRIO DE CONSTRANGIMENTO

Em um *continuum* de desilusão com os princípios de autenticidade, o critério de dissimilaridade é mais esmurrado. Muito disso se deve à bagagem cultural de alguns praticantes, conforme observado acima. Mas é também porque tudo o que esse critério pode produzir é um Jesus *excêntrico*. Se o homem de Nazaré foi completamente diferente do judaísmo de seus dias e diferente dos primitivos seguidores de Cristo, ele teria sido um estranho extremo que nada aprendeu com suas próprias raízes nem impactou seus devotos. Não admira que o protestantismo liberal tenha gravitado em

---

fazem isso" (Dale C. Allison Jr., "It Don't Come Easy: A History of Disillusionment" [Não é fácil: uma história de desilusão], em Keith e Le Donne, *Jesus, Criteria, and the Demise of Authenticity*, 186-99, aqui: 197).

[15] Gerd Theissen e Annette Merz, *The Historical Jesus: A Comprehensive Guide* (Minneapolis: Fortress, 1998), 2. [*O Jesus histórico: um manual* (São Paulo, SP: Edições Loyola, 2002).]

[16] Mesmo Bultmann admitiu que exegese sem pressupostos é impossível. Rudolf Bultmann, "Is Exegesis Without Presuppositions Possible?" [É possível a exegese sem pressupostos?], em *Existence and Faith: Shorter Writings of Rudolf Bultmann* (Nova York: Meridian, 1960), 289-96.

direção a esse imaginário iconoclasta! Mas, naquele ambiente do primeiro século, tal Jesus simplesmente não teria sido entendido.

No outro extremo do espectro, o padrão de medida do constrangimento tem recebido críticas mínimas. Esse critério, nas palavras de John P. Meier,

> concentra-se em ações ou ditos de Jesus que teriam envergonhado ou criado dificuldades para a igreja primitiva. O ponto do critério é que a igreja primitiva dificilmente teria se esforçado para criar material que apenas constrangesse seu criador ou enfraquecesse a posição dela em discussões com oponentes. Em vez disso, material constrangedor que viesse de Jesus seria naturalmente suprimido ou abrandado nos estágios posteriores da tradição evangélica, e frequentemente essa supressão ou abrandamento progressivo poderia ser percebida ao longo dos quatro Evangelhos.[17]

Meier apresentou algumas das análises e defesas mais detalhadas dos critérios de autenticidade até o momento.[18] E o primeiro de sua lista de critérios primários é o do *constrangimento*.[19] É significativo que essa pedra de toque não seja criticada nem sequer mencionada nos dois influentes artigos de Hooker, nem em seu prefácio "Forty Years On" para *Jesus, Criteria, and the Demise of Authenticity*. Além disso, em seu comentário sobre Marcos, Hooker até sugere que os Evangelhos posteriores ficaram constrangidos com o batismo de Jesus, que os escribas posteriores ficaram constrangidos com a ira de Jesus e que, mais tarde, os cristãos ficaram constrangidos com Jesus equiparando Pedro a Satanás.[20] Assim, até Hooker vê uma ocasião de constrangimento

---

[17]John P. Meier, *The Roots of the Problem and the Person*, vol. 1 de *A Marginal Jew: Rethinking the Historical Jesus*, ABRL (Nova York: Doubleday, 1991), 168.

[18]Meier, *Roots of the Problem and the Person*, 167-95.

[19]O critério de constrangimento também é encontrado com destaque em outras listas, como as de Robert H. Stein, "The 'Criteria' for Authenticity" [Os "critérios" para autenticidade], em *Studies of History and Tradition in the Four Gospels* [Estudos de história e tradição nos quatro Evangelhos], vol. 1 de *Gospel Perspectives* [Perspectivas do Evangelho], ed. R. T. France e David Wenham (Sheffield: JSOT Press, 1980), chamando-o de "*Divergent Patterns from the Redaction*" [Padrões divergentes da redação], 247; Craig A. Evans, "Authenticity Criteria in Life of Jesus Research" [Critérios de autenticidade na pesquisa sobre a vida de Jesus], *Christian Scholars Review* 19 (1989): 18-19 ("Tradition Contrary to Editorial Tendency" [Tradição contrária à tendência editorial]); Theissen e Merz, *Historical Jesus*, 117, rotulando-o de "o critério de 'resistência à tradição'"; Bruce J. Malina, "Criteria for Assessing the Authentic Words of Jesus: Some Specifications" [Critérios para a avaliação das palavras autênticas de Jesus: algumas especificações], *Authenticating the Words of Jesus* [Autenticando as palavras de Jesus], ed. Bruce Chilton e Craig A. Evans (Leiden: Brill, 2002), 27-28; Darrell L. Bock e Robert L. Webb, eds., *Key Events in the Life of the Historical Jesus: A Collaborative Exploration of Context and Coherence* (Grand Rapids: Eerdmans, 2009), passim; Casey, *Jesus of Nazareth*, 104-105.

[20]Morna D. Hooker, *The Gospel According to Saint Mark* [O Evangelho segundo São Marcos], BNTC (Peabody, MA: Hendrickson, 1997), 44, 79-80, 207.

como um critério histórico. No artigo de Allison, "How to Marginalize the Traditional Criteria of Authenticity" [Como marginalizar os critérios tradicionais de autenticidade], ele apresenta sua crítica ao índice de constrangimento em apenas uma página e meia.[21] Stanley Porter oferece uma discussão com mais argumentos,[22] mas erra ao afirmar, sem fundamentação, que "esse critério é uma forma específica do critério de dupla dissimilaridade".[23] Na realidade, embora exista alguma sobreposição entre esses dois princípios de autenticidade, o constrangimento costuma estar *contra* a dissimilaridade. Como é um Jesus irado que está incomodado com o judaísmo do Segundo Templo, ou um Jesus que é batizado por João alienado do remanescente arrependido que aguarda o reino de Deus? Até Anthony Le Donne, um dos editores de *Jesus, Criteria, and the Demise of Authenticity*, achou esse critério não apenas válido, mas "entre os mais fortes argumentos".[24]

ARGUMENTOS CONTRA O CONSTRANGIMENTO

Argumentos a partir da prioridade de Mateus

Os argumentos contra o cânone do constrangimento vieram também de outros cantos. Aqueles que defendem a hipótese de Griesbach reduzem as passagens difíceis em Marcos em relação a seus paralelos em Mateus. William Farmer, o principal defensor de Griesbach do século 20, interagiu longamente com "o argumento linguístico Abbott-Streeter a favor da prioridade marcana".[25] Quase todas as passagens discutidas aqui se encaixariam no

---

[21]Dale C. Allison Jr., "How to Marginalize the Traditional Criteria of Authenticity", em *Handbook for the Study of the Historical Jesus*, 4 vols., ed. Tom Holmén e Stanley E. Porter (Leiden: Brill, 2011), 1:5-7 (ensaio completo: 1:3-30).
[22]Stanley E. Porter, *The Criteria for Authenticity in Historical-Jesus Research: Previous Discussion and New Proposals* [Os critérios para a autenticidade na pesquisa do Jesus histórico: discussão anterior e novas propostas], JSNTSup 191 (Londres: T&T Clark, 2000), 106-10.
[23]Porter, *The Criteria for Authenticity in Historical-Jesus Research*, 110. Tom Holmén oferece algumas justificativas razoáveis para combinar os dois critérios (Tom Holmén, "Doubts about Double Dissimilarity: Restructuring the Main Criterion of Jesus-of-History Research" [Dúvidas sobre a dupla dissimilaridade: reestruturação do critério principal da pesquisa do Jesus histórico], em Chilton e Evans, *Authenticating the Words of Jesus*, 75-76). Veja tb. Fernando Bermejo-Rubio, "Changing Methods, Disturbing Material: Should the Criterion of Embarrassment be Dismissed in Jesus Research?" [Métodos mutáveis, material perturbador: o critério de constrangimento deve ser desconsiderado na pesquisa sobre Jesus?], *Revue des études juives* 175 (2016): 1-25 (aqui: 5-6).
[24]Anthony Le Donne, *The Historiographical Jesus: Memory, Typology, and the Son of David* [O Jesus historiográfico: memória, tipologia e o Filho de Davi] (Waco, TX: Baylor University Press, 2009), 89.
[25]William R. Farmer, *The Synoptic Problem: A Critical Analysis* [O problema sinóptico: uma análise crítica] (Macon, GA: Mercer, 1976), 159-69, referindo-se a Edwin A. Abbott e Burnett Hillman Streeter.

critério de constrangimento (embora não fosse chamado assim na época).[26] É claro que, por ter adotado a prioridade de Mateus, ele não podia ver as perícopes de Marcos como algo constrangedor para um Mateus "posterior". A rejeição desse critério para os seguidores de Griesbach é sistêmica. Mas os argumentos são convincentes?

Considere o tratamento de Farmer a Marcos 6:5. Ele compara esse texto ("E não *pôde* fazer ali nenhum milagre, exceto [...]" [οὐκ ἐδύνατο ἐκεῖ ποιῆσαι οὐδεμίαν δύναμιν, εἰ μή]) com Mateus 13:58 ("E não *realizou* muitos milagres ali" [οὐκ ἐποίησεν ἐκεῖ δυνάμεις πολλάς]), alegando que a *incapacidade* de Jesus em Marcos[27] não é realmente diferente de sua inatividade em Mateus. Lucas omite completamente a afirmação. Farmer conclui: "A passagem não oferece uma indicação clara de que Lucas tenha 'extirpado' ou que Mateus tenha 'suavizado' uma frase em Marcos que pode causar ofensa ou sugerir dificuldades [...]."[28] Um argumento a partir do silêncio de Lucas é uma coisa, mas sua alegação contra Mateus, que suaviza a declaração de Marcos, soa vazia.

Na mesma linha, Farmer explica as diferenças entre Marcos 1:32,34, onde Jesus curou *muitos* doentes que lhe foram trazidos, e Mateus 8:16, onde curou *todos* (tb. Lucas 4:40). Farmer afirma que os "muitos" em Marcos 1:34 são uma *parte* de "toda a cidade" no versículo 33 e não têm como seu "antecedente imediato" os "todos" no versículo 32.[29] Embora possível, esse entendimento é improvável por causa da repetição de "doentes" (v. 32,34 [aqui traduzido por "que sofriam de várias doenças"]), com a única alteração sendo "todos" *vs.* "muitos": ἔφερον πρὸς αὐτὸν πάντας τοὺς κακῶς ἔχοντας ("o povo levou [...] todos os doentes" [v. 32]), seguidos por ἐθεράπευσεν πολλοὺς κακῶς ἔχοντας ("curou muitos que sofriam de várias doenças" [v. 34]).[30] Permanece essa diferença significativa entre os dois relatos de cura em Marcos e Mateus que não podem ser reconciliados dessa maneira. Se "muitos" pretende equivaler a "todos", será tratado mais tarde, mas aqui apontamos simplesmente que Mateus 8:16 e Lucas 4:40 reformulam o texto para não deixar dúvidas de que todos foram curados.

O duplo problema da cura do cego em Marcos 8:22-26 é particularmente irritante para Farmer. Em primeiro lugar, Lucas e Mateus omitem

---

[26]Farmer discute, em ordem, Marcos 6:5; 1:32,34; 3:20; 10:35; 15:44; 3:15; 8:24; 11:21; 16:4, e os paralelos em Mateus e em Lucas. Somente Marcos 15:44 e 16:4 não seriam exemplos de constrangimento segundo a definição do critério.

[27]No entanto, a afirmação de Marcos é enfatizada por sua dupla negação (οὐκ [...] οὐδεμίαν).

[28]Farmer, *Synoptic Problem*, 160.

[29]Farmer, *Synoptic Problem*, 162.

[30]Veja discussão posterior.

essa história de cura *e* a cura do surdo no capítulo 7 — as duas *únicas* curas em Marcos omitidas por Mateus e Lucas, que, não por coincidência, são as únicas duas curas nos Sinópticos que envolvem cuspe. O outro problema é que, na segunda perícope, a cuspida de Jesus na face do cego não foi totalmente bem-sucedida, exigindo um segundo toque. Farmer descarta isso ligando a cura de Marcos 7 com a de Marcos 8: como a cura anterior foi um único ato, essa não poderia ser a razão pela qual Mateus e Lucas optaram por omitir *ambas* as histórias. Portanto, isso deixa apenas o uso de cuspe a ser considerado. Farmer, então, pergunta: "Mateus e Lucas tiveram aversão ao uso do cuspe nas histórias sobre Jesus com respeito à cura? Não há razão para pensar assim, pois, até onde se sabe, essas histórias não foram consideradas ofensivas *em nenhum sentido*."[31]

Mas esse não é o caso, especialmente quando envolvia uma saraivada imprevista no rosto. Depois de investigar o uso do cuspe no mundo judaico da Antiguidade tardia, Sarah Bourgeois observa que a Bíblia hebraica, Mishná, os manuscritos do mar Morto e o Talmude revelam repulsa e até aversão à expectoração em geral, e veem o cuspir em outra pessoa como um ato de vergonha e de desrespeito.[32] É somente no Talmude que se vê saliva mencionada com certa frequência de maneira terapêutica. Expandindo o escopo para incluir também a literatura greco-romana, Bourgeois *não encontra paralelos reais com Marcos 8*, mesmo em textos terapêuticos posteriores.[33]

---

[31]Farmer, *Synoptic Problem*, 167 (grifo nosso).
[32]Sarah L. Bourgeois, "Mark 8:22-26: Jesus and the Use of Spittle in a Two-Stage Healing" [Marcos 8:22-26: Jesus e o uso do cuspe na cura em duas etapas] (tese de Th.M, Dallas Theological Seminary, 1999).
[33]Bourgeois, "Mark 8:22-26". O segundo capítulo, "The Use of Spittle in the Ancient World" [O uso do cuspe no mundo antigo] (7-33), examina as literaturas egípcia, greco-romana e judaica desde o século 13 a.C. até a era amoraica. Quanto ao material de origem judaica, Números 12:14 alude à desgraça que um pai pode causar à filha rebelde por cuspir no rosto dela, sujando-a. Jó fala do desprezo que sente quando as pessoas cospem em seu rosto (17:6; 30:10). A Mishná exige uma grande multa de quatrocentos zuz quando o cuspe de um homem atinge outro (*m. Baba Qamma* 8.6). Os membros do Sinédrio condenaram Jesus com murros e lhe cuspiram no rosto (Marcos 14:65). No capítulo 3 (34-52), Bourgeois examina todos os paralelos em potencial. Dois são dignos de nota. O paralelo que Farmer afirma ser *"especialmente"* relevante é o de Vespasiano curando um cego com cuspe (gravado por Tácito, *Histórias* 4.81 e Suetônio, *Vespasiano* 7.2-3). Veja Bourgeois, "Mark 8:22-26", 38-41, onde ela discerne várias diferenças, incluindo a resistência inicial de Vespasiano ao uso de sua saliva, as conotações mágicas da passagem e a falta de expectoração. Tudo isso torna o chamado paralelo não convincente.
Entre fontes judaicas, *y. Sota* 1.4 no Talmude Palestino é frequentemente mencionado. Conta a história de uma esposa suspeita de agir de modo inadequado com um rabino. O marido dela a instrui a cuspir no rosto do rabino antes que ela volte para casa. Por meio de um esquema elaborado, a reputação *pública* do rabino permanece imaculada e o casamento é salvo porque a mulher cospe no rosto dele como se estivesse fazendo um feitiço. Os paralelos são superficiais. Como observa

Dificilmente, portanto, poderia ser dito que o uso de cuspe e o modo como ele é aplicado não eram considerados ofensivos. Sendo assim, a cura do cego em Marcos permanece de modo firme como um exemplo de constrangimento para os leitores de sua época e, aparentemente, também para os outros evangelistas.

ARGUMENTO CRISTOLÓGICO DE PETER HEAD

Em bases diferentes, Peter Head diminui as dificuldades de muitas passagens em Marcos que tratam da cristologia. Ele defende a prioridade *marcana*, mas seu modo de tratar o assunto é minimizar as diferenças entre os Sinópticos, principalmente argumentando que Mateus *não* estava constrangido pela cristologia de Marcos — uma cristologia que foca mais as emoções, a incapacidade e a ignorância de Jesus do que a de Mateus. O modo de Head lidar com o tema é construtivo, e ele vê Mateus como "um desenvolvedor em vez de um corretor de Marcos".[34] Ele conclui que *"o argumento cristológico 'tradicional' a favor da prioridade marcana é fatalmente falho"*.[35] Embora as resenhas tenham sido positivas em geral, Moule e Tuckett veem o entendimento de Head como "um pouco 'supervalorizado' e exagerado" e que a conclusão de Head sobre a falha fatal nos argumentos tradicionais a favor da prioridade marcana "vai muito além do que a natureza da evidência permite".[36]

Uma das queixas de Head é que os argumentos na literatura exegética a favor da prioridade marcana com base nas emoções de Jesus "exibem uma fraqueza comum ao simplesmente listar as passagens relevantes, sem nenhuma discussão crítica".[37] Mas ele comete esse mesmo erro ao lidar com Mateus 24:36; ele o menciona meia dúzia de vezes, mas em nenhuma delas

---

Bourgeois, "Na realidade, o ato de cuspir da mulher é visto pelo rabino, pela mulher, pelos discípulos do rabino e pelo marido como uma maneira de humilhar o rabino. O fato de o rabino fazer com que o ato de cuspir parecesse uma cura mágica permitiu-lhe evitar a desgraça pública" (Bourgeois, "Mark 8:22-26", 43-44).

[34]Peter M. Head, *Christology and the Synoptic Problem: An Argument for Markan Priority* [Cristologia e o problema sinóptico: um argumento a favor da prioridade marcana], SNTMS 94 (Cambridge: Cambridge University Press, 1997), i.

[35]Head, *Christology and the Synoptic Problem*, 259 (grifo no original).

[36]C. M. Tuckett, "Review of Peter Head, *Christology and the Synoptic Problem*" [Resenha de *Cristologia e o problema sinóptico*, de Peter Head], *NovT* 41 (1999): 396. C. F. D. Moule pergunta se Head "atribui muito pouco peso às pressuposições do Seminário de Oxford" e opina: "Ainda parece uma pressuposição plausível de que sucessivos redatores devam tender (por mais perigosamente docético que isso possa ser) a mostrar Cristo como no controle total das circunstâncias e sem fraqueza ou ignorância" ("Review of Peter Head, *Christology and the Synoptic Problem*", *JTS* 49 [1998]: 741).

[37]Head, *Christology and the Synoptic Problem*, 100.

apresenta um tratamento detalhado desse versículo, nem sequer discute seu problema textual.[38]

Certamente, embora a crítica das fontes seja útil para identificar os estratos literários mais antigos dos Evangelhos, isso não é o mesmo que reivindicar a historicidade.[39] Determinar qual Evangelho foi a fonte para os outros não implica necessariamente sua precisão histórica. Mas o argumento do constrangimento pode fazer exatamente isso, já que a característica do constrangimento de determinada perícope está fora de sincronia com a pauta redacional do evangelista ou é alterada por um autor posterior. O constrangimento é com frequência o resíduo de uma tradição bem estabelecida que faz parte do texto escrito. Head, no entanto, rejeita isso como critério legítimo,[40] enfraquecendo seu argumento a favor da prioridade marcana e potencialmente deixando de lado evidências de dados históricos genuínos nos estratos mais antigos.

Crítica de Rafael Rodriguez

O que, à primeira vista, parece ser um dos argumentos mais sustentados contra o cânone do constrangimento, é "The Embarrassing Truth about Jesus: The Criterion of Embarrassment and the Failure of Historical Authenticity" [A verdade constrangedora sobre Jesus: o critério de constrangimento e o fracasso da autenticidade histórica], de Rafael Rodriguez.[41] A primeira metade de seu capítulo define o critério e apresenta alguns exemplos-chave que os estudiosos detectaram nos Evangelhos.[42] Após isso, há *Why the Criterion of Embarrassment Cannot Deliver Authenticity* [Por que o critério de constrangimento não pode prover autenticidade]. Depois do que parecem ser argumentos palpavelmente fracos oferecidos por outros estudiosos,[43] Rodriguez admite: "No final, não estou convencido por nenhuma

---

[38]Voltaremos a essa passagem posteriormente.
[39]Head, *Christology and the Synoptic Problem*, 46
[40]Head, *Christology and the Synoptic Problem*, 117, 120.
[41]Rafael Rodriguez, "The Embarrassing Truth about Jesus: The Criterion of Embarrassment and the Failure of Historical Authenticity", em Keith e Le Donne, *Jesus, Criteria, and the Demise of Authenticity*, 132-51.
[42]Após uma introdução (Rodriguez, "Embarrassing Truth about Jesus", 132-33), essas duas seções compreendem quase oito páginas (134-41).
[43]Rodriguez, "Embarrassing Truth about Jesus", 141-44. Essa seção trata do batismo de Jesus, da acusação feita pelos fariseus de que Jesus era possuído por demônios e quem os discípulos dizem ser ele. Rodriguez discute o tratamento dado a esses temas/eventos por Leif Vaage e William Arnal (batismo de Jesus), Michael Humphries (possessão demoníaca), Theodore Weeden e Werner Kelber (opinião dos discípulos).

dessas reconstruções revisionistas."[44] A seção foi apenas um aperitivo, ao que parece, culminando na breve descrição de Rodriguez sobre por que essas narrativas do Evangelho não eram constrangedoras.[45] A seção final antes da conclusão, *The Embarrassing Truth about Our Criterion* [A constrangedora verdade sobre nosso critério], é quase tão curta quanto a outra.[46] Aqui, há mais talento estilístico do que raciocínio substancioso. Encontrar os argumentos do autor contra o critério requer uma análise cuidadosa de todo o capítulo. Esses argumentos são tratados na próxima seção ("Counter-arguments" [Contra-argumentos]). Na conclusão de Rodriguez, vemos sua crítica abrangente ao teste de desempenho do constrangimento: "Os historiadores de Jesus nunca deveriam ter se voltado para isolar dados históricos à parte das representações históricas mais amplas das quais esses dados fazem parte [...]."[47] Há alguma validade nesse argumento, de que este ensaio espera tratar, pelo menos em parte.

CONTRA-ARGUMENTOS EM NOME DO CRITÉRIO DE CONSTRANGIMENTO

CONTRA-ARGUMENTOS DE BERMEJO-RUBIO

Recentemente, o critério de constrangimento recebeu uma defesa completa em artigo de Fernando Bermejo-Rubio, "Changing Methods, Disturbing Material".[48] Ele trata das várias críticas contra esse critério com penetrante acuidade.[49]

Em primeiro lugar, mesmo assumindo o fim da crítica da forma como um empreendimento legítimo, "o critério de constrangimento parece ser independente, tanto histórica quanto logicamente, de qualquer outro modo específico de tratar com o assunto".[50] Assim, muitos dos argumentos contra os critérios de autenticidade tornam-se irrelevantes quando se trata de constrangimento. (Bermejo-Rubio também defende que, embora tenha sido argumentado que o constrangimento é simplesmente um

---

[44]Rodriguez, "Embarrassing Truth about Jesus", 145.
[45]Rodríguez, "Embarrassing Truth about Jesus", 145-46, com uma página e um quarto.
[46]Rodríguez, "Embarrassing Truth about Jesus", 146-48, menos de duas páginas.
[47]Rodríguez, "Embarrassing Truth about Jesus", 149.
[48]Bermejo-Rubio, "Changing Methods, Disturbing Material", 1-25.
[49]Bermejo-Rubio, "Changing Methods, Disturbing Material", 4-9. Ao longo do artigo, Bermejo--Rubio lida em particular com os escritos de Rodríguez.
[50]Bermejo-Rubio, "Changing Methods, Disturbing Material", 4. O argumento está em 4-5.

subconjunto de dissimilaridade, os dois, embora muitas vezes se sobreponham, não são idênticos.)[51]

Em segundo lugar, à objeção de que o material difícil certamente não era *tão* difícil, ou teria sido eliminado do registro, ele arrazoa que é provável que muitas dessas perícopes fossem muito conhecidas ou "tivessem tal *pedigree*" que não poderiam ser adulteradas. Em alguns casos, uma narrativa desse tipo pode ter sido "conscientemente incluída com o objetivo de desculpar-se algo, a fim de neutralizá-la e, assim, combater polêmicas anticristãs.[52]

Em terceiro lugar, Bermejo-Rubio acrescenta um ponto "complementar": "O fato de um elemento ser incluído em um texto não significa que ele seja coerente com esse texto. A inclusão narrativa não implica integração lógica."[53]

O JESUS ENIGMÁTICO COMO CONTRA-ARGUMENTO

Como observamos, Hooker, Tyrrell, Casey, Fiorenza, Allison e vários outros argumentaram que grande parte do trabalho realizado nos estudos de autenticidade depende em grande medida dos pressupostos do envolvido na tarefa. Mas, como argumentamos, o critério de constrangimento é muito menos suscetível a essa crítica. Isso ocorre porque a dificuldade no texto costuma ser uma dificuldade para os próprios pressupostos que o acadêmico adota.

Uma última evidência em favor do constrangimento remonta às camadas mais antigas da tradição. Como até o Seminário de Jesus reconheceria, Jesus era muitas vezes intencionalmente ambíguo, enigmático e provocador em seus ensinamentos, frequentemente usando hipérbole, paradoxo e até antinomia em seus discursos. Ele criava dissonância cognitiva em seus seguidores a todo momento. Suas parábolas certamente revelam isso, como ele mesmo disse que faziam (Mateus 13:10-15). Em Marcos especialmente, os discípulos ficam muitas vezes coçando a cabeça por ignorância, medo ou descrença,

---

[51]Bermejo-Rubio, "Changing Methods, Disturbing Material", 5-6.

[52]Bermejo-Rubio, "Changing Methods, Disturbing Material", 7.

[53]Bermejo-Rubio, "Changing Methods, Disturbing Material", 7. Ele apresenta um argumento final, mas esse está mais relacionado ao *efeito* no leitor do que às intenções autorais: "O material constrangedor é praticamente neutralizado dentro de uma estrutura narrativa cativante" (8). Em essência, Bermejo-Rubio argumenta que *bastante* material histórico escapa, quase inconscientemente, porque faz parte da trama da tradição histórica. Esse é, de fato, o principal ímpeto de seu artigo, e ele se concentra na possibilidade da "hipótese de um Jesus nacionalista [que], de alguma forma envolvido em atividades antirromanas, consegue entender melhor a presença paradoxal de todo esse material comprometedor [...]" (20). O autor parece estar ressuscitando uma versão modificada da teoria política da S. G. F. Brandon em *Jesus and the Zealots: A Study of the Political Factor in Primitive Christianity* [Jesus e os zelotes: um estudo do fator político no cristianismo primitivo] (Nova York: Scribner's, 1968) e idem, *The Trial of Jesus of Nazareth* [O julgamento de Jesus de Nazaré] (Nova York: Stein & Day, 1968).

enquanto tentam entender o que é esse carpinteiro galileu.[54] Marcos não está sozinho; esse tema se repete nos outros Sinópticos também.[55] O Evangelho de João não é diferente com respeito a isso.[56] E a falta de entendimento de muitos ditos dominicais revela tacitamente não apenas constrangimento da parte dos discípulos, mas também dificuldades para a igreja primitiva, pois os crentes tentavam compreender completamente o Nazareno. Vários desses textos parecem ter deixado desconfortáveis os escribas antigos. Esse retrato não está em uma perícope isolada (a principal objeção ao critério de constrangimento levantada por Rodríguez), mas faz parte das "maiores representações históricas"[57] de Jesus nos quatro Evangelhos.

CONSTRANGIMENTO E CRÍTICA TEXTUAL

É nosso ponto de vista que os primeiros escribas ocasionalmente ficaram constrangidos com o material dos Evangelhos a ponto de terem alterado o texto.[58] E seu constrangimento, no mínimo, é compatível com o ponto de

---

[54]Veja Marcos 4:41; 5:31; 6:48-52; 7:17,18; 8:14-21,31-33; 9:5,6,9,10,30-32; 10:13-16,23-27; 14:3-9.
[55]P. ex., Mateus 8:27; 14:25-33; 15:15-20; 16:5-12,21-23; 17:1-8; 18:1-5; 19:9-12,23-26; 26:6-13; Lucas 2:41-51; 5:4-11; 7:18-23; 8:24,25,45,46; 9:32-34,43-45,51-56; 18:31-34; 24:13-35,36-42.
[56]João 2:18-22; 4:31-34; 6:16-21,60-65; 9:1-3; 11:11-16,38-44; 12:12-16; 13:5-11; 14:1-7,8-11; 16:16-19,25-33; 20:8,9,11-16.
[57]Rodríguez, "Embarrassing Truth about Jesus", 149.
[58]Até tempos bem recentes, a crítica textual era tratada apenas ocasional e aleatoriamente em estudos de autenticidade. Isso mudou no final do século 20, quando Stanley E. Porter e Matthew Brook O'Donnell publicaram "The Implications of Textual Variants for Authenticating the Words of Jesus" [As implicações das variantes textuais para a autenticação das palavras de Jesus], em *Authenticating the Words of Jesus*, ed. Bruce Chilton e Craig A. Evans, NTTS 28.1 (Leiden: Brill, 1999), 97-133. Aparentemente, eles foram os primeiros a incorporar de modo sistemático evidências de crítica textual no tratamento dos critérios de autenticidade. (Veja tb. o capítulo de Stanley E. Porter, "The Criterion of Greek Textual Variance" [O critério de variação textual grega], em *Criteria of Authenticity in Historical-Jesus Research: Previous Discussion and New Proposals* [Londres: T&T Clark, 2000], 181-209.) Porter e O'Donnell lidaram com as variantes como parte da múltipla atestação, argumentando não apenas pela autenticidade, mas também pelas *ipsissima verba* de alguns ditos dominicais *em grego*. No segundo volume editado por Chilton e Evans sobre a autenticação do Jesus histórico, Porter e O'Donnell trataram dos atos de Jesus com respeito à crítica textual: "The Implications of Textual Variants for Authenticating the Activities of Jesus" [As implicações das variantes textuais para autenticar as atividades de Jesus], em *Authenticating the Activities of Jesus* [Autenticando as atividades de Jesus], ed. Bruce Chilton e Craig A. Evans, NTTS 28.2 (Leiden: Brill, 1999), 121-51. Em vez de trabalhar sob a égide da múltipla atestação, esse capítulo adota uma conduta diferente da adotada nos outros dois ensaios de Porter (e O'Donnell). Além disso, seu foco está no estabelecimento dos *textos* originais dos Evangelhos, e não em mostrar o elo entre a crítica textual e a autenticidade *histórica*: "Em nosso estudo, evitamos concluir para cada um dos exemplos acima se a ação representada é ou não autêntica, mas tentamos desenvolver critérios em relação às variantes textuais que precisam ser levados em consideração em futuras pesquisas sobre o Jesus histórico" (Porter e O'Donnell, "Authenticating the Activities of Jesus", 143). O critério de constrangimento não é tratado, exceto em uma passagem (Marcos 9:2 e paralelos; p. 140-42).

vista de que os evangelistas posteriores ficaram de fato um tanto constrangidos com — ou, no mínimo, consideraram difícil — algo do que leram em Marcos. Em outras palavras, o padrão que vemos nos ajustes de Lucas, e especialmente nos de Mateus, com respeito a Marcos é refletido em alguma extensão nas variantes textuais. O que os escribas fazem com seus textos não sugere *necessariamente* que seu texto exemplar envolva algo histórico. Mas mostra *um padrão de reação ao material que está em um continuum com os evangelistas*. Como tal, isso ressalta a legitimidade do critério de constrangimento para os estudos a respeito de Jesus.

Vamos nos concentrar em três categorias básicas relacionadas às alterações dos escribas sob a ampla rubrica de *constrangimento/dificuldade*: (1) dissimilaridade entre os Evangelhos, (2) ditos dominicais difíceis e (3) atos dominicais potencialmente constrangedores e historicidade (incluindo a redação de certas narrativas).[59]

Dissimilaridade entre os Evangelhos

Os copistas antigos tinham uma forte tendência a harmonizar passagens entre os Evangelhos Sinópticos. Isso é especialmente verdade nos escribas

---

[59]Se às vezes as declarações e a narrativa do Evangelho de Marcos foram realmente constrangedoras para Mateus é, por vezes, difícil avaliar. As mudanças entre os dois geralmente parecem revelar diferenças no propósito abrangente de cada um. O Evangelho de Mateus é pedagógico, enquanto o de Marcos é dialógico. Mateus está instruindo os leitores sobre quem é Jesus, geralmente com uma apresentação apologética. Marcos parece assumir que os leitores já seguem Jesus, mas quer que eles realmente reconheçam a própria fé e a aprofundem. Onde Marcos levanta perguntas, Mateus dá respostas. As sutilezas e os desafios no Evangelho de Marcos tendem a ser alterados ou omitidos em Mateus.
O espaço não permite apresentar nada além de um breve exemplo, pois está fora do escopo específico deste artigo. A revisão que Mateus faz do batismo registrado por Marcos é frequentemente apontada como um exemplo no qual Mateus se sentiu constrangido pelo batismo de Jesus realizado por João, uma vez que João veio explicitamente para batizar "para o perdão dos pecados" (Marcos 1:4). Alguns até sugerem que a versão que Marcos faz do relato pode não ter causado dificuldades para os primeiros seguidores de Cristo, presumivelmente porque a noção da impecabilidade de Jesus foi um desenvolvimento posterior. Mas essas opiniões parecem ignorar as maneiras sutis pelas quais o próprio Marcos distingue Jesus dos outros a quem João batizou. Quando os versículos 5 e 9 são comparados, emergem seis paralelos: (1) pessoas/Jesus (2) vêm (3) de um local especificado (4) para serem batizadas (5) no rio Jordão (6) por João. No entanto, há um elemento no versículo 5 que falta no versículo 9, cuja ausência eleva implicitamente Jesus acima do remanescente arrependido: "Confessando os seus pecados". No próprio texto em que Jesus é introduzido pela primeira vez na narrativa do Evangelho, Marcos nos dá uma pista de sua arte estilística: ele dará dicas e sugestões, mas talvez não muita informação explícita, sobre quem Jesus era e o que ele veio fazer. *Marcos espera que seus leitores empenhem-se para entender seu significado.* (Da mesma forma, Ernest Best, *Mark: The Gospel as Story* [Marcos: o Evangelho como narrativa] [Edimburgo: T&T Clark, 1983], argumenta que frequentemente Marcos não dá "um relato explícito de uma conclusão em que isso já é conhecido pelos leitores" [73]). Se Marcos está escrevendo para um grupo de cristãos que enfrenta perseguição, faz sentido que ele escreva seu Evangelho dessa maneira, pois esses primeiros leitores precisavam possuir um entendimento próprio de Jesus, em vez de depender apenas de confissões credais.

"ocidentais" e bizantinos, mas mesmo os alexandrinos[60] nem sempre resistiram à tentação de fazer os evangelistas dizerem a mesma coisa.[61] Von Soden atribuiu a maioria das harmonizações do Evangelho à influência do *Diatéssaron*, de Taciano.[62] Os estudiosos do século 20 rejeitaram-no como a principal fonte de harmonizações, mas essas variantes, todavia, são onipresentes entre os manuscritos.[63] Isso ocorre mesmo quando não existe discrepância real ou aparente entre os Evangelhos. Exemplos podem ser encontrados em qualquer página do *Synopsis Quattuor Evangeliorum*, de Aland.

Muitas dessas harmonizações poderiam talvez ser descritas como respostas por parte dos escribas ao perceber *microagressões*. O exemplar que é alterado pode ser tratado, consciente ou subconscientemente, como um erro por parte do escriba do exemplar. De modo bastante significativo, Marcos é alterado pelos copistas proporcionalmente com mais frequência do que

---

[60]Estamos usando os termos *"ocidental"*, *bizantino, cesareiano e alexandrino* por conveniência, reconhecendo que a existência de tipos de texto tem sido debatida nos últimos anos. Veja David C. Parker, *An Introduction to the New Testament Manuscripts and Their Texts* [Introdução aos manuscritos do Novo Testamento e seus textos] (Cambridge: Cambridge University Press, 2008), 165-74, 286-301, 305-8; Eldon J. Epp, "Textual Clusters: Their Past and Future in New Testament Textual Criticism" [Blocos textuais: seu passado e futuro na crítica textual do Novo Testamento], em *The Text of the New Testament in Contemporary Research: Essays on the* Status Quaestionis [O texto do Novo Testamento na pesquisa contemporânea: ensaios sobre o *Status Quaestionis*], 2.ª ed., ed. Bart D. Ehrman e Michael W. Holmes, NTTSD 42 (Leiden: Brill, 2013), 519-77. Mas mesmo Epp conclui que "os blocos funcionam da mesma forma que os tipos de texto desde Westcott-Hort, embora com o reconhecimento de que agora as definições são necessariamente menos rígidas, os manuscritos são mais numerosos e suas inter-relações são muito mais complexas" ("Textual Clusters", 570).

[61]Veja Willem Franciscus Wisselink, *Assimilation as a Criterion for the Establishment of the Text: A Comparative Study on the Basis of Passages from Matthew, Mark and Luke* [Assimilação como critério para o estabelecimento do texto: um estudo comparativo sobre a base de passagens de Mateus, Marcos e Lucas] (Kampen: Kok, 1989).

[62]Hermann Freiherr von Soden, *Die Schriften des Neuen Testaments in ihrer ältesten erreichbaren Textgestalt* (Göttingen: Vandenhoeck & Ruprecht, 1911), vol. 1, Heft 2, 1639-46, §380 ("Bedeutung des Textes des Diatessaron für die Textkritik") e passim.

[63]Veja Gordon D. Fee, "Modern Textual Criticism and the Synoptic Problem: On the Problem of Harmonization in the Gospels" [Crítica textual moderna e o problema sinóptico: sobre o problema da harmonização nos Evangelhos], em *Studies in the Theory and Method of New Testament Textual Criticism* [Estudos sobre teoria e método da crítica textual do Novo Testamento], Eldon J. Epp e Gordon D. Fee (Grand Rapids: Eerdmans, 1993), 174-82. Uma rápida verificação do aparato de NA[28] para Marcos revela que mais de cem paralelos do Evangelho estão listados entre as variantes (indicadas por "*p*)"), o que indica um motivo potencial para alteração dos escribas. Veja Marcos 1:7,10,20,23,24,32,39,40,41,44; 2:7,9,16,19,22 (3x),26; 3:3,4,5,8,15,32; 4:3,10,24; 5:1,22,36; 6:3,7,14,26,29,38,43,44,53; 7:6,24; 8:8,11,16,17,19,20,29,34,36 (2x); 9:2,12,19,28,40; 10:1,19,25,28,31,34,40,47,48; 11:3,7,8,9,17,29; 12:15,19,23,30,36; 13:6,23,27; 14:9,21,22,24,25,30,38,41,45,47,62,65,72; 15:3,15,17,19,20,23,24,26,34,36,40. É claro que o aparato Nestle-Aland deixa de lado muitos paralelos e às vezes inclui alguns duvidosos que são vistos como paralelos apenas em certos manuscritos. Mas, no geral, é um guia útil para ter-se uma estimativa aproximada desse fenômeno.

Mateus,[64] enquanto Mateus é menos modificado.[65] A tendência à conformidade com o Evangelho de Mateus pelos escribas de Marcos parece ser um argumento implícito para um constrangimento geral dos escribas a respeito da narrativa de Marcos e do Jesus marcano. Ao mesmo tempo, as estatísticas não são tão impressionantes quanto muitos advogados da dupla origem têm vindicado.[66] A direção da harmonização não é só de os manuscritos de Marcos se harmonizando com Mateus.[67]

No entanto, a tendência à harmonização era tão forte que essas variantes textuais frequentemente se tornam um argumento para a *atestação única* de autenticidade. Ou seja, quando os copistas mudaram o texto para ajustá-lo a outro Evangelho, o texto-base que eles mudaram oferece atestação única. As mudanças efetuadas tornam-se, de certo modo, atestação múltipla, que são, por isso, consideradas mais um passo que se afasta da historicidade.

Os escribas podiam estar muito mais familiarizados com as palavras de um Evangelho enquanto copiam outro; o resultado de harmonizações em

---

[64]Fee, "Problem of Harmonization", 175. Fee afirma que Marcos também é alterado pelos escribas mais do que Lucas, mas as estatísticas não parecem confirmar isso. O aparato de NA[28] para Lucas revela mais de 200 paralelos do Evangelho identificados por "*p)*": Lucas 3:8,16 (2x),17,19; 4:1,2,3,5 (2x),8,12,31,34,35,37,38,40; 5:10,11,12,13,14,19,21 (2x),22,24 (3x),27 (2x),28,33 (2x),34,38 (2x),39; 6:2,5,6,7,9 (2x),10,11,14 (2x),20,29 (2x),37,38,42 (2x),48,49 (2x); 7:2,7 (2x),9,19,22,28,35; 8:5,8,14,19,26,29 (2x),31,37,44,45 (2x),48,50,51,54; 9:10,12,13,14,17,19,22,23 (2x),25 (2x),27 (2x),28,30,33,34,35,39,45,49,50 (2x); 10:3,6,14,23,24; 11:2 (3x),3 (2x),4 (3x),11,13,14,15,18,24,25,29 (2x),30 (2x),34 (2x),35,36,39,42,43,44,49 (2x),51 (2x); 12:1,2 (2x),7 (2x), 10,11,22,24,25,27,29,31,34,39,43,44,59; 13:24,25,35 (2x); 14:24,27; 17:2,3,6,21,33,34,35; 18:15,20,21,22,25 (2x),32,35,37,39; 19:11,17,25,26,27,31,38,45; 20:4,5,10,23 (2x),24,27 (2x),29, 30,32,33 (2x),43,47; 21:2,7,8,10,26,36; 22:4,14,19,20,47,48,54,55,64; 23:1,16,21,34,37,38 (2x),53,55. Proporcionalmente, os manuscritos de Lucas no todo harmonizam esse Evangelho aos outros com mais frequência.

[65]Um exame superficial do aparato de NA[28] de Mateus revela quase cem paralelos do Evangelho indicados por "*p)*": Mateus 3:10; 4:6,18,19; 5:25,29,32,44; 6:24; 7:2; 8:9,10,13,15,23,28,29,31; 9:6,12 (2x),13,14,15 (2x),17 (2x),24,27; 10:4; 11:2,8,19,21; 12:1; 13:4,9,13,34,44; 14:14,15 (2x),22; 15:1,27,36 (2x),37,38; 16:4 (2x),13,21,23; 17:9,20,23 (2x); 19:9 (2x),16,17,20; 20:19,22,23 (3x),30,31; 21:1,3,9,13; 22:27; 23:19; 24:7,17,29,31,41; 25:27; 26:7,9 (2x),26,27,28,29,39 (2x),55,73; 27:42,46; 28:8. À luz da comparação de tamanho entre Mateus e Marcos, bem como das centenas de exemplos de Q entre Lucas e Mateus, parece justo dizer que, proporcionalmente, Mateus é menos harmonizado que Marcos.

[66]Fee, p. ex., fala de "muito mais variantes que poderiam ser atribuídas à harmonização" entre os manuscritos de Marcos do que os de Mateus ("Problem of Harmonization", 175). Do ponto de vista estatístico, eles são praticamente idênticos, mas, em proporção, os escribas de Marcos se harmonizam mais, embora dificilmente "muito mais". Bart D. Ehrman, *The Orthodox Corruption of Scripture: The Effect of Early Christological Controversies on the Text of the New Testament* [A corrupção ortodoxa das Escrituras: o efeito no texto do Novo Testamento das primeiras controvérsias cristológicas], edição atualizada (Oxford: Oxford University Press, 2011), exagera a situação quando fala das mudanças feitas pelos escribas de Mateus com relação a Marcos como "um fenômeno relativamente raro" (108).

[67]As estatísticas, *por si sós*, realmente não provam nada em relação ao constrangimento, uma vez que as razões para alterações por parte dos escribas são variadas. Mas, como veremos, muitas dessas mudanças realmente parecem dever-se a constrangimentos ou a discrepâncias percebidas no texto.

muitos desses casos provavelmente terá sido inconsciente. Quanto mais notórias as diferenças, maior a probabilidade de as mudanças terem sido conscientes. Pode-se até supor que a simples *dissimilaridade* possa ter sido especialmente o catalisador para que os copistas alterassem de modo inconsciente algumas passagens, enquanto o *constrangimento* os levou a revisar outras de modo consciente.

DITOS DOMINICAIS

Nosso exame do material será necessariamente seletivo. Mas o que for escolhido sugere um fenômeno muito maior. Seis passagens (ou grupos de passagens) serão tratadas aqui. As quatro primeiras demonstram que os copistas às vezes viam tantas dificuldades no texto que mudavam a redação, uma tática alinhada com Mateus e Lucas no uso que fizeram de Marcos. O quinto exemplo também ilustra isso, mas nele os escribas enfrentaram dois impulsos concorrentes: o desejo de harmonização *versus* a tentação de modificar enunciados constrangedores. A passagem final tem sido frequentemente usada para provar corrupção proto-ortodoxa do NT e, portanto, pertence a esta seção. No entanto, argumentarei que o texto de Marcos foi alterado por *Mateus*, e não pelos escribas antigos; portanto, serve como um contraexemplo.[68]

1. *Marcos 2:26*

Na perícope da colheita de grãos, Jesus responde à acusação dos fariseus de que seus discípulos estavam fazendo um trabalho proibido no sábado.[69] No Evangelho de Marcos, ele pergunta: "Vocês nunca leram o que Davi fez quando estava necessitado e com fome, junto com os que estavam com ele? Como ele entrou na casa de Deus quando Abiatar era sumo sacerdote e comeu o pão sagrado — que não é lícito [para alguém] comer, exceto os sacerdotes — e ele também o deu àqueles que estavam com ele?" Exceto por algumas poucas mudanças estilísticas entre Marcos 2:26 e seus paralelos em Mateus 12:4 e Lucas 6:4, a única diferença é a omissão por Mateus e Lucas de "quando Abiatar era sumo sacerdote" (ἐπὶ ᾿Αβιαθὰρ ἀρχιερέως), encontrado em Marcos. Um exame da passagem do AT aludida (1Samuel 21:1-7)

---

[68]As traduções das Escrituras a seguir são obra do autor, salvo indicação em contrário.
[69]*m. Shabbat* 7.2 fala dos 39 trabalhos que eram proibidos, incluindo colher, debulhar e peneirar — tudo o que os discípulos de Jesus fizeram quando arrancaram espigas de grãos, esfregaram-nas nas mãos, sopraram a palha e os comeram.

revela por que eles omitiram essa linha: Abiatar *não* era sumo sacerdote quando esse incidente ocorreu. Aimeleque é o sumo sacerdote mencionado na passagem; Abiatar, seu filho, mais tarde se tornaria o sumo sacerdote.

Várias soluções para esse problema foram sugeridas:

1. Crítica textual: o texto está errado e precisa ser editado;
2. Hermenêutica: nossa interpretação está errada e precisa ser alterada;
3. Dominical: Jesus está errado (ou intencionalmente midráshico);
4. Crítica da fonte: a fonte de Marcos (Pedro?) está errada (ou intencionalmente midráshica);
5. Marcos está errado (ou intencionalmente midráshico).

O que nos preocupa aqui é a solução da crítica textual. Há duas alterações básicas nas testemunhas antigas: D W 271 it sy[s] e algumas outras omitem ἐπὶ Ἀβιαθὰρ ἀρχιερέως, sem dúvida em conformidade com os paralelos em Mateus e em Lucas. Essa é quase estritamente uma leitura "ocidental". As testemunhas antigas A C Θ Π Σ Φ 074 1 131 209 f[1,13] e muitas outras acrescentam τοῦ antes de ἀρχιερέως, que mais naturalmente carrega o significado "nos [dias] de Abiatar, o sumo sacerdote" ou "na [passagem] sobre Abiatar, o sumo sacerdote", sugerindo um espaço de tempo mais geral. Essa leitura tem uma mistura de algum apoio bizantino, cesareiano e até alexandrino secundário. Nenhuma das leituras possui evidências externas convincentes (embora seja precoce nos dois casos), e ambas são evidentemente motivadas pela piedade dos escribas em relação ao texto. A leitura ἐπὶ Ἀβιαθὰρ ἀρχιερέως é claramente superior, quase certamente dá origem aos outros e é obviamente autêntica. É claro que é possível que tanto os evangelistas posteriores quanto os escribas tenham visto apenas um potencial mal-entendido por parte do leitor e tenham considerado ambígua a redação de Marcos. Mas pouco importa se eles viram a redação do exemplar como erro histórico ou simplesmente capaz de ser mal entendida; o que parece motivar sua emenda é o desejo de garantir que o texto não contenha uma referência histórica imprecisa nos lábios de Jesus. A dificuldade com a redação autográfica também sugere que ἐπὶ Ἀβιαθὰρ ἀρχιερέως pode estar bem próximo das *ipsissima verba* (proferidas em grego ou aramaico).

2. *Mateus 5:22*

No Sermão do Monte, lemos uma condenação particularmente dura de Jesus àqueles que se iram com outros na comunidade da fé: "Todo aquele que estiver irado com seu irmão estará sujeito a julgamento" (πᾶς ὁ ὀργιζόμενος τῷ ἀδελφῷ αὐτοῦ ἔνοχος ἔσται τῇ κρίσει). A maioria dos manuscritos lê εἰκῇ ("sem causa") após τῷ ἀδελφῷ αὐτοῦ. Essa inserção tem apoio de ℵ² D L W Θ 0233 𝑓¹,¹³ 33 𝔐 it sy co Ir^lat Or^mss Cyp Cyr. A leitura é generalizada e antiga, encontrada em testemunhas "ocidentais", cesareianas, bizantinas e até alexandrinas. Na maior parte, ela falta nas melhores testemunhas alexandrinas e algumas outras (𝔓⁶⁴ ℵ² B 1424^mg aur vg Or Hier^mms). A evidência externa em geral favorece a exclusão do advérbio.[70] Uma mudança intencional provavelmente surgiria do desejo de qualificar ὀργιζόμενος, especialmente à luz do tom absoluto das palavras de Jesus.

Se εἰκῇ é uma leitura motivada pelos escribas que entrou no texto em uma data muito antiga, por que não há nenhuma restrição adicionada nos manuscritos às duas últimas cláusulas do versículo 22? Lá lemos: "Quem disser a seu irmão: 'Raca', será responsável perante o conselho. Quem disser: 'Tolo', estará sujeito ao inferno de fogo."[71] O triplo ἔνοχος mencionado (a julgamento, conselho e inferno) pode muito bem ser, como Jeremias enuncia, "três expressões para a pena de morte em uma espécie de crescendo".[72] Nesse caso, a ira "sem causa" é a fonte das exclamações "Raca!" e "Tolo!" Embora εἰκῇ exerça um bom sentido prático nesse contexto, e é quase certamente uma interpretação verdadeira do que Jesus quis dizer (cf. Marcos 1:41 [*varia lectio*]; 3:5; 10:41), tem os sinais de identificação de ser uma leitura motivada. O dito dominical, portanto, provavelmente foi colocado em termos mais absolutos, já que muitos escribas não se sentiam à vontade em deixá-lo desacompanhado.

3. *"Após três dias" (Marcos 8:31; 9:31; 10:34)*

Nas predições de Jesus sobre sua ressurreição na versão de Marcos, três vezes ele diz que ressuscitará dos mortos "depois de três dias" (μετὰ τρεῖς ἡμέρας em Marcos 8:31; 9:31; 10:34). E em todas as vezes os escribas mudaram o texto para "no terceiro dia".

A primeira profecia está na perícope sobre a revelação messiânica perto de Cesareia de Filipe. Os paralelos com Marcos 8:31 em Mateus 16:21 e Lucas 9:22 têm "no terceiro dia" (τῇ τρίτῃ ἡμέρᾳ). Em Marcos 8:31, várias

---

[70]Há uma possibilidade remota de que a palavra εἰκῇ poderia ter sido acidentalmente omitida dessas testemunhas por meio de *homoioarcton* (a próxima palavra, ἔνοχος, começa com a mesma letra).
[71]Várias testemunhas repetem "a seu irmão" (L Θ 𝑓¹,¹³ 700 it^ffl sy^s,c bo Cyp) até a última cláusula, dada a assimilação de τῷ ἀδελφῷ αὐτοῦ nas duas primeiras cláusulas.
[72]J. Jeremias, "ῥακά", *TDNT* 6:975.

testemunhas têm τῇ τρίτῃ ἡμέρᾳ no lugar de μετὰ τρεῖς ἡμέρας, uma leitura evidentemente motivada por um desejo de conformidade com os outros Evangelhos e um desejo de se conformar com o registro histórico mais preciso (assim W 33ᵛⁱᵈ f¹,¹³).

A segunda predição ocorre em Marcos 9:31, com paralelos em Mateus 17:23 e Lucas 9:44. Lucas não menciona a ressurreição aqui, mas Mateus o faz, falando dela como "no terceiro dia". Os que se afastam da versão marcana dessa vez são muito mais numerosos e significativos: A C³ K N W Γ Θ f¹,¹³ 28 565 700 1241 1424 (2542) 𝔐 aur f l vg sy; todos eles leem τῇ τρίτῃ ἡμέρᾳ. A conformidade com o registro em Mateus de "no terceiro dia" é a leitura das testemunhas bizantina, cesareiana e algumas "ocidentais".

Em Marcos 10:34, a terceira previsão da Paixão e ressurreição, as testemunhas que mudam "depois de três dias" para "no terceiro dia" são praticamente idênticas às de 9:31 (A K N W Γ Θ f¹,¹³ 28 565 700 1241 1424 2542 X aur f l vg sy Or).⁷³ O paralelo em Mateus 20:19 diz τῇ τρίτῃ ἡμέρᾳ; Lucas 18:33 traz τῇ ἡμέρᾳ τῇ τρίτῃ. Vemos, então, que em todos os versículos de Marcos que falam da ressurreição de Jesus como ocorrendo "depois de três dias", um grande contingente de testemunhas conforma o texto aos paralelos de Mateus e Lucas.

Por outro lado, algumas testemunhas, principalmente da variedade "ocidental", têm a leitura "após três dias" em Mateus 16:21 (D it bo), Mateus 17:23 (D it syˢ bo), Lucas 9:22 (D it Mcion) e Lucas 18:33 (itˡ). Em Lucas 24:46, apenas o *Diatéssaron* persa tem "depois de três dias". Não há variantes para "no terceiro dia" em Mateus 20:19 ou Lucas 24:7. Assim, das sete profecias de Mateus e Lucas, cinco têm variantes com a leitura "depois de três dias". Mas apenas três delas são atestadas por qualquer testemunha grega, cada exemplo do que vem do Códice de Beza. Os dois restantes têm apenas uma única testemunha grega que o apoie.

Em resumo, as predições do Senhor sobre sua ressurreição em Marcos sempre falam dela como "depois de três dias" (Marcos 8:31; 9:31; 10:34), enquanto em Mateus e Lucas ela é sempre "no terceiro dia" (Mateus 16:21; 17:23; 20:19; Lucas 9:22; 18:33; 24:7,46).⁷⁴ Toda menção de "depois de

---

⁷³A única diferença é que, em vez do terceiro corretor do Códice Ephraemi Rescriptus, Orígenes acrescenta seu peso a essa leitura.

⁷⁴A única vez em que vemos a ressurreição referida como ocorrendo "depois de três dias" em Mateus é em 27:63, que não é um dito dominical direto (ou seja, líderes judeus relataram ao Sinédrio o que Jesus havia dito). Lucas 24:7 é o lembrete angélico das palavras de Jesus para as mulheres; como tal, podemos esperar que esteja em conformidade com as previsões de Jesus em Lucas.

três dias" em Marcos é alterada para "no terceiro dia" por Mateus e Lucas. Os escribas estavam simplesmente seguindo a liderança dos evangelistas. Todas as profecias em Marcos são mudadas por várias e significativas testemunhas. As evidências, embora não completamente uniformes, sugerem de modo bastante firme que as mudanças dos escribas nessas profecias marcanas dominicais se devem a dificuldades relativas a λόγια Ἰησοῦ *vis-à-vis* com os registros da ressurreição. Mas tais mudanças implicam que o Senhor predisse que sua ressurreição ocorreria "depois de três dias".[75]

4. João 4:17

No quarto capítulo do Quarto Evangelho, Jesus encontra uma mulher samaritana no poço de Jacó. No encontro, depois que a mulher pede a Jesus a "água viva", ele diz: "Vá, chame seu marido e venha aqui" (v. 16). A mulher responde com uma afirmação formalmente correta: "Não tenho marido" (v. 17), à qual Jesus declara: "Corretamente você disse: 'Não tenho marido', pois você teve cinco maridos e aquele a quem você agora tem não é seu marido. Você disse isso com sinceridade" (v. 17b,18).

Mas há mais nesse encontro. A resposta da mulher em três palavras é οὐκ ἔχω ἄνδρα. Ao dar esta resposta, o Senhor inverte a ordem das palavras, colocando a ênfase no homem: "Você disse corretamente: 'Um *marido* eu não tenho'" (ἄνδρα οὐκ ἔχω). A isso se segue a revelação de que ela teve cinco maridos e agora vive com um homem que não é seu marido.

A reafirmação de Jesus da resposta da mulher, introduzida por ὅτι e colocada na primeira pessoa, é um exemplo de discurso direto. Mas justamente porque ele não a citou com as exatas palavras, uns poucos escribas tiveram alguns problemas com isso. Para não contestar a recordação que Jesus tem daquilo que ela acabara de dizer, eles seguiram duas estratégias. A primeira foi alterarem o discurso *da mulher* para se conformar ao de Jesus. Assim, ℵ C* D L 1241 j r¹ tornam a resposta da mulher como ἄνδρα οὐκ ἔχω. O fato de suas palavras terem sido mudadas, e não as do Senhor, é algo incomum

---

[75] Veja Harold W. Hoehner, *Chronological Aspects of the Life of Christ* [Aspectos cronológicos da vida de Cristo] (Grand Rapids: Zondervan, 1977), para evidências de que "depois de três dias" era uma frase inclusiva e que naturalmente deveria ser entendida significando depois de *partes* de três dias. Como Hoehner declara, na literatura rabínica e no AT, "uma parte de um dia é equivalente ao dia inteiro" (72; a discussão completa está em 71-74). À luz disso, as razões para Mateus e Lucas mudarem a redação podem dever-se mais a um potencial *mal-entendido por parte dos leitores* do que a qualquer desejo de corrigir a redação da profecia. Os escribas posteriores provavelmente não teriam o mesmo entendimento do modo peculiar judaico de expressão; para eles, as mudanças teriam sido feitas em prol da precisão.

em termos de quais textos são harmonizados. Dentro do mesmo contexto, normalmente é a segunda expressão que é conformada à primeira. Aqui ocorre o contrário, provavelmente por motivos piedosos. A segunda estratégia foi a de algumas dessas mesmas testemunhas alterarem o discurso direto de Jesus para indireto, mudando o verbo em sua resposta para a segunda pessoa ἔχεις (א D it vg^mss), mas ainda mantendo a mesma ordem de palavras da maioria dos manuscritos aqui (ἄνδρα οὐκ ἔχεις). Muito menos significativo, mas ainda digno de menção: dois minúsculos manuscritos do século 12 e dois manuscritos em latim antigo do quinto século mudam a ordem das palavras de Jesus para adaptá-la à da mulher. A evidência é apresentada da seguinte forma:

> Todas as testemunhas que mudam a expressão da mulher ou a de Jesus ou ambas o fazem para conformar as duas declarações. Evidentemente, havia algum desconforto por Jesus ter citado mal as palavras da mulher. A ênfase que ele coloca em ἄνδρα é apenas um prenúncio de sua revelação sobre o estado passado e presente dela. No entanto, alguns escribas parecem não ter percebido as tensões dessa troca e a arte narrativa de João, mostrando preocupação apenas em combinar as afirmações paralelas.

A questão maior sobre como esse constrangimento escribal se relaciona com um dito dominical autêntico está além do escopo deste ensaio. Mas essa perícope, como o Evangelho de João em geral, é baseada em pelo menos um "núcleo histórico".[76] No entanto, o Quarto Evangelho é dificilmente o primeiro lugar ao qual alguém iria em busca de *ipsissima verba*; então, o que podemos afirmar? Somente a probabilidade de Jesus enfatizar que a mulher estava vivendo de modo ilegal com um homem e que ele disse isso de uma maneira mais enfática do que a afirmação inicial dela.

João 4:17a	Nestle-Aland[28]	א C* D L 1241 j r¹
Resposta da mulher samaritana	οὐκ ἔχω ἄνδρα	ἄνδρα οὐκ ἔχω

---

[76]Craig S. Keener, *The Gospel of John: A Commentary* [O Evangelho de João: um comentário], vol. 1 (Peabody, MA: Hendrickson, 2003), 587. Veja seu tratamento introdutório à historicidade em João (40-47), que inclui a menção de uma lista crescente de estudiosos que argumentam que, embora seja decididamente um tratado teológico, João tem uma forte estrutura histórica. A lista inclui B. F. Westcott, C. H. Dodd, W. F. Albright, Raymond Brown, James Charlesworth, D. A. Carson, Leon Morris, David Wenham, Craig Blomberg, Thomas D. Lea, Francis J. Moloney e Claudia J. Setzer.

João 4:17b	Nestle-Aland[28]	ℵ D it vg^mss	1217 1355 b e
Resposta de Jesus	ἄνδρα οὐκ ἔχω	ἄνδρα οὐκ ἔχεις	οὐκ ἔχω ἄνδρα

5. Marcos 10:17,18

Na perícope sobre o rico (jovem) governante, um homem inquire seriamente sobre o próprio destino, perguntando: "Bom mestre, o que devo fazer para herdar a vida eterna?" (v. 17). Jesus responde com aparente incredulidade: "Por que você me chama de bom? Ninguém é bom, exceto somente Deus" (v. 18). O paralelo em Mateus 19:16,17 faz algumas alterações importantes: o evangelista remove "bom" de "mestre", deixando o adjetivo isolado, como "bom [algo]", e muda "Por que você me chama de bom?" para "Por que você me pergunta *sobre* o bom?" (a redação de Marcos διδάσκαλε ἀγαθέ, τί ποιήσω ἵνα ζωὴν αἰώνιον κληρονομήσω;? [...] τί με λέγεις ἀγαθόν torna-se διδάσκαλε, τί ἀγαθὸν ποιήσω ἵνα σχῶ ζωὴν αἰώνιον; [...] τί με ἐρωτᾷς περὶ τοῦ ἀγαθοῦ em Mateus). Mateus efetivamente diminuiu as suspeitas sobre a divindade de Cristo que as palavras de Marcos poderiam ter levantado.

Era de esperar que alguns copistas alterassem o fraseado de Marcos, mas, neste caso, os escribas modificaram o diálogo *de Mateus* para se conformar ao de Marcos: διδάσκαλε ἀγαθέ (Mateus 19:16) é lido por C E F G H K M S U W Y Γ Δ Θ *f*[13] 33 565 579 700 1241 1424 𝔐 lat sy sa mae bo^pt Ju Or^pt et al.; τί με λέγεις ἀγαθόν (Mateus 19:17) é encontrado em C K W (Γ) (Δ) *f*[13] 33 565 579 1241 1424* 𝔐 f q sy^p,h sa bo^ms et al. Por que tantos manuscritos tão diversos alterariam a redação de Mateus aqui? Muito provavelmente por causa do paralelo em Lucas dizer essencialmente a mesma coisa que Marcos (o governante chama Jesus de "bom mestre"; Jesus responde com "Por que você me chama de bom?" [Lucas 18:18,19]). Com dois Evangelhos já com essa redação, o impulso de modificar apenas um Evangelho com vistas à harmonização foi mais forte do que o impulso de alterar as expressões de dois Evangelhos por motivos teológicos.[77] Nesse caso, a preocupação dos escribas com a harmonização superou as preocupações com uma cristologia ambígua,

---

[77] A redação de Mateus é harmonizada com a de Marcos em aproximadamente 30% dos paralelos mais significativos. Veja Charles Powell, "The Textual Problem of οὐδὲ ὁ υἱός in Matthew 24:36" [O problema textual de οὐδὲ ὁ υἱός em Mateus 24:36] (artigo apresentado na reunião anual da Sociedade Teológica Evangélica, Colorado Springs, CO, novembro de 2001), 5, 15-19. Powell discute 61 dos paralelos mais significativos entre Mateus e Marcos, e observa que dezoito deles envolvem correções dos escribas de Mateus em relação a Marcos (29,5%). Essa alta porcentagem é frequentemente negligenciada nos estudos sinópticos, como mencionamos anteriormente (veja nota 335).

uma vez que dois dos Sinópticos já apresentavam essa troca ambígua. Vemos aqui, portanto, dois princípios concorrentes que vários escribas seguiram: harmonização *versus* alteração em razão de alguma dificuldade. Embora frequentemente, se não usualmente, esses dois princípios não estivessem em conflito, nesse caso eles estavam, e a harmonização venceu nas testemunhas bizantinas, "ocidentais", algumas cesareianas e até algumas alexandrinas.

6. *Mateus 24:36*

Um dos ditos dominicais mais difíceis é encontrado no coração do Discurso das Oliveiras. Na versão de Mateus, Jesus diz: "Agora, concernente àquele dia e hora ninguém [o] sabe, nem os anjos do céu, *nem o Filho* [οὐδὲ ὁ υἱός], exceto somente o Pai." A expressão "nem o Filho", no entanto, é textualmente incerta. A expressão οὐδὲ ὁ υἱός na passagem paralela, Marcos 13:32, no entanto, está firmemente estabelecida.[78] Lucas omite o versículo completamente.

Os escribas excluíram essa expressão do texto de Mateus ou Mateus a adulterou quando reformulou o Discurso das Oliveiras marcano para seus próprios propósitos? A maioria dos estudiosos do Novo Testamento hoje argumentaria que οὐδὲ ὁ υἱός é autêntico em Mateus 24:36 e que a omissão nasceu de motivos piedosos dos escribas para salvaguardar a onisciência de Cristo.[79] Em caso afirmativo, então isso pode ser uma boa ilustração de alteração feita pelos escribas em razão do constrangimento. É, de fato, o texto central de prova na *magnum opus* de Bart Ehrman, *Orthodox Corruption of Scripture*, bem como em vários de seus outros escritos, nos quais ele argumenta que escribas proto-ortodoxos revisaram significativamente o Novo Testamento por motivos teológicos.[80]

---

[78]Apenas um MS grego do décimo século (Códice X) e um MS tardio da Vulgata excluem a expressão.
[79]Veja Daniel B. Wallace, "The Son's Ignorance in Matthew 24:36: An Exercise in Textual and Redaction Criticism" [A ignorância do Filho em Mateus 24:36: um exercício de crítica textual e de redação], em *Studies on the Text of the New Testament and Early Christianity: Essays in Honour of Michael W. Holmes* [Estudos sobre o texto do Novo Testamento e do cristianismo primitivo: ensaios em homenagem a Michael W. Holmes], ed. Daniel Gurtner, Paul Foster e Juan Hernández, NTTSD 50 (Leiden: Brill, 2015), 182-86, para uma breve história da discussão desse problema textual.
[80]Veja Bart D. Ehrman, *The Orthodox Corruption of Scripture: The Effect of Early Christological Controversies on the Text of the New Testament* (Nova York: Oxford University Press, 1993), 91-96; idem, *Misquoting Jesus: The Story Behind Who Changed the Bible and Why* [Citando Jesus: a história por trás de quem mudou a Bíblia e por quê] (Nova York: HarperCollins, 2007), 95, 110, 204, 209, 223n19, 224n16; idem, "Text and Transmission: The Historical Significance of the 'Altered' Text" [Texto e transmissão: o significado histórico do texto "alterado"], em *Studies in the Textual Criticism of the New Testament* [Estudos sobre a crítica textual do Novo Testamento], NTTS 33 (Leiden: Brill, 2006), 333.

Argumentarei, ao contrário disso, que Mateus eliminou a expressão, mas alterou o texto de Marcos de outra maneira, de modo que diga essencialmente a mesma coisa. Esse tratamento é um breve resumo de meu capítulo "The Son's Ignorance in Matthew 24:36: An Exercise in Textual and Redaction Criticism", publicado em um *Festschrift* por Michael Holmes.[81]

A evidência é de três tipos: externa, interna e redacional. Quanto à evidência externa, embora a omissão seja mais fracamente atestada,[82] possui apoio suficiente com vistas a ser um candidato viável para representar a redação autográfica.[83]

O problema textual precisa, em última instância, ser decidido por evidências internas.[84] Quase meio século atrás, o *Textual Commentary on the Greek New Testament* [Comentário textual sobre o Novo Testamento grego], de Metzger, expôs essas evidências de forma sucinta. Isso transformou a maré da opinião acadêmica em uma aceitação não qualificada de οὐδὲ ὁ υἱός.[85] Metzger apresentou dois argumentos básicos para a redação mais longa a partir dos domínios da gramática e da teologia: "A omissão das palavras por causa da dificuldade doutrinária que elas apresentam é mais provável do que sua adição pela assimilação de Marcos 13:32. Além disso, a presença de μόνος e o elenco da expressão como um todo (οὐδὲ... οὐδὲ... estão juntos como um parêntese...) sugerem o caráter original da expressão."[86] Em defesa da redação mais curta, primeiro trataremos desses argumentos e depois ofereceremos evidências da crítica de redação.

O argumento derivado da gramática não é tão forte quanto Metzger e aqueles que o seguiram insinuam. De fato, é contra a leitura mais longa. Na opinião de Metzger, a expressão οὐδὲ οἱ ἄγγελοι é a primeira parte das frases conjuntivas correlativas, com οὐδὲ ὁ υἱός a seguir. A *sugestão* de Metzger (como ele a chama) tornou-se *certeza* para alguns estudiosos que transformam uma possibilidade gramatical em um princípio inviolável. Por exemplo, Bart Ehrman afirmou que "a expressão οὐδὲ ὁ υἱός [...] é [...] *necessária* por

---

[81]Wallace, "Son's Ignorance", 182-209.
[82]A omissão é a leitura de ℵ[1] (ou de ℵ[2a]) L W 33 892 1241 *f*[1] 𝔐 g[1] l vg sy co Ath Did[mss] Phoebadius Ambr[mss] Bas Gregory Hier[mss]; a adição é encontrada em ℵ[*,2] B D Θ *f*[13] it Diatessaron[arm] Ir[lat] Or Hier[mss] Chr.
[83]Para discussão, veja Wallace, "Son's Ignorance", 188-91, 192-99.
[84]Wallace resume a discussão sobre evidências internas, "Son's Ignorance", 199-205.
[85]Wallace, "Son's Ignorance", 185.
[86]Bruce M. Metzger, *A Textual Commentary on the Greek New Testament*, 2.ª ed. (Nova York: United Bible Societies, 1994), 52.

motivos internos".[87] Mas as conjunções correlativas são realmente uma necessidade gramatical? Simplificando: *nem* exige um *nem*?

É evidente para qualquer pessoa com uma compreensão mínima do grego antigo que οὐδέ é frequentemente usado de forma correlativa, mas que ele também pode ser usado sozinho no sentido de "nem mesmo". Em Mateus 24:36, sem οὐδὲ ὁ υἱός, a leitura do texto é natural o suficiente: "Mas concernente a esse dia e hora ninguém o sabe — *nem mesmo* os anjos no céu —, exceto somente o Pai." Ao todo, Mateus faz uso de οὐδέ 27 vezes. A *única* outra ocasião em par (i.e, além da possibilidade na passagem que estamos considerando) é em 12:19. No entanto, mesmo aqui, não é o texto do evangelista; ele está citando Isaías 42:2.[88] O οὐδέ único, então, está completamente de acordo com o estilo de Mateus visto em todos os outros lugares em seu Evangelho. Em outras palavras, a probabilidade intrínseca está *uniformemente* a favor de um único οὐδέ em Mateus 24:36. O par οὐδέ, tratado por si só, faz sentido na passagem, mas está totalmente em desacordo com a evidência intrínseca.

O argumento da teologia também é inválido. As questões aqui são complexas, envolvendo controvérsias na igreja primitiva, uma crescente consciência canônica, os começos do códice e citações patrísticas dessa passagem. Resumi as evidências em outro lugar:

> A ideia de que os escribas ortodoxos mudaram o texto de Mateus no final do segundo para o terceiro século em reação ao adocionismo carece de evidências suficientes. Se os escribas estavam seguindo as orientações de seus mentores teológicos, então a falta de tensão sobre essa passagem pelos Pais do segundo e terceiro séculos sugere que a omissão de "nem o Filho" não era uma reação ao adocionismo. Algum outro momento e alguma outra razão precisam levar em conta a omissão. E muitos dos mesmos escribas que omitiram "nem o Filho" em Mateus escreveram isso em Marcos no mesmo códice. Essa é uma forte evidência de que as pautas doutrinárias não estavam conduzindo a atividade ortodoxa dos escribas quanto a Mateus 24:36. E até escribas posteriores, na medida em que foram influenciados pelos Pais,

---

[87]Ehrman, *Orthodox Corruption*, 92 (grifo nosso). Veja tb. Daniel J. Harrington, *The Gospel of Matthew* [O Evangelho de Mateus], SP 1 (Collegeville, MN: Liturgical Press, 1991), 342.
[88]Cf. Mateus 5:15; 6:15,20,26 (2x), 28,29; 7:18; 9:17; 10:24; 11:27; 12:4,19; 13:13; 16:9,10; 21:27,32; 22:46; 23:13; 24:21,36; 25:13,45; 27:14. Com exceção do texto que estamos considerando, apenas em 12:9 vemos οὐδέ funcionando de forma correlativa.

geralmente foram fiéis no registrar o texto, deixando as tensões teológicas para os pregadores e os teólogos resolverem.[89]

O terceiro argumento é o da redação. É sabido que, onde a cristologia de Marcos levanta questionamento, a de Mateus dá respostas. Presume-se que as razões para tais revisões sejam preocupantes porque a cristologia de Marcos era defeituosa e não estava de acordo com o elevado ponto de vista da igreja a respeito de Cristo no final do primeiro século. Mas, como Moule apontou, "ainda parece uma suposição plausível que sucessivos redatores tendessem (por mais perigosamente docético que seja) a mostrar Cristo como tendo total controle das circunstâncias e sem fraqueza ou ignorância".[90] Já discutimos, ao longo desse artigo, várias passagens que demonstram a cristologia mais primitiva de Marcos.[91] Um exame de todos os paralelos entre Mateus e Marcos revela que Mateus nunca parece mostrar uma cristologia inferior quando se trata de santidade, volição, poder, conhecimento, emoções de Jesus, da autoridade que os discípulos derivam de Jesus ou da adoração a Jesus — a menos que Mateus 24:36 seja a *única* exceção.[92]

Como seria a única exceção? Ao adicionar "nem o Filho", esse versículo é quase literalmente o que Jesus diz em Marcos 13:32, *exceto* em um ponto significativo: Mateus acrescenta μόνος a "exceto o Pai", enfatizando duplamente o conhecimento exclusivo do Pai sobre a época desses eventos escatológicos. Sem o μόνος, a cristologia de Mateus seria idêntica à de Marcos nesse ponto. Ao omitir οὐδὲ ὁ υἱός, mas adicionando μόνος à sua revisão de Marcos, o Jesus de Mateus está implicitamente declarando o que o Jesus de Marcos diz explicitamente. O μόνος preserva a elevada cristologia de Mateus sem alterar o ponto básico que o Jesus marcano está ressaltando. Somente a *omissão* de "nem o Filho" em Mateus 24:36 reflete a estratégia editorial de Mateus, embora seja contrária a tudo o que sabemos sobre suas redações cristológicas.

Resumindo: embora a maioria dos exegetas hoje em dia argumente que os copistas primitivos retiraram "nem o Filho" de Mateus 24:36, um exame das evidências internas e dos motivos redacionais mostra uma imagem diferente. É Mateus, e não os escribas, que elimina a expressão enquanto

---

[89]Wallace, "Son's Ignorance", 205. Discussão completa sobre evidências internas nas páginas 201-5.
[90]Moule, "Review of Peter Head, *Christology and the Synoptic Problem*", 741.
[91]Veja a seção "Argumentos a partir da prioridade de Mateus".
[92]Veja Wallace, "Son's Ignorance", 205-8.

acrescenta μόνος ao conhecimento do Pai. Esse problema textual, portanto, serve como um contraexemplo de mudanças feitas por escribas motivadas pelo desejo de remover dificuldades no texto. Como tal, no entanto, chama a atenção para a propensão de Mateus a suavizar tais ditos dominicais, mas sem alterar sua substância básica.

ATOS DOMINICAIS E HISTORICIDADE

Nosso exame desse material, bem como dos ditos dominicais acima, será seletivo e não exaustivo. Esta seção abrange mais que os atos de Jesus. Também inclui narrativas e comentários editoriais dos evangelistas, bem como declarações de outras pessoas no texto. Seis passagens serão examinadas de modo breve aqui. Todos elas mostram que os escribas ocasionalmente viram dificuldades no texto, as quais talvez os tenham levado a alterar a redação.

1. *Mateus 27:9,10*

A profecia final que pertence ao cumprimento do motivo de Mateus está em 27:9,10: "Então se cumpriu o que fora dito pelo profeta Jeremias: 'Tomaram as trinta moedas de prata, preço em que foi avaliado pelo povo de Israel, e as usaram para comprar o campo do Oleiro, como o Senhor me ordenou'" (NVI). Mas essa fórmula introdutória é "repleta de dificuldades".[93] A principal delas é que o versículo 9 é aparentemente uma citação livre de Zacarias 11:13. Os estudiosos lidaram com esse problema de muitas maneiras,[94] algumas das quais falam mais da ingenuidade do estudioso do que da substância da evidência. O que nos interessa aqui, no entanto, não é se o evangelista atribuiu mal a profecia ao vidente errado, mas que alguns escribas pensaram que pelo menos seu exemplar estava errado. Três variantes surgem por causa dessa dificuldade: algumas testemunhas leem Ζαχαρίου aqui em vez de Ἰερεμίου (22 syr[hmg] arm[mss]); várias outras ignoram o nome e leem simplesmente "pelo profeta" (διὰ τοῦ προφήτου; Φ 33 157 1579 it[a,b] vg[ms] sys[s,p] bo[ms] Aug[mss]); e dois outros manuscritos atribuem a profecia a Isaías (21 it[l]).[95] A razão para "Isaías" aqui pode ser que, uma vez que ele era o mais proeminente dos profetas, poderia ser uma metonímia semelhante a "Salmos"

---

[93]Donald A. Hagner, *Matthew 14—28* [Mateus 14—28], WBC 33B (Dallas: Word, 1995), 813.
[94]Para uma apresentação sucinta das opiniões, veja Hagner, *Matthew 14—28*, 815.
[95]Veja Metzger, *Textual Commentary*, 55, para outras testemunhas.

representando os livros poéticos do Antigo Testamento em Lucas 24:44. Isso parece acontecer em alguns outros lugares entre os manuscritos do NT.[96]

Nenhuma das variantes se recomenda como autêntica; "Jeremias" é certamente a leitura mais difícil e é, de fato, atestada pela grande maioria dos manuscritos. Mas o fato de haver três leituras variantes do texto de Mateus, todas aparentemente tentando remediar uma dificuldade, argumenta mais uma vez que a prática dos escribas está em um *continuum* com o manuseio posterior de Marcos pelos evangelistas. O que Mateus e Lucas (e até alguns copistas marcanos) fizeram com o "Abiatar" de Marcos é o que vários escribas fizeram com o "Jeremias" de Mateus. Se um cai sob o cânone do constrangimento, o outro também.

2. *Marcos 1:34*

Em Marcos 1, o evangelista retrata o primeiro grupo de milagres de cura de Jesus como ocorrendo imediatamente depois que o Senhor curou a sogra de Pedro (v. 31). O evangelista, então, narra: "Quando a noite veio, após o pôr do sol, eles começaram a trazer-lhe todos os que estavam doentes e possuídos por demônios" (v. 32). Somos informados, então, que "ele curou muitos doentes de várias doenças e expulsou muitos demônios" (v. 34). Muitos exegetas têm argumentado que os dois grupos são idênticos, com base no uso semítico de "muitos" frequentemente tendo a mesma força de "todos".[97] Essa interpretação provavelmente está correta, embora alguns estudiosos discordem.[98] No entanto, Mateus inverte a ordem entre "todos" e "muitos" (8:16), de modo que o antecedente é inclusivo, implicando que todos que vieram a Jesus foram curados.

O Códice Cantabrigiensis altera o texto de Marcos 1:34, para que ele concorde conceitualmente com Mateus 8:16 e Lucas 4:40. Em vez de

---

[96]Metzger lista Mateus 1:22; 2:5; 13:35; 21:4 e Atos 7:48 como exemplos disso (*Textual Commentary*, 27). Mateus 1:22 realmente não se encaixa nesse padrão, pois a citação no versículo 23 é de Isaías 7:14 (assim, o motivo para alguns escribas inserirem "Isaías" aqui não é simplesmente porque "é o nome do mais bem conhecido profeta" [*Textual Commentary*, 27]). Possivelmente, Marcos 1:2 é também um exemplo, embora ali "Isaías" seja provavelmente autêntico.

[97]Aparentemente, uma interpretação sugerida pela primeira vez por Joachim Jeremias, *Die Abendmahlsworte Jesu* (Göttingen: Vandenhoeck & Ruprecht, 1935), 68-69 (tradução para o inglês, *The Eucharistic Words of Jesus* [As palavras eucarísticas de Jesus], com base na terceira edição e nas notas adicionadas do autor [Minneapolis: Fortress, 1977], 179-82). Jeremias fornece mais exemplos da equiparação de "muitos" com "todos" no NT (J. Jeremias, "πολλοί", *TDNT* 6:540-42).

[98]Veja especialmente Rudolf Pesch, *Das Markusevangelium*, parte 1 (Freiburg im Breisgau: Herder, 1980), 134-35.

ἐθεράπευσεν πολλοὺς κακῶς ἔχοντας ποικίλαις νόσοις ("ele curou muitos que tinham várias doenças"), D lê simplesmente ἐθεράπευσεν αὐτούς ("ele os curou"). O escriba (ou o escriba do *Vorlage*) parece estar seguindo a mesma estratégia básica dos evangelistas posteriores. A razão dessa mudança feita pelo escriba, no entanto, dificilmente pode ser remover um semitismo; antes, é mais provável que o copista tenha pensado que "muitos" implicavam que o Senhor não curou a todos,[99] impugnando assim o poder e a autoridade de Jesus.[100]

3. Marcos 1:41

Nos últimos anos, uma redação variante incomum apareceu no texto das traduções modernas e em pelo menos um NT grego.[101] Dos manuscritos gregos existentes para Marcos 1:41, todos, exceto um, têm σπλαγχνισθείς: "E movido com compaixão [σπλαγχνισθείς], ele estendeu a mão e o tocou e disse-lhe: 'Eu quero; seja purificado!'" O Códice D, o mais errático de todos os manuscritos do Novo Testamento, embora geralmente represente um texto muito antigo, aqui tem ὀργισθείς ("ficar com raiva"). A NIV 2011, que segue a leitura de D, traduz esse versículo: "Jesus ficou indignado. Ele estendeu a mão e tocou o homem. 'Eu quero', disse ele. 'Seja purificado!'" A NIV original (1984) dizia: "Cheio de compaixão, Jesus estendeu a mão e tocou o homem. 'Eu quero', disse ele. 'Seja purificado!'" Como na NIV 2011, algumas outras versões modernas traduzem ὀργισθείς. Um grande estímulo para essa mudança parece ser um capítulo no *Festschrift* de Gerald Hawthorne, de Bart Ehrman, intitulado "A Leper in the Hands of an Angry Jesus" [Um leproso nas mãos de um Jesus irado].[102] Uma série de artigos e

---

[99]É muito remota a possibilidade de que esse copista do quinto século estivesse ciente de expressões idiomáticas semíticas. Para Mateus e Lucas, a revisão de Marcos tem o fito de eliminar uma ambiguidade; para Beza, a redação de Marcos é provavelmente uma causa de constrangimento.

[100]Da mesma forma, para a próxima cláusula, em vez de "ele expulsou muitos demônios" (δαιμόνια πολλὰ ἐξέβαλεν), D, junto com ff², altera a redação e omite "muitos" (τοὺς δαιμόνια ἔχοντας ἐξέβαλεν αὐτὰ ἀπ' αὐτῶν).

[101]P. ex., REB, CEB, ERV [versões em inglês], SBLGNT [texto grego do Novo Testamento da Society of Biblical Literature. Em português, não foi encontrada nenhuma versão que traga a referida leitura. (N. do T.)].

[102]Bart D. Ehrman, "A Leper in the Hands of an Angry Jesus", em *New Testament Greek and Exegesis: Essays in Honor of Gerald F. Hawthorne* [Grego e exegese do Novo Testamento: ensaios em homenagem a Gerald F. Hawthorne], ed. Amy M. Donaldson e Timothy B. Sailors (Grand Rapids: Eerdmans, 2003), 77-98. A REB não foi influenciada pelo ensaio de Ehrman, pois foi publicada catorze anos antes.

uma dissertação foram publicados sobre a variante em Marcos 1:41, muitos em resposta ao ensaio de Ehrman.[103]

Beza não é a única testemunha a ter essa redação, embora seja a única testemunha grega. Há três testemunhas em latim antigo para essa variante, além do texto em latim do Beza bilíngue (d): t^{a,ff2,r1}. Talvez o mais significativo seja o *Comentário sobre o Diatéssaron*, de Efrém — que provavelmente é nossa melhor testemunha para o que o *Diatéssaron*, de Taciano, da metade do segundo século, de fato leu —, falar em mais de uma ocasião dessa perícope, referindo-se *tanto* à compaixão *quanto* à raiva nos comentários, como se ambas estivessem na tríplice tradição dessa perícope sinóptica (Marcos 1:41; Mateus 8:3; Lucas 5:13).[104] Ainda assim, essa é uma evidência insignificante para a leitura "irada".

A evidência interna para ὀργισθείς se sai muito melhor. De modo bem corriqueiro, os comentários sobre Marcos adotaram o termo, pois é obviamente uma redação muito mais difícil[105] e nos paralelos Mateus e Lucas não têm ὀργισθείς nem σπλαγχνισθείς aqui. A explicação mais simples para essa

---

[103]Veja, p. ex., Kirsopp Lake, "'ΕΜΒΡΙΜΗΣΑΜΕΝΟΣ and ΌΡΓΙΣΘΕΙΣ, Mark 1,40-43" ['ΕΜΒΡΙΜΗΣΑΜΕΝΟΣ e ΌΡΓΙΣΘΕΙΣ, Marcos 1:40-43], *HTR* 16 (1923): 197-98; Mark Proctor, "The 'Western' Text of Mark 1:41: The Case for the Angry Jesus" [O texto "ocidental" de Marcos 1:41: o caso do Jesus irado] (diss. de PhD, Baylor University, 1999); Jeff Cate, "The Unemotional Jesus in Manuscript 1358" [O Jesus não emocional no manuscrito 1358], *The Folio: Bulletin of the Ancient Biblical Manuscript Center* [*The Folio*: Boletim do Centro de Antigos Manuscritos Bíblicos] 28.2 (outono de 2011): 1; Peter J. Williams, "An Examination of Ehrman's Case for ὀργισθείς in Mark 1:41" [Um exame do argumento de Ehrman para ὀργισθείς em Marcos 1:41], *NovT* 53 (2011): 1-12; Tjitze Baarda, "Mk 1:41: ὀργισθείς; A Reading attested for Mar Ephraem, the Diatessaron, or Tatian" [Mc 1:41: ὀργισθείς; uma leitura atestada por Mar Efrém, o *Diatéssaron* ou Taciano], *ZNW* 103 (2012): 291-95; Jean-Claude Haelewyck, "The Healing of a Leper (Mark 1:40-45): A Textual Commentary" [A cura de um leproso (Marcos 1:40-45): um comentário textual], *ETL* 89 (2013): 15-36; Joel E. Lisboa e Thomas R. Shepherd, "Comparative Narrative Analysis as a Tool in Determining the *Lectio Difficilior* in Mark 1:40-45 —A Narrative Analysis of Codices Bezae, Vaticanus, and Washingtonianus" [Análise narrativa comparativa como ferramenta para determinar a *Lectio Difficilior* em Marcos 1:40-45 — Uma análise narrativa dos códices de Beza, Vaticano e Washingtoniano], *Neot* 49.1 (2015): 75-89; Cristian Piazzetta e Wilson Paroschi, "Jesus e o leproso: um estudo crítico-textual de Marcos 1:41", *Kerygma: Revista de Teologia do Unasp* 12.1 (2016): 45-60; Peter E. Lorenz, "Counting Witnesses for an Angry Jesus in Mark 1:41" [Computando testemunhas para o Jesus irado em Marcos 1:41], *TynBul* 67.2 (2016): 183-216.

[104]Lorenz, "Counting Witnesses", 204, argumenta que "a hipótese mais simples é entender a referência conflituosa do comentarista à raiva e à compaixão de Jesus, e não como uma referência a qualquer leitura [...]". Não está claro por que essa seria a explicação mais simples, pois mesmo aqueles que advogam ὀργισθείς certamente admitiriam que σπλαγχνισθείς estava em circulação em meados do segundo século. Por outro lado, Baarda destaca dois pontos importantes: primeiro, Marcos 1:41 "não é o único caso em que Efrém mostra consciência de uma leitura desviante nos Evangelhos separados"; segundo, Efrém teve alguma dificuldade em explicar a ira de Jesus; isso confirma a ideia de que essa redação foi realmente encontrada no [*Diatéssaron*]" (Baarda, "Mk 1:41: ὀργισθείς", 294).

[105]Como é visto na variedade de explicações para ela.

omissão é que suas cópias de Marcos trazem ὀργισθείς.[106] Em outros lugares, os dois seguem a estratégia de omitir material marcano potencialmente constrangedor,[107] tornando isso uma opção ao vivo neste local.

Se a leitura de D reflete o texto original em Marcos 1:41, então aqui está um exemplo em que os escribas ficaram evidentemente constrangidos com a leitura, transformando a ira de Jesus em compaixão. O fato de ambos os particípios terem o mesmo final (-ισθεις), assim como letras arredondadas semelhantes em maiúsculas antes desse final, pode sem dúvida ser a base para a substituição.[108] No entanto, nenhum consenso foi alcançado sobre esse problema textual, o que o torna apenas uma possível ilustração do constrangimento dos escribas.

4. Marcos 5:1

O bem conhecido exorcismo do(s) endemoninhado(s) geraseno(s) é encontrado em Marcos 5:1-20, Mateus 8:28-34 e Lucas 8:26-39. Marcos dá a narrativa mais detalhada e vívida desse incidente. Quase igualmente bem

---

[106]P. ex., Ernst Lohmeyer, *Das Evangelium des Markus*, 11.º Auflage; MeyerK (Göttingen: Vandenhoeck & Ruprecht, 1951), 44-46; Vincent Taylor, *The Gospel according to St. Mark: The Greek Text with Introduction, Notes, and Indexes* [O Evangelho segundo São Marcos: o texto grego com introdução, notas e índices], 2.ª ed. (Londres: Macmillan, 1966), 187; C. E. B. Cranfield, *The Gospel according to Saint Mark: An Introduction and Commentary* [O Evangelho segundo São Marcos: introdução e comentário], 3.ª ed. (Cambridge: Cambridge University Press, 1977), p. 92; Pesch, *Markusevangelium*, 1.144; Robert A. Guelich, *Mark 1–8:26* [Marcos 1—8:26], WBC (Dallas: Word, 1989), 72, 74; Hooker, *Mark*, 79; Robert H. Stein, *Mark*, BECNT (Grand Rapids: Baker, 2008), 105-6, 110-11; Joel Marcus, *Mark 1—8: A New Translation with Introduction and Commentary* [Marcos 1—8: Uma nova tradução com introdução e comentário], AB 27 (Nova York: Doubleday, 2000), 205-6; James R. Edwards, *The Gospel according to Mark* [O Evangelho segundo Marcos] (Grand Rapids: Eerdmans, 2002), 70; R. T. France, *The Gospel of Mark: A Commentary on the Greek Text* [O Evangelho de Marcos: um comentário sobre o texto grego], NIGTC (Grand Rapids: Eerdmans, 2002), 115. Exegetas recentes que adotam σπλαγχνισθείς como a leitura autêntica aqui incluem Robert H. Gundry, *Mark: A Commentary on His Apology for the Cross* [Marcos: um comentário sobre suas justificativas para a cruz] (Grand Rapids: Eerdmans, 1993), 102, e Adela Yarbro Collins, *Mark: A Commentary* [Marcos: um comentário], Hermeneia (Minneapolis: Fortress, 2007), 177.

[107]Veja os comentários anteriores sobre Marcos 2:26 e os dois milagres de cura em Marcos envolvendo cuspe.

[108]Williams vê isso como uma possibilidade distinta ("Examination of Ehrman's Case"), mas considera ὀργισθείς como provenientes de σπλαγχνισθείς e, de modo específico, como ocorrendo acidentalmente (6-9). Isso parece um pouco exagerado, e não explica como ὀργισθείς poderia ter chegado a Beza sem ser corrigido por διορθωτής. Como Parker provavelmente demonstrou, pelo menos *quinze corretores* em várias épocas ajudaram a alterar o texto do Cantabrigiensis, produzindo mais de 150 correções apenas em Marcos (David C. Parker, *Codex Bezae: An Early Christian Manuscript and Its Text* [Códice de Beza: um manuscrito cristão antigo e seu texto] [Cambridge: Cambridge University Press, 1992], 48-49, 124). No entanto, ὀργισθείς permanece intocado.

conhecidas são as discrepâncias sobre onde esse milagre ocorreu. Em NA[28], o local é "a região dos gerasenos" (τὴν χώραν τῶν Γερασηνῶν) em Marcos 5:1 e Lucas 8:26, e "a região dos gadarenos" (τὴν χώραν τῶν Γαδαρηνῶν) em Mateus 8:28. Por causa dessas diferenças, as alterações dos escribas são abundantes. Em Marcos 5:1, A C K f^{13} 𝔐 sy[p,h] trazem Γαδαρηνῶν, conformando o texto de Marcos com o de Mateus. Várias outras testemunhas têm Γεργεσηνῶν aqui (ℵ² L Δ Θ f^1 28 33 565 579 700 892 1241 1424 2542 bo). Em Mateus 8:28, algumas testemunhas mudam o texto para Γερασηνῶν em conformidade com Marcos e Lucas, enquanto várias outras leem Γεργεσηνῶν (ℵ² K L W $f^{1,13}$ 565 579 700 892* 1424 𝔐 bo Epiph[mss]). E em Lucas, Γαδαρηνῶν é encontrado em (A K W Γ Δ Ψ f^{13} 565 700[c] 892 1424 2542 𝔐 sy), enquanto Γεργεσηνῶν é a leitura de X L Θ Ξ f^1 33 579 700[c] 1241 Epiph. Essas variantes e suas principais testemunhas podem ser vistas na tabela abaixo.[109]

	Γερασηνῶν	Γαδαρηνῶν	Γεργεσηνῶν
Marcos 5:1	ℵ* B D Latt sa; NA[28], SBLGNT, THGNT	A C K f^{13} 𝔐 sy[p,h]	ℵ² L (W) Δ Θ f^1 28 33 565 579 700 892 1241 1424 2542 sy[s,hmg] bo
Mateus 8:28	892[c] latt sy[hmg] sa mae	(ℵ*) B C (Δ) Θ sy[s,p,h] Epiph; NA[28], SBLGNT, THGNT	ℵ² K L W $f^{1,13}$ 565 579 700 892* 1424 𝔐 bo Epiph[mss]
Lucas 8:26	𝔓[75] B D latt sy[hmg] (sa); NA[28], SBLGNT, THGNT	A K W Γ Δ Ψ f^{13} 565 700[c] 892 1424 2542 𝔐 sy	ℵ L Θ Ξ f^1 33 579 700* 1241 (bo) Epiph

Algumas observações podem ser feitas sobre essas variantes. Primeira: apenas a tradição latina (Ítala e Vulgata) e o saídico harmonizam todas as passagens para ler *gerasenos*. Nenhum manuscrito grego harmoniza os três

---

[109]Metzger, *Textual Commentary*, 18, tem uma lista semelhante (com várias diferenças notáveis), mas as testemunhas são baseadas em UBS⁴; a lista acima é baseada em NA[28]. SBLGNT refere-se a *The Greek New Testament: SBL Edition*, ed. Michael W. Holmes (Atlanta: SBL, 2010); THGNT é *The Greek New Testament* [O Novo Testamento grego], produzido na Tyndale House, Cambridge; ed. Dirk Jongkind, Peter J. Williams, Peter M. Head e Patrick James (Cambridge: Cambridge University Press, 2017).

textos com essa leitura. Segunda: *gadarenos* é encontrado nos três Evangelhos apenas nas versões siríacas Peshitta e Harcleana. Novamente, nenhuma testemunha grega apoia a tríplice tradição. Terceira: *gergasenos* tem o apoio mais consistente nas três perícopes e é o único com manuscritos gregos por trás de si na tríplice tradição (L, família 1, 565, 579, 700, Boáirico (ou menquítico).

Os problemas geográficos estão implícitos nessas variantes concorrentes. Das três leituras, *Gergesa* é mais provavelmente a localização correta desse exorcismo (a única região próxima ao mar da Galileia e com uma escarpa íngreme e um precipício [κρημνός em Marcos 5:13]), mas é quase certamente uma leitura secundária em todos os Sinópticos.[110] Como Tjitze Baarda articulou, essa variante é possivelmente devida a uma conjectura feita por Orígenes, uma leitura que então se transformou em vários manuscritos.[111] As outras duas cidades (Gerasa e Gadara) eram parte de Decápolis, cidades gentias a leste de Tiberíades. Ambas ficavam a sudeste do mar da Galileia: Gadara a uns 8 quilômetros e Gerasa a quase 50 quilômetros. De nenhuma delas é razoável pensar que sairia uma manada de porcos correndo para o mar. "Os céticos têm feito brincadeiras acerca dos porcos que corriam a grande distância de Gerasa (ou mesmo de Gadara…), atravessando ravinas íngremes e vales antes de mergulhar no lago."[112] Gergesa, no entanto, se é a Kursi moderna,[113] ficava muito perto da costa, com uma escarpa íngreme. A conjectura de Orígenes, portanto, poderia ser baseada em evidências reais.

O fato de o texto nos três Evangelhos ter essas variantes sugere que os escribas estavam lidando com uma dificuldade geográfica. As questões estão além do escopo deste ensaio, mas parecem revelar algum constrangimento por parte desses copistas.

5. *Lucas 23:45*

Durante as últimas três horas do sofrimento de Jesus na cruz, "trevas vieram sobre toda a terra" (Lucas 23:44), "quando a luz do Sol minguou"

---

[110]Gundry, *Mark*, 255-57, defende a autenticidade de Γεργεσηνῶν, apresentando uma discussão honesta sobre por que esse lugar é a verdadeira localização, mas um argumento muito menos convincente para a autenticidade da redação.

[111]Veja Tjitze Baarda, "Gadarenes, Gerasenes, Gergesenes and the 'Diatassaron' Traditions", em Neotestamentica et Semitica: Studies in Honor of Matthew Black, ed. E. Earle Ellis e Max Wilcox (Edimburgo: T&T Clark, 1969), 181-97.

[112]Edwards, *Mark*, 153.

[113]Embora Cranfield sugira que "Marcos escreveu 'gerasenos' com referência a uma cidade à beira do lago (cujo nome pode ter sido preservado como Kersa ou Koursi na costa leste), mas que os leitores confundiram isso com uma referência à bem conhecida Gerasa" (*Mark*, 176).

(τοῦ ἡλίου ἐκλιπόντος [v. 45]). O problema com essa tradução, no entanto, é que ἐκλείπω, quando colocado com "Sol" ou "Lua" era um termo técnico que significa "eclipsar".[114] Mas um eclipse solar é astronomicamente impossível nesse caso, uma vez que a morte de Jesus ocorreu na Páscoa, quando a Lua estava cheia; um eclipse (solar ou lunar) só pode acontecer durante uma Lua nova. Além disso, nenhum eclipse já durou mais do que alguns minutos, mas é dito que esse durou três horas.[115] A que exatamente Lucas se referia (se alguma ocorrência física de trevas ou um portento simbólico da morte de Jesus) está além do escopo deste ensaio.[116] O que nos interessa, no entanto, é que muitos escribas antigos aparentemente consideraram a declaração do evangelista problemática.

As variantes se dividem em três grupos: (1) alguma forma de ἐκλείπω ("eclipsar") descrevendo o evento, (2) alguma forma de σκοτίζω ("escurecer") ou (3) omissão do escurecimento do Sol.[117] A NA[28] tem a construção com o aoristo genitivo absoluto τοῦ ἡλίου ἐκλιπόντος apoiado por 𝔓 (B) C*vid L 070 579 (597) (1005) (1012) (2372) sa bo (Cyr) Or.[118] A leitura ἐσκοτίσθη ὁ ἥλιος ("o Sol estava escurecido") é encontrada na maioria das testemunhas (A C³ D K Q W Γ Δ Θ Ψ f1,13 28 157 180 205 349 565 700 892 1006 1010 1071 1241 1292 1342 1424 1505 𝔐 lat sy(h) McionE vid Orlat mss). O Códice 33 omite toda a cláusula. Alguma forma do particípio de ἐκλείπω tem sólido apoio alexandrino, enquanto a leitura mais fácil ἐσκοτίσθη é apoiada por testemunhas bizantinas, "ocidentais" e cesareanas. A evidência interna, no entanto, é tão fortemente a favor da leitura "eclipsada" que ela é mais provavelmente autêntica. É difícil considerar ἐκλιπόντος se ἐσκοτίσθη é original. Isso sugere que os escribas também sentiram o constrangimento da escolha das palavras

---

[114]BDAG, sob o verbete ἐκλείπω 3 ("A redação de Lucas é o padrão para descrever um eclipse"); LSJ, sob o verbete ἐκλείπω II ("intr.., do Sol ou da Lua, *sofrer eclipse*"). O verbo ἐκλείπω pode simplesmente significar *falhar, desistir, desaparecer, partir, morrer, ser inferior*, mas, ao descrever o Sol ou a Lua, assume o sentido técnico de *eclipsar*.

[115]O *site* da Nasa apresenta uma página intitulada "Ten Millennium Catalog of Long Solar Eclipses" [Catálogo de dez milênios de eclipses solares longos] (https://eclipse.gsfc.nasa.gov/SEcatmax/SEcatmax.html), no qual fornece dados para os eclipses solares mais longos entre 4000 a.C. e 6000 d.C. O eclipse total mais longo ocorrerá em 16 de julho de 2186 e durará 7 minutos e 29 segundos. O mais longo eclipse anular ocorreu em 7 de dezembro de 150 d.C., com duração de 12 minutos e 24 segundos.

[116]Veja Raymond E. Brown, *The Death of the Messiah: From Gethsemane to the Grave* [A morte do Messias: do Getsêmani ao túmulo], vol. 2, ABRL (Nova York: Doubleday, 1994), 2: 1038-43, para uma discussão detalhada sobre o problema.

[117]Incluindo citações patrísticas, *The New Testament in Greek: The Gospel According to St. Luke* [O Novo Testamento em grego: O Evangelho segundo São Lucas], Parte Dois: Capítulos 13—24, ed. pelos Comitês Americano e Britânico do IGNTP (Oxford: Clarendon, 1987), registra pelo menos quinze leituras diferentes, com sete que não têm apoio em manuscritos gregos.

[118]Os manuscritos entre parênteses têm o particípio presente ἐκλείποντος.

de Lucas e ajustaram a expressão para falar de uma escuridão geral.

6. João 8:57

Em um diálogo hostil com os líderes religiosos no templo, Jesus afirma que Abraão se alegrou ao ver "meu dia" e que, quando o viu, ficou satisfeito (v. 56). Os judeus responderam com desprezo: "Você ainda não tem cinquenta anos e já viu Abraão?" (v. 57). Para o leitor moderno, a aparente avaliação da idade de Jesus parece estranha. Irineu lidou com a dificuldade afirmando que Jesus devia ter pelo menos 40 anos na época dessa conversa; ele entendia que o ministério de Jesus se havia estendido por mais de duas décadas![119] A resposta acalorada, no entanto, quase certamente se concentrou na juventude de Jesus *vis-à-vis* sua óbvia maneira autoritária.[120] O escriba de um códice do novo século, no entanto, tinha um senso de cronologia melhor do que Irineu e uma percepção um tanto liberal de seu próprio papel: o maiúsculo Códice Λ (039) traz σαράκοντα ("quarenta") em vez de πεντήκοντα ("cinquenta") aqui.[121] Pode ser que o escriba tenha pensado que alguns exemplares da ascendência de Λ tivessem essa redação, já que a abreviação de *cinquenta* em grego era ν, enquanto a de *quarenta* era μ. Assim, embora πεντήκοντα e σαράκοντα não sejam suficientemente semelhantes para uma mudança acidental, μ e ν são. O escriba de 039 provavelmente estava pensando apenas que um erro havia penetrado na linha de transmissão, e não no texto original de João 8:57.

Essas seis ilustrações apresentam diferentes níveis de convicção, devido em grande parte a perguntas sobre qual foi o texto *anterior* que estava sendo alterado. Mas o texto anterior no primeiro, no segundo e no quinto exemplos é indiscutível. E, em cada caso, alguns escribas posteriores pareciam ter dificuldade com a redação e revisaram-na para o que consideraram apropriado.

CONSERVANTISMO ESCRIBAL

Vimos várias passagens nas quais os escribas pareceram ter alterado o texto que estavam copiando em virtude de alguma dificuldade ou de algum constrangimento que encontraram. Alguns desses exemplos de revisão escribal

---

[119]Irineu, *Contra as heresias* 2.22
[120]Keener, *John*, 1:769, fornece fontes judaicas e greco-romanas que implicam certo mínimo de idade que normalmente se devia atingir para determinadas posições de autoridade.
[121]Isso está no original do manuscrito; foi corrigido para πεντήκοντα.

foram apoiados por notavelmente poucas testemunhas. Não devemos pensar que os escribas estavam mudando o texto sistemática e radicalmente. Na maioria das vezes, eles não sentiram a liberdade de ajustar a redação de acordo com uma determinação própria. De fato, a grande maioria dos escribas não tinha nenhuma outra determinação a não ser fazer uma cópia fiel. Nesse aspecto, eles eram diferentes dos evangelistas, cujas impressões digitais redacionais podem ser vistas em todos os lugares.[122] Mateus, em especial, foi muito mais sistemático do que qualquer escriba na modificação do Evangelho de Marcos, de acordo com seus temas e motivos. E, no entanto, como observa Head, Mateus era "um desenvolvedor, e não um corretor de Marcos"[123] — pelo menos em geral.

Wisse faz uma observação semelhante sobre o conservantismo escribal: "As alegações de extensa redação ideológica dos Evangelhos e de outros textos da literatura cristã primitiva vão contra todas as evidências textuais."[124] Kurt e Barbara Aland também falam de "quão raramente ocorrem variantes significativas".[125] No final de seu capítulo sobre erros de escribas, Metzger e Ehrman concluem:

> Para que os exemplos de alterações mencionados anteriormente não deem a impressão de que os escribas foram de modo geral voluntariosos e inconstantes na transmissão de cópias antigas do Novo Testamento, deve-se notar que outras evidências apontam para o trabalho cuidadoso e meticuloso por parte de muitos copistas fiéis. [...]

Mesmo em detalhes incidentais, observa-se a fidelidade dos escribas. [...] Esses exemplos de fidelidade obstinada por parte dos escribas poderiam ser multiplicados e servir para contrabalançar, até certo ponto, a impressão que este capítulo poderia causar sobre o iniciante na crítica textual do

---

[122]Frederik Wisse, "The Nature and Purpose of Redactional Changes in Early Christian Texts: The Canonical Gospels" [A natureza e o propósito das mudanças redacionais nos primeiros textos cristãos: os Evangelhos canônicos], em *Gospel Traditions in the Second Century: Origins, Recensions, Text, and Transmission* [Tradições do Evangelho no segundo século: origens, revisões, texto e transmissão], ed. William L. Peterson (Notre Dame, IN: University of Notre Dame Press, 1989), 42-43, discute várias diferenças entre os escribas e os evangelistas ao lidar com o texto do Evangelho de Marcos.
[123]Head, *Christology and the Synoptic Problem*, i.
[124]Wisse, "Redactional Changes", 52-53.
[125]Kurt Aland e Barbara Aland, *The Text of the New Testament: An Introduction to the Critical Editions and to the Theory and Practice of Modern Textual Criticism*, 2.ª ed. (Grand Rapids: Eerdmans; Leiden: Brill, 1989), 28. [*O texto do Novo Testamento: introdução às edições científicas do Novo Testamento grego, bem como à teoria e prática da moderna crítica textual* (São Paulo, SP: Sociedade Bíblica do Brasil, 2013).]

Novo Testamento.[126]

CONCLUSÃO

Neste ensaio, apresentamos um padrão de reação ao texto exemplar que os escribas estavam copiando — um padrão que estava ligado a um *continuum* com os evangelistas posteriores. No entanto, esses escribas não eram tão sistemáticos nem se guiavam tanto por motivos quanto Mateus e Lucas. No entanto, eles às vezes alteravam a redação porque era quase certamente constrangedora ou pelo menos problemática para eles, e, portanto, eram necessários ajustes. Se o texto foi ocasionalmente constrangedor ou problemático para os escribas, deve ter sido constrangedor ou problemático para os evangelistas. Essas leituras variantes, portanto, constituem evidência de que o critério de constrangimento é uma ferramenta válida na busca por autenticidade histórica nas tradições a respeito de Jesus.

---

[126]Bruce M. Metzger e Bart D. Ehrman, *The Text of the New Testament: Its Transmission, Corruption, and Restoration* [O texto do Novo Testamento: sua transmissão, corrupção e restauração], 4.ª ed. (Oxford: Oxford University Press, 2005), 271.

5 MEMÓRIA COLETIVA

E A CONFIABILIDADE DAS TRADIÇÕES EVANGÉLICAS

 Robert McIver

Neste capítulo, será discutido que as tradições encontradas nos Evangelhos devem ser consideradas produtos da memória coletiva. Examinaremos as implicações que essa conclusão tem para a precisão com que as tradições preservam os ensinamentos e as atividades de Jesus. Isso deve ser feito observando quatro processos significativos na formação, preservação e transmissão das memórias de Jesus ao longo dos trinta a sessenta anos entre os eventos de seu ministério terreno e a redação dos Evangelhos. Os processos considerados são os seguintes:

1. a formação das memórias iniciais das testemunhas oculares;
2. a formação das primeiras memórias coletivas de Jesus;
3. a sobrevivência das testemunhas oculares até o período em que os Evangelhos foram escritos;
4. a retenção de memórias sobre Jesus por períodos de trinta a sessenta anos. Como cada um deles é considerado por sua vez, será dada atenção aos fatores que influenciam a confiabilidade da memória durante esse processo.

A FORMAÇÃO DAS MEMÓRIAS INICIAIS DAS TESTEMUNHAS OCULARES DE JESUS

Avaliações da contribuição das memórias das testemunhas oculares para as tradições evangélicas

Muito poucos tentariam negar que Jesus viveu na Palestina, reuniu seguidores, entrou em conflito com as autoridades judaicas, foi crucificado e que, posteriormente, surgiu um movimento no qual as pessoas alegavam que ele era um mestre e operador de milagres.[1] Os eventos na vida e no ministério de Jesus eram de natureza tal que deixariam lembranças vívidas na mente daqueles que os testemunharam. Teriam sido momentos de grande significado pessoal, momentos em que teriam refletido ao decidir se deviam ou não ser seguidores de Jesus.[2] Qualquer parte das tradições evangélicas que seja um relato preciso do que aconteceu durante a vida de Jesus depende de eventos e ditos que foram lembrados com precisão. Mas quão acurada é a memória humana? Pode-se confiar nela? Ela persiste por um longo tempo? Os eventos encontrados na memória humana podem ser transmitidos de maneira confiável de um indivíduo para outro?

As avaliações de quanta credibilidade deve ser atribuída à contribuição das testemunhas oculares para as tradições sobre Jesus variam consideravelmente. Richard Bauckham considera a incorporação do testemunho ocular

---

[1] Entre os poucos que argumentam contra a possibilidade de que Jesus tenha, de fato, morado na Palestina, ensinado, curado e sido crucificado, está Robert M. Price, que diz: "Para mim, o Cristo da fé tem toda a importância, já que acho mais provável que nunca tenha havido outro" (Price, "Jesus at the Vanishing Point" [Jesus no ponto de fuga], *The Historical Jesus: Five Views*, ed. James K. Beilby e Paul Rhodes Eddy [Downers Grove, IL: IVP Academic, 2009], 56). Veja a "Response to Robert M. Price" [Resposta a Robert M. Price], de John Dominic Crossan (ibid., 86), que sugere uma lista de fatos que quase ninguém nega serem verdadeiros quanto a Jesus. Isso também não esgota o que Crossan considera ser possível conhecer sobre Jesus. Veja tb. Crossan, *The Historical Jesus: The Life of a Mediterranean Jewish Peasant* [O Jesus histórico: a vida de um camponês judeu mediterrâneo] (San Francisco: HarperSanFrancisco, 1991), e idem, *The Birth of Christianity: Discovering What Happened in the Years Immediately after the Execution of Jesus* [O nascimento do cristianismo: descobrindo o que aconteceu nos anos imediatamente após a execução de Jesus] (San Francisco: HarperSanFrancisco, 1998). Uma posição de total ceticismo em relação à existência de Jesus, como a defendida por Price, é mantida por um número muito pequeno de acadêmicos.

[2] David Pillemer considera memórias de trauma pessoal, memórias de lampejo, memórias de incidentes críticos e momentos de percepção como variedades de um fenômeno que ele descreve como uma "memória de eventos pessoais". Tais eventos evocam uma forte resposta emocional e provavelmente formam memórias das circunstâncias pessoais que ocorrem no momento da formação da memória, juntamente com memórias sensoriais vívidas, que possibilitam reviver o evento na imaginação (David Pillemer, *Momentous Events, Vivid Memories* [Eventos momentosos, memórias vívidas] [Cambridge, MA: Harvard University Press, 1998]).

nas tradições do Evangelho e a contínua disponibilidade do testemunho dado pelas testemunhas oculares até a época em que os Evangelhos foram escritos como forte evidência de que os relatos dos Evangelhos são precisos, e que a acurácia da transmissão dos ensinamentos de Jesus é aprimorada pela memorização das tradições por parte dos discípulos e de outros seguidores iniciais de Jesus. "A memorização", afirma Bauckham, é um meio de preservar a tradição "fielmente com um mínimo de mudança".[3]

Judith C. S. Redman protesta fortemente contra o intenso apoio de Bauckham aos poderes preservativos da memória humana.[4] Ela ressalta que a pesquisa psicológica levou à identificação de muitos fatores que podem alterar a memória das testemunhas oculares de um evento. Ela observa que (i) facetas do relatório de outro indivíduo podem ser inconscientemente incorporadas na memória das testemunhas oculares desse evento; (ii) testemunhas tendem a evitar conflitos com relatos de outras pessoas e geralmente escolhem uma versão culturalmente apropriada do evento; (iii) informações pós-evento podem influenciar quais elementos de um evento são retidos na memória; (iv) testemunhas oculares supõem alguns elementos de seu relatório e, com o tempo, essas suposições passam a ser tratadas como parte da memória original; (v) erros ficam congelados nas memórias; e, mais importante, (vi) embora as memórias de grupo sejam mais estáveis que as individuais, as primeiras incorporam desde muito cedo os erros cometidos pelas testemunhas oculares individuais; e, além disso, (vii) essas memórias de grupo serão ainda mais modeladas por considerações teológicas dentro da comunidade. Essas e outras considerações levaram Redman a concluir: "A presença contínua nas comunidades cristãs de testemunhas oculares do ministério de Jesus até o momento em que esses eventos foram registrados é uma garantia apenas da versão com a qual a comunidade concorda, e não dos detalhes exatos do próprio evento." A visão geral que ela tem do que se pode saber de Jesus e de seus ensinamentos parece ser bastante negativa. Ela conclui: "Em outras palavras, parece provável que a resposta à pergunta 'Quanto podemos saber, de maneira confiável, sobre o Jesus da história dos Evangelhos à luz do trabalho de Bauckham?' ainda é 'Não muito'."[5]

---

[3]Richard Bauckham, *Jesus and the Eyewitnesses: The Gospels as Eyewitness Testimony* (Grand Rapids: Eerdmans, 2006), 305.

[4]Judith C. S. Redman, "How Accurate Are Eyewitnesses? Bauckham and the Eyewitnesses in the Light of Psychological Research" [Quão precisas são as testemunhas oculares? Bauckham e as testemunhas oculares à luz da pesquisa psicológica], *JBL* 129 (2010): 177-97.

[5]Redman, "How Accurate Are Eyewitnesses?", 193, 197.

Redman levanta algumas questões muito importantes sobre a precisão das testemunhas oculares, incluindo a possibilidade muito real de que falsas memórias tenham sido incorporadas às memórias das testemunhas oculares do ministério de Jesus. A pesquisa de falsas memórias tem permitido avaliar o impacto potencial que tais fragilidades de memória podem ter tido nas tradições a respeito de Jesus.

FALSAS MEMÓRIAS E VIESES

Os psicólogos estudam as qualidades da memória humana desde o início da disciplina.[6] A questão específica da confiabilidade das memórias de testemunhas oculares foi considerada já em 1908 na coleção de ensaios *On the Witness Stand* [Sobre o apoio da testemunha], de Hugo Münsterberg, e muita pesquisa foi dedicada ao tópico desde então.[7] Foi dada especial atenção ao estudo das circunstâncias em que uma falsa memória pode ser gerada em testemunhas oculares, e muitos experimentos foram projetados para demonstrar os processos pelos quais as falsas memórias podem ser geradas e comunicadas a outras pessoas.

Um método amplamente utilizado para gerar falsas memórias em laboratórios de psicologia é o Procedimento de Falsa Memória de Deese, Roediger

---

[6]Muitos consideram que as origens da psicologia experimental devem ser atribuídas ao trabalho de Herman Ebbinghaus, no qual ele experimentou sua própria retenção de memória. Suas descobertas foram publicadas como *Über das Gedächtnis* (Leipzig: Duncker and Humblot, 1885); traduzido para o inglês em 1913 e publicado como *Memory: A Contribution to Experimental Psychology* [Memória: uma contribuição à psicologia experimental] (Nova York: Dover, 1964).

[7]P. ex., Renate Volbert e Max Steller, "Is this Testimony Truthful, Fabricated, or Based on False Memory? Credibility Assessment 25 Years after Steller and Köhnken (1989)" [Este testemunho é verdadeiro, fabricado ou baseado em memória falsa? Avaliação de credibilidade 25 anos após Steller e Köhnken (1989)], *European Psychologist* [Psicólogo europeu] 19 (2014): 207-20. Veja tb. o resumo de consenso em Saul M. Kassin, V. Anne Tubb, Harmon M. Hosch e Amina Memon, "On the 'General Acceptance' of Eyewitness Testimony Research: A New Survey of the Experts" [Sobre a "aceitação geral" da pesquisa do testemunho de testemunhas oculares: uma nova avaliação de especialistas], *American Psychologist* [Psicólogo americano] 56 (2001): 405-16 (veja esp. tabelas 1 e 5). Além disso, veja os comentários resumidos de Gary L. Wells, Roy S. Malpass, R. C. L. Lindsay, Ronald P. Fisher, John W. Turtle, Solomon M. Fulero, "From the Lab to the Police Station: A Successful Application of Eyewitness Research" [Do laboratório à delegacia: uma aplicação bem-sucedida da pesquisa sobre testemunhas oculares], *American Psychologist* 55 (2000): 581-98; Gary L. Wells e Elizabeth A. Olson, "Eyewitness Testimony" [Testemunho de testemunhas oculares], *Annual Review of Psychology* [Anuário de psicologia] 54 (2003): 277-94; Elizabeth F. Loftus, "Memory in Canadian Courts of Law" [Memória nos tribunais do Canadá], *Canadian Psychology* [Psicologia canadense], 44 (2003): 207-12; Elizabeth F. Loftus e Katherine Ketcham, *Witness for the Defense: The Accused, the Eyewitness, and the Expert Who Puts Memory on Trial* [Testemunha de defesa: o acusado, a testemunha ocular e o especialista que coloca a memória em julgamento] (Nova York: St. Martin's, 1991).

e McDermott (DRM).[8] Roediger e McDermott descobriram que, se fosse solicitado aos participantes do experimento que se lembrassem da seguinte lista de palavras: cama, descanso, acordado, cansado, sonho, acordar, soneca, cobertor, cochilo, sono, ronco, cochilada, sossego, bocejo, sonolento, a palavra "sono" era "lembrada" com a mesma frequência que qualquer uma das palavras no meio da lista. Isso não deve surpreender, já que a palavra "sono" tem fortes associações com todas as outras palavras da lista, e a recuperação de memória é um processo reconstrutivo. Roediger e McDermott publicaram várias listas de palavras com fortes associações que foram usadas por um grande número de outros pesquisadores que investigam a memória. O procedimento DRM foi considerado um método muito robusto de gerar memórias falsas sob uma ampla variedade de circunstâncias.[9] No entanto, é preciso observar que tipo de erro é incluir "sono" em uma lista composta por "cama, descanso, sonho" etc. É verdade que "sono" não faz parte da lista, mas tem relação com ela. Embora muitos participantes lembrem que "sono" faz parte

---

[8]Henry L. Roediger III e Kathleen B. McDermott, "Creating False Memories: Remembering Words Not Presented in Lists" [Criando falsas memórias: lembrando palavras não apresentadas em listas], *Journal of Experimental Psychology: Learning, Memory & Cognition* [Jornal de psicologia experimental: aprendizado, memória & cognição] 21 (1995): 803-14. Cf. tb. a análise de 55 listas de quinze palavras com seus itens críticos associados, juntamente com figuras de força associativa em ordem inversa e forças associativas em evidência, em Henry L. Roediger III, Jason M. Watson, Kathleen B. McDermott e David Gallo, "Factors that Determine False Recall: A Multiple Regression Analysis" [Fatores que determinam a falsa revocação: uma análise de regressão múltipla], *Psychonomic Bulletin & Review* [Boletim & revista psiconômicos] 8 (2001): 385-407, esp. 399-407.
[9]P. ex., Luciano Grüdtner Buratto, Carlos Falcão de Azevedo Gomes, Thiago da Silva Prusokowski e Lilian Milnitsky Stein, "Inter-Item Associations for the Brazilian Version of the Deese/Roediger-McDermott Paradigm" [Associações entre itens para a versão brasileira do Paradigma Deese/Roediger-McDermott], *Psicologia: Reflexão e Crítica* 26 (2013): 367-75; Joanna Ulatowska e Justyna Olszewska, "Creating Associative Memory Distortions – A Polish Adaption of the DRM Paradigm" [Criando distorções associativas de memória – uma adaptação polonesa do paradigma DRM], *Polish Psychological Bulletin* [Boletim psicológico polonês] 44 (2013): 449-56; Mark J. Huff, Jennifer H. Coane, Keith A. Hutchison, Elisabeth B. Grasser e Jessica E. Blais, "Interpolated Task Effects on Direct and Mediated False Recognition: Effects of Initial Recall, Recognition, and the Ironic Effect of Guessing" [Efeitos de tarefas interpoladas no falso reconhecimento direto e mediado: efeitos de revocação inicial, reconhecimento e efeito irônico da suposição], *Journal of Experimental Psychology: Learning, Memory, and Cognition* 38 (2012): 1720-30; Lauren M. Knott, Emma Threadgold e Mark L. Howe, "Negative Mood State Impairs False Memory Priming When Problem-Solving" [O estado de humor negativo prejudica a preparação de falsa memória ao solucionar problemas], *Journal of Cognitive Psychology* [Jornal de psicologia cognitiva] 26 (2014): 580-87; Ederaldo José Lopes e Ricardo Basso Garcia, "On the Possibility of Using Reaction Time to Study False Memories" [Sobre a possibilidade de usar o tempo de reação para estudar falsas memórias], *Psychology & Neuroscience* [Psicologia & Neurociência] 7 (2014): 393-97. Veja tb. a longa lista de condições experimentais que foram investigadas em John G. Seamon, Madeleine S. Goodkind, Adam D. Dumey, Ester Dick, Marla S. Aufseeser, Sarah E. Strickland, Jeffrey R. Woulfin e Nicholas S. Fung, "'If I Didn't Write It, Why Would I Remember It?' Effects of Encoding, Attention, and Practice on Accurate and False Memory" ["Se eu não escrevi isso, por que me lembraria disso?" Efeitos de codificação, atenção e prática na memória precisa e na falsa], *Memory and Cognition* [Memória e cognição] 31 (2003): 445-57.

da lista, ninguém se lembra de palavras completamente não relacionadas, como "baleia" ou "micro-ondas". "Sono" é um erro, mas ele tem relação com o que de fato estava na lista. Ao entender o mundo ao seu redor, a memória humana faz associações entre coisas vinculadas. Pode-se questionar se "sono" é uma *falsa* memória ou apenas a memória funcionando da maneira usual ao tentar trazer à tona o significado subjacente das experiências.

Redman menciona que "facetas do relatório de outro indivíduo podem ser inconscientemente incorporadas na memória das testemunhas oculares daquele evento". Isso foi, de fato, verificado experimentalmente e é com frequência descrito como o contágio social da memória.[10] Por exemplo, Mark J. Huff, Sara D. Davis e Michelle L. Meade relatam um experimento no qual mostraram aos participantes seis fotografias de cenas domésticas comuns sequencialmente em uma tela por quinze segundos cada. Cada fotografia foi precedida de um cabeçalho: "A caixa de ferramentas", "O banheiro", "A cozinha", "O quarto", "O armário" e "A escrivaninha". Em um teste de revocação fictício, os participantes foram convidados a lembrar itens que viram nas fotografias em duas ocasiões separadas. Na primeira, depois de concluírem uma tarefa de preenchimento, eles receberam seis páginas com os respectivos cabeçalhos — "A caixa de ferramentas" etc. —, e dois minutos para cada um deles escrever o maior número possível de itens que havia em cada figura. Na seguinte — a parte do experimento que simulava interação social —, os participantes foram informados de que um objetivo adicional do experimento era ver quanto a satisfação afetava um item em particular ser lembrado. Eles receberam cinco conjuntos de respostas apresentadas como sendo de outros participantes e foram convidados a identificar esses itens nas respostas que eram agradáveis, um processo que garantiu atenção a cada um dos itens. Alguns dos participantes viram "respostas de outros participantes" que foram semeadas com itens de contágio, alguns cuja presença pode ser altamente esperada, outros menos, de acordo com um protocolo experimental (p. ex., alguns participantes viram listas de objetos lembrados na cena da

---

[10]P. ex., Jonathan Koppel, Dana Wohl, Robert Meksin e William Hirst, "The Effect of Listening to Others Remember on Subsequent Memory: The Roles of Expertise and Trust in Socially Shared Retrieval-Induced Forgetting and Social Contagion" [O efeito de ouvir a memória de outros sobre a memória subsequente: Os papéis da perícia e da confiança no esquecimento induzido pela recuperação socialmente compartilhada e no contágio social], *Social Cognition* [Cognição social] 32 (2014): 148-80; Aileen Oeberst e Julienne Seidemann, "Will Your Words Become Mine? Underlying Processes and Cowitness Intimacy in the Memory Conformity Paradigm" [Suas palavras se tornarão minhas? Processos subjacentes e intimidade das cotestemunhas no paradigma de conformidade da memória], *Canadian Journal of Experimental Psychology / Revue canadienne de psychologie expérimentale* [Jornal canadense de psicologia experimental] 68 (2014): 84-96.

cozinha que incluíam "torradeira" e "guardanapos", itens ausentes da foto). Quando solicitados pela segunda vez a recordar o que haviam visto nas fotografias, muitos dos participantes acresceram às "respostas de outros participantes" aqueles itens de contágio que foram adicionados. Isso aconteceu tanto no grupo de controle, que não tinha os itens de contágio em nenhuma lista que lhe havia sido mostrada (i.e., eram geradas automaticamente), e no grupo experimental que os possuía. Digno de nota, porém, é que a incidência de itens de contágio foi significativamente maior (do ponto de vista estatístico) no grupo ao qual foram mostradas listas com os itens de contágio.[11]

Huff, David e Meade basearam seu protocolo experimental em experimentos anteriores de Henry L. Roediger III, Michelle L. Meade e Erik T. Bergman, que usaram um conjunto semelhante de seis fotografias, mas usaram um cúmplice dos pesquisadores para fazer o papel de participante experimental.[12] O cúmplice e outro participante se revezaram em lembrar itens das fotografias e, durante esse processo, o cúmplice introduziria um item de alta expectativa e de baixa expectativa de contágio. Quando posteriormente foi-lhe solicitado que relembrasse itens das fotografias, mesmo o grupo de controle que não recebeu o item de contágio ocasionalmente relatou itens de alta expectativa de contágio (p. ex., uma torradeira na cena da cozinha). Mas o grupo que estava em uma situação social em que um item de contágio foi sugerido lembrou-o com uma frequência estatisticamente significativa maior que o grupo de controle.

O que se deve fazer com esse "contágio social" da memória? A rigor, "lembrar" um item de contágio que não estava na fotografia original é um erro de memória. Mas, embora alguns se lembrassem incorretamente de uma "torradeira" como parte da cena da cozinha, ninguém se lembrava de um "hipopótamo" como estando na cozinha. Mais uma vez, "falsas memórias" foram geradas, mas na verdade são lembranças que têm relação com o que de fato estava presente. A "falsa memória" é gerada como parte da capacidade do cérebro humano de dar sentido a seu ambiente, vinculando itens semelhantes que de modo geral são encontrados juntos.

---

[11]Mark J. Huff, Sara D. Davis e Michelle L. Meade, "The Effects of Initial Testing on False Recall and False Recognition in the Social Contagion of Memory Paradigm" [Os efeitos do teste inicial na recordação falsa e no reconhecimento falso no contágio social do paradigma da memória], *Memory and Cognition* 41 (2013): 820-31.
[12]Henry L. Roediger III, Michelle L. Meade e Erik T. Bergman, "Social Contagion of Memory" [Contágio social da memória], *Psychonomic Bulletin & Review* 8 (2001): 365-71; Michelle L. Meade e Henry L. Roediger III, "Explorations in the Social Contagion of Memory" [Investigações no contágio social da memória], *Memory & Cognition* 30 (2002): 995-1009.

Outros protocolos experimentais foram usados para gerar memórias falsas,[13] mas quase todos compartilham um traço comum: falsas memórias podem ser induzidas, mas são lembranças que têm relação com o estímulo. O contágio social pode introduzir uma falsa memória, mas ela está, até certo ponto, ligada ao que realmente está sendo lembrado.

Redman também levanta a questão do preconceito quando diz que as informações pós-evento podem influenciar quais elementos do ocorrido são retidos na memória. Um elemento-chave do processo que ela menciona é o *viés retrospectivo*, que pode ser definido como a mudança entre como alguém estima a probabilidade de determinado resultado antes que o evento ocorra e como, em retrospectiva, essa pessoa lembra o que era considerado a probabilidade de um resultado específico após ele ser conhecido.[14] O viés retrospectivo foi estudado em contextos tão diversos como o julgamento de um auditor sobre se uma empresa sobreviveria ou não após um ano, comportamento do investidor, idade, tribunais, história e eventos esportivos.[15] No entanto, deve-se notar

---

[13]Vários deles são descritos em Robert K. McIver, *Memory, Jesus, and the Synoptic Gospels* [Memória, Jesus e os Evangelhos Sinópticos] (Atlanta: Society of Biblical Literature, 2011), 60-70. Veja tb. idem, "Eyewitnesses as Guarantors of the Accuracy of the Gospel Traditions in the Light of Psychological Research" [Testemunhas oculares como garantidoras da precisão das tradições do Evangelho à luz da pesquisa psicológica], *JBL* 131 (2012): 530-33.

[14]Alisha Coolin, Edgar Erdfielder, Daniel M. Bernstein, Allen E. Thornton, Wendy Loken Thornton, "Explaining Individual Differences in Cognitive Processes Underlying Hindsight Bias" [Explicando as diferenças individuais nos processos cognitivos subjacentes ao viés retrospectivo], *Psychonomic Bulletin & Review* 22 (2015): 328-48; Matúš Konečný e Viera Bačová, "Hindsight Bias and Its Reversal: What Will Time Reveal?" [Viés retrospectivo e sua reversão: o que o tempo revelará?], *Studia Psychologica* 454 (2012): 251-58.

[15]Kim L. Anderson, "The Effects of Hindsight Bias on Experienced and Inexperienced Auditors' Relevance Ratings of Adverse Factors *Versus* Mitigating Factors" [Os efeitos do viés retrospectivo nas classificações de relevância dos auditores experientes e inexperientes de fatores adversos *versus* fatores atenuantes], *Journal of Business & Economics Research* [Jornal de negócios & pesquisas econômicas] 12 (2014): 199-208; Rasoul Sadi, Hassan Ghalibaf Asl, Mohammad Reza Rostami, Aryan Gholipour e Fattaneh Gholipour, "Behavioral Finance: The Explanation of Investors' Personality and Perceptual Biases Effects on Financial Decisions" [Finanças comportamentais: a explicação sobre a personalidade dos investidores e os efeitos de vieses perceptivos nas decisões financeiras], *International Journal of Economics and Finance* [Jornal internacional de economia e finanças] 3 (2011): 234-41; Julia Groß e Ute J. Bayen, "Adult Age Differences in Hindsight Bias: The Role of Recall Ability" [Diferenças na idade adulta no viés retrospectivo: o papel da capacidade de revocar], *Psychology and Aging* [Psicologia e envelhecimento] 30 (2015): 253-58; Merrie Jo Stallard e Debra L. Worthington, "Reducing the Hindsight Bias Utilizing Attorney Closing Arguments" [Reduzindo o viés retrospectivo utilizando argumentos de fechamento de casos de advogados], *Law and Human Behavior* [Lei e comportamento humano] 22 (1998): 671-83; Baruch Fischhoff, "Hindsight ≠ Foresight: The Effect of Outcome Knowledge on Judgment Under Uncertainty" [Retrospectiva ≠ previsão: o efeito do conhecimento dos resultados sobre o julgamento sob incerteza], *Journal of Experimental Psychology: Human Perception and Performance* [Jornal de psicologia experimental: percepção e desempenho humanos] 1 (1975): 288-99; Jennifer M. Bonds-Raacke, Lakeysha S. Freyer, Sandra D. Nicks e Rena T. Durr, "Hindsight Bias Demonstrated in the Prediction of a Sporting Event" [Preconceito

que, embora o significado atribuído às lembranças seja ajustado para levar em conta eventos subsequentes, esse processo não introduz lembranças de coisas que não aconteceram. Elas ainda são baseadas em eventos reais.

PRECISÃO DA MEMÓRIA DAS TESTEMUNHAS OCULARES

As tentativas do cérebro de derivar significado, importância e causalidade das memórias de eventos permitem a incorporação de elementos de viés e até memórias de coisas que, na verdade, não foram vistas ou ouvidas pela testemunha ocular. O viés retrospectivo e a sugestionabilidade são apenas dois daqueles que Daniel Schacter descreveu como *Os sete pecados da memória*.[16] Mesmo assim, a memória não deve ser descartada como arbitrária. Ela é capaz de feitos notáveis de recordação, como é ilustrado em um dos poucos estudos de memória de testemunhas oculares que conseguiu fazer uso de entrevistas policiais com respeito a um crime real.

Em uma tentativa de assalto em Burnaby, Vancouver, Canadá, um ladrão com uma pistola invadiu uma loja de armas. Ele amarrou o dono, pegou várias armas e saiu. O proprietário conseguiu se libertar rapidamente e correu para a rua, esperando pelo menos obter uma descrição do carro de fuga. Uma vez lá fora, ele surpreendeu o ladrão, que ainda estava colocando a mercadoria roubada no carro. O dono da loja e o ladrão trocaram tiros, o que deixou o ladrão morto e o dono da loja ferido. A polícia entrevistou as testemunhas disponíveis e foi tomada a decisão de não processar o proprietário da loja. Os pesquisadores geralmente não conseguem chegar diretamente às testemunhas, e com toda a razão, dada a possibilidade de introduzir vieses nas memórias. Mas, como esse caso não resultou em instauração de processo, John C. Yuille e Judith L. Cutshall tiveram acesso aos registros das entrevistas policiais e a fotos da cena do crime. Além disso, receberam permissão para entrar em contato com as testemunhas, o que puderam fazer três meses após o crime. Com base nas fotos e outros dados probatórios, Yuille e Cutshall conseguiram determinar uma série de questões factuais que poderiam ser testadas nas entrevistas policiais e nas entrevistas de acompanhamento. Eles estabeleceram critérios bastante rígidos para considerar uma memória precisa e descobriram

---

retrospectivo demonstrado na previsão de um evento esportivo], *The Journal of Social Psychology* [O jornal de psicologia social] 141 (2001): 349-52.

[16]Daniel L. Schacter, *The Seven Sins of Memory: How the Mind Forgets and Remembers* (Boston: Houghton Mifflin, 2001). Segundo Schacter, os sete pecados são: transitoriedade, distração, bloqueio, atribuição equivocada, sugestionabilidade, distorção e persistência (p. 1-11 e passim). [*Os sete pecados da memória: como a mente esquece e lembra* (Rio de Janeiro: Rocco, 2003).]

que, em média, as testemunhas eram inteiramente precisas em 80% dos detalhes que relataram sobre o crime, pelo menos até três meses após o evento.[17] Todas as testemunhas lembraram a essência do que havia acontecido.

Como esse resultado deve ser julgado? É lamentável que as testemunhas oculares tenham apenas 80% de precisão nos detalhes que lembraram? Ou deveríamos comemorar que elas erraram em apenas 20%? O que não deve ser esquecido, no entanto, é que mesmo os 20% dos detalhes incorretos tinham relação com o que realmente aconteceu. O núcleo da memória foi preservado, mesmo que alguns dos detalhes não fossem totalmente precisos.

Precisão das memórias de testemunhas oculares individuais de Jesus

As memórias das testemunhas oculares iniciais das atividades de Jesus durante seu ministério terreno estariam sujeitas às mesmas vicissitudes que assolam toda a memória humana. Suas memórias teriam sido parciais, compostas em grande parte por ações ou ditos individuais, e sujeitas à intrusão de falsas memórias. Se é legítimo aplicar os resultados da pesquisa de Yuille e Cutshall às lembranças daqueles que foram testemunhas oculares das atividades de Jesus, pode-se esperar que suas memórias sejam precisas em 80% dos detalhes. Do ponto de vista da confiabilidade, alguém desejaria que as memórias das testemunhas oculares de Jesus fossem 100% precisas no que elas lembram. O que é importante, porém, é que os 20% dos detalhes que não são lembrados com precisão são *consistentes* com o que foi dito e feito. A essência das palavras de Jesus, bem como a tendência geral de suas ações e atividades, teriam sido preservadas. Essas memórias seriam ajustadas pelas expectativas culturais e experiências de vida das testemunhas, mas manteriam a essência do que aconteceu, principalmente quando adicionadas às memórias de outras testemunhas oculares, pois os vários grupos que conheciam Jesus formaram uma memória coletiva dele.

FORMAÇÃO DE MEMÓRIAS COLETIVAS INICIAIS DE JESUS

Algumas das experiências que acabamos de apresentar revelaram a influência que um grupo pode ter na memória de eventos de um indivíduo quando

---

[17]John C. Yuille e Judith L. Cutshall, "A Case Study of Eyewitness Memory of a Crime" [Um estudo de caso da memória de testemunhas oculares de um crime], *Journal of Applied Psychology* 71 (1986): 291-301.

se forma uma memória coletiva de um evento. A memória coletiva pode ser descrita da seguinte maneira:

> A memória coletiva é um conceito ilusório que sugere que grupos e nações têm conjuntos de memórias comuns que contribuem para a autocompreensão e a identidade do grupo. Naturalmente, essas memórias não têm existência independente fora das memórias dos indivíduos, estejam eles no grupo ou não. No entanto, essas memórias são "coletivas" no sentido de que são comuns a todos os indivíduos que formam o grupo. Elas também podem representar o conhecimento esotérico que fornece a base teórica para a conduta profissional de grupos como juízes, médicos e sacerdotes.[18]

AS CIRCUNSTÂNCIAS SOCIAIS DA PALESTINA DO PRIMEIRO SÉCULO E A FORMAÇÃO DA MEMÓRIA COLETIVA

Que as memórias a respeito de Jesus, de seus ensinamentos e de suas atividades se tornariam parte da memória coletiva daqueles entre os quais ele viveu era inevitável, principalmente por causa das circunstâncias sociais em que ele viveu. A arqueologia revelou muito sobre a disposição física de Nazaré, Cafarnaum e Jerusalém, as vilas e cidades mais associadas a Jesus nos relatos dos Evangelhos.

O ministério público de Jesus centrou-se em Cafarnaum (Mateus 4:13; Marcos 2:1). No primeiro século, essa era uma pequena vila de pescadores nas margens ao norte do mar da Galileia, com cerca de 6 a 10 hectares de extensão. Tinha uma população entre 600 e 1.500 pessoas, e coisas interessantes que foram feitas e ditas teriam circulado com grande liberdade, principalmente dadas as condições de vida. Muitos dos habitantes da pequena vila se encontravam regularmente na sinagoga (Marcos 1:21;

---

[18]McIver, *Memory, Jesus, and the Synoptic Gospels*, 82-83; veja tb. discussão adicional, 81-94. Os usos mais modernos do conceito de memória coletiva remontam ao sociólogo francês Maurice Halbwachs, que começou a usar o termo em 1925. Lido hoje, o trabalho de Halbwachs (p. ex., Maurice Halbwachs, *On Collective Memory* [Sobre a memória coletiva] [Chicago: University of Chicago Press, 1992]) é uma mistura fascinante de ideias muito úteis e argumentos bastante idiossincráticos, e as avaliações dos escritos de Halbwachs sobre o tópico variam de um relato entusiástico, se seletivo, daquelas partes de sua teoria geral subsequentemente consideradas úteis (p. ex., Patrick H. Hutton, *History as an Art of Memory* [História como arte da memória] [Hanover, VT: University Press of New England, 1993], 73-90) para desacreditar seu trabalho por uma concentração hostil daquelas partes de seus argumentos que poucos levam a sério (p. ex., Noa Gedi e Yigal Elam, "Collective Memory—What Is It?" [Memória coletiva: o que é isso?], *History and Memory* [História e memória] 8 [1996]: 30-50).

Lucas 4:16), mas a vila não tinha teatro nem fóruns públicos.[19] Parece quase desnecessário mencionar que os métodos modernos de entretenimento doméstico, como leitura, rádio e televisão, não estavam disponíveis, bem como que a iluminação usada após o anoitecer era suprida por lumes e candeias muito ineficientes. Desse modo, a maioria das noites seria gasta em conversas de qualquer tipo. Narrativas sobre eventos interessantes teriam circulado, e narrativas de particular importância para o grupo que as compartilhava seriam repetidas com frequência. O que Jesus disse e fez teria sido o tópico de muitas conversas, e cada grupo social em Cafarnaum teria desenvolvido uma "memória coletiva" sobre aquele homem e seus atos, particularmente os grupos que moldaram o próprio comportamento e as próprias crenças com base nos ensinamentos de Jesus.

Com exceção das narrativas sobre o nascimento, poucas histórias nos relatos dos Evangelhos se relacionam com Nazaré. Mas, como a cidade era muito menor que Cafarnaum,[20] é de novo inevitável que todos que lá viviam conhecessem bem a Jesus. A Jerusalém do primeiro século era muito maior do que Nazaré ou Cafarnaum. Na época de Jesus, estima-se que a população estivesse entre 40 mil e 80 mil pessoas,[21] tendo alcançado esse número mais alto em 66 d.C., pouco antes da Revolta Judaica. O número de pessoas em Jerusalém na época da crucificação de Jesus teria aumentado consideravelmente graças aos peregrinos que visitavam a cidade por ocasião da Páscoa. No entanto, embora ele tenha passado apenas uma pequena parte de seu ministério lá, poucos na cidade desconheciam suas atividades ao redor do templo e as circunstâncias de sua morte. As autoridades romanas, como de hábito, tomaram o cuidado de fazerem-no desfilar diante do maior número possível de pessoas na cidade a caminho de sua morte, e o local da crucificação foi escolhido para que muitos estivessem cientes do destino daqueles que se rebelavam contra Roma (Marcos 15:21,22; Lucas 23:26-33; João 19:16,17). Esses eventos teriam se tornado parte da memória coletiva

---

[19]Jonathan L. Reed, *Archaeology and the Galilean Jesus* [Arqueologia e o Jesus da Galileia] (Harrisburg, PA: Trinity, 2000), 139-69; Robert K. McIver, "The Archaeology of Galilee" [A arqueologia da Galileia], em *The Content and Setting of the Gospel Tradition* [Conteúdo e ambiente da tradição do Evangelho], ed. Mark Harding e Alanna Nobbs (Grand Rapids: Eerdmans, 2010), 9-12.
[20]Robert K. McIver, "First-Century Nazareth" [Nazaré do primeiro século], em *Glaube und Zukunftsgestaltung: Festschrift zum hundertjährigen Bestehen der Theologischen Hochschule Friedensau: Aufsätze zu Theologie, Sozialwissenschaften und Musik*, ed. Bernhard Oestreich, Horst Rolly e Wolfgang Kabus (Frankfurt am Main: Peter Lang, 1999), 139-59; Willibald Bösen, *Galiläa: Lebensraum und Wirkungsfeld Jesu* (Freiburg: Herder, 1998), 97-110.
[21]Magen Broshi, "Estimating the Population of Ancient Jerusalem" [Estimando a população da antiga Jerusalém], *BAR* 4 (1978): 10-15.

da maioria daqueles que viviam em Jerusalém. Em particular, teria sido o tema de extensas conversas por parte daqueles que se tinham na conta de seus seguidores. Muitos grupos em Jerusalém formariam fortes memórias coletivas sobre a morte de Jesus a partir dessas conversas.

OS DOZE DISCÍPULOS

Um grupo teria tido uma participação particularmente forte e relativamente bem definida na memória coletiva a respeito dos ensinamentos de Jesus: os doze homens que eram conhecidos como seu grupo mais íntimo de discípulos. Esses homens passaram muito tempo com Jesus durante seu ministério e, pouco antes dos eventos que culminaram em sua crucificação, receberam uma tarefa que exigiria que formulassem e se comprometessem a memorizar um corpo coerente de ensino.

Jesus era conhecido como mestre (Mateus 7:28,29; Marcos 4:38; 5:34; 9:17; João 6:59 etc.).[22] Como tal, ele teria seguido a prática de todos os mestres encontrados no antigo Oriente Médio: ele teria ensinado seus discípulos a memorizar seus ensinamentos.[23] O termo "memorizar" tem um significado diferente para os leitores modernos daquele que provavelmente tinha para professores e alunos antigos. A memorização *verbatim* de textos mais longos só é possível com a capacidade de fazer referência a um texto escrito.[24]

---

[22]"A igreja hoje, tão diversificada em todas as suas expressões, provavelmente converge em torno da confissão teológica de Jesus como Senhor e Salvador. [...] No entanto, existem apenas três ocorrências do título Salvador, referentes a Jesus, nos Evangelhos (Lucas 1:69 [lit., "um chifre de salvação"], 2:11; João 4:42). No entanto, eles falam frequentemente de Jesus como Senhor e rabi. Jesus é tratado como Senhor não menos que 83 vezes, e como rabi ou mestre 56 vezes. (O próximo título mais frequentemente usado para Jesus é o enigmático Filho do Homem, encontrado não menos de 37 vezes.)" Também Stephen D. Jones, *Rabbi Jesus: Learning from the Master Teacher* [Rabi Jesus: aprendendo com o grande Mestre] (Macon, GA: Peake Road, 1997), 1

[23]Rainer Riesner, "Jesus as Preacher and Teacher" [Jesus como pregador e mestre], em *Jesus and the Oral Gospel Tradition* [Jesus e a tradição oral do Evangelho], ed. Henry Wansbrough (Sheffield: JSOT Press, 1991), 186-87. A educação, tanto no contexto greco-romano quanto no judaísmo, dependia muito da memorização. Como desenvolvida entre os gregos, "a educação básica depende muito da memória e da recitação, limita o atendimento a quem pode pagar, oferece estritamente instruções restritas por escrito e define a gramática em termos dos sons da língua falada" (Tony M. Lentz, *Orality and Literacy in Ancient Greece* [Oralidade e alfabetização na Grécia antiga] [Carbondale: Southern Illinois University Press, 1989], 56). Para o lugar da memorização na educação judaica, é proveitosa a consulta a Birger Gerhardsson, *Memory & Manuscript: Oral Tradition and Written Transmission in Rabbinic Judaism and Early Christianity* [Memória & manuscritos: tradição oral e transmissão escrita no judaísmo rabínico e no cristianismo primitivo], com *Tradition & Transmission in Early Christianity* [Tradição & transmissão no cristianismo primitivo] (Grand Rapids: Eerdmans, 1998).

[24]Ian M. L. Hunter, "Lengthy Verbatim Recall: The Role of Text" [Recuperação *verbatim* extensa: o papel do texto], em *Progress in the Psychology of Language* [Progresso na psicologia da linguagem], ed. Andrew W. Ellis, vol. 1 (Londres: Lawrence Erlbaum Associates, 1985), 207-35. Hunter define

Sabe-se que os poemas de Homero foram memorizados integralmente com base no texto escrito que existiu no período greco-romano.[25] Mas, para material oral, como o memorizado pelos rabinos e seus alunos — e, sem dúvida, por Jesus e seus discípulos —, um dito ou uma parábola teriam sido considerados suficientemente memorizados se o discípulo fosse capaz de repetir seu significado principal. Certas categorias de material se prestam à memorização *verbatim* ou quase *verbatim*. Isso inclui aforismos curtos, particularmente aqueles de duas ou mais linhas que têm fortes paralelos temáticos entre as linhas. Talvez seja significativo que grande parte do material didático de Jesus preservado nos Evangelhos Sinópticos venha na forma de aforismos ou de parábolas facilmente memorizáveis, que transmitem seu significado com uma história coerente e uma linha de raciocínio, muitas vezes expressas em um aforismo.

Os relatos dos Evangelhos registram que, enquanto ia para Jerusalém, Jesus enviou seus discípulos à frente dele para compartilhar seus ensinamentos nas aldeias em que estava prestes a entrar (Mateus 10:5-8; Marcos 6:7; Lucas 9:1-6; 10:1). Nessa fase de seu ministério público, Jesus havia instruído seus discípulos há algum tempo e seria de esperar que eles estivessem bem preparados para compartilhar os princípios fundamentais que o Mestre lhes ensinara. O fato de terem de ensinar sozinhos teria dado um impulso adicional para os discípulos estabelecerem firmemente os ensinamentos de Jesus na própria memória.[26] Conforme ensinavam, eles teriam continuamente recitado as coisas que aprenderam.

Os Evangelhos Sinópticos registram mais do que apenas aforismos e parábolas de Jesus. É difícil imaginar Jesus ensinando os discípulos sobre seus próprios milagres e seus outros feitos registrados nos Evangelhos. Podemos apenas especular sobre quando os discípulos começaram a recontar as histórias sobre Jesus. Algumas das narrativas sobre milagres do ministério de Jesus poderiam muito bem fazer parte daquilo que os doze discípulos compartilharam ao ensinar antes dos eventos da Páscoa. É provável que tenham sido repetidos com frequência pelos seguidores de Jesus quando estes começaram

---

cuidadosamente recuperação *verbatim* extensa como "fidelidade completa palavra por palavra de uma sequência de cinquenta palavras ou mais" (p. 207). Ao fazer isso, ele exclui provérbios e lugares-comuns.
[25]Lentz, *Orality and Literacy*, 35-45, esp. 42
[26]Heinz Schürmann, "Die vorösterlichen Anfänge der Logientradition", em *Der historische Jesus und der kerygmatische Christus*, ed. Helmut Ristow e Karl Matthiae (Berlim: Evangelische Verlagsanstalt, 1960), 361-69. Cf. Rainer Riesner, *Jesus als Lehrer: eine Untersuchung zum Ursprung der Evangelien-Überlieferung*, WUNT 2/7 (Tübingen: Mohr, 1981), 453-75, 500-501; idem, "Jesus as Preacher and Teacher", 197-201.

a se reconhecer como um grupo de companheiros de viagem, vinculados pelo entendimento conjunto da importância de Jesus em sua vida. Além disso, os eventos que cercam a crucificação e a ressurreição de Jesus devem ter sido o tema de muitas conversas entre os seguidores de Jesus e entre seus inimigos. Dessa maneira, muitas versões da memória coletiva a respeito de Jesus teriam se desenvolvido entre diferentes grupos. Embora viajar fosse tarefa árdua, muitos se movimentaram no mundo antigo, e o livro de Atos relata alguns dos primeiros cristãos que viajaram por vasta região: Pedro, Paulo, Barnabé, Timóteo e outros. Como os cristãos se encontravam durante essas jornadas, eles inevitavelmente discutiam suas memórias e sua compreensão sobre Jesus. Ao fazê-lo, as várias memórias coletivas a respeito de Jesus tomaram forma, e surgiram temas comuns.

A SOBREVIVÊNCIA DAS TESTEMUNHAS OCULARES ATÉ QUE OS EVANGELHOS FORAM ESCRITOS

O Novo Testamento enfatiza em vários lugares a importância das testemunhas oculares como garantidoras das tradições cristãs (Lucas 1:2; Atos 1:8,22; 2:32; 3:15; 5:32; 10:39; 1Pedro 5:1; 2Pedro 1:16). Pesquisadores têm mostrado que há uma diferença qualitativa entre as memórias de testemunhas oculares de eventos que ocorreram no passado distante e aquelas que aprenderam sobre um evento que não testemunharam.[27] Assim, a presença de testemunhas oculares na época em que os Evangelhos foram escritos atuou como um estabilizador das tradições incluídas neles. No entanto, considerando a data provável para a redação dos Evangelhos, qual a probabilidade de que as testemunhas oculares ainda estivessem vivas?

Datar a redação dos Evangelhos é problemático. Além do fato de Lucas-Atos talvez ter sido escrito após a chegada de Paulo a Roma, em algum momento de 59 d.C.,[28] há muito pouca evidência concreta que permita uma datação precisa da redação de qualquer dos Evangelhos. A evidência que existe leva a maioria dos estudiosos a postular um intervalo

---

[27]Veja, p. ex., Dorthe Berntsen e Dorthe K. Thomsen, "Personal Memories for Remote Historical Events: Accuracy and Clarity of Flashbulb Memories Related to World War II" [Memórias pessoais para eventos históricos remotos: precisão e clareza das memórias de lampejo relacionadas à Segunda Guerra Mundial], *Journal of Experimental Psychology: General* [Jornal de psicologia experimental: geral] 134 (2005): 242-57

[28]Udo Schnelle aponta 59 d.C. como a data da chegada de Paulo a Roma, *Einleitung in das Neue Testament*, 4.ª ed. (Göttingen: Vandenhoeck & Ruprecht, 2002], 45), e outras datas possíveis são analisadas em Rainer Riesner, *Paul's Early Period: Chronology, Mission Strategy, Theology* [Período inicial de Paulo: cronologia, estratégia de missão, teologia] (Grand Rapids: Eerdmans, 1998), 3-28.

entre trinta e sessenta anos entre o tempo da morte de Jesus e o registro pelos evangelistas.[29]

Dado que a expectativa média de vida por ocasião do nascimento no Império Romano era de aproximadamente 23 anos, à primeira vista pode parecer que, apenas trinta anos depois dos eventos, todas as testemunhas oculares já teriam morrido muito tempo atrás. Mas os dados demográficos das populações comparáveis aos do Império Romano do primeiro século revelam que, embora a expectativa de vida no nascimento fosse de apenas 23 anos, essa média é muito influenciada pelas altas taxas de mortalidade infantil. Parece provável que, na época do Império Romano, apenas 51% das pessoas vivessem até os 10 anos, mas as que viveram mais 38 anos, em média, resultaram em uma vida útil média de 48 anos para a população como um todo. Alguns indivíduos particularmente robustos e sortudos viviam até os 70 anos (cerca de 8% da população), e muito poucos até os 80 anos (1,6%).[30] É certo que 1,6% é uma parte muito pequena da população, mas alguns chegaram a atingir 80 anos ou mais.

---

[29]Em sua monografia, *Redating the New Testament* [Redigindo o Novo Testamento] (Londres: SCM, 1976), 352, John A. T. Robinson propôs datas precoces como entre 40 e pouco mais de 60 d.C. para Mateus, entre 45 e 60 d.C. para Marcos e entre 57 e pouco mais de 60 d.C. para o Evangelho de Lucas. Datas semelhantes foram sugeridas por John Wenham (*Redating Matthew, Mark and Luke: A Fresh Assault on the Synoptic Problem* [A escrita de Mateus, Marcos e Lucas: uma nova investida ao problema sinóptico] [Londres: Hodder & Stoughton, 1991], xxv, 223-44) e Bo Reicke (*The Roots of the Synoptic Gospels* [As raízes dos Evangelhos Sinópticos] [Filadélfia: Fortress, 1986], 174-80). Reicke explicitamente data Lucas por volta de 60 d.C. (p. 180). Robertson, Wenham e Reicke estão entre aqueles que propuseram seriamente uma data bastante precoce, mas, mesmo assim, pela datação que fazem, há um período de 10 a 35 anos entre os eventos da vida de Jesus e a redação dos Evangelhos. Muitos que trabalham com os Evangelhos Sinópticos, no entanto, tendem a usar datas mais próximas às sugeridas por Werner Georg Kümmel em *Introduction to the New Testament* [Introdução ao Novo Testamento] (Londres: SCM, 1975), 98, 120, 151, 246, entre 64 e 70 d.C. para Marcos, 80 e 100 d.C. para Mateus, 70 e 90 d.C. para Lucas e 90 e 100 d.C. para João); ou as sugeridas por Schnelle: pouco antes ou depois de 70 d.C. para Marcos, cerca de 90 d.C. para Mateus e Lucas e entre 100 e 110 d.C. para João (*Einleitung in das Neue Testament*, 244, 266, 288).

[30]Sobre os desafios de usar as evidências existentes para formular e entender os dados demográficos da população do Império Romano e as expectativas de vida associadas, consulte McIver, *Memory, Jesus e Synoptic Gospels*, 189-202; Walter Scheidel, *Measuring Sex, Age and Death in the Roman Empire: Explorations in Ancient Demography* [Medindo sexo, idade e morte no Império Romano: explorações na demografia antiga], JRA Supplementary Series [Série Suplementar JRA] (Ann Arbor, MI: Journal of Roman Archaeology, 1996); e idem, "Progress and Problems in Roman Demography" [Progresso e problemas na demografia romana], em *Debating Roman Demography* [Debatendo a demografia romana], ed. Walter Scheidel (Leiden: Brill, 2001), 1-81. Veja tb. Jonathan L. Reed, "Instability in Jesus' Galilee: A Demographic Perspective" [Instabilidade na Galileia de Jesus: uma perspectiva demográfica], *JBL* 129 (2010): 343-65. As projeções citadas no texto refletem o Modelo ocidental de Coale-Demeny, nível 3 (feminino), de Ansley J. Coale e Paul Demeny, *Regional Model Life Tables and Stable Populations* [Tabelas regionais de modelo de vida e de populações estáveis], 2.ª ed. (Nova York: Academic Press, 1983).

Se levarmos em conta o perfil etário da população, e o provável número de testemunhas oculares do ministério de Jesus em Cafarnaum e na Galileia, e de sua morte e ressurreição em Jerusalém, é possível estimar o número de testemunhas oculares sobreviventes em vários intervalos após a morte e a ressurreição de Jesus. As estimativas são apresentadas na Tabela 1.[31]

TABELA 1: **Testemunhas oculares de Jesus sobreviventes em períodos posteriores**

De acordo com o Modelo ocidental Coale-Demeny, nível 3, para mulheres

	Cafarnaum	grandes multidões	Jerusalém	subtotais
Ano 0	1.005	10.000	51.750	62.755
Ano +5	847	8.636	44.692	54.175
Ano +10	701	7.356	38.069	46.126
Ano + 15	573	6.174	31.952	38.700
Ano + 20	466	5.094	26.360	31.919
Ano + 25	374	4.117	21.307	25.799
Ano + 30	294	3.244	16.787	20.326
Ano + 35	224	2.469	12.775	15.467
Ano + 40	162	1.786	9.243	11.191
Ano + 45	110	1.208	6.250	7.568
Ano + 50	67	740	3.830	4.637
Ano + 55	36	399	2.067	2.502
Ano + 60	16	177	918	1.111

---

[31]Várias estimativas e aproximações tiveram de ser usadas para chegar às projeções da Tabela 1. P. ex., os arqueólogos foram capazes de estimar o número de habitantes em Cafarnaum e em Jerusalém na época de Jesus (veja comentários sobre o tamanho da população em 2(a) no texto principal). A primeira aproximação que foi usada na Tabela 1 é que apenas aqueles com 15 anos ou mais provavelmente formaram memórias claras acerca de Jesus do tipo que sobreviveria por trinta anos ou mais. As tabelas de vida de nível 3 do Modelo ocidental de Coale-Demeny foram, então, usadas para estimar o número dos habitantes de Cafarnaum e de Jerusalém com idade de pelo menos 15 anos em cerca de 30 d.C. A aproximação mais vaga da tabela é a do número de pessoas nas grandes multidões que seguiram Jesus em momentos de seu ministério (p. ex., Mateus 4:25; 5:11; 20:29; Marcos 4:1; Lucas 7:12; 14:25,26; João 6:2). O número 10 mil foi escolhido arbitrariamente, em parte por causa da menção de 5 mil homens, além de mulheres e crianças, em uma ocasião em que multidões estavam presentes (Mateus 14:21; Marcos 6:44; Lucas 9:14; João 6:10). O número de integrantes das várias multidões que seguiram Jesus pode ter sido muito mais alto, mas na tabela foram usadas estimativas conservadoras. Desde o início, a tabela de vida foi usada para estimar o número de sobreviventes de cada idade. Deve ser notado que, embora números exatos sejam dados na tabela (para que o processo de iteração não inclua muitos erros adicionais), na realidade, essas são apenas estimativas baixas do número de sobreviventes.

Como pode ser visto na Tabela 1, estimativas conservadoras revelam que das aproximadamente 60 mil testemunhas oculares do ministério, da morte ou da ressurreição de Jesus com 15 anos ou mais, pelo menos 20 mil provavelmente teriam vivido trinta anos depois, e mais de mil até sessenta anos depois. Assim, poder ser razoável concluir que testemunhas oculares vivas podem ter contribuído para as tradições que formaram a base dos Evangelhos e que sua presença contínua nas comunidades das quais os Evangelhos surgiram teria servido para garantir que o que foi dito sobre Jesus correspondia às memórias reais a respeito dele — memórias que correspondiam ao que ele realmente havia feito e dito.

A RETENÇÃO DE MEMÓRIAS SOBRE JESUS POR PERÍODOS DE TRINTA A SESSENTA ANOS

O QUE ACONTECE COM A MEMÓRIA HUMANA INDIVIDUAL ENTRE TRINTA E SESSENTA ANOS?

Parece que várias testemunhas oculares de Jesus e de suas atividades ainda estavam vivas quando os Evangelhos foram escritos, mas, dada a natureza da memória humana, podemos perguntar: Quanto elas se lembrariam de Jesus? E quão precisa teria sido essa memória?

Grande número de pesquisas de investigação da memória humana é publicado a cada ano, mas a maioria dessas pesquisas trata de intervalos de memória de duração muito curta — segundos, minutos, horas, dias — e não dos trinta anos ou mais que se passaram entre o ministério de Jesus e a redação dos Evangelhos. Isso não deveria surpreender, dados os desafios metodológicos do estudo da memória por longos períodos de tempo. No entanto, alguns experimentos traçam o que acontece com a memória humana em períodos assim.

Willem A. Wagenaar, por exemplo, estudou a própria memória durante um período de seis anos.[32] Embora esse período seja menor que trinta anos,

---

[32]Willem A. Wagenaar, "My Memory: A Study of Autobiographical Memory over Six Years" [Minha memória: um estudo da memória autobiográfica ao longo de seis anos], *Cognitive Psychology* 18 (1986): 225-52. Wagenaar foi capaz de se beneficiar de estudos anteriores, como Marigold Linton, "Memory for Real World Events" [Memória para eventos do mundo real], em *Explorations in Cognition* [Pesquisas em cognição], ed. Donald A. Norman e David E. Rumelhart (San Francisco: Freeman, 1975), 376-404; idem, "Real World Memory after Six Years: An in vivo Study of Very long Term Memory" [Memória do mundo real após seis anos: um estudo ao vivo da memória de longo prazo], em *Practical Aspects of Memory* [Aspectos práticos da memória], ed. M. M. Gruneberg,

quando combinado com informações que serão relatadas posteriormente, seu experimento fornece uma maneira de estimar o que acontece com as memórias de eventos ao longo de períodos mais longos. Por seis anos, no final de cada dia, Wagenaar preencheu um ou dois formulários impressos com um número aleatório. Em cada formulário, ele registrou um evento que, com base nas categorias quem/o quê/onde/quando, estava, "no momento do registro, única e totalmente distinguível de todas as outras coisas que aconteceram antes" (229). Ele também escreveu uma pergunta sobre um detalhe crítico que, se respondida corretamente, forneceria evidências de que ele estava de fato se lembrando do evento, e não de algo parecido. Em seu artigo, ele deu uma amostra tirada do formulário preenchido, com as seguintes informações: número aleatório: 3329; quem: Leonardo da Vinci; o quê: fui ver sua "última ceia"; onde: em uma igreja em Milão; quando: sábado, 10 de setembro de 1983; realce: 1/mês; envolvimento: nada; prazer: agradável; pergunta sobre um detalhe crítico: quem estava comigo?; resposta: Beth Loftus e Jim Reason. Wagenaar, então, mandou alguém transformar seus formulários em uma série de perguntas e tentou identificar um incidente com base em uma ou mais pistas. A sugestão que mais provavelmente produziria uma memória era "o quê"; a sugestão menos provável era "quando". Ele descobriu que, depois de pensar nas quatro sugestões e responder à pergunta relativa aos detalhes críticos, sua memória de longo prazo a respeito de eventos mostrou uma taxa de decréscimo um pouco semelhante à taxa relativa a memórias de curto prazo. Após seis meses, ele conseguiu se lembrar de mais de 90% dos eventos. Suas memórias decaíram a partir desse ponto, mas, com o passar do tempo, mostraram cada vez menos declínio. Depois de cinco anos, ele ainda conseguia se lembrar apenas de menos de 40% dos incidentes que havia registrado.[33]

Harry P. Bahrick desenvolveu um experimento que rastreou a memória humana para idiomas durante um período de cinquenta anos.[34] Ele

---

P. E. Morris e R. N. Sykes (Londres: Academic Press, 1978), 69-76; e Richard T. White, "Memory for Personal Events" [Memória para eventos pessoais], *Human Learning* [Aprendizado humano] 1 (1982): 171-83. O estudo de Linton sobre a própria memória se estendeu por seis anos, enquanto o estudo de White se estendeu por dezessete meses.

[33]Wagenaar, "My Memory", figura 3.

[34]Harry P. Bahrick, "Semantic Memory Content in Permastore: Fifty Years of Memory for Spanish Learned in School" [Conteúdo de memória semântica no depósito permanente: cinquenta anos de memória para o espanhol aprendido na escola], *Journal of Experimental Psychology: General* 113 (1984): 1-29; veja tb. idem, "Long Term Maintenance of Knowledge" [Manutenção de longo prazo do conhecimento], em *The Oxford Handbook of Memory* [Manual Oxford sobre memória], ed. Endel

compensou a impossibilidade de seguir o mesmo grupo de indivíduos nesse período usando uma amostra grande. Nessa amostra, havia indivíduos que estudaram espanhol na escola e/ou na universidade e que posteriormente não fizeram muito uso do idioma. Bahrick descobriu que, nos primeiros três a cinco anos após a interrupção dos estudos, a perda de linguagem seguiu um padrão não muito diferente daquele da memória de Wagenaar para eventos pessoais. De fato, essa perda foi tão grave que aqueles que não estudaram espanhol por um longo período de tempo ou que tinham notas baixas nas aulas de idiomas perderam todo o conhecimento do espanhol. Porém, após três anos, aqueles que estudaram mais e obtiveram boas notas praticamente mantiveram os mesmos níveis de competência nos trinta anos seguintes, após os quais houve um gradual decréscimo.[35]

Esses resultados podem fazer-nos concluir que os primeiros três a cinco anos após a morte e a ressurreição de Jesus teriam sido críticos para a preservação das memórias sobre ele. As memórias que foram retidas por esse período de tempo estariam disponíveis até o período em que provavelmente os Evangelhos foram escritos. Se o experimento de Wagenaar serve de guia, aproximadamente 40% dos atos e ditos de Jesus poderiam ter sido lembrados durante o tempo em que os Evangelhos foram escritos.

CONFIABILIDADE

QUÃO "CONFIÁVEL" É A MEMÓRIA COLETIVA?

Até o momento, argumentamos que haveria um conjunto significativo de testemunhas oculares da vida de Jesus quando os Evangelhos foram escritos, trinta ou mais anos após sua morte, e que há evidências de que uma porcentagem substancial de memórias a respeito de Jesus poderia ter sobrevivido por esse período de tempo. Muitas dessas recordações provavelmente teriam sido mantidas dentro de grupos como memórias coletivas, especialmente nos grupos de seguidores de Jesus.

A memória coletiva do passado é com frequência ferozmente contestada por causa da importância que desempenha na identidade atual do grupo.[36]

Tulving e Fergus I. M. Craik (Oxford: University Press, 2000), 247-362, em que Bahrick descreve não apenas a própria pesquisa sobre o tema, mas outras pesquisas relevantes.
[35]Veja a figura 2.6 em Bahrick, "Spanish in Permastore", 22-23.
[36]"O passado, sugeriu o antropólogo Arjun Appadurai, é um 'recurso escasso', e o conflito sobre sua propriedade é recorrente [...] Contestação, conflito, controvérsia — essas são as características

O passado é lembrado precisamente por causa de sua relevância para o presente, e aqueles que têm um ponto de vista diferente em relação a qual deve ser a identidade atual de um grupo costumam argumentar sobre isso em termos de como a visão deles se encaixa melhor no passado.[37] Dada a pressão exercida sobre a memória coletiva, fica claro que ela não é necessariamente uma versão desapaixonada e precisa do passado. No entanto, o exame de como o passado foi moldado na memória coletiva mostra que há limites para sua maleabilidade. Isso pode ser ilustrado no campo da política e da construção da nação.[38]

Roy F. Baumeister e Stephen Hastings examinaram os tipos de mudança que ocorreram na memória coletiva.[39] Em alguns casos, há omissão seletiva de fatos desagradáveis nas memórias coletivas acerca de heróis do passado ou em eventos de importância nacional no passado.[40] Eles dão como exemplo a ausência, na memória coletiva, de ações e discursos pró-escravidão de Thomas Jefferson, um dos mais importantes colaboradores da Declaração Americana de Independência, a qual afirma que "todos os homens são criados iguais".

---

dos estudos sobre memória coletiva" (Michael Schudson, "Dynamics of Distortion in Collective Memory" [Dinâmica de distorção na memória coletiva], em *Memory Distortion: How Minds, Brains, and Societies Reconstruct the Past* [Distorção da memória: como mentes, cérebros e sociedades reconstroem o passado], ed. Daniel L. Schacter [Cambridge: Harvard University, 1995], p. 361).

[37]"A memória seleciona e distorce a serviço dos interesses atuais [um processo que Schudson descreve como "Instrumentalização"] [...] Exemplos de instrumentalização são legiões. De fato, o problema pode ser encontrar casos de memória cultural que não sejam prontamente entendidos como o triunfo dos interesses atuais sobre a verdade" (Schudson, "Dynamics of Distortion in Collective Memory", 351).

[38]Alin Coman, Adam D. Brown, Jonathan Koppel e William Hirst, "Collective Memory from a Psychological Perspective" [Memória coletiva sob uma perspectiva psicológica], *International Journal of Politics, Culture and Society* [Jornal internacional de política, cultura e sociedade], 22 (2009): 125-141, iniciam seu artigo destacando que, apesar do florescente estudo da memória coletiva e da importância da memória para a disciplina de psicologia, foram realizadas relativamente poucas pesquisas sobre o fenômeno dentro da disciplina. Em seu artigo, eles traçam os experimentos que lidam com a interação social e os mecanismos de lembrar e esquecer em grupos. O argumento deles é bem fundamentado. Os estudos mais úteis sobre a maleabilidade da memória coletiva foram realizados nas disciplinas de história e de política.

[39]Roy F. Baumeister e Stephen Hastings, "Distortions of Collective Memory: How Groups Flatter and Deceive Themselves" [Distorções da memória coletiva: como grupos lisonjeiam e enganam a si mesmos], em *Collective Memory of Political Events: Social Psychological Perspectives* [Memória coletiva de eventos políticos: perspectivas sócio-políticas], ed. James W. Pennebaker, Dario Paez e Bernard Rimé (Mahwah, NJ: Erlbaum, 1997), 282.

[40]Rafi Nets-Zehngut documenta o que pode ser considerado um exemplo de omissão seletiva na memória coletiva (ele usa o termo "amnésia coletiva"), quando observa que entre 1948 e 1967 existem apenas dois documentos nos registros do exército israelense, em relação à guerra de independência de 1948, que menciona o êxodo palestino ("The Israeli Army's Official Memory of the 1948 Palestinian Exodus, 1949-2004" [A memória oficial do exército israelense a respeito do êxodo palestino de 1948, 1949-2004"], *War in History* [Guerra na história] 22 [2015]: 211-34, esp. 228-29).

Outra mudança citada por Baumeister e Hastings é a de exagero e embeleza-
mento. Eles citam vários exemplos, como o exagero com relação aos esforços
de guerra dos exércitos britânico e americano na Segunda Guerra Mundial,
quando comparado ao número muito maior de tropas envolvidas nas bata-
lhas na Rússia. Outras estratégias que eles documentam incluem conectar
um evento a outros, culpar o inimigo, culpar as circunstâncias e inventar o
contexto. Esses são apenas alguns dos meios pelos quais as memórias coletivas são transmutadas para atender às necessidades do presente.

Uma das estratégias examinadas por Baumeister e Hastings é a fabricação
completa. Embora encontrem o uso ocasional dela na formação da memória
coletiva,[41] eles concluem:

> Ainda assim, parece que em geral a fabricação completa da memória coletiva
> é rara. A implicação pode ser que as memórias coletivas sejam restringidas
> pelos fatos. Os fatos podem ser excluídos, alterados, sombreados, reinter-
> pretados, exagerados e colocados em contextos favoráveis, mas a fabricação
> indiscriminada parece estar além do que a maioria dos grupos pode realizar.
> Presumivelmente, uma pesquisa histórica cabal acabaria por descobrir um
> ou dois exemplos de fabricação, mas essas seriam exceções extremas. A fabri-
> cação não é, portanto, uma das técnicas-padrão de alteração da memória
> coletiva para fins de interesse próprio.[42]

Essa conclusão se encaixa na substancial análise em dois volumes escritos
por Barry Schwartz a respeito da memória coletiva referente a Abraham
Lincoln.[43] Ele demonstra que Abraham Lincoln foi de fato reconstruído na
memória coletiva a fim de atender às necessidades da sociedade contemporânea. Isso foi feito ignorando-se as partes de seus escritos e de suas ações

---

[41]Baumeister e Hastings, "Distortions of Collective Memory", citam um exemplo: George
Washington pediu a Betsy Ross que criasse uma nova bandeira para a nova nação (os Estados Unidos
da América). Essa é, de fato, uma história "inventada em 1876 por alguns de seus descendentes para
criar uma atração turística na Filadélfia" (p. 281).
[42]Baumeister e Hastings, "Distortions of Collective Memory", 282.
[43]Barry Schwartz, *Abraham Lincoln and the Forge of National Memory* [Abraham Lincoln e a forja da
memória nacional] (Chicago: University of Chicago Press, 2000), e idem, *Abraham Lincoln in the
Post-Heroic Era: History and Memory in Late Twentieth-Century America* [Abraham Lincoln na era
pós-heroica: história e memória na América do final do século 20] (Chicago: University of Chicago
Press, 2008). Veja tb. seus comentários sobre George Washington em "Social Change and Collective
Memory: The Democratization of George Washington" [Mudança social e memória coletiva: a
democratização de George Washington], *American Sociological Review* [Revista sociológica ameri-
cana] 56 (1991): 221-36.

que não se ajustam às memórias atuais dele e enfatizando os aspectos que o fazem. No entanto, Schwartz conclui: "A reconstrução de Abraham Lincoln, embora baseada em alguma invenção e muito exagero, ainda é limitada pelo registro histórico."[44]

Deve-se concluir, portanto, que, embora a memória coletiva seja sempre modelada para atender às necessidades do presente por meio de processos como a omissão seletiva de dados irrelevantes ou inconvenientes e a ênfase daqueles traços que melhor atendem às atuais necessidades, existe um cerne histórico básico que é quase impossível de apagar. Ao recordar a vida de um indivíduo, suas características importantes são preservadas.

CONFIABILIDADE DOS RELATOS DO EVANGELHO

Se alguma coisa nos relatos evangélicos dos ditos e das atividades de Jesus é historicamente confiável, ela terá sido preservada na memória humana falível por um período de trinta anos ou mais. Até aqui, neste capítulo, vários "momentos" na transmissão dessas memórias foram considerados, e pesquisas e outras evidências foram citadas que permitem que seja feita uma avaliação da acurácia das memórias que seriam formadas e preservadas em cada um desses estágios.

Aqueles que conheceram e viram Jesus durante seu ministério terreno formaram lembranças vívidas dele.[45] Essas lembranças não estão imunes às vicissitudes usuais normalmente ligadas à memória humana: transitoriedade, viés e abertura à sugestão. De fato, a investigação feita por Yuille e Cutshall citada anteriormente neste capítulo revela que as memórias de testemunhas oculares são apenas 80% precisas na recuperação de detalhes. No entanto, isso não significa que essas memórias devam ser desconsideradas. Os 20% de memórias imprecisas são, no entanto, coerentes com a

---

[44]Schwartz, *Abraham Lincoln in the Post-Heroic Era*, 234. Schwartz insiste que é preciso "apreciar os limites da reconstrutibilidade de Lincoln". "'Fazer um bom símbolo para nos ajudar a pensar e a sentir'", devemos começar "'com uma personalidade real que mais ou menos atenda a essa necessidade', e a aprimoramos por omitir o não essencial e acrescentando 'o que for necessário para completar o ideal' [...]. A 'personalidade real' com a qual começamos [...] limita o leque de coisas que a memória coletiva pode fazer. [...] Da concepção inicial de Lincoln como um homem do povo, sabemos que as gerações posteriores subtraíram pouco; elas apenas sobrepuseram novos traços" (Schwartz, *Abraham Lincoln and the Forge of National Memory*, 104; Schwartz está citando as palavras de Charles Horton Cooley).
[45]Em seu livro *Momentous Events, Vivid Memories* [Eventos momentosos, memórias vívidas] (Cambridge: Harvard University Press, 1998), David Pillemer chama as memórias vívidas a partir das quais os indivíduos formam eventos significativos em sua vida como "memórias de eventos pessoais".

essência do que aconteceu. Da mesma forma, outras pesquisas mostraram que, embora fosse possível criar erros de memória em laboratório, quase todos esses erros eram coerentes com o que de fato havia no estímulo original. Assim, pode-se concluir com alguma confiança que, enquanto os primeiros seguidores de Jesus estavam formando as memórias pessoais sobre ele, é mais do que provável que, embora alguns detalhes estivessem incorretos, o que lembraram era altamente coerente com o que Jesus realmente fez e disse. Essas memórias foram ainda mais moldadas no processo de formar memórias coletivas sobre Jesus. A memória coletiva dos onze apóstolos sobreviventes é um caso especial, dada sua estreita associação com Jesus por um longo período de tempo. As memórias que eles guardavam teriam sido particularmente fortes e resilientes, uma vez que foram ensinadas por Jesus de uma maneira reconhecível por sua própria geração (i.e., por memorizarem o que Jesus lhes estava ensinando) e mantendo as memórias consolidadas quando foram enviados para pregar e ensinar a respeito de Jesus enquanto ele ainda estava vivo.

Apesar da menor expectativa de vida dos que vivem no Império Romano em comparação com a maioria das populações modernas, durante o período em que os Evangelhos provavelmente foram escritos, ainda haveria um número substancial de testemunhas oculares vivas do ministério de Jesus. Foi demonstrado em outras pesquisas que essas memórias são de uma qualidade mensurável mais alta do que aquelas baseadas apenas em boatos. Os resultados de ainda outras pesquisas também sugerem que nem tudo o que era conhecido sobre Jesus teria sobrevivido aos trinta ou mais anos em que isso foi retido na memória das pessoas. No entanto, uma proporção significativa estaria disponível para os escritores dos Evangelhos.

Em resumo, o argumento deste capítulo é que os Evangelhos são em grande parte produto de um processo que desenvolveu e preservou memórias coletivas das atividades e dos ensinamentos de Jesus. Memórias coletivas são seletivas, pois são modeladas para atender às presentes necessidades daqueles que as utilizam. É importante notar, no entanto, que, embora as memórias coletivas sejam seletivas, o que é selecionado provavelmente será baseado nas memórias de eventos reais. Além disso, embora essas memórias possam incorporar detalhes imprecisos, mesmo as imprecisões provavelmente são coerentes com o que Jesus fez e disse. Em outras palavras, como a substância de outras memórias coletivas, a essência das tradições do Evangelho é confiável e fornece uma imagem geral sólida dos ditos e dos feitos de Jesus.

6

A HISTORICIDADE DA PRIMITIVA
TRADIÇÃO
ORAL SOBRE JESUS:
REFLEXÕES SOBRE AS "GUERRAS DE CONFIABILIDADE"

Paul Rhodes Eddy

Jesus era um mestre judeu itinerante que proclamava o reino de Deus em palavras e ações, *mas não por escrito*. Essa observação explica tanto a importância da tradição oral sobre Jesus dentro da igreja primitiva (visível nas declarações de Paulo até as de Papias e além) quanto a relevância de pesquisas sobre oralidade e memória para os estudos acadêmicos atuais a respeito de Jesus. Dado que outros ensaios no presente livro envolvem estudos contemporâneos sobre memória, este ensaio será dedicado ao aspecto da oralidade/ tradição oral das coisas.[1]

Antes de prosseguir, duas palavras preliminares. Em primeiro lugar, é importante esclarecer o que pode ser aprendido pelo pesquisador a respeito de Jesus/Evangelhos a partir do estudo da oralidade/tradição oral. O que não se deve esperar é algo como uma recuperação exata da própria tradição

---

[1]As reflexões apresentadas neste ensaio têm base nas informações dadas em meus trabalhos anteriores nesta área. Veja Paul Rhodes Eddy e Gregory A. Boyd, *The Jesus Legend: A Case for the Historical Reliability of the Synoptic Jesus Tradition* [A lenda de Jesus: um argumento a favor da confiabilidade histórica da tradição sinóptica sobre Jesus] (Grand Rapids: Baker Academic, 2007), caps. 6—10; Paul Rhodes Eddy, "Orality and Oral Transmission" [Oralidade e transmissão oral], em *Dictionary of Jesus and the Gospels* [Dicionário sobre Jesus e sobre os Evangelhos], 2.ª ed., ed. Joel B. Green, Jeannine K. Brown e Nicholas Perrin (Downers Grove, IL: InterVarsity Press, 2013), 641-50.

oral sobre Jesus. Em um artigo recente, Paul Foster conclui que o uso dos estudos sobre oralidade e memória na pesquisa a respeito de Jesus são "becos sem saída"; uma de suas principais queixas é que "não há acesso direto a uma camada oral da tradição sobre Jesus"; que isso é "irrecuperável e inacessível".[2] Isso é muito verdadeiro. Mas, diferentemente do que pensa Foster, esse não é um fato que deponha contra esses campos de estudo. Há outras dádivas que os estudos da oralidade têm a oferecer. Por exemplo, um número crescente de estudiosos está fazendo uso de estudos críticos de mídia e de desempenho em sua investigação dos Evangelhos.[3] Além disso, esse campo tem uma relação direta com a debatida questão sobre a confiabilidade histórica da antiga tradição oral a respeito de Jesus, uma área de intensa discussão dentro do que Zeba Crook chamou de "as guerras de confiabilidade".[4] Agora, para ficar claro, não há como provar, em um nível muito específico e concreto, que a tradição oral inicial sobre Jesus era confiável ou não, uma vez que não há como reconstruir essa tradição de maneira segura. Entretanto, o que podemos fazer é: (1) compreender as várias dinâmicas, os muitos gêneros e modelos associados à transmissão oral que cruza culturas; (2) à luz dessas descobertas, analisar os dados e a dinâmica da tradição escrita sobre Jesus encontrada nos Evangelhos (e além), e, por fim, (3) com base nessas considerações preliminares, extrair conclusões plausíveis sobre a natureza provável da primitiva tradição oral sobre Jesus, incluindo sua confiabilidade histórica. Isso nos deixa, na melhor das hipóteses, com generalidades e probabilidades que não nos devem incomodar, pois probabilidades são aquilo com que qualquer campo da historiografia lida, dadas as limitações inerentes ao próprio método histórico.[5]

Em segundo lugar, vale a pena parar a fim de reconhecer que há mais em jogo nas "guerras de confiabilidade" do que curiosidade histórica. Os estudos sobre o Jesus histórico, juntamente com o método histórico-crítico que o deu à luz, foram forjados no contexto da cristandade europeia moderna e seus

---

[2]Paul Foster, "Memory, Orality, and the Fourth Gospel: Three Dead-Ends in Historical Jesus Research" [Memória, oralidade e o Quarto Evangelho: três becos sem saída na pesquisa histórica sobre Jesus], *JSHJ* 10 (2012): 191-227 (206, 207; veja tb. 211).

[3]Vários trabalhos importantes nessa área foram publicados recentemente pela editora Wipf & Stock/ Cascade em sua série Biblical Performance Criticism [Crítica de desempenho bíblico].

[4]Zeba Crook, "Distorção da memória coletiva e a busca pelo Jesus histórico", *JSHJ* 11 (2013): 53-76 (76).

[5]A natureza probabilística das reivindicações históricas não apresenta problemas para a fé cristã, uma vez que a noção de fé é adequadamente entendida em seu contexto de aliança. Para uma reflexão útil sobre fé e história, veja N. T. Wright, *The New Testament and the People of God*, vol. 1 de *Christian Origins and the Question of God* (Minneapolis: Fortress, 1992), 93-96.

descontentamentos. Por trás de decisões históricas específicas estão métodos históricos e as filosofias de historiografia que os fundamentam. E por trás disso estão abrangentes, e antagônicas, cosmovisões religioso-filosóficas. E, para que não se pense que é apenas o tradicionalista-conservador que traz uma pauta extra-histórica para o debate, Helmut Koester nos lembra o contrário:

> [O método histórico-crítico] foi concebido como uma ferramenta hermenêutica para a libertação do preconceito conservador e do poder das instituições políticas e eclesiásticas. Aqueles que temem que o método histórico-crítico ameace seu controle sobre a orientação religiosa e o julgamento teológico de sua clientela estão absolutamente corretos.[6]

Annette Teffeteller observou que "a discussão sobre a oralidade foi sobrecarregada com coisas além de sua parcela de bagagem ideológica".[7] Sua observação é certamente aplicável ao uso feito nos estudos acadêmicos sobre Jesus/Evangelhos hoje. Esse reconhecimento por si só não deve dificultar uma busca acadêmica robusta pelo histórico. Mas significa que devemos estar cientes de que não se pode fazer uma separação nítida entre os debates sobre a interpretação das evidências históricas e os debates filosóficos sobre historiografia e, mais ainda, sobre a própria metafísica.[8]

AS DUAS TRAJETÓRIAS: UMA BREVE VISÃO GERAL

Entre os estudiosos que têm explorado a questão da confiabilidade histórica da tradição oral primitiva sobre Jesus, surgiram duas trajetórias básicas de consideração: uma que é geralmente otimista em relação à confiabilidade e, inversamente, outra que é geralmente pessimista.[9] Os estudiosos de cada uma dessas trajetórias concordam que a dinâmica em jogo dentro de uma cultura oralmente dominante leva à estabilidade e à variação — tanto fixidez quanto flexibilidade — dentro de uma tradição. O desacordo surge

---

[6]Helmut Koester, "Epilogue: Current Issues in New Testament Scholarship" [Epílogo: questões atuais nos estudos acadêmicos do Novo Testamento], em *The Future of Early Christianity: Essays in Honor of Helmut Koester* [O futuro do cristianismo primitivo: ensaios em homenagem a Helmut Koester], ed. B. A Pearson (Minneapolis: Fortress, 1991), 474.
[7]Annette Teffeteller, "Orality and the Politics of Scholarship" [A oralidade e a política dos estudos acadêmicos], em *Politics of Orality* [Política de oralidade], ed. C. Cooper (Boston: Brill, 2007), 67-86 (67).
[8]Boyd e eu exploramos algumas dessas questões em *Jesus Legend*, esp. cap. 1.
[9]Estou usando esse modelo de "duas trajetórias" para fins heurísticos. Várias perspectivas sobre esse assunto se enquadram em um amplo *continuum*, é claro.

à medida que cada trajetória imagina e articula *a natureza da* estabilidade e da variação nos contextos orais tradicionais em geral, e na tradição primitiva sobre Jesus em particular, *e o equilíbrio entre elas.*

O objetivo deste ensaio é duplo. O primeiro é apresentar uma visão geral breve dessas duas trajetórias. O segundo é que um conjunto de considerações extraídas dos estudos contemporâneos da oralidade/tradição oral será sumarizado, as quais, tomadas em conjunto, sugerem que a trajetória otimista deve ser levada a sério, mais seriamente do que em muitos lugares dos estudos sobre Jesus hoje.

A trajetória pessimista

Uma âncora primária da trajetória pessimista ao longo de grande parte dos estudos acadêmicos sobre o Novo Testamento (NT) do século 20 pode ser encontrada no empenho de crítica da forma de Rudolph Bultmann.[10] O modelo de Bultmann é caracterizado por um conjunto de suposições sobre o início do movimento de Jesus, incluindo: (1) o relativo desinteresse do movimento tanto com relação aos detalhes biográficos da vida de Jesus quanto com a preservação cuidadosa das reminiscências de testemunhas oculares sobre Jesus. (2) A ausência de uma estrutura narrativa longa e oral da vida de Jesus antes de sua presumida criação *de novo* na escrita do Evangelho de Marcos. (3) Uma tendência de fabricar criativamente frases e histórias sobre Jesus, quando necessidades presentes da comunidade pós-Páscoa pediram por isso.[11] Essas convicções promoveram uma visão altamente cética da confiabilidade histórica dos próprios Evangelhos e da tradição oral sobre Jesus que estava por trás deles.

Como os críticos mais recentes e sensíveis à oralidade apontaram, os métodos e pressupostos do modelo de tradição oral de Bultmann são, em grande parte, profundamente devedores a textos *escritos*, a suposições altamente *cultas* e dados significativamente limitados sobre a natureza da própria transmissão oral. Ironicamente, no momento em que os estudos do NT estavam se estabelecendo sobre o paradigma bultmanniano, Milman Parry e Albert Lord estavam iniciando a moderna disciplina de estudos da oralidade baseados em trabalho de campo por meio de sua atividade pioneira com o servo-croata. Seu trabalho por fim serviu como o principal catalisador

---

[10]Bultmann, *The History of the Synoptic Tradition*, ed. rev., trad. John Marsh (Oxford: Blackwell, 1963 [ed. alemã 1921]).

[11]P. ex., Bultmann, *History of the Synoptic Tradition*, 127, 245, 322, 372.

de uma revolução interdisciplinar na década de 1960, comumente conhecida como a "virada para a oralidade". Dos estudos clássicos à antropologia e à linguística, estudiosos como Marshall McLuhan, Jack Goody, Eric
Havelock e Walter Ong conduziram o debate sobre a oralidade e a condição
de ser alfabetizado para novas profundidades.[12]

A mudança para a oralidade teve pouquíssimo impacto nas pesquisas
sobre Jesus/Evangelhos por mais de uma década. Foi Werner Kelber — uma
figura extremamente influente na trajetória pessimista — que em 1983 apresentou a primeira extensa exploração da tradição primitiva sobre Jesus à luz
da revolução nos estudos da oralidade.[13] O pensamento de Kelber foi baseado
no trabalho de Parry e Lord, de Havelock, de Goody e, principalmente, de
Walter Ong. Quaisquer que sejam as críticas que possam ser feitas ao livro
de Kelber, não há dúvida de que ele trouxe um grande presente aos trabalhos
acadêmicos sobre o NT ao introduzir as principais ideias dos estudos interdisciplinares da oralidade, chamando a atenção para a parcialidade da mídia,
altamente literata, com relação aos estudos do NT na era pós-Gutenberg.

Não obstante esse presente, era inevitável que o trabalho de Kelber refletisse algumas das fraquezas características do estado em que se encontrava,
na época, a pesquisa acadêmica sobre oralidade. Em primeiro lugar, Kelber
adotou uma mentalidade de "Grande Divisão" ao classificar as categorias de
"oral" e "escrita" como mutuamente excludentes e geralmente antagônicas.[14]
Tomando uma sugestão da polarização no trabalho de Ong, Kelber identificou o "oral" com todas as coisas belas (i.e., liberdade, realidade, potencial
criativo e até a própria "vida"), enquanto o "escrito" foi computado como
ausência, ilusão, supressão e, inevitavelmente, "morte".[15] Hoje em dia, essa

---

[12]Para um relato proveitoso, veja Khosrow Jahandarie, *Spoken and Written Discourse:
A Multi-Disciplinary Perspective* [Discurso falado e escrito: uma perspectiva multidisciplinar],
Contemporary Studies in International Political Communication [Estudos contemporâneos em
comunicação política internacional] 1 (Stamford, CT: Ablex, 1999).

[13]Werner H. Kelber, *The Oral and the Written Gospel: The Hermeneutics of Speaking and Writing in
the Synoptic Tradition, Mark, Paul, and Q* [O evangelho oral e escrito: a hermenêutica de falar e de
escrever na tradição sinóptica, em Marcos, Paulo e Q] (Filadélfia: Fortress, 1983).

[14]O entendimento da Grande Divisão tem sido amplamente rejeitado no campo, e a maioria dos
estudiosos é agora prudente para não cair em suas formas mais óbvias. Para uma crítica inicial,
consulte Ruth Finnegan, "Literacy versus Non-Literacy: The Great Divide? Some Comments on the
Significance of Literature in Non-Literate Cultures" [Estar alfabetizado *versus* não estar alfabetizado:
a Grande Divisão? Alguns comentários sobre o significado de literatura em culturas não letradas], em
Modes of Thought: Essays on Thinking in Western and Non-Western Societies [Modos de pensamento:
ensaios sobre o pensamento em sociedades ocidentais e não ocidentais], ed. Robin Horton e Ruth
Finnegan (Londres: Faber and Faber, 1973), 112-44.

[15]Kelber, *Oral and the Written Gospel*, 158, 185.

caracterização é amplamente reconhecida como um constructo ideológico baseado em uma generalização empiricamente falsa e em um inútil romantizar do que é "oral".

Mas é outra dimensão relacionada do livro de Kelber que o colocou diretamente na trajetória pessimista. Segundo Kelber, o oral é por natureza fugaz, esvaecente, destinado ao "alto preço do esquecimento".[16] Kelber afirma que a fala não se presta bem a qualidades como permanência, fixidez ou "memorização literal", que ele retrata como "a linguagem retardada da mente dos robôs".[17] E assim, apesar de seu importante papel de despertar os estudos do NT para o mundo da oralidade, o livro de Kelber infelizmente serviu para vincular um entendimento oralmente sensível a uma visão fortemente cética da estabilidade e da confiabilidade da transmissão oral. Embora o trabalho mais recente de Kelber sobre oralidade tenha sido significativamente desenvolvido e aprimorado, ele continua enfatizando demais a natureza instável e maleável da tradição oral sobre Jesus.[18]

Alinhados com Bultmann e Kelber, estudiosos que trabalham dentro da trajetória pessimista destacam a fluidez, a maleabilidade e a distorção da transmissão oral. Curiosamente, esse privilégio da variabilidade sobre a estabilidade remonta às origens dos estudos contemporâneos a respeito da oralidade. Embora Parry e Lord tenham afirmado que a tradição oral é, por definição, uma mistura complexa de uma tradição amplamente estável e suas *performances* orais sempre criativamente ampliadas, flexibilidade, fluidez e variação passam a ser vistas como as principais características da tradição oral. Nas palavras de Lord: "A característica mais distintiva da poesia [oral] é a fluidez do texto."[19] A principal razão para essa ênfase foi a convicção de Lord — a qual ele tendia a generalizar para todas as formas de oralidade — de que a tradição oral nunca é composta antes, mas sempre *enquanto* ela mesma está acontecendo.[20] Essa convicção levou a uma tendência de ver o oral e o memorizado/altamente estável como inerentemente incompatíveis.

O sentimento de Lord tem permeado muitos setores dos estudos sobre oralidade atuais. Não é de surpreender, portanto, ver uma série de

---

[16]Kelber, *Oral and the Written Gospel*, 19.
[17]Kelber, *Oral and the Written Gospel*, 27-28.
[18]P. ex., Werner Kelber, "The Case of the Gospels: Memory's Desire and the Limits of Historical Criticism" [O caso dos Evangelhos: o desejo da memória e os limites da crítica histórica], *Oral Tradition* [Tradição oral] 17 (2002): 55-86.
[19]A. B. Lord, "Oral Poetry" [Poesia oral], em *Encyclopedia of Poetry and Poetics* [Enciclopédia de poesia e de poética], ed. Alex Preminger (Princeton: Princeton University Press, 1965), 591.
[20]Albert Lord, *The Singer of Tales* (Cambridge: Harvard University Press, 1960), 13.

estudiosos a respeito de Jesus, de Kelber em diante, pintando a antiga tradição oral a respeito de Jesus como historicamente não confiável, dado, em grande parte, à natureza inerentemente instável da própria tradição oral. Por exemplo, Robert Funk, do Seminário de Jesus, comparou a dinâmica da primitiva tradição oral sobre Jesus ao contemporâneo contar e recontar uma piada ou ao crescimento de lendas urbanas, tais como a presença de óvnis em Roswell.[21] Da mesma forma, Bart Ehrman compara a natureza inconstante da antiga tradição oral ao que acontece quando brincamos de "telefone sem fio" hoje.[22] E John Dominic Crossan nem se esforça para esconder seu desprezo pela ideia de tradição memorizada e altamente estável quando escreve: "Jesus deixou para trás de si pensadores, e não memorizadores; discípulos, e não recitadores; pessoas, e não papagaios."[23]

A TRAJETÓRIA OTIMISTA

Para os que estão na trajetória otimista, embora a flexibilidade e a variação sejam comumente reconhecidas como dinâmicas fundamentais da tradição oral, as qualidades de estabilidade e de continuidade ao longo do tempo — qualidades que de modo natural levam a uma avaliação mais otimista de suas capacidades históricas — recebem atenção significativa.

A primeira alternativa robusta e otimista ao modelo bultmanniano surgiu em 1961 com a publicação de *Memory and Manuscript*, de Birger Gerhardsson.[24] Gerhardsson propôs que o processo de transmissão oral exemplificado pela dinâmica "escolar" do judaísmo rabínico forneceu o melhor modelo comparativo pelo qual entender a dinâmica de transmissão da primitiva tradição oral sobre Jesus. Fundamental para essa tese é a certeza de que a estrita memorização de tradições no contexto de um

---

[21]Robert W. Funk, Roy W. Hoover e o Seminário de Jesus, *The Five Gospels: The Search for the Authentic Words of Jesus* [Os cinco Evangelhos: a busca pelas autênticas palavras de Jesus] (Nova York: Macmillan, 1993), 27; Robert W. Funk e o Seminário de Jesus, *The Acts of Jesus: The Search for the Authentic Deeds of Jesus* [Os atos de Jesus: a busca pelos feitos autênticos de Jesus] (Nova York: HarperCollins, 1998), 5-6.

[22]Bart Ehrman, *Jesus, Interrupted: Revealing the Hidden Contradictions in the Bible (and Why We Don't Know about Them)* [Jesus, interrompido: revelando as contradições ocultas na Bíblia (e por que não sabemos sobre elas)] (Nova York: HarperOne, 2010), 146-47. [*Quem Jesus foi? Quem Jesus não foi?: mais revelações inéditas sobre as contradições da Bíblia* (Rio de Janeiro: Ediouro Publicações, 2010).]

[23]John Dominic Crossan, *The Historical Jesus: The Life of a Mediterranean Jewish Peasant* (San Francisco: HarperSanFrancisco, 1991), xxxi.

[24]Birger Gerhardsson, *Memory and Manuscript: Oral Tradition and Written Transmission in Rabbinic Judaism and Early Christianity* [Memória e manuscrito: tradição oral e transmissão escrita no judaísmo rabínico e no cristianismo primitivo] (Uppsala: Gleerup, 1961).

relacionamento mestre—discípulo era permitida para o uso, de modo flexível, daquela tradição em situações subsequentes específicas. O modelo de Gerhardsson desafiou diretamente uma série de pressuposições reinantes do paradigma bultmanniano. Por exemplo: discípulos que fossem testemunhas oculares formavam um elo natural entre Jesus e os Evangelhos por meio de uma tradição oral memorizada e empregada de modo flexível.

As reações ao modelo de Gerhardsson foram fortes e polarizadas. Vários estudiosos se apropriaram de seu modelo como uma maneira de demonstrar a estabilidade e a confiabilidade da tradição sobre Jesus. Os críticos, no entanto, rapidamente acusaram Gerhardsson de "anacronismo", alegando que ele estava projetando ilegitimamente um fenômeno rabínico posterior sobre o movimento de Jesus anterior a 70 d.C.[25] Uma segunda crítica foi que o modelo de Gerhardsson simplesmente não se encaixava nas variações da tradição visíveis nos próprios Evangelhos.[26] Em publicações posteriores, Gerhardsson respondeu a seus críticos, esclarecendo e aprimorando seu modelo.[27]

Há mais de duas décadas, o trabalho de Kenneth Bailey tem servido como um excelente exemplo de modelo pós-Gerhardsson dentro da trajetória otimista.[28] As percepções de Bailey são expressas em grande parte como relatos curtos recolhidos em suas experiências pessoais de transmissão oral na vida de um vilarejo contemporâneo no Oriente Médio. Ele situou seu próprio modelo de tradição oral como uma terceira alternativa de mediação — posicionado entre o modelo "informal não controlado", de Bultmann, e o modelo "formalmente controlado", de Gerhardsson —, ou seja, o de um entendimento "informal controlado". A chave para o controle informal é a reunião regular da comunidade com a finalidade de contar e preservar a tradição compartilhada (conhecida, em árabe, como *haflat samar*), incluindo a correção verbal de um falante no meio da apresentação sempre que as normas comuns e compartilhadas de narrar detalhadamente são violadas.

---

[25]P. ex., Morton Smith, "A Comparison of Early Christian and Early Rabbinic Tradition" [Uma comparação entre a tradição cristã primitiva e a tradição rabínica primitiva], *JBL* 82 (1963): 169-76.
[26]Gerhardsson (*Memory and Manuscript*, 96-7, 146-48, 176-79, 334-35), no entanto, sustentou desde o início que seu modelo pode explicar essa variação ao estipular que, uma vez memorizada, a tradição pode ser implementada de forma criativa e flexível para uma variedade de propósitos.
[27]P. ex., Birger Gerhardsson, *The Gospel Tradition* [A tradição do Evangelho] (Lund: Gleerup, 1986); idem, *The Reliability of the Gospel Tradition* [A confiabilidade da tradição do Evangelho] (Peabody, MA: Hendrickson, 2001).
[28]Veja Kenneth E. Bailey, "Informal Controlled Oral Tradition and the Synoptic Gospels" [Tradição oral informal controlada e os Evangelhos Sinópticos], *AsJT* 5 (1991): 34-54; idem, "Middle Eastern Oral Tradition and the Synoptic Gospels" [Tradição oral do Oriente Médio e os Evangelhos Sinópticos], *ExpTim* 106 (1995): 363-67.

Bailey propõe que o equilíbrio de estabilidade e flexibilidade encontrado nos Evangelhos Sinópticos geralmente reflete o que se poderia esperar dentro desse modelo.[29] É importante o fato de Bailey reconhecer que diferentes graus de estabilidade e flexibilidade serão atribuídos a diferentes gêneros orais. Visto pelas lentes desse modelo, devemos esperar um grau significativo de continuidade e estabilidade ao longo do tempo para a primitiva tradição sagrada sobre Jesus. A essência do modelo de Bailey foi adotada por vários estudiosos dentro da trajetória mais otimista, incluindo N. T. Wright e James Dunn.[30]

Outra figura-chave na trajetória otimista é Richard Bauckham, autor de um modelo que propõe uma forte linha de continuidade de Jesus aos Evangelhos por meio de testemunhos com autoridade de testemunhas oculares.[31] Em comparação com outros modelos de tradição oral, Bauckham apresenta sua tese como um exemplo de tradição oral formal controlada — e, nesse sentido, semelhante à de Gerhardsson — que, contudo, permite um grau significativo de flexibilidade.[32] As reações ao modelo de Bauckham variaram amplamente, e Bauckham, por sua vez, ofereceu réplicas cuidadosas.[33] Embora certamente haja diferenças entre os modelos de Bailey, Dunn e Bauckham, eu estou impressionado, bem como outros, com os amplos pontos em comum que eles compartilham.[34]

CONSIDERAÇÕES EM APOIO À TRAJETÓRIA OTIMISTA

O restante deste ensaio será dedicado a resumir várias considerações que surgiram de estudos contemporâneos sobre oralidade/tradição oral que servem para apoiar a trajetória otimista. Primeiramente, algumas palavras de limpeza do terreno e de apresentação do contexto estão em ordem.

---

[29]Bailey, "Informal Controlled", 51.
[30]N. T. Wright, *Jesus and the Victory of God*, vol. 2 de *Christian Origins and the Question of God* (Minneapolis: Fortress, 1996), 133-36; James D. G. Dunn, *Jesus Remembered*, vol. 1 de *Christianity in the Making* (Grand Rapids: Eerdmans, 2003), 205-10; idem, "Kenneth Bailey's Theory of Oral Tradition: Critiquing Theodore Weeden's Critique" [Teoria da tradição oral de Kenneth Bailey: criticando a crítica de Theodore Weeden], *JSHJ* 7 (2009): 44-62.
[31]Richard Bauckham, *Jesus and the Eyewitnesses: The Gospels as Eyewitness Testimony* (Grand Rapids: Eerdmans, 2006).
[32]Bauckham, *Jesus and the Eyewitnesses*, 257-60.
[33]P. ex., o grupo de ensaios-resposta no *Journal for the Study of the Historical Jesus* 6 (2008); para suas réplicas, veja Richard Bauckham, "In Response to My Respondents: *Jesus and the Eyewitnesses* in Review" [Em resposta aos meus replicadores: *Jesus e as testemunhas oculares* em análise], *JSHJ* 6 (2008): 225-53.
[34]P. ex., James D. G. Dunn, "Eyewitnesses and the Oral Jesus Tradition" [Testemunhas oculares e a tradição oral sobre Jesus], *JSHJ* 6 (2008): 85-105 (89).

Duas questões preliminares: Tradição oral, especificidade de gênero e a tentação de generalizações apressadas/falsas

Vários estudiosos da oralidade enfatizam a complexidade e a variabilidade da transmissão oral, até o ponto de levantar dúvidas sobre uma definição simples e clara de "tradição oral".[35] No entanto, é bastante comum encontrarmos generalizações apressadas e/ou comprovadamente falsas sobre a "tradição oral". É possível encontrar a origem dessa tendência na fonte dos estudos contemporâneos sobre tradição oral: a teoria Parry-Lord. Lord e muitos de seus defensores rapidamente universalizaram a essência de sua teoria oral-previsível — e o modelo servo-croata no qual ela foi baseada — a praticamente *todas* as formas de tradição oral.[36] Outros estudiosos, no entanto, resistiram ao fascínio de generalizações precipitadas, enfatizando, em lugar disso, a diversidade de fenômenos associados à tradição oral. Ruth Finnegan, por exemplo, tem expressado de modo constante suas "dúvidas duradouras sobre conclusões generalizadas a respeito de formas orais", destacando *o específico* em relação à tradição oral — por exemplo,

---

[35]P. ex., Ruth Finnegan, "'Oral Tradition': Weasel Words or Transdisciplinary Door to Multiplexity?" ["Tradição oral": palavras ambíguas ou porta transdisciplinar para a multiplexidade?], *Oral Tradition* 18 (2003): 84-86; David Williams Cohen, "The Undefining of Oral Tradition" [A indefinição de tradição oral], *Ethnohistory* [Etno-história] 36 (1989): 9-18; David Henige, "Oral, but Oral What? The Nomenclatures of Orality and their Implications" [Oral, mas oral o quê? As nomenclaturas da oralidade e suas implicações], *Oral Tradition* 3 (1988): 229-38.

[36]P. ex., Lord ("Oral Poetry", 591) afirma que a falta de memorização, de "fluidez do texto" e "a ausência de um texto único fixado" caracterizam "a técnica da composição [oral] [...] não importa qual gênero de verso esteja em questão". Agora, à luz da ampla evidência intercultural, conhecemos a composição antes da apresentação — e, portanto, o objetivo consciente de memorizar um texto oral original para uma apresentação posterior — é uma característica comum de vários gêneros orais (especialmente históricos e religiosos) em uma ampla variedade de culturas. Como exemplos, veja Knud Rasmussen, *The Netsilik Eskimo: Social Life and Spiritual Culture* [Os esquimós netsiliks: vida social e cultura espiritual], trad. W. E. Calvert (Nova York: AMS, 1976), 320, 517-19; Steven Feld, "Wept Thoughts: The Voicing of Kaluli Memories" [Pensamentos lacrimejantes: a voz das memórias kalulis], em *South Pacific Oral Traditions* [Tradições orais do Pacífico Sul], ed. Ruth Finnegan e Margaret Orbell (Bloomington: Indiana University Press, 1995), 96-8; John Brockington, "The Textualization of the Sanskrit Epics" [A textualização dos épicos sânscritos], em *Textualization of Oral Epics* [Textualização de épicos orais], ed. Lauri Honko, Trends in Linguistics Studies and Monographs [Tendências em estudos e monografias de linguística] 128 (Nova York: de Gruyter, 2000), 193-215 (aqui: 209-11); Saad Abdullah Sowayan, *Nabati Poetry: The Oral Poetry of Arabia* [Poesia nabati: a poesia oral da Arábia] (Berkeley: University of California Press, 1985), esp. 93-100, 110-22, 186-87, 198-202; Edward R. Haymes, "Oral Theory and Medieval German Poetry" [Teoria oral e poesia medieval alemã], *Oral Tradition* 18 (2003): 258-60; B. W. Andrzejewski e I. M. Lewis, *Somali Poetry: An Introduction* [Poesia somali: uma introdução] (Oxford: Clarendon, 1964), 45-46; Eric Rutledge, "Orality and Textual Variation in the *Heike Monogatari*" [Oralidade e variação textual no *Heike Monogatari*], em *Heike biwa: katari to ongaku*, ed. Kamisango Yuko (Kusakabe-shi: Hitsuji Shobo, 1993), 349, 357-59.

culturas, áreas de atuação e gêneros específicos.[37] Segundo Finnegan, não podemos mais fazer apelos simplistas a "conceitos generalizados como 'estar alfabetizado' ou 'oralidade'". Em vez disso, devemos reconhecer "diversas literacias e oralidades" com todas as suas "múltiplas especificidades".[38]

Um ponto de especificidade é particularmente relevante para os interesses deste ensaio: o de *gênero literário*. Os estudos de campo têm demonstrado o lugar comum intercultural em contextos oralmente dominantes de ser feita uma importante distinção entre gêneros narrativos considerados *verdadeiros* (como os relacionados a eventos reais do passado) e aqueles considerados *fictícios*.[39] Por exemplo, Ruth Finnegan mesmo notou essa distinção em contextos que variam de várias culturas africanas às ilhas do Pacífico Sul.[40] Relacionada a esse fenômeno está a tendência intercultural de tratar certos gêneros orais — ou seja, tradições religiosas, ritualísticas e históricas como centrais ao senso de identidade de uma comunidade — com mais cuidado do que outros, incluindo a imposição de restrições mais rigorosas à variação e à flexibilidade.[41]

Distinções assim são diretamente pertinentes à tradição primitiva a respeito de Jesus, a qual, como revelam os Evangelhos, pretendia transmitir acontecimentos reais da vida dele. Infelizmente, esse tipo de distinção foi amplamente negligenciado nos últimos cem anos da pesquisa a respeito de Jesus em razão da insensibilidade do gênero oral que caracterizou o trabalho de crítica da forma de Bultmann e de seus seguidores (ou seja, Bultmann tirou conclusões sobre a tradição oral geralmente de gêneros de folclore/entretenimento). A adoção de generalizações precipitadas/falsas com respeito à tradição oral continua sendo um risco constante. Mas há

---

[37]Ruth Finnegan, *The Oral and Beyond: Doing Things with Words in Africa* [O oral e além: Fazendo coisas com palavras na África] (Chicago: University of Chicago Press, 2007), 185. Da mesma forma, de um momento inicial em sua carreira, veja Ruth Finnegan, "A Note on Oral Tradition and Historical Evidence" [Uma nota sobre tradição oral e evidência histórica", *HistTh* 9 (1970): 195-201; idem, *Literacy and Orality: Studies in the Technology of Communication* [Situação dos alfabetizados e oralidade: estudos em tecnologia da comunicação] (Nova York: Blackwell, 1988), 108-9.

[38]Finnegan, *The Oral and Beyond*, 185.

[39]P. ex., "Fiction, Fact, and Imagination: A Tokelau Narrative" [Ficção, fato e imaginação: uma narrativa tokelau], *Oral Tradition* 5 (1990): 283-315.

[40]Veja, respectivamente, Ruth Finnegan, *Oral Literature in Africa* [Literatura oral na África] (Nairóbi: Oxford University Press, 1976), 363-73; idem, "Introduction, or Why the Comparativist Should Take Account of the South Pacific" [Introdução, ou Por que o comparativista deve levar em consideração o Pacífico Sul], *Oral Tradition* 5 (1990): 159-84 (171-72).

[41]P. ex., Finnegan, *Literacy and Orality*, 99-101, 108n15, 109; Joel Kuipers, *Power in Performance: The Creation of Textual Authority in Weyewa Ritual Speech* [Poder na apresentação: a criação de autoridade textual no discurso ritual weyewa] (Filadélfia: University of Pennsylvania Press, 1990); Sowayan, *Nabati Poetry*, 123-24.

coisas que podem ser feitas para conter essa tendência, incluindo basear as conclusões mais gerais sobre a transmissão oral em uma gama de estudos de campo sobre gênero e interculturais e articular nossas alegações em termos adequadamente qualificados.

TRADIÇÃO ORAL, HISTÓRIA ORAL E A QUESTÃO DO PERÍODO DE TEMPO

Outra consideração envolve a observação comum de que, sendo todas as coisas iguais, quanto maior o período de tempo entre uma narrativa oral e seu evento originário, maior a probabilidade de distorção histórica. Os estudiosos costumam distinguir entre três momentos cronológicos em relação à história nas tradições orais: o passado remoto, o passado recente e, entre esses, o período intermediário (ou lacuna).[42] Tem sido observado que às tradições orais sobre o passado recente — isto é, uma ou duas gerações após o evento originador — faltam regularmente os elementos cosmológico, mitológico e apenas sociologicamente motivados das tradições que caracterizam as tradições sobre o passado remoto. Elas são, de modo geral, estabelecidas sobre lembranças pessoais e tendem a fornecer conexões causais entre eventos com base na história.[43] Não é incomum nas tradições sobre o passado recente que "eventos históricos aleatórios são lembrados porque aconteceram com indivíduos conhecidos".[44] Isso levou alguns estudiosos a exigir uma clara distinção entre *história oral* e *tradição oral*, em que a primeira é definida como transmissão oral "sobre eventos e situações contemporâneas, isto é, que ocorreram durante a vida dos informantes".[45] A *tradição*

---

[42]P. ex., J. C. Miller, "Introduction: Listening for the African Past" [Introdução: escutando o passado africano], em *The African Past Speaks: Essays on Oral Tradition and History* [O passado africano fala: ensaios sobre tradição oral e história], ed. J. C. Miller (Hamden, CT: Archon, 1980), 35-39; John Tosh com Seán Lang, *The Pursuit of History: Aims, Methods and New Directions in the Study of Modern History* [A busca da história: objetivos, métodos e novas direções no estudo da história moderna], 4.ª ed. (Londres: Longman, 2006), 332.

[43]Miller, "Introduction: Listening for the African Past", 22; R. G. Willis, *On Historical Reconstruction from Oral Traditional Sources* [Sobre a reconstrução histórica de fontes orais tradicionais] (Chicago: Northwestern University Press, 1976), 15.

[44]Thomas Spear, *Kenya's Past: An Introduction to Historical Method in Africa* [Passado do Quênia: uma introdução ao método histórico na África] (Londres: Longman, 1981), 47.

[45]Vansina, *Oral Tradition as History*, 12. O claro reconhecimento da importância dessa distinção para a reconstrução histórica é tão antigo quanto Tucídides. A categoria de "memória comunicativa" de Jan Assmann, com seu período de até cem anos, se correlaciona com a categoria de história oral de Vansina. Veja Jan Assmann, "Introduction: What is Cultural Memory?" [Introdução: o que é memória cultural?], *Religion and Cultural Memory: Ten Studies* [Religião e memória cultural: dez estudos], trad. Rodney Livingstone (Stanford, CA: Stanford University Press, 2006), 24.

oral, por sua vez, é definida como material oral que foi "transmitido ao longo de várias gerações".[46]

Sem dúvida, essas perguntas são diretamente relevantes para nossa análise da tradição oral a respeito de Jesus. Como vários estudiosos apontaram, dado o período relativamente curto de tempo entre Jesus e a escrita dos Evangelhos, tecnicamente falando estamos no campo não da *tradição oral per se*, mas da *história oral*.[47] Sob esse prisma, considerações sobre o valor histórico da transmissão oral de eventos relativamente recentes se tornam cruciais. Como se pode constatar, uma ampla gama de estudos — vindo da Grécia antiga ao servo-croata do século 19, à África contemporânea e além — tem concluído que a transmissão oral de eventos relativamente recentes (ou seja, dentro de um período de cerca de 80 a 150 anos a partir do evento originador) codificados em um *gênero intencionalmente histórico* tende a ser de natureza em geral confiável.[48] Relacionada a isso, há uma distinção, destacada por Jan Assmann, entre *memória comunicativa* e *memória cultural*, em que a primeira está ancorada na memória viva das pessoas que estão dentro de uma geração ou pouco mais do(s) evento(s) de origem.[49] Considerações gerais como essas não garantem, é claro, a confiabilidade de qualquer instância específica de transmissão oral. Mas elas devem

---

[46]Henige, "Oral, but Oral What?", 232. Veja tb. Vansina, *Oral Tradition as History*, 12-13, 27-28; Tosh e Lang, *Pursuit of History*, 310.

[47]E. P. Sanders e Margaret Davies, *Studying the Synoptic Gospels* [Estudando os Evangelhos Sinópticos] (Filadélfia, PA: Trinity, 1989), 143; Wright, *New Testament and the People of God*, 423-24. A ênfase de Bauckham no papel das testemunhas oculares na transmissão da tradição primitiva sobre Jesus se alinha com essa inclinação à história oral. No contexto dessa distinção, é importante lembrar que as reminiscências pessoais da história oral podem rapidamente assumir uma forma estilizada de articulação a fim de facilitar a memorização e a comunicação.

[48]Wolfgang Kullmann, "Homer and Historical Memory" [Homero e memória histórica], em *Signs of Orality: The Oral Tradition and Its Influence in the Greek and Roman World* [Sinais de oralidade: a tradição oral e sua influência no mundo greco-romano], ed. E. Anne MacKay (Boston: Brill, 1999), 95-113 (96-99); B. A. Stolz, "Historicity in the Serbo-Croatian Heroic Epic: Salih Ugljanin's 'Grcki rat'" [Historicidade no épico heroico servo-croata: 'Grcki rat', de Salih Ugljanin], *Slavic and Eastern European Journal* [Jornal europeu oriental e eslavo] 11 (1967): 423-32 (423); Jan Vansina, "Afterthoughts on the Historiography of Oral Tradition" [Reflexões sobre a historiografia da tradição oral], em *African Historiographies: What History for Which Africa?* [Historiografias africanas: qual história de qual África?], ed. Bogumil Jewsiewicki e David Newbury, African Modernization and Development [Modernização e Desenvolvimento Africanos] 12 (Beverly Hills, CA: Sage, 1986), 105-10 (109-10); Tosh e Lang, *Pursuit of History*, 332. Markus Bockmuehl enfatizou esse fenômeno de "memória viva" em relação à tradição sobre Jesus. Veja Markus Bockmuehl, *Seeing the Word: Refocusing New Testament Study* [Vendo a palavra: reorientando o estudo do Novo Testamento], Studies in Theological Interpretation [Estudos de interpretação teológica] (Grand Rapids: Baker Academic, 2006), 170-72, 178-87.

[49]Assmann, "Introduction: What is Cultural Memory?", 3-30.

conduzir nosso horizonte de expectativas, nosso tratamento metodológico e nossas considerações em localizar o ônus histórico da prova.[50]

QUATRO FENÔMENOS COMUNS E INTERCULTURAIS E IMPLICAÇÕES PARA A PRIMITIVA TRADIÇÃO ORAL SOBRE JESUS

Embora a ameaça de generalizações precipitadas/falsas esteja sempre presente, também é verdade que certas características e dinâmicas da tradição/transmissão oral foram documentadas de maneira ampla e intercultural, permitindo-nos extrapolá-las com mais segurança. Passaremos agora a quatro dessas áreas, cada uma das quais com implicações para nossa consideração da confiabilidade geral da tradição oral a respeito de Jesus.

Referencialidade tradicional: O funcionamento da tradição na tradição oral

Mais do que qualquer outra pessoa que trabalha no campo dos estudos contemporâneos da tradição oral, John Miles Foley revolucionou nossa compreensão de como a tradição oral — ou, mais amplamente, aquilo que Foley chama de "arte verbal" tradicional — de fato funciona.[51] O espaço permitirá apenas um breve resumo de algumas de suas percepções-chave. Para começar, Foley observa que, dentro de um contexto cultural predominantemente oral, embora a apresentação (oral ou escrita) seja o "evento capacitador", *a própria tradição* é o "referente capacitador".[52] Ou seja,

---

[50]A questão do ônus da prova na pesquisa histórica é discutida. Boyd e eu oferecemos sugestões em *Jesus Legend*, 364-71.
[51]Qualquer pessoa que trabalhe no campo da tradição oral/arte verbal hoje será muito ajudada mergulhando no *corpus* de Foley. Os principais trabalhos incluem: John Miles Foley, *Immanent Art: From Structure to Meaning in Traditional Oral Epic* [Arte imanente: da estrutura ao significado na epopeia oral tradicional] (Bloomington: Indiana University Press, 1991); idem, *The Singer of Tales in Performance* [O cantor de contos apresentando-se] (Bloomington: Indiana University Press, 1995); idem, *How to Read an Oral Poem* [Como ler um poema oral] (Urbana: University of Illinois Press, 2002). Foley também contribuiu grandemente com o campo dos estudos bíblicos, servindo por muitos anos como um bem-disposto parceiro de diálogo. Veja, p. ex., John Miles Foley, "Words in Tradition, Words in Text: A Response" [Palavras na tradição, palavras no texto: uma resposta], *Semeia* 65 (1995): 169-80; idem, "Memory in Oral Tradition" [Memória na tradição oral], em *Performing the Gospel: Orality, Memory, and Mark* [Apresentando o Evangelho: oralidade, memória e Marcos], ed. Richard A. Horsley, Jonathan A. Draper e John Miles Foley (Minneapolis: Fortress, 2006), 83-96.
[52]John Miles Foley, "What's in a Sign?" [O que há em um sinal?], em MacKay, *Signs of Orality*, 1-27 (veja 11); idem, *Singer of Tales in Performance*, 28. Egbert Bakker, estudioso de Homero, apresenta uma útil noção da "ativação" da tradição que se ajusta muito bem à tese de Foley. Veja Egbert J. Bakker, "Activation and Preservation: The Interdependence of Text and Performance in an Oral

diferentemente do contexto moderno pós-Gutenberg, com nossos textos comparativamente autônomos, qualquer articulação particular da tradição oral dentro de culturas predominantemente orais depende de modo essencial tanto do conjunto mais amplo de tradição compartilhada comunitariamente quanto de um público instruído imerso nessa tradição. Em um contexto assim, em razão dos fatores limitantes associados a uma apresentação única, a maior parte do que é importante *não é explicitamente declarada*. Aqui, Foley enfatiza a importância da *metonímia* — isto é, um "modo de significação em que a parte representa o todo".[53] No contexto tradicional oral/auditivo, a metonímia é "o princípio fundamental" da comunicação eficiente e efetiva.[54] É sob essa luz que Foley nos adverte sobre a tendência moderna textocêntrica de tratar exemplos oralmente orientados da arte verbal de maneira anacrônica.[55] Assim, a fim de entender o funcionamento da tradição oral, Foley exige uma profunda apreciação do fenômeno da *referencialidade tradicional* e de sua economia comunicativa inerente, na qual uma expressão densa e idiomática é a hipótese e "apenas o público adequadamente preparado está equipado para entender".[56] Mais especificamente, "a referencialidade tradicional permite uma transação extremamente econômica de significado, com a parte modesta e concreta representando um todo mais complexo. *Pars pro toto* é o princípio fundamental".[57]

Tudo isso é para dizer que, para que uma tradição oral funcione dentro de um contexto antigo, de orientação oral, como o do primitivo movimento de Jesus, *um impulso conservador era absolutamente essencial*. Visto sob esse prisma, a ênfase praticamente constante em flexibilidade, fluidez e variação (juntamente com a ocasional inclinação perfunctória à estabilidade) que tende a caracterizar representações da tradição oral dentro da trajetória pessimista — um fenômeno generalizado e interdisciplinar, a propósito, que caracteriza os estudos acadêmicos sobre oralidade muito além do campo dos estudos bíblicos — deve parecer-nos estranhamente desequilibrada e

---

Tradition" [Ativação e preservação: a interdependência de texto e apresentação em uma tradição oral], *Oral Tradition* 8 (1993): 5-20.

[53]Foley, *Imanent Art*, 7. Veja tb. John Miles Foley, "Selection as *pars pro toto*: The Role of Metonymy in Epic Performance and Tradition" [Seleção como *pars pro toto*: o papel da metonímia na apresentação e na tradição épicas], em *The Kalevala and the World's Traditional Epics* [A *Kalevala* e os épicos tradicionais do mundo], ed. Lauri Honko (Helsinque: Finnish Literature Society, 2002), 106-27.

[54]Foley, "What's in a Sign?", 11. Esse fenômeno parece onipresente em contextos principalmente orais.

[55]Foley, "What's in a Sign?", 9-10.

[56]Foley, "What's in a Sign?", 7.

[57]Foley, "What's in a Sign?", 11.

inapropriada.[58] Sim, flexibilidade, fluidez e variação desempenham um papel significativo na dinâmica verbal das culturas predominantemente orais. Mas essa dinâmica é encenada de modo perceptível apenas dentro dos parâmetros conceituais conservadores de uma tradição estável e compartilhada em comunidade que funciona como o "referente capacitador", a âncora permanente de cada uma de suas variações na apresentação. É *o poder capacitador da estabilidade da tradição — uma precondição necessária* para qualquer uma de suas variações flexíveis — que dá o devido reconhecimento dentro da trajetória otimista, mesmo que sofra uma diminuição geral, se não uma negligência total, dentro da trajetória pessimista.

Narrativas orais longas

A teoria da tradição de Foley lança luz sobre outra questão importante: a da existência e da dinâmica de narrativas orais longas. A crítica da forma do século 20 alimentou a noção de que as narrativas orais eram, por natureza, unidades de tradição curtas e independentes, o que significa que as estruturas narrativas mais longas encontradas nos Evangelhos representavam fabricações escritas posteriores. Trabalhando com esse tipo de suposição, Robert Funk, por exemplo, conclui que "o fio sintagmático dos Evangelhos [...] é principalmente fictício. É uma ficção do antigo contador de histórias".[59] Por anos, muitos no campo mais amplo dos estudos tradicionais sobre oralidade sustentaram que longas narrativas orais simplesmente não existiam, não podiam existir. E, então, ocorreu uma espécie de revolução. Uma ampla

---

[58]Esse ponto apenas já merecia seu próprio ensaio. Várias correntes disciplinares de influência foram combinadas no século 20 para defender a "mudança para a apresentação", e com essa mudança surgiu uma antipatia filosófico-estética em relação a coisas fixas/estáveis/estáticas/estruturadas/distantes — em resumo, objetivadas. No campo dos estudos da oralidade, embora o "estável" tivesse de ser reconhecido simplesmente sobre uma base empírica, eram o "flexível" e o "fluido" que enamoravam a erudição pós-década de 1960 (com um estímulo prévio dado pelo próprio Lord). Esse preconceito ideológico arraigado de modo profundo é raramente tratado por estudiosos a respeito de Jesus que importam os estudos sobre oralidade para sua disciplina. Isso faz com que muito poucos tratem diretamente dessa questão no campo mais amplo dos estudos sobre oralidade. Mas alguns, como Ruth Finnegan, o fazem (p. ex., *Oral and Beyond*, 192-96). E, quando o faz, ela aponta com razão para o importante trabalho de Karin Barber, antropóloga cultural britânica, que provê um necessário corretivo para o campo de estudo. Veja Karin Barber, "Text and Performance in Africa" [Texto e apresentação na África], *Oral Tradition* 20 (2005): 264-77; e esp. idem, *The Anthropology of Texts, Persons and Publics* [A antropologia de textos, pessoas e públicos] (Nova York: Cambridge University Press, 2007), 67-102. Barber ("Text and Performance in Africa", 268) nos lembra que "constituir o texto [oral] como objeto é a condição de possibilidade de uma poética da fluidez".
[59]Robert W. Funk, "On Distinguishing Historical from Fictive Narrative" [Sobre distinguir história de narrativa fictícia], *Forum* 9 (1993): 179-213 (188).

variedade de trabalhos interculturais de campo agora mostra que longas narrativas orais são comuns e com maior capacidade do que jamais poderiam imaginar muitos estudiosos modernos.

Uma figura-chave nessa revolução foi Lauri Honko, estudioso finlandês de folclore. Em seu trabalho de campo inovador entre o povo tulu, do sul da Índia, Honko se concentrou no épico Siri, um longo épico oral apresentado por transmissores analfabetos e (em sua forma transcrita) composto por 15.683 linhas, quase a exata extensão da Ilíada.[60] Semelhante a outras culturas em que predomina a oralidade, os tulus raramente haviam apresentado o épico Siri em sua totalidade. Mas, a pedido de Honko, eles o fizeram — um feito que leva seis ou sete dias para ser concluído. Honko observa que, embora ele e muitos outros folcloristas tenham sido treinados para acreditar que longos épicos eram produto exclusivamente de "cultura escrita", essa suposição foi "destruída" e "obliterada".[61] O trabalho de campo contemporâneo "trouxe à tona numerosos épicos orais longos nas tradições vivas da Ásia Central, Índia, África e Oceania, por exemplo. A existência de épicos orais longos e genuínos não pode mais ser negada".[62] Nas palavras de Honko, essa percepção representa nada menos que uma "mudança de paradigma" no campo do folclorismo.[63]

Acontece que as apresentações orais individuais são com frequência dependentes de uma longa trama narrativa composta por várias subunidades menores. Honko observou que essas longas narrativas orais são implicitamente conhecidas pelos ouvintes da comunidade (pelo menos em termos da trama abrangente), raramente são apresentadas na totalidade (a menos, é claro, que um antropólogo visitante solicite uma demonstração) e geralmente incluem várias seções subnarrativas muito populares que são apresentadas com mais frequência do que outras.[64] Além disso, o grau de detalhe em que os segmentos da metanarrativa são reproduzidos varia consideravelmente, dependendo em grande parte da situação específica daquela apresentação (ou seja, integrantes do público, restrições de tempo, finalidade etc.).

---

[60] Lauri Honko, *Textualizing the Siri Epic* [Textualizando o épico Siri] (Helsinque: Academia Scientiarum Fennica, 1998), 11.

[61] Honko, *Textualizing the Siri Epic*, 18.

[62] Lauri Honko, "Introduction: Oral and Semiliterary Epics" [Introdução: épicos orais e semiliterários], em *The Epic: Oral and Written* [O épico: Oral e escrito], ed. L. Honko, J. Handoo e J. M. Foley (Mysore, Índia: Central Institute of Indian Languages, 1998), 9.

[63] Lauri Honko, "Text as Process and Practice: The Textualization of Oral Epics" [Texto como processo e prática: a textualização de épicos orais], em Honko, *Textualization of Oral Epics*, 354 (aqui: 3, 4).

[64] Honko, *Textualizing the Siri Epic*, 193-94.

É nesse ponto que o conceito de Honko de um "texto mental" demonstrou ser proveitoso.[65] O longo esquema da narrativa funciona como uma espécie de texto mental na mente do artista, que é "editado" para cada apresentação em particular. Há também um grau significativo de flexibilidade em termos de localização, ordem e comprimento das unidades menores da tradição narrativa em qualquer dada apresentação.[66]

À luz dessas descobertas, é possível reimaginar de modo proveitoso certas características das tradições narrativas primitivas a respeito de Jesus, como, por exemplo: o conhecimento implícito e compartilhado pela comunidade da trama metanarrativa do Evangelho, pela qual é dado sentido às muitas subunidades de tradição relatadas individualmente; a narrativa da Paixão como uma das subnarrativas mais populares e frequentemente contadas. Thorleif Boman foi um dos primeiros a aplicar ideias sobre narrativas orais mais longas à tradição oral sobre Jesus, apontando que, ao contrário da clássica teoria da crítica da forma, narrativas históricas contadas oralmente não emergem de unidades de prévia tradição que circulavam de modo independente.[67] Mais recentemente, Jens Schröter, trabalhando com as descobertas de Paul Ricoeur sobre narrativa e representação, sugeriu que a estrutura narrativa da tradição do Evangelho (ele usa Marcos como um estudo de caso) tem tanta pretensão de historicidade quanto os ditos individuais de Jesus.[68] Considerando todas as coisas, há boas razões para concluir que as longas narrativas escritas dos Evangelhos — e, curiosamente, talvez até o material Q — estão enraizadas em uma prévia matriz narrativa oral da vida de Jesus.[69]

Fortes portadores da tradição

Outra linha importante de consideração está ligada ao fenômeno que John Niles identificou como o "forte portador da tradição" — isto é, o

---

[65]Honko, *Textualizing the Siri Epic*, 92-99.
[66]Como Honko ("Introduction: Oral and Semiliterary Epics", 14) observa, o fenômeno das *multiformas* permite que quem as apresenta expanda para bem mais de cem linhas — ou condensem para menos de duas linhas — o mesmo componente subnarrativo, dependendo das restrições de cada apresentação.
[67]Thorleif Boman, *Die Jesus-Überlieferung im Lichte der neueren Volkskunde* (Göttingen: Vandenhoeck & Ruprecht, 1967), 21-31.
[68]Jens Schröter, "Von der Historizität der Evangelien: Ein Beitrag zur gegenwärtigen Diskussion um den historischen Jesus", em *Der historische Jesus: Tendenzen und Perspektiven der gegenwärtigen Forschung*, ed. Jens Schröter e Ralph Brucker, BZNW 114 (Berlim: de Gruyter, 2002), 163-212.
[69]Sobre a teoria de que elementos narrativos do material Q foram incorporados em uma "estrutura narrativo-querigmática" anterior, veja Stephen Hultgren, *Narrative Elements in the Double Tradition: A Study of Their Place within the Framework of the Gospel Narratives* [Elementos narrativos na dupla tradição: um estudo de seu lugar na estrutura das narrativas do Evangelho], BZNW 113 (Nova York: de Gruyter, 2002), 311-25 (310).

reconhecimento de que, geralmente, é(são) o(s) transmissor(es) individual(is) capacitado(s), reconhecido(s) pela comunidade, que atua(m) como o(s) principal(is) curador(es) da tradição em uma comunidade predominantemente oral.[70] Esse fenômeno também foi destacado no impressionante estudo de David Rubin, *Memory in Oral Tradition*, em que ele discute o importante papel da "especialização na lembrança".[71] O contexto desse tópico envolve a ideia agora extinta, ligada à teoria literária romântica, de "uma comunidade folclórica ideal — um agrupamento indistinto de camponeses, em que cada um dos quais contribui de igual modo para os processos da tradição oral".[72] Se essa ideia parece familiar, deveria. Ele influenciou os primeiros empreendimentos de crítica da forma que, por sua vez, moldaram profundamente os estudos subsequentes sobre Jesus/Evangelhos. Foram necessárias décadas de dados vindos de trabalhos de campo interculturais no século 20 para que houvesse uma mudança definitiva nessa área de estudo. Niles explica:

> Em qualquer região onde as narrativas orais foram coletadas sistematicamente, alguns apresentadores se destacam por seu grande repertório e estilo cheio de autoridade. [...] Os coletores geralmente procuram e registram esses excelentes portadores de tradição pelas mesmas razões que outras pessoas gostam de ouvi-los: eles apresentam canções e histórias inteiras, e não apenas fragmentos, e apresentam-nas com verve e autoridade. Ter uma boa voz nunca é demais; porém, não é a voz deles, mas o domínio que têm de um grande corpo de conhecimento tradicional que os diferencia dos outros.[73]

Niles observa que, entre os importantes dons naturais necessários para alguém ser um forte portador de tradição, está uma memória extraordinariamente retentiva, que permite ao transmissor individual "absorver narrativas inteiras e internalizá-las enquanto outras pessoas apenas as ouvem e esquecem".[74] E, enquanto muitos folcloristas e antropólogos contemporâneos tendam a se concentrar nas capacidades criativas dos apresentadores orais, Niles fornece equilíbrio por observar que, normalmente, o forte

---

[70]John D. Niles, *Homo Narrans: The Poetics and Anthropology of Oral Literature* [*Homo narrans*: a poética e a antropologia da literatura oral] (Filadélfia: University of Pennsylvania Press, 1999), 173-93.
[71]David Rubin, *Memory in Oral Tradition: The Cognitive Psychology of Epic, Ballads, and Counting-out Rhymes* [Memória na tradição oral: a psicologia cognitiva dos épicos, das baladas e das rimas contadas] (Nova York: Oxford University Press, 1995), 167-70.
[72]Niles, *Homo Narrans*, 174.
[73]Niles, *Homo Narrans*, 174. Veja tb. Finnegan, *Oral and Beyond*, 184-85.
[74]Niles, *Homo Narrans*, 185.

portador da tradição é "confiante o suficiente para alimentar uma tradição e, no entanto, afetuoso o suficiente, em relação a suas fontes, para querer conduzir a tradição segundo linhas familiares".[75] Essa qualidade de fidelidade à tradição é muito mais importante quando se lida com aquilo que a comunidade percebe ser a narrativa historicamente enraizada e/ou definida pela comunidade, em oposição a contos populares com objetivo de entretenimento (um ponto bastante negligenciado em muitos estudos sobre transmissão oral, incluindo os de crítica da forma pós-bultmannianos).

Ao considerar a tradição primitiva sobre Jesus à luz do fenômeno do forte portador da tradição, nota-se a importância atribuída tanto à *tradição* quanto aos *mestres*. As cartas de Paulo, por exemplo, refletem uma profunda preocupação com transmitir as tradições estabelecidas (veja 1Coríntios 11:2,23; 15:1-3; Gálatas 1:9; Filipenses 4:9; Colossenses 2:6,7; 1Tessalonicenses 4:1; 2Tessalonicenses 2:15; 3:6). De fato, como observa Robert Stein, para Paulo

> Tais tradições deveriam ser "mantidas" (1Coríntios 15:1,2; 2Tessalonicenses 2:15); a vida deveria ser vivida "de acordo" com a tradição (2Tessalonicenses 3:6; cf. Filipenses 4:9), pois o resultado disso seria a salvação (1Coríntios 15:1,2), enquanto sua rejeição significava condenação (Gálatas 1:9). A razão para esse ponto de vista era que tal tradição tinha o próprio Deus como fonte última (1Coríntios 11:23).[76]

De acordo com essa ênfase na tradição divinamente fundamentada, o movimento inicial de Jesus enfatizou a importância dos *mestres* (p. ex., Atos 13:1; Romanos 12:7; 1Coríntios 12:28,29; Efésios 4:11; Hebreus 5:12; Tiago 3:1; *Didaquê* 15:1-2). Indubitavelmente influenciados pelo exemplo do próprio ministério de ensino de Jesus e por seu chamado ao discipulado intencional, os mestres tiveram um papel central na igreja primitiva e parecem ter sido os primeiros ministros sustentados financeiramente (Gálatas 6:6; 1Timóteo 5:17,18; *Didaquê* 13:2).[77] Em uma comunidade predominantemente oral, como a igreja primitiva, a principal função desses

[75]Niles, *Homo Narrans*, 180.
[76]Robert H. Stein, *The Synoptic Problem: An Introduction* [O problema sinóptico: uma introdução] (Grand Rapids: Baker, 1987), 191.
[77]Samuel Byrskog, "The Transmission of the Jesus Tradition: Old and New Insights" [A transmissão da tradição sobre Jesus: percepções novas e antigas], *Early Christianity* [Cristianismo primitivo] 1 (2010): 441-68 (esp. 442-46); Craig S. Keener, "Assumptions in Historical-Jesus Research: Using Ancient Biographies and Disciples' Traditioning as a Control" [Pressupostos na pesquisa do Jesus histórico: usando biografias antigas e a tradição dos discípulos como controle], *JSHJ* 9 (2011): 26-58 (39-53).

mestres seria fielmente transmitir, interpretar e aplicar as tradições cristãs primitivas.[78] Jan Vansina observa que certos transmissores reconhecidos atuavam como uma espécie de "biblioteca móvel de referência" das tradições da comunidade, e temos todas as razões para acreditar que os discípulos imediatos de Jesus tenham desempenhado um papel semelhante como os transmissores curadores primários na comunidade cristã primitiva.[79]

O papel crítico do público tradicional ativo

Isso leva a uma área final de consideração. Como acabamos de ver, o papel custodial do forte portador da tradição nas culturas predominantemente orais é crucial. Dito isso, existem evidências convincentes e interculturais sugerindo que a comunidade em geral também compartilha um senso de responsabilidade pela preservação da tradição.[80] Em um artigo que explora a dinâmica complexa da tradição oral, Bruce Rosenberg observa: "*Com poder de criticar*, o público oral/auditivo é genuinamente parte da apresentação, de forma criativa, e não apenas passiva."[81] Especialmente no que diz

---

[78]Dunn, *Jesus Remembered*, 176.

[79]Vansina, *Oral Tradition as History* (Madison: University of Wisconsin Press, 1985), 37. Bauckham, Byrskog e Dunn apresentam modelos distintos, com muita base comum, de como isso pode ter ocorrido.

[80]Como mencionado acima, esse fenômeno, na forma do *haflat samar*, desempenha um papel fundamental no modelo de tradição oral de Bailey. A crítica mais poderosa ao modelo de Bailey até hoje veio de Theodore J. Weeden Sr., "Kenneth Bailey's Theory of Oral Tradition: A Theory Contested by Its Evidence" [Teoria da tradição oral de Kenneth Bailey: uma teoria contestada por suas evidências], *JSHJ* 7 (2009): 3-43. Weeden compara as historietas orais contadas a Bailey pelos cristãos egípcios sobre o fundador de sua comunidade, o missionário do século 19 John Hogg, com detalhes das mesmas histórias retiradas de uma biografia de Hogg escrita pela filha: Rena Hogg, *A Master-Builder on the Nile* [Um mestre-construtor no Nilo] (Nova York: Revell, 1914). (Sou grato a Weeden por me enviar um exemplar desse livro e por várias rodadas de correspondência sobre a tese de Bailey em 2006 enquanto trabalhava em *Jesus Legend*.) Algumas dessas comparações geram discrepâncias que levam Weeden a rejeitar o modelo de Bailey. A limitação de espaço impede muito desenvolvimento da crítica de Weeden aqui. Basta dizer que seu cuidadoso trabalho de investigação levantou questões problemáticas para alguns dos exemplos particulares de Bailey. No entanto, o fato de o amplo fenômeno do papel custodial do público ser tão extensamente relatado em estudos de campo interculturais (sobre os quais, veja abaixo) confirma que ele está seguramente documentado muito além da proposta de Bailey. E, mais importante, o próprio Bailey admite de modo claro que seus exemplos não se baseiam em trabalhos de campo cuidadosamente documentados, mas em histórias e em suas próprias impressões pessoais. Assim, embora a crítica de Weeden seja relevante, e até problemática, para vários casos específicos de Bailey, ela não questiona de modo algum o conjunto bem documentado e intercultural de fenômenos semelhantes. Para uma defesa do modelo básico de Bailey contra a crítica de Weeden, consulte Dunn, "Kenneth Bailey's Theory of Oral Tradition: Critiquing Theodore Weeden's Critique".

[81]Bruce A. Rosenberg, "The Complexity of Oral Tradition" [A complexidade da tradição oral], *Oral Tradition* 2 (1987): 73-90 (86; grifo nosso).

respeito a certos gêneros orais — por exemplo, tradição religiosa, ritualística e histórica central ao senso de identidade de uma comunidade —, o público tradicional tende a compartilhar a responsabilidade por sua preservação. Como ilustração: se um transmissor oral deturpa a tradição — às vezes de modos relativamente sem muita importância —, os membros da plateia com frequência manifestam vozes de protesto e fazem correções no meio da apresentação. Portanto, embora o intérprete oral seja encarregado da expressão criativa do material tradicional, o conhecimento compartilhado do público comunal sobre a tradição mais ampla funciona como uma autoridade de contrapeso em cada apresentação específica. Uma vez mais, essa conclusão surge de uma ampla gama de trabalho de campo intercultural.[82] David Rubin — indiscutivelmente o principal pesquisador contemporâneo do papel da memória na tradição oral — explica:

> [Um] público com conhecimento de uma tradição é uma forte força conservadora que mantém o [transmissor] dentro dos limites tradicionais ao expressar sonoramente sua aprovação, ao oferecer versões alternativas que julga preferidas ou mesmo ao apresentar correções.[83]

Com base em seu próprio trabalho de campo no contexto africano, Finnegan, de maneira similar, observa que os membros da audiência geralmente

> interrompem a apresentação com acréscimos, dúvidas ou até críticas. Isso é comum não apenas no caso típico e esperado de contação de histórias, mas mesmo em situações formais, como a dos complexos cantos *ijalas*, dos iorubas. [...] Se alguém acha que o apresentador cometeu um erro, ele intervém com palavras como
>
>> Eu peço desculpas, mas não concordo; isso não está correto.
>> Você se desviou do caminho da precisão. [...]

---

[82]Entre outros: Andrzejewski e Lewis, *Somali Poetry*, 46; Foley, *Immanent Art*, 45; Honko, *Textualizing the Siri Epic*, 197; Sowayan, *Nabati Poetry*, 111; Charles L. Briggs, *Competence in Performance: The Creativity of Tradition in Mexicano Verbal Art* [Competência na apresentação: a criatividade da tradição na arte verbal mexicana] (Filadélfia: University of Pennsylvania Press, 1988), 354; William Shiell, *Delivering from Memory: The Effect of Performance on the Early Christian Audience* [Apresentando de memória: o efeito da apresentação no público cristão primitivo] (Eugene, OR: Pickwick, 2011), 25-28.
[83]Rubin, *Memory and Oral Tradition*, 135.

A possibilidade de os membros da plateia esclarecerem e desafiarem e os efeitos disso sobre a apresentação é de fato uma das principais distinções entre peças literárias orais e escritas.[84]

Se o movimento inicial de Jesus tinha as típicas características de outras culturas predominantemente orais quanto a isso — e não temos motivos para pensar o contrário —, então todos os membros da comunidade teriam participado da — e, em certa medida, assumido algum grau de responsabilidade pela — preservação dos elementos essenciais da tradição original a respeito de Jesus. Em seu estudo da audiência cristã primitiva no tocante à apresentação, William Shiell enfatiza que a audiência teria desempenhado um papel ativo, pois "faz perguntas, corrige material, apresenta comentários, um membro debate com o outro ou o interrompe".[85] Talvez essa dinâmica esteja por trás da injunção de Paulo para que os crentes "testem" profecias e ensinamentos (1Coríntios 14:29; 1Tessalonicenses 5:19-22). Em qualquer caso, a responsabilidade costumeira que as comunidades predominantemente orais de modo geral assumem em relação ao material tradicional com importância religiosa/histórica oferece mais evidências para o lado otimista do registro no debate sobre confiabilidade.

---

[84]Finnegan, *Oral Literature in Africa*, 11.
[85]Shiell, *Delivering from Memory*, 25.

7

RECONSTRUINDO OS
FARISEUS HISTÓRICOS:
O EVANGELHO DE MATEUS TEM ALGUMA CONTRIBUIÇÃO A DAR?

Jeannine K. Brown

Recorrer a Mateus para a reconstrução dos fariseus históricos pode parecer pouco intuitivo para os estudiosos dos Evangelhos. É mais comum ver o retrato dos fariseus em Mateus usado como apoio para uma exploração do contexto polêmico desse Evangelho, lido em vista do primeiro *Sitz im Leben*. Günter Stemberger bem exemplifica esse ponto de vista, apresentando de modo sucinto as questões hermenêuticas:

> Em geral, [em Mateus] os fariseus são os inimigos regulares, sempre presentes, principais de Jesus. [...] O uso incompleto dos fariseus nesse retrato dificilmente se permite ser avaliado para uma reconstrução histórica que se estenda além dos fatos conhecidos de Marcos e *Q*. É mais interessante para uma imagem do inimigo da comunidade cristã que Mateus apresenta.[1]

---

[1]Günter Stemberger, *Jewish Contemporaries of Jesus: Pharisees, Sadducees, Essenes* [Contemporâneos judeus de Jesus: fariseus, saduceus, essênios], trad. Allan W. Mahnke (Minneapolis: Fortress, 1995), 28. Veja tb. Saldarini, que fala de Mateus "em grande medida, lendo a situação do final do primeiro século em relação à vida de Jesus" (Anthony J. Saldarini, *Pharisees, Scribes, and Sadducees in Palestinian Society: A Sociological Approach*, ed. rev. [Grand Rapids: Eerdmans, 2001], 173). [*Fariseus, escribas e saduceus na sociedade palestinense* (São Paulo: Paulinas, 2000).] Hakola baseia-se na teoria da identidade social para sugerir que o retrato que Mateus faz dos fariseus surge do papel ambíguo da Torá na comunidade de

A suposição de que Mateus fornece poucas evidências historicamente confiáveis para a compreensão dos fariseus é aumentada pelo retrato diferente desse grupo em Lucas-Atos, em que esses personagens desempenham um papel mais variado. Por exemplo: em Lucas, alguns fariseus alertam Jesus sobre a conspiração de Herodes contra ele (Lucas 13:31); em Atos, o autor identifica alguns dos primeiros crentes em Jesus como fariseus (Atos 15:5) e retrata os escribas farisaicos do Sinédrio como simpáticos a Paulo (23:9). Consequentemente, Reidar Hvalvik sugere que o retrato dos fariseus em Lucas-Atos "parece, de imediato, historicamente mais confiável do que a imagem encontrada em Mateus, Marcos e João".[2]

Por fim, o retrato dos fariseus em Mateus chega a um clímax intenso no capítulo 23, onde Jesus proclama sete ais contra eles. Anthony Saldarini propõe que "a lista é tão polêmica e os fariseus e escribas são tão identificados uns com os outros que pouca informação histórica confiável pode ser obtida a partir dela".[3]

Dado esse conjunto de avaliações acadêmicas, pode parecer imprudente entrar nessas águas e tentar avaliar a contribuição de Mateus com respeito aos fariseus históricos. No entanto, acredito que algo pode ser obtido ao considerar a questão por outro ponto de vista, especialmente por continuar a haver falta de consenso em relação aos fariseus históricos no mundo judaico anterior a 70 d.C.[4]

MÉTODO DE ANÁLISE

Existem várias maneiras de analisar o que em Mateus pode corresponder às realidades históricas dos fariseus durante o tempo da vida e do ministério

---

Mateus (Raimo Hakola, "Pharisees as Others in the New Testament" [Fariseus como outros no Novo Testamento], em *Others and the Construction of Early Christian Identities* [Outros e a construção das primeiras identidades cristãs], ed. Raimo Hakola, Nina Nikki e Ulla Tervahauta, Publications of the Finnish Exegetical Society 106 [Helsinque: The Finnish Exegetical Society, 2013], 13-65).

[2]Reidar Hvalvik, "Paul as a Jewish Believer — according to the Book of Acts" [Paulo como crente judeu — de acordo com o livro de Atos], em *Jewish Believers in Jesus: The Early Centuries* [Judeus crentes em Jesus: os séculos iniciais], ed. Oskar Skarsaune e Reidar Hvalvik (Grand Rapids: Baker Academic, 2017), 149.

[3]Saldarini, *Pharisees, Scribes, and Sadducees*, 165.

[4]Em uma obra bastante recente sobre os fariseus históricos, Green apresenta esta sensata conclusão: "As fontes sobre [os fariseus] se reforçam mutuamente, quando o fazem, apenas no nível mais geral. Isso significa que a descrição histórica que temos dos fariseus deve vir de materiais distintos e não corroborados, que, por sua própria natureza, não restringem a especulação" (William Scott Green, "What Do We Really Know about the Pharisees, and How Do We Know It?" [O que realmente sabemos sobre os fariseus e como sabemos isso?], em *In Quest of the Historical Pharisees* [Em busca dos fariseus históricos], ed. Jacob Neusner e Bruce Chilton [Waco, TX: Baylor University Press, 2007], 423).

de Jesus. Os critérios tradicionais de autenticidade, especialmente o de múltipla atestação, tenderão a um retrato minimalista, dada a escassez de fontes sobre os fariseus anteriores a 70 d.C. e a falta de materiais ainda existentes produzidos pelo próprio grupo.[5] Portanto, embora seja um ponto de partida útil, tradições isoladas que se sobrepõem a fontes criteriosas não serão adequadas para um tratamento abrangente do tópico.

N. T. Wright (e outros) sugeriu e desenvolveu um tratamento mais amplo, que analisa as fontes sobre os fariseus e tenta ajustá-las a um esquema, ou história maior, que pode ser avaliado por sua coerência e plausibilidade.[6] Martin Pickup descreve seu próprio método da seguinte maneira: "Quaisquer dados extraídos de um documento do Evangelho para fins de reconstrução histórica dos fariseus devem ser interpretados com respeito à imagem inteira dos fariseus que o documento apresenta."[7] A seguir, tentarei esse método mais amplo (e narrativo), especialmente porque minha tarefa é avaliar o criterioso retrato que Mateus faz dos fariseus pelo nível de historicidade dele. Em outras palavras, minha tarefa não é o objetivo maior de reconstruir os fariseus históricos. Em vez disso, vou avaliar o que, a partir do retrato dos fariseus no primeiro Evangelho, repousa sobre amarras históricas bastante sólidas; isto é, o que Mateus pode oferecer para essa reconstrução.

Nesse esforço em particular, meu próprio trabalho narrativo sobre Mateus pode contribuir para a tarefa, uma vez que se concentrou em produzir uma leitura coerente desse Evangelho, incluindo uma imagem coerente de seus vários personagens e grupos de personagens.[8] Várias partes de um esboço narrativo dos fariseus em Mateus serão avaliadas em relação a outras fontes potenciais para os fariseus históricos, incluindo outros livros do Novo Testamento (p. ex., Marcos, Lucas-Atos), Josefo, materiais rabínicos e os manuscritos do mar Morto. A ênfase ao longo do capítulo será

---

[5]Poderíamos acrescentar a essas limitações a incerteza com respeito às relações de origem entre os Evangelhos que "impedem qualquer investigação histórica sobre os fariseus" (Martin Pickup, "Matthew's and Mark's Pharisees" [Fariseus de Mateus e de Marcos], em Neusner e Chilton, *In Quest of the Historical Pharisees*, 68. Na minha análise, assumirei a hipótese de duas fontes, embora meu trabalho nem sempre exija essa teoria.

[6]N. T. Wright, *The New Testament and the People of God*, vol. 1 de *Christian Origins and the Question of God* (Minneapolis: Fortress, 1992), 181-203. Sobre sua teoria crítico-realista, Wright explica: "Ela reconhece que todo conhecimento de realidades externas a alguém ocorre dentro da estrutura de uma visão de mundo, da qual as narrativas formam uma parte essencial. E ela estabelece como hipóteses várias narrativas sobre o mundo em geral ou partes dele em particular e as testa, vendo que tipo de 'encaixe' elas têm com as narrativas já existentes" (45).

[7]Pickup, "Matthew's and Mark's Pharisees", 110.

[8]Veja Jeannine K. Brown e Kyle Roberts, *Matthew* [Mateus], THNTC (Grand Rapids: Eerdmans, 2018); Jeannine K. Brown, *Matthew*, Teach the Text Commentary Series (Grand Rapids: Baker, 2015).

a contribuição do retrato de Mateus para uma compreensão histórica dos fariseus no início do primeiro século d.C.

DE QUE MODO MATEUS PODE CONTRIBUIR PARA A RECONSTRUÇÃO HISTÓRICA DOS FARISEUS

Relacionamento entre Jesus e os fariseus em Mateus

Um lugar óbvio para começar a responder à pergunta sobre o que Mateus oferece a uma reconstrução histórica dos fariseus é o relacionamento deles com Jesus, conforme retratado pelo evangelista. Além dos discípulos e da multidão, o Jesus de Mateus tem mais interação com esse grupo (geralmente ao lado dos "escribas" ou "mestres da lei"). Embora seja fácil ver que Mateus enfatiza e intensifica o conflito entre Jesus e os fariseus em comparação com Marcos (e Lucas), a fonte desse conflito, como o primeiro evangelista descreve, apresenta pontos de afinidade com material rabínico que provavelmente encontra suas origens no contexto judaico anterior a 70 d.C.

Segundo Mateus, o conflito entre Jesus e os fariseus centra-se na interpretação e na aplicação da Torá. Lemos isso logo no primeiro discurso importante, o Sermão do Monte, no qual Mateus reúne os ensinamentos de Jesus sobre os tópicos do reino, da Torá e do discipulado (Mateus 5:1—7:29). Na declaração temática do corpo do sermão (5:17-20), Jesus fala de seu objetivo de cumprir a Lei e os Profetas (v. 17) e adverte contra deixar de lado "um dos menores desses mandamentos" (v. 19). Ele então pede uma "justiça" ou "lealdade à aliança" (δικαιοσύνη, *dikaiosynē*) que "exceda à dos escribas e fariseus" para entrar no reino de Deus (v. 20).[9] O restante desta seção do Sermão (as "Antíteses"; 5:21-48) expõe essa "maior *dikaiosynē*" por meio de comparações entre seis ensinamentos do Antigo Testamento e a extensão feita por Jesus de cada um deles com vistas a uma ética ainda mais elevada.[10]

No entanto, alguns dos registros narrativos subsequentes do conflito entre Jesus e os fariseus sobre a Torá se concentram muito particularmente

---

[9]As traduções de Mateus neste capítulo são minhas; veja Brown e Roberts, *Matthew*. Fora de Mateus, a NVI é usada, salvo indicação em contrário.

[10]Pickup define essas seis comparações como casos de aplicação incorreta da Torá: "Devemos entender os seis exemplos que Jesus dá como seis casos de instrução da Torá dada por escribas e fariseus — todos aplicados de maneira que resulta em um nível inadequado de justiça. [...] O problema é que os escribas e os fariseus colocavam em prática esses preceitos da Escritura como se estes expressassem o limite da consideração moral, e não o ponto de partida" ("Matthew's and Mark's Pharisees", 100-101). Pickup trata aqui do retrato dos fariseus em Mateus e não está avaliando a importância histórica desse retrato.

em assuntos relacionados à pureza e às refeições. Esse conjunto de assuntos é corroborado pelo material rabínico que traz luz sobre os fariseus no contexto anterior a 70 d.C. e, portanto, supre uma área frutífera para a reconstrução dos fariseus históricos.

Fariseus e Jesus vis à vis aos objetivos e às práticas da pureza

Mateus esboça um retrato de Jesus e fariseus em conflito quanto a objetivos e práticas de pureza. Esse conflito detém-se especificamente às práticas alimentares de Jesus, questões sobre o dízimo e a priorização dessas considerações, cada uma das quais tratarei por sua vez. Para começar, no entanto, podemos examinar um texto que apresenta uma crítica sumária de Jesus aos fariseus relacionada à (e infundida da linguagem sobre a) pureza que fala do valor da integridade (23:25-28):

> Quão terrível será para vocês, escribas e fariseus, vocês, hipócritas! Pois vocês limpam [καθαρίζω, *katharizō*] o lado de fora do copo e do prato, mas por dentro eles estão cheios de ganância e autoindulgência. Você, fariseu cego, primeiro limpe o interior do copo para que o lado de fora também fique limpo [καθαρός, *katharos*]. Quão terrível será para vocês, escribas e fariseus, vocês, hipócritas! Pois vocês são como túmulos caiados de branco que parecem bonitos por fora, mas por dentro estão cheios dos ossos dos mortos e de tudo impuro [ἀκαθαρσία, *akatharsia*]. Da mesma forma, por fora vocês parecem justos com os outros, mas por dentro vocês estão cheios de hipocrisia e ilegalidade.

As imagens usadas por Jesus — recipientes para comer e túmulos — têm fortes associações com pureza e, portanto, "a contaminação ritual está claramente em vista".[11] Como Pickup argumenta, "o contraste feito por Jesus entre a pureza externa e a interna não faz sentido, a menos que a lavagem desses recipientes para comer fosse uma prática real".[12] Mateus 23:24 já introduzira

---

[11]John Nolland, *The Gospel of Matthew: A Commentary on the Greek Text* [O Evangelho de Mateus: um comentário sobre o texto grego], NIGTC (Grand Rapids: Eerdmans, 2005), 941. Veja p. 938-41 e notas para pontos rabínicos de conexão com respeito à pureza.

[12]Pickup, "Matthew's and Mark's Pharisees", 83n38. Strange, analisando o registro arqueológico, ilustra uma ampla distribuição de artefatos associados à pureza, o que "sugere que algum grupo importante liderou o caminho para preservar as tradições de pureza fora do templo" (James F. Strange, "Archaeology and the Farisees" [Arqueologia e os fariseus], em Neusner e Chilton, *In Quest of the Historical Pharisees*, 251).

preocupações com a pureza ao traçar imagens de criaturas impuras: um mosquito e um camelo (cf. Levítico 11:4,20-23). Jesus continua nessa linha e usa imagens associadas à pureza ritual como uma metáfora para a pessoa que deve estar limpa por dentro e por fora.[13] Esse apelo à integridade (e repúdio à hipocrisia) é temático em todo o Evangelho (p. ex., Mateus 5:8,21-48; 6:1-18,22-24; 15:1-20; 23:13-35). Esses dois "ais" lançados aos fariseus (veja a seguir a discussão sobre a causticidade de Mateus 23) destacam uma crítica fundamental, feita por Jesus nesse Evangelho, quanto aos diferentes patamares dos fariseus: a preocupação deles com a pureza não é profunda o suficiente.

Em dois pontos do ministério galileu de Jesus,[14] Mateus narra conflitos entre fariseus e Jesus relacionados às práticas alimentares dele (ou de seus discípulos), que sinalizam preocupações com respeito à pureza. Na primeira perícope (9:9-13), os fariseus estão aborrecidos por Jesus comer "com coletores de impostos e pecadores", uma referência a uma refeição a que Jesus compareceu na casa de Mateus, um coletor de impostos. Jesus responde dizendo que sua missão é dirigida aos pecadores (e não aos justos). Essa perícope fornece uma janela para as preocupações farisaicas sobre hábitos alimentares displicentes.

A questão parece ser o costume de Jesus de comer com quem era displicente na observância da Torá, tornando-se, portanto, a fonte de contaminação ritual dos judeus que mantinham um nível de pureza mais exato. Os fariseus históricos parecem ter-se preocupado com esse maior nível de aderência à pureza. Como Jacob Neusner conclui de sua revisão das evidências rabínicas, os fariseus eram "pessoas comuns que faziam refeições em casa em condições análogas às exigidas dos sacerdotes no templo ou em suas casas".[15] Amy-Jill Levine sumariza os prováveis objetivos e práticas deles desta maneira:

---

[13]R. T. France, *The Gospel of Matthew* [O Evangelho de Mateus], NICNT (Grand Rapids: Eerdmans, 2007), 874 e n42.

[14]Marcos e Lucas colocam os fariseus principalmente na Galileia (veja, porém, Marcos 12:13 e Lucas 19:39). Mateus expande a ação deles com várias referências à sua presença em Jerusalém (n. 590 abaixo). Embora Josefo localize os fariseus (exclusivamente) em Jerusalém, a ausência deles na Galileia em seus escritos não pode ser lida como um argumento contra a atividade farisaica, pois "Josefo não estava interessado na vida campesina" (Saldarini, *Pharisees, Scribes, and Sadducees*, 173) e não mostra interesse contínuo pelos fariseus, ou seja, o que temos em Josefo sobre esse grupo é bastante incidental (Steve Mason, "Josephus' Pharisees: The Narratives" [Os fariseus de Josefo: as narrativas], em Neusner e Chilton, *In Quest of the Historical Pharisees*, 37)

[15]Jacob Neusner, "The Debate with E. P. Sanders since 1970" [O debate com E. P. Sanders desde 1970], em Neusner e Chilton, *In Quest of the Historical Pharisees*, 404. Observe o termo "análoga" (*vs.* idêntica) em Neusner; Wright trata da importância das nuances a esse respeito ao afirmar que "a pureza farisaica tem *um grau diferente na mesma escala* que é aplicada aos que trabalham no templo" (grifo no original; Wright, *New Testament and the People of God*, 187n109).

Os fariseus podem muito bem ter se empenhado em direcionar as práticas de pureza do Templo para o lar, de modo que a mesa da casa refletisse o altar do Templo, e os que estivessem à Mesa comessem com o mesmo *status* que os sacerdotes que serviam em Jerusalém. Assim, os fariseus estariam particularmente preocupados com o fato de terem adequadamente dado o dízimo de seus alimentos e de não estarem em situações de impureza ritual.[16]

Nessa reconstrução, o comportamento alimentar de Jesus, conforme registrado em Mateus 9, teria levantado preocupações para os fariseus. E, como o evangelista mais tarde destacará, Jesus ganhou uma reputação por esse comportamento, sendo conhecido como "glutão e bêbado, um amigo de coletores de impostos e de pecadores" (11:19).

Essa combinação de temas — hábitos alimentares e cuidados com aqueles com quem se come — sugere preocupação relacionada à "contaminação secundária", que envolvia ter contato físico com "algo tocado por uma pessoa ou coisa em estado impuro".[17] Enquanto os fariseus exibiam tanta preocupação com a contaminação secundária, Mateus, nesses textos, implica que Jesus não a tinha.[18] Isso não significa, no entanto, que Jesus mesmo tenha sido displicente na observância das leis de pureza. O retrato que Mateus faz de Jesus não mostra nenhum sinal de desrespeito pelas práticas de pureza relacionadas a contaminantes primários legislados na Torá. Por exemplo, o Jesus de Mateus exorta um homem a quem curou de uma doença de pele a praticar os requisitos de purificação prescritos na Torá (8:1-4; cf. Levítico 14:1-32). Como observo em outro lugar, essa exortação "sugere uma concepção do Jesus em Mateus como reflexivamente atento aos regulamentos de pureza da Torá".[19] E teria sido lugar-comum para Jesus incorrer em impurezas rituais, como todos os judeus teriam, e depois seguir

---

[16]Amy-Jill Levine, "Discharging Responsibility: Matthean Jesus, Biblical Law, Hemorrhaging Woman" [Cumprindo responsabilidade: Jesus em Mateus, lei bíblica, a mulher hemorrágica], em *Treasures New and Old: Recent Contribuies to Matthean Studies* [Tesouros novos e velhos: recentes contribuições para os estudos de Mateus], ed. David R. Bauer e Mark Allan Powell, SymS 1 (Atlanta: SBL Press, 1996), 388.

[17]David A. deSilva, *Honor, Patronage, Kinship, and Purity: Unlocking New Testament Culture* [Honra, patronato, parentesco e pureza: desvendando a cultura do Novo Testamento] (Downers Grove, IL: InterVarsity Press, 2000), 276.

[18]Pickup analisa essa distinção observando que "os fariseus em Mateus não têm comunhão com judeus não observadores. Mas isso não parece significar que se opunham a associar-se a não fariseus que mantivessem a pureza ritual à mesa" ("Matthew's and Mark's Pharisees", 109). Em minha opinião, Jesus se encaixaria na categoria de não farisaico *e* observador da Torá. Como tal, ele não teria problemas em comer com judeus não observadores.

[19]Brown e Roberts, *Matthew*, 511.

os regulamentos da Torá para se tornar ritualmente limpo. Como David de Silva sugere, "ser um judeu observador [...] não significava evitar toda a impureza, mas, antes, saber quando havia sofrido contaminação, a fim de buscar de pronto a purificação".[20]

Essas observações correspondem ao retrato constante que Mateus faz de Jesus como cuidadoso observador da Torá e alguém que ensina seus seguidores a fazer o mesmo (5:17-20; 12:7; 15:3-9; 17:24-27; 19:16-19; 21:28-32; 23:23). Esse é um homem judeu que usa as franjas necessárias (κράσπεδον, *kraspedon*) na borda de seu manto (9:20; cf. Números 15:38) e que de maneira alguma desconsidera a observância do sábado, mas afirma que ele e seus discípulos interpretaram as Escrituras (Mateus 12:3-6) sobre o sábado com precisão e, portanto, eram "inocentes" da acusação de quebrá-lo (ἀναίτιος, *anaitios*; 12:7).[21]

O segundo conflito sobre a pureza entre fariseus e Jesus durante seu ministério na Galileia ocorre em Mateus 15:1-20. Esse texto fornece evidências corroborativas para a reconstrução dos fariseus feita por Neusner como pessoas comprometidas em fazer refeições em um estado elevado de pureza, a fim de se aproximarem dos requisitos sacerdotais. Os fariseus "que vieram de Jerusalém" (v. 1) expressam preocupação com o fato de que os discípulos de Jesus não estão seguindo às lavagens de mãos prescritas pela "tradição dos anciãos" (v. 2). A Torá estabeleceu certas normas quanto à lavagem das mãos para os sacerdotes quando eles ministravam no templo e diante do altar.

> Disse então o SENHOR a Moisés: "Faça uma bacia de bronze com uma base de bronze, para se lavarem. Coloque-a entre a Tenda do Encontro e o altar, e mande enchê-la de água. Arão e seus filhos lavarão as mãos e os pés com a água da bacia. Toda vez que entrarem na Tenda do Encontro, terão que lavar--se com água, para que não morram. Quando também se aproximarem do altar para ministrar ao SENHOR, apresentando uma oferta preparada no fogo, lavarão as mãos e os pés para que não morram. Esse é um decreto perpétuo, para Arão e os seus descendentes, geração após geração" (Êxodo 30:17-21).

---

[20]deSilva, *Honor, Patronage, Kinship, and Purity*, 275n62. Levine, de modo proveitoso, coloca a impureza ritual em contexto: "A impureza não é uma doença e não implica censura moral; é um estado ritual em que homens e mulheres provavelmente se encontravam a maior parte do tempo" ("Discharging Responsibility: Matthean Jesus, Biblical Law, Hemorrhaging Woman", 387).
[21]O embate entre Jesus e os fariseus sobre a observância do sábado (Mateus 12:1-14) também se encaixa em um tópico recorrente do material rabínico; Jacob Neusner, "The Pharisaic Agenda: Laws Attributed in the Mishnah and the Tosefta to Pre-70 Pharisees" [A agenda farisaica: leis atribuídas na Mishná e na Tosefta aos fariseus pré-70], em Neusner e Chilton, *In Quest of the Historical Pharisees*, 313.

A lavagem das mãos estava ligada principalmente ao serviço sacerdotal de apresentar "uma oferta preparada no fogo" ao SENHOR (v. 20). Essa conexão entre pureza com a lavagem das mãos e a comida se encaixa no interesse dos fariseus expresso em Mateus 15:1,2 e na inquietação anterior com Jesus comer com aqueles que poderiam afetar seu estado de pureza ritual (9:9-13). Mateus retrata esses fariseus de Jerusalém como interessados na relevância desses regulamentos sacerdotais sobre alimentos para judeus que estavam além do círculo sacerdotal, para si mesmos, assim como para Jesus e seus discípulos.[22]

A conclusão de Mateus a essa perícope difere da de Marcos (7:1-23), tanto em sua declaração final adicional (Mateus 15:20b) quanto na omissão do comentário de Marcos (autoral e parentético) de 7:19: "Com isso Jesus quis dizer que todos os tipos de alimento podem ser comidos" (NTLH). Por meio dessa omissão e de sua conclusão adicional — "Comer com mãos não purificadas não contamina a pessoa" (Mateus 15:20b) —, Mateus destaca que a resposta de Jesus deve estar ligada à preocupação inicial dos fariseus com a lavagem das mãos (v. 1,2) e não deve ser lida como uma dispensa sumária dos regulamentos judaicos quanto à pureza.

Além desses conflitos sobre práticas alimentares, Mateus inclui uma passagem sobre o dízimo que fornece outra janela quanto a discordâncias a respeito de pureza entre Jesus e os fariseus. Em 23:23,24, Jesus afirma as práticas do dízimo dos fariseus e critica o foco excessivo deles nesse assunto.

> Quão terrível será para vocês, escribas e fariseus, vocês, hipócritas! Pois vocês dão o dízimo da menta, do endro e do cominho, mas negligenciam os assuntos mais importantes da lei: justiça e misericórdia e lealdade. Isso vocês deveriam ter feito, sem negligenciar os outros. Vocês são guias cegos, que coam um mosquito e, no entanto, engolem um camelo!

É importante notar que o Jesus de Mateus não despreza a preocupação farisaica de dízimo até das menores plantas, de acordo com a Torá, pois "todos os dízimos da terra [...] pertencem ao SENHOR" (Levítico 27:30). Em vez disso, ele pede maior integridade em lealdade a toda a Torá: "Isso vocês deveriam ter feito, sem negligenciar os outros" (Mateus 23:23b). Embora a conexão entre o dízimo e a pureza possa não ser imediatamente óbvia para o leitor

---

[22]Veja *m. Yadayim* 1:1—2:4; e excurso de Nolland sobre a lavagem ritual das mãos (*Gospel of Matthew*, 611-15).

contemporâneo, o dízimo estava, de fato, intimamente associado à pureza por seu impacto nas práticas alimentares judaicas.[23] Como Neusner esclarece,

> Como os alimentos que não haviam sido adequadamente cultivados ou dos quais não havia sido separado o dízimo não podiam ser consumidos, e como a base da dieta eram produtos agrícolas, e não carne, a centralidade das regras agrícolas em grande parte se deve exatamente à mesma consideração: o que pode alguém comer e em que circunstâncias?[24]

Como vimos até agora, preocupações com a pureza e suas práticas, conforme elaboradas com respeito às determinações sobre os companheiros de refeição (p. ex., com quem um judeu pode comer?), aparecem ao longo da narrativa de Mateus (9:9-13; 11:19; 15:1-20; 23:23). Em cada caso, fariseus e Jesus discordam sobre essas práticas de uma maneira ou de outra. No entanto, em nenhum momento Mateus caracteriza Jesus como denegrindo ou ignorando os mandamentos de pureza. Em vez disso, retrata-o priorizando outros mandamentos da Torá ou prescrições das Escrituras (como, p. ex., os extraídos dos profetas) sobre os regulamentos de pureza, sem perdê-los de vista.

Esse motivo de priorização de alguns ensinamentos bíblicos sobre outros percorre todo o primeiro Evangelho. Na resposta de Jesus à crítica farisaica de comer com "coletores de impostos e pecadores" (9:13), ele cita Oseias 6:6: "Desejo misericórdia, não sacrifícios." Em Oseias, esse sentimento divino prioriza as ações de misericórdia em detrimento das ofertas do culto em vez de negá-las. Como James Limburg observa, "os profetas não advogam acabar com o mecanismo do culto, e Jesus não pede a abolição da lei. Em vez disso, os profetas e Jesus pedem reforma" (via repriorização).[25] Esse mesmo refrão de Oseias se repete em Mateus 12:7, no contexto de uma disputa sobre o sábado, em que o uso da passagem do profeta por Jesus implica que os fariseus seriam capazes de aplicar corretamente o mandamento do sábado se priorizassem a misericórdia em sua hermenêutica. Isso é coerente com o que já vimos em Mateus 23:23, onde Jesus prioriza "os assuntos

---

[23]Jacob Neusner, "The Rabbinic Traditions about the Pharisees before 70 CE: An Overview" [As tradições rabínicas sobre os fariseus antes de 70 d.C.: uma visão geral], em Neusner e Chilton, *In Quest of the Historical Pharisees*, 309.

[24]Neusner, "Pharisaic Agenda", 317.

[25]James Limburg, *Hosea—Micah* [Oseias—Miqueias], IBC (Louisville: Westminster John Knox, 1988), 30; cf. 1Samuel 15:22: "A obediência é melhor do que o sacrifício."

mais importantes da lei: justiça e misericórdia e lealdade".[26] Jesus também identifica os dois maiores mandamentos como sendo amor de Deus e amor ao próximo (22:34-40), outro momento de priorização na narrativa de Mateus.[27] Um tipo semelhante de priorização é evidente também na Mishná. Por exemplo, em 'Abot 2:1, ouvimos falar de mandamentos "leves" e "pesados". Como Gary Burge parafraseia, "certamente nem todas as leis podem ser igualmente importantes: algumas podem ser 'pesadas', e outras, 'leves'".[28] O que vemos o Jesus de Mateus fazendo a esse respeito se encaixa em um padrão judaico e, portanto, faz sentido histórico.

Eu dei atenção considerável ao tópico da pureza a fim de iluminar o conflito entre os fariseus de Mateus e o Jesus de Mateus por duas razões. Primeira: as práticas de pureza formam uma importante *interseção de ênfase* entre as tradições rabínicas e o primeiro Evangelho, sugerindo uma área promissora a partir da qual considerar os fariseus históricos. De acordo com Neusner, "aproximadamente 67% de todas as perícopes legais [das autoridades anteriores a 70 d.C.] lidam com leis alimentares: pureza ritual quanto a refeições e regras agrícolas que regem a adequação dos alimentos ao consumo farisaico".[29] O foco de Mateus na pureza como uma área significativa de desacordo entre fariseus e Jesus é coerente com o retrato rabínico, fornecendo atestado com várias fontes.[30]

Segunda: concentrei-me nos conflitos de pureza entre Jesus e os fariseus por causa de frequentes percepções errôneas nos estudos do Evangelho a respeito do papel da pureza no judaísmo do primeiro século que, portanto, podem potencialmente levar a compreender mal as intenções e práticas dos fariseus.[31] Não é o compromisso dos fariseus com os mandamentos de

---

[26]Mateus 23:23 faz alusão a Miqueias 6:8, com seu chamamento a "fazer justiça e amar a misericórdia e estar pronto para andar com o Senhor, seu Deus" (i.e., ser leal a Deus; LXX, minha tradução).

[27]Compare tb. Mateus 15:1-9, sobre a crítica de Jesus aos fariseus por negligenciarem a prioridade de honrar os pais, concentrando-se em "suas tradições" (v. 3,6).

[28]Gary M. Burge, "Commandment" [Mandamento], em *Dictionary of Jesus and the Gospels*, 2.ª ed., ed. Joel B. Green, Jeannine K. Brown e Nicholas Perrin (Downers Grove, IL: InterVarsity Press, 2013), 151.

[29]Neusner, "Rabbinic Traditions", 299. O método de Neusner envolve identificar, dentro da Mishná e da Toseftá, "os nomes dos sábios rabínicos que se presume terem vivido antes de 70, ou as Casas de Shammai e Hillel, dois desses mestres", e isolar as tradições associadas para análise (297).

[30]Também podemos observar que parte do material de Mateus sobre pureza já é atestada em Marcos (p. ex., Mateus 15:1-20) e em Q (p. ex., Mateus 23:23).

[31]Veja as críticas importantes de Levine em "Discharging Responsibility"; idem, *The Misunderstood Jew: The Church and the Scandal of the Jewish Jesus* (San Francisco: HarperSanFrancisco, 2006); e idem, "Jesus in Jewish-Christian Dialogue" [Jesus no diálogo judaico-cristão], em *Soundings in the Religion of Jesus: Perspectives and Methods in Jewish and Christian Scholarship* [Pesquisas na religião de

pureza da Torá que dá ímpeto às críticas de Jesus. Em vez disso, é a priorização desses mandamentos sobre os "assuntos mais importantes" da Torá
que justifica a crítica que ele faz em Mateus. Além disso, o objetivo dos
fariseus de manter um nível mais rigoroso de pureza a fim de se aproximar
do comportamento sacerdotal levou a práticas excludentes nas refeições, as
quais vemos Jesus desaprovando em seu próprio ministério.

Esse ponto significativo de discórdia entre Jesus e os fariseus se encaixa
de maneira plausível no primeiro *Sitz im Leben* e sugere a viabilidade de
recorrer ao retrato dos fariseus feito por Mateus nessa área de debates sobre
pureza para uma reconstrução dos fariseus históricos.

Funções e posições sociais

A janela que Mateus fornece para esse provável conflito histórico entre os
fariseus e Jesus com respeito à centralidade da pureza levanta questões sobre
a posição social dos fariseus em relação à de Jesus. No aspecto narrativo do
Evangelho, os fariseus e Jesus parecem estar em posições comparáveis em
relação ao povo judeu, que é retratado como receptivo a ambos. Mateus
reconhece implicitamente a receptividade da multidão e até dos discípulos
de Jesus aos fariseus em vários pontos (p. ex., 5:20; 16:5-13; 23:1-7), e
esse retrato se encaixa no relatório de Josefo de que os fariseus tinham as
pessoas "de seu lado" (pelo menos durante o tempo dos asmoneus; veja
Antiguidades 13.298).[32] Como Saldarini sugere sobre o retrato feito por
Mateus: "A oposição dos escribas e fariseus a Jesus é razoável e esperada, pois
eles e o movimento de Jesus eram forças de liderança que tentavam moldar
a vida e a piedade judaicas e defender a sociedade judaica de muitas pressões
políticas e sociais não judaicas que a cercavam."[33] Podemos adicionar a isso o

---

Jesus: Perspectivas e métodos nos estudos acadêmicos judeus e cristãos], ed. Bruce Chilton, Anthony
Le Donne e Jacob Neusner (Minneapolis: Fortress, 2012), 175-88.

[32]Mason descreve os fariseus de Josefo como "um grupo não aristocrático com enorme apoio popular"
("Josephus' Pharisees" [Fariseus de Josefo], 37). Dunn sugere que os fariseus tiveram influência significativa sobre o povo, porque eram motivados pela pureza não apenas para si mesmos, mas para todo
o Israel (*Antiguidades* 13.297-298); veja James D. G. Dunn, *Jesus Remembered*, vol. 1 de *Christianity
in the Making* (Grand Rapids: Eerdmans, 2003), 268-69.

[33]Saldarini, *Pharisees, Scribes, and Sadducees*, 173. Isso se encaixa na sugestão de Ilan de que "os
fariseus eram um partido da oposição durante a maior parte do período do Segundo Templo"; Tal
Ilan, *Integrating Women into Second Temple History* [Integrando as mulheres na história do Segundo
Templo], TSAJ 76 (Peabody, MA: Hendrickson, 2001), 37. Saldarini observa de modo mais amplo
que as "posições e funções sociais atribuídas a escribas e fariseus, e também aos saduceus, principais
sacerdotes e anciãos, são sociologicamente prováveis e se encaixam na sociedade judaica do primeiro

conjunto de suposições compartilhadas entre Jesus e os fariseus nas disputas sobre a Torá. Como observa Anders Runesson, "a crítica contra os fariseus, a própria força dos argumentos usados pelo Jesus de Mateus, depende desse fundamento compartilhado".[34]

Saldarini, a partir de sua substancial obra sobre fariseus, sugeriu o rótulo de "serventes" para eles, ou seja, "os fariseus eram, em sua maioria, funcionários subordinados, burocratas, juízes e educadores".[35] Como serventes, eles atuavam entre a classe dominante e a população e promulgavam mudanças sociais não diretamente, mas mediante a influência tanto sobre os benfeitores da elite a que serviam quanto sobre as pessoas que os procuravam. Jesus, por outro lado, era da classe dos artesãos, cujo apoio e papel populares como mestre parecem tê-lo levado a comparação e interação diretas com os fariseus (p. ex., Mateus 9:11; 12:38; 22:16,36; cf. 19:16).[36]

Apesar das diferenças de posição social, Mateus descreve os fariseus como o grupo que mais se aproximava de Jesus em seu papel de mestre, especialmente porque ambos desfrutavam de apoio popular e estavam concentrados na interpretação da Torá, tendo a pureza como importante área de disputa.[37] No essencial dessa imagem, Mateus ilustra uma estrutura relacional plausível, e até provável, para entender os fariseus históricos *vis à vis* Jesus.

O caso particular de Mateus 23

Mesmo se formos capazes de recorrer ao esboço de Mateus sobre a relação entre Jesus e os fariseus para uma reconstrução destes, o capítulo 23 de seu

---

século, como a conhecemos por meio de Josefo, de outros livros do Novo Testamento e de fontes rabínicas posteriores" (*Pharisees, Scribes, and Sadducees*, 172).
[34]Anders Runesson, "Behind the Gospel of Matthew: Radical Pharisees in Post-War Galilee?" [Por trás do Evangelho de Mateus: fariseus radicais na Galileia do pós-guerra?], *CurTM* 37 (2010): 467.
[35]Saldarini, *Pharisees, Scribes, and Sadducees*, 284.
[36]Saldarini identifica Jesus como "de uma família de artesãos de classe baixa" (*Pharisees, Scribes, and Sadducees*, 151).
[37]Pickup distingue os escribas dos fariseus pelo papel formal de ensino dos primeiros (cf. Mateus 7:28,29), embora também reconheça a sobreposição entre os dois grupos (veja Marcos 2:16). Os fariseus ensinavam "de maneira informal e secundária" ("Matthew's and Mark's Pharisees", 111). Comentando a equiparação regular que Mateus faz dos dois grupos (p. ex., 5:20; 12:38; 15:1; 23:2,13,15,23,25,27,29), Pickup sugere que a expressão "escribas e fariseus" ilumina o reconhecimento feito por Mateus de que os escribas "são os mestres formais e primários da Lei" (por colocá-los à frente na equiparação, 103) e "de que os fariseus cumpriram um papel de ensino altamente influente, embora secundário, ao lado dos escribas" (104). Saldarini (*Pharisees, Scribes, and Sadducees*, 274) conclui que os escribas eram, na maioria, "funcionários de nível médio e sua posição lhes dava algum poder e influência, mas estavam subordinados aos sacerdotes e às famílias líderes em Jerusalém e a Herodes Antipas, na Galileia, durante o tempo de Jesus, e eram deles dependentes".

Evangelho é rotineiramente problematizado por causa da veracidade histórica. David Garland expressa a questão de maneira aguda quando escreve que esse capítulo deve ser entendido como

> uma composição de Mateus pela qual ele tomou tradições e as interpretou mediante alterações e reorganizações a fim de expressar sua própria teologia. Portanto, a intenção de Mateus pode expressar algo completamente oposto à intenção de Jesus no cenário original.[38]

Certamente, a polêmica das tradições incluídas em Mateus 23:13-39 foi intensificada por meio do arranjo que o evangelista fez desses "ais" em sete punições cuidadosamente tramadas de "escribas e fariseus", envolvendo três pares de "ais", seguidos por um sétimo "ai" em clímax (v. 13-15,16-23,25-28, limitados por 29-36).[39] Quando comparado a Lucas 11:42-52 (ambos extraídos do material *Q*), Mateus lê com mais severidade a séptupla invectiva contra os fariseus.[40] De fato, a posição de Mateus 23 como o clímax do confronto entre a liderança de Jerusalém e Jesus dá mais peso a esses "ais" (caps. 21—23). Ao lado da omissão por parte do evangelista de qualquer caracterização positiva dos fariseus, estaríamos justificados em concordar com Saldarini que "pouca informação histórica confiável pode ser obtida" em Mateus 23.[41]

Como o objetivo deste capítulo é discernir possibilidades históricas para os fariseus históricos a partir desse Evangelho, não tento uma análise histórica completa de seu capítulo 23 a fim de determinar quais de suas partes podem voltar ao Jesus histórico e quais se originam da redação do evangelista. Em vez disso, sugiro três maneiras pelas quais Mateus 23 pode refletir autenticamente aqueles fariseus.

A primeira é que o capítulo em estudo começa com uma afirmação aparentemente inadequada feita pelo evangelista com respeito aos fariseus.

---

[38]David E. Garland, *The Intention of Matthew 23* [A intenção de Mateus 23], NovTSup 52 (Leiden: Brill, 1979), 65.

[39]Brown e Roberts, *Matthew*, 208-9.

[40]Embora o equilíbrio estilizado de Lucas de três "ais" destinados a fariseus e três a "especialistas na lei" (νομικός, *nomikos*) certamente envolva uma retórica forte.

[41]Saldarini, *Pharisees, Scribes, and Sadducees*, 165. Apresentando uma visão oposta, Casey faz a reconstrução de um *Q* aramaico por trás de partes de Mateus 23 (e de Lucas 11) e conclui dela que, "por trás da vigorosa edição de Mateus e Lucas, temos uma fonte cujo conteúdo é genuíno" (Maurice Casey, *An Aramaic Approach to Q Sources for the Gospels of Matthew and Luke* [Um entendimento aramaico das fontes *Q* para os Evangelhos de Mateus e Lucas], SNTSMS 122 [Cambridge: Cambridge University Press, 2002], 103).

Então, Jesus falou às multidões e a seus discípulos: "Os escribas e fariseus sentam-se na cadeira de Moisés. Portanto, pratiquem o que eles mandarem e obedeçam a isso" (v. 1-3a).

Embora a consequência exata dos fariseus sentarem-se "na cadeira de Moisés" seja motivo de debate, Jesus afirma claramente algo sobre o papel deles em relação à população judaica. Mark Allan Powell sugere que Jesus não se refere à autoridade de ensino dos fariseus (que é difícil de combinar com o restante de Mateus; cf. 16:12), mas ao papel deles na leitura das Escrituras nas sinagogas. Por meio dessa função, eles davam *acesso* às Escrituras ao povo judeu, que deveria praticar os mandamentos de Deus que os fariseus comunicavam nessas leituras.[42] Como alternativa, o Jesus apresentado por Mateus pode estar distinguindo entre o papel de ensino dos fariseus e a aplicação incorreta que fazem da Torá. Pickup sugere que Jesus está dizendo que "o povo deve seguir o ensino das Escrituras realizado por escribas e fariseus, mas não o comportamento deles ou a halaca de suas tradições orais".[43] Isso se encaixa no refrão do Jesus de Mateus de que os fariseus, em vez de serem exemplos de obediência à Torá, são "deficientes na observância a ela".[44] Essa avaliação tem uma afinidade com a crítica de Cunrã "àqueles que buscam coisas tranquilas" (p. ex., CD 1.18; 1QH^a X, 32), de modo geral identificados com os fariseus, e potencialmente focados em encontrar maneiras de ignorar a completa obediência ("encontrar 'brechas'").[45] Qualquer que seja o significado de 23.2,3a, é provável que esse enquadramento exclusivamente positivo do papel dos fariseus seja uma tradição que Mateus herdou e conservou.[46]

A segunda é que a estruturação de 23:13-39 é importante no que se refere aos fariseus históricos. Tenho destacado que existem sete "ais" que cercam essa parte do capítulo. O termo οὐαί (*ouai*) é tradicionalmente traduzido por "ai", mas também pode ser traduzido por "quão terrível será". Em outras

---

[42]Mark A. Powell, "Do and Keep What Moses Says (Matthew 23:2-7)" [Fazer e guardar o que Moisés diz (Mateus 23:2-7)], *JBL* 114 (1995): 431-32; Lynn Cohick, "Pharisees", em *Dictionary of Jesus and the Gospels*, 2.ª ed., 674.

[43]Pickup, "Matthew's and Mark's Pharisees", 106. Ele segue a esclarecer: "O Jesus de Mateus pune escribas e fariseus por fracassarem na vida pública ao não oferecerem um exemplo adequado de como viver e cumprir a Torá" (107).

[44]Runesson, "Behind the Gospel of Matthew", 466.

[45]Green, "What Do We Really Know about the Pharisees", 411; veja tb. James C. VanderKam, "The Pharisees and the Dead Sea Scrolls" [Os fariseus e os manuscritos do mar Morto], em Neusner e Chilton, *In Quest of the Historical Pharisees*, 225-36.

[46]Saldarini, *Pharisees, Scribes, and Sadducees*, 165.

palavras, essa interjeição pode ser usada como uma expressão de desagrado (BDAG 734), que se assemelha a uma palavra de julgamento,[47] ou como um anúncio de calamidade iminente, como em 24:19. Nesse último texto, a ideia de julgamento parece irrelevante e até inapropriada: "ούαί das mães grávidas e das que amamentam." Garland argumenta: "Essa afirmação indica [...] uma compassiva preocupação com a necessidade de fuga para aqueles cuja condição física não a torna propícia."[48] O entendimento de *ouai* em Mateus 23 como o anúncio feito por Jesus de calamidade iminente está de acordo com o retrato mais amplo feito pelo evangelista do papel profético de Jesus em advertir sobre (embora não decretando) o julgamento. O julgamento, um importante tema em Mateus, não faz parte da chegada atual do reino, mas é adiado para o dia final em que Deus (e o Filho) corrigirá tudo o que está errado (p. ex., a junção feita por Mateus da linguagem do "fim dos tempos" com juízo do dia final em 13:39,40,49; veja tb. 10:15; 11:22,24; 12:36,41,42; 25:31-33).[49] Nessa compreensão de Mateus 23,

> Jesus está anunciando juízo profético sobre aqueles líderes por suas ações e hipocrisia que, juntas, trabalham contra o reino. O próprio Jesus não decretou esse juízo no presente; em vez disso, ele fala de juízo futuro para as ações realizadas (cf. 16:27).[50]

E, como Garland enfatiza, essas palavras são apontadas para um público, segundo a narrativa, de multidões e discípulos como um aviso para considerarem o próprio comportamento hipócrita (23:1).[51]

Por fim, Mateus 23 — por mais cuidadoso que tenha sido o arranjo feito pelo evangelista, com a polêmica acentuada — trata de uma série de tópicos adequados aos interesses dos fariseus do primeiro século, reconstruídos a partir de material rabínico. Neusner observa que "os tópicos das tradições rabínicas atribuídas aos fariseus anteriores a 70 d.C. se comparavam

---

[47]Garland conclui, de seu olhar para Mateus e o Antigo Testamento, que *ouai* em Mateus 23 "conota um juízo poderoso e denunciatório semelhante a uma maldição" (*Intention of Matthew 23*, 87).

[48]Garland, *Intention of Matthew 23*, 68. Ele entende que *ouai* tem duas conotações diferentes aqui e no capítulo 23.

[49]Também é sugestivo que a visão original de João, o Batista, sobre o ministério de Jesus envolvendo julgamento (Mateus 3:13) pareça ser desafiada pelo ministério de misericórdia deste (11:2-6). Qualquer que fosse a visão de João sobre as "obras do Messias" (v. 2), a de Mateus está focada nas ações misericordiosas de Jesus de curar e pregar o reino aos pobres (v. 3-5).

[50]Brown e Roberts, *Matthew*, 209.

[51]Garland, *Intention of Matthew 23*, 214-15.

muito aos temas de Mateus 23:1-33 [...] nos ais que dizem respeito aos fariseus [...]".[52] Já examinei as advertências de Jesus nos versículos 23 e 24 e 25-28, com a atenção voltada a questões relativas à pureza, e sugeri que os temas de pureza no Evangelho de Mateus são coerentes com o retrato rabínico feito dos fariseus.

O terceiro "ai" (v. 16-22) trata de fazerem-se votos, o que Neusner inclui em sua lista de tópicos de interesse dos fariseus históricos: os fariseus de Mateus "são muito parecidos com os rabinos; eles pertencem ao período romano, e seus temas de ordem legal são praticamente idênticos: dízimo, leis de pureza, observância do sábado, votos e similares".[53] Também ocorre que a crítica de Jesus à maneira pela qual os escribas e fariseus cumprem seus votos concorda com o contexto judaico descrito por Fílon, que, ao escrever no primeiro século, diz que alguns de seus colegas judeus "juram minuciosamente e fazem longos discursos que consistam em uma série de juramentos, e, assim, pelo mau uso das muitas formas do nome divino em lugares onde não deveriam usá-lo, mostram sua impiedade" (*Decálogo* 94). Antes, Jesus ensinara seus seguidores a manter a palavra dada sem fazerem votos impensados: "Mas que sua palavra sustente-se como 'Sim' ou 'Não'" (Mateus 5:37; cf. Fílon, *Decálogo* 92). Esse ensinamento é expandido e estendido em Mateus 23:16-22 para enfatizar que "prestar juramento diante de Deus é uma ação séria e não pode ser negada por elaboradas circunlocuções".[54] Essa sensibilidade expressa pelo Jesus retratado em Mateus é coerente com o contexto judaico do início do primeiro século, como tornado claro por Fílon.[55]

Vimos que o retrato apresentado por Mateus no capítulo 23 afirma algumas facetas importantes dos objetivos e práticas farisaicos sugeridos em outras fontes contemporâneas.[56] No entanto, o referido capítulo eleva a polêmica contra os fariseus a um nível mais alto, ao reunir "ais" em sete

---

[52]Neusner, "Rabbinic Traditions", 298.
[53]Neusner, "Rabbinic Traditions", 301.
[54]Brown e Roberts, *Matthew*, 210.
[55]Belkin sugere que Fílon (e Josefo; veja *Antiguidades* 5.169) apoia a compreensão de Jesus sobre os juramentos contra os fariseus em Mateus 15:5,6, nos quais Jesus (como Fílon) se opõe ao cumprimento de um juramento "antissocial" (Samuel Belkin, "Dissolution of Vows and the Problem of Anti-Social Oaths in the Gospels and Contemporary Jewish Literature" [Dissolução de votos e o problema dos juramentos antissociais nos Evangelhos e na literatura judaica contemporânea], *JBL* 55 [1936]: 227-34).
[56]Para uma defesa de que Mateus 23:15 (o segundo "ai") é dito autêntico de Jesus e reflete uma situação em que (alguns) fariseus tentaram recrutar simpatizantes gentios para se juntar a eles na resistência militar contra Roma, veja Michael F. Bird, "The Case of the Proselytizing Pharisees? — Matt 23.15" [O caso dos fariseus proselitistas? — Mateus 23:15], *JSHJ* 2 (2004): 117-37. Veja a discussão a seguir sobre os objetivos políticos dos fariseus.

advertências terríveis e perfectivas.[57] Ao lado dessa intensificação retórica está a omissão do evangelista de quaisquer exemplos de fariseus que tenham respondido positivamente a Jesus. Em outras palavras, embora Mateus traga luz sobre alguns aspectos importantes dos fariseus históricos, ele não apresenta o quadro todo. Se tivéssemos apenas Mateus, e não Lucas-Atos, por exemplo, não saberíamos dos fariseus que agiram com benevolência em relação a Jesus ou mesmo se juntaram a seu movimento (como em Lucas 13:31; Atos 15:5; 23:9). Portanto, o retrato descrito em Mateus deve ser lido com prudência e sensibilidade para entender os fariseus históricos.

> A seletividade da narrativa [de Mateus] exige circunspecção. Devemos ter cuidado ao usar qualquer representação para caracterizar de modo adequado o grupo histórico em questão. Uma leitura que pressupõe uma correspondência tão direta é particularmente preocupante quando os diferenciais de poder relativo entre as entidades emergentes do judaísmo e do cristianismo nos séculos seguintes ao tempo de Jesus mudaram drasticamente.[58]

A questão dos objetivos políticos dos fariseus em Mateus

Aparece com frequência nas discussões sobre os fariseus históricos o tópico de seus interesses e objetivos políticos. Neusner, por exemplo, observa que a apresentação que Josefo faz dos fariseus como influentes na esfera política não tem paralelo no material rabínico e percebe os Evangelhos como mais congruentes com a última posição do que com a primeira.[59] Steve Mason resume (embora não recomende) um ponto de vista comum de que Josefo retrata um movimento farisaico afastando-se da política durante o início do primeiro século d.C.: "Os fariseus alcançaram algum poder sob Alexandre e depois desapareceram da vida política sob Herodes (ou ainda antes), para ressurgir apenas na véspera da revolta em 66."[60] Sob essa perspectiva, os

---

[57]Para o papel de Mateus 23:37-39 na mitigação do tom do capítulo, consulte W. D. Davies e Dale C. Allison, *A Critical and Exegetical Commentary on the Gospel According to Saint Matthew* [Um comentário crítico e exegético sobre o Evangelho segundo São Mateus], 3 vols., ICC (Londres: T&T Clark, 1988-1997), 3:319-25.

[58]Brown e Roberts, *Matthew*, 514. Para outras considerações históricas sobre a representação dos fariseus encontrada em Mateus, veja o capítulo 21 desta obra.

[59]Neusner, "Rabbinic Traditions", 310-11.

[60]Mason, "Josephus' Pharisees", 38. Para um argumento completo de que os fariseus se afastaram dos interesses políticos e se preocuparam internamente com a pureza, consulte Jacob Neusner, *From Politics to Piety: The Emergence of Pharisaic Judaism* [Da política à piedade: o surgimento do judaísmo farisaico] (Englewood Cliffs, NJ: Prentice-Hall, 1972).

Evangelhos, e Mateus especificamente, caracterizam os fariseus como essencialmente não políticos. A questão que trato nesta seção final do capítulo envolve os interesses políticos dos fariseus em Mateus e como eles podem ser mapeados no terreno histórico.

É importante, de início, tratar da compreensão de Josefo que termina em uma reconstrução dos fariseus como minguando e crescendo em seus objetivos políticos (ou simplesmente diminuindo após o tempo dos asmoneus). Mason argumenta que os fariseus são muito mais incidentais aos interesses de Josefo do que se costuma reconhecer, de modo que não se pode esboçar com confiança qualquer tipo de trajetória, do engajamento político ao desengajamento.[61] Mason resume o retrato narrativo dos fariseus em Josefo da seguinte maneira:

> Fariseus aparecem como um aborrecimento ocasional para a elite. Eles são um grupo não aristocrático com enorme apoio popular e uma disposição perversa de usar esse apoio demagogicamente, mesmo por capricho, a fim de agitar as massas contra a autoridade devidamente constituída: asmoneia, herodiana ou josefiana.[62]

Da mesma forma, E. P. Sanders descreve os fariseus como *defensores da dissidência* durante os anos herodianos e romanos. "Eles não estavam no poder, nem estavam perto daqueles que estavam. No entanto, quando o tempo pareceu adequado, eles ofereceram resistência ou até mesmo se envolveram em insurreição."[63] E Wright, baseando-se na variedade de fontes a respeito dos fariseus, sugere uma tese abrangente que faz muito sentido:

> Diante da "poluição" social, política e cultural no nível da vida nacional como um todo, uma reação natural [...] era concentrar-se na purificação pessoal, limpar e purificar uma área sobre a qual alguém tinha controle como compensação pela impossibilidade de limpar ou purificar uma área — a política, externa e visível — sobre a qual não havia nenhum. A intensificação dos regulamentos de pureza bíblica dentro do farisaísmo pode, portanto, convidar a explicação de que eles são o análogo individual do temor nacional aos gentios, e/ou resistência a eles, à contaminação ou à

---

[61]Mason, "Josephus' Pharisees", 37-40.
[62]Mason, "Josephus' Pharisees", 37-38.
[63]E. P. Sanders, *Judaism: Practice and Belief, 63 BCE—66 CE* [Judaísmo: prática e crença, 63 a.C.-66 d.C.] (Minneapolis: Fortress, 2016), 610.

opressão por eles. A pureza cerimonial atuava quase como uma atividade de deslocamento diante da aparente impossibilidade da pureza nacional.[64]

Com essa reconstrução potencial de Josefo (e incorporando o material rabínico) em vista, podemos voltar para Mateus e o texto específico que mais diretamente trata da questão dos interesses políticos farisaicos. Mateus 22:15-22 registra que alguns discípulos dos fariseus, ao lado de herodianos, vieram testar Jesus quando ele chegasse a Jerusalém.[65] O teste envolve a questão de pagar o imposto imperial (κῆνσος, *kēnsos*; v. 15-17). A armadilha pretendia centrar-se no aparente cenário de "ou perde, ou perde" por causa da resposta à pergunta. Responder que o pagamento do imposto era legal ou apropriado arriscaria afastar aqueles que viam a ocupação de Roma como uma afronta (p. ex., zelotes e simpatizantes). Contudo, responder o oposto podia ser considerado uma ameaça a Roma.[66]

O alinhamento de herodianos e fariseus apresentado por Mateus nessa passagem (herdado de Marcos) é sugestivo.[67] Helen Bond argumenta que os herodianos são provavelmente partidários ou apoiadores de Herodes Antipas.[68] Nesse caso, eles pareceriam estar no polo oposto a, pelo menos, alguns fariseus, que podiam ter pouca simpatia por Roma (como no esboço acima). Mateus (e, antes dele, Marcos) parece narrar uma aliança incomum focada em fazer tropeçar esse pretendente messiânico em uma questão política.[69] Especialmente por causa desse emparelhamento incomum dentro de um espectro político, parece que Mateus está retratando os fariseus como um grupo que tem objetivos e interesses políticos, mas sem a autoridade institucional para realizar seus desejos por conta própria.[70]

---

[64]Wright, *New Testament and the People of God*, 187-88.

[65]Os fariseus de Mateus aparecem em Jerusalém com mais frequência do que em Marcos e Lucas (veja Mateus 21:45; 22:34,41; 27:62). Como Saldarini observa (*Pharisees, Scribes, and Sadducees*, 173), "Josefo coloca os fariseus em Jerusalém; portanto, a presença deles não é improvável".

[66]Brown e Roberts, *Matthew*, 486.

[67]Pickup ("Matthew's and Mark's Pharisees", 93) acha curioso que Mateus retenha a referência aos herodianos aqui, enquanto omite as referências anteriores de Marcos a eles (Marcos 3:6; cf. 8:15). Se Mateus foi cuidadoso em manter sua fonte contra um interesse temático em Mateus 22:15,16, isso pode iluminar o material histórico.

[68]Embora não fossem um partido formal (Helen K. Bond, "Herodian Dynasty" [Dinastia herodiana], em *Dictionary of Jesus and the Gospels*, 2.ª ed., 382).

[69]Embora a questão seja mais do que política, certamente não é menos do que política, como pode ser visto pela resposta de Jesus.

[70]Wright sugere que "eles só obteriam poder se conspirassem ao lado de ou influenciassem outro grupo que já o possuía", como aconteceu com os herodianos descritos nessa perícope (*New Testament and the People of God*, 189). Se essa avaliação estiver correta, ajudará a explicar as várias coligações de

A resposta de Jesus também sugere interpretar essa passagem em seu todo, e não só incidentalmente (como se a pergunta fosse apenas um ardil), política. Vemos isso na cifrada e enigmática resposta de Jesus. Ele primeiro pede a moeda usada para pagar o imposto. O denário que lhe foi dado teria a inscrição "Tibério César Augusto, filho do Divino Augusto" de um lado e "Sumo Sacerdote" do outro. Tal reivindicação absoluta à autoridade divina (religiosa e política)[71] certamente contestava a fé e a lealdade judaicas monoteístas (como um entendimento de que tudo pertence ao Deus de Israel; p. ex., Salmos 24:1,2; 50:9-12). Assim, parece correto entender as palavras finais de Jesus como um enigma: "Portanto, deem a César o que pertence a César e a Deus o que pertence a Deus" (Mateus 22:21).[72] Mediante o enigma,

> Jesus pode ter implicitamente afirmado o governo universal de Iavé diante das reivindicações de soberania de Roma, mas evitado cair na armadilha de seus oponentes de abster-se diretamente do pagamento do imposto imperial. Não é de admirar que seus oponentes tenham ficado impressionados com a resposta dele (22:22).[73]

Na minha leitura, Mateus 22:15-22 retrata Jesus e os fariseus como tendo objetivos políticos, e não apenas religiosos. A caracterização dos fariseus a partir dessa perícope parece se encaixar nas construções dos fariseus como homens politicamente motivados, mas sem poder institucional direto para promover mudanças. Os fariseus de Mateus são retratados não como oficiais centrais do judaísmo, mas em relação auxiliar a outros grupos que detêm poder institucional.[74]

CONCLUSÃO

O objetivo da presente análise foi examinar facetas do retrato que Mateus faz dos fariseus que poderiam encontrar ressonância histórica com retratos de

---

grupos judaicos em Mateus. Uma que tem sido questionada em termos de veracidade histórica é a referência nesse Evangelho a "fariseus e saduceus" em 3:7 e 16:1,6,11,12. No entanto, de acordo com Saldarini, "é possível, e até provável, que os fariseus e saduceus, como grupos que tinham interesses no judaísmo, tivessem interesses comuns em como o judaísmo era vivido e se houvessem unido contra uma nova facção centrada em Jesus" (*Pharisees, Scribes, and Sadducees*, 167).
[71]Nicholas Perrin ilustra bem essas afirmações em *Jesus the Priest* [Jesus, o Sacerdote] (Londres: SPCK, 2018).
[72]Ben Witherington III, *Matthew*, SHBC 19 (Macon, GA: Smyth & Helwys, 2006), 413. Para outros enigmas de Jesus em Mateus, veja 10:34; 12:39,40; 22:41-46.
[73]Brown e Roberts, *Matthew*, 203.
[74]Pickup, "Matthew's and Mark's Pharisees", 108.

fariseus providos por outras fontes. Os contornos historicamente plausíveis dos fariseus nesse Evangelho incluem seus objetivos e suas práticas relacionadas a regulamentos de pureza que excedem o que era esperado de judeus não sacerdotais e o interesse relacionado em comer refeições nesse estado de pureza (9:9-13). Algumas das relevantes práticas de pureza incluíam a lavagem das mãos (15:1-9) e o dízimo dos itens de alimentação relacionados (23:23). A referência de Mateus ao interesse farisaico em juramentos elaborados (v. 16-22) se encaixa na descrição que Fílon faz de alguns contemporâneos. E, não importando o que o Jesus de Mateus tenha pretendido afirmar sobre o papel ou a autoridade dos fariseus nos versículos 2 e 3b, esse dito parece refletir uma tradição herdada, que não se encaixa nos interesses de Mateus particularmente bem e, portanto, pode esclarecer as realidades históricas. Por fim, 22:15-22, que afirma os interesses políticos de, pelo menos, alguns fariseus, concorda com a caracterização elaborada por Josefo de que eles eram mais do que uma seita focada internamente, preocupada apenas com a pureza e a comunhão à mesa.

Embora tenha Mateus, com certeza, moldado seu retrato dos fariseus (como ele fez com o retrato de Jesus) para dirigir-se a seu próprio contexto e público, a plausibilidade histórica de várias facetas dos fariseus nesse Evangelho sugerirem argumentos de que seu autor está apenas, ou mesmo primariamente, refletindo de modo destacado controvérsias entre sua comunidade e seus antagonistas judeus contemporâneos pode ter sido exagerada.[75] Embora os interesses de Mateus devam permanecer um foco de interpretação, o primeiro Evangelho oferece suas próprias contribuições ao conhecimento dos fariseus históricos.

---

[75]Pickup chega a uma conclusão semelhante ("Matthew's and Mark's Pharisees", 110-12).

8 HISTÓRIA ALTERNATIVA E O
SERMÃO DO MONTE:
NOVAS TRAJETÓRIAS DE PESQUISA

Beth M. Sheppard

Analisar o Sermão do Monte (Mateus 5:3—7:27) levanta tantas perguntas quanto dá respostas no que diz respeito ao que se pode saber sobre o Jesus histórico. O Sermão é um composto de vários ensinamentos de Jesus ou uma mensagem originalmente transmitida em uma única ocasião? Qual é a sua relação com o Sermão da Planície de Lucas 6:20-49? O Sermão do Monte foi redigido por Mateus, e, se foi, quanta liberdade teria tomado com ele? Qual foi a ocasião ou a motivação original da homilia? Onde ela foi realmente feita e a quem foi dirigida (aos discípulos ou a uma multidão maior)? Como a tipologia de Moisés afetou a precisão ou a originalidade do discurso?

Há mais de vinte anos, Warren Carter sugeriu uma visão geral de algumas das várias hipóteses levantadas pelos estudiosos sobre essas e outras questões. Ele concluiu que não havia um consenso específico para a questão central: as palavras tiveram origem em Jesus? No máximo, a maioria dos estudiosos propõe que Mateus "molda e interpreta de forma criativa o material passado a ele pelas primeiras comunidades cristãs".[1] Em seu estudo, Carter

---

[1]Warren Carter, *What are They Saying about Matthew's Sermon on the Mount?* [O que eles estão dizendo sobre o Sermão do Monte de Mateus?] (Mahwah, NJ: Paulist, 1994), p. 9.

indicou que alguns que divergem desse pensamento, no entanto, sustentam que Mateus escreveu o Sermão enquanto elaborava seu Evangelho. Existem ainda outros que afirmam exatamente o oposto: o discurso de Jesus como registrado pelo evangelista é essencialmente uma transcrição das palavras reais do Salvador. Independentemente dos critérios que aplicamos ao texto bíblico a fim de tentar determinar o que realmente aconteceu ou o que Jesus disse, provavelmente nunca teremos respostas definitivas para as dúvidas sobre o Sermão. A falta de conhecimento absoluto, no entanto, não é um problema exclusivo do nosso campo. A incerteza é inerente à disciplina de história em geral. Como os historiadores Martha Howell e Walter Prevenier afirmam, existe um paradoxo central da profissão de que "historiadores são prisioneiros de fontes que nunca podem ser totalmente confiáveis".[2] No entanto, Howell e Prevenier alimentam a esperança de que, se os historiadores "são leitores hábeis de fontes e sempre atentos a seu cativeiro, eles podem fazer com que as fontes produzam histórias significativas sobre um passado e nossa relação com ele".[3]

Nesse sentido esperançoso, propõe-se que uma compreensão de episódios no ministério de Jesus, como o Sermão do Monte, que combine os métodos da história cultural e da história alternativa, acabe produzindo novas percepções sobre o Jesus histórico. Embora a maior parte do presente ensaio cubra aspectos teóricos e metodológicos, o foco recai sobre as multidões presentes à cena apresentada no relato de Mateus (4:25—7:1,28). O objetivo não será dar respostas às perguntas que foram levantadas sobre o Sermão, mas sugerir algumas trajetórias diferentes para pesquisas relacionadas a essa perícope. Primeiro, porém, é necessário montar o cenário.

DEFINIR O CENÁRIO: A HISTÓRIA CULTURAL É UMA DAS CHAVES

Uma pesquisa histórica cuidadosa é necessária para o pessoal de teatro quando está trabalhando com um roteiro do gênero naturalista. Nesse estilo de drama, os dramaturgos procuram retratar a vida de pessoas comuns em situações comuns, com imperfeições e tudo o mais. Quando apresentada, uma peça desse tipo requer precisão em todos os detalhes. Cenário, figurinos

---

[2]Martha Howell e Walter Prevenier, *From Reliable Sources: An Introduction to Historical Methods* [A partir de fontes confiáveis: uma introdução aos métodos históricos] (Ithaca, NY: Cornell University Press, 2001), 3.
[3]Howell e Prevenier, *From Reliable Sources*, 3.

de época e adereços realistas apropriados servem como ingredientes vitais na produção.[4] Eles não são meramente adereços, mas ajudam a preencher os espaços em branco entre as linhas do roteiro e o momento dramático pleno, resultando em uma apresentação crível e fiel à vida. Em outras palavras, é uma série de minúcias que ajudam a transportar o público de volta ao local e à época em que a ação é realizada.

Assim como refletir sobre detalhes ajuda a alcançar um alto nível de verossimilhança no drama, o foco no que à primeira vista parece incidental provavelmente funcionará para ajudar a elaborar um retrato plausível de Jesus e do mundo em que ele viveu e se moveu. É aí que entra a história cultural. Ela é um método de investigar o passado que se tornou moda nos departamentos de história em meados da década de 1960. Naquela época, como observou o historiador Lynn Hunt, quase um terço dos artigos da principal revista *Annales* [Anais] envolvia história cultural, e não social, econômica, política ou demográfica.[5] A história cultural ainda é um elemento básico da disciplina, como demonstrado pelo fato de que os estudantes de graduação em Yale podem optar por fazer cursos focados nesse método, além de caminhos relacionados a outros modos de análise, como aqueles preocupados com mudanças sociais, econômicas ou políticas, para citar alguns.[6]

Existem duas características principais da história cultural. A primeira é a disposição de considerar diferentes fontes, mesmo aquelas que anteriormente estiveram sub-representadas nas investigações, e a segunda é uma tendência a valorizar todos os aspectos da vida cotidiana como dignos de estudo, por mais comuns que sejam. Um excelente exemplo de um projeto

---

[4]Katie Turner reconhece que as roupas de época nem sempre são completamente históricas porque, além de indicar detalhes do período, "a roupa é usada para evocar emoções que ampliam a narrativa, e, assim, os *designers* afastam-se de recriações precisas a fim de conseguir isso". Ainda assim, ela escreve: "Qualquer que seja o resultado final, todo o traje de época que alcança esse resultado começa da mesma maneira: com uma base sólida na história. As decisões criativas são tomadas *após* a pesquisa acadêmica" (Katie Turner,"'The Shoe is the Sign!' Costuming Brian and Dressing the First Century" ["O sapato é o sinal!" Trajando e vestindo o primeiro século], em *Jesus and Brian: Exploring the Historical Jesus and His Times via Monty Python's Life of Brian* [Jesus e Brian: explorando o Jesus histórico e sua época por meio de *A vida de Brian*, de Monty Python], ed. Joan E. Taylor (Londres: Bloomsbury, 2015), 221-37 (aqui: 221, 224; grifo no original).

[5]Lynn Hunt, "French History in the Last Twenty Years: The Rise and Fall of the Annales Paradigm" [História francesa nos últimos vinte anos: ascensão e queda do paradigma de *Annales*], *Journal of Contemporary History* [Revista de história contemporânea] 21 (1986): 209-24 (aqui: 216).

[6]https://history.yale.edu/academics/undergraduate-program/regions-and-pathways/cultural-history. Para uma visão geral mais ampla da história cultural e descrição de como ela foi usada por E. P. Sanders, consulte Beth M. Sheppard, *The Craft of History and the Study of the New Testament* [O ofício da história e o estudo do Novo Testamento], RBS 60 (Atlanta: Society of Biblical Literature, 2012), 159-64.

recente com base na Bíblia e focado em história cultural é o *Dictionary of Daily Life in Biblical and Post-Biblical Antiquity* [Dicionário da vida diária na antiguidade bíblica e na pós-bíblica], em quatro volumes, editado por Edwin M. Yamauchi e Marvin R. Wilson. Yamauchi revela a atenção que dá aos principais sinais da história cultural na introdução desse trabalho. Ele afirma que o projeto é uma tentativa de "pesquisar sistemática e comparativamente diferentes aspectos da cultura, sejam eles destacados na Bíblia ou não".[7] Ao mesmo tempo, indica que essas entradas de texto cavaram em textos extrabíblicos ao procurar fontes de informação.

Para qualquer pessoa interessada no método muito amplo da história cultural, em que fontes improváveis se revelam esclarecedoras e qualquer aspecto de um evento histórico é digno de estudo, o fato de uma série de pesquisas históricas sobre Jesus depender tremendamente dos Evangelhos como material de origem e dar atenção específica às ações e aos ensinamentos de Jesus pode parecer um projeto fortemente circunscrito. Aparentemente, essa posição é compartilhada por outros, como Morna Hooker. Ela escreve: "Parece que aqueles que perseguiram o *ipissimi verba Jesu* na crença de que isso os levaria ao Jesus histórico de fato só conseguiram pender para um lado."[8] O fato é que, em qualquer biografia bem realizada sobre uma pessoa real, assim como em uma peça de ficção, há muito mais a considerar do que aquilo que o protagonista disse e fez.[9] Por exemplo, ao considerar a historicidade de um espetáculo como o Sermão do Monte, sempre há questões relacionadas à logística de fazer algo daquele porte, incluindo o acesso dos participantes do primeiro século a recursos ou locais, como a palavra se espalhou para públicos em potencial, para não mencionar possíveis preocupações com condições climáticas adversas, transporte, segurança, saneamento (ou talvez a falta dele) e uma série de outros detalhes. Certamente esses elementos faziam parte da vida cotidiana do Jesus histórico.

Autores dos ensaios contidos em *The World of the New Testament: Cultural, Social, and Historical Contexts* [O mundo do Novo Testamento:

---

[7]Edwin M. Yamauchi e Marvin R. Wilson, eds., *Dictionary of Daily Life in Biblical and Post-Biblical Antiquity* [Dicionário da vida diária na antiguidade bíblica e pós-bíblica], 4 vols. (Peabody, MA: Hendrickson, 2015), 1.

[8]Morna D. Hooker, "Foreword: Forty Years On", em *Jesus, Criteria, and the Demise of Authenticity*, ed. Chris Keith e Anthony Le Donne (Nova York: T&T Clark, 2012), xiii-xvii (aqui: xvi).

[9]O foco nas palavras de Jesus é uma situação provavelmente exagerada pelas edições do Novo Testamento que as trazem em vermelho, as quais foram publicadas pela primeira vez na virada do século 20 por Louis Klopsch, e pela obra mais recente do Seminário de Jesus. Charles M. Pepper, *Life-Work of Louis Klopsch: Romance of a Modern Knight of Mercy* [Vida e obra de Louis Klopsch: romance de um moderno cavaleiro da misericórdia] (Nova York: Christian Herald, 1910), 324-25.

contextos culturais, sociais e históricos], editado por Joel B. Green e Lee Martin McDonald (Baker Academic, 2013), ou mesmo *Social and Economic Life in Second Temple Judea* [A vida social e econômica na Judeia do Segundo Templo], de Samuel L. Adams (Westminster John Knox, 2014), já exploram como poderiam ter sido vários elementos da vida no primeiro século. Tais estudos científicos prenunciam modelos que podem ser usados na exploração de nuances no que é registrado sobre Jesus de Nazaré. Adams ilustra esse ponto de modo belíssimo. Ele comenta que o uso da palavra "dívidas" no Sermão do Monte (Mateus 6:12) pressupõe "um sistema estabelecido de emprestar e tomar emprestado, com a possibilidade de pesados pagamentos de juros e eventual escravidão por causa da dívida".[10] Ele também esboça práticas gerais relacionadas a empréstimos e dívida dentro da cultura, com base em sua pesquisa. Está além do escopo do projeto de Adams, no entanto, especular sobre como o ministério de Jesus foi financiado. No entanto, suas observações levantam uma série de perguntas muito pertinentes: até que ponto os mestres itinerantes e até os carpinteiros costumavam ficar com dívidas durante a vida? Em que estágios da carreira de um artesão ou mestre poderiam ser necessários empréstimos? Como se dava o recebimento do pagamento pelo credor (com que frequência, onde era feito o pagamento, que agentes eram utilizados)? Todas essas questões podem ser exploradas com o objetivo de apresentar uma hipótese plausível sobre os recursos e atividades financeiros de Jesus.

Aqui está o ponto principal: quando nós, como historiadores, focamo-nos quase exclusivamente em determinar a autenticidade dos milagres de Jesus, de seus ditos individuais, de sua teologia ou do conteúdo de sua mensagem, por mais dignas que essas tarefas sejam, podemos perder outras informações que talvez permitam deduzir detalhes sobre o Jesus histórico. O próprio Yamauchi dá um exemplo. Depois de ler a entrada de Marvin R. Wilson sobre "Barbers & Beards" [Barbeiros & barbas] no *Dictionary of Daily Life*, ele escreve: "Podemos concluir com quase certeza que Jesus tinha barba."[11] Os pelos faciais de Jesus, no entanto, nunca são mencionados explicitamente em Mateus, Marcos, Lucas ou João. Obras de arte, achados arqueológicos em barbearias antigas, escritos clássicos que mencionam práticas de higiene, juntamente com textos dos rabinos que incluem

---

[10]Samuel L. Adams, *Social and Economic Life in Second Temple Judea* (Louisville: Westminster John Knox, 2014), 113.

[11]Edwin M. Yamauchi, "Introduction", em *Dictionary of Daily Life in Biblical and Post-Biblical Antiquity*, 2.

alguns comentários sobre características hirsutas, são fontes indiretas, que contribuem para essa conclusão sobre a aparência de Jesus.[12]

OS LIMITES DOS CRITÉRIOS

Como ilustra o exemplo de Yamauchi acima, o paralelo quase paralisante do difícil problema dos Evangelhos em fornecer um retrato definitivo e completo de Jesus baseado apenas em suas palavras ou milagres pode ser um pouco aliviado fazendo novas perguntas e procurando fontes indiretas. Ao mesmo tempo, é importante reconhecer que todos os historiadores, tanto os que usam os métodos da história cultural quanto os que usam métodos mais tradicionais de investigação do passado, precisam de critérios e os utilizam para avaliar as informações das quais tiram conclusões. Isso é verdade quando eles estão olhando para testemunhas primárias, secundárias ou talvez até terciárias, como os Evangelhos, ou fontes indiretas de informação extraídas dos mundos greco-romano e judeu. Inegavelmente, triangular vários recursos e métodos a fim de apoiar uma teoria é sempre uma prática recomendada, pois isso apenas fortalece o argumento. Como Jerry Toner adverte, no entanto, historiadores culturais que usam evidências indiretas podem ter problemas não apenas em razão da natureza aleatória de algumas das evidências que sobreviveram, mas também à tentação de agrupar uma ampla gama de fontes ignorando as "diferenças de tempo, geografia, contexto e registro" que exigem que as fontes sejam interpretadas individualmente.[13] Ele sugere três elementos a serem mantidos em mente ao se desenvolver modelos baseados em fontes indiretas:

1. Consciência dos perigos do uso de fontes díspares, que tornam o pesquisador alerta para "evitar o uso de elementos 'excepcionais' dentro das evidências como indicadores do que é comum".
2. Uso de uma ampla gama de recursos de modo que resultem em modelos internamente consistentes com o contexto social em que as pessoas viviam.

---

[12]A bibliografia para a entrada de Wilson inclui apenas estudos sobre o tema, que por sua vez avaliam as fontes primárias. Wilson, "Barbers & Beards", *Dictionary of Daily Life in Biblical and Post-Biblical Antiquity*, 144-45.
[13]Jerry Toner, "Barbers, Barbershops and Searching for Roman Popular Culture" [Barbeiros, barbearias e pesquisa da cultura popular romana], *Papers of the British School at Rome* [Documentos da Escola Britânica de Roma] 83 (2015): 91-109 (aqui: 93).

3. Aproveitar os recursos díspares para fornecer "uma referência em contraste com a qual nuances locais podem ser aplicadas".[14]

Qualquer modelo resultante para determinado evento histórico não vindica ser 100% preciso em todos os detalhes, mas, pelo menos, oferece uma conjectura plausível. Toner admite que, para muitos de seus colegas classicistas, "esse modo de lidar é especulativo demais".[15] Presumivelmente, o mesmo sentimento será compartilhado pelos historiadores bíblicos ao aplicar a história cultural à pesquisa sobre Jesus. Mesmo assim, os critérios tradicionais que nosso próprio campo de pesquisa desenvolveu para trabalhar com as fontes mais diretas que temos (os Evangelhos), ao lado de nossos métodos testados e verdadeiros, como fonte, gênero, redação e outras críticas, também não são perfeitos. Darrell L. Bock, por exemplo, lista dez critérios de boas práticas para analisar o material-fonte sobre o Jesus histórico em um livrinho que escreveu em 2012.[16] Embora Bock apresente um quadro genérico e suas conclusões gerais sejam sólidas, sempre há o perigo de que, para investigadores menos experientes, a aplicação excessivamente entusiasta desse critério a fontes históricas sobre Jesus possa gerar resultados imprecisos. Deixe-me ser mais específica.

Uma boa prática na pesquisa histórica é procurar muitas fontes que atestem o mesmo "fato", às vezes chamado de princípio da múltipla atestação. Mesmo Bock observa essa diretriz com algum sucesso quando escolhe essencialmente evitar o Evangelho de João ao discutir o que pode ser conhecido sobre Jesus.[17] É verdade que o Evangelho identificado com o "discípulo amado" difere substancialmente em conteúdo dos Sinópticos e contém

[14]Toner, "Barbers, Barbershops", 93.
[15]Toner, "Barbers, Barbershops", 92.
[16]Darrell L. Bock lista dez regras em seu texto *Who is Jesus: Linking the Historical Jesus with the Christ of Faith* (Nova York: Howard Books, 2012), 16-24. A concepção de critérios para avaliar fontes, no entanto, é uma prática que remonta a E. Bernheim (1889). Ele foi seguido por Charles Langlois e Charles Seignobos (1898). Para um resumo, consulte Howell e Prevenier, *From Reliable Sources*, 70. O livro de Langlois e Seignobos foi traduzido para o inglês por George G. Berry em 1904 (Nova York: Holt & Company, 1904) e está disponível no *site* do Projeto Gutenberg.
[17]Bock, *Who is Jesus?*, 12. Bock trata extensivamente o material de João em sua obra anterior, *Jesus according to Scripture: Restoring the Portrait from the Gospels* [Jesus de acordo com a Escritura: restaurando a descrição a partir dos Evangelhos] (Grand Rapids: Baker Academic, 2002). Por sua parte, Richard Bauckham argumenta que o "discípulo amado" pode de fato ser o autor do Quarto Evangelho e uma testemunha ocular de eventos, que, para aqueles que valorizam os relatos de primeira pessoa sobre os derivados, daria certo peso ao Quarto Evangelho. Veja Richard Bauckham, *Jesus and the Eyewitnesses: The Gospels as Eyewitness Testimony* [Jesus e as testemunhas oculares: os Evangelhos como testemunho ocular] (Grand Rapids: Eerdmans, 2006), 384.

relatos curtos que não podem ser corroborados. Além disso, o modo genérico com o qual Bock pinta seu retrato é plausível sem esse registro. No entanto, é preciso ter cuidado para não precipitar-se em considerar que o material único de João é, de alguma forma, defeituoso simplesmente por ser distinto. Afinal, o próprio princípio de múltipla atestação não funciona no caso de rumores ou fofocas. Considere a situação de Samuel Clemens, também conhecido como Mark Twain, sobre quem, em 1897, havia relatos, em vários lugares, de sua morte, que eram claramente um exagero. Clemens só conheceu seu criador em 1910.[18] No que diz respeito à singularidade, só porque um evento tem apenas uma única testemunha que não pode ser corroborada, isso não significa necessariamente que sua historicidade seja duvidosa. De fato, o livro do Dia do Juízo Final de Guilherme, o Conquistador, inclui informações sobre famílias e propriedades para as quais não há outras evidências, mas de cuja existência não há razão real para duvidar. Por que o mesmo não pode ser verdade para algumas das histórias do Quarto Evangelho? Em resumo, a múltipla atestação não equivale à verificação empírica, e a premissa de que nenhuma afirmação é verdadeira, a menos que se mostre empiricamente verdadeira, é inverificável. Portanto, esse critério não é infalível, embora geralmente contribua para a razoabilidade da versão do passado feita por um historiador.[19]

Além disso, Tobias Hägerland ressalta que mesmo um critério mais novo e menos tradicional, conhecido como atestação recorrente, em que os estudiosos buscam padrões repetidos no corpo do material que temos sobre Jesus, também tem uma fraqueza porque lhe "falta aqueles grandes eventos singulares e irrepetíveis na vida de Jesus, os quais, por definição, não podem ser recorrentemente atestados, mas foram cruciais para a formação

---

[18]A resposta de Twain aos rumores foi publicada na edição de 2 de junho de 1897 do *New York Journal*: "O relato sobre minha morte foi um exagero." A citação incorreta: "Os relatos sobre minha morte são grosseiramente exagerados" parece ter-se originado na biografia de Twain escrita por Albert Bigelow Paine, *Mark Twain: A Biography: The Personal and Literary Life of Samuel Langhorne Clemens* [Mark Twain — uma biografia: a vida pessoal e literária de Samuel Langhorne Clemens], vol. 3 (Nova York: Harper & Brothers, 1912), 1039.

[19]Mark Goodacre, em uma projeção, imaginou o impacto dos estudos acadêmicos sobre o Novo Testamento se Marcos nunca tivesse sido escrito. Ele observa que, embora 90% de Marcos seja reproduzido nos outros Evangelhos, há 10% que não é. No entanto, esse 10% é vital para teorias como o segredo messiânico de Wrede ou o retrato que Marcos faz dos discípulos contenciosos que dão evidências de lutas pelo poder na igreja primitiva (Mark Goodacre, "A World without Mark" [Um mundo sem Marcos], manuscrito não publicado apresentado na conferência "Erasure History: Approaching the Missing Sources of Antiquity" [Rasura na História: tratando das fontes ausentes da Antiguidade], Universidade de Toronto, 11 de novembro de 2011, p. 7-8). Sou grato a Goodacre pela disposição de compartilhar seu artigo comigo.

e o resultado de sua atividade".[20] Em resumo, nenhuma regra para analisar os Evangelhos funciona perfeitamente o tempo todo. Então, por que não deixar de lado os vestígios e se interessar em alguma história cultural usando fontes indiretas? Afinal, de acordo com Howell e Prevenier, independentemente de quais registros do passado estejam disponíveis, eles não serão bons o suficiente para permitir precisão absoluta. Todas as fontes, mesmo as primárias, são invariavelmente tendenciosas e não são ideais. A despeito disso, os historiadores ainda são forçados a confiar nas fontes que têm em mãos ou nas que podem descobrir mediante a caça em arquivos, por escavações ou entrevistando partes interessadas.[21] Como mostra a observação anterior sobre um Jesus barbudo, os Evangelhos não são as fontes exclusivas pelas quais algo pode ser plausivelmente conhecido sobre ele. Como os historiadores culturais que estão investigando outros tópicos e períodos da história, precisamos estar dispostos a ampliar o alcance de nossa busca pelo Jesus histórico além de suas ações e palavras.

CÂNONES DE FONTES

É interessante observar que, quando se considera as luzes ou as fontes com que os estudiosos do Jesus histórico iluminam o passado, fica claro que existe um cânon: uma coleção de recursos que os interessados nesse estudo consultam regularmente. Mark Allan Powell apresenta um resumo que inclui restos materiais, fontes romanas, fontes judaicas, as Epístolas, os Evangelhos canônicos (e suas próprias fontes hipotéticas/reconstituídas) e Evangelhos e escritos apócrifos.[22] O que é particularmente estranho é que o trato com os materiais greco-romanos é bastante limitado. Ele inclui apenas os autores que fazem (ou podem fazer, dada a possibilidade de interpolação em alguns casos) referência explícita a Jesus, como Josefo, Tácito e alguns outros.

A formulação de Powell, que representa o cânon real e comprovado de fontes que frequentemente aparece nos estudos sobre o Jesus histórico, mascara uma tendência emergente de considerar uma gama mais ampla de fontes greco-romanas. Esse desenvolvimento é impulsionado pelo reconhecimento de que, além do judaísmo do Segundo Templo, ou

---

[20]Tobias Hägerland, "The Future of Criteria in Historical Jesus Research" [O futuro dos critérios na pesquisa histórica sobre Jesus], *JSHJ* 13 (2015): 43-65 (aqui: 54).

[21]Howell e Prevenier, *From Reliable Sources*, 80-81.

[22]Mark Allan Powell, *Jesus as a Figure in History: How Modern Historians View the Man from Galilee* [Jesus como figura na história: como os historiadores modernos veem o Homem da Galileia], 2.ª ed. (Louisville: Westminster John Knox, 2013), 34-59.

o helenismo, os contextos romanos também têm um papel a desempenhar na compreensão do Jesus histórico.[23] Por exemplo, *Jesus, Criteria, and the Demise of Authenticity*, de Keith e Le Donne, embora não seja uma biografia sobre Jesus, inclui referência a uma passagem em Sêneca.[24] De sua parte, Sean Freyne, embora mergulhe fartamente em Josefo no estudo que produz sobre a vida de Jesus, também menciona outras obras de autores clássicos.[25] De modo similar, Gerhard Lohfink faz referência a Josefo várias vezes, mas também acena a Sêneca em seu *Jesus of Nazareth* [Jesus de Nazaré].[26] Craig Keener fornece um banquete de referências à literatura greco-romana em sua obra, como indicado pelo índice de "Outras fontes greco-romanas", com 29 páginas.[27] Mesmo Robert Geis, que especifica em seu relato sobre o ministério de Jesus que o material de origem é o Novo Testamento canônico, algumas páginas mais tarde reconhece que usou as edições da Biblioteca Clássica Loeb para outras obras dos incultos contemporâneos de Jesus.[28] De qualquer forma, é natural para um historiador cultural explorar extensivamente fontes gregas e latinas além de fontes judaicas, já que a Palestina fazia parte do Império Romano e provavelmente havia ali algum grau de romanização.

---

[23]Veja os comentários de Joel B. Green e Lee Martin McDonald, "Introduction" [Introdução], em *The World of the New Testament: Cultural, Social, and Historical Contexts* [O mundo do Novo Testamento: contextos culturais, sociais e históricos] (Grand Rapids: Baker Academic, 2013), 5. Por sua vez, Craig Evans distingue entre duas classes de fontes greco-romanas: aquelas que fazem referência a Jesus e/ou ao cristianismo primitivo e aquelas que podem ser exploradas como pano de fundo do Novo Testamento. Veja Craig E. Evans, *Ancient Texts for New Testament Studies: A Guide to the Background Literature* [Textos antigos para estudos do Novo Testamento: um guia para a literatura de pano de fundo] (Grand Rapids: Baker Academic, 2005), 287-300. Como exemplo de pesquisa que se concentra no contexto judaico, veja James H. Charlesworth, *Jesus within Judaism: New Light from Exciting Archaeological Discoveries* [Jesus no judaísmo: nova luz a partir de empolgantes descobertas arqueológicas] (Nova York: Doubleday, 1988).

[24]Keith e Le Donne, *Jesus, Criteria, and the Demise of Authenticity*, 226.

[25]Sean Freyne, *Jesus, A Jewish Galilean: A New Reading of the Jesus-Story* [Jesus, um galileu judeu: uma nova leitura da história de Jesus] (Nova York: T&T Clark, 2004), 203-4. Outras obras clássicas, além de Josefo, são mencionadas seis vezes em seu texto de duzentas páginas sobre Jesus. Ele também considera muito seriamente a presença de cidades fortemente romanizadas na região da Galileia, como Séforis e Tiberíades (16).

[26]Gerhard Lohfink, *Jesus of Nazareth*, trad. Linda M. Maloney (Collegeville, MN: Liturgical Press, 2012). O índice de Lohfink incluía apenas um "Índice de citações bíblicas". A contagem de material clássico resultou da análise de suas notas finais e do uso do nome dos autores clássicos no corpo do texto. Além de Sêneca, ele também faz referência a Platão e Homero.

[27]Craig Keener, *The Historical Jesus of the Gospels* (Grand Rapids: Eerdmans, 2009). Infelizmente, a importância de Keener em alguns setores da academia é diminuída, de acordo com Powell, pela reputação de ser seletivo no uso dessas fontes a fim de obter resultados específicos e na percepção de que ele está "engajado em apologética mais do que em busca para determinar o que pode ser considerado histórico" (Powell, *Jesus as Figure in History*, 260).

[28]Robert Geis, *Life of Christ* [Vida de Cristo] (Lanham, MD: University Press of America, 2013), viii e xi.

Afinal, Jesus sofreu a morte nas máos de um procurador romano, e no texto dos Evangelhos ocasionalmente há ordens para soldados romanos, oficiais e outros.[29] Mesmo quando se considera apenas a Galileia, é difícil evitar o fato de que Tiberíades, a capital completamente romana, fica a poucos quilômetros da costa de Cafarnaum, a cidade em que Jesus residia.[30]

Portanto, consultar uma ampla variedade de escritos do lado greco-romano da biblioteca a fim de reconstruir aspectos da vida do Jesus histórico da perspectiva da história cultural é um próximo passo lógico.[31] Embora os escritos rabínicos e os manuscritos do mar Morto tenham tido justa proeminência em estudos que tratam de aspectos judaicos do Jesus histórico há algum tempo, ainda há muito a respeito do contexto cultural romano que precisa ser explorado. Quando concluirmos nossa reflexão sobre o Sermão do Monte, no final do presente ensaio, esse será o foco. Enquanto isso, passemos a dois pequenos exemplos.

AMOSTRA DE HISTÓRIA CULTURAL, CONTEXTOS ROMANOS E JESUS HISTÓRICO

Marcial, o poeta romano que escrevia ativamente no final do primeiro século, tem uma epigrama na qual menciona que as festas luxuosas desfrutadas pela elite rica eram destinadas, no dia seguinte, à *infelix damnate spongea virgae*,[32] ou esponja triste e condenada em uma vara. Esse epigrama, quando combinado com uma referência em Sêneca, o Jovem, sobre um gladiador suicida que busca a privacidade de um banheiro e enterra uma esponja de privada na garganta (*Cartas* 70.20-21), parece indicar que a higiene pessoal greco-romana envolvia algum tipo de bucha em vez de papel higiênico.[33] Essa informação, quando aplicada a Mateus 27:48 (cf. Marcos 15:36; João 19:29,30), onde

---

[29]Em Mateus, veja 8:5-13; 27:27-30,62-66.
[30]Margaret Davies observa, com alguma surpresa, que, embora Mateus situe o ministério público de Jesus principalmente na Galileia, nem Séforis nem Tiberíades, a antiga e a mais recente capitais de Herodes Antipas, são mencionadas no Evangelho. Margaret Davies, *Matthew*, Readings: A New Biblical Commentary [Leituras: um novo comentário bíblico] (Sheffield: JSOT Press, 1993), 19.
[31]Mesmo Bock faz referência a vários autores romanos, de Dio Cássio a Floro, ao discutir o fenômeno dos milagres legitimadores realizados pelos líderes no mundo greco-romano (Bock, *Who is Jesus?*, 71-72 e 221n18).
[32]Marcial, *Epigrammata* 12.48.7 Ann Olga Koloski-Ostrow traduz isso e prefere "a esponja infeliz na vareta condenada", o que implica excrementos sendo limpos do chão (*The Archaeology of Sanitation in Roman Italy: Toilets, Sewers and Water Systems* [A arqueologia do saneamento na Itália romana: banheiros, esgotos e sistemas de água] [Chapel Hill: University of North Carolina Press, 2015], 228).
[33]Paul Roberts, *Life and Death in Pompeii and Herculaneum* [Vida e morte em Pompeia e Herculano] (Londres: British Museum, 2013), 264.

lemos que o vinho foi dado a Jesus em uma esponja colocada na ponta de uma vara (*kalamos*) em seus momentos finais, empresta certa cor a essa ação, transformando-a de uma narrativa estranha em um exemplo de humor escatológico sem graça que funciona como um insulto contundente ao condenado.[34] Nesse contexto, somos lembrados de que um retrato completo do passado não tem relação apenas com o que aconteceu, mas com o que determinada ação pode ter significado em seu ambiente social mais amplo.[35]

Falando de questões escatológicas, Craig Evans analisa uma fonte romana que não consta da lista de Powell, a saber, o grafite em Pompeia e Herculano, para explorar a questão do provável nível de alfabetização de Jesus. Dado que, pelo menos, um terço das inscrições na cidade lida com tópicos relacionados à defecação e outras ainda são salpicadas de erros ortográficos e gramaticais, Evans observa que no mundo romano havia no mínimo "uma alfabetização grosseira que atingia todos os níveis da sociedade".[36] Essa evidência, combinada com outras informações sobre a ubiquidade de inscrições, grafites e outros textos, leva Evans a concluir: "O que me parece a inferência mais lógica [...] (é) que Jesus era alfabetizado até certo ponto."[37]

HISTÓRIA ALTERNATIVA: UMA CHAVE PARA ENCONTRAR TÓPICOS

Embora esses dois exemplos, sobre a crucificação de Jesus e sobre seu nível de alfabetização, usem fontes romanas que podem não estar necessariamente nas listas típicas de leitura de pessoas envolvidas em buscas anteriores pelo Jesus histórico, os tópicos envolvem aspectos da vida cotidiana. Portanto, estão dentro da jurisdição da história cultural. Mergulhando nos textos dos Evangelhos, pode-se descobrir muitos outros elementos que podem ser interessantes para a exploração da vida de Jesus além de seus ensinamentos e

---

[34]Haveria uma diferença entre humor/zombaria escatológico e uma percepção de impureza ritual. Jodi Magness afirma que, embora a comunidade de Cunrã visse a micção e a defecação como impuras, não era necessariamente assim com alguns rabinos. Além disso, ela interpreta os comentários de Jesus em Marcos 7:1-16 (cf. Mateus 15:11) sobre lavar as mãos como indicativo de que Jesus não pensava que os excrementos eram necessariamente impuros (Jodi Magness, *Stone and Dung, Oil and Spit: Jewish Daily Life in the Time of Jesus* [Pedra e esterco, óleo e cuspe: vida judaica diária na época de Jesus] [Grand Rapids: Eerdmans, 2011], 137 e 142).

[35]Seria mais interessante seguir essa ideia e determinar se existem estudos clássicos relacionados a insultos, humor escatológico e similares que possam ser considerados a fim de se ter uma ideia da vida na época de Jesus.

[36]Craig A. Evans, *Jesus and the Remains of His Day: Studies in Jesus and the Evidence of Material Culture* [Jesus e os vestígios de sua época: estudos em Jesus e as evidências da cultura material] (Peabody, MA: Hendrickson, 2015), 82.

[37]Evans, *Jesus and the Remains of His Day*, 86.

milagres. Por exemplo: pode-se investigar o que Jesus provavelmente usava e onde ele obtinha suas roupas; que estradas específicas ele pode ter usado para viajar de cidade em cidade e quantos quilômetros por dia um viajante como ele percorreria; se ele usou mensageiros ou como poderia ter recebido notícias do que estava acontecendo em Jerusalém enquanto estava na Galileia, para citar apenas alguns.

Uma técnica de pensamento usada pelos historiadores, chamada de história especulativa, história virtual, história imaginativa ou história alternativa, pode ser levada a cabo a fim de fornecer novas perguntas para os historiadores investigarem a respeito da vida de Jesus. No processo de criação de um cenário alternativo (imaginado) sobre o passado, que às vezes usa contrafactuais e, em outros momentos, uma narrativa fictícia paralela, pode-se ser forçado a preencher detalhes sobre quais adereços provavelmente estavam disponíveis, a considerar a organização da vida do primeiro século e pensar cuidadosamente nos fatores de causa/efeito que podem estar em jogo ao esboçar qualquer cena envolvendo Jesus ou seus contemporâneos imediatos. Em suma, a história virtual complementa a história cultural.

Não há muita objeção quanto ao uso de um pouco de imaginação com o propósito de fornecer pistas para novos tópicos de estudo, visando acrescentar detalhes ao esqueleto do que se sabe sobre um evento ou pessoa real do passado. Cenários imaginativos ajudam os historiadores a pensar fora da caixa, chamam a atenção para fraquezas no atual corpo de estudos acadêmicos ou de suas fontes, permitem aos investigadores questionar as relações causais que são tidas por certas ou destacam suposições equivocadas ou tendenciosas sobre um tópico. A história alternativa é uma técnica heurística. Pense nela como a versão do historiador da criação de um perfil, com o objetivo de ajudá-lo a vislumbrar os elementos mais indefiníveis do passado.

Histórias imaginativas, particularmente na forma de ponderações contrafactuais, surgem no trato com a história moderna quando os historiadores perguntam: "E se...?" Certamente, apresentar cenários hipotéticos sobre o passado pode parecer-se com criar ficção histórica. O historiador Niall Ferguson afirma de modo incisivo uma das principais objeções ao método: "Por que nos preocuparmos com o que não aconteceu? Assim como não adianta chorar sobre o leite derramado, [...] não adianta imaginar como o derramamento poderia ter sido evitado."[38] Ferguson, no entanto, não

---

[38]Niall Ferguson, ed., *Virtual History: Alternatives and Counterfactuals* [História virtual: alternativas e contrafactuais] (Nova York: Basic Books, 1999), 1.

se intimida com essa crítica. Ele segue comentando que imaginar cenários alternativos "é uma parte vital do modo como aprendemos".[39] Isso faz sentido. Quase todo mundo se pergunta: "E se eu não tivesse entregue minha tarefa atrasado?" ou: "E se eu tivesse dado outra resposta àquela pergunta na última entrevista de emprego?" Reflexões como essas encorajam o tipo de pensamento que nos diz algo sobre nós mesmos, nossas ações e motivações. Às vezes, as conclusões a que se chega afetam nossas escolhas e comportamento futuros. Embora Richard Evans e Jeremy Black estejam certos de que, nas mãos de autores inescrupulosos ou, pelo menos, incautos, seja possível reescrever a história para servir a preconceitos ou a agendas políticas modernos, não devemos jogar fora o bebê com a água do banho.[40] Até mesmo Evans admite que a história alternativa é, por vezes, útil. Isso depende de fatores como:

1. Se as intenções do historiador são iluminar o passado, criar algo para o entretenimento ou reagir a seu próprio contexto contemporâneo.
2. O escopo da base de conhecimento do historiador e o nível de pesquisa realizada.
3. Até que ponto o cenário imaginativo é limitado pelo que é conhecido sobre o passado ou perambula de modo completamente livre.[41]

Tendo em mente esses três fatores e a ideia de que os experimentos mentais são ferramentas, e não fins em si mesmos, deve haver pouca objeção ao uso da história alternativa para ajudar a descobrir novos tópicos que os historiadores culturais possam investigar em relação ao Jesus histórico.

EXEMPLOS DA HISTÓRIA IMAGINATIVA DO NOVO TESTAMENTO

Embora histórias imaginativas extensas no campo dos estudos do Novo Testamento não sejam particularmente abundantes, existem algumas. *The Lost Letters of Pergamum*, de Bruce Longenecker, não se concentra

---

[39]Ferguson, *Virtual History*, 2.
[40]Veja Jeremy Black, *Other Pasts, Different Presents, Alternative Futures* [Outros passados, diferentes presentes, futuros alternativos] (Bloomington: Indiana University Press, 2015), 67, e Richard J. Evans, *Altered Pasts: Counterfactuals in History* [Passados alterados: contrafactuais na história] (Waltham, MA: Brandeis University Press, 2013), 78-79. Evans vincula, p. ex., a popularidade do romance histórico de Robert Harris sobre a Alemanha nazista intitulado *Fatherland* [Pátria] à capacidade do texto de brincar com o medo britânico da reunificação alemã e a União Europeia.
[41]Evans, *Altered Pasts*, 124-25.

explicitamente na vida de Jesus desde o início, mas pretende retratar a vida na Ásia Menor no final do primeiro século.[42] No entanto, atinge um clímax quando um dos personagens principais começa a corresponder-se com Lucas (o autor do Evangelho e de Atos) e discute detalhes desse relato da vida de Jesus. *The Lost Letters* é bem pesquisada e, embora fictícia, recebeu críticas positivas de quem reconheceu o valor pedagógico do trabalho.[43]

Em *The Shadow of the Galilean*, outro relato imaginativo da vida de Jesus, Gerd Theissen esboça o estado da pesquisa acadêmica sobre o Jesus histórico de maneira acessível aos leitores.[44] No decorrer dessa história alternativa em particular, um personagem fictício faz referência explícita ao Sermão do Monte. A trama se concentra em um personagem chamado Andreas, um rico comerciante procedente de Séforis que é levado por engano e preso com manifestantes que estavam se manifestando em Jerusalém contra Pilatos. Em troca da liberdade, Pilatos chantageia Andreas para que espione Jesus na Galileia, para determinar se este estava ou não contribuindo com a instabilidade política. Em Nazaré, cidade natal de Jesus, Andreas fala com um casal cujo filho ficou tão encantado depois de ouvir as bem-aventuranças que abandonou a família para seguir o Mestre. O casal observa que muitos filhos e outros jovens e pobres da região estavam abandonando as obrigações familiares para seguir sonhos idealistas de acabar com as injustiças relacionadas à opressão social, econômica e política.[45] O retrato pintado pressupõe que aqueles que compunham a maior parte da multidão que seguia Jesus e eram suscetíveis à sua mensagem eram jovens (provavelmente do sexo masculino) e de camadas econômicas mais baixas. Eles eram essencialmente fanáticos em formação. Mais tarde, Theissen expande seu retrato dos seguidores de Jesus para incluir os pobres ou destituídos que se aglomeravam em torno de Jesus por causa da distribuição gratuita de alimentos ao lado de um pequeno número de ricos.[46]

---

[42]Bruce W. Longenecker, *The Lost Letters of Pergamum: A Story from the New Testament World*, 2.ª ed. (Grand Rapids: Baker Academic, 2016).

[43]P. ex., Joseph Fantin, em sua resenha, escreve: "Este livro não é simplesmente ficção histórica que tem o final do primeiro século como ambiente para os eventos da narrativa. É uma descrição bem elaborada do contexto em que alguns dos primeiros cristãos viveram. É um livro sobre história e cultura do Novo Testamento em forma narrativa" (Joseph D. Fantin, "Review of *The Lost Letters of Pergamum: A Story from the New Testament World*" [Resenha de *As cartas perdidas de Pérgamo: uma história do mundo do Novo Testamento*], *Bibliotheca sacra* 163.649 [2006]: 123).

[44]Gerd Theissen, *The Shadow of the Galilean: The Quest of the Historical Jesus in Narrative Form* [A sombra do Galileu: a busca do Jesus histórico em forma narrativa] (Filadélfia: Fortress, 1987), 1.

[45]Theissen, *The Shadow of the Galilean*, 70-72.

[46]Theissen, *The Shadow of the Galilean*, 112, 121. Mais tarde na história, Levi, um publicano, é mencionado como um dos seguidores de Jesus, 146.

Um público um pouco mais cosmopolita do que o imaginado por Theissen está presente na versão do Sermão do Monte retratada no filme *A vida de Brian*, de Monty Python. Carl Dyke resume a cena geral em que "um Jesus de aparência reverente e silenciosamente carismático" pode ser ouvido a distância. Enquanto isso, o foco da câmera está em Brian e nos "personagens à margem da audiência, esforçando-se para decifrar suas palavras a grande distância e entre os muitos sons da multidão".[47] Esse público inclui homens e mulheres. Além disso, aqueles com roupas e joias caras são muito íntimos das pessoas que se trajam humildemente. E, aparecendo indistintamente entre todos, há um punhado de soldados romanos desapaixonados, que, é sugerido, estavam lá para garantir que a paz fosse mantida. A natureza diversificada dos que se reuniram para ouvir Jesus parece refletir Mateus 4:25, que menciona que aqueles que se aglomeravam em torno de Jesus incluíam não apenas moradores da Galileia, mas também visitantes de Decápolis (a cidade de Hippos fica quase diretamente do outro lado do lago de Tiberíades), de Jerusalém, da Judeia em geral e da área além-Jordão.

Embora os escritores do roteiro do filme não fossem estudiosos da Bíblia e seu objetivo principal fosse divertir o público (com um objetivo secundário de comentar sobre como a igreja interpreta a Bíblia), sua história paralela foi, no entanto, extraordinariamente bem pesquisada.[48] Os escritores não apenas leram os Evangelhos várias vezes quando iniciaram o projeto, mas, durante as semanas de pesquisa sobre o pano de fundo do relato dos evangelistas, eles mergulharam em outros materiais, como os manuscritos do mar Morto.[49] Philip Davies encontrou episódios no filme que refletem familiaridade com Josefo e a literatura rabínica. Ele também sustenta que o jogo de palavras durante a oração de Jesus no cimo do monte, em que "pacificadores" é ouvido por aqueles que estão a suas costas como "fazedores de queijo", é uma referência inteligente ao vale do Tiropeão, em Jerusalém, um nome que pode realmente ser traduzido por vale dos Fazedores de Queijo.[50]

---

[47]Carl Dyke, "Learning from *The Life of Brian*: Saviors for Seminars" [Aprendendo com *A vida de Brian*: salvadores para seminários], em *Screening Scripture: Intertextual Connections Between Scripture and Film* [Escrituras na tela: conexões intertextuais entre Escritura e filme], ed. George Aichele e Richard Walsh (Harrisburg, PA: Trinity Press International, 2002), 229-50 (aqui: 237).
[48]Sobre os objetivos do filme, veja os comentários de Graham Chapman, et al., *The Pythons Autobiography* [A autobiografia dos Pythons] (Nova York: St. Martins, 2003), 281, 287.
[49]Chapman et al., *Pythons Autobiography*, 279.
[50]Philip R. Davies, "Life of Brian Research" [Pesquisa sobre *A vida de Brian*], em *Biblical Studies/Cultural Studies: The Third Sheffield Colloquium* [Estudos bíblicos/estudos culturais: Terceiro Colóquio Sheffield], ed. J. Cheryl Exum e Stephen D. Moore, LHBOTS 266, JSOTSup 266 (Nova York: T&T Clark, 1998), 400-414 (aqui: 404). Por sua vez, James Crossley afirma que até a própria

Por mais bem pesquisada que tenha sido a sátira, existem algumas falhas. Por exemplo, se o Sermão (ou um sermão) foi entregue por Jesus a uma multidão na Galileia durante a primeira metade do primeiro século, é improvável que soldados romanos estivessem presentes para manter a paz. É verdade que a ironia de Jesus ao dizer "bem-aventurados os pacificadores" na presença de soldados que fazem parte da *Pax Romana* faz parte do humor da cena. No entanto, a Galileia foi administrada por Herodes Antipas, que, segundo E. P. Sanders, era um aliado de Roma. Isso significa que não era um território ocupado. Antipas governava com administradores judeus, e não romanos.[51] O fato de não judeus (incluindo soldados romanos) não estarem presentes em número significativo na Galileia durante a vida de Jesus é confirmado por evidências arqueológicas. Especificamente, o depósito de lixo em Séforis não inclui ossos de porcos nos estratos anteriores a 70 d.C., refletindo as prescrições alimentares judaicas. É somente após a Revolta Judaica que os ossos de suínos representam 30% de todos os restos de animais, indicando a presença romana após a guerra.[52] Ainda assim, como apresentado por Joan E. Taylor, o objetivo não é "determinar se os Pythons acertaram alguma coisa, mas como a cena nos pede para refletir sobre os textos bíblicos".[53]

O objetivo de Taylor ao estudar a obra de Monty Python é descobrir como eram os antigos moradores comuns da Galileia do primeiro século que estão faltando nas histórias contadas pela elite, empregando para isso exegese de recepção do filme. Isso está a uma diferença microscópica do que é proposto neste ensaio: que os estudiosos da Bíblia comecem a criar artefatos imaginativos, como o filme e outras histórias, a fim de serem usados como ponto de partida para investigar o passado de maneiras novas.

---

pesquisa histórica de Jesus influenciou o filme. Ele identifica, na caracterização de Brian, várias reconstruções de Jesus que foram produzidas nas gerações anteriores de estudiosos bíblicos (James G. Crossley, "Life of Brian or Life of Jesus? Uses of Critical Biblical Scholarship and Non-Orthodox Views of Jesus in Monty Python's *Life of Brian*"[Vida de Brian ou vida de Jesus? Usos de estudos de crítica bíblica e de pontos de vista não ortodoxos de Jesus em *A vida de Brian*, de Monty Python], *Relegere: Studies in Religion and Reception* [Relegere: estudos em religião e recepção] 1.1 [2011]: 93-114 [aqui: 109, 113]). [O trocadilho mencionado só funciona em inglês: *peacemakers* (pacificadores) e *cheesemakers* (fazedores de queijo).] [N. do T.]

[51]E. P. Sanders, "Jesus' Relation to Sepphoris" [A relação de Jesus com Séforis], em *Sepphoris in Galilee: Crosscurrents of Culture* [Séforis na Galileia: correntes secundárias da cultura], ed. Rebecca Martin Nagy, Carol L. Meyers, Eric M. Meyers e Zeev Weiss (Raleigh: North Carolina Museum of Art, 1996), 75-79 (aqui: 76).

[52]Craig A. Evans, *Jesus and His World: The Archaeological Evidence* [Jesus e seu mundo: as evidências arqueológicas] (Louisville: Westminster John Knox, 2012), 24.

[53]Joan E. Taylor, "The Historical Brian: Reception Exegesis in Practice" [O Brian histórico: exegese de recepção na prática], em Taylor, *Jesus and Brian*, 96.

Dado o número de palavras imposto a este ensaio, a obra de Theissen e a dos Pythons servem como substitutos para a criação de uma nova história virtual de Jesus. Usaremos esses dois trabalhos existentes para demonstrar como imaginar versões alternativas de eventos passados é um exercício que leva a pensar em detalhes da cultura cotidiana da época que provavelmente fazem parte da vida do Jesus histórico.

HISTÓRIA VIRTUAL, HISTÓRIA CULTURAL E O SERMÃO DO MONTE

No que diz respeito ao Sermão do Monte, pode ser impossível determinar as palavras exatas de Jesus. Os classicistas observam que mesmo Cícero, que publicou os próprios discursos após fazê-los, não produziu uma transcrição do que ele realmente pronunciou. Em vez disso, ele modificou suas palavras originais para consumo em formato impresso.[54] Se mesmo os comentários da boca do famoso orador não coincidem com os de sua pena, é difícil assumir que qualquer registro de um discurso no topo do monte feito por Jesus, escrito após o fato e filtrado por fontes e testemunhas, possa fazer muito mais do que genuinamente representar os temas e o caráter da mensagem de Jesus para sua audiência. No entanto, as histórias alternativas esboçadas pelos Pythons e por Theissen nos desafiam a pensar na organização envolvida quando grandes reuniões se reuniam para ouvir discursos e poderiam apontar o caminho para, pelo menos, preencher esse aspecto do quadro do Jesus histórico.

O fato de Jesus ter atraído multidões (designadas por ὄχλος, πλῆθος, πολλοί e λαός nos Evangelhos) quando apareceu, fez milagres e falou é um detalhe histórico confirmado por múltipla atestação. Em seu estudo de Mateus, J. R. C. Cousland atribui alguns exemplos de "multidões" nesse Evangelho às fontes do evangelista Marcos e Q. Cousland é, no entanto, reticente em atribuir a M[55] o uso copioso que Mateus faz da multidão em outros lugares. Em vez disso, ele identifica a maioria das outras trinta ocorrências da palavra "multidão" (multidões) como resultado da atividade editorial.[56] O fato de haver em Mateus muitas dessas menções únicas de audiências, no entanto, torna a presença de grandes grupos um tema na obra do evangelista. Além disso, esse

---

[54]Robert Morstein-Marx, *Mass Oratory and Political Power in the Late Roman Empire* [Oratória de massas e poder político no final do Império Romano] (Cambridge: Cambridge University Press, 2004), 25-27.
[55]J. R. C. Cousland, *Crowds in the Gospel of Matthew* [Multidões no Evangelho de Mateus], NovTSup 102 (Leiden: Brill, 2002), 32-34.
[56]Cousland, *Crowds in the Gospel of Matthew*, 34.

tema não é exclusivo de Mateus. Lucas e João também indicam que multidões estavam presentes durante o ministério público de Jesus. Quer João ou Lucas, como Mateus, caracterizem as multidões de maneira a atender sua pauta narrativa específica, quer não, esse tema comum no quadro que apresentam implica que a presença de multidões era plausível. Combinada com as menções em Marcos e *Q*, a presença de multidões durante o ministério de Jesus provavelmente está enraizada em fatos históricos.[57]

Quando multidões substanciais se reúnem, no entanto, sempre há questões relacionadas à organização. O esquete de Monty Python, por exemplo, levanta questões sobre acústica. Em uma época sem microfones ou megafones, como era possível que as pessoas ouvissem Jesus quando ele fazia discursos? A cena de *A vida de Brian* também leva a pensar se as multidões ficaram em pé, como os Pythons as retrataram, ou sentaram, uma vez que Mateus faz referência ao próprio Jesus sentado (5:1). Theissen, por sua vez, depara com outro problema em sua própria história imaginativa: como os membros da plateia em potencial ficavam sabendo que deveriam se agrupar quando e onde Jesus planejava ficar sem alertas no rádio e anúncios nos jornais. De fato, o personagem principal de Theissen, Andreas, nunca descobre isso. Ele vagueia por toda a Galileia, apenas vislumbrando a sombra de Jesus, comentando: "Embora tenhamos perguntado sobre Jesus em todos os lugares, nunca o encontramos. Não o encontramos nem na estrada para Betsaida nem no caminho de volta quando seguimos o mar da Galileia para Tiberíades. Todo mundo tinha ouvido falar dele e muitas pessoas o viram [...]."[58]

Certamente, é possível atribuir soluções sobrenaturais a esses quebra-cabeças: que a voz de Jesus, por ser ele o Filho de Deus, se projetava miraculosamente; que ele conhecia inerentemente a topografia da terra e tinha uma

---

[57]Sobre a caracterização da multidão em Lucas, veja Mbengu D. Nyiawung e Ernst van Eck, "Characters and Ambivalence in Luke: An Emic Reading of Luke's Gospel, Focusing on the Jewish Peasantry" [Personagens e ambivalência em Lucas: uma leitura êmica do Evangelho de Lucas, enfocando o campesinato judeu], *HvTSt* 68.1 (2012), 1-12; Richard S. Ascough, "Narrative Technique and Generic Designation: Crowd Scenes in Luke-Acts and in Chariton" [Técnica narrativa e designação genérica: cenas de multidão em Lucas-Atos e em Cáriton], *CBQ* 58 (1996): 69-81. Para uma análise de caráter das multidões em João, veja Cornelius Bennema, "The Crowd: A Faceless, Divided Mass" [A multidão: uma massa sem rosto e dividida], em *Character Studies in the Fourth Gospel* [Estudos de personagens no Quarto Evangelho], ed. Steven A. Hunt, D. Francois Tolmie e Ruben Zimmermann, WUNT 314 (Tübingen: Mohr Siebeck, 2013), 345-55. Bennema está mais interessado em como a descrição da multidão promove a trama de João do que na existência de multidões como um fato histórico.

[58]Theissen, *Shadow of the Galilean*, 119. Claramente, isso também serve como um dispositivo para lembrar aos leitores que hoje os cristãos não têm acesso direto a Jesus, mas apenas vislumbres por intermédio das fontes.

capacidade inata de maximizar o alcance da visão do público e a acústica em eventos que ocorreram no campo em locais *ad hoc*; e um número significativo de indivíduos, por casualidade, nunca tinham obrigações profissionais ou familiares e, portanto, sempre acontecia de estarem nas proximidades da zona rural da Galileia em qualquer ocasião em que Jesus estivesse curando ou falando, formando grandes e instantâneas multidões. Essas soluções pressupõem um Cristo divino que misteriosamente atraiu seguidores.[59] Mas é preciso tomar cuidado para não colocar todo o peso sobre esse ponto de vista à custa da plena encarnação. Reconhecer o Jesus humano tem seu lugar. A história cultural, que se concentra naquilo que é comum, ajuda a manter a teologia fundamentada. Isso nos lembra que havia também um lado humano do Messias, que provavelmente teve de lidar pelo menos em algum nível com os aspectos práticos da gestão de multidões.

Primeiro, vamos tratar da ideia da publicidade antiga. Alguma forma de divulgação pode ter sido necessária se, como sustentam W. F. Albright e C. S. Mann, é improvável que uma grande comitiva acompanhasse Jesus constantemente.[60] Existem três possibilidades para como as pessoas no mundo clássico aprenderam que um evento estava prestes a ocorrer. Uma envolvia usar avisos escritos. Durante o final da República, por exemplo, esse método de comunicação foi empregado nos mercados de Roma para notificar os cidadãos romanos de que um *contio*, ou assembleia formal anterior a uma votação legislativa, se reuniria no Fórum.[61] Em Pompeia e Herculano, anúncios pintados e grafites ajudavam a espalhar a notícia de eventos esportivos.[62] Outro método usado para divulgar acontecimentos iminentes envolvia publicidade por meio de grupos de interesse, especificamente os *Collegia* ou associações comerciais.[63] Mateus, por sua vez, sugere que as sinagogas desempenharam um papel na promoção de Jesus durante a fase inicial de seu ministério (4:23); por isso, é lógico que essa estratégia específica estivesse em

---

[59]Outra suposição é que a Galileia rural fosse uma região bastante populosa, em que multidões de tamanho significativo podiam se reunir em pouco tempo. A probabilidade de isso ter ocorrido é objeto de debate. Fergus Millar observa que, mesmo na Itália, a distância afetava a participação em eventos em Roma e que "na maior parte da Itália, não havia probabilidade de os camponeses virem dos campos por um dia para ir ao mercado e participar de decisões políticas". A maioria dos participantes em funções não programadas seria de observadores ociosos ou transeuntes casuais que porventura estivessem no Fórum (Fergus Millar, *The Crowd in Rome in the Late Republic* [A multidão em Roma, na República tardia] [Ann Arbor: University of Michigan Press, 2002], 28, 33).

[60]W. F. Albright e C. S. Mann, *Matthew*, AB 26 (Nova York: Doubleday, 1971), lxxv.

[61]Morstein-Marx, *Mass Oratory and Political Power*, 8.

[62]Roberts, *Life and Death in Pompeii and Herculaneum*, 29-30.

[63]Morstein-Marx, *Mass Oratory and Political Power*, 133.

ação para facilitar a reunião de multidões em todo o país durante o ministério de Jesus.[64] No entanto, pode ser possível dar um passo adiante. Como Jesus é identificado como carpinteiro e alguns de seus discípulos eram pescadores, essas redes de colegas de profissão e de comerciantes poderiam ter sido mobilizadas para espalhar a informação por todo o campo sobre quando Jesus planejava ensinar ou aparecer? Por fim, os arautos estavam envolvidos no mundo antigo em anunciar atividades de interesse do público. Se os historiadores culturais são capazes de demonstrar que a prática do uso de arautos foi implementada na Galileia do primeiro século, ela também pode ter sido usada para promover as pregações de Jesus. Tucídides menciona que, na Grécia antiga, os arautos eram ativos como embaixadores durante a guerra. Em Roma, os *Fetiales* eram uma ordem de sacerdotes encarregados de fazer proclamações de guerra, paz e anúncios oficiais.[65] Da mesma forma, quando se tratava de convocar assembleias relacionadas ao trabalho do Senado romano, era o caso de que "o magistrado simplesmente mandava seu arauto anunciar primeiro no Rostra (ou outro *templum*), depois ordenava-lhe fazer o mesmo por toda a cidade, talvez seguindo a linha das muralhas que a circundavam".[66] Pode-se perguntar se os discípulos de Jesus cumpriram uma função de arautos. Se o fizeram, não seria um grande salto passar do anúncio das próximas pregações e palestras de Jesus à participação na Grande Comissão. Eles estariam acostumados a espalhar notícias sobre Jesus e o reino de Deus. Um bom estudo da publicidade na Galileia do primeiro século seria bem-vindo e ajudaria a explorar evidências da probabilidade dessas e de outras questões relacionadas ao Jesus histórico.

Além da publicidade, os locais apropriados para falar são uma consideração importante com respeito à reunião das multidões em grande número para ouvir Jesus. O local tradicional do Sermão do Monte, conforme descrito em Mateus (com as condições de realmente ter sido, ou não, um discurso único e unificado e de ter alguma relação com o Sermão da Planície, de Lucas) é uma pequena colina a noroeste de Cafarnaum; no entanto, nas palavras de Daniel J. Harrington, "tentativas de determinar o local exato

---

[64]Há opiniões diferentes sobre quando esse sermão foi pregado: se no início da carreira de Jesus ou mais tarde, quando ela estava no auge. Veja a discussão de Dan Lioy, *The Decalogue in the Sermon on the Mount* [O Decálogo no Sermão do Monte], StBibLit 66 (Nova York: Lang, 2004), 89. Para a atividade de Jesus nas sinagogas durante seu ministério público, veja tb. Marcos 1:38; Lucas 4:14,15; João 18:20.

[65]Donald Lateiner, "Heralds and Corpses in Thucydides" [Arautos e cadáveres em Tucídides], *CW* 71 (1977): 97-106 (aqui: 99).

[66]Morstein-Marx, *Mass Oratory and Political Power*, 39.

são inúteis".[67] No entanto, isso não impediu que os estudiosos especulassem sobre tudo, desde se o uso de "monte" em Mateus 5:1 tem função meramente idiomática à presença dessa palavra no texto, indicando que o discurso ocorreu em um ponto de referência conhecido pelos habitantes locais da região, como os Chifres de Hattin. Outros simplesmente afirmam que o discurso foi proferido em uma colina perto do lago.[68] Nenhuma das soluções propostas, no entanto, realmente explora a questão de como os problemas com acústica poderiam ter sido resolvidos (a menos que o local estivesse em uma colina inclinada para amplificar naturalmente os sons), sem falar nas questões relacionadas à visão (a capacidade de ver o orador às costas das pessoas reunidas). Uma solução que não tem sido fonte de especulação é que Jesus poderia ter falado em um teatro.

Pode-se ousar sugerir quatro razões para essa falta:

1. Os Evangelhos nunca apresentam Jesus falando em um teatro.
2. Mateus não coloca Jesus especificamente em nenhuma cidade da Galileia onde havia teatros (Séforis, Tiberíades) e, de fato, parece postular um ministério galileu rural, e não urbano.
3. Os estudiosos estão exercendo a devida cautela sobre a datação dos teatros existentes, que podem não ter sido construídos durante a vida de Jesus.
4. Supõe-se que os teatros fossem locais para mímicos e entretenimento popular, que são um tipo de espetáculo diferente do discurso religioso sério.

Embora essas razões à primeira vista pareçam impedir a possibilidade de os teatros terem desempenhado algum papel no ministério de Jesus, é possível que um bom estudo dos locais de fala antiga usados pelas multidões ainda valha a pena. Afinal, nossas fontes principais, os Evangelhos, apresentam cenas representativas da vida de Jesus em vez de um registro completo, algo que o Quarto Evangelista é rápido em apontar (20:30; 21:25). Parece prematuro descartar a ideia de que Jesus não falou em vários locais maiores, além das sinagogas mencionadas em Mateus 4:23,24. As sinagogas não podiam

---

[67]Daniel J. Harrington, *The Gospel of Matthew* [O Evangelho de Mateus], SP 1 (Collegeville, MN: Michael Glazier, 2007), 78.
[68]Veja a pesquisa de possibilidades em Thomas Tehan e David Abernathy, *An Exegetical Summary of the Sermon on the Mount* [Um resumo exegético do Sermão do Monte], 2.ª ed. (Dallas, TX: SIL International, 2008), 12.

acomodar grandes multidões, como observa Jordan J. Ryan. De fato, Ryan estima que a sinagoga de Magdala incluía bancos que acomodariam apenas 120 a 200 pessoas.[69] Em segundo lugar, embora os autores dos Evangelhos não localizem explicitamente Jesus em Séforis ou Tiberíades, se esses testemunhos escritos de sua vida receberam a forma final após a Revolta Judaica, é possível que os autores e editores desejassem minimizar qualquer associação com esses locais. Afinal, a primeira cidade, a Cidade da Paz, optou pela Guerra dos Judeus. A segunda rendeu-se, estava bem perto do local que recebia o acampamento de Vespasiano (*Guerra dos judeus* 4.1.3) e, por fim, foi o local do massacre de 1.200 prisioneiros de guerra de Tariqueia. Vincular Jesus muito de perto a qualquer uma dessas cidades após a Revolta pode não ter sido visto como a melhor estratégia para persuadir os de origem judaica ou simpáticos à ideia de que Jesus era o Messias. O Quarto Evangelista parece ser o mais aberto a Tiberíades, mencionando de passagem que alguns barcos vieram dali (6:23) e se referindo ao lago como o mar de Tiberíades (v. 1; 21:1).

A questão de datar os teatros de Séforis e Tiberíades, ambos associados a colinas ou montanhas (o de Séforis segue a encosta da acrópole, e o local escavado em Tiberíades fica perto da base do que hoje é conhecido como monte Berenice), é outro ponto que não é tão claro e definido como se poderia pensar. Embora E. P. Sanders afirme que o teatro em Séforis só foi construído cinquenta anos após a crucificação de Jesus, concordando com Zeev Weiss e Ehud Netzer sobre a idade dessa estrutura, as escavações feitas pela Universidade do Sul da Flórida "dão crédito a Antipas como o construtor mais provável", destacando que o local foi ampliado no segundo século d.C.[70] Pode-se imaginar, portanto, que o teatro original tenha sido concluído na época de Jesus. James F. Strange também é da opinião que Herodes Antipas provavelmente construiu o teatro em Tiberíades; assim, se esse espaço público não estava concluído durante a vida de Jesus, podia estar pelo menos em construção.

---

[69]Jordan J. Ryan, *The Role of the Synagogue in the Aims of Jesus* [O papel da sinagoga nos objetivos de Jesus] (Minneapolis: Fortress, 2017), 57-58, 64.
[70]A datação anterior foi relatada por James F. Strange, "Sepphoris: The Jewel of the Galilee" [Séforis: a joia da Galileia], em *Galilee in the Late Second Temple and Mishnaic Periods: The Archaeological Record from Cities, Towns, and Villages* [Galileia no final do período do Segundo Templo e nos períodos mishnáicos: o registro arqueológico de cidades, vilas e aldeias], vol. 2, ed. David A. Fiensy e James Riley Strange (Minneapolis: Fortress, 2015), 22-38 (aqui: 27). Craig A. Evans acompanha essa datação anterior (Evans, *Jesus and His World*, 23). Para data posterior, veja Sanders, "Jesus' Relation to Sepphoris", 76; e Zeev Weiss, com Ehud Netzer, "Hellenistic and Roman Sepphoris: The Archaeological Evidence" [Séforis helenística e romana: a evidência arqueológica], em Nagy, Meyers, Meyers e Weiss, *Sepphoris in Galilee*, 75-80 (veja figura 9).

Só por haver a possibilidade de os teatros acomodarem grandes multidões (o de Tiberíades tinha capacidade para 5 mil a 6 mil pessoas, e a estrutura de Séforis acomodava cerca de 4.500), isso não significa necessariamente que as pregações ocorreram em seu palco. De fato, é difícil imaginar que algo além de peças ou mímica tenha sido encenado nesses locais. Ainda assim, é importante não ignorar o fato de que o autor de Atos descreve o teatro de Éfeso como o cenário para uma assembleia improvisada de todo o povo de Éfeso numa ocasião em que os ourives estavam preocupados com seu sustento (Atos 19:23-41). É difícil imaginar que um espaço público de tamanho generoso, como um teatro, estivesse vazio, exceto quando havia festivais religiosos ou entretenimentos teatrais programados. Pode-se supor que um teatro seria uma escolha lógica de local se o público esperado excedesse o tamanho de uma sinagoga local ou do buleutério para praticamente qualquer evento público. Um estudo aprofundado do uso de teatros na Palestina greco-romana ou, pelo menos, no Oriente grego é necessário, e se poderia esperar que incluísse outros detalhes, como esses espaços eram reservados por artistas, palestrantes ou por aqueles que convocavam reuniões. De acordo com Atos 19:35, um γραμματεύς era responsável pelo controle de multidões e pela presença da assembleia no espaço. Isso levanta a questão de saber se Jesus ou seus discípulos poderiam ter-se coordenado com esse tipo de funcionário durante o ministério de Jesus.

Colocar o potencial uso de um teatro por Jesus nas circunstâncias em que uma grande audiência se reunia esclareceria não só questões relacionadas à capacidade de acomodação de pessoas, mas também à acústica e visibilidade. Se Jesus sentava enquanto se dirigia a grupos, que Dan Lioy é rápido em apontar como a posição-padrão de ensino por parte de rabinos, então entregar um sermão em um espaço como um teatro resolveria esses problemas.[71] Além disso, o uso de um grande auditório público ao ar livre responderia à questão de saber se uma multidão considerável reunida para ouvir Jesus teria se mantido em pé ou sentada durante a pregação. O próprio Cícero parecia diferenciar entre o público grego sentado e os espectadores romanos, que ouviam prédicas de pé (Cícero, *Pro Flacco* 15-16).[72]

---

[71] Lioy, *Decalogue in the Sermon on the Mount*, 89.

[72] Morstein-Marx, *Mass Oratory and Political Power*, 36-37. Obviamente, isso pressupõe que visualizar um Jesus sentado não foi uma decisão editorial destinada a destacar o fato de que ele era a autoridade suprema naquele ajuntamento, uma vez que no fórum romano a prática era de que o magistrado convocado fosse a figura solitária sentada em um banco *tribuniciano* ou em uma cadeira curul. Veja Morstein-Marx, *Mass Oratory and Political Power*, 40.

Uma vez que os assentos eram atribuídos aos membros do público em teatros antigos com base nas estruturas do sistema local de classes e que, portanto, os mais ricos teriam os melhores assentos, as palavras de Jesus durante o Sermão do Monte anunciando bênçãos para os menos favorecidos certamente seriam irônicas se entregues nesse ambiente.

CONCLUSÃO

Embora o que foi apresentado aqui não seja prova de nenhum aspecto específico do Sermão do Monte, espero que seja um esboço que aponte alguns caminhos para novas pesquisas. A busca pelo Jesus histórico não abandonou seu curso. Em vez disso, histórias alternativas, como *A vida de Brian*, dos Pythons, ou *The Shadow of the Galilean*, de Theissen, podem ser usadas para injetar nova vida no projeto do historiador bíblico. Quando histórias contrárias aos fatos, cenários paralelos ou outras criações fantasiosas são executadas com um alto nível de pesquisa e ligadas ao que se sabe sobre Jesus, os resultados podem ser surpreendentes. Esses exercícios podem ser úteis para descobrir novos caminhos de investigação sobre o Jesus histórico e o mundo em que ele viveu. Alguns desses novos projetos de investigação, sem dúvida, vão além do interesse nas palavras e ações de Jesus, para se concentrar no assunto que desperta a curiosidade dos historiadores culturais bíblicos. Ainda há muito a descobrir sobre Jesus, se estivermos dispostos a envolver modelos que se baseiam no conhecimento da vida cotidiana na época de Jesus e apoiar nossas conjecturas com evidências indiretas. Por fim, essa compreensão expandirá o que pode ser plausível sobre o Jesus histórico, aprofundando o retrato que apresentamos do Galileu do primeiro século de maneiras novas e revigorantes.

9

UM CASO A SER TESTADO: AS OBSERVAÇÕES DE

JESUS DIANTE DO SINÉDRIO:

BLASFÊMIA OU ESPERANÇA DE EXALTAÇÃO?

Darrell L. Bock

O livro recente *Jesus, Criteria, and the Demise of Authenticity*, editado por Chris Keith e Anthony Le Donne, foi anunciado como o "epitáfio do movimento de critérios na pesquisa do Jesus histórico".[1] Mesmo sendo excelente o grupo de estudiosos que o livro reuniu, embora os pontos estejam nos limites de uma compreensão baseada estritamente em critérios para esse estudo e por mais complexos que sejam os limites e os obstáculos da tarefa de fazer reconstrução histórica antiga, ele ainda levanta a questão: como avaliaremos o material sobre Jesus cujo caráter é questionado por tantos? Pode-se ter a sensação de que a resposta de, pelo menos, alguns desses estudiosos é deixar o caso para a direção geral das fontes que temos, executar algumas séries de testes críticos (os quais são pouco claros) e procurar o fluxo narrativo daquilo que possuímos. A questão permanece: isso é viável e suficiente? O anjo pode muito bem estar nos detalhes. Por isso, proponho examinar um texto sobre o interrogatório a que os judeus submeteram Jesus antes de ele ser levado a Pilatos e mostrar

---

[1]O endosso de Alan Kirk ao livro *Jesus, Criteria, and the Demise of Authenticity*, ed. Chris Keith e Anthony Le Donne (Londres: T&T Clark, 2012).

como trabalhar com uma combinação de critérios e antecedentes pode ser útil.[2]

Antes de analisar o evento, algumas coisas precisam ser ditas sobre o método crítico que o livro de Keith/Le Donne critica, uma vez que a obra põe firmemente em questão as pressuposições historiográficas por trás desses critérios e o modo como elas têm sido usadas. Deve ser dito desde o início que o critério de dissimilaridade, em sua forma mais estrita, é um exemplo do uso equivocado de critério, por ser excessivo no que exclui e em como vê um processo histórico enraizado culturalmente. No entanto, falha o uso do argumento de raízes de que os critérios são profundamente assentados em uma imperfeita forma de crítica. Apontar uma origem imperfeita ainda não remove a meta que esse projeto tem, a saber: prover um tratamento das fontes do Evangelho que argumenta que é preciso defender sua credibilidade. Portanto, minha percepção é de que a obra de Keith/Le Donne é culpada de exagero na outra direção. É necessário encontrar um equilíbrio entre o que ferramentas como critérios podem e não podem fazer por nós. Outra questão é o que mais é necessário para nos ajudar a julgar o ceticismo e a dúvida com que muitos tratam as fontes do Evangelho.

Também é necessária uma palavra sobre como a "autenticidade" é avaliada. Autenticidade e historicidade não têm relação apenas com o que aconteceu, mas também como o que aconteceu veio a ser visto. Existem muitas maneiras de afirmar o impacto histórico "autêntico" de um evento passado. O significado histórico não é estático e congelado. Autenticidade histórica tem profundidade; algo dela emerge com o tempo. O significado histórico afeta a vida conforme emerge à luz dos eventos subsequentes e se conecta às coisas que se seguem. A importância pode residir no que está implícito, e um escritor pode ser histórico e tornar explícito em seus registros esse elemento implícito. Certamente é assim que os Evangelhos funcionam. Eles foram escritos com uma consciência da história mais ampla e da série de eventos que são apresentados em sua narrativa. É por isso que

---

[2] Eu tenho dois grandes estudos sobre esse evento. O primeiro examina o pano de fundo, além de apresentar um argumento inicial para sua autenticidade central: Darrell L. Bock, *Blasphemy and Exaltation in Judaism and the Final Examination of Jesus* [Blasfêmia e exaltação no judaísmo e o interrogatório final de Jesus], WUNT 2/106 (Tübingen: Mohr Siebeck, 1998). O segundo é um exame detalhado do caso quanto à autenticidade central desse evento: idem, "Blasphemy and the Jewish Examination of Jesus" [Blasfêmia e o interrogatório judaico de Jesus], em *Key Events in the Life of the Historical Jesus: A Collaborative Exploration of Context and Coherence*, ed. Darrell L. Bock e Robert L. Webb, WUNT 247 (Tübingen: Mohr Siebeck, 2009), 589-667. Muito do presente ensaio sobre o evento será um resumo de pontos apresentados com muito mais detalhes nessas duas obras.

uma dimensão narrativa deve fazer parte da reflexão histórica do Evangelho. Ainda assim, algo como o critério pode nos ajudar a entender a direção principal dos eventos. É a favor desse uso mais limitado que argumentarei.

Um último ponto sobre critérios e avaliação de autenticidade precisa ser apresentado. O tribunal dos critérios pode ser comparado aos padrões que vemos na avaliação de processos judiciais perante um júri. Vencer o caso mede se uma pessoa pode ter alguma confiança a respeito do que está sendo avaliado, mas não chegar a ele não pode produzir uma firme conclusão sobre a falha de um texto. Isso não é um pleito especial. É um reconhecimento de que estamos trabalhando com evidências e padrões limitados que, quando atendidos, nos dizem muito, mas, quando não, nos deixam praticamente onde estávamos. Meu exemplo é o padrão diferente usado nos tribunais americanos. Quando o padrão para o julgamento de O. J. Simpson estava "além de uma dúvida razoável", um padrão que exige um nível muito alto de corroboração para uma acusação, Simpson foi considerado "inocente" não porque as pessoas pensassem que ele não havia cometido assassinato, mas porque as evidências poderiam não atender ao alto padrão exigido pela lei para condená-lo por assassinato. Quando o ônus foi transferido para o tribunal civil e a uma "preponderância das evidências", um padrão decididamente mais baixo, ele foi considerado "culpado" e obrigado a pagar uma multa. Esse exemplo ilustra um ponto-chave sobre o padrão de corroboração do estudo histórico de Jesus. As pessoas podem estar trabalhando com diferentes padrões de prova e também podem estar esquecendo o que a falha em obtê-los pode ou não dizer sobre o tipo de julgamento que está sendo feito.

Minha posição é que um entendimento de critério não é definitivo para estudos sobre Jesus, mas um componente importante e útil nesse estudo. Os critérios podem funcionar melhor para classificar o caráter geral de eventos e temas do que para provar a redação exata de ditos específicos. Contudo, mesmo isso é um passo útil no trato com o material que é tão questionado e discutido quanto o material sobre Jesus. Portanto, vamos fazer testar o caso de um evento potencialmente significativo e ver qual combinação de avaliações pode nos ajudar a decidir se o registro está próximo de algo que pode ser aceito como reflexo do que ocorreu.

A CENA AMPLA E OS CRITÉRIOS

A cena em seus termos mais amplos, de que a liderança judaica teve um papel na morte de Jesus, tem ampla atestação. Os Evangelhos não apenas refletem isso de acordo com a tradição marcana, mas Josefo o observa nas *Antiguidades judaicas* 18.63-64, como detalhamos abaixo. O *Evangelho de Tomé* (dito 66) fala da pedra que os construtores rejeitaram. O *Evangelho de Pedro* fala dos judeus não lavando as mãos pela morte de Jesus, ao contrário de Pilatos.[3] Isso poderia ser simplesmente uma expansão baseada em Mateus e, portanto, é de valor limitado. O *Evangelho de Nicodemos* retrata alguns líderes judeus levando Jesus a Pilatos.

A ideia de que algo como esse exame ocorreu é atestada de várias maneiras nos Evangelhos e ao lado do testemunho de Josefo.[4] Não temos apenas o material em Marcos 14:53-65, Mateus 26:57-68 e Lucas 22:54,66-71, mas também uma breve nota em João 18:13,14,19-23 sobre um interrogatório geral, mas sem detalhes. Há também uma observação de Josefo de que parte da liderança e Pilatos foram responsáveis pela morte de Jesus. As *Antiguidades judaicas* 18.64 em parte dizem: "E, quando Pilatos, por sugestão dos principais homens entre nós, o condenou à cruz, aqueles que o amavam a princípio não o abandonaram" (Whiston). Obviamente, os "principais homens entre nós" se referem aos líderes. A observação joanina faz Jesus apenas defender a natureza pública de seu ministério e sugere injustiça no fato de os líderes judeus o estarem interrogando. Por ser muito breve, não nos ajuda a considerar o que levou a liderança a interrogar Jesus, nem se encaixa nos critérios de nenhuma de suas especificidades além de dizer que esse evento ocorreu. Portanto, mesmo se pudéssemos verificar a cena de João especificamente de acordo com os critérios, isso nos ajudaria somente a confirmar que esse interrogatório aconteceu. Isso significa que ficamos com o que Marcos, Mateus e Lucas nos dizem, e ainda assim nada dessa múltipla atestação para esse amplo tema nos ajuda com os detalhes da cena do interrogatório.

Outros textos do Novo Testamento também testemunham de algum tipo de interrogatório. Atos 4:23-26 faz alusão a isso e 1Tessalonicenses 2:14,15 apresenta uma acusação genérica contra os judeus que mataram Jesus e os profetas. Esse vínculo de Jesus com a rejeição dos profetas aparece em uma

---

[3]Helmut Koester, *Ancient Christian Gospels: Their History and Development* [Evangelhos cristãos antigos: história e desenvolvimento] (Londres: SCM, 1990), 216-20, vê o *Evangelho de Pedro* usando tradição independente. Nesse caso, essa é outra fonte que atesta a conexão.
[4]Como é sabido, o texto de Josefo é controverso, tendo sido preservado de uma forma que evidencia a presença de influência cristã. Ainda assim, a maioria dos estudiosos e classicistas vê uma parte desse texto como autêntica, incluindo a parte ligada ao envolvimento dos líderes judeus. Veja a análise de Robert Webb, "The Roman Examination and Crucifixion of Jesus: Their Historicity and Implications" [O interrogatório romano e a crucificação de Jesus: historicidade e implicações], em Bock e Webb, *Key Events in the Life of the Historical Jesus*, 669-773 (aqui: 685-87).

das mais importantes parábolas de Jesus, a Parábola dos Lavradores Maus (Mateus 21:33-45 = Marcos 12:1-12 = Lucas 20:9-19). Essa parábola é uma alegoria sobre a história de infidelidade de Israel contada por Jesus durante sua última semana, no meio dos principais confrontos que ocorreram naquela ocasião. Ele estava alertando os judeus sobre rejeitarem-no, o que se encaixava em um padrão histórico, aludindo ao salmo 118 e à rejeição da pedra angular. A ligação do tratamento dado a Jesus à rejeição passada dos profetas também aparece no discurso de Estêvão em Atos 7. A ideia de oposição oficial judaica é atestada de várias maneiras, tanto em fontes quanto em formas, mas nada disso nos ajuda com os detalhes do próprio interrogatório.

Um segundo critério também é de ajuda. John Meier defende o critério de rejeição e execução. Roma não tinha motivos para tomar a iniciativa contra Jesus. Ele não tinha exército. Seu movimento era religioso. Desde que não fosse violento e não causasse grande agitação, ele poderia ser vigiado, mas não precisaria ser detido. Esses critérios de atestação e rejeição múltiplas apontam para a autenticidade do evento geral, mas não podem sugerir nada sobre os detalhes.

Quando se trata das especificidades da cena, somos deixados com os Evangelhos Sinópticos. Como veremos, eles exibem uma essência com padrão de variação comum nos Evangelhos. O evento principal e os ditos são semelhantes, mas há uma variação em como é contado. Aqui precisamos distinguir entre ter as próprias palavras da cena e ouvir sua voz geral, sua essência. Essa última é importante e ainda atesta uma historicidade central. É esse nível de especificidade que buscamos.

O CONTEXTO CULTURAL, A PLAUSIBILIDADE HISTÓRICA E OUTROS CRITÉRIOS

É aqui também que características além dos critérios são úteis, considerando o contexto histórico para o debate entre o novo movimento em torno de Jesus e a liderança judaica. Uma dessas categorias é o contexto cultural dos eventos ligados à morte de Jesus e às polêmicas que a cercam. Sendo esse um evento de tamanha importância, provavelmente havia alguma tradição oral circulando não apenas na igreja, mas também nos círculos judaicos oficiais, sobre o que havia acontecido. "Como se chegou à crucificação de Jesus?" teria sido um tópico de debate e de conhecimento público. Cada lado teria sua versão dos eventos, conhecida pelos de Jerusalém, uma cidade cuja população na época não era tão grande, entre 25 mil e 75 mil. No caso do ponto de vista da igreja, as principais características dessa lembrança são muito semelhantes nos Evangelhos. Eles precisavam ser razoavelmente precisos a fim de manter qualquer credibilidade no debate público subsequente sobre Jesus. Em outras palavras, a natureza pública e o significado dessa disputa operaram como uma espécie de restrição sobre como essa reunião foi relatada e feita circular na tradição antiga.

O núcleo da cena nos três Evangelhos é semelhante. Os três retratam Jesus sendo questionado sobre ser ele o Cristo. Marcos 14:61 tem a pergunta na forma mais explicitamente judaica: "Você é o Cristo, o Filho do Deus Bendito?" Essa maneira indireta de dizer "Filho de Deus" reflete o respeito judaico por falar sobre Deus em contextos formais. Mateus 26:63 diz mais diretamente: "Exijo que você jure pelo Deus vivo: se você é o Cristo, o Filho de Deus, diga-nos." Lucas 22:67 tem: "Se você é o Cristo, diga-nos." O argumento é o mesmo, enquanto a variação apenas reflete o que é comum em redações enraizadas na tradição oral. A pergunta-chave compartilhada em todas as versões é que foi perguntado a Jesus se ele era o Cristo, o Messias.

Jesus responde citando Salmo 110:1 nos três Evangelhos, afirmando que o Filho do Homem será visto à direita de Deus. Jesus afirma e prediz que Deus aceitará e reivindicará o Filho do Homem, que é ele mesmo, já que essa é a maneira favorita com que Jesus se refere a si. Mateus e Marcos também têm essa figura do Filho do Homem vindo sobre as nuvens, uma alusão a Daniel 7:13,14. Em Daniel, o Filho do Homem recebe domínio do Ancião de Dias, que retrata Deus. Mateus e Marcos notam que a resposta de Jesus fez com que os líderes judeus considerassem que ele blasfemava contra Deus, demonstrado por rasgarem as vestes. Lucas observa apenas que a resposta de Jesus resultou em ele ser levado a Pilatos.

Ao deter-nos nos detalhes, precisamos considerar as objeções e questões levantadas. O mais importante aqui é focar a opinião da liderança de que o dito por Jesus foi visto como blasfemo. Algo assim pode explicar como Jesus terminou diante de Pilatos. O que estamos mostrando é que, pelo menos nesse caso, além de qualquer critério, que apenas nos leva ao campo da discussão, o contexto cultural e histórico produz muito mais detalhes.

Quando alguém se afasta dos critérios como um tipo de guia positivo, muitas vezes o resultado é o surgimento de objeções sobre por que não podemos confiar nas fontes que temos. Essas objeções também são usadas para superar qualquer reivindicação que se possa fazer mediante a aplicação dos critérios. Portanto, é hora de considerar as objeções a esse evento. Existem três principais objeções. Depois disso, consideraremos mais duas questões: (1) uma explicação alternativa da cena como uma criação feita por Marcos ou pela igreja primitiva e (2) se Jesus teria dito algo como é retratado dizendo.

Primeiro, argumenta-se que a acusação de blasfêmia no interrogatório não se encaixa na definição judaica desse termo, segundo a qual se deve usar o nome divino para que a blasfêmia esteja presente (*m. Sanhedrin* 7:5). Além disso, há a objeção de que fazer uma afirmação messiânica em si não era uma blasfêmia. Desse modo, a pergunta se torna: o relato dá indicação de um ato, ou expressão, potencial que teria sido entendido como blasfêmia?

De fato, sim. Ao contrário da opinião popular comum, a blasfêmia não foi a reivindicação de ser o Messias. Existem registros de várias outras figuras messiânicas no primeiro século, nenhuma das quais acusada de blasfêmia.[5] Josefo observa várias figuras que aumentaram as esperanças da chegada do fim, e nenhuma delas foi acusada de blasfêmia (*Antiguidades* 18.85-87,97-98; 20.167-88). Algumas dessas figuras tinham nomes ou apelidos, como o samaritano, Teudas e o egípcio, enquanto outros textos se referem apenas a figuras proféticas sem nome. Então, o que é blasfêmia? O que a liderança viu no que Jesus disse?

Blasfêmia é um discurso ou ato que mostra intenso desrespeito a Deus — o que se poderia chamar de calúnia. A fala blasfema pode assumir várias formas. Usar o Nome divino de maneira inapropriada é certamente uma blasfêmia, punível com a morte (Levítico 24:10-16; *m. Sanhedrin* 6:4; 7:5; Fílon, *Moisés* 2.203-6). Na base dessas ideias sobre blasfêmia, está o mandamento de Êxodo 22:28, de não ultrajar Deus ou os líderes que ele nomeou para a nação.

Atos de blasfêmia concentram-se na idolatria, uma demonstração de desrespeito arrogante em relação a Deus ou o insulto a seus líderes escolhidos. Muitas vezes, aqueles que blasfemavam verbalmente agiam de acordo com seus sentimentos. Deus julgou tais ofensas. Exemplos na exposição judaica são Sísera (Juízes 4:3 e *Rabbah de Números* 10.2; desrespeito ao povo de Deus), Golias (1Samuel 17 e Josefo, *Antiguidades* 6.183; desrespeito ao povo de Deus e adoração a Dagom), Senaqueribe (2Reis 18—19; cf. Isaías 37:6,23; desrespeito ao poder de Deus), Belsazar (Daniel 3:29 na versão de Teodócio e Josefo, *Antiguidades* 10.233,242; desrespeito à presença de Deus pelo uso de utensílios do templo em uma festa), Manassés (agindo contra a Torá; Sifre §112) e o general romano Tito (*b. Gittin* 56b e *'Abot do rabino*

---

[5]Corretamente E. P. Sanders, *Jesus and Judaism* (Filadélfia: Fortress, 1985), 298.

Natã B 7; entrando no templo, profanando-o, retalhando a cortina e tirando os utensílios).[6] Agir contra o templo também é uma blasfêmia (1Macabeus 2:6; Josefo, *Antiguidades* 12.406). Significativamente, comparar-se a Deus também é uma blasfêmia, refletindo arrogância de acordo com Fílon (*Sonhos* 2.130-31; *Decálogo* 13-14.61-64). Em Cunrã, a infidelidade na ação moral daqueles que pretendem liderar o povo (CD 5.12) e o ato de falar contra o povo de Deus (1QpHab 10.13) são blasfemos. Em Israel, o exemplo mais destacado é o incidente do bezerro de ouro (Fílon, *Moisés* 2.159-66).

À luz disso, vamos, então, definir blasfêmia. Quando aplicada a Deus como objeto, a blasfêmia representa uma ofensa a Deus e uma violação de um princípio fundamental da fé que lhe dá glória. Atacar o povo de Deus verbalmente é uma segunda classe de blasfêmia (Senaqueribe; Golias). Os que desafiam a liderança que Deus colocou em seu povo são vistos como atacando também a Deus. Portanto, a blasfêmia se refere a uma ampla gama de atividades ou discursos ofensivos. Esse é um cenário crucial sobre como, na visão da liderança, a blasfêmia estava relacionada com Jesus. Por trás de tudo está a ideia de que a glória e a honra de Deus são únicas e devem ser protegidas e preservadas.

No texto, de acordo com todas as versões do evento que temos, pelo menos no que diz respeito ao uso de Salmos 110:1 —, quando Jesus afirma que Deus o trará como Filho do Homem à sua presença e permitirá que ele se assente à sua mão direita (aludindo a Salmos 110:1) e/ou o fará vir sobre as nuvens (aludindo a Daniel 7:13,14) —, isso foi entendido pela liderança como Deus sendo roubado de sua honra e glória únicas. Eles entenderam isso como uma blasfêmia, embora, como estamos prestes a ver, os judeus daquela época debatiam a ideia de alguém ser capaz de se sentar com Deus.

Como a alegação de Jesus de se sentar ao lado de Deus foi ouvida no judaísmo? Depende de quem estava ouvindo. Em algumas alas do judaísmo, tal ideia poderia ser admitida para um grande líder como Moisés ou para uma figura futura como o Filho do Homem em *1Enoque* 37-71.[7] Mas outros

---

[6]*Rabbah de Números* , Sifre e *'Abot do rabino Natã* são exposições judaicas posteriores da Bíblia hebraica que registram esses personagens bíblicos como tendo blasfemado.

[7]No texto judaico Isagoge de Ezequiel, do segundo século a.C., Moisés tem um sonho e é instruído a sentar-se nos tronos de Deus. Na Bíblia hebraica, somente em Daniel 7:9 o trono de Deus é descrito no plural. Esse texto provavelmente é uma elaboração de Êxodo 7:1. Lá, Deus promete a Moisés: "Eis que te tenho posto por deus sobre faraó" (ACF). A promessa mostra uma autoridade incrível que inclui julgamento. Em *1Enoque*, o Filho do Homem é descrito como uma figura futura que se senta ao lado de Deus e julga, uma figura posteriormente denominada Enoque. Nos dois casos, temos grandes nomes da tradição hebraica que talvez sejam considerados dignos de tal honra.

judeus se opuseram a essas ideias. Em *3Enoque*, o anjo Metatron afirma ser o "Iavé Menor" e é punido por Deus pela ousadia de ter feito essa comparação.[8] Há também uma bem conhecida tradição repetida algumas vezes envolvendo o rabino Akiba. Nesse relato, Akiba sugere que Davi pode se sentar ao lado de Deus no céu. No entanto, os outros rabinos objetam, repreendendo-o e dizendo: "Por quanto tempo você profanará a Shekiná (i.e., a glória de Deus)?"[9] Lembram-lhe que, na opinião deles, ele está blasfemando.

A maior parte da liderança judaica na época de Jesus era composta pelos do partido saduceu. Eles eram conservadores tradicionais que se atinham ao ensino da Torá, ou os cinco primeiros livros de suas Escrituras. Eles não gostavam de adições à tradição, como as refletidas em Isagoge ou *1Enoque*. Eles teriam achado difícil acreditar que esse mestre galileu pudesse compartilhar a presença direta de Deus como estava sugerindo. Os comentários de Jesus se qualificam como blasfêmia nesse contexto cultural, dada a rejeição da liderança a esses comentários. O tratamento da objeção deles mostra o que um bom trabalho cultural pode fazer a fim de resolver um debate sobre o texto. No mínimo, pode-se argumentar que a história se encaixa no cenário cultural. Isso invoca o critério de "Plausibilidade do contexto histórico", pelo qual Theissen e Winter são conhecidos.[10] Assim, vemos aqui a coexistência de argumentação cultural com um critério que reflete o trabalho em detalhes com o contexto do ministério de Jesus. O caso aqui não é hermético, mas mostra pelo menos que as reivindicações de Jesus e a reação a ele se encaixam no cenário cultural.

Segundo, é dito que a cena não é realista, uma vez que os líderes são mostrados apressando-se para marcar uma reunião com Pilatos durante uma grande festa, realizando um julgamento que não poderia ser realizado em um dia de festa ou feriado.[11] Alguns argumentam que o que está ocorrendo aqui é uma projeção de preocupações apologéticas posteriores para culpar os líderes judeus pelo ato de Roma. Uma variação dessa objeção argumenta que isso não pode ser um julgamento, uma vez que os judeus não podiam executar ninguém, apenas Roma. Como veremos, duas respostas podem lidar rapidamente com esse desafio. Em primeiro lugar, o texto não mostra

---

[8]Essa obra judaica vem do segundo século d.C.
[9]A história está no Talmude Babilônico, *b. Hagiga* 14a,14b; *b. Sanhedrin* 38b.
[10]Dagmar Winter, "Saving the Quest for Authenticity from the Criterion of Dissimilarity: History and Plausibility" [Salvando a busca por autenticidade do critério de dissimilaridade: história e plausibilidade], em Keith e Le Donne, *Jesus, Criteria, and the Demise of Authenticity*, 115-31, esp. 127-28.
[11]Essa objeção pertence a Sanders, *Jesus and Judaism*, 298.

os judeus tendo o direito de executar. Eles estão preparando um caso para levar a Roma, que pode e toma a decisão final. Assim, em segundo lugar, não se trata de um julgamento, mas sim de um grande júri ou inquérito judicial para ver se as acusações podem ser sustentadas em outro local.

É falacioso afirmar que a presença do apologético apaga a presença de detalhes históricos. O debate da comunidade com os judeus que não acreditavam teria sido inevitavelmente contencioso e apologético desde o momento em que houve uma rejeição do desafio de Jesus à comunidade judaica. Jesus chamou a comunidade que se voltasse para Deus e apresentou seu papel com autoridade nessa afirmação. Desse modo, a presença de um elemento apologético envolvendo Jesus no material não é razão automática para rejeitar a historicidade da presença de tais elementos de debate.

Uma objeção mais substancial é a questão da luta para levar Jesus a Roma durante um período festivo. O que não é relevante é o apelo a um julgamento que não pode ser realizado durante uma festividade ou um feriado, pois, como acabamos de mencionar, o questionamento pode não ter sido considerado de fato um julgamento. Pode ter sido um mero interrogatório para verificar se as acusações poderiam ser levadas a Pilatos. É por isso que chamamos a cena de interrogatório. Isso poderia ter sido realizado naquele momento?

Uma vez mais, o contexto histórico nos ajuda. Essa foi uma situação especial. Os líderes tinham Jesus nas mãos. A oportunidade de entregá-lo a Roma e obter um julgamento rápido por parte do prefeito estava sujeita à presença de Pilatos em Jerusalém. O tempo era essencial, e entrar em acordo enquanto a oportunidade existia era importante. Portanto, as circunstâncias especiais tornaram conveniente acelerar o processo. Pilatos já estava na cidade, mas logo voltaria para Cesareia Marítima. Quanto menos tempo Jesus fosse retido, melhor, por causa de sua popularidade entre alguns. Há textos posteriores sobre enganadores do povo que permitem tanto interrogatórios excepcionais quanto uma rápida resolução do destino do enganador se a sentença é de culpa.[12] A situação de Jesus se encaixa nesse tipo de cenário especial. As acusações a Jesus de ser visto pelos oponentes como enganador são atestadas de várias maneiras, incluindo uma fonte judaica

---

[12]August Strobel, *Die Stunde der Wahrheit: Untersuchungen zum Strafverfahren gegen Jesus* [A hora da verdade: investigações sobre o processo penal contra Jesus], WUNT 21 (Tübingen: Mohr Siebeck, 1980), 85, observa textos da Mishná (*m. Sanhedrin* 11:3-4) e da posterior Toseftá (*t. Sanhedrin* 7:11; 10:11).

posterior (Lucas 23:2; Mateus 27:63,64; João 7:12,47; *b. Sanhedrin* 43a).[13] Novamente, o histórico, o contexto cultural e a plausibilidade nos ajudam a lidar com esse evento.

A terceira objeção é: de onde vieram as testemunhas dessa cena, já que nenhum discípulo estava presente? Na melhor das hipóteses, de acordo com as fontes, Pedro e João estavam do lado de fora, mas conseguiam ouvir (João 18:15)?

Na verdade, existem vários candidatos a testemunhas em potencial. O surgimento de uma comunidade de seguidores judeus de Jesus em Jerusalém após sua morte é histórico, dado de que praticamente ninguém duvida. Essa comunidade estaria de imediato conduzindo debates públicos com outros judeus e a liderança judaica oficial. Sabemos disso porque, três décadas depois, um descendente da família sumo sacerdotal de Anás e Caifás, Anás II, é responsável pela morte de Tiago, um membro da família de Jesus. Caifás foi o sumo sacerdote durante a vida de Jesus e o foi durante o tempo de qualquer interrogatório de Jesus. Anás, o patriarca da família, era sogro de Caifás. Uma vez que se percebem as conexões familiares na liderança de ambos os lados dessa disputa religiosa, pode-se ver que uma animosidade familiar existiu em Jerusalém pelo longo período de três décadas. Durante esse tempo, cada lado teria se colocado a favor ou contra Jesus no debate que acontecia. A posição oficial em relação a Jesus teria sido conhecida publicamente em uma cidade não muito grande. Esse tipo de conversa pública e oficial teria alimentado a tradição central. A natureza pública do debate e sua longa duração por várias décadas preservaram a posição oficial de cada lado e a protegeram da influência de rumores ou especulações sobre os eventos.

Mais do que isso, alguns membros da liderança parecem ter tido relações simpáticas com os novos crentes. Aqui personagens como Nicodemos e José de Arimateia podem ser mencionados. Eles saberiam e poderiam muito bem ter relatado o que aconteceu no interrogatório. Além disso, alguém

---

[13]O que o Talmude do quinto século atesta também é visto em outros textos do primeiro e do segundo séculos. Cf. David Neale, "Was Jesus a *Mesith*?" [Jesus era um *Mesith*?], *TynBul* 44 (1993): 89-101; Graham Stanton, "Jesus of Nazareth: A Magician and a False Prophet Who Deceived God's People?" [Jesus de Nazaré: um mago e um falso profeta que enganou o povo de Deus?], em *Jesus of Nazareth: Lord and Christ: Essays on the Historical Jesus and New Testament Christology* [Jesus de Nazaré, Senhor e Cristo: ensaios sobre o Jesus histórico e a cristologia do Novo Testamento], ed. Joel B. Green e Max Turner (Grand Rapids: Eerdmans, 1994), 164-80; N. T. Wright, *Jesus and the Victory of God*, vol. 2 de *Christian Origins and the Question of God* (Minneapolis: Fortress, 1996), 439-42.

como Saulo (Paulo), como antigo perseguidor da igreja, teria conhecido a posição judaica oficial contra Jesus.[14] Também podemos mencionar a potencial presença de serviçais em torno desses eventos, que podiam saber o que aconteceu. Qualquer uma ou todas essas poderiam ter servido como fontes potenciais para um ato que provavelmente foi tema de debate público, dada a rápida ascensão do novo movimento logo após a morte de Jesus. Uma vez mais, lutar com o cenário cultural e histórico pode nos ajudar a considerar como o relatório do evento surgiu.

O DITO: A ALTERNATIVA ASSUME O EVENTO E O USO DE CRITÉRIOS

Outra questão a ser examinada é o modelo alternativo de como obtivemos nosso texto. É a alegação de que Marcos ou a igreja primitiva formaram nosso texto para apresentar Jesus como um exemplo sobre como enfrentar o sofrimento e a perseguição. Assim, o evento é criado com palavras colocadas na boca de Jesus. Portanto, perguntamos se essa é uma explicação alternativa melhor.

Em suma, esse não é um argumento muito convincente. A defesa de Jesus aqui é pessoal e nada fala aos discípulos sobre como manterem-se fiéis a ele. A resposta de Jesus é sobre si mesmo. As únicas coisas sobre as quais Jesus dá exemplo são a coragem diante do questionamento e a disposição de sofrer e morrer por se ver como o Cristo, o Filho de Deus. Mas não há nada particularmente instrutivo sobre como Jesus faz isso. Além de dar confiança para persistir e sofrer, como mostra a cena, o relato faz muito pouco a esse respeito. Portanto, essa explicação não pode ser a análise racional para toda a cena.

Por fim, chegamos a uma questão-chave a buscar. Jesus disse algo como o que é retratado dizendo nessa cena? Essa possibilidade também é desafiada de três maneiras. O primeiro desafio afirma que Jesus nunca havia se apresentado nesses termos. Ele se concentrava no reino, e não em si mesmo. Mais do que isso, ele mostrou hesitação, pelo menos em público, em usar títulos importantes como Cristo e Filho de Deus.[15] Como mostraremos,

---

[14]Sobre a possibilidade de acesso aos registros dos julgamentos, pode-se considerar que Josefo teve acesso a informações sobre julgamentos e deliberações, considerando seu resumo da situação de Tiago como indicação de seu acesso a fontes. E há exemplos de cartas enviadas com pessoas sob custódia que davam indicação oficial das acusações (Atos 23:26-30). Isso significa que pode ter havido registros oficiais em algum lugar. Se houvesse acesso, as informações seriam obtidas. Alguém como Paulo poderia ter chegado à informação judaica oficial.
[15]Sanders, *Jesus and Judaism*, 297 (primeira objeção). Ele argumenta que nada nos ensinamentos públicos de Jesus levaria à pergunta inicial, muito menos a uma resposta.

essa afirmação pode se resumir ao que é feito com o título Filho do Homem. O segundo desafio afirma que Jesus não usou as Escrituras da maneira como é retratado fazendo aqui.[16] Esse tipo de reflexão bíblica é o produto da consideração da igreja primitiva sobre Jesus. O terceiro desafio afirma que Jesus pode ter dito algo assim e pode até ter usado uma das duas passagens mencionadas, mas não as usou juntas.[17] Nesta versão do argumento, ao contrário do primeiro, Jesus se referiu a si mesmo como Filho do Homem e predisse uma vindicação divina, mas não apelou ao sentar-se à mão direita de Deus com base no salmo 110. Isso é a igreja primitiva falando.

É importante notar que, nessa terceira versão, a autenticidade central da cena ainda é afirmada, mesmo que isso não ocorra com a aceitação de todos os seus elementos centrais. Portanto, é importante observar uma diferença importante entre a terceira forma desse argumento e as duas primeiras. Nas duas primeiras formas da objeção, Jesus não disse nada parecido com o que é afirmado ter dito. Definitivamente, não estamos em contato com o Jesus histórico. Na terceira versão, Jesus fez uma vindicação que até causou o crime de blasfêmia. Ele simplesmente não disse tanto quanto o texto afirma que ele disse. Portanto, temos um ponto de contato com o Jesus histórico, o qual, porém, é ampliado pela igreja primitiva.

Então, Jesus se referiu a si mesmo como uma figura-chave no programa de Deus?

Primeiramente, nossa análise de eventos anteriores mostraria que Jesus fazendo uma autorreferência no programa de Deus não está ligado apenas ao que ele disse, mas ao que ele *fez*. Reivindicações de autoridade em ação estão no centro da promessa de reino de Deus mediante vários eventos públicos. Jesus falou menos sobre quem ele era e preferiu destacar seu papel por meio do que ele fez.[18]

---

[16]Norman Perrin, "Mark XIV.62: The End Product of a Christian Pesher Tradition" [Marcos XIV.62: o produto final de uma tradição cristã *pesher*], *NTS* 12 (1966): 150-55; Eugene Boring, *Mark: A Commentary* [Marcos: um comentário], NTL (Louisville: Westminster John Knox, 2006), 413-14.

[17]James D. G. Dunn, *Jesus Remembered*, vol. 1 de *Christianity in the Making* (Grand Rapids: Eerdmans, 2003), 749-54.

[18]Argumentar isso é o encargo de todo o estudo de mais de 850 páginas apresentado em Bock e Webb, *Key Events in the Life of the Historical Jesus*. Aqui, usando regras histórico-críticas comuns e pano de fundo histórico-cultural, como foi feito neste ensaio, uma sequência completa de doze eventos é apresentada e defendida em detalhes para defender esse ponto. James Charlesworth, do Princeton Seminary, ao resenhar nosso livro, observou que "Bock, Webb e seus colaboradores devem ser elogiados por esta lista; mas ela é apenas um começo" (James Charlesworth, "A Review of Darrell L. Bock and Robert L. Webb [eds.] *Key Events in the Life of the Historical Jesus*" [Uma resenha do livro *Eventos-chave na vida do Jesus histórico*, de Darrell L. Bock e Robert L. Webb (eds.)], *JSHJ* 13

Em segundo lugar, pode-se argumentar que Jesus veio a Jerusalém e se tornou mais público quando chegou lá. Isso foi uma mudança em relação à sua estratégia anterior.

Em terceiro lugar, Jesus indicou constantemente seu *status* — embora raramente se refira a si mesmo como Messias e Filho de Deus por esses termos poderem ser mal interpretados. O título que escolheu foi Filho do Homem — e, mesmo quando confessado como Cristo, Jesus falava do Filho do Homem. Isso requer um olhar mais atento a esse título do que o feito até agora, pois nessa cena do interrogatório Jesus responde com o título Filho do Homem a perguntas sobre quem ele é.

Lembre-se de que essa expressão tem duas raízes. Por um lado, em aramaico, é uma expressão idiomática que se refere a um ser humano. Assim como filho de Davi é o filho gerado por Davi ou filho de Sara é o filho gerado de Sara, também filho do homem é filho de um ser humano. Simplificando, significa uma pessoa. A segunda raiz vem da expressão "alguém semelhante a um filho de um homem" em Daniel 7:13. Aqui, a expressão não é um título, mas a descrição de uma figura que vem com as nuvens e chega ao Ancião de Dias para receber o domínio de Deus. O interessante é que, embora o linguajar cotidiano aponte para um ser humano, o uso em Daniel 7 aponta para uma figura transcendente, pois na Bíblia hebraica os únicos seres que andam nas nuvens são Deus ou os deuses (Êxodo 14:20; 34:5; Números 10:34; Salmos 104:3; Isaías 19:1). O céu e a terra se encontram nessa descrição. A expressão não era um título formal naquele período, embora seu uso em *1Enoque* 37-71 na época mostre que alguns judeus estavam começando a pensar nesses termos.

Mais interessante é o uso generalizado da expressão no Novo Testamento. Filho do Homem aparece 82 vezes nos Evangelhos, e, em todos os casos, exceto um (João 12:34), é usado por Jesus. A única exceção descreve alguém refletindo sobre o que Jesus disse; portanto também não é exatamente uma exceção. Esse não é um termo que a igreja ou as pessoas usam para descrever Jesus. É um termo que ele usa sobre si mesmo. É constantemente traduzido por "*o* Filho do Homem" em grego. Isso significa que não é um uso genérico nessa apresentação.

Uma análise ainda mais detalhada do termo mostra que existem talvez 51 ditos envolvidos nesse uso, excluídas as sobreposições que refletem usos

---

[2013]: 220). É justo, mas o que está aqui mostra que Jesus se apresentou como central para o reino e que o reino era central para sua pregação. Algumas das argumentações a seguir refletem pontos levantados e substanciados no volume maior.

paralelos entre os Evangelhos. Catorze deles estão nas fontes marcanas, enquanto dez refletem Q. O restante é dividido entre material exclusivo de Mateus (oito ditos), Lucas (sete ditos) e João (treze ditos). Em outras palavras, esse uso é profundamente atestado de modo múltiplo. Aqui está outro detalhe importante em que a aplicação dos critérios mostra seu valor potencial. É um título enraizado em toda a tradição que lembra como Jesus falou sobre si mesmo. Os números aqui não são precisos ("talvez 51 ditos") porque se pode colocar certos ditos em mais de uma categoria, e se, em certos casos, é questionável se há um paralelo ou não, isso impacta os números finais. A distribuição entre as fontes é profunda o suficiente para que essa diferença numérica não afete o ponto principal sobre a presença da múltipla atestação. De fato, os estudiosos gostam de dividir esses ditos em três tipos. Alguns ditos descrevem o que Jesus fez em seu ministério terreno. Outros tratam de seu sofrimento. A categoria final fala da autoridade do Filho do Homem no final dos tempos ou no julgamento. Essa última é chamada de ditos apocalípticos do Filho do Homem. A resposta de Jesus aqui sobre ver o Filho do Homem nas nuvens e sentado à direita de Deus é um dito apocalíptico. Esse tipo de ditos também é atestado de várias maneiras. Marcos tem três desses em 8:38, 13:26 e 14:62. Esse último caso é o usado no evento em questão.

A alegação de que essa ideia do Filho do Homem é um produto da igreja enfrenta dois questionamentos. O primeiro: como esse título aparece apenas nos lábios de Jesus em diferentes níveis de tradição, se é o produto da igreja primitiva? Em outras palavras, quem estabeleceu a regra de que as diferentes vertentes da tradição refletem que esse título seria colocado apenas nos lábios de Jesus? O segundo é: se esse título importante para Jesus é uma criação da igreja primitiva, por que o material que temos fora dos Evangelhos mostra tão pouco uso dele? Por que não mostra um único uso dele como título confessional para Jesus? Existem apenas quatro usos fora dos Evangelhos (Atos 7:56; Hebreus 2:6; Apocalipse 1:13; 14:14). Isso é diferente de outros títulos, como Cristo ou Filho de Deus, que aparecem frequentemente nas Epístolas e em Atos, bem como nos Evangelhos.

Tudo isso torna muito mais provável que Jesus se referisse a si com esse título do que a igreja o houvesse criado para ele. O uso no interrogatório de Jesus se encaixa nos padrões de divulgação de seu ministério e no uso que faz desse título. Um ponto como esse sugere que, pelo menos em um caso tão difundido de múltipla atestação, a plausibilidade está do lado de seu uso por Jesus. O valor do critério nesse exemplo mostra seu valor potencial para alguns argumentos.

E a objeção de que Jesus não usava as Escrituras dessa maneira? Essa é uma variante da objeção anterior que argumenta que esse tipo de alusão complexa a textos da Bíblia hebraica, chamada *pesher*, vem da igreja primitiva, e não de Jesus. Muito do que já dissemos se aplica a essa objeção. É simplesmente irracional que Jesus não refletisse sobre sua missão a partir das Escrituras, especialmente quando viu essa missão ligada ao plano de Deus. Portanto, é difícil justificar uma regra contra a historicidade que diga que, se uma passagem se refere às Escrituras de maneira reflexiva, deve ser invenção da igreja primitiva. O ministério de Jesus afirmava que Deus havia prometido coisas que agora estavam sendo realizadas. Onde estariam essas promessas senão nos textos sagrados da comunidade?

Não há nada na evidência do uso e da disponibilidade de Salmos 110:1 ou Daniel 7:13 que exija um uso limitado ao período pós-Páscoa. As imagens de Daniel 7 circulavam especialmente em textos judaicos como *1Enoque* 37-71.[19] Jesus mostra sinais de usar Daniel 7 no discurso que aparece em Marcos 13, Mateus 24 e Lucas 21. Salmos 110:1 aparece de maneira muito ambígua em Marcos 12:35-37 (cf. Mateus 22:41-46; Lucas 20:41-44), em que Jesus usa o texto não para se referir diretamente a si mesmo, mas com o fito de perguntar por que Davi se referiu como Senhor àquele que viria, e não como filho. A tensão cultural na pergunta de Jesus permanece a seguinte: como o ancestral de uma sociedade patriarcal mostra tanto respeito a um descendente a ponto de atribuir a seu parente muito mais jovem o título de "meu Senhor"? A pergunta fica sem resposta em Marcos 12, deixando o leitor com algo para refletir. O texto tem essa ambiguidade inerente que apoia a historicidade.[20] Aqui está outro detalhe importante potencialmente suportado por um critério. O uso em Marcos 14 trata da questão do significado de Salmos 110.

---

[19]Para a defesa de uma proveniência precoce desse texto antes da época de Jesus e possivelmente até na Galileia, veja Darrell L. Bock e James H. Charlesworth, eds., *Parables of Enoch: A Paradigm Shift* [Parábolas de Enoque: uma mudança de paradigma], JCTCRS 11 (Londres: Bloomsbury, 2013).
[20]Há um debate técnico sobre se Jesus teria citado Salmos 110:1 de uma maneira que reflita o que temos aqui. O debate lida com três questões: (1) o uso e a diferença entre o salmo em hebraico e sua tradução grega, (2) se aqui Jesus falou em hebraico, aramaico ou mesmo em grego, e (3) as possibilidades teológicas que as diferenças do texto grego introduziram. É claro que, se Jesus falava grego, as mudanças vieram com o uso dessa língua, mas por trás dela ainda existia esse costume de respeito pelo uso do nome divino. De qualquer maneira, o contexto da mudança é claro e culturalmente plausível. A linha em debate traduzida cuidadosamente do hebraico diz: "Iavé disse a meu Senhor: 'Senta-te à minha mão direita…'." O desafio é que somente em grego vemos a ambiguidade do texto como o temos: "O Senhor disse a meu Senhor." Se Jesus, seguindo o costume judaico, teve o cuidado de não pronunciar o nome divino, já que, por respeito, o nome Iavé era muitas vezes evitado em discussões públicas formais, esse costume resultaria na leitura: "O Senhor disse a meu Senhor." É exatamente isso que os textos em Marcos 12 e 14 trazem.

Esses dois textos da Bíblia hebraica (Salmos 110:1 e Daniel 7:13,14) causaram um profundo impacto na igreja primitiva, tornando-se os textos mais citados. Alguns sugerem que esse amplo uso aponta para a probabilidade de a igreja ter inserido as referências aqui por motivos apologéticos. No entanto, a profunda influência dessas passagens sugere que elas foram enfatizadas pelo fundador da comunidade. Não é preciso escolher entre apologética e história ou entre cristologia e história. Essas categorias na igreja primitiva também não eram ou essa ou aquela categoria, mas ambas.[21]

Ambas as passagens da Bíblia hebraica estavam disponíveis para Jesus usar em seu interrogatório. Nada do que Jesus fez ou disse no julgamento representa um esforço para o uso dessas fontes, mesmo lido criticamente pelos critérios. Se Jesus usou o salmo 110 ou Daniel 7 nessa cena, o ponto de ofensa foi provocado. Seus oponentes teriam visto o uso de qualquer texto reivindicando a defesa de Deus e a vindicação do Filho do Homem como uma alegação blasfema de estreita associação com a glória de Deus. Se Jesus alegou que ele, como Filho do Homem, deveria estar sentado na presença de Deus como resultado da atividade divina, ou que viria nas nuvens para receber autoridade, então a reivindicação de compartilhar a glória divina foi feita e a rejeição subsequente de seus oponentes se seguiria. Se qualquer dos textos foi usado, a historicidade central do evento permanece. Isso nos deixa com uma objeção final, nossa terceira pergunta sobre se Jesus teria dito isso. Alguém pode defender que Jesus usou os dois textos?

Nessa objeção, Jesus faz alusão a Daniel 7, já que as evidências para o uso dessa passagem são muito extensas, mas não usa Salmos 110. A chave para essa objeção é a ideia de que Jesus rejeitou o título messiânico para si mesmo, de modo que o uso de Salmos 110:1 reflete a igreja primitiva, e não Jesus. Em grau significativo, pode-se tratar dessa questão discutindo a declaração de Jesus em Cesareia de Filipe: Jesus deu ao título *Cristo* uma aceitação qualificada em termos de entendimento popular, reformulando o termo para seus seguidores.[22]

Ainda outro fator aqui são as variações nas respostas de Jesus no interrogatório conforme Mateus, Marcos e Lucas. Quando perguntado se é o Cristo, Jesus diz em Mateus 26:64: "Tu mesmo o disseste." A mesma pergunta em Marcos 14:61,62 produz a resposta: "Sou." Lucas 22:67,68 traz Jesus respondendo

---

[21]Mas Boring, *Mark*, 414, defende uma escolha entre as categorias.

[22]Esse é o tema principal do ensaio de Michael Wilkins, "Peter's Declaration concerning Jesus' Identity in Caesarea Philippi" [Declaração de Pedro sobre a identidade de Jesus em Cesareia de Filipe], em Bock e Webb, *Key Events in the Life of the Historical Jesus*, 293-381.

que, se disser "sim", eles não crerão, e se ele perguntar, não responderão. Jesus está relutante em responder, ele confirma o título ou qualifica a pergunta? A resposta ambivalente em duas das versões indica que a pergunta é formada de uma maneira que Jesus não a aceita inteiramente. Sua resposta nos três relatos sugere que ser somente o Messias não é suficiente. Em outras palavras, em todas as versões ele supera a pergunta. Eles querem saber sobre o Messias, mas ele responde com uma vindicação divina plena. No entanto, isso não é uma rejeição do título. Simplesmente indica o fato de que seu significado é muito maior do que foi percebido. Nesse sentido, o nítido "eu sou" de Marcos afirma o que é aceito. Jesus é o ungido de Deus em termos de autoridade e governo.

Jesus ter rejeitado o título de Cristo, como alguns afirmam, enfrenta um grande obstáculo, muito parecido com a discussão sobre o Filho do Homem, mas ao contrário. Onde o Filho do Homem tinha um uso restrito, o título de Cristo era amplamente usado e, portanto, a profundidade de sua presença na igreja primitiva precisava ser explicada se Jesus tivesse de fato rejeitado seu uso. É claro que a comunidade primitiva aceitou esse título com respeito a ele, tanto que Cristo se tornou uma parte essencial de seu nome em todos os mais antigos materiais que temos. Se Jesus tivesse rejeitado esse título, seria difícil compreender por que a igreja o teria afirmado, dado que tal reivindicação de realeza criou tantos problemas para os primeiros cristãos em termos de perseguição e aceitação social. O critério de constrangimento se aplica aqui. Mais uma vez, fazer uma pergunta que reflete o tipo de problema levantado por um critério pode se aplicar a outro detalhe importante. Por que criar um título que traga problemas? A melhor explicação é que Jesus aceitou o título, embora o manejo das fontes revele que ele o fez com alguma qualificação.

Dunn argumenta que, em seu interrogatório e em seu ministério como um todo, Jesus respondeu a essa pergunta sobre ser o Messias com um "qualificado não".[23] Portanto, Jesus não usou Salmos 110:1. Minha posição é um passo adiante. Acho que ele respondeu à pergunta messiânica com um "sim" qualificado. Dunn afirma que Jesus nunca usa o título para si mesmo, nunca acolhe inequivocamente a aplicação feita a si por outros e recusa a associação militarista real dominante. Dunn está certo sobre um entendimento militarista; no entanto, certas cenas defendem alguma aceitação do título. Essas incluem a cura do cego que clama por ajuda do Filho de Davi, paralela a Davi na discussão sobre o sábado, e o encontro envolvendo a mulher samaritana. Essas passagens

---

[23]Dunn, *Jesus Remembered*, 652-53. Essa questão é muito complexa. Para a apresentação completa de uma resposta, veja meu ensaio em *Key Events in the Life of the Historical Jesus*. Faço aqui apenas algumas observações.

mostram Jesus respondendo positivamente em tais ocasiões à associação — um tema com múltiplos atestados! (Bartimeu: Marcos 10:46-51 = Mateus 20:29-34, com dois cegos em Lucas 18:35-42; Davi e o sábado: Marcos 2:23-27 = Mateus 12:1-8 = Lucas 6:1-5; mulher samaritana: João 4). A mesma conclusão também surge da cena de Cesareia de Filipe. Para mim, o apocalíptico Filho do Homem retrata a autoridade para governar e julgar que o messias militarista real cria-se possuir. Nessa cena, Jesus usou as duas ideias juntamente com o título Filho do Homem e a citação de um salmo real (110:1).

Apesar dos desafios, essa cena tem uma coerência que pode ser entendida por meio de uma combinação de análises culturais e históricas e da aplicação de critérios de autenticidade. Nenhuma das objeções bloqueia nosso caminho para entender que aquilo que realmente aconteceu está de fato em concordância geral com as fontes. Jesus fez uma observação que seus oponentes rejeitaram. Quando alegou que a presença divina estava a seu lado e que ele dividia um lugar com essa autoridade, seus oponentes pensaram que ele havia afirmado ser o ungido de Deus e que, em consequência, sua alegada exaltação ofendera a honra única devida a Deus. O que viram religiosamente como blasfêmia, eles traduziram em uma acusação política a ser levada a Pilatos. Por outro lado, Jesus fez uma alegação de vindicação e exaltação divinas. No final, a disputa sobre Jesus girou em torno dessas reivindicações conflitantes. Por fim, Jesus deu a si mesmo a palavra que o levou à morte — e ao debate sobre os eventos que mudaram o mundo que se seguiram.

CONCLUSÃO

Minha pergunta é: como alguém poderia ter essa discussão e avaliação sem ao menos considerar como alguns dos critérios podem ser aplicados? Tomados por certos, os antecedentes culturais e históricos carregam o grande fardo nessa discussão sobre a autenticidade potencial do evento. No entanto, aqui e ali, e frequentemente em pontos-chave, são os critérios que levam a questões que apontam para observações que permitem uma avaliação do texto e de sua probabilidade histórica. É verdade que esses argumentos não são incontestáveis. Há revides em alguns dos pontos que levantei. No entanto, a observação principal a ser feita é que uma das maneiras de fazer uma defesa de avaliação envolve um tipo adequado de apelo cauteloso aos critérios. Eles podem não ser o objetivo final do estudo histórico de Jesus. Eles podem ser falhos, mas ainda têm valor. Declarações de sua extinção podem ser prematuras, mesmo que sejam atendidos de maneira a colocá-los em um local mais apropriado.

10 O PROJETO JOÃO, JESUS

E HISTÓRIA E A QUARTA BUSCA POR JESUS

Paul N. Anderson

Nos últimos dois séculos, a *Busca Histórica por Jesus* deu uma guinada, dependendo do entendimento da história, das tradições evangélicas, de antigas cosmovisões e antigos contextos, das relações literárias entre as tradições evangélicas e das inclinações modernas ou pós-modernas contemporâneas. Nesse sentido, o fascínio por esse assunto não é diferente do foco patrístico do que poderia ser chamado de *Busca Teológica de Cristo* do terceiro ao quinto séculos d.C. E, em um sentido muito real, as duas buscas têm envolvido um conjunto sobreposto de questões nos textos bíblicos, embora aplicando as melhores ferramentas metodológicas disponíveis à época para tratar dos enigmas joaninos — teológicos, históricos e literários.[1]

---

[1] Para uma visão geral de como a cristologia de João contribuiu para os debates teológicos na igreja primitiva, consulte T. E. Pollard, *Johannine Christology and the Early Church* [Cristologia joanina e a igreja primitiva], SNTSMS 13 (Cambridge: Cambridge University Press, 1970) e Maurice F. Wiles, *The Spiritual Gospel: The Interpretation of John in the Early Church* [O Evangelho espiritual: A interpretação de João na igreja primitiva] (Cambridge: Cambridge University Press, 1959). Para análises epistemológicas das tensões cristológicas de João e de vários dos principais enigmas — teológicos, históricos e literários —, veja Paul N. Anderson, *The Christology of the Fourth Gospel: Its Unity and Disunity in the Light of John 6* [A cristologia do Quarto Evangelho: Sua unidade e desunidade à luz de João 6], WUNT 2/78, 3.ª ed. (Eugene, OR: Cascade Books, 2010 [1996]), e idem, *The Riddles*

Embora os primeiros quatro concílios da igreja, de Niceia (325 d.C.) a Constantinopla (451 d.C.), tenham envolvido um conjunto de discussões intrafé, os debates sobre Jesus que ocorreram de Reimarus até o presente envolveram todas as possibilidades — de entendimentos religiosos a antirreligiosos —, buscando averiguar a verdade com as melhores ferramentas disponíveis na era científica. Afinal, Jesus de Nazaré é, sem dúvida, a figura mais importante da história da humanidade, de modo que os interesses são bastante elevados, dentro do cristianismo e além dele. Como resultado, a intensidade do debate em torno das relações entre o Jesus da história, o Cristo da fé e o Evangelho de João foi sem igual nos estudos bíblicos críticos da era moderna.[2] No entanto, o século 21 tem evidenciado uma mudança na análise crítica, e o paradigma estabelecido anteriormente, que excluía o Quarto Evangelho da busca histórica por Jesus, agora é desafiado por um paradigma mais abrangente, que exige novas compreensões para a Busca moderna.

Certamente, existem boas razões para excluir a apresentação altamente teológica que João faz de Jesus como o Cristo na condução da investigação historiográfica. Em primeiro lugar, João é muito diferente dos Sinópticos, apesar das semelhanças gerais. O Jesus de João fala na língua do evangelista, e 85% do material em João *não* é encontrado nos Sinópticos. Portanto, se tais características representam o ministério histórico de Jesus, como são relatadas apenas em João? Em segundo lugar, João omite muitas das características do ministério de Jesus que são centrais para sua apresentação nos Sinópticos. Se Jesus falou em parábolas sobre o reino de Deus, expulsou demônios e comeu com pecadores, como essas características *não* foram relatadas por uma testemunha ocular confiável? Em terceiro lugar, dado o ímpeto altamente teológico de João, começando com um hino confessional

---

of the Fourth Gospel: An Introduction to John [Os enigmas do Quarto Evangelho: Uma introdução a João] (Minneapolis: Fortress, 2011), 157-72.
[2] As tensões entre história e teologia nas buscas de Jesus no século 19 na Alemanha são apresentadas na visão geral dada por Albert Schweitzer a respeito do primeiro século ou mais das pesquisas sobre Jesus: *The Quest of the Historical Jesus: A Critical Study of Its Progress from Reimarus to Wrede*, trad. W. Montgomery (Londres: Black, 2010 [ed. orig. em inglês 1910]); e, quando se olha mais de perto, muitos desses debates se concentram no Evangelho de João. Sobre o mais intenso dos debates — entre Schleiermacher e Strauss —, veja Paul N. Anderson, "The Jesus of History, the Christ of Faith, and the Gospel of John" [O Jesus da história, o Cristo da fé e o Evangelho de João], no vol. 2 de *The Gospels, History and Christology: The Search of Joseph Ratzinger-Benedict XVI* [Evangelhos, história e cristologia: a busca de Joseph Ratzinger — Bento XVI], ed. Bernardo Estrada, Ermenegildo Manicardi, Armand Puig i Tàrrech (Roma: Libreria Editrice Vaticana, 2013), 63-81.

ao *Logos* eterno e apresentando Jesus como tendo domínio divino sobre pessoas e eventos, como essa interpretação poderia representar um relato histórico desinteressado e objetivo em vez de um relato cheio de garbo e embelezado? Se a investigação histórica positivista empenha-se em minimizar o erro, pode-se entender por que parecia mais seguro para muitos estudiosos críticos apenas deixar João de fora.

Por outro lado, o Quarto Evangelho também possui material mais mundano, topográfico e arqueologicamente atestado do que todos os outros Evangelhos combinados — canônicos e outros.[3] Como esse conteúdo poderia fazer parte da história de Jesus contada por João, se fosse desprovido de conhecimento histórico? Dada a probabilidade do prólogo de João ter sido adicionado à narrativa posteriormente, sua introdução à história de Jesus, como a de Marcos, começa com o ministério de João, o Batista, em vez de uma confissão hínica. Em segundo lugar, uma vez que Mateus e Lucas fizeram uso de Marcos, o contraste principal é entre João e Marcos, embora o material distintivo em Mateus e Lucas também apoie a apresentação geral de Marcos. Assim, em vez de uma contagem de 3 para 1, com João como relatório minoritário perdedor, seria melhor ver João e Marcos como duas perspectivas distintas sobre Jesus e seu ministério — uma apresentação bióptica.[4] Se a história de Jesus contada por João foi construída tendo, em alguma medida, Marcos em mente, ela pode bem ser tida como um complemento para Marcos, acrescentando material antigo e o ministério judaico de

---

[3]Curiosamente, no tratamento mais exaustivo do assunto, mais da metade dos ensaios sobre arqueologia e Jesus se concentram em aspectos do Evangelho de João: *Jesus and Archaeology* [Jesus e arqueologia], ed. James H. Charlesworth (Grand Rapids: Eerdmans, 2006). Em particular, veja Urban C. von Wahlde, "Archaeology and Topography in the Gospel of John" [Arqueologia e topografia no Evangelho de João], 523-86, e Paul N. Anderson, "Aspects of Historicity in the Gospel of John: Implications for Investigations of Jesus and Archaeology" [Aspectos da historicidade no Evangelho de João: implicações para investigações sobre Jesus e a arqueologia], 587-613. Sobre "John, the Mundane Gospel" [João, o Evangelho mundano], veja Paul N. Anderson, "Juan. El Evangelio Terrenal y la Arqueología" [João. O Evangelho terrenal e a arqueologia], *Arqueología e Historia* [Arqueologia e história] 18 (abril de 2018): 39-45.

[4]Essa é a conclusão de uma extensa análise de todas as semelhanças e diferenças entre João 6 e Marcos 6 e 8, realizada em Anderson, *Christology of the Fourth Gospel* [Cristologia do Quarto Evangelho], 72-251. Desse modo, João e Marcos refletem duas perspectivas distintas dos primeiros estágios do desenvolvimento das tradições do Evangelho, representando perspectivas biópticas sobre Jesus e seu ministério. Veja Paul N. Anderson, "Mark and John—The Bi-Optic Gospels" [Marcos e João: Os Evangelhos biópticos], em *Jesus in Johannine Tradition* [Jesus na tradição joanina], ed. Robert T. Fortna e Tom Thatcher (Louisville: Westminster John Knox, 2001), 175-88; idem, "Mark, John, and Answerability: Interfluentiality and Dialectic between the Second and Fourth Gospels" [Marcos, João e responsabilidade: interfluencialidade e dialética entre o Segundo e o Quarto Evangelhos], *Liber Annuus* 63 (2013): 197-245.

Jesus como meios de preencher o quadro.[5] Em terceiro lugar, muito em João parece mais historicamente plausível do que as apresentações sinópticas. O ministério de dois ou três anos em João e várias visitas a Jerusalém são mais plausíveis do que o ministério de um ano com uma única viagem a Jerusalém nos Sinópticos; é mais provável que a Última Ceia tenha sido na véspera da Páscoa, e não uma refeição da Páscoa; o ministério de Jesus se sobrepôs ao ministério de João Batista, e não à apresentação sequencial sinóptica — tudo isso parece mais provável. Além disso, a apresentação que João faz de mulheres desempenhando papéis de liderança no ministério de Jesus, sua visão mais informal e igualitária da organização da igreja e percepções sobre tensões religiosas e políticas parecem mais primitivas e realistas do que as apresentações sinópticas disso.

Por essas e outras razões, muitos estudiosos consideram criticamente insuficiente a depreciação histórica da apresentação de Jesus por parte de João, apesar dos problemas reais de incluí-la na Busca. No entanto, a própria importância do empreendimento requer o uso de todas as fontes dignas, difíceis ou não. É o que de modo especial ocorre se o material considerado historicamente digno for usado para compor um retrato de como poderia ser Jesus de Nazaré e seu ministério. Como Marcus Borg refletiu, após a eliminação de 82% do material do Evangelho, feita pelo Seminário de Jesus, por considerá-la historicamente indigna, um modo positivo de descrever a compreensão parcimoniosa e segura é dizer que "pelo menos" 18% do material dos Evangelhos pode ser usado para nos ajudar a recuperar um quadro do que Jesus disse e fez.[6] No entanto, embora uma seleção de 18% do material dos Evangelhos possa ser bastante confiável, os retratos finais que usam apenas esse material tendem a ser distorcidos, especialmente

---

[5]Insistindo no ponto de vista de que o evangelista joanino podia estar familiarizado com Marcos são as contribuições de Richard Bauckham, "John for Readers of Mark" [João para leitores de Marcos], em *The Gospel for All Christians: Rethinking the Gospel Audience* [O Evangelho para todos os cristãos: repensando a audiência do Evangelho], ed. Richard Bauckham (Grand Rapids: Eerdmans, 1998), 147-71; e Ian D. Mackay, *John's Relationship with Mark: An Analysis of John 6 in the Light of Mark 6—8* [O relacionamento de João com Marcos: uma análise de João 6 à luz de Marcos 6—8], WUNT 2/182 (Tübingen: Mohr Siebeck, 2004). A familiaridade, no entanto, não implica dependência literária.

[6]Veja meu diálogo *Quaker Religious Thought* [Pensamento religioso quacre] com Marcus Borg sobre esses temas, começando com Paul Anderson, "On Jesus: Quests for Historicity, and the History of Recent Quests" [Sobre Jesus: buscas pela historicidade e a história das buscas recentes], *Quaker Religious Thought* 94 (2000): 5-39; respondido por Marcus Borg, "The Jesus Seminar from the Inside" [O Seminário de Jesus por dentro], *Quaker Religious Thought* 98 (2002): 21-27; seguido por minha resposta a seus e outros ensaios nessa edição: "Jesus Matters: A Response to Professors Borg, Powell, and Kinkel" [Jesus importa: uma resposta aos professores Borg, Powell e Kinkel], *Quaker Religious Thought* 98 (2002): 43-54.

se outro material digno (como a maioria da apresentação feita por João) for programaticamente excluído do banco de dados.[7]

Em outras palavras, se a seleção de material "incontestável" envolver partes de uma orelha, o nariz e o queixo, esses recursos podem representar partes de um rosto com precisão, mas o retrato parcial não pareceria um rosto real. Pior ainda: seria distorcido. No retrato historiográfico, um campo maior de elementos com graus mais variados de plausibilidade representaria uma semelhança mais próxima, impressionantemente, do que uma inclusão limitada de menos recursos, embora precisos. Portanto, uma compreensão mais texturizada de como Jesus foi lembrado nas tradições do Evangelho e além será mais realista do que limitar o banco de dados a um número menor de inferências "incontestáveis".[8] É nesse ponto que o acréscimo do Evangelho de João — e de todos os outros materiais dignos — à histórica Busca por Jesus se torna um movimento necessário, se o que se deseja é uma impressão realista de seu ministério. A questão é como fazê-lo. É isso que o Projeto João, Jesus e História procurou explorar e no que a Quarta Busca por Jesus avança.[9]

AS BUSCAS HISTÓRICAS POR JESUS – A BUSCA RENOVADA E ALÉM

Embora Dale Allison tenha criticado, com razão, a divisão da Pesquisa sobre Jesus em períodos,[10] pesquisas e tendências tendem a se mover em

[7]Sobre esse tema, veja minhas análises do décimo segundo pilar nas plataformas que envolvem a desistorização de João e a desjoanificação de Jesus: Paul N. Anderson, *The Fourth Gospel and the Quest for Jesus: Modern Foundations Reconsidered* [O Quarto Evangelho e a busca por Jesus: fundamentos modernos reconsiderados], LNTS 321 (Londres: T&T Clark, 2006), 43-99, publicado também como idem, "Why This Study Is Needed, and Why It Is Needed Now" [Por que este estudo é necessário e por que é necessário agora], em *Critical Appraisals of Critical Views* [Avaliações críticas de opiniões críticas], ed. Paul N. Anderson, Felix Just, SJ, e Tom Thatcher, vol. 1 de *John, Jesus, and History* [João, Jesus e história], SymS 44 (Atlanta: SBL Press, 2007), 13-70.
[8]É aqui que a compreensão com mais nuances da pesquisa sobre Jesus, apresentada por James D. G. Dunn, é mais útil; veja seu *Jesus Remembered*, vol. 1 de *Christianity in the Making* (Grand Rapids: Eerdmans, 2003).
[9]Para relatórios anteriores sobre o Projeto João, Jesus e História, consulte Paul N. Anderson, "Das John, Jesus, e History Projekt — Neue Beobachtungen zu Jesus und eine Bi-optische Hypothese", *ZNW* 23 (2009): 12-26; uma edição revisada e ampliada foi publicada como idem, "The John, Jesus, and History Project — New Glimpses of Jesus and a Bi-Optic Hypothesis" [O Projeto João, Jesus e História: novos vislumbres sobre Jesus e uma hipótese bióptica], em *The Bible and Interpretation* [A Bíblia e interpretação] (fevereiro de 2010): *On-line*: www.bibleinterp.com /articles/john1357917.shtml. <Acesso em 03.fev.2020.>
[10]Allison ressalta que quase dois livros sobre Jesus foram produzidos por ano durante o período chamado de "A Não Busca" (entre a publicação do livro de Schweitzer em 1906 e a publicação do ensaio de Käsemann em 1954: 90 livros em 48 anos). Veja Dale C. Allison Jr., "The Secularizing

capítulos ou estações do ano. O impulso do século 19 aos estudos alemães sobre Jesus viram movimentos da crença de Friedrich Schleiermacher de que o Evangelho de João era o mais próximo entre os Evangelhos de Jesus de Nazaré à depreciação total de David F. Strauss de João por propósitos históricos. Schleiermacher preferia João a Mateus e aos Sinópticos por causa de sua íntima familiaridade com o assunto; Strauss rejeitava João por propósitos históricos por causa do impulso teológico do texto.[11] Paralelamente a essas discussões, o Evangelho de Marcos passou a ser visto, com razão, como o primeiro dos Evangelhos que foi escrito, mas, após o questionamento feito por William Wrede sobre a historicidade de Marcos, a Busca Continental por Jesus do século 19 parou abruptamente. O livro de Albert Schweitzer sobre o assunto, publicado em 1906, certamente causou uma pausa no empreendimento, concluindo que Jesus "veio a nós como um desconhecido" — pedindo que o Jesus histórico fosse encontrado na vida de seus seguidores, ao procurarem segui-lo fielmente.[12]

Dada a convicção de Rudolf Bultmann de que praticamente nada pode ser conhecido sobre o Jesus histórico,[13] boa parte dos estudos acadêmicos sobre o Novo Testamento ao longo do meio século que se seguiu foi na direção de recuperar a história das tradições do Evangelho e suas relações umas com as outras em vez da busca histórica por Jesus. Henry Cadbury, no entanto, criticou o interesse de Reimarus (buscando o "objetivo" de Jesus) como *The Peril of Modernizing Jesus* [O perigo de modernizar Jesus].[14] Mais tarde,

---

of the Historical Jesus" [A secularização do Jesus histórico], *PRSt* 27 (2000): 135-51. No entanto, Gerd Theissen e Annette Merz corretamente descrevem esse período como "o colapso da busca" (The Historical Jesus: A Comprehensive Guide [Jesus histórico: um guia abrangente], trad. John Bowden [Minneapolis: Augsburg Fortress, 1998], 5-7).

[11]Friedrich Schleiermacher argumenta que a apresentação íntima de Jesus feita por João reflete o conhecimento em primeira mão do assunto sobre e contra os retratos mais fragmentados de Mateus (Sinópticos) (The Life of Jesus [A vida de Jesus], ed. Jack Verheyden, trad. S. MacLean Gilmour [Filadélfia: Fortress, 1975]). David F. Strauss fez todo o possível para anular a compreensão de Schleiermacher (*The Christ of Faith and the Jesus of History: A Critique of Schleiermacher's The Life of Jesus* [O Cristo da fé e o Jesus da história: uma crítica à *Vida de Jesus*, de Schleiermacher], ed. e trad. Leander E. Keck [Filadélfia: Fortress, 1977]). Sobre a fragilidade crítica da compreensão de Strauss, veja Anderson, "Jesus of History, the Christ of Faith, and the Gospel of John", 63-81.

[12]William Wrede, *The Messianic Secret* [O segredo messiânico], trad. J. C. G. Greig (Cambridge: Clarke, 1971). Com essas palavras, Schweitzer encerra seu tratamento clássico do assunto em *Quest of the Historical Jesus*, 403, que seguiu o próprio conselho e se tornou, mais tarde, um médico missionário na África.

[13]Rudolf Bultmann, *Jesus and the Word* (Nova York: Scribner's, 1934), abre seu livro alegando que praticamente nada pode ser conhecido sobre o Jesus histórico, apenas suposições sobre ele.

[14]Henry J. Cadbury, *The Peril of Modernizing Jesus*, 2.ª ed. (Eugene, OR: Wipf & Stock, 2007 [1937]). Cadbury também contribuiu com um paralelo de advertência: idem, "The Peril of Archaizing Ourselves" [O perigo de nos arcaizarmos], *Interpretation* [Interpretação] 3 (1949): 331-38.

ele descreveu o capítulo "No Quest" [Sem busca] como *The Eclipse of the Historical Jesus* [O eclipse do Jesus histórico], embora também tenha escrito bastante sobre o próprio Jesus de Nazaré.[15] No entanto, as dificuldades foram decisivamente vencidas quando Ernst Käsemann tratou do assunto "O problema do Jesus histórico" na reunião dos Old Marburgers em outubro de 1953.[16] Nesse discurso, ele apontou que, à luz das Guerras Mundiais, o caráter judaico de Jesus não poderia mais ser ignorado; o Jesus da história deveria ser investigado, embora com algumas restrições. Essas restrições, é claro, envolviam o estabelecimento de critérios positivistas projetados para distinguir o Jesus da história do Cristo da fé, e isso foi feito em grande parte à custa do Quarto Evangelho. Seu trabalho foi seguido por Günther Bornkamm, Martin Dibelius e outros, e, para usar a linguagem de James Robinson, a *Nova Busca por Jesus* havia começado.[17]

Nas décadas seguintes, novas metodologias foram usadas na Busca por Jesus — especialmente metodologias de ciência social e tratamentos interdisciplinares da investigação histórica sobre Jesus. Kenneth Bailey, John Pilch, Bruce Malina, Richard Rohrbaugh e outros desenvolveram críticas sócio-científicas como modo de compreender estudos bíblicos, aplicando sistemas sociais e econômicos na cultura mediterrânea aos estudos sobre Jesus e os Evangelhos.[18] Da mesma forma, John Riches, Marcus Borg e outros

---

[15]Cadbury escreveu um segundo livro sobre Jesus uma década depois do primeiro — assim como meia dúzia de outros ensaios sobre o tema —, uma notável exceção à era "No Quest": Henry J. Cadbury, *Jesus: What Manner of Man* [Jesus: que tipo de homem], 2.ª ed. (Eugene, OR: Wipf & Stock, 2008 [1947]). Veja tb. Cadbury, "Jesus and the Prophets" [Jesus e os profetas], *JR* 5 (1925): 607-22; idem, "Jesus and John the Baptist" [Jesus e João, o Batista], *JQR* 23 (1933): 373-76; idem, "Intimations of Immortality in the Thought of Jesus" [Intimações sobre imortalidade no pensamento de Jesus], *HTR* 53 (1960): 1-26; idem, *Jesus and Judaism* [Jesus e judaísmo], Shrewsbury Lecture (Indianápolis: John Woolman, 1962); e idem, *The Emphasis of Jesus* [A ênfase de Jesus], Shrewsbury Lecture (Indianápolis: John Woolman, 1962).

[16]Ernst Käsemann, "The Problem of the Historical Jesus", em *Essays on New Testament Themes* [Ensaios sobre temas do Novo Testamento], trad. S. J. Montague, SBT 41 (Londres: SCM, 1964), 15-47; publicado pela primeira vez como "Das Problem des historischen Jesus", *ZTK* 51 (1954): 125-53.

[17]James M. Robinson, *The New Quest of the Historical Jesus* [A nova busca do Jesus histórico] (Londres: SCM, 1959). Também promoveu a Nova Busca foi o trabalho anterior de Martin Dibelius, *Jesus*, trad. Charles B. Hedrick e Frederick C. Grant (Filadélfia: Westminster, 1949); assim como os de Günther Bornkamm, *Jesus of Nazareth* [Jesus de Nazaré] (Nova York: Harper & Row, 1960 [em alemão, 1956]); e de Ernst Fuchs, *Studies of the Historical Jesus* [Estudos do Jesus histórico], trad. Andrew Scobie, SBT 42 (Londres: SCM, 1964). O ceticismo positivista da Nova Busca foi promovido na América por estudiosos como Norman Perrin, que aconselhou: "Em caso de dúvida, deixe de fora" (*Rediscovering the Teachings of Jesus* [Redescobrindo os ensinamentos de Jesus] [Nova York: Harper & Row, 1976]).

[18]Kenneth E. Bailey, *Poet & Peasant* [Poeta & camponês] e *Through Peasant Eyes: A Literary-Cultural Approach to the Parables of Luke* [Pelos olhos camponeses: uma aproximação cultural-literária das parábolas de Lucas], ed. combinada (Grand Rapids: Eerdmans, 1983 [1976, 1980]); John J. Pilch,

aplicaram a teoria da antropologia religiosa, incluindo as obras de Mary Douglas, à pesquisa sobre Jesus, e Geza Vermes e Ed Sanders trouxeram à luz central o caráter judaico de Jesus.[19] Dado o caráter novo desses novos tratamentos disciplinares à pesquisa sobre Jesus, N. T. Wright deu ao movimento um nome no início dos anos 1980: *a Terceira Busca por Jesus*.[20] No entanto, os Terceiros Buscadores continuaram a agir com cautela em relação ao Evangelho de João. Eles trabalharam principalmente com os Sinópticos, de modo que o Quarto Evangelho continuou a ser excluído da investigação do Jesus histórico, apesar de ter sido incluído em algumas das pesquisas.[21]

Acompanhando esses desenvolvimentos, Robert Funk, Marcus Borg, John Dominic Crossan e outros lançaram o Seminário de Jesus em 1985.[22] Embora alguns Terceiros Buscadores estivessem envolvidos nesse projeto, Crossan se via como um Novo Buscador, e o projeto às vezes era chamado de *a Busca Renovada*.[23] Como extensão do ceticismo positivista da Nova Busca, o Seminário de Jesus procurou demarcar os julgamentos gerais dos estudos bíblicos críticos na determinação de categorias difíceis de certeza a respeito de todos os ditos e ações de Jesus por meio da atribuição de papéis e do voto

The Cultural World of Jesus: Sunday by Sunday [O mundo cultural de Jesus: domingo a domingo] (Collegeville, MN: Liturgical Press, 1996); Bruce J. Malina, *The Social World of Jesus and the Gospels* [O mundo social de Jesus e os Evangelhos] (Londres: Routledge, 1996); Bruce J. Malina e Richard L. Rohrbaugh, *Social-Science Commentary on the Synoptic Gospels* [Comentário das ciências sociais sobre os Evangelhos Sinópticos] (Minneapolis: Fortress, 1993); e idem, *Social-Science Commentary on the Gospel of John* [Comentário das ciências sociais sobre o Evangelho de João] (Minneapolis: Fortress, 1998).

[19]John K. Riches, *Jesus and the Transformation of Judaism* [Jesus e a transformação do judaísmo] (Londres: Darton, Longman & Todd, 1980); Geza Vermes, *Jesus the Jew: A Historian's Reading of the Gospels* [Jesus, o judeu: A leitura dos Evangelhos por um historiador] (Minneapolis: Augsburg Fortress, 1981); Marcus J. Borg, *Conflict, Holiness, and Politics in the Teachings of Jesus* [Conflito, santidade e política nos ensinamentos de Jesus], 2.ª ed. (Nova York: Continuum, 1998 [1984]); E. P. Sanders, *Jesus and Judaism* [Jesus e judaísmo] (Minneapolis: Fortress, 1985).

[20]N. T. Wright, "Towards a Third Quest? Jesus Then and Now" [Rumo a uma Terceira Busca? Jesus então e agora], *ARC: The Journal of the Faculty of Religious Studies* [ARC: O jornal da Faculdade de Estudos Religiosos], Universidade McGill, Montreal, *Canada* 10 (1982): 20-27.

[21]Veja a visão geral de Ben Witherington III, *The Jesus Quest: The Third Search for the Jew of Nazareth* [A busca por Jesus: a terceira pesquisa pelo Judeu de Nazaré], 2.ª ed. (Downers Grove, IL: InterVarsity Press, 1997 [1995]).

[22]Seus trabalhos principais incluem: Robert W. Funk, Roy W. Hoover e o Seminário de Jesus, *The Five Gospels: The Search for the Authentic Words of Jesus* (Nova York: Polebridge, 1993); e Robert W. Funk e o Seminário de Jesus, *The Acts of Jesus: The Search for the Authentic Deeds of Jesus* (San Francisco: HarperSanFrancisco, 1998).

[23]John Dominic Crossan, *The Historical Jesus: The Life of a Mediterranean Jewish Peasant* (Nova York: HarperCollins, 1991); e idem, *Jesus: A Revolutionary Biography* [Jesus: uma biografia revolucionária] (Nova York: HarperCollins, 1994). Veja tb. W. Barnes Tatum, *In Quest of Jesus* [Em busca de Jesus], rev. e ampl. (Nashville: Abingdon, 1999 [1982]), 102-7; Robert W. Funk, "Milestones in the Quest for the Historical Jesus" [Marcos na busca pelo Jesus histórico], *The Fourth R* [O quarto R] 14.4 (2001).

dos membros por lançarem bolinhas de gude. Ninguém em cima do muro! As bolinhas de gude foram pesadas como um meio de medir os julgamentos de historicidade dos estudiosos.[24] Os resultados foram, então, tabulados e documentados em dois livros, documentando os julgamentos dos seminaristas, que em geral seguiram as duas dicotomias de Strauss (1865): se é teológico, não pode ser histórico; e, se a escolha for entre os Sinópticos e João, os Sinópticos vencem, e João perde.[25] Uma vez mais, entre os sete pilares da sabedoria acadêmica estabelecidos por Robert Funk, o Evangelho de João e até as semelhanças entre João e os Sinópticos foram eliminados categoricamente da consideração histórica, assumindo *a priori* a a-historicidade joanina.[26] Curiosamente, dado que o *Evangelho de Tomé* tem algumas semelhanças de crítica da forma com a tradição *Q* (material compartilhado por Mateus e Lucas, mas não encontrado em Marcos) como uma tradição principalmente de ditos, o Seminário de Jesus acolheu *Tomé* como "o Quinto Evangelho", o qual recebeu mais designações nas cores rosa e vermelha do que qualquer outro Evangelho, incluindo Marcos. Embora afirme *não* ser teológico em seus interesses — apenas histórico —, o entendimento do Seminário sobre Jesus e seu ministério teve amplas implicações teológicas.[27]

---

[24]As probabilidades estatísticas com as quais o Seminário de Jesus definiu seus julgamentos são as seguintes: "Houve algum erro" (preto): 0,0000 a 0,2500; "Bem, talvez" (cinza): 0,2501 a 0,5000; "Certamente soa como Jesus" (rosa): 0,5001 a 0,7500; "Esse é Jesus!" (vermelho): 0,7501 e acima. Funk et al., *Five Gospels*, 37.

[25]Funk et al., *Five Gospels*, 3, descrevem essas duas dicotomias como "os dois pilares da moderna erudição bíblica". Assim, é de surpreender que em ambos volumes não houvesse praticamente nada a respeito dos ditos ou atos de Jesus em João que possuísse qualquer aparência de historicidade, e a descrição que Funk faz das operações dos seminaristas em *Acts of Jesus*, 10, é a seguinte: "O primeiro passo é entender o papel diminuto que o Evangelho de João desempenha na busca pelo Jesus histórico. Os dois quadros, o pintado por João e o pintado pelos Sinópticos, não podem ser ambos historicamente precisos. [...] As diferenças entre os dois retratos de Jesus aparecem, de maneira dramática na avaliação, pelo Seminário de Jesus, das palavras atribuídas a Jesus no Evangelho de João. Os Associados do Seminário não conseguiram encontrar um único dito que pudesse, com certeza, remontar ao Jesus histórico."

[26]Assim, o "acontecimento joanino inesperado" em Mateus 11:27 e Lucas 10:22, e mesmo em *Tomé* 61:3, é excluído da possibilidade histórica (e, portanto, é julgado preto, quando o versículo anterior é julgado cinza) simplesmente porque lembra João 3:35; 7:29; 13:3 (Funk et al., *Five Gospels*, 182). De acordo com Robert Funk, em seu *Honest to Jesus: Jesus for a New Millennium* [Honesto com respeito a Jesus: Jesus para um novo milênio] (San Francisco: HarperSanFrancisco, 1996), 127, as bases para esses julgamentos são as seguintes: "No Evangelho de João, Jesus é um Messias autoconfesso em vez de um sábio que se oculta. Em João, Jesus parece ter pouca preocupação com os pobres, os deficientes e os párias religiosos. Embora João preserve a ilusão de combinar um Jesus real com o Cristo mítico, o lado humano de Jesus está de fato diminuído. Por todas essas razões, a atual busca pelo Jesus histórico faz pouco uso dos dados altamente interpretados encontrados no Evangelho de João."

[27]Gary Kinkel protestou fortemente contra essa injustiça, ao mesmo tempo que criticava a expansão operativa do cânon sem passar por um processo de canonização adequado ("Jesus Projects: A

Até certo ponto, a omissão programática do único Evangelho que reivindica conhecimento em primeira mão sobre Jesus e seu ministério pelas três primeiras Buscas, amparada pelo fato de a mídia ter coberto amplamente as descobertas do Seminário de Jesus, fez com que estudiosos sérios do Novo Testamento questionassem as bases para a exclusão completa do Evangelho de João da pesquisa sobre Jesus e as ações para isso. Por um lado, uma data posterior para João não podia ser simplesmente assumida, e ignorar aspectos de sua primitividade parecia intelectualmente irresponsável.[28] Assim, John A. T. Robinson, Peter Hofrichter e Klaus Berger se perguntaram se João poderia ter sido o primeiro dos Evangelhos a ser composto, embora Hofrichter o considerasse como o primeiro e o último dos Evangelhos.[29] Em segundo lugar, os principais estudiosos joaninos de todo o mundo não viam a tradição desse Evangelho como derivada de fontes estranhas ou dos Sinópticos, mas passavam a vê-la como uma autoestabelecida tradição autônoma com sua própria história para contar.[30] Rudolf Schnackenburg,

---

Theological Critique" [Projetos de Jesus: uma crítica teológica], *Quaker Religious Thought* 98 [2002]: 35-42). Kinkel então observa que, embora o Seminário de Jesus argumentasse que seus interesses eram históricos, e não teológicos, seus membros continuaram a especular sobre as implicações teológicas do Jesus exposto por suas metodologias não teológicas — e até antiteológicas.

[28]Aspectos da primitividade de João haviam sido claramente estabelecidos por vários estudiosos anteriores: Erwin R. Goodenough, "John: A Primitive Gospel" [João: um Evangelho primitivo], *JBL* 64 (1945): 145-82; Arthur C. Headlam, *The Fourth Gospel as History* [O Quarto Evangelho como história] (Oxford: Blackwell, 1948); William F. Albright, "Recent Discoveries in Palestine and the Gospel of St. John" [Descobertas recentes na Palestina e no Evangelho de São João], em *The Background of the New Testament and its Eschatology: In Honour of Charles Harold Dodd* [O pano de fundo do Novo Testamento e sua escatologia: em honra a Charles Harold Dodd], ed. W. D. Davies e D. Daube (Cambridge: Cambridge University Press, 1956), 153-71; C. K. Barrett, "History" [História], em *Essays on John* [Ensaios sobre João] (Londres: SPCK, 1982), 116-31; Raymond E. Brown, "The Problem of Historicity in John" [O problema da historicidade em João], *CBQ* 24 (1962): 1-14, também publicado em seus *New Testament Essays* [Ensaios do Novo Testamento] (Garden City: Image, 1965), 187-217.

[29]John A. T. Robinson, *The Priority of John* [A prioridade de João], ed. J. F. Coakley (Londres: SCM, 1985); seguido por Peter L. Hofrichter, *Modell und Vorlage der Synoptiker: Das vorredaktionelle Johannesevangelium*, Theologische Texte und Studien 6 (Hildesheim: Olms, 1997); Klaus Berger, *Im Anfang war Johannes: Datierung und Theologie des vierten Evangeliums* (Stuttgart: Quell, 1997).

[30]Estabelecendo com firmeza um ponto de vista da não dependência de João com relação aos Sinópticos estão as obras de P. Gardner-Smith, *Saint John and the Synoptic Gospels* [São João e os Evangelhos Sinópticos] (Cambridge: Cambridge University Press, 1938); C. H. Dodd, *Historical Tradition in the Fourth Gospel* [Tradição histórica no Quarto Evangelho] (Cambridge: Cambridge University Press, 1963); e D. Moody Smith, *John among the Gospels* [John entre os Evangelhos], 2.ª ed. (Columbia: University of South Carolina Press, 2001 [1992]). Essa também é minha conclusão, tendo conduzido extensas avaliações de João 6 e 18—19 em relação aos Sinópticos, as duas passagens joaninas mais intimamente ligadas a Marcos e aos Evangelhos Sinópticos (Anderson, *Christology of the Fourth Gospel* [Cristologia do Quarto Evangelho], 33-251; idem, "Aspects of Interfluentiality between John and the Synoptics: John 18—19 as a Case Study" [Aspectos de interfluencialidade entre João e os Sinópticos: João 18—19 como um estudo de caso], em *The Death of Jesus in the Fourth*

Raymond Brown, Barnabas Lindars, Moody Smith, Craig Keener e outros veem João como uma tradição independente que se desenvolveu de maneira distinta.[31] Até alguns estudiosos de Jesus passaram a ver João como tendo mais material enraizado na história do que se imaginava, mesmo que os detalhes sejam incompletos.[32] Além disso, se o *Evangelho de Tomé* deve ser incluído na Busca histórica por Jesus, é preciso encontrar maneiras de fazer uso do Evangelho de João, apesar da diversidade de pontos de vista sobre sua origem, sua composição, sua autoria e seu caráter. Essas são as questões que prepararam o terreno para o Projeto João, Jesus e História, que realizou a primeira de suas primeiras reuniões em 2002.

PROJETO JOÃO, JESUS E HISTÓRIA: UMA CONVERSAÇÃO INTERNACIONAL

Considerando novos relatos de estudiosos críticos que votaram e determinaram que o Evangelho de João tinha pouco ou nada de histórico para contribuir com a pesquisa sobre Jesus,[33] vários estudiosos de João se perguntaram se era hora de enfrentar a questão, com o máximo da capacidade, a fim de ver o que uma investigação bem apoiada e focada poderia produzir. Assim, nas reuniões de 2000 da SBL [Society of Biblical Literature (Sociedade de Literatura Bíblica)], em Nashville, Tom Thatcher, Felix Just, Eldon Epp e eu nos encontramos e traçamos o esboço de uma proposta de consulta que examinaria essas questões de maneira crítica. Tom Thatcher redigiu a

---

Gospel: Colloquium Biblicum Lovaniense LIV [A morte de Jesus no Quarto Evangelho: Colóquio Bíblico Lovaniense LIV], 2005, ed. Gilbert Van Belle, BETL 200 [Leuven: Peeters, 2007], 711-28).
[31]Os principais comentários críticos que veem João como uma tradição autônoma incluem: Rudolf Schnackenburg, *The Gospel According to St. John* [O Evangelho segundo São João], 3 vols., trad. Kevin Smyth (Londres: Burns & Oates; Nova York: Seabury, 1968-1982); Raymond E. Brown, *The Gospel according to John* [O Evangelho segundo João], 2 vols., AB 29-29A (Garden City, NY: Doubleday, 1966-1970); Barnabas Lindars, *The Gospel of John* [O Evangelho de João], NCB (Grand Rapids: Eerdmans, 1972); D. Moody Smith, *John* [João], ANTC (Nashville: Abingdon, 1999); Craig S. Keener, *The Gospel of John: A Commentary* [O Evangelho de João: um comentário], 2 vols. (Peabody, MA: Hendrickson, 2003).
[32]Veja esp. John P. Meier, *The Roots of the Problem and the Person*, vol. 1 de *A Marginal Jew: Rethinking the Historical Jesus*, ABRL (Nova York: Doubleday, 1991), e idem, *Mentor, Message and Miracles* [Mentor, mensagem e milagres], vol. 2 de *A Marginal Jew: Rethinking the Historical Jesus*, ABRL (Nova York: Doubleday, 1994); e Paula Fredriksen, *Jesus of Nazareth, King of the Jews* [Jesus de Nazaré, Rei dos judeus] (Nova York: Knopf, 1999).
[33]Veja, p. ex., David Van Biema, "The Gospel Truth?" [A verdade do Evangelho?], *Time* 147.15 (1996): 52-59; e Jeffrey Sheler, "In Search of Jesus" [À procura de Jesus], *U.S. News and World Report* (8 de abril de 1996): 47-48.

proposta e a apresentou com sucesso ao comitê do programa no ano seguinte. Em seguida, recrutamos os principais estudiosos joaninos: Alan Culpepper, Moody Smith, Mary Coloe e Jaime Clark-Soles para estar no comitê diretivo. Isso levou à primeira reunião de consulta do Projeto João, Jesus e História nas reuniões de Toronto, em 2002, para as quais solicitamos os principais artigos e respostas a dois tópicos: "A desistorização de João" e "A desjoani-ficação de Jesus". Nosso objetivo era declarar de modo claro e sem rodeios as duas visões críticas predominantes sobre o assunto, incluindo as bases de cada uma, e depois submetê-las a uma avaliação crítica, a fim de verificar seus pontos fortes e fracos, incluindo casos em que os pilares de cada plataforma crítica são robustos e onde são frágeis.[34] Nessa linha, Robert Kysar deu uma visão completa da primeira edição, enquanto Paula Fredriksen apresentou um estudo de caso, mostrando a fraqueza da segunda plataforma.[35]

Fomos designados para uma sala com capacidade para setenta participantes, mas, quinze minutos antes do início da sessão, o local estava totalmente cheio. Então, Felix Just encontrou uma grande sala disponível no corredor, para a qual nos mudamos. Foi bom termos feito isso, pois havia mais de duzentos presentes naquela primeira reunião. Esse nível de interesse foi mantido nos catorze anos seguintes, pois o número de participantes em nossas 44 sessões da SBL — com 225 apresentações e respostas de 2002 a 2016 — foi de, em média, mais de cem, variando entre quarenta e trezentos.[36] Também colaboramos com outros grupos, incluindo a literatura joanina, Jesus histórico, a Bíblia nos meios de comunicação antigos e modernos e as seções dos Evangelhos Sinópticos, a fim de criar um envolvimento interdisciplinar entre os vários interesses dos estudos acadêmicos. Nos dois anos seguintes de nossas sessões (2003-2004), continuamos a explorar resenhas de literatura e tratamentos disciplinares para essas questões, que completaram nosso mandato como uma consulta.

[34]Assim, Anderson, "Why This Study Is Needed", 13-70.
[35]Robert Kysar, "A Dehistoricizing of the Gospel of John" [A desistorização do Evangelho de João], em Anderson, Just e Thatcher, Critical Appraisals, 75-102; e Paula Fredriksen, "The Historical Jesus, the Scene in the Temple, and the Gospel of John" [O Jesus histórico, a cena no templo e o Evangelho de João], em Anderson, Just e Thatcher, Critical Appraisals, 249-74. O artigo de Fredriksen foi respondido por Mark Allen Powell, "On Deal-Breakers and Disturbances" [Sobre empecilhos a acordos e perturbações], em Anderson, Just e Thatcher, Critical Appraisals, 277-82.
[36]Também organizamos três conferências separadas antes das reuniões de Atlanta em 2011 e em 2015 e antes das reuniões de Baltimore em 2013, que se tornaram ou envolveram projetos separados de livros. Os trabalhos apresentados em cada uma dessas sessões foram 39, no total de 264 artigos, entregues por mais de 200 pesquisadores de vários países e perspectivas, em nossos quinze anos de reuniões. Nesse sentido, o Projeto João, Jesus e História é um dos esforços de pesquisa sobre Jesus mais extensos e constantes da história recente.

Nas reuniões do comitê de direção, uma de nossas perguntas iniciais era se deveríamos estabelecer uma metodologia única antes de prosseguir. Wayne Meeks, no entanto, nos deu conselhos sábios. Ele tinha feito parte de outra conferência anos antes, que procurou estabelecer uma metodologia unânime antes de iniciar um campo de investigação. O grupo passou vários anos somente nessa questão e nunca chegou a um acordo sobre um tratamento metodológico único, e o projeto geral acabou sendo abandonado. Portanto, nosso comitê adotou o tratamento oposto. Em primeiro lugar, solicitamos quatro revisões adicionais da literatura, apresentando os pontos fortes e fracos dos modos anteriores de tratar as questões.[37] Em segundo lugar, convidamos os estudiosos a apresentar seus próprios tratamentos metodológicos, esperando que as coisas se resolvessem em termos de viabilidade em relação ao desempenho das metodologias em linhas particulares.[38] Em terceiro lugar, também recebemos estudiosos para discutir qualquer caso que desejassem — a favor ou contra a historicidade em João, explicitando as implicações resultantes para a pesquisa sobre Jesus —, mas pautando suas afirmações com evidências e razões convincentes. Em quarto lugar, procuramos, então, testar a durabilidade das plataformas de crítica moderna em relação à desistorização de João e à desjoanificação de Jesus, considerando se novas plataformas críticas eram necessárias. Em quinto lugar, também pedimos que os trabalhos fossem enviados antes das reuniões da conferência para que fossem enviados por *e-mail* aos estudiosos em nossa lista

---

[37]Marianne Meye Thompson, "The 'Spiritual Gospel': How John the Theologian Writes History" [O "Evangelho Espiritual": como João, o teólogo, escreve história], em Anderson, Just e Thatcher, *Critical Appraisals*, 103-7; Jack Verheyden, "The De-Johannification of Jesus: The Revisionist Contribution of Some Nineteenth-Century German Scholarship" [A desjoanificação de Jesus: a contribuição revisionista de alguns estudos acadêmicos alemães do século 19], em Anderson, Just e Thatcher, *Critical Appraisals*, 109-20; Mark Allan Powell, "The De-Johannification of Jesus: The Twentieth Century and Beyond" [A desjoanificação de Jesus: o século 20 e mais além], em Anderson, Just e Thatcher, *Critical Appraisals*, 121-32; e D. A. Carson, "The Challenge of the Balkanization of Johannine Studies" [O desafio da balcanização dos estudos joaninos], em Anderson, Just e Thatcher, *Critical Appraisals*, 133-59.

[38]Os trabalhos metodológicos incluídos (todos encontrados em Anderson, Just e Thatcher, *Critical Appraisals*): D. Moody Smith, "John: A Source for Jesus Research?" [João: uma fonte para a pesquisa sobre Jesus?], 165-78; Andrew L. Lincoln, "'We Know That His Testimony Is True': Johannine Truth Claims and Historicity" ["Sabemos que seu testemunho é verdadeiro": reivindicações joaninas da verdade e historicidade], 179-97; Colleen M. Conway, "New Historicism and the Historical Jesus in John: Friends or Foes?" [Novo historicismo e o Jesus histórico em João: amigos ou inimigos?], 199-215; Gilbert Van Belle com Sydney Palmer, "John's Literary Unity and the Problem of Historicity" [A unidade literária de João e o problema da historicidade], 217-28; e John Painter, "Memory Holds the Key: The Transformation of Memory in the Interface of History and Theology in John" [A memória tem a chave: a transformação da memória na interface da história e da teologia em João], 229-45.

(que logo chegaram a mais de quinhentos acadêmicos em todo o mundo); isso permitia resumos dos trabalhos nas reuniões, com bons 30 a 45 minutos de discussão a seguir.[39]

Esse método de trabalho criou grande sinergia de envolvimento interdisciplinar, o compartilhamento de diversas perspectivas e a classificação de uma variedade de questões dentro de uma comunidade de investigação acadêmica internacional aberta e robusta. Assim, nosso primeiro triênio como consulta nos permitiu realizar *avaliações críticas* de *pontos de vista críticos*, e essas apresentações foram reunidas no primeiro dos volumes de João, Jesus e História.

Após nosso triênio de consulta (2002-2004), o projeto foi aprovado para mais dois triênios como um grupo nas reuniões nacionais da Sociedade de Literatura Bíblica. Isso significava que podíamos agendar entre duas e quatro sessões por ano, desde que os trabalhos e os apresentadores fossem de peso. O que propusemos foi ampliar ainda mais nossas análises críticas das duas plataformas críticas modernas predominantes. Portanto, envolvemos "Aspectos de historicidade no Evangelho de João" como um meio de testar a plataforma de *desistorização de João* (2005-2007). Em seguida, envolvemos "Vislumbres de Jesus através da lente joanina" como um meio de testar a plataforma de *desjoanificação de Jesus* (2008-2010). Como meio de elaborar o segundo triênio, Alan Culpepper sugeriu que dividíssemos o Quarto Evangelho em três seções, conclamando artigos e respostas a cada ano a aspectos da historicidade em João 1—4 (2005), João 5—12 (2006) e João 13—21 (2007). Como meio de elaborar o terceiro triênio, passamos do mais seguro para o menos seguro: vislumbres de Jesus na narrativa joanina da Paixão (2008), as obras de Jesus em João (2009) e as palavras de Jesus em João (2010). Esses artigos e respostas foram reunidos no segundo e no terceiro volumes centrais do Projeto João, Jesus e História.[40]

Além de nossa pauta central, no entanto, tornou-se evidente que questões adicionais também precisavam ser tratadas, pois relacionadas aos assuntos de "João", "Jesus" e "História" — a inclusão do "e", aqui, foi intencional.

---

[39]Agradecemos muito a Tom Thatcher, que enviou esses artigos fielmente à nossa lista eletrônica de estudiosos várias semanas antes das reuniões. Tom atuou como nosso primeiro presidente (2002-2004), seguido por Tom Thatcher e Paul Anderson como copresidentes (2005-2007), Paul Anderson e Jaime Clark-Soles como copresidentes (2008-2010), Jaime Clark-Soles e Craig Koester como copresidentes (2011-2013) e Craig Koester e Catrin Williams como copresidentes (2014-2016).

[40]Esses artigos e respostas foram publicados como o segundo e o terceiro volumes de nossa série central: Paul N. Anderson, Felix Just, SJ e Tom Thatcher, eds., *Aspects of Historicity in the Fourth Gospel* [Aspectos da historicidade no Quarto Evangelho], vol. 2 de *John, Jesus, and History*, ECL 2 (Atlanta: SBL Press, 2009); e idem, *Glimpses of Jesus through the Johannine Lens*, vol. 3 de *John, Jesus, and History*, ECL 18 (Atlanta: SBL Press, 2016).

Primeiramente, nosso grupo foi chamado pela liderança da SBL, que nos perguntou se realizaríamos uma sessão comemorando os sessenta anos da descoberta dos manuscritos do mar Morto nas reuniões de 2007 em San Diego. Concordamos e organizamos essa sessão; Tom Thatcher e Mary Coloe, então, editaram os ensaios em um livro inovador sobre o assunto.[41] Além disso, Tom Thatcher trabalhou em um projeto por algum tempo, para o qual convidou dezoito importantes estudiosos de João a contribuir com ensaios nos moldes de "O que ouvimos desde o início", seguidos por respostas de pesquisadores emergentes.[42] Esse livro também foi lançado em 2007; portanto, além das duas sessões sobre "Aspectos da historicidade em João 13—21", o Grupo João, Jesus e História promoveu uma sessão extra sobre "João e Cunrã: sessenta anos de descoberta e diálogo" e três sessões sobre "Passado, presente e futuro dos estudos joaninos". Entre os 264 artigos e respostas nos cinco triênios, 48 foram apresentados em nossas seis sessões realizadas em 2007. Uma vez que também comemorávamos a publicação de nosso primeiro volume, esse foi um grande ano para o Projeto João, Jesus e História!

No final do segundo triênio, estava ficando evidente para nós que precisávamos lidar com uma série de outras questões além do nosso programa central. Por isso, organizamos uma sessão de resenha de livros (2008),[43] a primeira de duas sessões metodológicas sobre critérios para determinar a historicidade joanina (2009 e 2014) e três sessões sobre arqueologia e o Quarto Evangelho (2010, 2011, 2012).[44] Assim, o velho paradigma, que excluiu programaticamente o Evangelho de João da Pesquisa sobre Jesus, estava sendo substituído por um novo paradigma, que incluía o Quarto Evangelho na Busca Histórica por Jesus. Dois formidáveis estudiosos de

---

[41]Mary L. Coloe e Tom Thatcher, eds., *Qumran and the Dead Sea Scrolls: Sixty Years of Discovery and Debate* [Cunrã e os rolos do mar Morto: sessenta anos de descoberta e debate], EJL 32 (Atlanta: SBL Press, 2011).

[42]Tom Thatcher, ed., *What We Have Heard from the Beginning: The Past, Present and Future of Johannine Studies* (Waco, TX: Baylor University Press, 2007).

[43]Os livros resenhados por Judith Lieu, Amy-Jill Levine e Andreas Köstenberger foram Paul N. Anderson, *Fourth Gospel and the Quest for Jesus* [Quarto Evangelho e a busca por Jesus]; Richard J. Bauckham, *The Testimony of the Beloved Disciple: Narrative, History, and Theology in the Gospel of John* [O testemunho do discípulo amado: narrativa, história e teologia no Evangelho de João] (Grand Rapids: Baker Academic, 2007); e D. Moody Smith, *The Fourth Gospel in Four Dimensions: Judaism and Jesus, the Gospels and Scripture* [O Quarto Evangelho em quatro dimensões: judaísmo e Jesus, os Evangelhos e as Escrituras] (Columbia: University of South Carolina Press, 2008).

[44]Nossos planos são publicar esses dois volumes no futuro, previstos como: *Archaeology and the Fourth Gospel: John, Material Culture, and Jesus* [Arqueologia e o Quarto Evangelho: João, cultura material e Jesus]; e *John, Jesus, and History, Volume 6: Methodologies for Determining Johannine Historicity* [Metodologias para determinar a historicidade joanina].

Jesus, Mark Allan Powell e James Charlesworth, publicaram ensaios com esse fim em 2009 e 2010 e, dentro do novo milênio, uma Quarta Busca por Jesus havia realmente começado.[45] Isso nos levou a organizar uma sessão conjunta com a Seção Jesus Histórico nas reuniões de 2010, organizada por Greg Sterling, presidente dessa seção.

A conclusão do nosso terceiro triênio encerrou com êxito nossas avaliações críticas de pontos de vista críticos. À luz dos múltiplos aspectos da historicidade em João e de uma gama robusta de vislumbres de Jesus através das lentes joaninas, as duas plataformas críticas predominantes falharam em resistir a testes sustentados de escrutínio crítico. Assim, a *desistorização de João* e a *desjoanificação de Jesus* são plataformas criticamente defeituosas, que devem ser substituídas por tratamentos mais variados dos problemas. De fato, problemas consideráveis ainda permanecem relacionados a João, Jesus e à história, mas a questão é *como* tratá-los, e não *se* devemos fazê-lo. Sendo assim, dois outros conjuntos de questões se apresentaram como necessitando de tratamento: primeiro, a história da composição de João e a relação com as tradições sinópticas; segundo, a história da situação joanina em relação à história de Jesus contada por João. Ao tratar dessas questões da tradição-história e da situação-história de João, adotamos o tratamento mais generoso de James Dunn aos estudos do Jesus histórico: *Jesus remembered.*[46] Portanto, o que nos propusemos realizar ao propor o quarto e o quinto triênios foi investigar "Jesus lembrado na tradição joanina" e "Jesus lembrado na situação joanina".

Nossa inscrição para continuar como um grupo SBL por mais seis anos foi bem-sucedida, e a condução dessas duas trajetórias se desenvolveu da seguinte forma. Primeiramente, ao discernir o que poderia ser conhecido

---

[45]Mark Allen Powell, "'Things That Matter': Historical Jesus Studies in the New Millennium" ["Coisas importantes": estudos sobre o Jesus histórico no novo milênio], *WW* 29.2 (2009): 121-28; James H. Charlesworth, "The Historical Jesus in the Fourth Gospel: A Paradigm Shift?" [O Jesus histórico no Quarto Evangelho: uma mudança de paradigma?], *JSHJ* 8 (2010): 3-46.

[46]O título do primeiro livro de Dunn em sua série *Christianity in the Making*. Veja tb. seu importante ensaio, idem, "Let John Be John: A Gospel for Its Time" [Deixe João ser João: um Evangelho para seu tempo], em *Das Evangelium und die Evangelien*, ed. Peter Stuhlmacher, WUNT 28 (Tübingen: Mohr Siebeck, 1983), 309-39. Sobre o assunto da memória e sua função nas tradições do Evangelho, no entanto, veja as análises crítico-cognitivas de Franz Mussner, *The Historical Jesus in the Gospel of St John* [O Jesus histórico no Evangelho de São João], QD 19 (Freiburg: Herder & Herder, 1967); e Paul N. Anderson, "The Origin and Development of the Johannine *Egō Eimi* Sayings in Cognitive-Critical Perspective" [A origem e o desenvolvimento dos ditos joaninos *Egō Eimi* em perspectiva crítico-cognitiva], *JSHJ* 9 (2011): 139-206; e idem, "The Cognitive Origins of John's Christological Unity and Disunity" [As origens cognitivas da unidade e da desunidade cristológicas de João], *HBT* 17 (1995): 1-24.

sobre como Jesus era lembrado na tradição joanina, recrutamos conjuntos de artigos focados em desenvolvimentos *intertradicionais*. Começamos com a teoria da memória e o movimento da oralidade para a preservação escrita da memória, apresentando duas sessões organizadas por Tom Thatcher e seus colegas na Seção de Meios de Comunicação Antigos e Modernos (2011). Sessões conjuntas abertas adicionais com a Seção de Literatura Joanina também foram realizadas como meio de atrair artigos não solicitados sobre o assunto (2011, 2012), e uma sessão adicional sobre Jesus lembrado dentro da tradição joanina foi organizada para 2013. Também refletimos sobre as relações entre o Evangelho e as epístolas de João, incluindo a possibilidade de várias edições dentro do desenvolvimento da tradição joanina. Essas considerações levaram diretamente a duas outras investigações. Assim que o comentário em três volumes de Urban von Wahlde sobre o Evangelho e as cartas de João foi divulgado, organizamos uma sessão de resenha para as reuniões de 2011.[47] Então, como forma de envolver as epístolas joaninas, organizamos uma pré-conferência sobre elas na McAfee School of Theology antes das reuniões da SBL em 2010. Esses ensaios foram publicados em 2014.[48]

Iniciamos ainda comparações e contrastes entre João e cada um dos Evangelhos Sinópticos (incluindo a hipotética tradição *Q*) para discernir como semelhanças e diferenças joaninas-sinópticas podem transmitir algo de Jesus lembrado *intertradicionalmente* — entre João e outras tradições do Evangelho —, tenham esses contatos existido ou não. Os que apresentavam os trabalhos também foram organizados para envolver os artigos em cada uma dessas sessões, que começavam com comparação/contraste entre João e Marcos (2012), seguidas de análises semelhantes com Lucas (2013), Mateus (2014) e *Q* (2016). Uma sessão anterior também foi organizada para considerar Jesus lembrado no Quarto Evangelho e dentro das tradições do segundo século (2012). Dado que os quinquagésimo e sexagésimo aniversários da *magna opera* de C. H. Dodd estavam chegando em 2013, Tom Thatcher e Catrin Williams foram encarregados de reunir ensaios celebrando o legado de Dodd nesse sentido, e uma pré-conferência em homenagem às contribuições de Dodd e Raymond Brown foi realizada no Seminário de Santa

---

[47]Urban C. von Wahlde, *The Gospel and Letters of John* [O Evangelho e as cartas de João], 3 vols., ECC (Grand Rapids: Eerdmans, 2010); resenhado por Paul Anderson, Alicia Myers e Craig Koester.
[48]Publicado como Paul N. Anderson e R. Alan Culpepper, eds., *Communities in Dispute: Current Scholarship on the Johannine Epistles* [Comunidades em disputa: estudos acadêmicos atuais sobre as epístolas joaninas], ECL 13 (Atlanta: SBL Press, 2014).

Maria, em Baltimore, antes das reuniões da SBL em 2013, organizadas por Michael Gorman.[49]

Dando continuidade às contribuições de J. Louis Martyn e Raymond E. Brown, ter em mente o Jesus lembrado na situação joanina também exigiu atenção, considerando os dois (ou mais) níveis da história dentro do desenvolvimento da tradição joanina. Assim, em outras sessões organizamos quatro artigos e uma resposta, seguidos de uma discussão contínua para as sessões no quarto e no quinto triênios. Nosso primeiro conjunto de artigos (2013) explorou o Jesus lembrado na Palestina conectado à situação joanina (30 d.C.-70 d.C). Nossa segunda sessão focou-se no Jesus lembrado na primeira fase da Diáspora do desenvolvimento da comunidade joanina — o envolvimento de elementos especialmente judeus e romanos nessa situação (2014). Os artigos ainda estão sendo reunidos para a segunda fase da Diáspora da situação joanina — o envolvimento de outras comunidades cristãs e os ministros viajantes (docetistas) na situação joanina posterior. A multiplicidade de questões relacionadas a *Jesus lembrado na tradição joanina* e *Jesus lembrado na situação joanina* deve ocupar os volumes 4 e 5 de nossa série central.[50] Nesses tópicos, Alan Culpepper e eu organizamos uma segunda pré-conferência da McAfee School of Theology sobre João e judaísmo antes das reuniões da SBL em 2015, e a coletânea de ensaios foi publicada em 2017 como uma coleção primorosa sobre o assunto.[51]

Um assunto final de investigação leva adiante algumas das análises realizadas no segundo ano de reuniões (2003). Naquela sessão, eu havia criticado os seis pilares em cada uma das plataformas com respeito à desistorização de João e à desjoanificação de Jesus, observando que, entre os cinco retratos de Jesus apresentados nas análises de Marcus Borg e Bart Ehrman das recentes pesquisas sobre Jesus, cada um desses retratos também é distintamente discernível no Evangelho de João.[52] Assim, imagens de Jesus como profeta judeu, um grande sábio, um cínico desafiador de instituições, uma pessoa santa e

---

[49]Publicado como Tom Thatcher e Catrin H. Williams, eds., *Engaging with C. H. Dodd on the Gospel of John: Sixty Years of Tradition and Interpretation* [Engajando-se com C. H. Dodd no Evangelho de João: sessenta anos de tradição e interpretação] (Cambridge: Cambridge University Press, 2013).
[50]A ser publicado, *John, Jesus, and History, Volume 4: Jesus Remembered in the Johannine Tradition;* e *John, Jesus, and History, Volume 5: Jesus Remembered in the Johannine Situation.*
[51]R. Alan Culpepper e Paul N. Anderson, eds., *John and Judaism: A Contested Relationship in Context* [João e judaísmo: um relacionamento contestado no contexto], RBS 87 (Atlanta: SBL Press, 2017).
[52]Marcus J. Borg, *Jesus in Contemporary Scholarship* [Jesus na erudição contemporânea] (Valley Forge, PA: Trinity Press International, 1994); Bart D. Ehrman, *Jesus: Apocalyptic Prophet of the New Millennium* [Jesus: Profeta apocalíptico do novo milênio] (Oxford: Oxford University Press, 2001).

uma figura apocalíptica, não são apenas discerníveis no Quarto Evangelho, mas essas representações são, por vezes, mais claras nesse Evangelho do que nos Sinópticos ou em *Tomé*. Portanto, Craig Koester foi comissionado para elaborar três sessões de trabalhos (2013, 2015, 2016), que agora foram publicados como um livro único.[53] Durante os dois últimos anos do nosso quinto triênio, Helen Bond e Catrin Williams reuniram respostas ao Projeto João, Jesus e História, e essas sessões levaram a novas reflexões sobre os avanços alcançados e o trabalho a ser ainda realizado.

Dada a publicação de 2016 do volume 3 na série central *John, Jesus, and History*, além de observar os avanços dos dois volumes centrais anteriores em contribuir para os estudos joaninos e de Jesus, foi organizada uma sessão de resenha para as reuniões de 2015. Versões pré-publicação dos ensaios foram enviadas aos revisores e, além de apreciar a contribuição geral do Projeto, várias questões foram levantadas. A primeira: Jan van der Watt questionou a abertura a diversas metodologias em vez de procurarmos estabelecer unidade metodológica desde o início. Isso não foi por acaso, no entanto, pois considerou-se que convidar diversos tratamentos para as questões permitiria que metodologias e suas aplicações se estabelecessem (ou não) ao longo do caminho.[54] A segunda foi que vários estudiosos levantaram questões sobre a relação entre João e os Sinópticos. Mark Goodacre ocupou-se de minha hipótese bióptica, apreciando o aumento e a correção plausível que João faz de Marcos, bem como alguma presença de "interfluenciali-dade" entre os vários estágios das tradições.[55] Ele contestou, no entanto, o fato de eu ter seguido Lamar Cribbs ao ver Lucas como sendo influenciado pela tradição formativa de João, dados os afastamentos de Lucas em relação a Marcos em direção ao texto de João, preferindo o entendimento da dependência de João com respeito a Lucas. Além disso, uma sessão toda sobre as relações joaninas-sinópticas foi organizada para as reuniões de 2016, a fim de focalizar mais extensivamente esse conjunto complexo de questões. Um terceiro foco da sessão de 2015 tratou da questão do que se entende por "história". Afastando as perspectivas objetivistas da memória e

---

[53]Publicado como Craig Koester, ed., *Portraits of Jesus in the Gospel of John* [Retratos de Jesus no Evangelho de João], LNTS 589 (Londres: Bloomsbury, 2018).
[54]Essas questões foram tratadas no volume 1 do John, Jesus, and History Project, *Critical Assessments*.
[55]É claro que, embora isso reflita meu melhor pensamento sobre como tratar os enigmas joaninos, não é esperado que outros membros do comitê diretivo tenham considerado isso ou concordado com isso. Cada um de nós tem a maneira própria de resolver os problemas envolvidos. Temos solicitado todos os tratamentos para os enigmas joaninos, dados pelos melhores estudiosos do mundo, acolhendo uma diversidade de entendimentos e teorias críticas.

da historiografia, Andrew Lincoln afirmou a importância de permitir que a perspectiva teologicamente influenciada de João seja considerada por si só, em lugar de forçá-la em um molde sinóptico. E, se expansões teológicas sobre elementos da narrativa joanina são um dado, tal também poderia ter acontecido se João conhecesse os Sinópticos.[56] Um segundo conjunto de artigos envolvendo metodologias para determinar a historicidade joanina foi organizado para 2014, e outro conjunto sobre o caráter da historiografia joanina foi organizado para 2016.

Ao refletir sobre os cinco triênios do Projeto João, Jesus e História, o comitê diretor (agora composto por Craig Koester, Alan Culpepper, Helen Bond, Catrin Williams, Tom Thatcher e eu) decidiu concluir o projeto com chave de ouro, tendo concluído nossos objetivos básicos. A partir de 2019, publicamos oito volumes, com mais quatro volumes a serem editados e finalizados.[57] Mais de duzentos acadêmicos de destaque internacional apresentaram-se em nossas sessões, com uma variedade de perspectivas metodológicas e teóricas, e os seguintes avanços estão bem estabelecidos, exigindo mais investigações.

Avanços alcançados pelo Projeto João, Jesus e História:

1. A pesquisa histórica sobre Jesus e a pesquisa da tradição joanina compreendem dois dos campos de pesquisa mais intensivos e extensivos dos estudos bíblicos modernos, e até agora houve pouco envolvimento crítico interdisciplinar bem fundamentado entre esses dois campos relacionados, em detrimento de cada um deles.

2. A desistorização de João é criticamente falha, pois múltiplos aspectos de historicidade abundam no Quarto Evangelho, incluindo características mundanas, topográficas, espaciais, contextuais e linguísticas, além de detalhes atestados arqueologicamente.

3. A desjoanificação de Jesus também é criticamente falha, pois muitas características do Quarto Evangelho oferecem vislumbres do ministério

---

[56]Essa perspectiva foi tratada efetivamente no ensaio de Wendy Sproston North, "Points and Stars: John and the Synoptics" [Pontos e estrelas: João e os Sinópticos], em Anderson, Just e Thatcher, *Glimpses of Jesus*, 119-31. Na resposta de Tom Thatcher (158), porém, ele conclui que "a análise que North faz de João 12 e 20 […] não demonstra a dependência de João com respeito a Marcos e Lucas, mas apenas assume essa dependência".

[57]Novamente, os volumes ainda a serem finalizados incluem a partir de agora: *John, Jesus, and Archaeology; Jesus Remembered in the Johannine Situation; Jesus Remembered in the Johannine Tradition;* e *Methodologies for Conducting Johannine Historiography.*

histórico de Jesus, fornecendo informações valiosas para a compreensão de Jesus de Nazaré, apesar dos interesses e impulso teológicos de João.

4. Como os critérios para determinar a historicidade da pesquisa de Jesus têm sido programaticamente projetados para excluir o conteúdo joanino da Busca histórica por Jesus, novos critérios são necessários em uma busca historiográfica inclusiva e mais adequada.

5. O desenvolvimento da tradição joanina mostra evidências de dialética reflexiva entre memória, percepção e experiência, levando a inferências de sentido e ao discernimento de significância entre os estágios iniciais e posteriores de seu desenvolvimento.

6. Como uma tradição em desenvolvimento paralela à dos Evangelhos Sinópticos, é possível discernir algum envolvimento intertradicional com outras tradições do Evangelho, mas a autonomia geral da tradição de João sugere que ela pode muito bem servir como uma fonte independente para corroborar, aumentar e talvez até corrigir versões sinópticas do ministério de Jesus, assim como os elementos sinópticos representam uma barreira para avaliar algumas das características de João. Análises detalhadas das relações de João com cada uma das outras tradições são, portanto, essenciais para discernir os detalhes dos envolvimentos intertradicionais de João.

7. Dado o fato de que as epístolas joaninas informam a situação em que a história de Jesus contada por João se desenvolveu, considerar uma análise histórico-teológica do envolvimento do narrador com uma multiplicidade de questões contextuais dá informações para uma compreensão mais estruturada da razão de João ser diferente dos outros Evangelhos. À medida que um consenso emergente vê as epístolas como tendo sido escritas entre os estágios inicial e final da formação do Evangelho, algumas das questões nelas tratadas iluminam uma apreciação contextual dos modos pelos quais a história de Jesus segundo João foi elaborada como um meio de transmitir memórias anteriores para as necessidades de públicos posteriores.

8. Finalmente, a questão da "história" em si deve ser reconsiderada, pois novos entendimentos de teoria da memória, de estudos de meios de comunicação, de análise cognitiva e de meta-história têm feito com que os historiógrafos modernos repensem o que se entende por "história" e, talvez mais importante, desafiem afirmações simplistas do que ela não é.

Embora um bom número de estudiosos do Novo Testamento tenha resistido até mesmo à ideia do Projeto João, Jesus e História, questionando seus motivos e funcionamento, a pauta e o interesse dele foram totalmente críticos e analíticos. Em primeiro lugar, embora uma busca parcimoniosa por Jesus de Nazaré possa ser mais simples e fácil, adicionar João à mistura torna as coisas muito mais complexas e difíceis. No entanto, nosso interesse não é a facilidade acadêmica; tratar de uma problemática lacuna nos estudos acadêmicos modernos é a principal preocupação crítica. Em segundo lugar, se a restauração de um senso maior da historicidade joanina causa impacto na pesquisa sobre Jesus, a identificação da confiabilidade histórica de João sobre e contra um ou mais dos Evangelhos Sinópticos pode muito bem representar um desafio às opiniões tradicionais em vez de apoiá-las. Pode ser mais fácil para os conservadores aceitarem que as diferenças entre João e os Sinópticos refletem "os interesses teológicos do evangelista" do que imaginar que Marcos (seguido por Mateus e Lucas) pode ter-se equivocado aqui e ali. Portanto, se a memória que João tem de Jesus receber peso histórico, isso pode representar um escândalo para os estudiosos tradicionalistas, além de ser um incômodo para os estudiosos histórico-críticos. Em terceiro lugar, o mito moderno do objetivismo como medida da verdade histórica também é questionado, pois entendimentos mais generosos da memória histórica passaram a incluir adaptação parafrástica, *design* retórico, entrega contextual e seletividade narrativa. Essas também devem ser vistas como características da tradição histórica. Por essas várias razões, o novo milênio exigiu um estágio novo e inclusivo na pesquisa crítica de Jesus, e isso levou a um *Olhar Renovado sobre João* e a uma *Quarta Busca por Jesus*.

O OLHAR RENOVADO SOBRE JOÃO: A VIRADA DO NOVO MILÊNIO

Em 1957, em uma conferência de Oxford sobre "Os quatro Evangelhos", John A. T. Robinson apresentou um artigo sobre "The New Look on the Fourth Gospel" [O novo olhar a respeito do Quarto Evangelho].[58] Nesse importante ensaio, Robinson descreve cinco características do "Antigo olhar" sobre João, favorecidas pelo que ele chama de "Ortodoxia Crítica", que exige lealdade dogmática de supostos estudiosos e teólogos bíblicos bem fundamentados. Os elementos do "Antigo olhar" incluíam: (a) o uso que João faz dos Sinópticos como fontes; (b) a Diáspora refletida por João (não Palestina pós-70 d.C.), (c) o evangelista joanino não conhece Jesus, (d) a teologia de João refletindo desenvolvimentos teológicos posteriores e (e) o

---

[58]John A. T. Robinson, "The New Look at the Fourth Gospel", *TU* 73 (1959): 338-50 (reimp. em *Twelve New Testament Studies* [Doze estudos do Novo Testamento] [Londres: SCM, 1962], 94-106).

quarto evangelista certamente não é João, o apóstolo. Por outro lado, à luz de pesquisas recentes, o "novo olhar" sobre João infere: (a) o uso de tradições independentes por parte de João; (b) João reflete perspectivas enraizadas na Palestina anterior a 70 d.C., (c) a possibilidade de o evangelista joanino ter conhecido Jesus, (d) a teologia de João refletindo desenvolvimentos iniciais e posteriores, e (e) ser levado a sério o trabalho do Quarto Evangelista, independentemente de ele ser João, o apóstolo, embora esse ponto de vista não possa ser totalmente descartado. Obviamente, Robinson estava argumentando sobre uma data anterior de João *versus* sua posterioridade, tema que ele expandiu mais tarde com uma monografia formidável.[59]

O trabalho de Robinson foi destacado mais ou menos uma década depois, quando o livro de Archibald Hunter, de 1968, sobre João apresentou "o Novo Olhar sobre João", no qual o autor defende uma apreciação renovada por sua historicidade.[60] Nessa obra, Hunter levou adiante a base da tese anterior de Robinson, citando como evidência para o "Novo Olhar" os trabalhos de P. Gardner-Smith, Eduard Schweizer, E. C. Hoskins, Rudolf Bultmann, C. H. Dodd, C. K. Barrett, Victor Martin e Raymond Brown, mostrando um renovado interesse pela historicidade de João. Uma vez que a tradição autônoma de João originou-se na Palestina, mesmo se finalizada em um cenário da Diáspora, o argumento parecia forte quanto a ver João como uma tradição independente sobre Jesus, com suas próprias perspectivas sobre ele e seu ministério. Como a narrativa de João mostra claramente sinais de ser uma tradição independente, apresentando características hebraicas e aramaicas em grego bastante simples, cobrindo o início do ministério de Jesus na Galileia e fora dela, de maneira autêntica, é intrigante o fato de que a indicação de Robinson (e de Hunter) sobre o "Novo Olhar" não ter prevalecido criticamente. Vários fatores podem estar envolvidos.

---

[59]Veja Robinson, *Priority of John* [Data antiga de João]. Seu trabalho de 1985 envolveu-se de forma crítica no Simpósio de Salzburgo 2000 sobre João e os Sinópticos, resultando na coleção de ensaios editados por Peter Hofrichter, *Für und wider die Priorität des Johannesevangeliums*, Theologische Texte und Studien 9 (Hildesheim: Olms, 2002). Embora quase todos os estudiosos deduzam haver material antigo e distinto na tradição joanina, o fato de haver conexões entre ele e as epístolas joaninas e o Apocalipse, bem como algumas de suas características altamente desenvolvidas, leva a maioria dos acadêmicos (de modo correto, acredito) a colocar sua finalização em torno da virada do primeiro século d.C., apesar de possuir material e memória primitivos.

[60]Archibald M. Hunter, *The Gospel of John: The New Look at the Fourth Gospel* [O Evangelho de João: o novo olhar sobre o Quarto Evangelho] (Filadélfia: Westminster, 1968). Especialmente sugestivo é o modo como o autor trata a topografia e o desenvolvimento do ministério de Jesus (49-65) e as parábolas e provérbios de Jesus nesse Evangelho (78-102). Sobre esse último aspecto, veja o livro inovador de Ruben Zimmermann, *Puzzling the Parables of Jesus: Methods and Interpretation* [Resolvendo as parábolas de Jesus: métodos e interpretação] (Minneapolis: Fortress, 2015), especialmente 333-60.

Mais de três décadas depois, a influência de Robinson foi analisada à luz de "Novas Correntes" em ação nos estudos globais sobre João. Tom Thatcher observa que, em vez de aplicar novas disciplinas aos novos pontos de vista e explorá-los sobre os enigmas joaninos, Robinson simplesmente apresenta novas evidências para tratar de questões antigas: *linha* e *autor*. Em primeiro lugar, quanto à linha, em vez de passar de Jesus → tradição → Sinópticos → João, Robinson simplesmente inverte a ordem dos dois elementos finais: Jesus → tradição → João → Sinópticos. Portanto, qualquer evidência apontando para uma data tardia de João ou de seu envolvimento com as tradições sinópticas derrubaria o programa. Um segundo conjunto de questões envolve o fato de que os enigmas autorais de João são terrivelmente difíceis de resolver e, durante esse período, os estudos acadêmicos sobre esse Evangelho passou de "linha e autor" para "*texto* e *leitor*". Portanto, além do uso das *mais novas metodologias*, as "Novas Correntes" na interpretação joanina mostraram evidências de *novas perspectivas*, incluindo uma *diversidade global de vozes*, que continuam a moldar a maneira como os estudiosos entendem e tratam a história, a teologia e os textos bíblicos.[61]

Outros fatores que envolvem o paradigma Dodd-Robinson-Hunter ser eclipsado, ou talvez evitado, aponta para outra boa obra emergindo, disciplinarmente.[62] Por um lado, o "Novo Olhar" com respeito a João foi seguido por vários comentaristas, e alguns estudiosos exploraram a confiabilidade histórica da narrativa de João, enquanto outros a descartaram categoricamente.[63] Três desenvolvimentos particulares prejudicaram um pouco esse ímpeto. Primeiro, o livro de J. Louis Martyn, de 1968, sobre *History and*

---

[61]Veja tb. a análise incisiva da tensão entre o antigo "Novo Olhar" e a interveniente nova ortodoxia crítica de Tom Thatcher, "The New Current through John: The Old 'New Look' and the New Critical Orthodoxy" [A nova corrente através de João: o antigo "Novo Olhar" e a nova ortodoxia crítica], em *New Currents through John's Thought: A Global Perspective* [Novas correntes através do pensamento de João: uma perspectiva global], ed. Francisco Lozada Jr. e Tom Thatcher, RBS 54 (Atlanta: SBL Press, 2006), 1-26.

[62]Veja, p. ex., revisões de pesquisas joaninas recentes: Harold W. Attridge, "Genre Bending in the Fourth Gospel" [Gênero torcido no Quarto Evangelho], *JBL* 121 (2002): 3-21; e Paul N. Anderson, "Beyond the Shade of the Oak Tree: Recent Growth in Johannine Studies" [Além da sombra do carvalho: crescimento recente nos estudos joaninos], *ExpTim* 119 (2008): 365-73.

[63]Além dos comentários de Brown, veja os de Lindars (1972), Schnackenburg (em inglês, 1968-1982), Smith (1999) e Keener (2003), bem como os comentários conservadores, embora analíticos, de D. A. Carson, *O comentário de João*, Série Pilar Comentário do Novo Testamento (São Paulo: Shedd Publicações, 2007); Andreas Köstenberger, *John*, BECNT (Grand Rapids: Baker, 2004); e Ramsey Michaels, *The Gospel of John* [O Evangelho de João], NICNT (Grand Rapids: Eerdmans, 2010). Como exemplos de entendimento oposto à historicidade joanina, veja Maurice Casey, *Is John's Gospel True?* [O Evangelho de João é verdadeiro?] (Londres: Routledge, 1996); e Craig L. Blomberg, *A confiabilidade histórica dos Evangelhos* (São Paulo: Vida Nova, 2019).

Theology in the Fourth Gospel [História e teologia no Quarto Evangelho], provocou o interesse dos estudiosos do Novo Testamento na história da situação joanina, o segundo nível da história, eclipsando um pouco a historicidade de sua tradição.[64] Assim, o interesse dos estudiosos joaninos mudou do material tradicional de João para seu uso retórico. Em segundo lugar, como os comentários de Barrett e da escola de Leuven argumentaram por entender o impulso espiritualizador de João como uma expansão do material sinóptico, a autonomia da tradição de João foi um pouco deslocada.[65] Nesse sentido, Moody Smith observou alguns afastamentos em relação aos avanços de Gardner-Smith e Dodd para algumas das conjecturas de Streeter sobre a espiritualização feita por João das tradições sinópticas.[66] Em terceiro lugar, com o inovador livro de Alan Culpepper, de 1983, sobre *The Anatomy of the Fourth Gospel* [A anatomia do Quarto Evangelho] (Fortress), criando uma onda de interesse nas características literárias e retóricas da história de Jesus segundo João, os interesses literários entre os estudiosos joaninos se destacaram mais do que os interesses históricos. Isso causou a mudança de *linha* e *autor* de João para *texto* e *leitor* de João, conforme descrito na análise de "Novas Correntes".

Não obstante, essas interrupções no "Novo Olhar" não mudaram totalmente seu impulso, mas o que emergiu foi um conjunto de estudos multidisciplinares que formam algo que poderia ser chamado de "Olhar Renovado" sobre João. Primeiramente, embora o fascínio pelo(s) estágio(s) posterior(es) da história joanina tenha cativado o interesse de muitos de seus estudiosos,

---

[64]J. Louis Martyn, *History and Theology in the Fourth Gospel*, 3.ª ed. (Louisville: Westminster John Knox, 2003 [1968]); veja tb. idem, *The Gospel of John in Christian History: Seven Glimpses into the Johannine Community* [O Evangelho de João na história cristã: sete vislumbres na comunidade joanina], ed. rev. e ampl., ed. Paul N. Anderson, Johannine Monograph Series [Série de monografias joaninas] 8 (Eugene, OR: Wipf & Stock, 2019 [1978]). A obra de Martyn sobre a situação joanina também foi apoiada e ampliada por Raymond E. Brown, *The Community of the Beloved Disciple* [A comunidade do discípulo amado] (Mahwah, NJ: Paulist, 1979). Sobre a situação dialética joanina, veja tb. Wayne A. Meeks, "Man from Heaven in Johannine Sectarianism" [Homem do céu no sectarismo joanino], *JBL* 91 (1972): 44-72; e D. Moody Smith, *Johannine Christianity: Essays on its Setting, Sources, and Theology* [Cristianismo joanino: ensaios sobre seu cenário, suas fontes e sua teologia] (Columbia: University of South Carolina Press, 1984).
[65]C. K. Barrett, *The Gospel According to St. John* [O Evangelho segundo São João], 2.ª ed. (Londres: SPCK, 1978 [1955]). Veja tb. Thomas L. Brodie, *The Quest for the Origin of John's Gospel: A Source-Oriented Approach* [A busca pela origem do Evangelho de João: um entendimento orientado pela fonte] (Oxford: Oxford University Press, 1993); Frans Neirynck, "John and the Synoptics" [João e os Sinópticos], em *L'évangile de Jean: Sources, rédaction, théologie* [O Evangelho de João: fontes, redação, teologia], ed. Marinus de Jonge, BETL 44 (Leuven: University Press, 1977): 73-106.
[66]B. H. Streeter, *The Four Gospels: A Study of Origins* [Os quatro Evangelhos: um estudo das origens] (Londres: Macmillan, 1924); veja a crítica desse movimento por Smith, *John among the Gospels*.

a base do próprio paradigma de Martyn entrou em colapso. Martyn construiu seu paradigma com base na inferência de um Evangelho de Sinais subjacente à história de Jesus de João, permitindo-lhe se concentrar no que o evangelista fez com o material. No entanto, as teorias diacrônicas que imaginam fontes alheias subjacentes à narrativa joanina passaram por dificuldades, e não há absolutamente nenhuma evidência para qualquer uma das três fontes principais e as várias fontes menores supostamente empregadas pelo evangelista dentro do paradigma de Bultmann; nem existem evidências convincentes para apoiar a inferência de Robert Fortna de um Evangelho de Sinais (Fortna fez doutorado sobre esse assunto sob a orientação de Martyn).[67] Assim, a tradição primitiva subjacente à história de Jesus contada por João não pode ser considerada não joanina. Em segundo lugar, mesmo que a "independência" joanina tenha cedido à "autonomia" de João, já que a familiaridade de João com Marcos ganhou maior aceitação entre os estudiosos, familiaridade não implica dependência. Se João foi produzido para ouvintes e leitores de Marcos,[68] isso reflete um aumento e, até certo ponto, uma correção do primeiro Evangelho. Além disso, como Lamar Cribbs argumentou a favor do acesso de Lucas à tradição de João, vários estudiosos consideraram essa tese plausível.[69] Portanto, opiniões simplistas

---

[67]Robert T. Fortna, *The Gospel of Signs: A Reconstruction of the Narrative Source Underlying the Fourth Gospel* [O Evangelho dos Sinais: uma reconstrução da fonte narrativa subjacente ao Quarto Evangelho], SNTSMS 11 (Cambridge: Cambridge University Press, 1970). Fortna, então, constrói um argumento para a tensão teológica enraizada no diálogo do evangelista com sua fonte imaginada: idem, *The Fourth Gospel and Its Predecessor: From Narrative Source to Present Gospel* [O Quarto Evangelho e seu predecessor: da fonte narrativa ao Evangelho atual] (Filadélfia: Fortress, 1988). No entanto, à luz das análises de D. Moody Smith, *The Composition and Order of the Fourth Gospel* [A composição e a ordem do Quarto Evangelho], 2.ª ed., Johannine Monograph Series 2 (Eugene, OR: Wipf & Stock, 2015 [1965]); Gilbert Van Belle, *The Signs Source in the Fourth Gospel: Historical Survey and Critical Evaluation of the Semeia Hypothesis* [A fonte dos sinais no Quarto Evangelho: levantamento histórico e avaliação crítica da hipótese de *semeia*], BETL 116 (Leuven: Peeters, 1994); e Anderson, *The Christology of the Fourth Gospel*, o argumento probatório de fontes estranhas subjacentes à narrativa joanina foi praticamente dizimado.
[68]Com Mackay, *John's Relationship with Mark*, e Bauckham, "John for Readers of Mark".
[69]F. Lamar Cribbs, "St. Luke and the Johannine Tradition" [São Lucas e a tradição joanina], *JBL* 90 (1971): 422-50; idem, "A Study of the Contacts that Exist between St. Luke and St. John" [Um estudo dos contatos existentes entre São Lucas e São João], SBLSP 12.1 (Cambridge: SBL, 1973), 1-93; e idem, "The Agreements that Exist between Luke and John" [Os pontos de concordância existentes entre Lucas e João], SBLSP 18 (Missoula, MT: Scholars Press, 1979), 215-61. Veja tb. Mark Matson, *In Dialogue with Another Gospel? The Influence of the Fourth Gospel on the Passion Narrative of the Gospel of Luke* [Em diálogo com outro Evangelho? A influência do Quarto Evangelho na narrativa da Paixão do Evangelho de Lucas], SBLDS 178 (Atlanta: Society of Biblical Literature, 2001); Barbara Shellard, "The Relationship of Luke and John: A Fresh Look at an Old Problem" [O relacionamento entre Lucas e João: um novo olhar sobre um problema antigo], *Journal of Theological Studies* 46.1 (1995): 71-98; idem, *New Light on Luke: Its Purpose, Sources and Literary Context* [Nova

sobre a relação entre os Sinópticos e João que refletem uma "via de mão única" — considerando assim que a história de Jesus contada por João não tem nenhum ponto de apoio histórico — não se sustentam quando expostas à crítica. Em terceiro lugar, embora as análises do projeto literário e retórico do Quarto Evangelho tenham recebido ampla atenção por várias décadas, isso não descarta sua origem e seu caráter históricos.[70] Afinal, não existe algo que seja história não retórica; assim, o fato de o projeto literário de João não impedir a possibilidade de refletir sua memória histórica, do modo como e de onde ela possa ter se desenvolvido.[71] Assim, embora o "Novo Olhar" tenha sido ironicamente descartado ou obscurecido após Hunter anunciar o avanço dele, o que poderia ser chamado de "Olhar Renovado" interdisciplinar e global em perspectiva sobre João surgiu no século 21.

À luz desses desenvolvimentos, James Charlesworth concluiu, em 2010, que o Quarto Evangelho não pode mais ser excluído da pesquisa sobre Jesus e que devem ser encontradas formas de explorar seu conteúdo historicamente significativo à luz de outras fontes tradicionais. Charlesworth esboçou o consenso anterior sobre o desuso de João pelos estudiosos acerca de Jesus representado por estudiosos como Bornkamm, Sanders, Crossan, Wright e Vermes.[72] Depois de citar dez razões pelas quais a apresentação que João faz do ministério de Jesus não deve ser considerada historicamente inferior à dos Sinópticos, ele lista cinco opiniões influentes que apoiam um novo paradigma que inclui o Quarto Evangelho na pesquisa sobre Jesus, incluindo as obras de John Meier, Gerd Theissen e Annette Merz, Richard Bauckham, Paul Anderson e Moody Smith.[73] Ele, então, cita o valor do trabalho arqueológico recente em conexão com a *realia* histórica da narrativa joanina, e observa a contribuição do Projeto João, Jesus e História nesse novo paradigma.[74] Apenas um ano antes, Mark Allan Powell, que presidiu a Seção do Jesus Histórico

---

luz sobre Lucas: seu objetivo, suas fontes e seu contexto literário], JSNTSup 215 (Londres: Sheffield Academic Press, 2002); e Paul N. Anderson, "Acts 4:19-20—An Overlooked First-Century Clue to Johannine Authorship and Luke's Dependence upon the Johannine Tradition" [Atos 4:19,20: uma pista negligenciada do primeiro século quanto à autoria joanina e à dependência da tradição joanina em relação a Lucas], *The Bible and Interpretation* [A Bíblia e a interpretação] (setembro de 2010): *On-line*: www.bibleinterp.com/opeds/acts357920.shtml. <Acesso em 03.mar.2020.>
[70]Margaret Davies, *Rhetoric and Reference in the Fourth Gospel* [Retórica e referência no Quarto Evangelho], JSNT 69 (Londres: Sheffield Academic Press, 1992).
[71]Veja, p. ex., a análise de D. Moody Smith da apresentação de João como *meta-histórica* ("The Presentation of Jesus in the Fourth Gospel" [A apresentação de Jesus no Quarto Evangelho], *Interpretation* 31 [1977]: 367-78).
[72]Charlesworth, "Historical Jesus in the Fourth Gospel", 4-13.
[73]Charlesworth, "Historical Jesus in the Fourth Gospel", 34-39.
[74]Charlesworth, "Historical Jesus in the Fourth Gospel", 13-34.

da Sociedade de Literatura Bíblica por vários anos, também declarou que o Evangelho de João não podia mais ser ignorado na histórica Busca por Jesus.[75]

Além do Projeto João, Jesus e História, outros dois empreendimentos internacionais também se desenvolveram no novo milênio. O primeiro, em 2016: o Enoch Seminar organizou uma conferência especial sobre "João, o judeu: lendo o Evangelho da cristologia de João como uma forma de messianismo judaico", como a sexta conferência da série de Reuniões de Nangeroni, realizada em Camaldoli, Itália. Nessa conferência, ficou inquestionavelmente claro que mesmo alguns dos principais temas da cristologia joanina (o Filho é igual ao Pai, não criado, títulos cristológicos etc.) não são de forma alguma excepcionais na literatura judaica do judaísmo do Segundo Templo. Portanto, muito provavelmente sua origem é tanto judaica quanto helenística.[76] Nesse mesmo ano, uma terceira conferência no Simpósio Princeton-Praga sobre o Jesus Histórico enfatizou "Ilustrando como usar o Evangelho de João na pesquisa sobre Jesus". Nessas sessões realizadas no Seminário Teológico de Princeton, os principais estudiosos de João e de Jesus exploraram as razões pelas quais o Quarto Evangelho é fundamental para a Pesquisa sobre Jesus. Novamente, embora as opiniões divergissem sobre a relação de João com tradições paralelas, o consenso era de que ele estava fazendo algo diferente, enraizado na memória histórica, ao mesmo tempo que também contribuía com uma compreensão autônoma sobre o Jesus da história, e não simplesmente sobre o Cristo da fé.[77] Assim, o novo milênio não apenas clama por uma Quarta Busca; ela, de fato, já está em andamento.

UMA QUARTA BUSCA POR JESUS: UMA COMPREENSÃO INCLUSIVA

Depois de um século e meio de exclusão programática, feita por estudiosos críticos, do Evangelho de João no tocante à pesquisa por Jesus, a

---

[75]Powell, "'Things That Matter'".

[76]Esses ensaios foram publicados em Benjamin E. Reynolds e Gabriele Boccaccini, eds., *Reading the Gospel of John's Christology as Jewish Messianism: Royal, Prophetic, and Divine Messiahs* [Lendo a cristologia do Evangelho de João como messianismo judaico: messias reais, proféticos e divinos] (Leiden: Brill, 2018); meu ensaio nessa coleção é Paul N. Anderson, "Jesus, the Eschatological Prophet in the Fourth Gospel: A Case Study in Dialectical Tensions" [Jesus, o profeta escatológico no Quarto Evangelho: um estudo de caso sobre tensões dialéticas], 271-99.

[77]Esses ensaios foram publicados em James H. Charlesworth, ed., *Jesus Research: The Gospel of John in Historical Inquiry* [Pesquisa sobre Jesus: o Evangelho de João na investigação histórica], Jewish and Christian Texts [Textos cristãos e judeus] 26 (Londres: T&T Clark, 2019); meu ensaio nessa coleção é Paul N. Anderson, "Why the Gospel of John is Fundamental to Jesus Research" [Por que o Evangelho de João é fundamental para a pesquisa sobre Jesus], 7-46.

desistorização de João e a desjoanificação de Jesus não podem mais ser vistas como criticamente sustentáveis. Os Sinópticos são tão teologicamente orientados quanto João; João contém uma grande quantidade de material mundano e histórico congruente não encontrado nos Sinópticos; e João e Marcos refletem claramente duas perspectivas independentes sobre o ministério de Jesus que podem dar informações uma à outra se comparadas. Portanto, até certo ponto, a disputa é entre as perspectivas marcana e joanina sobre Jesus, embora o material distintivo em Mateus e Lucas também corrobore em geral a apresentação de Marcos. No entanto, se todos os recursos valiosos devem ser incluídos na pesquisa sobre Jesus do século 21, o Evangelho de João não pode mais ser ignorado em buscas criticamente úteis. A questão é como incluir João. Sendo esse o caso, vários avanços na busca merecem consideração.[78]

CRITÉRIOS INCLUSIVOS PARA DETERMINAR A HISTORICIDADE DO EVANGELHO

Em vez de usar critérios elaborados para favorecer as características sinópticas em detrimento das joaninas, são necessários novos critérios para determinar a historicidade do Evangelho. Além disso, embora os critérios de autenticidade possam apontar para algumas inferências sólidas, o material

---

[78]É digno de nota que os modernos historiadores do Evangelho ainda não superaram a historiografia do século 20 e seus desenvolvimentos pós-estruturalistas, e muito menos foram capazes de avançar para o século 21, disciplinarmente. Uma mera visão geral do último meio século ou mais das principais teorias críticas da historiografia moderará as estimativas romantizadas do ditado do século 19 de Von Ranke: "*Wie es eigentlich gewesen*" (Como as coisas realmente eram). Veja, p. ex., Marc Bloch, *The Historian's Craft* [A perícia do historiador] (Nova York: Vintage Books, 1953); Ernst Breisach, *Historiography: Ancient, Medieval, and Modern* [Historiografia: antiga, medieval e moderna], 3.ª ed. (Chicago: University of Chicago Press, 2007 [1983]); E. H. Carr, *What Is History?* [O que é história?] (Cambridge: Cambridge University Press, 1961); John Lewis Gaddis, *The Landscape of History: How Historians Map the Past* [A paisagem da história: como os historiadores mapeiam o passado] (Oxford: Oxford University Press, 2002); Gina Hens-Piazza, *The New Historicism* [O novo historicismo] (Minneapolis: Fortress, 2002); Georg G. Iggers, *Historiography in the Twentieth Century: From Scientific Objectivity to the Postmodern Challenge* [Historiografia no século 20: da objetividade científica ao desafio pós-moderno] (Middletown, CT: Wesleyan University Press, 1997); Martha C. Howell e Walter Prevenier, *Reliable Sources: An Introduction to Historical Methods* [Fontes confiáveis: uma introdução aos métodos históricos] (Ithaca, NY: Cornell University Press, 2001); Keith Jenkins, *Re-Thinking History* [Repensando a história] (Londres: Routledge, 1991); Karl Popper, *The Poverty of Historicism* [A pobreza do historicismo] (Londres: Routledge, 1957); Aram H. Veeser, ed., *The New Historicism* (Londres: Routledge, 1989); Hayden White, *Metahistory: The Historical Imagination in Nineteenth-Century Europe* [Metahistória: a imaginação histórica na Europa do século 19](Baltimore: Johns Hopkins University Press, 1973). As metodologias para determinar a historicidade joanina, juntamente com a dos Sinópticos, merecem se beneficiar do melhor da teoria crítica, e não simplesmente de seus precursores anteriores.

rejeitado não é necessariamente inautêntico. O caráter epistemológico de sua origem ainda deve ser considerado, e isso pode ter implicações para a historiografia do Evangelho. Com a crítica de Morna Hooker às suposições ingênuas de Perrin sobre, quase meio século atrás, por que Jesus era judeu e por que seus seguidores procuravam preservar o que ele ensinava, essas duas categorias poderiam muito bem apontar *em direção* à memória histórica de Jesus, e não para longe dela. Assim, os critérios de *dissimilaridade* e de *constrangimento* são falhos desde o início.[79] Embora eles possam de fato nos ajudar a identificar material que provavelmente não foi inventado, também podem funcionar para eliminar uma boa quantidade de material histórico confiável que não esteja à altura do que poderia ser chamado de "critério de idiossincrasia".

Da mesma forma, se a *múltipla atestação* funciona para eliminar todo o conteúdo distintivo em Mateus e Lucas, ainda mais em João — mesmo que reflita a memória histórica, esse critério também é falho. Às vezes (com mais frequência?) um registro, ou uma perícope, distinto é incluído por causa do interesse histórico, e não simplesmente como um fator de investimento teológico. Assim, os principais critérios emergentes da Nova Busca merecem um exame crítico,[80] e os artigos reunidos por Chris Keith e

---

[79]Morna D. Hooker, "Christology and Methodology", *NTS* 17 (1970): 480-87; e idem, "On Using the Wrong Tool", *Theology* (1972): 570-81. Veja tb. idem, "Foreword", em *Jesus, Criteria, and the Demise of Authenticity*, ed. Chris Keith e Anthony Le Donne (Londres: T&T Clark, 2012), xiii-xvii. Parafraseando Hooker, às vezes uma paráfrase, mesmo que não seja uma citação direta, pode ser mais representativa da autenticidade histórica do que uma citação literal, se esta for retirada de seu contexto mais amplo.

[80]Veja, p. ex., o trabalho de Edward T. Wright, "On the Historical Reliability of Ancient Biographies: A Thorough Examination of Xenophon's *Agesilaus*, Cornelius Nepos's *Atticus*, Tacitus's *Agricola*, and The Gospel According to John" [Sobre a confiabilidade histórica das biografias antigas: um exame completo de *Agesilau*, de Xenofonte, de *Ático*, de Cornélio Nepos, de *Agrícola*, de Tácito e do Evangelho segundo João] (diss. de PhD, Asbury Theological Seminary, 2019), em que entre 70% e 80% do material desses autores é atestado de maneira singular. Isso não prova, no entanto, que algum desses materiais seja comprovadamente a-histórico. Com Anthony Le Donne, "The Rise of the Quest for an Authentic Jesus: An Introduction to the Crumbling Foundations of Jesus Research", em Keith e Le Donne, *Jesus, Criteria, and the Demise of Authenticity*, 3-21, uma das falhas fundamentais da crítica bíblica moderna é sua flagrante negligência em relação à autocrítica. O modo como coloquei essa preocupação é exigir uma *segunda criticalidade*. A *segunda naïveté* de Ricoeur não é o fim do pensar dialético; o pensamento analítico também deve criticar tanto a crítica quanto a tradição. Se a criticalidade deixa de criticar a crítica, não pode manter a estimada posição de autoridade crítica. Assim, estar atento às forças e fraquezas das próprias opiniões, além das dos outros (tradicionais e críticas), é necessário para o honrado mundo acadêmico. Veja Paul N. Anderson, "Second Criticality—An Interdisciplinary Approach to the New Testament" [Segunda criticalidade: uma compreensão interdisciplinar do Novo Testamento], em *From Crisis to Christ: A Contextual Introduction to the New Testament* [Da crise a Cristo: uma introdução contextual ao Novo Testamento] (Nashville: Abingdon, 2014), x-xii.

Anthony Le Donne criam um conjunto de análises incisivas sobre os pontos fortes e os fracos do que se tornou um critério-padrão.[81] Além disso, como o próprio *naturalismo* é uma categoria subjetiva, e porque a *coerência* é, ao final, uma inferência circular, os quatro ou cinco principais critérios para determinar a historicidade do Evangelho são amplamente falhos, especialmente se forem usados para eliminar material da busca, com base em uma peneira tão retoricamente construída. Se faz sentido o Quarto Evangelho estar no empreendimento maior, no entanto, vários critérios inclusivos para determinar a historicidade do Evangelho são os seguintes:[82]

• *Impressão corroborativa* versus *múltipla atestação*. Um problema significativo com o critério de múltipla atestação é que, por definição, ele exclui tudo o que pode ser adicionado ao relato de Marcos sobre o ministério de Jesus por outras tradições e escritores do Evangelho. Além disso, se Marcos foi usado por Mateus e Lucas, então material de tríplice tradição pode simplesmente denotar seu uso por Marcos em vez de refletir atestações independentes de uma memória ou evento histórico. E, se alguma coisa em João — ou, nesse caso, em Mateus ou Lucas — pretende aumentar ou corrigir Marcos, ela é automaticamente excluída da consideração, mesmo que a base para tal julgamento seja falha. Um tratamento mais adequado procura por conjuntos corroborativos de impressões, em que paráfrases, modos alternativos de dizer algo ou representações distintas de uma característica semelhante moldam uma compreensão mais

---

[81]Nesse importante livro, Keith e Le Donne, *Jesus, Criteria, and the Demise of Authenticity*, são apresentadas críticas valiosas aos principais critérios para determinar a historicidade dentro da Nova Busca. Além do desafio de Chris Keith às *metodologias de crítica da forma* (25-48), a crítica de Jens Schröter aos *critérios de autenticidade* para determinar a historicidade (49-70) e a análise de Loren Stuckenbruck sobre o uso de características hebraicas/aramaicas para determinar a anterioridade (73-94), o critério de *coerência* é criticado por Le Donne (95-114), o critério de *dissimilaridade* é criticado por Dagmar Winter (115-31), o critério de *constrangimento* é criticado por Rafael Rodríguez (132-51) e o critério de *múltipla atestação* é criticado por Mark Goodacre (152-69). Nos ensaios finais de Dale Allison (186-99) e Chris Keith (205), o caminho a seguir é projetado de duas maneiras. Primeira: os critérios para eliminar material dos bancos de dados históricos devem ser marginalizados; critérios de inautenticidade não podem estabelecer o que afirmam. Segunda: a historiografia do Evangelho deve avançar para a análise da memória, pois os transmissores eram humanos — seres que sentiam, pensavam, percebiam, lembravam, reformulavam, entregavam, escreviam, editavam —, exigindo investigação em análises cognitivas críticas ao longo do caminho.
[82]Esses critérios foram apresentados na sessão de metodologia das reuniões da SBL de 2009 em meu artigo, Paul N. Anderson, "Dialectical History and the Fourth Gospel" [História dialética e o Quarto Evangelho]. Eles foram posteriormente resumidos em *From Crisis to Christ* [Da crise para Cristo] (175-76), e Paul N. Anderson e Jaime Clark-Soles, "Introduction and Overview" [Introdução e visão geral], em Anderson, Just e Thatcher, *Glimpses of Jesus*, 1-25, adaptados aqui das páginas 18-19.

completa do ministério de Jesus. Essa maneira incluiria a testemunha joanina em vez de excluí-la programaticamente.

• *Antiguidade* versus *dissimilaridade ou constrangimento*. Embora os critérios de dissimilaridade e de constrangimento possam impedir que alguém confunda os pontos de vista cristãos posteriores com os anteriores, que remontam a Jesus, eles também tendem a distorcer o próprio processo historiográfico. E se os cristãos apostólicos e seus sucessores *realmente acertassem algo* de suas memórias de Jesus? Ou, então, se Jesus de Nazaré *realmente tivesse ensinado pontos de vista judaicos convencionais* durante seu ministério? O critério de dissimilaridade excluiria desse modo tais características da consideração histórica, permitindo que apenas as coisas estranhas ou embaraçosas fossem desenvolvidas. Mesmo que seja improvável que esses dados tenham sido inventados, excluir outro material do banco de dados cria uma escolha estranha de material para retratos, que, se usado, criaria uma imagem distorcida de Jesus. E, embora possa ser menos provável que características embaraçosas tenham sido inventadas, uma colagem de coisas inconvenientes realmente representa um assunto melhor do que uma escolha de características honoráveis e menos honoráveis? Um caminho mais adequado é identificar o material primitivo, procurando distingui-lo de suas contrapartes mais desenvolvidas. Isso pode incluir características palestinas de familiaridade, termos aramaicos e hebraicos, desenvolvimentos institucionais primitivos e outro material não desenvolvido menos influenciado pela missão posterior aos gentios.

• *Realismo crítico* versus *naturalismo dogmático ou supranaturalismo*. Assim como o supranaturalismo dogmático é uma afronta à investigação histórica, o naturalismo dogmático também o é, especialmente quando funciona para excluir qualquer coisa que possa aproximar as percepções do que é maravilhoso nas narrativas do Evangelho. O prólogo de João provavelmente foi adicionado a uma edição posterior ou final do Evangelho, de modo que sua perspectiva cósmica não deve eclipsar ou distorcer as características mais convencionais da narrativa de João, assim como as narrativas do nascimento de Jesus em Mateus e Lucas não devem ofuscar suas características mais mundanas. Em vez disso, realismo político, antropologia religiosa e as análises das ciências sociais devem fornecer lentes úteis para entender a percepção de Jesus como uma figura profética da Galileia nas tradições dos quatro Evangelhos. Afinal, a narrativa de João começa de maneira semelhante à de Marcos, com a associação de Jesus a João, o Batista (João 1:6-8,15,19-42 — provavelmente o começo original da narrativa de João), e termina com sua prisão, julgamentos e morte em Jerusalém pelas mãos dos romanos. Portanto, o realismo histórico e crítico reconhece o problema histórico de vindicações maravilhosas, mas também considera aspectos cognitivos, religiosos, políticos e sociais do realismo que podem explicar essas impressões.

• *Coerência aberta* versus *descrição verbal fechada.* Duas falhas centrais nos critérios orientados à coerência para determinar a historicidade na busca por Jesus incluem a circularidade do tratamento e o caráter fechado de sua descrição verbal. Por um lado, os Evangelhos formam o banco de dados principal para determinar uma impressão coerente de Jesus de Nazaré; por outro, esses mesmos Evangelhos são avaliados com base nas informações contidas neles. Além disso, os estudiosos facilmente formam um ponto de vista do que não pode representar uma característica do ministério de Jesus com base na restrição do que ele deve ter feito e dito. Portanto, uma compreensão aberta à coerência, incluindo características possíveis e plausíveis (não apenas as prováveis ou certas), produz uma compreensão mais estruturada do assunto.

Além dessas metodologias propostas, outros critérios para determinar a historicidade também podem ser úteis, e os estudiosos são incentivados a desenvolver seus próprios critérios a fim de conduzir a historiografia do Evangelho com João na mistura. Por exemplo, na história da composição de João e na história da situação, percepções emergentes derivadas de compromissos específicos com outras tradições ou questões da audiência podem ser proveitosas para entender como Jesus era lembrado em sua história registrada por João. Seja qual for o caso, os estudiosos devem estar atentos aos pressupostos nos quais um julgamento se baseia, qualificando os resultados de suas investigações com base nessas informações. O Seminário de Jesus fez isso com bastante clareza, embora muitos de seus pressupostos estivessem errados desde o início, pois seus critérios haviam sido elaborados a fim de promover um viés explicitamente antijoanino.[83] No entanto, em uma busca inclusiva, o campo de atuação é nivelado, e João se torna um recurso para confirmar e também para desafiar perspectivas em outras tradições do Evangelho, e vice-versa.

---

[83]Beneficiando-se das críticas de Hooker, Keith e Le Donne, esses novos critérios foram elaborados para não eliminar o material; eles são pensados primariamente para discernir material plausível que mereça ser incluído na pesquisa sobre Jesus. Veja Gerd Theissen e Dagmar Winter, *The Quest for the Plausible Jesus: The Question of Criteria* [A busca pelo Jesus plausível: a questão dos critérios] (Louisville: Westminster John Knox, 2002).

Gradações de certeza

Um segundo pilar na plataforma da Quarta Busca envolve um modo de compreender mais variável as gradações de certeza. Embora o Seminário de Jesus tenha procurado criar uma divisão entre as opiniões dos estudiosos sobre a questão da historicidade, essa maneira falha em permitir um meio-termo em potencial, uma vez que algumas questões são terrivelmente difíceis de decidir com base nas evidências disponíveis. No Projeto João, Jesus e História, os editores não estipularam como nossos autores deveriam tratar seus assuntos; simplesmente pedimos a eles que realizassem suas análises dos temas e textos joaninos e descrevessem quaisquer implicações que pudessem surgir em relação ao Jesus histórico. Portanto, quer um detalhe ou característica do texto joanino avance quer não avance no conhecimento do Jesus histórico, pedimos a cada autor que descrevesse seu grau de certeza em relação a cada julgamento, incluindo sua base crítica. Assim, incentivamos os autores a situar seus vários julgamentos ao longo da seguinte grade e a dizer por que eles o fizeram.

- Certamente não (1-14%)
- Improvável (15-29%)
- Questionável (30-44%)
- Possível (45-54%)
- Plausível (55-69%)
- Provável (70-84%)
- Certo (85-99%)

Uma vantagem importante de permitir uma área intermediária maior é que as certezas positivas e negativas são extremamente enganosas em qualquer história-empreendimento atraente, especialmente na busca por Jesus. Sobre esse assunto, o *positivismo*, se for empregado em qualquer tratamento da historiografia antiga, deve ser aplicado com referência tanto à *falsificação* quanto à *verificação*. Com demasiada frequência, os chamados para julgamentos positivistas são cobrados apenas em uma direção: desafiar reivindicações históricas, mas falhando em estabelecer falsificações inferidas. Embora reivindicar certeza de que algo aconteceu seja uma questão enganosa, também o é afirmar que algo não pode ter acontecido ou não aconteceu — um erro que os estudiosos positivistas cometem com muita facilidade.

Além disso, uma tendência falaciosa nos estudos críticos modernos envolve passar facilmente de "não certo" para "certamente não". Portanto,

julgamentos sólidos devem ser mais bem medidos em suas análises, e gradações de segurança mais variáveis devem ser empregadas pelos historiadores do
Evangelho. Uma avaliação "improvável" de certeza não precisa ser inserida
na categoria "certamente não", quando provar que essa tese carece de uma
base convincente. Da mesma forma, uma inferência pode não se enquadrar
em categorias de "certo" ou "provável", mas pode ser simplesmente "plausível", colocando-a pelo menos em alguma posição útil à busca histórica por
Jesus de maneira corroborativa. Da mesma forma, uma característica pode
não ser "improvável", mas simplesmente problemática ou "questionável" ou
até "possível". Portanto, incluir "plausível", "possível" e "questionável" como
medidas viáveis aumenta o meio-termo dentro da pesquisa sobre Jesus, na
medida em que permite tratamentos mais minuciosos para os problemas em
vez de forçar a julgamentos ou-isso-ou-aquilo.[84] E, é claro, nenhum espaço é
alocado para 0% de impossibilidade ou 100% de certeza, pois a certeza total
na historiografia antiga é impossível de decidir. O agnosticismo histórico
deve, portanto, permanecer um elemento da investigação honesta em vez de
forçar um julgamento a favor ou contra em todos os casos. Quaisquer que
sejam as gradações de certeza que os estudiosos escolham, eles devem articular *por que* fazem esse julgamento, o que conclama outros acadêmicos a se
envolverem de modo significativo em seus julgamentos, bases e implicações.

A AUTONOMIA DIALÓGICA DO QUARTO EVANGELHO

A avaliação geral da composição joanina ao longo das últimas décadas é que
ela está longe de ser uma composição derivada. Dadas as análises fundamen-
tadas da compreensão altamente diacrônica de Bultmann, poucos estudiosos
hoje imaginam que João tenha usado fontes ou tradições estranhas.[85] Não
há absolutamente nenhuma evidência disso, e, quando todos os critérios
de Bultmann para identificar fontes subjacentes e sobrepostas são aplicados a João 6 — o lugar em que quatro das cinco fontes devem ser exibidas —, a distribuição é aleatória.[86] Smith e Van Belle, no entanto, adotaram
compreensões diferentes da tradição de João, que atualmente são seguidas
por vários estudiosos joaninos. Representando a posição majoritária, Smith

---

[84]Com Theissen e Winter, *Quest for the Plausible Jesus*.
[85]Assim, Kysar relata uma mudança de mentalidade em relação ao uso de fontes por João: Robert
Kysar, "Review of *The Christology of the Fourth Gospel* by Paul N. Anderson" [Revisão de *The
Christology of the Fourth Gospel*, de Paul N. Anderson], *RBL* 1 (1999): 38-42.
[86]Anderson, *Christology of the Fourth Gospel*, 70-166.

segue Gardner-Smith, Dodd, Brown e outros ao ver a tradição de João sobre Jesus como autônoma, talvez com algum contato sinóptico, mas não dependente dos Sinópticos. Van Belle e a escola de Leuven, juntamente com alguns seguidores de Barrett, inferem que, se o Quarto Evangelista expandiu teologicamente elementos sobre sua própria história de Jesus (o que ele faz), ele plausivelmente expandiria histórias sinópticas de Jesus, o que poderia explicar semelhanças e diferenças entre os Sinópticos e João. O problema com esse entendimento, no entanto, é que 85% de João não tem paralelo ou conexão com os Sinópticos, e toda instância em que há uma conexão não é possível mostrar uma similaridade literal ou exata por mais de uma palavra ou duas. Assim, contato ou similaridade não podem implicar dependência literária, como Mateus claramente dependeu de Marcos.[87] Antes, a tradição de João parece ser autoestabelecida, que talvez tenha tido algum contato com outras tradições, cujos detalhes devem ser resolvidos com particularidade.

Embora se mantenha como uma unidade, a narrativa de João reflete estágios de desenvolvimento e um processo editorial final, pelo menos. Os estudiosos passaram a apreciar a unidade geral da narrativa de João desde que o influente trabalho de Alan Culpepper foi publicado em 1983,[88] embora ainda haja várias perplexidades que são mais bem explicadas pela inferência de um editor final, adicionando algum material a um estágio anterior de sua composição. Isso inclui o prólogo (1:1-18) e os capítulos 6, 15—17 e 21 (e tb. 19:34,35) como as inferências mais plausíveis sobre material posterior adicionado pelo editor final ao trabalho anterior do "discípulo amado" (de acordo com 21:23,24).[89]

Portanto, com base nas obras de Brown, Lindars, Smith e outros, a tradição joanina desfrutou várias décadas de apresentação oral (provavelmente na Galileia e na Judeia) e, após uma mudança para um cenário helenístico (tradicionalmente a Ásia Menor), o material foi reunido em unidades

---

[87]Anderson, *Christology of the Fourth Gospel*, 97-104. No entendimento de Barrett, João leu ou se familiarizou com o conteúdo de Marcos de alguma forma, embora "seja certo que João não 'usou' Marcos como Mateus o fez" (C. K. Barrett, *The Gospel According to St. John: An Introduction with Commentary and Notes, Second Edition* [O Evangelho segundo São João: uma introdução com comentário e notas, segunda edição] [Louisville: Westminster John Knox, 1978], 45).

[88]R. Alan Culpepper, *Anatomy of the Fourth Gospel: A Study in Literary Design: Foundations and Facets* [Anatomia do Quarto Evangelho: um estudo em projeto literário: fundamentos e facetas] (Filadélfia: Fortress, 1983).

[89]Assim argumenta Lindars, *Gospel of John*, que é seguido por John Ashton, *Understanding the Fourth Gospel* [Entendendo o Quarto Evangelho] (Oxford: Clarendon, 1991), e eu independentemente, ao ver sua compreensão básica de duas edições da composição de João como o meio mais plausível de lidar com seus enigmas literários e aporias.

escritas — provavelmente tendo alguma familiaridade com a apresentação feita por Marcos. De acordo com Ian Mackay, é plausível que o evangelista tenha ouvido a narrativa de Marcos apresentada entre as igrejas e produziu algo semelhante, mas diferente, como uma alternativa a Marcos.[90] Assim, a primeira edição ou etapa escrita da história que João conta de Jesus prova-velmente foi compilada entre 80 d.C. e 85 d.C. De acordo com Brown, no entanto, o "discípulo amado" provavelmente continuou pregando, ensi-nando e, talvez, escrevendo até sua morte, por volta de 100 d.C., e o editor final, que provavelmente foi o autor das epístolas, finalizou o Evangelho joanino e o fez circular entre as igrejas após sua morte.[91] Essa modesta compreensão em dois volumes da composição de João lida com as perple-xidades mais difíceis das maneiras mais eficientes, considerando o desen-volvimento da tradição joanina à luz de outros materiais, incluindo outros Evangelhos e outros escritos joaninos.

JOÃO ENTRE OS EVANGELHOS — NÃO É EXATAMENTE UMA RUA DE MÃO ÚNICA!

Quando considerado entre os Evangelhos, a probabilidade de João ser o último a ter sido escrito, no entanto, levou a várias inferências cheias de falhas. A primeira é que o precedente do uso que Lucas e Mateus fazem de Marcos não implica que João tenha usado Marcos ou qualquer um dos outros Evangelhos como fonte, mesmo tendo havido familiaridade joanina com uma ou mais dessas tradições. Se o Quarto Evangelista tinha sua própria história para contar, ele poderia ter trabalhado fora do padrão de Marcos; mas, se a familiaridade for inferida, a ação do evangelista teria sido de aumen-tar e corrigir, produzindo uma visão alternativa. Afinal, os cinco sinais da primeira edição de João (como mencionado acima) são precisamente os que não estão incluídos em Marcos. A segunda é que, em vez de ter acesso a Marcos como fonte escrita, a familiaridade de João com o segundo Evangelho parece ter sido oral-auditiva, talvez envolvendo mais de uma forma e de estágio do contato intertradicional. Além disso, se Lucas tivesse ouvido parte do material de João ser entregue, isso poderia explicar o fato de Lucas se

---

[90]Mackay, *John's Relationship with Mark.*
[91]Veja Paul N. Anderson, "On 'Seamless Robes' and 'Leftover Fragments'—A Theory of Johannine Composition" [Sobre "túnica inconsútil" e "pedaços que sobraram" — uma teoria da composição joanina], em *The Origins of John's Gospel* [As origens do Evangelho de João], ed. Stanley E. Porter e Hughson Ong, Johannine Studies [Estudos joaninos] 2 (Leiden: Brill, 2015), 169-218.

afastar de Marcos pelo menos sessenta vezes de formas que são coerentes com João. A maioria das características típicas de Lucas não é encontrada em João, mas várias características de João são realmente encontradas em Lucas. Assim, a maioria das relações joaninas-sinópticas parecem ter se originado de envolvimentos da tradição oral, ou mesmo de oralidade secundária, em lugar de ser resultado de trabalho direto com textos escritos. A terceira inferência é que, mesmo que João tenha sido o último a ser concluído, isso não implica que os contatos joaninos—sinópticos reflitam a influência dos Sinópticos sobre João. A tradição oral de João pode muito bem ter sido uma das fontes de Lucas (veja Lucas 1:2), e os contatos tradicionais de João com as antigas tradições marcanas e com as posteriores de Mateus podem ter sido nos dois sentidos, especialmente se ocorreram nos estágios orais da tradição.[92] Portanto, em contraste com o entendimento de B. H. Streeter de que os contatos joaninos—sinópticos refletem as influências dos Sinópticos sobre João, "interfluência" é a inferência mais plausível, pois não se pode presumir que o impacto tenha ocorrido em apenas uma direção.[93]

O valor de ver a história de Jesus contada por João dentro de uma hipótese bióptica é que isso ajuda a entender por que João pode ser semelhante aos Sinópticos e diferente deles. Se o prólogo foi de fato adicionado a um estágio anterior da composição de João, a história de Jesus nesse Evangelho parece ter começado, como Marcos, originalmente com o ministério de João, o Batista. E, se as narrativas sobre alimentação e travessia do mar em João 6 foram adicionadas mais tarde, bem como a grande pesca no

---

[92]Uma "hipótese bióptica", descrevendo relações particulares entre a tradição joanina e cada uma das tradições sinópticas, está descrita em Anderson, *Fourth Gospel and the Quest for Jesus*, 101-26, e em outros lugares.

[93]Streeter, *Four Gospels*. P. ex., alinhado com Raymond Brown (*An Introduction to the Gospel of John* [Uma introdução ao Evangelho de João], ed. Francis J. Moloney [Nova York: Doubleday, 2003], 102-4), se os pregadores da tradição oral subjacentes a Marcos e João viajaram juntos em ministério (cf. Atos 8), isso pode explicar as palavras técnicas fixando-se entre as tradições marcana e joanina que não foram aprofundadas nas incorporações dos escritos de Marcos feitas por Mateus e Lucas. E, se as tradições ainda estavam em seus estágios informais, é impossível saber se a influência foi em uma direção ou outra. Assim, a influência cruzada (Brown) ou interfluência (Anderson) é o meio mais plausível de considerar detalhes comuns compartilhados distintamente entre Marcos e João. Da mesma forma, envolvimentos posteriores entre as tradições de Mateus e João com respeito à eclesiologia e à liderança também podem refletir algum grau de interfluencialidade. Além disso, dados os fatos de que Marcos e Mateus referenciam detalhes encontrados apenas em João (Marcos 14:58; 15:29 — João 2:19; Mateus 21:14 — João 5:1-15; 9:1-7), e que Lucas se afasta de Marcos mais de sessenta vezes de maneiras que coincidem com João, e que até a tradição Q preserva um notável dito joanino (Mateus 11:27; Lucas 10:22 — João 3:35; 7:27,28; 10:14,15; 13:3,4; 17:1-3,22-25), não se pode ingenuamente presumir que o movimento intertradicional tenha sido apenas uma "via de mão única", mesmo que João tenha sido o último dos Evangelhos a ser concluído.

capítulo 21, os cinco sinais da primeira edição de João parecem ter aumentado Marcos fazendo uma apresentação apologética de Jesus como Messias judeu. Assim, a narrativa de João parece aumentar Marcos em termos cronológicos (primeiro e segundo sinais de Jesus: João 2:11; 4:54) e elementos geográficos do ministério de Jesus (três sinais na Judeia). Parece também que o material posterior de João funcionou para harmonizar a história de Jesus por ele contada com a dos Sinópticos, e ainda o primeiro e o último finais da narrativa de João (João 20:30,31; 21:25) parecem defender sua apresentação distintiva sobre e contra outras representações conhecidas — implicitamente Marcos primeiro e, depois, os outros Evangelhos. No entanto, os distintivos ditos "eu sou" e a apresentação de um Jesus que fala na língua do evangelista em João refletem a interpretação parafrástica feita pelo evangelista de Jesus e seus ensinamentos em suas [de Jesus] próprias palavras, e, quando a tradição oral joanina é apresentada em forma escrita, a apresentação de Jesus feita por João deve ser vista como altamente interpretativa, mesmo que represente uma reformulação da memória histórica em termos joaninos.

Sincronicidade da tradição: diacronicidade da situação

Dada a sincronicidade da tradição de João, mesmo que mais de uma mão autoral ou editorial estivesse envolvida, sua apresentação de Jesus ainda se mantém em unidade e deve ser interpretada como um todo. Como Barrett costumava apontar, a narrativa de João, por fim, fazia sentido pelo menos para *alguém*, e também deve ser interpretada dessa maneira pelos estudiosos modernos. Por outro lado, nenhum outro *corpus* de escritos multiformais no Novo Testamento é tão corroborativo de uma situação contextual no cristianismo primitivo quanto os escritos joaninos, e a contribuição das epístolas e do Apocalipse para a leitura do Evangelho é uma apreciação do(s) ambiente(s) em que a história de Jesus relatada por João se desenvolveu e foi entregue. O contexto situacional joanino, portanto, também se distancia na explicação de como João é diferente de Marcos e dos Sinópticos, e por quê. Se o desenvolvimento da situação joanina pode ser visto em três fases (a primeira na Palestina; a segunda e a terceira em um cenário da Diáspora pós-70 d.C.), as epístolas e o Apocalipse iluminam as duas fases posteriores, e as evidências dentro do próprio Evangelho iluminam a primeira, além da segunda e terceira fases. Após um escrutínio mais detalhado, parece haver pelo menos duas crises, ou envolvimentos contextuais, em cada uma dessas três fases, crises que são amplamente sequenciais, mas que se sobrepõem de algum modo.

Na primeira fase (30 d.C.-70 d.C.), as tensões são claras entre *o Jesus galileu e as autoridades religiosas da Judeia*. O autor de João está familiarizado com Galileia, Samaria e Judeia, e se esforça para mostrar como Jesus e sua atuação profética em nome do Pai foram adotados por muitos, mas ironicamente rejeitados pelos líderes da Judeia, que eram cegos para a revelação contínua por causa de suas convicções religiosas estabelecidas. O evangelista joanino se esforça para mostrar que Jesus cumpriu o papel do profeta mosaico (Deuteronômio 18:15-22), e ainda assim sua rejeição pelas autoridades da Judeia só pode ser explicada com base nas audiências cegas e de compreensão equivocada preditas por Isaías (Isaías 6:9,10).[94] Um segundo conjunto de envolvimentos com os *seguidores de João, o Batista,* é evidente em apresentá-lo como testemunhando de Jesus (*não* de si mesmo) como aquele em quem o povo devia confiar. Sendo esse o caso, a apresentação joanina de João, o Batista, não é simplesmente da principal testemunha da posição de Messias de Jesus, mas também aponta para adeptos do Batista nas gerações posteriores e em outras regiões que aceitaram Jesus como o Messias judeu predito.[95] Esses dois interesses apologéticos parecem ter se desenvolvido nos estágios iniciais da tradição joanina e também são responsáveis, até certo ponto, pela seleção do material incluído na narrativa.

Na segunda fase (70 d.C.-85 d.C.), o evangelista joanino e outros que se mudaram para um ambiente dentro da missão paulina continuam a

---

[94]Paul N. Anderson, "The Having-Sent-Me Father—Aspects of Agency, Encounter, and Irony in the Johannine Father-Son Relationship" [O Pai que me enviou — Aspectos da atuação, do encontro e da ironia no relacionamento joanino Pai— Filho], em *Semeia 85: God the Father in the Gospel of John* [Deus Pai no Evangelho de João], ed. Adele Reinhartz (Atlanta: SBL Press, 2001): 33-57.

[95]Sobre a história da situação joanina, veja Paul N. Anderson, "The *Sitz im Leben* of the Johannine Bread of Life Discourse and its Evolving Context" [O *Sitz im Leben* do discurso joanino sobre o pão da vida e seu contexto em evolução], em *Critical Readings of John 6* [Leituras críticas de João 6], ed. Alan Culpepper, BiblInt 22 (Leiden: Brill, 1997), 1-59; e idem, "Bakhtin's Dialogism and the Corrective Rhetoric of the Johannine Misunderstanding Dialogue: Exposing Seven Crises in the Johannine Situation" [O dialogismo de Bakhtin e a retórica corretiva joanina do diálogo mal compreendido: expondo sete crises na situação joanina], em *Bakhtin and Genre Theory in Biblical Studies* [Bakhtin e teoria de gênero em estudos bíblicos], ed. Roland Boer, SemeiaSt 63 (Atlanta: SBL Press, 2007), 133-59. Raymond Brown inclui quatro ou cinco dessas seis tensões dialéticas em sua teoria geral joanina (*Introduction to the Gospel of John*, 151-88); para o envolvimento do cenário imperial romano como pano de fundo, veja Richard J. Cassidy, *John's Gospel in New Perspective: Christology and the Realities of Roman Power* [Evangelho de João em nova perspectiva: cristologia e as realidades do poder romano], Johannine Monograph Series 3 (Eugene, OR: Wipf & Stock, 2015 [1992]). Veja tb. Paul N. Anderson, "The Community that Raymond Brown Left Behind—Reflections on the Dialectical Johannine Situation" [A comunidade que Raymond Brown deixou para trás — reflexões sobre a situação dialética joanina], em *Communities in Dispute: Current Scholarship on the Johannine Epistles* [Comunidades em disputa: estudos acadêmicos atuais sobre as epístolas joaninas], ed. Paul N. Anderson e R. Alan Culpepper, ECL 13 (Atlanta: SBL Press, 2014), 47-93.

se envolver com *as comunidades judaicas de Éfeso ou de alguma outra área* (concordando com Brown, não há local melhor do que a unânime memória do segundo século de João residindo em Éfeso), mas também encontram crentes gentios e são forçados a se estenderem sobre as duas comunidades. Aqui a identificação de Jesus como cumprindo as tipologias de Moisés e Elias continua a se desenvolver, reforçada por atestações das Escrituras hebraicas, e a primeira edição da narrativa de João é formada, atestando os cinco sinais de Jesus (assumindo que João 6 e 21 foram adicionados mais tarde) como um paralelo aos cinco livros de Moisés. Ao responder aos apelos monoteístas de Moisés e do *Shemá* (Deuteronômio 6:1-9), o evangelista joanino apelou para a atuação profética de Moisés e sua profecia de que Deus levantaria um profeta que não falaria as próprias palavras, mas apenas as palavras de Deus, atestado por elas terem se tornado realidade em várias ocasiões (Deuteronômio 18:15-22). A aguda crise judaico-joanina agora está na sinagoga local na Ásia Menor. A inclusão de "Nazoreanos" na *Birkat ha-Minim* (uma maldição contra os hereges) foi adicionada à 12.ª de dezoito bênçãos nas liturgias de adoração da sinagoga que, naquela época, funcionavam para disciplinar o diteísmo percebido entre os seguidores de Jesus. Isso pode ter resultado, porém, na alienação de alguns crentes joaninos, que se sentiram excluídos da comunhão da sinagoga (João 9:22; 12:42; 16:2). Também pode ser que o cisma joanino mencionado em 1João 2:18-25 reflita alguns seguidores judeus do "Pai" que se afastaram da comunidade joanina, depois de terem sido proselitizados de volta à sinagoga local por amigos e familiares. Rejeitar o Filho é ser privado do Pai.

Uma segunda crise durante essa fase também é evidente dentro do material da primeira edição: Jesus é apresentado como o Filho divino como uma afronta e um desafio *à imposição da adoração ao imperador, exigida durante o reinado de Domiciano* (81 d.C.-96 d.C.). Assim, a apresentação irônica de Pilatos como o "potentado impotente" e a confissão suprema de Tomé, "Senhor meu e Deus meu!" (João 20:28), aumentaram o impulso apologético joanino em face da hegemonia imperial. Jesus não é apenas o profeta como Moisés, cumprindo as Escrituras hebraicas, mas é também o Filho divino, colocando a hegemonia da adoração ao imperador romano em seu lugar. Da mesma forma, o último versículo de 1João (5:21) reflete a preocupação geral de viver sob o império: "Filhinhos, guardem-se dos ídolos!"

A terceira fase (85 d.C.-100 d.C.) envolveu uma expansão da comunidade joanina em várias comunidades dentro da situação mais ampla de seguidores de Jesus, que incluía outros crentes judeus e gentios em Jesus como o Cristo. Assim, o "cristianismo" joanino ainda não se individualizou totalmente do judaísmo parental e não é sectário, mas é cosmopolita, razão pela qual enfrenta uma série de crises e tensões ao tentar manter seu *éthos* judeu e sua unidade corporativa. Uma crise emergente nessa fase da situação joanina envolveu *cristãos gentios docetizando mestres e ministros viajantes*, que parecem estar ensinando doutrinas de assimilação cultural: crendo em Jesus como o Messias judeu, mas não esperando que seus seguidores adotassem sinais ou práticas exteriores do judaísmo (1João 4:1-3). Eles parecem estar dispostos a abraçar alguns aspectos do culto ao imperador e/ou festividades pagãs relacionadas (1João 2:15-17; 5:16-21), anunciando um Jesus não sofredor como legitimação. Assim, os docetistas na situação joanina não eram gnósticos; esses desenvolvimentos aconteceram mais tarde. Em vez disso, a cristologia docetista legitimava a graça barata e o discipulado fácil, e a maior parte do impulso encarnacional da narrativa joanina pode ser encontrada no material posterior (João 1:14; 6:51-58; 19:34,35; 21:18-23).

Um segundo desafio nessa fase é evidenciado por *tensões entre o amor e o primado de Diótrefes e seus parentes* (3João 9,10), que o Ancião, como editor final, trata ao coletar e fazer circular o testemunho do "discípulo amado". Assim, o material posterior da história de Jesus contada por João afirma claramente a liderança de Cristo (e não a de Pedro, João 6:68,69), levando todos os crentes através da atual obra do Espírito Santo (o *paraklētos*, João 15—16), e a oração sacerdotal de Jesus implora por unidade dentro da comunidade de crentes, que estão no mundo, mas não são do mundo (cap. 17).

Esses desenvolvimentos na situação joanina, portanto, distanciam-se do registro do impulso contextual do testemunho de João quanto a Jesus como o Messias/Cristo de modo distinto do adotado por Marcos, mas também criados a fim de atingir os *interesses apologéticos* do evangelista (especialmente na primeira edição, levando as pessoas a crerem em Jesus como o Messias/Cristo judeu), embora também cumprindo uma necessária *função pastoral* (especialmente no material posterior, chamando os crentes a que habitem/permaneçam em Cristo e em sua comunhão) contra as tensões centrífugas na situação joanina posterior. A história de João sobre Jesus, portanto, parece estar enraizada na memória histórica, até remontando ao ministério de Jesus na Galileia, em Samaria e na Judeia, mas também foi apresentada na linguagem parafrástica do evangelista e elaborada para atender às necessidades de audiências posteriores ao longo da caminhada. Isso explica a presença das características topográficas e mundanas primitivas em João, bem como suas representações e expansões interpretativas sobre incidentes e detalhes.

Isso, no entanto, não deve ser visto como uma expansão do prólogo; antes, o hino a Cristo em João 1:1-5,9-14,16-18 (como 1João 1:1-3) deve ser visto primeiro como uma reflexão confessional da comunidade acerca da história de João sobre Jesus, entregue e recebida em um ambiente helenístico.

Como a história de João sobre Jesus provavelmente começou com referências de o grupo do Batista apontar para Jesus (João 1:6-8,15,19-42), ecoando as seções iniciais de Marcos, o hino a Cristo da comunidade (desenvolvendo-se, de modo plausível, à semelhança de Filipenses 2:5-11; Colossenses 1:15-20; Hebreus 1:1-4) parece ter sido adicionado à narrativa como uma introdução envolvente à edição final do Quarto Evangelho, desempenhando também uma função semelhante às narrativas de nascimento de Cristo em Mateus e Lucas.[96] Assim, o impulso altamente cristológico do prólogo joanino não deve ser visto como "o primeiro traço da pena joanina", eclipsando todo o conteúdo mundano e terrenal, projetando uma imagem de "Deus caminhando a passos largos sobre a terra" sobre a narrativa seguinte, como estudiosos anteriores haviam definido. Não. O prólogo também enfatiza a Palavra que se fez carne (João 1:14), por meio do qual o público alegou ter encontrado a apresentação dialética joanina de Jesus como Cristo, apresentado tanto em termos carnais quanto gloriosos. Nesse sentido, o efeito da narrativa joanina é reforçado por uma introdução experimentalmente envolvente, e o hino de adoração da comunidade é, então, fundamentado pela narrativa joanina, apresentando uma história alternativa de Jesus, conectando o Jesus lembrado com o público posterior.

AVENTURANDO-SE NA QUARTA BUSCA: UM ESBOÇO PRELIMINAR

Em meu melhor julgamento como estudioso joanino, as compreensões acima para os enigmas joaninos (teológicos, históricos e literários) explicam de maneira mais eficaz a apresentação distintiva que João faz de Jesus como

---

[96]Sobre a origem e a função do prólogo joanino, veja Paul N. Anderson, "On Guessing Points and Naming Stars—The Epistemological Origins of John's Christological Tensions" [Sobre pontos de suposição e nome de estrelas — as origens epistemológicas das tensões cristológicas de João], em *The Gospel of St. John and Christian Theology* [O Evangelho de São João e a teologia cristã], ed. Richard Bauckham e Carl Mosser (Grand Rapids: Eerdmans, 2007), 311-45; e idem, "The Johannine *Logos*-Hymn: A Cross-Cultural Celebration of God's Creative-Redemptive Work" [O hino joanino do *Logos*: Uma celebração transcultural da obra criativa e redentora de Deus], em *Creation Stories in Dialogue: The Bible, Science, and Folk Traditions, Radboud Prestige Lecture Series* [Histórias de criação em diálogo: a Bíblia, a ciência e as tradições populares, Série de renomadas palestras Radboud], ed. R. Alan Culpepper e Jan van der Watt, BibInt 139 (Leiden: Brill, 2016), 219-42.

o Cristo. Nesse sentido, as origens epistemológicas das *tensões teológicas* de João são fatores de: a) um pensador dialético, apresentando muitas questões de modo amplo, refletindo sobre percepções primárias e seus ajustes à luz de experiências e entendimentos posteriores; b) o esquema de atuação de um "Profeta como Moisés" enraizado em Deuteronômio 18:15-22, segundo o qual o Filho representa o Pai autenticamente; c) a situação joanina dialética exige enfatizar a ação divina de Jesus como o Cristo quando interesses apologéticos estão presentes, embora enfatize o Jesus humano e sofredor ao combater as tendências docetizadoras na situação joanina posterior; e d) a elaboração retórica da narrativa emprega ironia, repetição e caracterização como meios de envolver o público posterior com a história de João sobre Jesus.[97]

Os *enigmas históricos* de João, no entanto, são explicáveis epistemologicamente como fatores de: a) um pensador dialético com sua própria história de Jesus para contar, enfatizando algumas características em sua própria linguagem parafrástica, estabelecendo conexões intertradicionalmente entre percepções anteriores e entendimentos posteriores; b) apresentar uma memória individualizada de Jesus como alternativa a Marcos, aumentando a primeira narrativa do Evangelho que circulava cronológica e geograficamente e ajustando parte da apresentação de Marcos como o "segundo" Evangelho; c) continuar traduzindo o ministério de Jesus enraizado na Palestina para o público judeu e helenístico posterior, explicando os costumes e preservando as características aramaicas e hebraicas da memória primitiva, além de expandir a relevância posterior delas; d) harmonizar as características posteriores da apresentação joanina de Jesus com o registro sinóptico mais completo, adicionando a alimentação e as narrativas de cruzar o mar, a restauração ambivalente de Pedro e um hino de adoração, além de aumentar a visão sinóptica, enfatizando uma eclesiologia mais primitiva e familiar, incluindo o papel das mulheres, um Jesus sofredor e apelando à memória do "discípulo amado" como fonte tradicional autorizada.

Por fim, as *perplexidades literárias* de João são mais bem explicadas com base em que, embora tenhamos uma sincronicidade geral da tradição, há algo de uma diacronicidade da situação e do desenvolvimento na história de João sobre Jesus. Assim, a) o movimento da tradição oral para a tradição escrita é responsável por algumas das aporias e esquisitices de sequência da narrativa, pois o que havia sido narrado anteriormente é refletido ou antecipado na forma escrita; b) repetições e variações refletem as ênfases do

---

[97]Anderson, *Christology of the Fourth Gospel*, 137-69, 252-65.

narrador, e não a adição de material estranho; c) material posterior parece ter sido adicionado a um estágio anterior do material, e é mais do que plausível que o autor das epístolas joaninas tenha procurado preservar o trabalho do evangelista, acrescentando João 1:1-18 e os capítulos 21, 6 e 15—17 e algumas outras características (como 19:34,35); d) o compilador final atesta a veracidade do testemunho do "discípulo amado" e o faz circular como uma memória convincente de Jesus e de seu ministério por volta da virada do século, defendendo sua seleção distinta de material entre os outros Evangelhos como uma tradição alternativa de Jesus digna de consideração e aceitação (21:23-25).

Assim, à luz da autonomia dialógica de João, as origens e o caráter de seus enigmas teológicos, históricos e literários são mais bem compreendidos e, ao se fazer uso dos critérios revisados para determinar a historicidade da pesquisa sobre Jesus, um esboço do que pode resultar em mais dessas pesquisas é o seguinte.[98]

1. JESUS NA MEMÓRIA PRIMITIVA

Embora o Quarto provavelmente tenha sido o último dos Evangelhos a ser concluído (c. 100 d.C.), ele transmite uma série de características relacionadas ao ministério e à intencionalidade de Jesus que refletem entendimentos mais primitivos do que os transmitidos nos Sinópticos e outra literatura do Novo Testamento. Quando o entendimento primitivo de Jesus é buscado em uma perspectiva bióptica, as seguintes características se destacam:

- *Jesus como rabino judeu ensinando seu grupo de seguidores.* Essa característica aparece nos quatro Evangelhos, e a linguagem hebraica e aramaica de João, além de sua familiaridade com os costumes judaicos regionais, corrobora significativamente o testemunho sinóptico.
- *Jesus privilegia as mulheres.* Nesse aspecto, a narrativa de João restaura relatos primitivos e distintos de Jesus e de seu ministério inclusivo, apresentando uma correção para o surgimento da liderança masculina na segunda e na terceira gerações do movimento.

---

[98]Colocando em jogo os critérios inclusivos para determinar a historicidade dentro de uma abordagem bióptica da pesquisa de Jesus, os seguintes esboços refletem minha própria abordagem do assunto em um próximo livro com a Eerdmans: Paul N. Anderson, *Jesus in Johannine Perspective: A Fourth Quest for Jesus* [Jesus na perspectiva joanina: a Quarta Busca por Jesus] (Grand Rapids: Eerdmans, a ser publicado).

- *Um líder religioso não ritualizador.* A simplicidade de João em relação aos ritos batismal e eucarístico reflete uma memória mais primitiva de Jesus e de seu ministério, até certo ponto contra os desenvolvimentos cúlticos, embora ainda se apegue a associações transformacionais e martirológicas anteriores com esses temas.
- *Pontos de vista informais sobre a igreja e sua liderança.* A justaposição de Pedro e o "discípulo amado" apresenta uma visão apostólica alternativa como corretivo ao surgimento da liderança hierárquica inaciana, enfatizando o acesso igualitário à liderança do Espírito Santo e à liderança de Cristo, arraigada na verdade, e não na força.
- *Encontros transformadores e suas impressões.* Especialmente nas tradições marcana e joanina, são registradas diversas instâncias de encontros transformadores com Jesus, sugerindo diferentes entendimentos sobre ele e seu ministério desde os primeiros estágios da memória tradicional; assim, fatores cognitivo-reflexivos nas origens e nos desenvolvimentos tradicionais devem ser considerados na pesquisa interdisciplinar sobre Jesus.

2. JESUS E IMPRESSÕES CORROBORATIVAS

Uma vez que a impressão corroborativa oferece uma perspectiva mais generosa sobre o ministério de Jesus, a tradição joanina representa uma fonte inestimável de atestação independente com respeito a características semelhantes, embora diferentes, entre as apresentações biópticas de Jesus e seu ministério. Algumas dessas características são as seguintes:

- *João, o Batista, e Jesus desafiando os meios rituais de pureza.* Tanto nos Sinópticos quanto em João, o Batista é apresentado desafiando os meios rituais de purificação ao imergir as pessoas nas águas correntes do Jordão e em outras piscinas no deserto em vez de usar as piscinas designadas (*mikva'ot*), exigindo arrependimento moral, justiça e resistência à submissão aos romanos, desafiando líderes que eram vistos como traidores da população judaica e de seus ideais.
- *O chamamento dos discípulos.* Precedendo um chamamento bastante abrupto dos Doze em Marcos 3, a apresentação dos seguidores do Batista deixando-o e tornando-se seguidores de Jesus em João 1 contribui com uma compreensão mais informal e realista de como o ministério do Batista e o de Jesus estiveram conectados desde o início. Isso também explica uma multiplicidade de narrativas de chamamento nos

Evangelhos Sinópticos, sugerindo um conjunto mais extenso de conexões entre o ministério de Jesus e o de João, que então são responsáveis pelas associações posteriores entre si.

- *Um incidente profético no templo.* Quando a apresentação de João e a de Marcos do incidente no templo são vistas juntas, corroboram a impressão de uma demonstração profética. Assim, o incidente parece não ser uma perda de paciência, mas uma ação provocativa realizada com intencionalidade (em Marcos, Jesus olhou em volta e voltou no dia seguinte; em João, o evento foi um sinal profético inaugural), que também apoia o caráter provocador do ministério de Jesus, seguindo diretamente ao ministério profético de João, o Batista. Se isso ocorreu na inauguração do ministério público de Jesus, explica por que os líderes judeus de Jerusalém vieram à Galileia em busca dele em Marcos 7 e por que queriam matá-lo já em João 5.

- *Curas no sábado.* Quase todas as curas nos Sinópticos e em João ocorrem no sábado, e ver Jesus sob uma perspectiva bióptica sugere que um fator--chave em seu ministério de cura foi a criação de dissonância cognitiva, de modo a sugerir a função redentora e salutar da observância do sábado, acima dos e contra os aspectos legalistas. Especialmente se os doentes e os marginalizados estivessem reunidos perto da sinagoga e das áreas do templo, a impressão corroborativa entre João e os Sinópticos apresenta informações valiosas sobre as preocupações sociais por trás do ministério de cura de Jesus.

- *Jesus como o profeta escatológico.* Nos Sinópticos e em João, Jesus é apresentado como alegando ter sido enviado pelo Pai com um senso de atuação profética. Suas autorreferências como o Filho do Homem e o Profeta Mosaico são apresentadas de várias maneiras, criando resistência por parte dos líderes sociais e institucionais.

3. Jesus e o realismo crítico

Em termos de realismo crítico, ver Jesus sob uma perspectiva bióptica contribui com um conjunto mais estruturado de entendimentos políticos, econômicos e sociais sobre Jesus e seu ministério. A apresentação joanina de várias viagens a Jerusalém não é só mais realista do que a apresentação marcana de uma única viagem; ela também registra de modo mais apurado os eventos durante os últimos dias de Jesus, incluindo seus julgamentos e execução pelos romanos em Jerusalém.

- *O profeta galileu e as recepções ambivalentes a ele na Judeia*. Especialmente vívidos em João são os envolvimentos entre Jesus e os líderes religiosos da Judeia. Palpáveis em perspectiva bióptica são os diversos entendimentos messiânicos entre as populações judaica, samaritana e galileia — transpostos por Jesus e seus seguidores. O desafio que esse líder carismático não credenciado da periferia do norte trouxe aos líderes religiosos centralizadores em Jerusalém e no sul é especialmente apontado em João.
- *A ocupação romana e suas consequências*. Palpável nos Evangelhos, e especialmente em João, é o fato da ocupação romana e suas perceptíveis forças e vulnerabilidades. As relações entre a classe sacerdotal e os oficiais romanos são mais bem compreendidas na perspectiva bióptica: como os líderes religiosos tanto temem quanto manipulam os oficiais romanos, enquanto os oficiais romanos, ao mesmo tempo que afirmam suas proezas, expõem seu senso de fragilidade diante das massas.
- *Populismo e suas responsabilidades*. O fanatismo judaico e o desejo de derrubar os romanos pela força são identificáveis na perspectiva bióptica, em o Jesus sinóptico ser seguido por Simão, o Zelote, a alimentação ser apresentada como uma revolta no deserto em João e Marcos, e o segredo messiânico ser exortado por Jesus a fim de não incentivar o populismo nacionalista. Em João 6, mesmo depois que alguns de seus discípulos o abandonaram, ele foge da coroação apressada pela multidão durante a refeição e menospreza o sensacionalismo de sinais-fé.
- *A Última Ceia como uma refeição comum*. Aqui a apresentação sacramentalmente inocente da Última Ceia em João tem indícios de maior realismo crítico acima da e contra a instituição mais cúltica de uma refeição memorial nos Sinópticos e em Paulo. Sem dúvida, o desenvolvimento de uma alternativa cristã à refeição da Páscoa judaica se deu no início do movimento cristão, mas mesmo em Marcos Jesus não é morto na Páscoa; assim, a apresentação de João sobre a refeição no dia anterior à Páscoa é mais historicamente plausível do que a apresentação marcana do evento como uma refeição da Páscoa.
- *A crucificação e os últimos dias de Jesus*. A compreensão dos eventos que cercam os últimos dias de Jesus é grandemente aprimorada ao vê-los em perspectiva bióptica. Os detalhes arqueológicos e topográficos dados por João reforçam os eventos relatados em torno da prisão, dos julgamentos e da crucificação com cravos de Jesus, incluindo a quebra das pernas dos outros dois crucificados, bem como detalhes relacionados ao enterro dele.

4. JESUS EM COERÊNCIA ABERTA

Quando Jesus é visto sob uma perspectiva bióptica, surgem várias características que são reforçadas pelo testemunho independente de João com respeito à apresentação de Jesus e seu ministério nos Sinópticos. Embora muitos dos detalhes difiram, mais do que ser uma fraqueza histórica, isso realmente apresenta uma compreensão mais estruturada. Assim, emerge um maior senso de coerência aberta ao considerar características similares, embora diferentes, de Jesus e seu ministério entre a testemunha inclusiva de Jesus e seu ministério, atestada por múltiplas impressões e memórias de seu ministério.

- *Jesus e as instruções parabólicas sobre a liderança de Deus.* Embora as parábolas do reino nos Sinópticos capturem mais realisticamente a linguagem e o conteúdo do ensino de Jesus de Nazaré, uma versão um pouco diferente de sua instrução parabólica sobre a liderança de Deus é utilizada no Evangelho de João. Em perspectiva bióptica, a ocultação da obra de Deus, transmitida por imagens e associações metafóricas, é descrita paradoxalmente de uma forma que coere entre o Evangelho joanino e os Sinópticos.
- *Jesus e o dom do Espírito.* Nos Evangelhos Sinópticos e em João, Jesus promete capacitar e guiar seus seguidores por meio do Espírito Santo, especialmente durante os tempos de provação. Embora a versão joanina desse tema reflita seu entendimento emergente na situação joanina em desenvolvimento, o tema também é tratado nas tradições sinópticas e em Atos dos Apóstolos. Esse tema geral é coerente de várias maneiras corroborativas.
- *Abraçar os negligenciados e os marginalizados.* Embora muitos dos particulares variem entre os Evangelhos Sinópticos e o joanino, Jesus é, contudo, apresentado estendendo a graça e a cura a crianças, "pecadores", leprosos e coletores de impostos (nos Sinópticos), enquanto em João ele estende a mão a samaritanos, à família do oficial do rei e à família enlutada de Lázaro. Em perspectiva bióptica, Jesus estende a mão a pescadores e trabalhadores, às mulheres com necessidades especiais, aos doentes e abatidos e aos pobres da terra, estendendo a graça divina e a acolhida inclusiva.
- *Rejeita a violência como o caminho do reino.* Nos quatro Evangelhos, Jesus ordena a seus seguidores que guardem a espada e, na tradição *Q*, os instrui a amar seus inimigos de maneira criativa. Em João, Jesus declara que ele *é* rei, mas seu reino é firmado na verdade, razão pela qual seus

discípulos não podem lutar para promovê-lo. Desse modo, Jesus é apresentado em perspectiva bióptica rejeitando a "quarta filosofia" dos zelotes e invocando alternativas à violência ao lidar com a presença romana em possibilidades criativas.

• *O amor é ordenado como fidelidade radical aos caminhos de Deus.* Nos Evangelhos Sinópticos e no de João, Jesus conclama seus seguidores ao amor como meio de cumprir os mandamentos de Deus. Nos Sinópticos, ele sumariza os Dez Mandamentos, indo ao cerne da questão: amar a Deus e amar ao próximo. O Jesus joanino (como lembrado também em 1João) ordena ainda que seus seguidores se amem; se alguém afirma amar a Deus, mas não ama os membros da comunidade, sua declaração soa vazia.

Embora os detalhes dos esboços acima devam ser mais desenvolvidos, há bastante nessa sinopse preliminar para sugerir alguns dos valores com que uma busca inclusiva por Jesus de Nazaré pode contribuir. Obviamente, essas são apenas algumas das trajetórias que convidam ao desenvolvimento, e muitas outras também podem surgir à medida que os estudiosos se estendam além dos Evangelhos canônicos para incluir a tradição de Jesus nos escritos de Paulo, nas Epístolas Gerais, em Atos dos Apóstolos, no *Evangelho de Tomé* e em outros escritos não canônicos. De certa forma, a rejeição moderna ao Quarto Evangelho no tocante aos interesses da historicidade reflete uma reação tardia contra seu impacto teológico durante os séculos quarto e quinto da era patrística, mas essa perspectiva falha em "deixar João ser João" como um registro do Jesus lembrado do final do primeiro século. Além disso, não há parte do Novo Testamento mais atestada e confirmada nos escritos cristãos do segundo e terceiro séculos do que o Evangelho de João, e a maioria dessas referências se relaciona à história distintiva sobre Jesus feita por João, por mais espiritualizada que ela seja. Assim, a conversa continua, e talvez uma Quarta Busca por Jesus possa nos ajudar a resolver questões mais autenticamente relacionadas ao Jesus da história em vez de permitir que interesses no Cristo da fé eclipsem ou distorçam um empreendimento tão digno.

CONCLUSÃO

Quando Marcus Borg e eu fizemos uma série de apresentações juntos sobre "Jesus na perspectiva bióptica: os mais recentes estudos acadêmicos sobre os

Sinópticos e João" no Centro de Estudos Cristãos de Reedwood, em 2010,[99] ele me perguntou, ao final de nossa primeira sessão:

— Tudo bem, Paul! E se ficar provado que o Evangelho de João é o único que representa uma memória de testemunha ocular de Jesus e seu ministério, que diferença isso faria? Simplesmente nos informaria de várias viagens a Jerusalém e algumas outras características, ou contribuiria com algo realmente novo para nosso entendimento sobre Jesus?

Chocado com ele por apenas se permitir pensar nessa possibilidade, respondi:

— Olha, Marcus, em primeiro lugar, eu não estou de verdade muito interessado no que essa consideração possa produzir; estou mais preocupado em corrigir uma compreensão defeituosa. Se João representa, de alguma forma, uma tradição de Jesus autêntica e autoestabelecida, ela deve ser incluída de alguma forma na mistura, não importa o que venha da busca.

Eu continuei:

— Então, se a narrativa de João realmente contribuir para uma compreensão mais completa de Jesus e seu ministério, o lugar destacado das mulheres a seu redor, uma eclesiologia familial e igualitária, uma preocupação com a espiritualidade autêntica e uma visão da revelação contínua podem trazer um conjunto extremamente importante de contribuições para a pesquisa sobre Jesus no século 21, e suponho que é por isso que uma Quarta Busca seja necessária.

Sob reflexão, o Projeto João, Jesus e História não apenas tem sugerido que uma Quarta Busca por Jesus é necessária; de muitas formas e em muitos níveis, o que se confirma é que essa busca já está em andamento.

---

[99]Paul N. Anderson, "A Fourth Quest for Jesus… So What, and How So?" [Uma Quarta Busca por Jesus… Então, o que e como assim?], *The Bible and Interpretation* (julho de 2010): *On-line*: www.bibleinterp.com/opeds/fourth357921.shtml. <Acesso em 03.mar.2020.>

APÊNDICE 1

Livros resultantes diretamente do Projeto João, Jesus e História

Já PUBLICADOS

- *John, Jesus, and History, Vol. 1: Critical Appraisals of Critical Views*. Editado por Paul N. Anderson, Felix Just, SJ [Sociedade de Jesus] e Tom Thatcher. SBL Symposium Series 44. Atlanta: SBL Press, 2007.

- *John, Jesus, and History, Vol. 2: Aspects of History in the Fourth Gospel*. Editado por Paul N. Anderson, Felix Just, SJ e Tom Thatcher. ECL 2. Atlanta: SBL Press, 2009.

- *Qumran and the Dead Sea Scrolls: Sixty Years of Discovery and Debate*. Editado por Mary Coloe PBVM [Irmãs da Apresentação da Bem-aventurada Virgem Maria] e Tom Thatcher. Early Judaism and its Literature 32. Atlanta: SBL Press, 2011.

- *Engaging with C. H. Dodd on the Gospel of John: Sixty Years of Tradition and Interpretation*. Editado por Tom Thatcher e Catrin H. Williams. Cambridge: Cambridge University Press, 2013.

- *Communities in Dispute: Current Scholarship on the Johannine Epistles*. Editado por Paul N. Anderson e R. Alan Culpepper. ECL 13. Atlanta: SBL Press, 2014.

- *John, Jesus, and History, Vol. 3: Glimpses of Jesus through the Johannine Lens*. Editado por Paul N. Anderson, Felix Just, SJ e Tom Thatcher. ECL 18. Atlanta: SBL Press, 2016.

- *John and Judaism: A Contested Relationship in Context.* Editado por R. Alan Culpepper e Paul N. Anderson. Resources for Biblical Study. Atlanta: SBL Press, 2017.

- *Portraits of Jesus in the Gospel of John.* Editado por Craig Koester. LNTS 589. Londres: Bloomsbury, 2018.

Livros projetados

- *Archaeology and the Fourth Gospel: John, Material Culture, and Jesus.*

- *John, Jesus, and History, Vol. 4: Jesus Remembered in the Johannine Situation.*

- *John, Jesus, and History, Vol. 5: Jesus Remembered in the Johannine Tradition.*

- *John, Jesus, and History, Vol. 6: Methodologies for Determining Johannine Historicity.*

APÊNDICE 2

Jesus em perspectiva bióptica

Apesar de argumentar a favor da incorporação do Quarto Evangelho como fonte legítima para a pesquisa sobre Jesus, isso não significa que tudo em João tenha valor histórico ou que ele seja preferido em detrimento dos Sinópticos. De modo geral, a visão sinóptica de Jesus deve ser preferida à joanina, historicamente, corroborada por elementos das tradições de Mateus e Lucas (e a hipotética tradição Q) que são coerentes com a perspectiva de Marcos. No entanto, como uma projeção preliminar do que pode ser uma visão sobre Jesus na perspectiva bióptica, abaixo está o esboço da Parte IV de *The Fourth Gospel and the Quest for Jesus* (127-73), que vale a pena basear-se na Quarta Busca.

A. Dupla Atestação — Impressões sobre Jesus corroboradas por João e pelos Sinópticos:

- Associação de Jesus com João, o Batista, e o início de seu ministério público
- O chamamento dos discípulos por Jesus como empreendimento corporativo
- Uma revolta no deserto (alimentação, travessia do mar, discussão e confissão de Pedro)?
- Jesus como curador: cura no sábado
- O senso de atuação profética de Jesus vinda do Pai e a resistência religiosa
- A purificação do templo por Jesus

- O apogeu do ministério de Jesus: sua prisão, seus julgamentos e sua morte em Jerusalém
- Atestações das aparições de Jesus e o início de seu movimento

B. Contribuições sinópticas para a busca pelo Jesus da história:

- Ensinamentos de Jesus sobre o reino de Deus em parábolas e em ditos curtos e incisivos
- O segredo messiânico e a ocultação do reino
- Ministérios de cura e de exorcismo de Jesus
- Jesus envia seus discípulos para promoverem a obra do reino
- Jesus ceia com "pecadores" e faz provocações quanto à renovação
- Jesus purifica o templo como um desafio intencional à restrição de acesso a Deus
- O ensino de Jesus sobre o coração da Lei: o amor a Deus e à humanidade
- Missão apocalíptica de Jesus

C. Contribuições joaninas para a busca pelo Jesus da história:

- O ministério simultâneo de Jesus ao lado de João, o Batista, e a disponibilidade prolífica do poder purificador
- A purificação do templo por Jesus como um sinal profético inaugural
- A viagem de Jesus para e a partir de Jerusalém e seu ministério de muitos anos
- Primeiros eventos no ministério público de Jesus
- Recepção favorável na Galileia entre samaritanos, mulheres e gentios
- Ministério de Jesus na Judeia e realismo arqueológico
- A Última Ceia como refeição comum e sua apropriada datação

11 O SEPULTAMENTO DE JESUS:

ARQUEOLOGIA, AUTENTICIDADE E HISTÓRIA

Craig A. Evans e Greg Monette

INTRODUÇÃO

O objetivo deste capítulo é mostrar que o sepultamento de Jesus como um evento na história é altamente provável. Este capítulo fará uso de dois dos critérios de autenticidade: múltipla atestação e constrangimento. Mostraremos que esses critérios não são inúteis, como alguns afirmam, mas eficazes, quando usados adequadamente. Também empregaremos o uso de um terceiro critério: o da verossimilhança. A evidência da arqueologia e sua relevância no estudo das narrativas do sepultamento de Jesus também entrarão em ação.

É importante deixar claro que a historicidade do sepultamento de Jesus não exige que todos os detalhes sejam estabelecidos antes de aceitar o evento como histórico. Enfeites, caprichos e até pequenas discrepâncias não negam por si sós a história do sepultamento ou outras histórias nos Evangelhos. Os historiadores reconhecem que frequentemente trabalhamos com dados incompletos e até mesmo contraditórios. Essa realidade não torna inútil o trabalho do historiador. Robert McIver explica:

> Embora possa ser impossível identificar até 20% dos detalhes das tradições do Evangelho que podem não representar exatamente o que aconteceu,

esses detalhes seriam consistentes com a tendência geral do que aconteceu. Portanto, pode-se argumentar que os relatos do Evangelho preservam pelo menos uma fidelidade de primeira ordem aos atos e ensinamentos reais de Jesus, e que essa fidelidade baseia-se no fato de que a maioria dos detalhes fornecidos na descrição dos eventos registrados nos Evangelhos é realmente factual. Disso se conclui, então, que pode-se elaborar um argumento a fim de apoiar a afirmação de que as tradições do Evangelho podem ser usadas para formar uma ampla e bem estruturada imagem do que Jesus fez e disse.[1]

OS CRITÉRIOS DE AUTENTICIDADE NO DEBATE CONTEMPORÂNEO

Em *Jesus, Criteria, and the Demise of Authenticity* (doravante denominado *JCDA*),[2] os editores Chris Keith e Anthony Le Donne, ao lado dos colaboradores, levantaram uma série de questões com respeito aos métodos usados para determinar narrativas e tradições historicamente autênticas do Novo Testamento. Eles observam que durante um século a tradição do Evangelho foi peneirada de modo crítico à luz dos propostos critérios de autenticidade (como influência/interferência semítica, coerência, dissimilaridade, constrangimento e múltipla atestação). No entanto, poucos pensam que o uso desses critérios, nas palavras de Morna Hooker, realmente forneça "uma maneira de estabelecer 'resultados garantidos'".[3] Os critérios não oferecem garantias quanto ao que tem origem em Jesus. Eles agem apenas como guias do senso comum para reduzir a subjetividade (não eliminando-a). Muito pouco é "confirmado"; existem poucos "resultados garantidos". Mas não se pode, com isso, entender que ferramentas tais como os critérios propostos devem ser abandonadas. Quais são os critérios e como devem ser empregados é a chave.

---

[1]Robert K. McIver, "Eyewitnesses as Guarantors of the Accuracy of the Gospel Traditions in the Light of Psychological Research" [Testemunhas oculares como garantidoras da precisão das tradições do Evangelho à luz da pesquisa psicológica], *JBL* 131 (2012): 529-46 (aqui: 546). Veja tb. a útil discussão sobre a precisão da recordação da memória de rabinos antigos e medievais em Armin D. Baum, *Der mündliche Faktor und die synoptische Frage: Analogien aus der antiken Literatur, der Experimentalpsychologie, der Oral Poetry-Forschung und dem rabbinischen Traditionswesen*, TANZ 49 (Tübingen: Francke, 2008), 404-5

[2]Chris Keith e Anthony Le Donne, eds., *Jesus, Criteria, and the Demise of Authenticity* (Londres: T&T Clark, 2012).

[3]Morna D. Hooker, "Foreword: Forty Years On", em Keith e Le Donne, *Jesus, Criteria, and the Demise of Authenticity*, xiii-xvii (aqui: xiii). Veja tb. M. D. Hooker, "On Using the Wrong Tool", *Theology* 75 (1972): 570-81. Este estudo não recebeu a atenção que merecia quando foi publicado.

Dale Allison comenta corretamente que "as ferramentas não determinam como são usadas; as mãos que as seguram fazem isso".[4] Os critérios são ferramentas manuseadas pelos estudiosos a fim de ajudá-los em seu trabalho investigativo. Em si e por si mesmos, os critérios não fazem nada. Ao construírem uma casa, é necessário que os construtores recebam autorizações com base na qualidade de seu trabalho antes que a casa possa ser habitada. As ferramentas não constroem a casa. O construtor o faz. A qualidade da casa não se baseia nas ferramentas, mas em como elas são usadas. A razão pela qual a corporação acadêmica existe é agir como uma verificação perscrutadora-revisora das imaginações por vezes férteis da pessoa que apresenta uma nova hipótese. Ninguém acredita que os critérios proporcionem um atalho para a busca histórica. No entanto, eles atuam como um guia e fornecem uma base lógica por trás de reivindicações históricas a respeito de eventos descritos em textos antigos.

É mais importante e mais básico entender que os critérios ajudam o historiador a estimar e avaliar as próprias fontes — não apenas os pedaços e as partes das fontes, mas as fontes como um todo. Até mesmo Keith, Le Donne e companhia apelam para os Evangelhos do Novo Testamento, e não para os textos apócrifos, em suas respectivas discussões sobre o Jesus da história.[5] Os arqueólogos usam regularmente os quatro Evangelhos do Novo Testamento, Atos e Josefo; eles não fazem uso de Evangelhos do segundo século e de escritos gnósticos.[6] Por que não? De modo acertado e sensato, eles empregam

---

[4]Dale C. Allison Jr., "It Don't Come Easy: A History of Disillusionment" [Não é fácil: Uma história de desilusão], em Keith e Le Donne, *Jesus, Criteria, and the Demise of Authenticity*, 186-99 (aqui: 197).
[5]Vemos isso em Chris Keith, *Jesus against the Scribal Elite: The Origins of the Conflict* (Grand Rapids: Baker Academic, 2014). Após sua avaliação crítica ao material do Evangelho relacionado às controvérsias de Jesus com os escribas judeus, Keith conclui que "podemos traçar o conflito de maneira plausível para o ministério de Jesus e, de fato, para o próprio Jesus. Esse argumento contrasta diretamente com a teoria de que as narrativas de controvérsia são invenções dos primeiros cristãos [...]" (p. 156). Keith está, sem dúvida, correto. Ele chega a essa conclusão sensata porque se apoia fortemente nos Evangelhos de Mateus, Marcos, Lucas e João do primeiro século, e não nos Evangelhos gnósticos e apócrifos posteriores (veja o índice na p. 176-79), e porque segue critérios amplamente reconhecidos, mesmo que se distancie da nomenclatura tradicional deles e de seu mau uso acadêmico muito frequente (veja p. 73-84). O principal critério de Keith é o que ele chama de "tratamento da memória" (p. 83). A julgar por sua discussão sobre Jesus e seus encontros com os escribas, Keith também considera a tradição amplamente atestada e os contextos sociais plausíveis como indicadores de tradição autêntica. Aqui temos formas dos critérios de múltipla atestação e de verossimilhança. Tanto Keith quanto seu colega Le Donne são profundamente gratos à obra de James D. G. Dunn, *Jesus Remembered* (Grand Rapids: Eerdmans, 2003). Veja Anthony Le Donne, *The Historiographical Jesus: Memory, Typology, and the Son of David* (Waco, TX: Baylor University Press, 2009), 11, e passim.
[6]É bom conferir James H. Charlesworth, ed., *Jesus and Archaeology* [Jesus e arqueologia] (Grand Rapids: Eerdmans, 2006). O exame do índice dos textos antigos citados nesse livro revelará mais de mil citações dos Evangelhos do Novo Testamento. Nenhum dos 31 colaboradores dessa coleção

critérios que ajudam a identificar e avaliar fontes úteis para pesquisas histó-ricas (e arqueológicas). Fontes que exibem verossimilhança (cultural, linguís-tica, topográfica e afins) e parecem não ser fortemente influenciadas pelo viés editorial antigo e contêm dados encontrados em outras fontes independentes são as do tipo que os historiadores responsáveis utilizam. É isso que estudio-sos, historiadores e arqueólogos críticos encontram nos Evangelhos do Novo Testamento; por isso (não surpreendentemente) eles os usam.

Este não é o lugar para uma avaliação aprofundada do livro de Keith e Le Donne.[7] No entanto, uns poucos comentários são necessários. Em sua intro-dução ao livro, Le Donne afirma sua crença de que os "critérios de autentici-dade" tradicionais estão obsoletos e que, portanto, "toda a 'compreensão por critérios' está falida".[8] Ele acredita que os critérios tradicionais são inúteis porque nasceram no contexto do positivismo histórico.[9] Isso é verdade?

A crítica aos critérios tradicionais de autenticidade feita por Keith, Le Donne e seus vários colaboradores é, no geral, justificada. Le Donne sem dúvida está correto ao dizer que "é o *uso convencional* dos critérios que deve ser substituído por uma historiografia mais sofisticada".[10] Além disso, ninguém contestará que a maioria dos critérios tradicionais se manifestou em uma época em que o positivismo histórico estava em voga. O pano de fundo positivista explica o tom dogmático preto no branco no emprego dos critérios de autenticidade nas primeiras seis décadas do século 20. Mas a maioria dos estudiosos mudou. Uma das características da Terceira Busca, das décadas de 1980 e 1990, foi a crítica ao uso indevido dos critérios, espe-cialmente o da dupla dissimilaridade, o mais notório, ou odioso, de todos.

Muitos estudiosos preocupados com o Jesus histórico — talvez com a notável exceção de vários associados ao Seminário de Jesus — continuam a fazer uso dos critérios tradicionais, mas, ao mesmo tempo, têm-se interessado

---

académica achou necessário apelar aos Evangelhos apócrifos ou gnósticos para obter informações sobre o Jesus da história.

[7]Veja a resenha de Craig A. Evans em *EvQ* 85 (2013): 364-65. Outros críticos apontam que, aparen-temente, nenhum estudioso que defendesse visões mais positivas do valor dos critérios tradicionais foi convidado a contribuir com *Jesus, Criteria, and the Demise of Authenticity*. Essa é a principal falha de uma coleção de estudos rica e criteriosa. Ouvimos falar do que há de errado com os critérios — pelo menos com alguns deles —, mas não o que é certo e útil a respeito deles e por que eles são de fato necessários para quem pretende se envolver na historiografia crítica.

[8]Anthony Le Donne, "The Rise of the Quest for an Authentic Jesus: An Introduction to the Crumbling Foundations of Jesus Research", em Keith e Le Donne, *Jesus, Criteria, and the Demise of Authenticity*, 3-21 (aqui: 3, 5).

[9]Le Donne, "The Rise of the Quest for an Authentic Jesus", 5.

[10]Le Donne, "The Rise of the Quest for an Authentic Jesus", 4-5 (grifo no original).

mais pelos contextos social, religioso e político de Jesus e seus contemporâneos. O estudo da terra de Israel, incluindo sua geografia topográfica e social, e acima de tudo a evidência da arqueologia, produziram frutos muito mais promissores. O rico acervo de material vindo da região do mar Morto, bem como os textos relacionados que circulavam na virada da era, permitiram aos estudiosos apreciar com muito mais precisão e nuança o significado dos ensinamentos e das atividades de Jesus e como eles se comparam com os de outros mestres de sua época.

Contudo, ao usar os novos dados tornados disponíveis graças às descobertas da arqueologia e aos novos textos da Antiguidade, os estudiosos continuam a fazer uso de critérios. Isso é necessário para que eles sejam historiadores no sentido crítico. Os historiadores, se o são de fato, devem peneirar criticamente suas fontes. Como regra, eles preferem fontes mais antigas, ou seja, as próximas aos eventos. Eles se sentem mais confiantes quando têm duas ou mais fontes independentes que cobrem o mesmo terreno. Historiadores treinados procuram verossimilhança e, se possível, confirmação arqueológica.

Nada disso é novo, é claro, nem é peculiar à obra dos estudiosos do Novo Testamento e à sua busca pelo Jesus da história. Os historiadores profissionais têm sido rígidos com isso há algum tempo. Pode ser uma surpresa para alguns estudiosos do Novo Testamento que os historiadores de fato empregam critérios de autenticidade, mas geralmente em referência a todos os documentos. Louis Reichenthal Gottschalk (1899-1975), por muito tempo distinto professor de história na Universidade de Chicago, durante anos considerado o decano dos historiadores americanos, escreveu um influente ensaio intitulado "The Historian and the Historical Document" [O historiador e o documento histórico].[11] Entre os critérios que Gottschalk considera importantes estão a proximidade temporal (ou seja, quão próximo o documento está dos eventos que descreve), o objetivo do documento (ou seja, seu gênero), o viés e a competência do autor.[12] Sob o título "External Criticism" [Crítica externa], Gottschalk leva em consideração a autenticidade do documento (e aqui trata de falsificação e fraude), crítica textual e interpretação.[13]

---

[11]Louis Gottschalk, "The Historian and the Historical Document", em *The Use of Personal Documents in History, Anthropology and Sociology* [O uso de documentos pessoais em história, antropologia e sociologia], ed. Louis Gottschalk, Clyde Kluckhohn e Robert Angell, Bulletin [Boletim] 53 (Nova York: Social Science Research Council, 1945), 1-75.
[12]Gottschalk, "The Historian and the Historical Document", 16.
[13]Gottschalk, "The Historian and the Historical Document", 28-34.

Sob o título "Internal Criticism" [Crítica interna], Gottschalk discute "credibilidade", "verossimilhança" e "corroboração".[14]

O ensaio de Gottschalk não contém nada de novo ou surpreendente. Foi uma clara enunciação daquilo que a maioria dos historiadores reconheceu como a avaliação adequada e necessária de documentos. Em mais detalhes e com muito mais exemplos, ouvimos os mesmos critérios e metodologia descritos em *A Guide to Historical Method* [Um guia para o método histórico], de Gilbert Garraghan, publicado pela Fordham University Press. Esse livro influente permaneceu em circulação por décadas como um texto-padrão sobre história.[15] Garraghan, o falecido professor de história da Universidade Loyola, em Chicago, oferece sete capítulos longos sob o título "Avaliando as fontes". Esses capítulos consideram a autenticidade, análise, integridade e credibilidade das fontes.[16] Entre outras coisas, Garraghan discute credibilidade, verossimilhança, múltipla atestação, corroboração, testemunho ocular e testemunho conflitante.[17]

As dificuldades da historiografia são bem estimadas pelos estudiosos clássicos. No entanto, aqueles estudiosos, cujas fontes primárias se aproximam dos Evangelhos do Novo Testamento e de Atos, avaliam suas fontes e lutam com questões de autenticidade apelando para a maioria dos critérios que consideramos que deveriam ser utilizados: fontes múltiplas, proximidade com os eventos em questão, verossimilhança, viés editorial e afins. Os historiadores clássicos têm grande apreço pela arqueologia e pelos esclarecimentos e corroborações que ela pode fornecer, pois é a correlação entre texto e artefato que dá aos historiadores segurança na confiabilidade do texto.[18]

Os historiadores sabem, é claro, que não podem recuperar e reconstruir exatamente o que aconteceu ou o que foi dito. Eles sabem que o passado está perdido. A tarefa do historiador, na medida do possível, é construir o retrato mais plausível, usando os remanescentes literários e arqueológicos

[14]Gottschalk, "The Historian and the Historical Document", 35-47.
[15]Gilbert J. Garraghan, *A Guide to Historical Method*, ed. Jean Delanglez (Nova York: Fordham University Press, 1946 [ed. rev., 1948; e 5.ª reimp. 1957]).
[16]Garraghan, *Guide to Historical Method*, 143-317.
[17]Os interessados em discutir a avaliação crítica de tradição oral, mito e lenda podem se interessar em voltar a Garraghan, *Guide to Historical Method*, 259-77. Para avaliação crítica do testemunho ocular, consulte 282-317.
[18]É a essa correlação e confiança que Adrian Nicholas Sherwin-White (1911-1993) alude, quando diz: "A razão básica para essa confiança é, se resumida, a existência de confirmações externas." Veja A. N. Sherwin-White, *Roman Society and Roman Law in the New Testament: The Sarum Lectures 1960-61* [Sociedade romana e direito romano no Novo Testamento: as Palestras Sarum 1960-61] (Oxford: Oxford University Press, 1963; reimp., Grand Rapids: Baker, 1994), 186-93, com citações de 186-87.

que chegaram até nós. O historiador tenta reunir os "traços" que restam e, a partir deles, constrói um relato coerente e plausível do que provavelmente foi dito ou aconteceu.[19] Novas descobertas de natureza literária ou arqueológica podem muito bem demandar uma revisão desse relato. Como matéria de fato, a arqueologia tem provido uma ajuda significativa na interpretação dos relatos do Novo Testamento sobre a morte e o sepultamento de Jesus.

MÚLTIPLA ATESTAÇÃO E O SEPULTAMENTO DE JESUS

A contribuição de Mark Goodacre para *JCDA* está focada na utilidade do critério de múltipla atestação. Ele conclui:

> O critério de múltipla atestação tem valor ao ilustrar a necessária preferência do historiador por duas fontes, em vez de uma, e por explicar a importância de testemunhas independentes para as tradições primitivas. Além da generalidade, porém, ele tem o potencial de ser altamente enganador, de incentivar uma expectativa irreal e antiquada de que os Evangelhos são constituídos por uma variedade de fontes independentes e autocontroladas reunidas por redatores submissos, ou esperam que fontes tardias e não canônicas incorporem ditos e tradições primitivos e independentes.[20]

A principal preocupação de Goodacre não é se existe valor para os historiadores procurarem relatos atestados independentemente envolvendo figuras históricas, mas garantir que os relatos usados para argumentar por atestação independente sejam, de fato, verdade. Justo. Pode-se debater a existência de Q[21] e a independência de João[22] em relação aos Sinópticos. Mas, para os fins

---

[19]Para uma excelente declaração da tarefa do historiador, especialmente com referência à pesquisa sobre Jesus, consulte Robert L. Webb, "The Historical Enterprise and Historical Jesus Research", em *Key Events in the Life of the Historical Jesus: A Collaborative Exploration of Context and Coherence*, ed. Darrell L. Bock e Robert L. Webb, WUNT 247 (Tübingen: Mohr Siebeck, 2009), 9-93. O fracasso em lidar com o ensaio erudito de Webb é, em nossa opinião, uma flagrante fraqueza em *Jesus, Criteria, and the Demise of Authenticity*. Igualmente problemático é o fracasso em lidar com B. F. Meyer, *The Aims of Jesus* [Os objetivos de Jesus] (Londres: SCM, 1979). Meyer critica severamente os críticos alemães, seus critérios mal concebidos e mal usados.
[20]Mark Goodacre, "Criticizing the Criterion of Multiple Attestation: The Historical Jesus and the Question of Sources", em Keith e Le Donne, *Jesus, Criteria, and the Demise of Authenticity*, 152-69 (aqui: 169).
[21]Goodacre, "Criticizing the Criterion", 154-61.
[22]Goodacre, "Criticizing the Criterion", 164. É altamente questionável a multiplicação de fontes "independentes" em John Dominic Crossan, *The Historical Jesus: The Life of a Mediterranean Jewish Peasant*

deste ensaio, é desnecessário, porque temos uma tradição independente nos escritos de Paulo e em Marcos, que é provavelmente o mais antigo Evangelho escrito. E, de qualquer forma, a hipotética fonte Q não contém uma narrativa da Paixão e, portanto, não ajuda no presente estudo.

A tradição que relata o sepultamento de Jesus é o material mais primitivo do Novo Testamento que pertence ao Jesus histórico.[23] A maioria dos estudiosos acredita que o testemunho mais antigo que temos do sepultamento de Jesus é encontrado na primeira carta de Paulo à igreja em Corinto (i.e. 1Coríntios 15:3-8).[24] A maioria data essa carta por volta de 54-55 d.C., graças à descoberta da inscrição Gallio.[25] A passagem diz:

> Pois o que recebi, passei a vocês como de primeira importância: que Cristo morreu por nossos pecados, de acordo com as Escrituras, que ele foi sepultado, que foi ressuscitado no terceiro dia, de acordo com as Escrituras, e que ele apareceu a Cefas, e depois para os Doze. Depois disso, ele apareceu para

(San Francisco: HarperCollins, 1991), 427-50. Ao levantar a hipótese de várias fontes e camadas, para as quais não há realmente nenhuma evidência, Crossan é capaz de fazer aparecer por mágica uma série de fontes independentes. Isso, então, permite que ele encontre um número maior de unidades da tradição de Jesus com atestação múltipla. Crossan faz isso porque se apoia fortemente no critério de múltipla atestação. Igualmente problemáticas são as datas surpreendentemente antigas que ele atribui aos Evangelhos extracanônicos e suas hipotéticas fontes subjacentes. Datando os canônicos o mais tarde possível e os extracanônicos o mais cedo possível, Crossan consegue embaçar os limites temporais entre as fontes anteriores e melhores, por um lado, e as fontes posteriores e mais duvidosas, por outro.
[23]É claro que, quando usamos o termo "Jesus histórico", falamos do retrato que os historiadores modernos tentam reconstruir a partir dos dados fragmentários antigos que sobreviveram. Nunca poderemos ter certeza de que nossas reconstruções acadêmicas correspondem à pessoa "real" que viveu na Palestina romana do primeiro século. No entanto, isso não significa que não podemos ter confiança de que nosso retrato acadêmico *reflete* o Jesus histórico. Para mais informações sobre essa importante distinção, consulte John P. Meier, *The Roots of the Problem and the Person*, vol. 1 de *A Marginal Jew: Rethinking the Historical Jesus*, ABRL (Nova York: Doubleday, 1991), 21-40; Webb, "Historical Enterprise and Historical Jesus Research", esp. 9-38.
[24]A antiguidade desta passagem é discutida em detalhes em Martin Hengel, "Das Begräbnis Jesu bei Paulus", *Auferstehung—Resurrection*, ed. Friedrich Avemarie e Hermann Lichtenberger, WUNT 135 (Tübingen: Mohr Siebeck, 2001), 119-83, esp. 121, 129-38, 175-76.
[25]Enquanto Paulo estava em Corinto, os judeus o levaram a Gálio, o procônsul da Acaia na época (Atos 18:12-26). A descoberta da inscrição de Gálio em Delfos confirma que ele foi procônsul entre 51 e 52 d.C., colocando Paulo em Corinto provavelmente no outono de 50 d.C. ao início do verão de 52 d.C. Para mais informações, veja Colin J. Hemer, "Observations on Pauline Chronology" [Observações sobre a cronologia paulina], em *Pauline Studies: Essays Presented to F. F. Bruce on His 70th Birthday* [Estudos paulinos: ensaios apresentados a F. F. Bruce em seu 70.º aniversário], ed. Donald A. Hagner e Murray J. Harris (Grand Rapids: Eerdmans, 1980), 3-18. Para uma discussão mais aprofundada sobre a datação de 1Coríntios, veja Gordon D. Fee, *The First Epistle to the Corinthians* [A Primeira Epístola aos Coríntios], NICNT (Grand Rapids: Eerdmans, 1987), 722-34; Anthony C. Thiselton, *The First Epistle to the Corinthians*, NIGTC (Grand Rapids: Eerdmans, 2000), 1186-97; e Joseph A. Fitzmyer, *First Corinthians*, AB 32 (New Haven: Yale University Press, 2009), 540-42.

mais de quinhentos irmãos e irmãs ao mesmo tempo, a maioria dos quais ainda vive, embora alguns tenham adormecido. Então, ele apareceu a Tiago, depois a todos os apóstolos e, por último, apareceu também a mim, como um nascido anormalmente.

John Dominic Crossan trata muito das frases de qualificação "de acordo com as Escrituras" nos versículos 3 e 4. De fato, ele argumenta que a maior parte da tradição da Paixão, incluindo o sepultamento de Jesus, é "profecia historicizada", e não "história lembrada". Ele explica:

> As unidades individuais, as sequências gerais e as estruturas totais das histórias da Paixão e ressurreição estão tão ligadas ao cumprimento profético que a remoção desse cumprimento não deixa nada a não ser os fatos mais simples, quase como em Josefo, Tácito ou no Credo dos Apóstolos.[26]

É verdade que dois dos elementos-chave da primitiva confissão em 1Coríntios 15:3-8: "Cristo morreu por nossos pecados" (v. 3) e "foi ressuscitado no terceiro dia" (v. 4), ocorreram, segundo o texto, "de acordo com as Escrituras". Mas isso sugere a invenção da história, inspirada no Antigo Testamento, ou é realmente uma confissão ousada de que a morte e a ressurreição inesperadas de Jesus, embora de fato não fazendo parte da expectativa judaica, foram, não obstante, profetizadas no Antigo Testamento? É dito que a confissão "ele foi sepultado" (ὅτι ἐτάφη) não está qualificada com a expressão "de acordo com as Escrituras". O não uso dessa frase qualificativa em referência ao sepultamento de Jesus mina a teoria de Crossan de que as tradições da Paixão do Novo Testamento são mais "profecias historicizadas" do que "história lembrada". Melhor é a sugestão de Mark Goodacre de que temos "história escriturizada".[27]

---

[26]John Dominic Crossan, *The Birth of Christianity: Discovering What Happened in the Years Immediately after The Execution of Jesus* (Nova York: HarperOne, 1998), 521. A ideia de profecia historicizada é a principal premissa em Crossan, *Who Killed Jesus? Exposing the Roots of Anti-Semitism in the Gospel Story of the Death of Jesus* [Quem matou Jesus? Exposição das raízes do antissemitismo na história do Evangelho sobre a morte de Jesus] (San Francisco: HarperCollins, 1995).

[27]Mark Goodacre, "Scripturalization in Mark's Crucifixion Narrative" [Escriturização na narrativa da crucificação em Marcos], em *The Trial and Death of Jesus: Essays on the Passion Narrative in Mark* [O julgamento e a morte de Jesus: Ensaios sobre a narrativa da Paixão em Marcos], ed. Geert van Oyen e Tom Shepherd, CBET 45 (Leuven: Peeters, 2006), 33-47. Veja tb. a refutação da tese de Crossan em Craig A. Evans, "The Passion of Jesus: History Remembered or Prophecy Historicized?" [A paixão de Jesus: História lembrada ou profecia historicizada?], *BBR* 6 (1996): 159-65.

É difícil saber quais das palavras em 1Coríntios 15:3-8 são de Paulo e quais são a tradição que ele recebeu.[28] É evidente que Paulo não criou esse material *ex nihilo*. Como vemos em outras partes de suas cartas, a tendência de Paulo não era confiar no testemunho e na experiência de outras pessoas (p. ex., Gálatas 1:11—2:10); ele dá prioridade ao que recebeu diretamente do Senhor ressurreto. Nesse caso, ele recebeu uma primitiva tradição da igreja.[29] E essa tradição primitiva fala do sepultamento de Jesus, e não apenas de sua morte e ressurreição.

Paulo também alude ao sepultamento de Jesus quando ele o contrasta com o batismo do crente (Romanos 6:1-11; Colossenses 2:12). Everett Ferguson comenta que "[a] conexão do batismo com a morte de Cristo pelos pecados humanos fazia parte da mensagem cristã primitiva, mas Paulo continua a aprofundar essa associação e a levar adiante seu pensamento distinto de morrer e ressuscitar com Cristo".[30] No sentido espiritual, o crente participa da morte, do sepultamento e da ressurreição de Jesus (Romanos 6:5). Citando Ferguson mais uma vez:

A morte e a ressurreição de Cristo pertenciam ambas à proclamação cristã primitiva; portanto, uma ressurreição para os que são batizados está

---

[28]Há vários *hapax legomena* nesta passagem: ἁμαρτιῶν, κατὰ τὰς γραφὰς, ἐγείρω (no perfeito em vez de no aoristo), ὤφθη e τοῖς δώδεκα. Para debate sobre isso, veja John Kloppenborg, "An Analysis of the Pre-Pauline Formula in 1 Cor 15:3b-5 in Light of Some Recent Literature" [Uma análise da fórmula pré-paulina em 1Co 15:3b-5 à luz de alguma literatura recente], *CBQ* 40 (1978): 351-57. Veja tb. Jerome Murphy O'Connor, "Tradition and Redaction in 1 Cor 15:3-7" [Tradição e redação em 1Co 15:3-7], *CBQ* 43 (1981): 582-89. A tradição que Paulo recebeu pode ter sido em hebraico ou aramaico. Sobre a possibilidade de um original semítico da tradição, veja Joachim Jeremias, *The Eucharistic Words of Jesus* [As palavras eucarísticas de Jesus] (Oxford: Blackwell, 1955), 127-32. Jeremias não apresenta um equivalente semítico para κατὰ τὰς γραφὰς ("de acordo com as escrituras"). Para objeções, consulte Hans Conzelmann, "On the Analysis of the Confessional Formula in 1 Corinthians 15:3-5" [Sobre a análise da fórmula confessional em 1Coríntios 15:3-5], *Interpretation* 20 (1966): 15-25. A linguagem original da confissão lança pouca luz sobre quando foi transmitida ou de quem veio. Havia seguidores de Jesus de fala aramaica desde o início de seu ministério até o momento em que Paulo escreveu 1Coríntios (54 d.C.-55 d.C.) e além. É preciso ter cautela ao usar a interferência semítica como critério para estabelecer as primeiras camadas da tradição sobre Jesus. Sobre isso, veja Loren T. Stuckenbruck, "Semitic Influence on Greek: An Authenticating Criterion in Jesus Research?" [Influência semítica no grego: um critério de autenticação na pesquisa sobre Jesus?], em Keith e Le Donne, *Jesus, Criteria, and the Demise of Authenticity*, 73-94.
[29]Reginald H. Fuller, *The Formation of the Resurrection Narratives* [A formação das narrativas da ressurreição] (Filadélfia: Fortress, 1971), 10: "Hoje é quase universalmente aceito que Paulo aqui está citando tradição." Mais recentemente, Dale C. Allison Jr., *Resurrecting Jesus: The Earliest Christian Tradition and Its Interpreters* [Ressuscitando Jesus: a mais antiga tradição cristã e seus intérpretes] (Nova York: T&T Clark, 2005), 233-34: "Essa visão geral dos eventos fundamentais [...] como quase universalmente reconhecido, [é] uma fórmula pré-paulina."
[30]Everett Ferguson, *Baptism in the Early Church: History, Theology, and Liturgy in the First Five Centuries* [Batismo na igreja primitiva: história, teologia e liturgia nos primeiros cinco séculos] (Grand Rapids: Eerdmans, 2009), 155.

implícita aqui. A associação, mesmo a identificação, do crente com Cristo é mostrada pelo número bastante impressionante de palavras compostas pela preposição "com" (σὺν): "sepultados com" (v. 4), "unidos com" (v. 5), "crucificado com" (v. 6), "morremos com [...] com ele viveremos" (v. 8). [...] A conclusão no versículo 11, "Da mesma forma, considerem-se mortos para o pecado", reflete a associação do batismo com o perdão dos pecados. Seja como for, não há participação na morte, no sepultamento e na ressurreição de Cristo sem o batismo.[31]

À luz disso, podemos afirmar com confiança que Paulo e aqueles que transmitiram a tradição (1Coríntios 15:3-8; cf. Gálatas 1:18-20) a ele criam que o sepultamento de Jesus era um evento real no espaço e no tempo. Seria insensato colocar tanto peso teológico em um evento incerto e desconhecido. Os argumentos de Paulo, em parte baseados em tradições muito antigas, pressupõem claramente o sepultamento de Jesus, que, por sua vez, pressupõe o sepultamento em uma tumba. A ressurreição implica uma reversão do sepultamento e a desocupação de uma tumba. John Granger Cook argumenta, com razão, que o uso que Paulo faz dos termos ἀνίστημι e ἐγείρω em sua descrição da ressurreição de Jesus em 1Coríntios 15 apoia fortemente a probabilidade de Jesus ter sido sepultado e que o entendimento paulino de sua ressurreição incluía uma tumba vazia.[32]

O CRITÉRIO DE CONSTRANGIMENTO E O SEPULTAMENTO DE JESUS

John P. Meier explica que o critério de constrangimento "se concentra em ações ou ditos de Jesus que teriam constrangido ou criado dificuldades para a igreja primitiva".[33] Os quatro Evangelhos canônicos são unânimes em dizer que José de Arimateia, de quem é dito ser membro do Sinédrio judeu, foi responsável por sepultar Jesus em seu próprio túmulo.[34] Não é fácil conceber os primeiros cristãos inventando um membro do Sinédrio

---

[31]Ferguson, Baptism in the Early Church, 156-57.
[32]John Granger Cook, "Resurrection in Paganism and the Question of an Empty Tomb in 1 Corinthians 15" [Ressurreição no paganismo e a questão de uma tumba vazia em 1Coríntios 15], NTS 63 (2017): 56-75.
[33]Meier, Roots of the Problem and the Person, 168.
[34]Marcos 15:43-46; Mateus 27:57-60; Lucas 23:50-53; João 19:38-42. Para mais informações, veja Greg Monette, The Wrong Jesus: Fact, Belief, Legend, Truth... Making Sense of What You've Heard [O Jesus errado: fato, crença, lenda, verdade... compreendendo o que você ouviu] (Carol Stream, IL: NavPress, 2014), 185-86.

que faz algo nobre, tendo em vista a tradição dizer que o Sinédrio votou a favor da execução de Jesus.[35] Não é surpreendente que um membro do Sinédrio tenha sepultado Jesus, como era esperado, com base no antigo costume judaico.[36] O que é surpreendente é que José tenha usado sua própria tumba para sepultar o corpo de Jesus. Ao colocar em sua tumba o corpo de um homem executado, ela se tornou um local de vergonha e desonra. A tumba não seria mais útil para a família de José. Também é de surpreender a linguagem positiva usada para descrevê-lo.[37] Não é fácil explicar por que os cristãos primitivos teriam inventado uma narrativa positiva em torno de José de Arimateia, se não houvesse nada. A história da misericórdia desse membro do Sinédrio, portanto um homem talvez conhecido por muitos em Jerusalém, poderia ter-se mostrado muito constrangedora se fosse, de fato, uma ficção completa. Ela é mais bem explicada como histórica.

Alguns sugerem que os critérios de múltipla atestação e o de constrangimento se anulam, pois parece improvável que as pessoas repitam uma história constrangedora.[38] Mas esse argumento não é sólido. Muitas vezes, nas lembranças individuais ou em grupo de um evento passado, um detalhe constrangedor é a primeira coisa que se repete porque é uma parte importante da história, uma parte indelével da memória. Não se deve presumir que, apenas porque algo talvez não tenha sido inventado, isso talvez não tenha sido transmitido. A fuga dos discípulos quando Jesus foi preso e a ausência deles no local da crucificação ilustra esse princípio. Dificilmente essa é uma história que os cristãos pós-Páscoa inventariam, mas sua ampla circulação (pois está nos quatro Evangelhos) não surpreende. Podemos acrescentar que Paulo ficou profundamente envergonhado por sua violenta

---

[35]William L. Craig, *Apologética contemporânea — A veracidade da fé cristã*, 2.ª ed. ampliada e atualizada (São Paulo, SP: Vida Nova, 2012), 348: "Dada a sua condição de membro do Sinédrio — do qual, Marcos relata, todos votaram para condenar Jesus —, José é o último de quem esperaríamos que cuidasse apropriadamente de Jesus." Cf. Raymond E. Brown, *The Death of the Messiah: From Gethsemane to the Grave* [A morte do Messias: do Getsêmani à tumba], vol. 2 (Nova York: Doubleday, 1994), 1240: "É muito provável que o sepultamento tenha sido feito por José de Arimateia, uma vez que é quase inexplicável que, do nada, fosse criada uma história fictícia cristã a respeito de um membro judeu do Sinédrio fazendo o que é certo, quando consideramos a hostilidade registrada nos primeiros escritos cristãos com respeito às autoridades judaicas responsáveis pela morte de Jesus."
[36]Era responsabilidade do Sinédrio sepultar os executados em Jerusalém e arredores, a fim de obedecer a Deuteronômio 21:22,23. Embora as vítimas da execução devessem ser sepultadas pelo Sinédrio, isso não deveria ocorrer em locais de honra (como túmulos das famílias). Vemos isso nos escritos dos rabinos: *m. Sanhedrin* 6:5-6 e *m. Sem.* 13.7
[37]De acordo com Marcos 15:43, José "esperava o reino de Deus". Mateus 27:57 afirma que ele "se tornara discípulo de Jesus". Lucas 23:50,51 acrescenta que José era um "homem bom e justo". João 19:38 é coerente com Mateus, afirmando que "José era discípulo de Jesus".
[38]Goodacre, "Criticizing the Criterion", 165-67.

perseguição à igreja primitiva, mas não hesita em discutir o assunto em suas cartas (1Coríntios 15:9; Gálatas 1:13,23). O autor do livro de Atos também não o omite (7:54—8:1; 9:1-5; 22:4; 26:8-12).

ARQUEOLOGIA E O SEPULTAMENTO DE JESUS

A verossimilhança, que não é discutida em *JCDA*, é um critério-padrão entre os historiadores, embora muitas vezes esquecido pelos estudiosos do Novo Testamento. Esse critério pergunta se o material reflete as realidades da época e do local que alega descrever. A fonte fala de pessoas reais, lugares reais e eventos reais, como podem ser conhecidos por meio de outras fontes, incluindo os achados da arqueologia? Como já mencionado, arqueólogos e historiadores fazem uso dos Evangelhos do Novo Testamento porque essas fontes exibem verossimilhança, mas, por causa da ausência dela, esses estudiosos não usam fontes gnósticas do segundo e do terceiro séculos. Os pesquisadores do Novo Testamento fariam bem em seguir a orientação de arqueólogos e historiadores. Os estudiosos do Novo Testamento podem ter razões para seu fascínio pelos Evangelhos apócrifos, mas a verossimilhança histórica não pode ser uma delas.

Até certa época, ninguém havia argumentado que ao corpo de Jesus e dos dois homens que com ele foram crucificados havia sido negado sepultamento. Mas, em um ensaio publicado em 1994, John Dominic Crossan argumentou que, dada a lei romana, dada a história com base na profecia da Paixão, incluindo o sepultamento, e dada a escassez de evidências arqueológicas a respeito do sepultamento das vítimas da crucificação, devia-se assumir que, provavelmente, Jesus não fora sepultado. Antes, devia-se supor que, de acordo com a prática romana, aqueles corpos foram deixados pendurados na cruz ou, na melhor das hipóteses, lançados em uma vala próxima, onde foram espancados e, depois, comidos por cães.[39]

Comentários encontrados na literatura greco-romana parecem apoiar a alegação de que Jesus provavelmente não tenha sido sepultado. Horácio (c. 25 a.C.) fala de "pendurado em uma cruz para alimentar corvos"

---

[39]John Dominic Crossan, "The Dogs beneath the Cross" [Os cães debaixo da cruz], em *Jesus: A Revolutionary Biography* (San Francisco: HarperOne, 1994), 123-58; e idem, *Who Killed Jesus?* [Quem matou Jesus?], 188. O único estudioso de renome do Novo Testamento que sabemos seguir Crossan é Bart D. Ehrman, *How Jesus Became God: The Exaltation of a Jewish Preacher from Galilee* (Nova York: HarperOne, 2014), 157, 377n8. [*Como Jesus se tornou Deus* (São Paulo, SP: LeYa Brasil, 2014).] Não temos conhecimento de nenhum arqueólogo ou historiador que aceite esse argumento peculiar.

(*Epístolas* 1.16.48). Suetônio (c. 110 d.C.) relata que um Otaviano enfurecido (c. 42 a.c.) garantiu a um homem prestes a ser executado (provavelmente por crucificação) que havia expressado preocupação com o sepultamento dele: "Os pássaros logo resolverão a questão" (*Augusto* 13.2). Juvenal (c. 125 d.C.) expressa humor negro quando diz: "O abutre se lança sobre gado e cães mortos e sobre cruzes para trazer um pouco de carniça para os filhotes" (*Sátiras* 14.77-78). Um texto do terceiro século descreve a vítima da crucificação como "comida ruim para aves de rapina e sobras repugnantes para cães" (Ps. Manetho, *Apotelesmatica* 4.200). Em um epitáfio do segundo século, o falecido declara que seu assassino, um escravo, foi "crucificado vivo para os animais e pássaros selvagens" (Amyzon, caverna I). Muitos outros textos poupam os leitores desses detalhes repulsivos, mas mencionam a negação do sepultamento adequado (p. ex., Tito Lívio 29.9.10; 29.18.14).[40]

Contudo, o material jurídico romano afirma explicitamente que o corpo dos executados, se solicitado, podia ser retirado e receber o sepultamento adequado (*Digesta* 48.24.1,3).[41] Em qualquer caso, os textos greco-romanos não têm relação com a lei e os costumes em Israel em tempos de paz. As evidências literárias que chegaram até nós sugerem que o corpo dos que eram executados em Jerusalém e arredores durante o tempo de paz não apenas recebia autorização para ser sepultado, como também isso deveria ser feito antes do pôr do sol do dia da morte. Isso ocorria a fim de preservar a pureza da terra, como descrito em Deuteronômio 21:22,23. Josefo, escrevendo nos anos 70, afirma que, na sua época, até o corpo daqueles "sentenciados à crucificação é trazido para baixo e sepultado antes do pôr do sol" (*Guerra dos judeus* 4.317). Uma vez que somente Roma possuía poder capital na Judeia e em Samaria no tempo de Jesus (João 18:31),[42] isso significa que aos crucificados pela *autoridade romana* foi, no entanto, permitido o sepultamento de acordo com a lei e os costumes judaicos. Os crucificados ou executados por

---

[40]O levantamento clássico sobre a crucificação na Antiguidade tardia romana está em Martin Hengel, *Crucifixion: In the Ancient World and the Folly of the Message of the Cross* [Crucificação: no mundo antigo e a loucura da mensagem da cruz] (Filadélfia: Fortress, 1977). Para uma avaliação atual e muito erudita, consulte Gunnar Samuelson, *Crucifixion in Antiquity* [Crucificação na antiguidade], 2.ª ed., WUNT 2/310 (Tübingen: Mohr Siebeck, 2013).

[41]O *Digesta* foi compilado no sexto século pelo imperador Justiniano. Ele contém material jurídico do primeiro século a.C. ao quarto século d.C. A maior parte do material do livro 48 é extraída de fontes do primeiro e segundo séculos.

[42]Sherwin-White, *Roman Law and Roman Society*, 36. Josefo afirma que ao governador romano "foram confiados, por Augusto, plenos poderes, incluindo a imposição de pena de morte" (*Guerra dos judeus* 2.117). Em 62 d.C., o sumo sacerdote Anás, filho de Anás, o Grande, foi afastado do cargo pelo governador romano por convocar o Sinédrio sem permissão e depois condenar Tiago, o irmão de Jesus, à morte (Josefo, *Antiguidades* 20.197-203).

outros meios eram sepultados e, de fato, do ponto de vista judaico, *tinham de* ser sepultados para impedir a contaminação da terra. Simplesmente não há possibilidade de que os corpos de Jesus e dos dois homens crucificados com ele tenham sido deixados pendurados em suas respectivas cruzes, logo fora dos muros de Jerusalém, na véspera da Páscoa, sem sepultamento e sujeitos a pássaros e animais carniceiros.

Isso não significa, é claro, que os executados recebessem sepultamento honroso (o que geralmente significava ser colocado em um túmulo familiar); ao contrário, eles só recebiam o sepultamento adequado antes do pôr do sol. Os textos rabínicos referem-se a essa política: "Eles [o Sinédrio] não colocaram [a pessoa executada] na sepultura de seus pais. Mas dois lugares de sepultamento eram mantidos em prontidão pelo Sinédrio, um para os que eram decapitados ou estrangulados, e um para os que eram apedrejados ou queimados" (*m. Sanhedrin* 6:5).[43]

Em sua consideração sobre o sepultamento de Jesus por José de Arimateia, o arqueólogo Shimon Gibson afirma com razão:

> O apelo de José por motivos religiosos não teria sido ignorado pelas autoridades romanas. Josefo testemunha o fato de que os romanos não exigiam que seus súditos judeus violassem as próprias leis religiosas (*Contra Apião* II.73). Suponho que ele teria argumentado que o respeito fosse concedido ao homem executado com base no costume judeu predominante na época de que os cadáveres não deviam ser deixados expostos para serem comidos por animais selvagens e abutres. Era vital que o corpo de Jesus fosse sepultado antes do pôr do sol e do início do sábado, quando os sepultamentos eram proibidos. As instruções são fornecidas em Deuteronômio: "Se um homem culpado de um crime que mereça a morte for morto e pendurado num madeiro, não deixem o corpo no madeiro durante a noite. Sepultem-no naquele mesmo dia" (21:22,23).[44]

A administração romana tinha o cuidado de não perturbar as sensibilidades judaicas durante o tempo de paz.[45] Craig Evans explica:

---

[43]Quem morria por crucificação era considerado "estrangulado".
[44]Shimon Gibson, *The Final Days of Jesus: The Archaeological Evidence* [Os últimos dias de Jesus: a evidência arqueológica] (Nova York: HarperCollins, 2009), 131. Para um estudo da interpretação e aplicação de Deuteronômio 21:22,23 no primeiro século, veja Craig A. Evans, *Jesus and the Remains of His Day: Studies in Jesus and the Evidence of Material Culture* [Jesus e os vestígios de sua época: estudos em Jesus e as evidências da cultura material] (Peabody, MA: Hendrickson, 2015), 109-30.
[45]Para uma discussão mais aprofundada, veja Craig A. Evans, "Getting the Burial Traditions and Evidences Right" [Acertando as tradições e as evidências do sepultamento], em *How God Became*

Todas as fontes que temos indicam que essa era a prática em Israel, especialmente nas proximidades de Jerusalém, em tempos de paz. A guerra era outra questão, sem dúvida. Quando Tito sitiou Jerusalém, de 69 a 70 d.C., milhares de judeus foram crucificados e muito poucos deles, sepultados. O objetivo principal era aterrorizar a resistência e pôr fim à rebelião (conforme relatado por Josefo, *Guerra dos judeus* 5.289,449). Essa foi a verdadeira "exceção que prova a regra": a autoridade romana em Israel normalmente permitia o sepultamento de criminosos executados, incluindo os executados por crucificação (como Josefo implica), mas não durante a rebelião de 66 d.C.-70 d.C.[46]

O registro escrito é unânime ao afirmar ou assumir que, durante períodos de paz na terra de Israel, aos executados era dado sepultamento adequado. A evidência arqueológica, até onde a temos, apoia o registro escrito. Em 1968, em Giv'at Ha-Mivtar, na parte nordeste de Jerusalém, um ossuário foi descoberto contendo os ossos de um homem na casa dos 20 anos e os de uma criança pequena. O calcanhar direito do homem, cujo nome era Yehohanan, fora transfixado por um cravo de ferro de 11,5 cm. Fragmentos de madeira ainda estavam presos ao cravo, cuja ponta estava dobrada para trás, impossibilitando sua extração.[47] O homem crucificado foi sepultado, com o cravo; e, um ano depois, quando seus ossos foram reunidos e colocados em um ossário (caixa de ossos), o cravo permaneceu no calcanhar.[48]

Os restos de esqueleto de Yehohanan não são a única evidência para o sepultamento adequado de uma vítima de crucificação. Os restos mortais de um homem crucificado e decapitado foram recuperados do que agora é chamado de caverna Abba, mais uma vez no bairro de Giv'at Ha-Mivtar.

Jesus: The Real Origins of Belief in Jesus' Divine Nature — A Response to Bart Ehrman [Como Deus se tornou Jesus: as origens reais da crença na natureza divina de Jesus — uma resposta a Bart Ehrman], ed. Michael F. Bird (Grand Rapids: Zondervan, 2014), 71-93, 217-20.
[46]Evans, "Getting the Burial Traditions and Evidences Right", 80.
[47]Uma imagem disso pode ser vista em Clyde E. Fant e Mitchell G. Reddish, *Lost Treasures of the Bible: Understanding the Bible through Archaeological Artifacts in World Museums* [Tesouros perdidos da Bíblia: compreendendo a Bíblia por meio de artefatos arqueológicos em museus do mundo] (Grand Rapids: Eerdmans, 2008), 319; Evans, *Jesus and the Remains of His Day*, 294, fig. 6.2 Veja tb. 297, fig. 7.5 para a foto de cravos de ferro recuperados das ruínas escavadas de uma mansão perto do Portão do monte Sião.
[48]Os autores visitaram o Centro Médico Sackler da Universidade de Tel Aviv, em Israel, em 2013 e 2015, onde nos foi permitido ver o calcanhar de Yehohanan, com seu cravo de ferro incrustado, bem como cravos e restos de esqueletos de Antígono. Somos gratos ao professor Israel Hershkovitz por nos conceder esse privilégio e por reservar um tempo para discutir vários aspectos interessantes de crucificação e osteologia.

Os cravos foram recuperados do ossário. Um cravo ainda estava incrustado na mão do homem. Em uma inscrição ornamentada dentro da caverna, escrita em paleo-hebraico, aparece o nome Matatias, filho de Judá, ou, em grego, Antígono, filho de Aristóbulo II.[49] A identificação foi confirmada em um estudo recente.[50] Além da descoberta de duas vítimas de crucificação devidamente sepultadas, também temos pelo menos uma vítima de decapitação que igualmente recebeu o devido sepultamento.[51]

Em vista do testemunho unânime das evidências escritas e arqueológicas, não há justificativa para a afirmação de que os corpos de Jesus e dos homens com ele crucificados não teriam sido sepultados ou que talvez tivessem sido sepultados em um lugar desconhecido.[52]

CONCLUSÃO

Em sua recente declaração sobre a questão dos critérios utilizados para identificar material autêntico, Morna Hooker afirma:

Meu principal pedido [...] é menos dogmatismo em nossas conclusões e o reconhecimento de que todos os nossos resultados são apenas tentativas. Sabemos muito pouco para sermos dogmáticos, e é provável que qualquer divisão rígida do material em "autêntico" e "não autêntico" distorça o quadro. Todo o material chega até nós pelas mãos da comunidade de crentes, e provavelmente isso o marca em menor ou maior grau; confinar

---

[49]J. M. Grintz, "The Inscription from Giv'at ha-Mivtar: A Historical Interpretation" [A inscrição de Giv'at ha-Mivtar: uma interpretação histórica], *Sinai* 75 (1974): 20-23; idem, "The Last Way of the Last Hasmonean" [O último caminho do último asmoneu], *Ha'Umma* 43 (1975): 256-69. Esses dois estudos estão em hebraico moderno. O crédito pela identificação também vai para o falecido Nicu Haas.

[50]Yoel Elitzur, "The Abba Cave: Unpublished Findings and a New Proposal Regarding Abba's Identity" [A caverna Abba: resultados não publicados e uma nova proposta sobre a identidade de Abba], *IEJ* 63 (2013): 83-102. Um dos fatores complicadores na identificação desses restos de esqueleto como pertencentes a Antígono são as alegações aparentemente discrepantes encontradas em Josefo (*Antiguidades* 15.8-9) e Dio Cássio (*História* 22.6). De acordo com o primeiro, Antígono foi decapitado (também relatado em Plutarco, *Sobre Antônio* 36.2), mas, de acordo com o segundo, ele foi crucificado. A análise dos restos mostra que Antígono foi crucificado e decapitado. Veja a discussão em Evans, "Getting the Burial Traditions and Evidences Right", 85-86.

[51]E mais uma vez em Giv'at ha-Mivtar; neste caso, os restos mortais de um homem na casa dos 50 anos, cuja cabeça foi arrancada com dois golpes. Mais uma vez agradecemos ao professor Hershkovitz por nos permitir ver esses importantes artefatos de crucificação.

[52]Crossan será lembrado por afirmar que "no que diz respeito ao corpo de Jesus, na manhã de domingo de Páscoa, os que se importavam não sabiam onde ele estava, e os que sabiam não se importavam". Veja John Dominic Crossan, *Jesus: A Revolutionary Biography* (Nova York: HarperCollins, 1994), 158. Para um tratamento mais detalhado, veja John Dominic Crossan, *Who Killed Jesus?* (Nova York: HarperCollins, 1996). Para uma discussão mais recente em apoio à teoria de Crossan, consulte os capítulos 4 e 5 em Bart D. Ehrman, *Como Jesus se tornou Deus* (São Paulo, SP: LeYa Brasil, 2014).

nossa imagem de Jesus a material que passa em todos os nossos testes de genuinidade é muito restritivo.[53]

Os comentários da professora Hooker são prudentes e justificados. Mas evitar dogmatismo e distinções rígidas entre material autêntico e não autêntico não significa que os critérios utilizados pelos historiadores são inúteis ou que "autenticidade" não tem importância. Precisamos pensar mais claramente sobre nossos critérios, quais são eles e como aplicá-los adequadamente. Também devemos esclarecer o que queremos dizer ao falar de *autenticidade*. Um ditado atribuído a Jesus que é considerado autêntico não significa que possuímos necessariamente as *ipsissima verba*, as "próprias palavras". Só porque concluímos que um evento é autêntico, isso não significa que estamos cientes de todos os detalhes.

No caso do sepultamento de Jesus, temos boas razões para crer que temos diante de nós uma história autêntica. As narrativas sobre ele não têm o tipo de exagero que descobrimos nas narrativas apologéticas motivadas por paixão redigidas no segundo século, encontradas em escritos como o *Evangelho de Pedro* e os *Atos de Pilatos*. As narrativas do sepultamento nos Evangelhos canônicos mostram contenção. Elas também exibem verossimilhança e são coerentes com todas as fontes relevantes conhecidas.

Concluindo, vale a pena observar que, embora o cristianismo tenha tido muitos críticos nos primeiros séculos, nenhum deles levantou dúvidas sobre o sepultamento de Jesus. Nas palavras de John Granger Cook, "os críticos platonistas do cristianismo (Celso, Porfírio, Hiérocles, Juliano e o filósofo pagão anônimo de Macário), apesar de não aceitarem a ressurreição de Cristo, de acordo com as evidências existentes, não rejeitavam a historicidade do sepultamento".[54] As críticas desses homens eram sórdidas e pessoais, e às vezes perceptivas, mas eles nunca duvidaram que Jesus fosse uma pessoa real, que morreu uma morte real e que foi sepultado em uma tumba real.

---

[53]Morna D. Hooker, "Christology and Methodology" [Cristologia e metodologia], *NTS* 17 (1971): 480-87 (aqui: 485-86).

[54]John Granger Cook, "Crucifixion and Burial" [Crucificação e sepultamento], *NTS* 57 (2011): 193-213 (aqui: 213n88). Esse ponto importante é tratado com mais detalhes em Margaret M. Mitchell, "Origen, Celsus and Lucian on the 'Dénouement of the Drama' of the Gospels" [Orígenes, Celso e Luciano sobre o *"Dénouement* (desfecho) do drama" dos Evangelhos], em *Reading Religions in the Ancient World: Essays Presented to Robert McQueen Grant on his 90th Birthday* [Interpretação de religiões no mundo antigo: ensaios apresentados a Robert McQueen Grant em seu 90.º aniversário], ed. David E. Aune e Robin Darling Young, NovTSup 125 (Leiden: Brill, 2007), 215-36.

A RESSURREIÇÃO DE JESUS, O REALISMO E O PAPEL DOS CRITÉRIOS DE AUTENTICIDADE

Michael R. Licona

Gary Habermas é a principal autoridade na evidência histórica da ressurreição de Jesus. Tendo estudado o assunto por mais de meio século, Habermas compilou uma impressionante bibliografia de mais de 3.500 artigos para periódicos acadêmicos e livros escritos sobre o tema de 1975 até o presente. Isso equivale a uma média de mais de oitenta publicações por ano. Dale Allison afirma que, logo após a morte de Jesus por crucificação, pelo menos alguns dos discípulos de Jesus e o apóstolo Paulo acreditavam que ele havia retornado à vida sobrenaturalmente. Mas o que levou à crença deles? Allison responde: "Essa pergunta ocupa seu imponente lugar como o enigma digno de um prêmio da pesquisa sobre o Novo Testamento."[1]

Existem três grandes desafios para responder a essa pergunta. Primeiro, há a questão de saber se os historiadores têm as ferramentas adequadas que os capacitem a investigar um evento de natureza milagrosa. O segundo diz respeito à capacidade geral dos historiadores de aprender sobre o passado, dados os muitos desafios que enfrentam nessa empreitada. E, por fim,

---

[1]Dale C. Allison, *Resurrecting Jesus: The Earliest Christian Tradition and Its Interpreters* (Nova York: T&T Clark, 2005), 200.

alguns estudiosos questionaram recentemente a eficácia das ferramentas comumente empregadas pelos historiadores de Jesus conhecidas como critérios de autenticidade. O presente artigo tratará desses três desafios.

HISTORIADORES E A ALEGAÇÃO DE MILAGRES

Existem inúmeros motivos pelos quais os historiadores são proibidos de julgar alegações de milagres. Embora uma explicação detalhada não possa ser dada aqui, tratarei da que talvez seja a objeção mais comum feita hoje: os historiadores devem empregar o *naturalismo metodológico* (NM).[2] O NM afirma que toda investigação científica deve ser conduzida tendo apenas causas naturais em mente. O NM não se posiciona sobre se causas sobrenaturais podem ser responsáveis por determinados eventos. No entanto, ele não permite que causas sobrenaturais sejam levadas em consideração, uma vez que as ferramentas de investigação científica são incapazes de identificá-las. O NM não deve ser confundido com o *naturalismo metafísico*, que sustenta que o reino natural é tudo o que existe. Assim, o *naturalismo metodológico* é um método particular, enquanto o *naturalismo metafísico* é uma visão de mundo.

O NM é um princípio geralmente aceito na investigação científica e histórica. Seu objetivo é impedir que cientistas e historiadores tirem conclusões que vão além do que as evidências podem suportar e empreguem soluções "Deus das lacunas"; isto é, apelar para uma causa sobrenatural quando a causa é desconhecida.

O NM foi projetado para impedir alguns problemas, e desejamos evitá-los; apesar disso, há vários problemas com o NM que devem também ser evitados. Um problema é que o NM impediria realmente cientistas e historiadores de descobrir a causa verdadeira se a natureza dela fosse sobrenatural. O biólogo molecular Michael Behe ilustra essa fraqueza na seguinte analogia:

> Imagine um quarto em que um corpo jaz esmagado no chão, liso como uma panqueca. Uma dezena de detetives rasteja pelo local, examinando o chão com lupas, à procura de alguma pista da identidade do autor do horrendo

---

[2]Apresentei uma crítica mais extensa ao naturalismo metodológico em Michael R. Licona, "Historians and Miracle Claims" [Historiadores e alegações de milagre], *JSHJ* 12 (2014): 106-29, e uma longa análise dos principais argumentos contra historiadores que investigam alegações de milagres em Michael R. Licona, *The Resurrection of Jesus: A New Historiographical Approach* (Downers Grove, IL: IVP Academic, 2010), 133-98.

crime. No centro do quarto, perto do corpo, há um grande elefante cinza. Os detetives cuidadosamente evitam bater nas pernas do paquiderme enquanto rastejam à sua volta, e nem mesmo olham para ele. À medida que o tempo passa, mais frustrados eles ficam com a falta de progresso, mas insistem e examinam o chão de forma ainda mais atenta. Os livros dizem que os detetives têm que "encontrar o homem", portanto eles nunca pensam em elefantes.[3]

Existe uma solução que preserva os benefícios do NM e elimina seus pontos fracos. Os historiadores podem concluir que um evento ocorreu ao mesmo tempo que deixam sua causa indeterminada. Por exemplo, suponhamos que os astrônomos estejam rastreando um cometa há mais de uma década, anunciando que ele está em rota de colisão com a Lua e que o impacto ocorrerá em um dia específico. Quando esse dia chegou, o telescópio espacial Hubble e os observatórios de todo o mundo miram a Lua, e o evento é transmitido ao vivo para todo o mundo. O cometa bate na Lua, como previsto, e, quando o pó assenta, a mensagem "Jesus é o Senhor" aparece na superfície lunar em hebraico e grego. Vamos chamar isso de *Evento C*. Os cientistas estão confusos e não podem dar uma explicação natural para a mensagem. No entanto, eles não seriam proibidos de concluir que o *Evento C* havia ocorrido, uma vez que as evidências seriam inegáveis. Os cientistas reconheceriam a ocorrência do *Evento C*, mas evitariam determinar sua causa. Essa forma de NM forneceria todos os benefícios (ou seja, proibir os cientistas de ir além do que as evidências podem suportar e de empregar uma solução "Deus das lacunas") e é muito menos restritiva do que o modo como é normalmente empregado.

Pode-se adotar um tratamento semelhante com um dos milagres de Jesus: sua ressurreição. Se a hipótese da ressurreição explica os dados de uma maneira que é superior às hipóteses concorrentes, um historiador pode concluir que Jesus ressuscitou dentre os mortos, embora se reserve a emitir juízo sobre a causa do evento. Alguns historiadores podem objetar que esse seria um tratamento ilegítimo do assunto para um historiador, porque a ressurreição de Jesus exigiria uma causa sobrenatural, e isso está além do que um historiador pode investigar. No entanto, nesse caso, seria necessário fazer uma objeção semelhante ao *Evento C*. Mas, isso seria tolo, em vista da evidência de que o *Evento C* ocorreu. Se alguém responder que as evidências da ressurreição de Jesus não são tão fortes quanto as postuladas

---

[3]Michael J. Behe, *A caixa preta de Darwin* (Rio de Janeiro: Zahar, 1997), 193.

para o *Evento C*, isso mudaria a questão de saber se os historiadores podem julgar um evento que aparentemente requer uma causa sobrenatural para se há evidências suficientes a fim de justificar a conclusão de que o evento ocorreu. Portanto, se houver dados suficientes para justificar a conclusão de que determinado evento ocorreu, não deve haver razões *a priori* para proibir os historiadores de concluir que ele, de fato, ocorreu, mesmo que sua causa não possa ser determinada usando as ferramentas de investigação histórica.

DESAFIOS GERAIS À DESCOBERTA DO PASSADO

Um segundo grande desafio à investigação histórica é a capacidade geral dos historiadores de aprender sobre o passado, dados os muitos desafios que enfrentam em um empreendimento desses. Dou aulas de filosofia da história. Iniciei frequentemente o curso mostrando um segmento de 3 metros de trilho de uma linha férrea, explicando que se trata da extinta Ferrovia B & O e que os trens de passageiros da B & O costumavam passar por cima daquilo. Depois, pergunto aos alunos se eles acreditam na minha história. Nesse ponto, vejo muitos olhos arregalados, porque eles estão avaliando se eu os constrangi de algum modo. "Tudo bem, vejo que vocês não querem responder a essa pergunta agora, porque não possuem informações suficientes." Em seguida, apresento um envelope grande e chamo a atenção deles para o carimbo postal, que diz "23/05/2009". A seguir, tiro uma carta do envelope e aponto para o papel timbrado, que diz: "Museu da Ferrovia Baltimore & Ohio." Depois leio a carta de 21 de maio de 2009:

> Esta seção de trilho foi fabricada entre 1923 e 1927 para uso da Ferrovia Baltimore & Ohio.
>
> É um trilho de 45 quilos, que significa um peso de aproximadamente 15 quilos para esta seção de 3 metros.
>
> Essa seção do trilho veio de trás da rotunda para locomotivas, onde agora é a Plataforma 2, da qual se inicia a viagem de trem atualmente. Essa rota é o local dos primeiros 2,5 quilômetros originais de linha comercial já estabelecida neste país.

Resumo, então, as evidências que sustentam a autenticidade do trilho. Temos o segmento de trilho. Temos uma testemunha ocular (ou seja, eu) que comprou aquele segmento. Testifico que conversei pessoalmente com a gerente enquanto visitava o museu, quando ela concordou em cortar e enviar o segmento para mim. Embora anônima, temos uma carta oficial do museu dando informações sobre o trilho que recebi, que a gerente mais tarde me informou que ela havia escrito. A carta veio em um envelope com um selo oficial que indica a data em que foi enviada. Esses dados representam evidências históricas muito fortes de que o segmento ferroviário pertenceu a uma linha usada ativamente nos dias de glória das viagens de trem de passageiros.

Apesar dessas evidências, nem meus alunos nem você, leitor, podem ter certeza de que esse segmento ferroviário é tudo o que descrevi. Pois eu posso ter inventado a história, a carta e o envelope. Mas posso também não ter certeza, pois a gerente do museu pode ter me enganado e cortado um segmento de um trilho que nunca foi usado nessa capacidade específica. Além disso, mesmo que a gerente do museu e eu pretendamos ser sinceros, o soldador que ela contratou para cortar o pedaço do trilho pode ter cortado acidentalmente, ou mesmo intencionalmente, o trilho errado, e a gerente do museu talvez nunca tenha descoberto isso. Portanto, à parte de uma investigação mais aprofundada, nem meus alunos, nem você, leitor, nem eu teremos certeza de que o pedaço de trilho que possuo é o que eu pedi e o que me foi apresentado. Pois existe a possibilidade de que não seja. No entanto, as evidências são fortes o suficiente para justificar a confiança razoável de que o segmento de trilho é precisamente o que eu solicitei e o que me foi apresentado.

Essa história ilustra muitos dos desafios envolvidos na investigação histórica e na natureza do conhecimento histórico. Historiadores profissionais especializados em assuntos relacionados à filosofia da história dedicam muito tempo, até mesmo uma carreira, a discuti-los. Muitos leitores podem agora estar pensando: "Essas pessoas precisam achar o que fazer! Os historiadores já devem levar uma vida chata. E você está dizendo que existem alguns que se especializam em discutir como definir a história, o que os historiadores estão realmente tentando descobrir e como devem fazê-lo? E eu pensei que assistir a uma partida de golfe fosse chato!"

Estudar filosofia da história é realmente muito mais interessante do que alguém poderia pensar inicialmente. Comecei minha pesquisa de doutorado lendo mais de cem livros e artigos de periódicos escritos por filósofos da história. Li muito do que foi escrito durante o acalorado debate sobre a natureza da história que ocorreu entre os anos 1960 e o final do século 20, debate em que os historiadores pós-modernos estavam apelando para desafios à nossa capacidade de saber o que aconteceu no passado, com muitos deles concluindo que o passado é incognoscível e outros até prevendo o fim da história.

Afinal, o passado sobrevive apenas em fragmentos preservados em textos, artefatos e efeitos de causas passadas. Os documentos foram escritos por autores tendenciosos que tinham uma pauta, moldados pela cultura em que viviam e geralmente estranhos para nós, que tinham acesso a uma reserva de informações incompletas que variavam em precisão, das quais eles selecionavam apenas aquelas relevantes para seu objetivo em escrever, que muitas vezes suprimiam os detalhes que, ao serem incluídos, complicavam seu retrato literário, que variavam na precisão de suas memórias e no grau de seu compromisso em relatar de uma maneira que consideramos exata pelos padrões atuais. Consequentemente, todas as fontes, incluindo as modernas, devem ser estudadas com muito cuidado dentro de uma investigação histórica.

Embora os pós-modernistas não tenham apresentado esses desafios ao debate, eles os reiteraram.[4] Mas a maioria dos filósofos da história acredita que as propostas pós-modernas vão longe demais em seu ceticismo quanto à nossa capacidade de conhecer o passado. No final do século 20, até alguns nomes mais eminentes do movimento pós-modernista na disciplina de história sugeriam derrota no debate de décadas. Keith Jenkins, um desses nomes, confessou que "a maioria dos historiadores — e certamente a maioria daqueles que poderiam ser denominados historiadores 'acadêmicos' ou 'adequadamente' profissionais — tem sido resistente ao pós-modernismo que afetou muitos de seus colegas em conversas adjacentes".[5]

O pós-modernista David Roberts admite que Ernst Breisach pode estar certo de que o pós-modernismo ocorreu entre historiadores.[6] O historiador realista Brian Fay comenta:

[4]Veja Hayden White, *Tropics of Discourse: Essays in Cultural Criticism* [Trópicos de discurso: ensaios de crítica cultural] (Baltimore: Johns Hopkins University Press, 1978), 82.
[5]Keith Jenkins, "Introduction: On Being Open about Our Closures" [Introdução: Sobre ser aberto sobre as coisas em que somos fechados], em *The Postmodern History Reader* [O leitor pós-moderno de história], ed. Keith Jenkins (Nova York: Routledge, 1997), 1; cf. 9. Veja tb. Richard Evans, "Review: From Historicism to Postmodernism Historiography in the Twentieth Century" [Resenha: Do historicismo à historiografia pós-moderna no século 20], *HistTh* 41 (2002): 79-87, 81; Georg G. Iggers, *Historiography in the Twentieth Century: From Scientific Objectivity to the Postmodern Challenge* [Historiografia no século 20: da objetividade científica ao desafio pós-moderno], 2.ª ed. (Middletown, CT: Wesleyan University Press, 2005), 133, 145, 150; Nancy F. Partner, "Historicity in a Age of Reality-Fictions" [Historicidade em uma era de ficções-realidade], em *A New Philosophy of History* [Uma nova filosofia da história], ed. Frank Ankersmit e Hans Kellner (Chicago: University of Chicago Press, 1995), 21-39; John Tosh, *The Pursuit of History: Aims, Methods, and New Directions in the Study of Modern History* [A busca da história: objetivos, métodos e novas direções no estudo da história moderna], 3.ª ed. rev. (Essex: Longman, 2002), 194-200; Perez Zagorin, "History, the Referent, and Narrative: Reflections on Postmodernism Now" [História, o referente e narrativa: reflexões sobre o pós-modernismo agora], *HistTh* 38 (1999): 1, 3, 9; John Zammito, "Ankersmit and Historical Representation" [Ankersmit e representação histórica], *HistTh* 44 (2005): 161, 163.
[6]David D. Roberts, "Postmodernism and History: Missing the Missed Connections" [Pós-modernismo e história: perdendo as conexões perdidas], *HistTh* 44 (2005): 252.

Tirando algumas exceções interessantes nas margens da disciplina, a prática histórica é quase a mesma em 1997 à de 1967: os historiadores procuram descrever com precisão e explicar convincentemente como e por que determinado evento ou situação ocorreu. [...] Apesar de toda a conversa sobre narrativismo, presentismo, pós-modernismo e desconstrução, os historiadores escrevem da mesma maneira que sempre o fizeram [...].[7]

Em sua resposta ao desafio pós-moderno, Behan McCullagh escreve: "Não conheço historiadores praticantes que admitam que não podem descobrir nada verdadeiro sobre o passado. Eles podem admitir serem falíveis, mas não negam que muitos dos fatos básicos que apresentam sejam provavelmente verdadeiros."[8] Portanto, a previsão de que o pós-modernismo traria o fim da história foi uma profecia furada.[9] Hoje, um realismo moderado permanece no trono.[10]

Infelizmente, a maioria dos estudiosos da Bíblia não tem conhecimento do longo debate sobre o desafio pós-moderno que ocorreu entre os filósofos da história, pois não leem a literatura desse campo. Assim, alguns estudiosos do Novo Testamento acreditam que estão dando contribuições à disciplina quando, na realidade, a festa acabou e eles a perderam! Como resultado, estão condenados a cortar o mato cerrado com o facão, abrir uma picada que um dia pavimentarão e, quando chegarem ao final de sua nova estrada, encontrarão o lixo de outras pessoas que acamparam ali anos antes, apagaram a fogueira, espalharam as cinzas e voltaram para casa com um realismo cauteloso. Minha esperança é que o número de estudiosos do Novo Testamento que segue esse curso seja pequeno.

Se uma lição importante pode ser aprendida do debate entre os filósofos da história sobre a natureza da história, é que devemos evitar posições extremas em ambos os lados. Já passou o tempo em que um historiador da Antiguidade estava livre para dizer que podemos ter certeza histórica de que o *Evento X* ocorreu da maneira descrita precisamente por uma fonte. Pois, à luz dos múltiplos desafios para aprender sobre o passado, a única maneira de

---

[7]Brian Fay, "Nothing But History" [Nada a não ser história], *HistTh* 37 (1998): 83. Veja tb. Mark T. Gilderhus, *History and Historians: A Historiographical Introduction* [História e historiadores: uma introdução historiográfica], 6.ª ed. (Upper Saddle River, NJ: Prentice Hall, 2007), 124.

[8]C. Behan McCullagh, *The Truth of History* [A verdade da história] (Nova York: Routledge, 1998), 15.

[9]Jens Bruun Kofoed, *Text and History: Historiography and the Study of the Biblical Text* [Texto e história: historiografia e o estudo do texto bíblico] (Winona Lake, IN: Eisenbrauns, 2005), 16.

[10]Duas das melhores críticas em livro aos tratamentos pós-modernos à história são McCullagh, *Truth of History*, e Richard. J. Evans, *In Defense of History* [Em defesa da história] (Nova York: Norton, 1999).

ter tanta certeza seria usar uma máquina do tempo e ver o fato ocorrendo. É claro que existem desafios semelhantes para arqueólogos, geólogos e biólogos evolucionários, que frequentemente trabalham com uma escassez de dados que os faz invejar tudo o que os historiadores costumam ter em mãos.

Por outro lado, os múltiplos desafios para descobrir o passado geralmente não deixam os historiadores sem a capacidade de ter garantia razoável não apenas de que o *Evento X* ocorreu, mas também de que ele ocorreu de modo bastante semelhante ao descrito por uma fonte antiga. Os estudantes do Jesus histórico enfrentam a maioria, se não todos, os desafios mencionados acima ao ler os Evangelhos. Em cada um dos quatro Evangelhos canônicos, toda a vida de Jesus foi resumida em menos de 25 mil palavras. Como se dá com todo mundo que já viveu, os evangelistas e suas fontes tinham lembranças imperfeitas.[11] Os evangelistas foram tendenciosos. A pauta deles era nos fornecer um retrato literário de Jesus, de quem eram enfatizados certos aspectos do caráter e dos papéis desempenhados naquele relato. Portanto, cada evangelista selecionou certas histórias e determinados ensinamentos de Jesus para incluir em sua narrativa que o ajudariam a completar o retrato que fazia. Como todas as pessoas que já viveram, os evangelistas foram influenciados pela cultura em que viviam, a qual é agora bastante estranha para nós. Ocasionalmente, os evangelistas suprimiam detalhes quando isso complicava o retrato que queriam fazer. Isso pode ser visto mais claramente na apresentação que João faz de Jesus no Getsêmani e na cruz, onde, diferentemente dos Sinópticos, pouco espaço é dedicado a Jesus agonizando com respeito ao que está por vir e não há o grito de angústia dele na cruz por ter sido abandonado por Deus. Plutarco, que escreveu biografias na mesma época, tinha uma prática semelhante.[12]

Os Evangelhos não são inteiramente descrição realista. Nem são inteiramente fotografias. Eles contêm elementos de ambos. Talvez fosse mais preciso pensar neles como híbridos. Os biógrafos antigos às vezes alteravam seus instantâneos fotográficos para trazer maior iluminação aos leitores.

---

[11]Considerando que neste ensaio estamos nos aproximando dos Evangelhos como historiadores, nenhuma pressuposição de inspiração divina pode ser feita. Se as memórias imperfeitas dos evangelistas e/ou de suas fontes impactaram os Evangelhos que eles escreveram, não é assunto tratado aqui.
[12]P. ex., em *Vida de Brutus* 33, Plutarco relata que Brutus descobriu e executou Teódoto, que havia aconselhado o rei egípcio Ptolomeu a matar Pompeu. No entanto, em *Vida de Pompeu* 80, Plutarco relata que Brutus levou Teódoto à morte graças a todas as torturas possíveis. Como Brutus era, em geral, uma pessoa moderada e gentil, Plutarco aparentemente não desejava incluir esse detalhe na *Vida de Brutus* e tornar confuso o retrato que fazia dele. No entanto, uma descrição realista de Brutus não era preocupação de Plutarco ao escrever *Vida de Pompeu*.

Pode-se pensar em um fotógrafo que tira uma foto de um casal andando de mãos dadas por um prado de flores em um dia ensolarado. Para enfatizar o ar romântico do momento, o fotógrafo pode usar um programa de edição e acrescentar um leve borrão à fotografia. O verdadeiro caráter da cena é preservado, até mesmo tornado mais evidente, embora sua precisão fotográfica seja levemente diminuída.

Outra analogia pode ser útil. Ao criar uma tradução da Bíblia para o inglês, as comissões devem primeiro decidir o tipo de tradução que desejam criar. Uma versão literal, como NASB, ESV, NRSV e KJV [em português, temos ACF, ARC e ARA], tenta apresentar uma tradução que seja palavra por palavra, tanto quanto possível. Uma tradução de equivalência dinâmica, como NIV e NLT [em português, temos NVI e NTLH], está mais interessada em ser uma tradução pensamento por pensamento. Obviamente, traduções do segundo tipo não devem ser julgadas quanto à precisão de acordo com o primeiro tipo. Fazer isso seria perder o objetivo da tradução. Traduções por equivalência otimizada, como NET e CSB, tentam ser híbridas de traduções literais e dinâmicas. Paráfrases, como A Mensagem, não são traduções em sentido técnico. Em vez disso, o objetivo de uma paráfrase é capturar o pensamento principal de um texto e o apresentar de maneira clara e legível.

Considero que os Evangelhos Sinópticos usam um modelo de equivalência otimizada de relatar os ensinamentos e atos de Jesus, enquanto João usa a equivalência dinâmica. Às vezes, João está ainda mais perto de uma paráfrase, enquanto outras vezes ele vai ainda mais longe, especialmente com os discursos. No entanto, quando lemos em João algumas perícopes que também aparecem nos Sinópticos, como a alimentação dos cinco mil, podemos observar que João nem sempre empregava elementos de descrição realista. Ele apenas os empregava com mais frequência e mais livremente do que os Sinópticos. Pode-se debater a confiabilidade histórica dos Evangelhos. Contudo, os desafios-padrão ao conhecimento histórico observados pelos historiadores pós-modernos não impedem que os historiadores julguem a historicidade dos milagres em geral e da ressurreição de Jesus em particular.

CRITÉRIOS

Em 2012, Chris Keith e Anthony Le Donne serviram como coeditores de um livro que incluía ensaios de um grupo de estudiosos respeitados que questionam, em graus variados, o valor de serem usados os critérios de autenticidade na pesquisa do Jesus histórico.[13] Como a filosofia da história é frequentemente negligenciada nos estudos do Novo Testamento, as conversas em *Jesus, Criteria, and the Demise of Authenticity* (doravante, *JCDA*) são cuidadosas e úteis. Os colaboradores não têm uma voz única quando se trata de responder se os critérios ainda podem desempenhar um papel proveitoso na pesquisa sobre o Jesus histórico. Enquanto alguns consideram os critérios inúteis e desejam descartá-los completamente, outros veem valor na maioria deles, desde que sejam refinados e as expectativas do que podem fornecer, reduzidas.[14]

Vários dos colaboradores nos lembram os desafios envolvidos na obtenção de conhecimento histórico preciso e o caráter de tentativa de nossas conclusões históricas. Jens Schröter reitera o que discutimos na seção anterior.[15] Winter informa aos leitores que não podemos mais dizer, como se pensava, que, se a investigação histórica for conduzida adequadamente, sempre resultará em conclusões precisas e que os historiadores podem ser inteiramente objetivos ao examinar fatos evidentes.[16] Em vez disso, as conclusões históricas conduzidas com grande integridade às vezes serão errôneas, e só podemos falar em termos de graus de probabilidade.[17]

Le Donne sustenta que o critério de dupla dissimilaridade deve ser abandonado.[18] E ele provavelmente está correto. Dagmar Winter sugere que esse critério seja substituído pelo de plausibilidade histórica.[19] Rafael Rodríguez argumenta que o critério de constrangimento não pode produzir muito sobre Jesus.[20] Loren Stuckenbruck afirma que uma data precoce para uma

---

[13]Chris Keith e Anthony Le Donne, eds. *Jesus, Criteria, and the Demise of Authenticity* (Londres: T&T Clark, 2012).

[14]Em outros lugares, apresentei longa resenha de *Jesus, Criteria, and the Demise of Authenticity*. Veja Michael R. Licona, "Is the Sky Falling in the World of Historical Jesus Research?" [O céu está caindo no mundo da pesquisa sobre o Jesus histórico?], *BBR* 26 (2016): 353-68.

[15]Jens Schröter, "The Criteria of Authenticity in Jesus Research and Historiographical Method" [Os critérios de autenticidade na pesquisa sobre Jesus e no método historiográfico], em Keith e Le Donne, *Jesus, Criteria, and the Demise of Authenticity*, 49-70.

[16]Dagmar Winter, "Saving the Quest for Authenticity from the Criterion of Dissimilarity: History and Plausibility" [Salvando a busca pela autenticidade a partir do critério de dissimilaridade: história e plausibilidade], em Keith e Le Donne, *Jesus, Criteria, and the Demise of Authenticity*, 115-31 (veja 115).

[17]Winter, "Saving the Quest for Authenticity", 116, 125.

[18]Anthony Le Donne, "The Criterion of Coherence: Its Development, Inevitability, and Historiographical Limitations" [O critério de coerência: seu desenvolvimento, sua inevitabilidade e suas limitações historiográficas], em Keith e Le Donne, *Jesus, Criteria, and the Demise of Authenticity*, 94-114 (veja 108). Veja tb. Gerd Theissen e Dagmar Winter, *The Quest for the Plausible Jesus: The Question of Criteria*, trad. M. Eugene Boring (Louisville: Westminster John Knox, 2002). Veja esp. as observações finais em 167-71.

[19]Winter, "Saving the Quest for Authenticity", 126.

[20]Rafael Rodríguez, "The Embarrassing Truth About Jesus: The Criterion of Embarrassment and the Failure of Historical Authenticity", em Keith e Le Donne, *Jesus, Criteria, and the Demise of Authenticity*, 132-51.

tradição não exige que ela tenha se originado com Jesus.[21] Ele também argumenta que a presença de semitismos não significa automaticamente que a tradição é antiga. No entanto, seu ensaio não nos leva a concluir que essa presença seja um critério inútil. Em vez disso, ele nos informa que esse não é um dos critérios mais fortes e deve ser usado com outros critérios. Mark Goodacre e Winter reconhecem o valor do critério de múltiplas fontes independentes.[22] No entanto, Goodacre questiona se esse critério pode ser aplicado aos Evangelhos, uma vez que ele rejeita a ideia de uma fonte Q e tem reservas quanto à independência de João em relação aos Sinópticos.[23] Schröter e Allison observam que os critérios não superaram a subjetividade nem levaram a um consenso entre os estudiosos sobre Jesus.[24]

Infelizmente, muitos dos colaboradores recorrem aos desafios oferecidos pelos pós-modernistas, sustentando que esses desafios justificam o pessimismo quanto a chegarem a um Jesus histórico.[25] Na minha opinião, esse pessimismo vai além do justificável. Considere o que diz Schröter:

> É preciso levar em conta que uma investigação histórica é sempre uma empreitada na qual o historiador estuda dados históricos para desenvolver uma ideia do que pode ter acontecido. Assim, os vestígios do passado não devem ser confundidos com os próprios eventos. Antes, as fontes históricas são seletivas e frequentemente subjetivas em suas lembranças e interpretações dos eventos, a partir das quais o historiador tenta recuperar os próprios eventos. Por outro lado, "memória" é por si só uma categoria histórica problemática. Ela não leva automaticamente a uma imagem mais adequada

---

[21]Loren T. Stuckenbruck, "'Semitic Influence on Greek': An Authenticating Criterion in Jesus Research?", em Keith e Le Donne, *Jesus, Criteria, and the Demise of Authenticity*, 73-94 (veja 74n2).
[22]Winter, "Saving the Quest for Authenticity", 127; Mark Goodacre, "Criticizing the Criterion of Multiple Attestation: The Historical Jesus and the Question of Sources", em Keith e Le Donne, *Jesus, Criteria, and the Demise of Authenticity*, 152-69, esp. 168-69.
[23]Goodacre, "Criticizing the Criterion of Multiple Attestation", 162-64.
[24]Schröter, "Criteria of Authenticity in Jesus Research and Historiographical Method", 58; Dale C. Allison Jr., "It Don't Come Easy: A History of Disillusionment" [Isso não é fácil: uma história de desilusão], em Keith e Le Donne, *Jesus, Criteria, and the Demise of Authenticity*, 186-99, esp. 195, 197. Scot McKnight também observa que os critérios não levaram a um consenso, mas ele não é cético quanto ao uso dos Evangelhos na construção de um Jesus histórico, embora considere os estudos históricos sobre Jesus como "teologicamente inúteis" para a igreja, com exceção do uso em apologética. Veja Scot McKnight, "Why the Authentic Jesus Is of No Use for the Church", em Keith e Le Donne, *Jesus, Criteria, and the Demise of Authenticity*, 173-85 (veja 175, 179n16, 181, 183).
[25]Por "histórico" refiro-me ao Jesus composto apenas por aqueles elementos sobre ele que podem ser estabelecidos com razoável certeza histórica e à parte da fé. Obviamente, o "Jesus real" era muito mais do que o "Jesus histórico".

do passado, mas, pelo contrário, pode ser afetada por erros de percepção, informações erradas, esquecimento e projeção.[26]

Ele continua, sustentando que, como apontou a pesquisa sobre os Evangelhos na virada do século 20, mesmo o Evangelho de Marcos, como a história mais antiga sobre Jesus, não pode ser considerado um relato biográfico confiável. Em vez disso, esse texto tem sua própria pauta teológica ao apresentar Jesus como o representante do reino de Deus (que está crescendo secretamente), que retornará como o Filho do Homem no final dos tempos. Seria inadequado, portanto, aplicar a designação "Jesus histórico" aos relatos dos Evangelhos.[27]

A opinião de Schröter é compartilhada por muitos. No entanto, não entendo por que a pauta teológica de Marcos desqualificaria seu relato da vida de Jesus como um retrato confiável a partir do qual os historiadores podem construir um Jesus histórico. Plutarco certamente tinha uma pauta moral ao escrever suas *Vidas*. Não obstante, isso não leva os classicistas a pensar que as *Vidas* de Plutarco não podem ser consideradas relatos biográficos confiáveis e que é inadequado pensar que os historiadores possam encontrar um Cícero histórico, um César histórico ou um Cato Uticense histórico na biografia que escreveu sobre eles. É claro que os estudiosos entendem coisas diferentes pelo termo "confiável". Se Schröter quer dizer que Marcos não é um relatório preciso e exaustivo do que teríamos visto se estivéssemos lá e ele estivesse livre de interpretação autoral, isso pode ser aceito. Mas o mesmo pode ser dito de todas as biografias antigas *e modernas*. No entanto, isso não impede que os historiadores encontrem núcleos históricos nelas, a fim de reconstruir uma descrição dos personagens principais que são essencialmente verdadeiros ou "verdadeiros o suficiente".[28]

Uma vida de Josh

Em março de 2014, fui palestrante em uma conferência em Fort Wayne, Indiana. Enquanto estava lá, almocei com um universitário que se formou em filosofia chamado Josh. Ele não sabia onde queria fazer o trabalho de

---

[26]Schröter, "Criteria of Authenticity in Jesus Research", 51.
[27]Schröter, "Criteria of Authenticity in Jesus Research", 53.
[28]A expressão "verdadeiro o suficiente" é de Christopher Pelling, *Plutarch and History: Eighteen Studies* [Plutarco e história: dezoito estudos] (Swansea: Classical Press of Wales, 2002), 160.

pós-graduação e o que queria estudar. No entanto, me impressionou por ser inteligente e agradável.

Quando voltei para Atlanta, refleti sobre meu encontro com Josh. Você pode dizer que eu poderia construir uma ideia dele em minha mente. Essa ideia de Josh seria baseada em minha interpretação dele depois de tê-lo conhecido, uma interpretação que poderia muito bem ter sido equivocada de alguma maneira, dada a possibilidade de impressões erradas e memória imprecisa. Além disso, o Josh que experimentei naquele fim de semana pode ter sido bem diferente do Josh conhecido por seus pais, namorada, irmãos, amigos mais próximos ou colegas de classe, já que ele se relaciona com todas essas pessoas de diferentes maneiras. Além disso, ninguém além do próprio Josh jamais conhecerá e entenderá em termos precisos como ele se relaciona consigo mesmo. Ninguém tem plena consciência dos profundos pensamentos, reflexões e sentimentos sobre si mesmo. De fato, o que é verdade para a maioria de nós é quase certamente verdade com respeito a Josh: há coisas sobre ele que ele não compreende inteiramente.

Então, alteremos ligeiramente as palavras acima de Schröter para articular o desafio de encontrar um Josh histórico.

> É preciso levar em conta que a investigação sobre Josh é sempre uma empreitada em que se estudam dados históricos para desenvolver uma ideia do que pode ter acontecido até agora na vida de Josh. Assim, os vestígios do passado não devem ser confundidos com os próprios eventos. Antes, as fontes que conhecem Josh, incluindo ele mesmo, são seletivas e frequentemente subjetivas em suas lembranças e interpretações de eventos na vida de Josh, a partir das quais tentam recuperar os eventos ao descrevê-los. Por outro lado, "memória" é por si só uma categoria histórica problemática. Ela não leva automaticamente a uma imagem mais adequada dos eventos passados na vida de Josh. Pelo contrário, pode ser afetada por erros de percepção, informações erradas, esquecimento e projeção.

Poderíamos estender ainda mais o paralelo:

> Embora fosse bem antiga e, de fato, escrita enquanto seu personagem principal ainda estivesse vivo, uma *Vida de Josh* não poderia ser considerada um relato biográfico confiável. Em vez disso, ela teria sua própria pauta historiográfica ao apresentar Josh como uma figura histórica sobre a qual podemos conhecer uma quantidade considerável de coisas com um grau razoável de

certeza. Seria inadequado, portanto, aplicar a designação "Josh histórico" à *Vida de Josh*.

No sentido mais estrito, o *verdadeiro Josh* é incognoscível. E o mesmo pode ser dito do *verdadeiro Jens Schröter* e do *verdadeiro Michael Licona*. Devemos, então, considerar qualquer interpretação do *Josh histórico* como irremediavelmente inadequada? Como vou aprender sobre Josh? Pode-se sugerir, de modo razoável, que eu entreviste aqueles que o conhecem melhor. Os membros da família, amigos íntimos e colegas seriam as principais fontes, os pontos mais importantes pelos quais começar. Talvez eu também possa encontrar uma fonte antipática, uma pessoa que não gosta de Josh. As memórias da infância dele compartilhadas por seus pais seriam valiosas, embora recordassem eventos ocorridos há mais de duas décadas.

O *Josh histórico*, construído sobre elementos a respeito dele e estabelecido com alto grau de certeza, não será exaustivo. Nem será inteiramente preciso, pois as memórias são imperfeitas. Provavelmente também haverá itens distorcidos em razão do viés. A mãe de Josh pode se lembrar seletivamente dele como um filho melhor do que realmente era, ao passo que uma de suas irmãs pode se lembrar dele como um irmão pior do que realmente era. No entanto, provavelmente teríamos um retrato bastante acurado de Josh diante de nós. Confiaríamos no testemunho de testemunhas oculares, especialmente quando dado por quem esteve próximo aos eventos (critério de testemunha ocular/fontes mais antigas). Confiaríamos nas informações sobre Josh dadas por duas ou mais testemunhas independentes (critério de múltipla atestação), especialmente se uma das testemunhas fosse alguém que não gostasse de Josh (critério de fontes antipáticas). E confiaríamos nos dados fornecidos por um parente que o ama e que retransmitiu um evento envolvendo Josh que é embaraçoso para ele ou para a família (critério de constrangimento).

Embora sejam muito reais, os desafios de conhecer o passado geralmente não são de tal natureza que impedem que os historiadores extraiam conhecimento a partir de pessoas, eventos, condições e estados de coisas que são em grande parte verdadeiros. Enquanto leio a literatura sobre o Jesus histórico, o que se destaca para mim não é a falta de dados (embora desejássemos ter mais) nem a inadequação de nossos métodos (embora não sejam de modo algum à prova de falhas), mas a observação de que o âmbito das ideias dos historiadores é frequentemente a força norteadora de suas investigações. Todos somos influenciados por nossa raça, nosso gênero, nossa nacionalidade, nossa ética, nossas convicções políticas, filosóficas e religiosas, pela maneira como fomos criados, pelas instituições acadêmicas que frequentamos e pelo grupo de pessoas de quem desejamos aceitação e respeito. Não há maneira de contornar isso. O âmbito das ideias dos historiadores frequentemente compromete a integridade de suas investigações históricas. Além disso, os dados são flexíveis. E nem mesmo os melhores métodos podem impedir um tratamento irresponsável dos textos. Como o próprio Allison escreve, "as ferramentas não determinam como são usadas; as mãos que as manuseiam fazem isso".[29]

Embora seja verdade que os critérios não levaram os historiadores de Jesus a um consenso, também se pode observar que o método científico falhou em levar os cientistas a um consenso em muitos assuntos. Os cientistas estão acampados em lados diferentes de inúmeras questões. E os cientistas sabidamente falsificam os dados.[30] Quando permitimos que nossa perspectiva das coisas guie o modo como empregamos as ferramentas de nosso ofício histórico, muitas vezes as conclusões serão distorcidas. Assim, uma responsabilidade significativa do problema, talvez a maior parte, deve ser atribuída ao historiador. Portanto, em vez de apontar um dedo acusador para os critérios e culpá-los por não fornecer um "Jesus histórico de consenso", devemos olhar profundamente para nós mesmos.

Em vez de abandonar os critérios, uma rota melhor pode ser admitir que as expectativas em relação a eles foram idealistas e depois revisá-las de acordo com isso. Queremos que os critérios funcionem como uma calculadora. Nós inserimos os dados, pressionamos o botão "=" e recebemos resultados garantidos. As calculadoras não cometem erros. No entanto, os estatísticos podem usá-los de maneira inadequada para fazer com que os números digam o que eles querem. Portanto, mesmo que a aplicação dos critérios fosse semelhante à utilização de uma calculadora, resultados sem falhas não seriam garantidos.

Mas os critérios não funcionam como uma calculadora. E há analogias melhores para descrever o papel deles. Os médicos empregam certos critérios ao diagnosticar os sintomas de um paciente. Médicos altamente

---

[29]Allison, "It Don't Come Easy", esp. 197
[30]Veja Scott O. Lilienfeld, "Fudge Factor: A Look at a Harvard Science Fraud Case" [Fator de enganação: um olhar sobre um caso de fraude da Harvard Science], *Scientific American* (1.º de novembro de 2010). *On-line*: www.scientificamerican.com/article/fudge-factor/. Os cientistas operam de acordo com seus pontos de vista tanto quanto os historiadores. Isso pode levar ao mau uso do método. Veja "How Many Scientists Fabricate and Falsify Research?" [Quantos cientistas fabricam e falsificam pesquisas?]. *On-line*: http://phys.org/news162795064.html. <Acesso em 12.fev.2020.>

capacitados e experientes diagnosticarão seus pacientes de modo preciso com mais frequência do que seus colegas. Ainda assim, eles vão dar um diagnóstico errado ocasionalmente ou ficar sem resposta, por causa de erro humano ou de escassez de dados. Ocasionalmente, isso resultará em consequências trágicas para o paciente. No entanto, não incentivamos os médicos a abandonarem os critérios que usam para dar diagnósticos. Os júris consideram os dados e, às vezes, decidem por sentenças equivocadas, resultando em culpados sem punição e inocentes injustamente punidos. Por vezes, o júri é incompetente. Mas houve muitas ocasiões em que o júri aplicou as regras corretamente e os dados disponíveis os levaram à conclusão errada. No entanto, não vemos nosso sistema jurídico com o pessimismo modelado por muitos dos colaboradores de *JCDA*.

A conclusão é que o uso dos critérios pelo historiador deve ser visto de maneira semelhante ao empregado por médicos e júris. Alguns médicos, juristas e historiadores são mais proficientes do que muitos de seus colegas. No entanto, ninguém é perfeito, e conclusões incorretas são inevitáveis em todas as atividades humanas. Apesar disso, a imperfeição não justifica o pessimismo frequentemente observado por alguns colaboradores de *JCDA*.

Critérios e a ressurreição de Jesus

Agora, desejo examinar duas questões da pesquisa sobre o Jesus histórico relacionadas ao destino dele, especificamente sua morte e ressurreição, e avaliar o papel que os critérios de autenticidade desempenham. Existe quase um consenso universal entre os historiadores de Jesus de que ele foi executado via crucificação e morreu como resultado disso, e que pouco depois vários discípulos tiveram experiências que criam ser do Jesus ressurreto que apareceu para eles. Quais dados levaram a uma opinião de consenso referente a esses fatos?

As limitações de espaço proíbem uma resposta extensa.[31] Por isso, apresentarei três breves razões para concluir que Jesus morreu por crucificação e três para concluir que os discípulos criam que Jesus ressurreto lhes havia aparecido. Primeira: a morte de Jesus por crucificação é atestada por um número considerável de fontes antigas, tanto cristãs quanto não cristãs. É muito provável que Josefo tenha relatado o evento em sua versão original

---

[31]Para um estudo extenso sobre a morte de Jesus por crucificação, consulte Licona, *Resurrection of Jesus*, 303-18.

de *Antiguidades* 18.3.[32] Tácito, Luciano e Mara bar Serapion estão cientes do evento.[33] Luciano acrescenta que a crucificação de Jesus ocorreu na Palestina.[34] Em fontes cristãs, a execução de Jesus é amplamente relatada, especificando ou não o uso da cruz. Os quatro Evangelhos canônicos relatam a morte de Jesus por crucificação, assim como grande parte do Novo Testamento, que se refere a ela regularmente.[35] A morte e/ou a crucificação de Jesus também são abundantemente mencionadas na literatura cristã não canônica.[36]

A segunda razão é que alguns dos relatos da morte de Jesus por crucificação são muito antigos. Paulo menciona a morte de Jesus por crucificação, o mais tardar, no ano 55 d.C. (Gálatas 2:20,21) e disse que ele pregava a mesma coisa para os de Corinto, por volta de 51 d.C., no máximo vinte e um anos após a crucificação de Jesus (1Coríntios 15:1-11). A morte de Jesus aparece inúmeras vezes no querigma das fórmulas orais. O primeiro relato da morte de Jesus é encontrado na tradição em 1Coríntios 15:3. Praticamente todos os estudiosos que escreveram sobre o assunto sustentam que Paulo aqui cita uma tradição sobre Jesus que ele havia recebido dos

---

[32]Muita literatura foi escrita sobre a autenticidade desse texto, tendo a maioria dos estudiosos concluído que Josefo menciona a morte de Jesus, além de garantir que um editor cristão tenha redigido e acrescentado vários elementos ao texto. Veja Licona, *Resurrection of Jesus*, 235-42.

[33]Tácito não cita especificamente a crucificação como o modo pelo qual Jesus foi executado, mas relata que este sofreu "a penalidade mais extrema" (*Anais* 15.44). Mara bar Serapion não menciona o modo de execução. Embora tenha um valor histórico questionável, o Talmude também relata o evento, mas usa o termo "enforcado" (*b. Sanhedrin* 43a).

[34]Luciano, *Peregrino*, 11.

[35]Marcos 15:24-37; Mateus 27:35-50; Lucas 23:33-46; João 19:16-37. Antes de os Evangelhos canônicos serem escritos, a morte de Jesus é relatada abundantemente em todo o *corpus* paulino e em todas as cartas indiscutivelmente paulinas, exceto Filemom (Romanos 1:4; 4:24; 5:6,8,10; 6:3,4,5,8-10; 7:4; 8:11 [duas vezes], 34; 10:9; 11:26; 14:9,15; 1Coríntios 8:11; 15:3,12,13,15,16,20; 2Coríntios 5:14,15; Gálatas 1:1; 2:21; Filipenses 2:8; 3:10,18; Colossenses 1:18,20; 2:12,14,20; 1Tessalonicenses 1:10; 4:14; 5:10; 2Timóteo 2:8,11. Crucificação de Cristo [crucificação, cruz]: 1Coríntios 1:17,18,23; 2:2,8; 2Coríntios 13:4; Gálatas 2:20; 3:1; 6:12,14; Efésios 1:20; 2:16). A morte de Jesus é também atestada em Hebreus e 1Pedro (Hebreus 2:9,14; 9:15—10:14; 12:2; 13:20; 1Pedro 1:3,21; 2:24; 3:18). Ambas foram certamente escritas no primeiro século e podem ser anteriores aos Evangelhos canônicos (L. T. Johnson, *The Real Jesus: The Misguided Quest for the Historical Jesus and the Truth of the Traditional Gospels* [O verdadeiro Jesus: a busca mal direcionada pelo Jesus histórico e a verdade dos Evangelhos tradicionais] [San Francisco: HarperSanFrancisco, 1996], 151, 164).

[36]Inácio, *Efésios* 16:2; Inácio, *Tralianos* 9:1; Inácio, *Romanos* 7:2; Inácio, *Barnabé.* 7:9; 12:1; *Martírio de Policarpo* 17:2. O *Evangelho de Pedro* (10, 18) e a *Epístola dos apóstolos* (9) relatam a morte de Jesus por crucificação. O *Evangelho dos Hebreus* menciona a morte de Jesus implicada em sua ressurreição corporal. O *Evangelho de Maria* e o *Evangelho da Verdade* também mencionam a morte de Jesus. A crucificação de Jesus, sem mencionar se ele morreu, é mencionada no *Evangelho do Salvador* (91-92, 100-108). Jesus é crucificado e morre no *Apocalipse Copta de Pedro* e no *Segundo Tratado do Grande Sete*, escritos gnósticos datados do terceiro século. O *Evangelho de Tomé* (65) e o *Evangelho de Judas* (57) provavelmente se referem à morte de Jesus na versão de Tomé da Parábola da Vinha e dos Arrendatários Maus contada por Jesus, e na menção de Judas à traição sofrida por Jesus, resultando no sacrifício do corpo deste.

líderes da igreja em Jerusalém. Da mesma forma, existe um amplo consenso de que essa tradição foi composta muito cedo, refletindo o que os apóstolos de Jerusalém estavam ensinando, e é a mais antiga tradição existente referente à ressurreição de Jesus.[37]

Uma terceira evidência da morte de Jesus por crucificação é que as narrativas da Paixão parecem amplamente críveis, dada sua natureza bastante constrangedora. Embora existissem vários relatos de mártires judeus que haviam agido bravamente sob circunstâncias de extrema tortura e execução, os relatos da prisão e do martírio de Jesus mostram um homem muito menos valente.[38] No primeiro caso, os mártires são fortes, ousados e corajosos enquanto passam pelas provações. Quando chegamos às narrativas da Paixão nos Evangelhos canônicos, encontramos várias características positivas exibidas por Jesus encontradas também nos mártires judeus. Como os outros, uma vez preso, Jesus se mantém firmemente em suas convicções. Em todos, há momentos de grande compostura durante as dolorosas provações. Jesus ora, como Eleazar, Estêvão, Policarpo e Rabino Akiba. Até os inimigos de Jesus ficam impressionados com seu comportamento, sob grande pressão, assim como os que testemunham o martírio dos sete irmãos: Eleazar, Policarpo, Rabino Akiba e Rabi Hanina ben Taradion.[39]

No entanto, os relatos sobre o martírio de Jesus diferem significativamente dos outros. Enquanto vários outros relatos de martírio parecem elaborados para incentivar outras pessoas que viessem a enfrentar situações semelhantes, as narrativas da paixão de Jesus não oferecem esse incentivo. Jesus se angustia com o tratamento iminente e quer evitá-lo, se possível.[40] Isso certamente não teria inspirado aqueles a quem ele havia instruído a tomar a própria cruz e segui-lo, se quisessem ser seus discípulos.[41] O pedido de Jesus de que Deus passe o cálice dele, se possível, contrasta com as palavras desafiadoras dos mártires que, em essência, dizem: "Traga-o!" e: "Torturas e pedras podem quebrar meus ossos, mas a ressurreição me aguarda!" Em lugar de proclamar que não abandonará Deus ou sua lei, como fizeram muitos mártires judeus, Jesus clama, perguntando a Deus por que o abandonou.[42] Dada a provável

---

[37]Veja Licona, *Resurrection of Jesus*, 223-35, 318-29.
[38]2Macabeus 7; *4Macabeus* 6:1-30; *y. Berakot* 14b; *b. Berakot* 61b; *b. ʾAboda Zara* 18a. Compare tb. com relatos dos primeiros mártires cristãos (Atos 6:8—7:60; Inácio, *Martírio de Policarpo* 7:1—16:1).
[39]Marcos 15:4,5,39; Mateus 27:54; Lucas 23:39-42,47; João 19:7-12.
[40]Marcos 14:32-42; Mateus 26:36-46; Lucas 22:39-46.
[41]Marcos 8:34; Mateus 16:24; Lucas 9:23.
[42]Marcos 15:34; Mateus 27:46.

natureza constrangedora para a igreja primitiva dessas manifestações de desespero, é improvável que tenham sido inventadas.[43]

Por esse motivo, temos a sensação de que, nos Evangelhos canônicos, estamos lendo relatos autênticos sobre a prisão e a morte de Jesus, mesmo que uma faxina ou omissão possa ter ocorrido com alguns desses detalhes constrangedores de Lucas e quase todos eles de João. Consequentemente, os elementos constrangedores nas narrativas da Paixão pesam a favor da presença de núcleos históricos.

Embora abertos a possibilidades, os historiadores devem ser guiados por probabilidades. Assim, dada a forte evidência da crucificação de Jesus, sem boas evidências em contrário, o historiador deve concluir que foi daquele modo que Jesus foi morto. Essa conclusão é partilhada por praticamente todos os estudiosos que estudaram o assunto.

Em resumo, a evidência histórica é muito forte de que Jesus morreu por crucificação. O evento é atestado de várias maneiras por várias fontes antigas, algumas das quais antipáticas e até hostis à visão cristã. Elas até aparecem em múltiplas formas literárias, sendo encontradas em anais, histo-riografias, biografias, cartas e tradição na forma de credos, fórmulas orais e hinos. Alguns dos relatos são muito antigos e podem ser atribuídos aos após-tolos de Jerusalém. E as narrativas da Paixão parecem credíveis, dados os elementos constrangedores nelas. Eu gostaria de saber, daqueles que pedem o abandono dos critérios ou os consideram de pouco valor, se eles pensam que Jesus morreu por crucificação e, em caso afirmativo, com base em que chegaram a essa conclusão.

Agora, veremos alguns dados que apoiam o fato de que os discípulos de Jesus tiveram experiências que interpretaram como Jesus ressuscitado ter-lhes aparecido. A ressurreição e as aparições de Jesus são mencionadas na tradição oral em 1Coríntios 15:3-7. Como mencionado acima, o conteúdo dessa tradição, embora não necessariamente sua forma, pode ser atribuído, com alto grau de segurança, aos discípulos de Jesus, o que a torna muito

---

[43]Ao contrário das reservas de Rodríguez com respeito ao critério de constrangimento, muitos estu-diosos reconhecem valor em seu uso. Veja Louis H. Feldman, "Introduction" [Introdução], em *Josephus, Judaism, and Christianity* [Josefo, judaísmo e cristianismo], ed. Louis H. Feldman e Gohei Hata (Detroit: Wayne State University Press, 1987), 42; Robert H. Gundry, Mark: *A Commentary on His Apology for the Cross*, 2 vols. (Grand Rapids: Eerdmans, 1993), 965-66; Craig S. Keener, *A Commentary on the Gospel of Matthew* [Um comentário sobre o Evangelho de Mateus] (Grand Rapids: Eerdmans, 1999), 682; Geza Vermes, *The Passion: The Story of an Event That Changed Human History* [A Paixão: a história de um evento que mudou a história humana] (Nova York: Penguin, 2006), 122.

antiga. Em 1Coríntios 15:8, Paulo afirma ter sido uma testemunha ocular do Jesus ressuscitado que lhe apareceu. As aparições são atestadas de várias maneiras no querigma de 1Coríntios 15:3-7, nos discursos em Atos (2; 10; 13), que a maioria dos estudiosos concorda que contêm resumos de ensinamentos apostólicos, nos quatro Evangelhos canônicos, em Atos (9; 22; 26), em 1Clemente, que pode ter sido escrita por um seguidor de Pedro, e possivelmente em Josefo (que era antipático à causa de Jesus).[44]

Portanto, os relatos de aparições são antigos, atestados por várias fontes independentes, das quais pelo menos uma afirma ter sido testemunha ocular, e possivelmente atestados por uma fonte antipática. Existe um acordo quase universal entre os estudiosos que estudam o tópico que os apóstolos proclamavam e criam que Jesus havia ressuscitado e lhes aparecera.[45] Então, uma vez mais, eu gostaria de ouvir daqueles que pedem o abandono dos critérios ou que os consideram de pouco valor, (1) se supõem que muitos dos discípulos de Jesus e Paulo tiveram experiências que interpretaram como o Jesus ressurreto lhes aparecendo e, em caso afirmativo, (2) com base em que chegam a essa conclusão. Embora os critérios de autenticidade tenham limitações e não garantam resultados precisos, são ferramentas úteis que auxiliam os historiadores na busca pela descoberta do passado. Eles os usam quando consideram a *logia* individual e os atos dos personagens sendo considerados (atomismo). No entanto, os historiadores devem ir além dos critérios e também considerar toda a descrição desses personagens apresentados (holismo).[46] Embora eles possam ter uma preferência entre atomismo e holismo, não há nada exigindo que se concentrem em um e excluam o outro.

Os historiadores devem considerar de modo primordial os fatos que são praticamente certos, seguidos por outros para os quais a confiança histórica ainda é boa. E, quando toda a tarefa está feita e os historiadores chegaram a uma conclusão, eles a mantêm provisoriamente, entendendo que dados que as desconfirmem podem surgir no futuro ou alguém pode fazer uma observação importante negligenciada anteriormente, e qualquer uma dessas situações justificaria o abandono da conclusão que agora sustentam. Como o consenso geralmente nos ilude, os melhores historiadores às vezes chegam a conclusões que diferem das da maioria. Às vezes, eles estarão enganados. Mas estarão, mais provavelmente, corretos.

---

[44]*1Clemente* 42:3; Josefo, *Antiguidades* 18:3.
[45]Para um estudo extenso, consulte Licona, *Resurrection of Jesus*, 318-461.
[46]Veja Winter, "Saving the Quest for Authenticity", 117; Allison, "It Don't Come Easy", 198.

CONCLUSÃO

A pergunta "Jesus ressuscitou dos mortos?" é uma das mais importantes que se pode fazer e tem despertado um interesse extraordinário dos estudiosos do Novo Testamento. Neste ensaio, considerei três grandes desafios contemporâneos para investigar a questão. Alguns questionam se os historiadores têm as ferramentas adequadas para permitir que investiguem um evento de natureza miraculosa. Outros questionam a capacidade geral dos historiadores de aprender sobre o passado, dados os muitos desafios que enfrentam nesse empreendimento. Outros ainda têm questionado recentemente a eficácia dos critérios de autenticidade. Vimos que esses três desafios não são tão difíceis de superar quanto imaginam aqueles que os postulam. De fato, neste ensaio afirmei que nenhum deles proíbe os historiadores de conduzir uma investigação sólida sobre a pergunta "Jesus ressuscitou dentre os mortos?"

PARTE TRÊS

O LIVRO DE ATOS E AS ORIGENS CRISTÃS

13 MEMÓRIA SOCIAL EM ATOS

Michael F. Bird e Ben Sutton

A pesquisa pelo Jesus histórico foi recentemente confrontada com a sugestão de que os critérios de autenticidade, normalmente usados para distinguir materiais "autênticos" de "inautênticos" nos Evangelhos, são incapazes de realmente identificar o material autêntico de Jesus, conforme proposto originalmente pela crítica da forma.[1] Mas não é apenas a pesquisa sobre o Jesus histórico que foi moldada pela crítica da forma e suas metodologias derivadas; o estudo de Atos — especificamente sua história — também foi submetido a um tratamento metodológico semelhante que separa a história das camadas de interpretação. Nossa proposta é que a teoria da memória social, com um assentimento particular ao tratamento de memórias de Jesus proposto por Chris Keith, representa não apenas uma substituição viável da compreensão da crítica da forma, mas proporciona uma estrutura de como um historiador pode trabalhar com vistas a uma construção histórica

---

[1] Chris Keith, "The Indebtedness of the Criteria Approach to Form Criticism and Recent Attempts to Rehabilitate the Search for an Authentic Jesus", em *Jesus, Criteria, and the Demise of Authenticity*, ed. Anthony Le Donne e Chris Keith (Londres: T&T Clark, 2012), 25-48. Sobre o fracasso da crítica da forma, veja Michael F. Bird, *The Gospel of the Lord: How the Early Church Wrote the Story of Jesus* (Grand Rapids: Eerdmans, 2014), 113-24.

plausível da igreja primitiva. Isso pode ser feito sem procurar em vão uma recuperação positivista ingênua do passado, nem se contentar com análises puramente sincrônicas da narrativa lucana. Tanto na pesquisa do Jesus histórico quanto nos estudos de Atos, o ponto de ligação é uma suposição epistemológica sobre quão perto o historiador pode chegar de um "passado real".

Este ensaio sugerirá, portanto, memória de Atos como uma metodologia análoga e abrange as seguintes áreas: a correspondência de fundamentos epistemológicos entre a pesquisa do Jesus histórico e a de Atos enraizada nos pressupostos da crítica da forma e a importância de uma historiografia renovada, fundamentada na teoria da memória social e nos estudos dos meios de comunicação. Em seguida, faremos algumas breves observações para a pesquisa em Atos com base em nossa proposta.

OBSERVAÇÕES DA PESQUISA SOBRE O JESUS HISTÓRICO COM RESPEITO AOS CRITÉRIOS DE AUTENTICIDADE

Na pesquisa sobre o Jesus histórico, tem se desenvolvido uma troca de ideias sobre o valor de procurar a "realidade passada" de Jesus pelo uso de vários critérios de autenticidade (p. ex., dissimilaridade, múltipla atestação, constrangimento etc.).[2] Os vários critérios, emitidos por críticos da forma, implicam que a busca do Jesus histórico está umbilicalmente ligada aos pressupostos de que tradições autênticas podem ser identificadas quando desconstruirmos o texto — eliminando quaisquer acréscimos posteriores — e, então, usando os materiais autênticos restantes para reconstruir o Jesus histórico.[3] Chris Keith observa a distinção entre desconstrução e reconstrução, expressa notavelmente na compreensão do falecido Ernst Käsemann. Käsemann propôs a aplicação dos vários critérios a unidades individuais, a fim de reconstruir uma imagem de Jesus *após* a peneiração de material inautêntico obtido pela crítica da forma. Keith escreve: "Notável na afirmação de Käsemann, no entanto, é que ele expressa o novo elemento em sua pesquisa — encontrar a 'genuinidade' de uma unidade individual de tradição — como aquilo que ocorre apenas quando a crítica da forma termina

[2]Veja Stanley E. Porter, *The Criteria for Authenticity in Historical-Jesus Research: Previous Discussion and New Proposals*, JSNTSup 191 (Sheffield: Sheffield Academic Press, 2000).
[3]Keith, "Indebtedness", 31. Veja tb. Anthony Le Donne, "The Rise of the Quest for an Authentic Jesus: An Introduction to the Crumbling Foundations of Jesus Research", em Keith e Le Donne, *Jesus, Criteria, and the Demise of Authenticity*, 3-21 (veja 10, 16-17).

sua tarefa de identificar tradições pelas quais o *Sitz im Leben* é responsável."[4] Essa reconstrução com base na desconstrução tem forte semelhança com a busca de tradições e episódios autênticos nos estudos acadêmicos em Atos, que trabalhou com o mesmo conjunto de pressupostos na maior parte. Além disso, a separação de "passado" e "interpretação teológica cristã primitiva" é chamada por Keith de "coração da crítica da forma",[5] e esse é também o ancestral comum à pesquisa de Atos, que geralmente investe contra a confiabilidade de Lucas como historiador.

OBSERVAÇÕES DA PESQUISA DE ATOS RELATIVAS À CONFIABILIDADE HISTÓRICA DO RELATO DE LUCAS

Uma das influências mais fortes e duradouras na pesquisa sobre Atos foi F. C. Baur, que propôs um exame da obra de Lucas via *Tendenzkritik*. Isso foi desenvolvido a partir de várias premissas que Baur aceitou, especialmente uma forte divisão entre os documentos do Novo Testamento e a descrição variegada que fazem de Paulo.[6] Baur encontrou, por um lado, representações de uma escola petrina em alguma literatura do Novo Testamento; por outro lado, escritos do Novo Testamento que se derivam de igrejas paulinas — sendo Atos uma tentativa de sintetizar e cobrir a divisão anterior. A tentativa de Lucas de apresentar uma imagem reconciliada entre as facções paulina e petrina provou ainda a Baur ser essa uma escrita tardia e, portanto, suficientemente afastada dos eventos para adicionar suspeitas à confiabilidade de suas reivindicações.[7] Baur comenta da seguinte forma a imagem de Paulo apresentada por Lucas:

> Atos dos Apóstolos [...] continua sendo uma fonte muito importante da história da era apostólica. É, no entanto, uma fonte que precisa de rigorosas críticas históricas antes que possa ser considerada uma imagem histórica confiável das pessoas e circunstâncias de que trata.[8]

---

[4]Keith, "Indebtedness", 31.
[5]Keith, "Indebtedness", 32.
[6]Veja Craig S. Keener, *Acts: An Exegetical Commentary* [Atos: um comentário exegético], 4 vols. (Grand Rapids: Baker Academic, 2012-2015), 1:197.
[7]W. Ward Gasque, *A History of Interpretation of the Acts of the Apostles* [Uma história da interpretação de Atos dos Apóstolos] (Peabody, MA: Hendrickson, 1989), 28.
[8]F. C. Baur, *Paul, the Apostle of Jesus Christ: His Life and Work, His Epistles and His Doctrine* [Paulo, o apóstolo de Jesus Cristo: sua vida e obra, suas epístolas e sua doutrina], 2.ª ed. rev., ed. Allan Menzies, trad. Eduard Zeller (Londres: Williams & Norgate, 1876), 1:13.

Dado o alegado conflito intramural na igreja primitiva entre elementos petrinos e paulinos, o objetivo de Baur foi identificar as tendências dos autores (*Tendenz*) e como elas se relacionavam com essa divisão.[9] Além disso, o compromisso de Baur com uma filosofia completamente idealista (hegeliana) resultou no mais sincero ceticismo em relação à historicidade, enquanto ainda perseguia a história como uma coisa objetiva a ser recuperada por trás das tendências autorais e passando pelas várias camadas da tradição.[10] Jens Schröter reconhece a falha séria nessa separação de fato e valor, ao mesmo tempo que ainda aprecia Baur como pioneiro no modo de fazer história interessando-se pelo quadro todo da história, e não apenas com os detalhes.[11] No entanto, talvez Schröter seja muito gentil, já que Baur fazia ainda distinção entre material autêntico e adições posteriores, algo que o próprio Schröter mostrou ser totalmente inadequado para uma historiografia responsável. A influência de Baur no desenvolvimento da crítica da forma — com o desejo de identificar materiais autênticos — tem sido profundamente sentida na história subsequente da interpretação de Atos e em inúmeros estudos desde então.[12]

---

[9]Algo que Baur também aplicou aos Evangelhos, resultando na conclusão muito influente de que os Sinópticos apresentam um relato histórico mais confiável do que João. Veja James D. G. Dunn, *Jesus Remembered*, vol. 1 de *Christianity in the Making* (Grand Rapids: Eerdmans, 2003), 40-41.

[10]Essa distinção entre história e historicidade é feita por vários autores. Veja, esp., Joseph B. Tyson, "From History to Rhetoric and Back: Assessing New Trends in Acts Studies" [Da história à retórica e vice-versa: avaliando novas tendências nos estudos de Atos], em *Contextualizing Acts: Lukan Narrative and Greco-Roman Discourse* [Contextualizando Atos: narrativa lucana e discurso greco-romano], ed. Todd Penner e Caroline Vander Stichele, SymS 18 (Atlanta: SBL Press, 2001), 23-42 (aqui: 27-28). Veja tb. Horton Harris, *The Tübingen School: A Historical and Theological Investigation of the School of F. C. Baur* [A escola de Tübingen: uma investigação histórica e teológica da escola de F. C. Baur] (Leicester: Apollos, 1990), viii-ix; Robert Yarbrough, *The Salvation Historical Fallacy?: Reassessing the History of New Testament Theology* [A falácia histórica da salvação?: reavaliando a história da teologia do Novo Testamento] (Leiden: Deo, 2004), 24-26; James D. G. Dunn, *Beginning from Jerusalem*, vol. 2 de *Christianity in the Making* (Grand Rapids: Eerdmans, 2009), 34; embora Dunn continue reconhecendo (35-36) a importância da observação inicial de Baur de que o cristianismo não era tão unificado como é singelamente retratado em Atos. Veja tb. Roger E. Olson, *The Journey of Modern Theology* [A jornada da teologia moderna] (Downers Grove, IL: InterVarsity Press, 2013), 94, que reflete os comentários de Dunn sobre a história sem filosofia de Baur, quando escreve sobre Hegel: "Qual é o objetivo de todo esse pensamento especulativo? Só este: apenas supondo que a realidade seja assim ['Espírito Absoluto' panenteísta], é possível o conhecimento da realidade suprema, e a filosofia e a religião, Hegel acreditava, são inúteis sem essa busca." Cf. Osvaldo Padilla, que observa a dependência que Baur tem de Leopold von Ranke, além de Hegel, em *The Speeches of Outsiders in Acts: Poetics, Theology and Historiography* [Os discursos dos estranhos em Atos: poética, teologia e historiografia], SNTSMS 144 (Cambridge: Cambridge University Press, 2008), 17.

[11]Jens Schröter, *From Jesus to the New Testament: Early Christian Theology and the Origin of the New Testament Canon* [De Jesus ao Novo Testamento: teologia cristã primitiva e a origem do cânon do Novo Testamento], ed. e trad. Wayne M. Coppins, BMSSEC (Waco, TX: Baylor University Press, 2013), 16. Veja tb. a excelente análise em Tyson, "From History to Rhetoric and Back", 25-29.

[12]Martin Dibelius, *Studies in the Acts of the Apostles* [Estudos em Atos dos Apóstolos], ed. Heinrich Greeven (Londres: SCM, 1956), 132, 174; Henry J. Cadbury, *The Making of Luke-Act* [A formação

O foco subsequente da investigação histórica em Atos foi direcionado principalmente para os discursos, que representam quase 30% de toda a obra de Lucas. As duas principais vias de investigação dos discursos foram a crítica das fontes e a crítica da narrativa — com uma discussão paralela sobre o lugar de Lucas entre historiadores antigos.[13] Em geral, os críticos das fontes tendem a ser otimistas no uso do material tradicional por Lucas, embora reconheçam também sua liberdade literária.[14] Por outro lado, os críticos da narrativa e seus precursores enfatizaram a liberdade criativa de Lucas em comparação com os historiadores antigos que misturavam arte literária com um toque retórico. Essa liberdade desobrigou os críticos narrativos de preocupações históricas até que a arte literária fosse examinada. Esse último método é o objetivo declarado de Martin Dibelius e também seu legado na pesquisa de Atos.

É óbvio que Dibelius estava interessado em distanciar sua compreensão dos críticos das fontes, que procuram por seções que poderiam ser isoladas e como provenientes de fontes específicas.[15] Isso não significa que Dibelius tenha visto em Lucas uma ausência de fontes; apenas que era muito mais difícil identificar com precisão as fontes do evangelista. Isso, junto com as limitações de aplicar crítica da forma a Atos, levou à busca de Dibelius pelo

---

de Lucas-Atos] (Peabody, MA: Hendrickson, 1999 [1932]), 39; Carl N. Toney, "Paul in Acts: The Prophetic Portrait of Paul" [Paulo em Atos: a descrição profética de Paulo], em *Issues in Luke-Acts: Selected Essays* [Tópicos em Lucas-Atos: ensaios selecionados], ed. Sean A. Adams e Michael Pahl (Piscataway, NJ: Gorgias, 2012), 239-62 (aqui: 240-41).

[13]Tyson observa que a crítica retórica se enquadra como uma subcategoria da crítica literária ou de narrativa ("From History to Rhetoric and Back", 30).

[14]Notavelmente, F. F. Bruce, "The Speeches in Acts — Thirty Years After" [Os discursos em Atos — trinta anos depois], em *Reconciliation and Hope: New Testament Essays on Atonement and Eschatology* [Reconciliação e esperança: ensaios do Novo Testamento sobre expiação e escatologia], ed. Robert Banks (Exeter: Paternoster, 1974), 53-68. De modo específico, Bruce identifica duas fontes que, na sua opinião, agregam peso ao argumento de que Lucas registra eventos reais: uma presença aramaica e uma suposta fonte de "testemunho". Enquanto Dibelius se opõe de forma consciente aos esforços dos críticos das fontes, Bruce não se esquiva da probabilidade de fontes quando as evidências as sugerem. Bruce aceita a habilidade literária de Lucas, mas ainda pensa que os discursos contêm material que está em conflito com aquela que é a óbvia posição de Lucas (especialmente sobre o templo no discurso de Estêvão). Se Lucas estava compondo seus próprios discursos e situando-os para seus propósitos pessoais, *sem* levar em consideração uma situação histórica, Bruce argumenta que não se deveria esperar encontrar essas posições alternativas. Mais uma vez, isso se opõe ao trabalho de Dibelius.

[15]Referindo-se à seção de Atos 6:1—13:3, Dibelius declara: "A natureza complicada dessa seção de Atos ilustra o fato de que não se pode atribuir a trajetória do livro inteiro inteiramente a poucas fontes; nem a contribuição do autor pode ser elaborada de maneira uniforme e de acordo com um princípio uniforme em todas as partes da obra" (Martin Dibelius, "Criticism Style of the Book of Act" [Crítica de estilo do livro de Atos], em *Studies in the Acts of the Apostles* [Estudos em Atos dos Apóstolos], ed. Heinrich Greeven, trad. Mary Ling [Londres: SCM, 1956], 11). Veja tb. a extensa pesquisa dos críticos de fontes em Ernst Haenchen, *The Acts of the Apostles* [Atos dos Apóstolos], trad. Bernard Noble e Gerald Shinn, rev. R. McL. Wilson (Oxford: Blackwell, 1971), 24-34.

estilo do autor.[16] Encontrar certo estilo ou qualidade permitiu que Dibelius separasse a tradição das criações literárias de Lucas, embora Dibelius admitisse que isso nem sempre é direto ou conclusivo.[17]

A ênfase nas estruturas literárias também deixou de lado os interesses em autenticidade histórica nos discursos. Padilla faz a arguta observação de que, como Dibelius vê os historiadores livres para criar, ele está disposto a conceder a Lucas o título de historiador *até que* ele use essa criatividade para *pregar*.[18] Isso, Padilla argumenta, contribui para uma separação entre teologia e história (mesmo a história criativa), que continua após Dibelius, mas é baseada na separação semelhante de Baur entre história e historicidade.

Joseph Tyson se posiciona nessa trajetória da pesquisa em Atos inclinada para a análise literária quando diz:

> Os padrões intelectuais e culturais do final do século 20 [...] estabeleceram o contexto histórico para os estudos bíblicos em geral e para o estudo de Atos especificamente. Não é por acaso que muitos de nós começaram a se dedicar a estudos literários de Atos em um contexto de confiança decrescente no estudo histórico, e, como resultado, a proliferação metodológica foi incentivada. Começamos a experimentar narrativa, resposta do leitor, gênero e crítica retórica. É plausível sugerir que os críticos literários e retóricos do Novo Testamento expressaram um senso de liberdade do domínio da crítica histórica.[19]

Representando essa liberdade estão acadêmicos como Luke Timothy Johnson, Steve Mason e Todd Penner, todos interessados quase exclusivamente na arte literária de Lucas. Como Mason observa, após a mudança na pesquisa sobre os discursos ter-se voltado para a análise literária, houve "um foco ainda maior em narrativas inteiras como sistemas internamente referenciais, substituindo preocupações anteriores por eventos, fontes ou

---

[16]O estilo das unidades narrativas é identificado por "seu ritmo interno, seu *páthos* e seu *éthos*, para descobrir qual é a sua qualidade individual" (Dibelius, "Style Criticism of the Book of Acts", 24).
[17]Dibelius, "Style Criticism of the Book of Acts", 11. Ao final, Dibelius ainda está procurando divergência em relação ao "estilo" formal exclusivo das formas literárias maiores (lenda, fala, resumo etc.) em oposição às formas menores.
[18]Padilla, *Speeches of Outsiders in Acts*, 30. Isso é altamente irônico, pois Dibelius observa em outro lugar que os historiadores antigos estavam usando a liberdade criativa para *encorajar* certos ideais e regimes políticos etc. Com certeza não se estende esse encorajamento criativo a ponto de incluir a pregação. Veja tb. Gasque, *History of Interpretation of the Acts of the Apostles*, 233-34.
[19]Veja Tyson, "From History to Rhetoric and Back", 30-31.

outros referentes externos subjacentes".[20] Embora Mason ainda esteja interessado em muitas das mesmas fontes externas, seu foco está especialmente nas convenções retóricas inerentes aos discursos.

Apesar dessa mudança dedicada da história para a análise da narrativa, há um grupo de estudiosos que resistiram ao desejo de separar a história da narrativa. Ainda no mesmo período de Dibelius, Henry Cadbury chegou a algumas das mesmas posições, mas com uma visão menos cética da utilidade histórica de Lucas.[21] Em apoio à criatividade literária de Lucas, Cadbury identificou citações e frases semelhantes das Escrituras que aparecem em discursos diferentes atribuídos a vários personagens.[22] Embora essas semelhanças tenham levado Baur e Schnackenburg a concluir por uma revisão unificadora de Lucas, Cadbury mostra que há uma correspondência entre a linguagem usada nos discursos de Pedro nas epístolas e Hebreus, Filipenses, Gálatas, Efésios e vários ditos de Jesus. Esse fenômeno também é encontrado nos discursos de outros oradores em Atos. Isso levou Cadbury a concluir, contra as posições da escola de Tübingen, que "uma visão moderna mais satisfatória [...] preferirá ver em todas as coincidências listadas não tanto influência pessoal ou identidade de origem, mas um cristianismo comum mediado pelo historiador [Lucas] e partilhado por outros, ou mesmo lugares comuns de vocabulário ou de expressão mais gerais do que qualquer fronteira religiosa".[23]

Dando continuidade à mistura das críticas das fontes e da narrativa feita por Cadbury aos discursos de Atos, Conrad Gempf faz grandes avanços

---

[20]Steve Mason, "Speech-Making in Ancient Rhetoric, Josephus, and Acts: Messages and Playfulness, Part I" [A construção do discurso na antiga retórica, Josefo e Atos: mensagens e galhofa, parte I], *Early Christianity* [Cristianismo primitivo] 2 (2011): 1-23 (448). Mason observa ainda que "com uma constituição acadêmica maior, Atos tem sido submetido a muitos tipos mais novos de análise retórica, de resposta do leitor e também de narratologia" (449).

[21]Henry J. Cadbury et al., "The Greek and Jewish Traditions of Writing History" [As tradições gregas e judaicas de escrever história], em *Prolegomena II Criticism* [Prolegômenos II Crítica], vol. 2 de *The Beginnings of Christianity, Part I The Acts of the Apostles* [Os começos do cristianismo, Parte I Atos dos Apóstolos], ed. F. J. Foakes Jackson e Kirsopp Lake (Londres: Macmillan, 1922), 7-29.

[22]Henry J. Cadbury, "The Speeches in Acts" [Os discursos em Atos], em *Additional Notes to the Commentary* [Notas adicionais ao comentário], vol. 5 de *The Beginnings of Christianity, Part I The Acts of the Apostles*, ed. F. J. Foakes Jackson e Kirsopp Lake (Londres: Macmillan, 1922), 392-427 (veja 407).

[23]Cadbury, "The Speeches in Acts", 415. Uma opinião semelhante é adotada por C. H. Dodd: "Os quatro primeiros discursos de Pedro cobrem substancialmente o mesmo terreno. A fraseologia e a ordem da apresentação variam um pouco, mas não há avanço essencial de uma para outra. Eles se complementam e, juntos, proporcionam uma visão abrangente do conteúdo do querigma primitivo" (C. H. Dodd, *The Apostolic Preaching and Its Developments* [A pregação apostólica e seus desenvolvimentos] [Londres: Hodder & Stoughton, 1956 (1936)], 21).

na compreensão dos historiadores antigos, mostrando que "o registro de um discurso em uma história antiga *exige* habilidade retórica simplesmente porque o autor deve, embora fiel às principais linhas do 'evento-discurso' histórico, adaptar o discurso para que ele 'fale a' um novo público em uma situação diferente".[24] Craig Keener elabora esse ponto ao observar: "Historiografia antiga [...] utilizou-se de discursos de modo diferente do uso moderno; embora o evento do discurso possa ser histórico, o grau em que o conteúdo de um discurso se conformava ao discurso real feito naquela ocasião variava de acordo com o escritor, suas fontes e até o ponto em que existia uma memória acurada do discurso."[25] Isso se deve à situação dos escritores de história antiga e de seu público, que esperava "elaboração", bem como uma narrativa coesa e unificada.[26]

Cadbury iniciou uma jornada por uma terceira via a fim de que a pesquisa em Atos se aproximasse da interseção literária e histórica desse livro. Como evidenciado por vários estudiosos em suas publicações, há um reconhecimento crescente de que não há separação necessária entre história e criação literária, mas isso deve ser entendido no próprio contexto de Lucas — um contexto que é mais complexo do que apenas a retórica antiga e, portanto, resiste aos interesses *puramente* retóricos, literários e da crítica das fontes.[27] E, embora a localização do significado dos discursos (como parte da historiografia) esteja ganhando *momentum* no reconhecimento de uma interseção da história e da escrita literária, nenhuma epistemologia completa foi

---

[24]Conrad Gempf, "Public Speaking and Published Accounts" [Fala em público e relatos publicados], em *The Book of Acts in Its Ancient Literary Setting* [O livro de Atos em seu antigo ambiente literário], vol. 1 de *The Book of Acts in Its Ancient Literary Context* [O livro de Atos em seu antigo contexto literário], ed. Bruce W. Winter e Andrew D. Clarke (Grand Rapids: Eerdmans, 1993), 259-303 (aqui: 264). Veja tb. Eckhard Schnabel, que escreve: "Discursos na narrativa histórica raramente reproduzem as palavras que de fato foram ditas. No entanto, os discursos não foram invenções livres, mas forneceram uma aproximação do que foi dito, mesmo que às vezes seja necessária uma reconstrução imaginativa" (*Acts*, ZECNT [Grand Rapids: Zondervan, 2012], 35).
[25]Keener, *Acts*, 1:271.
[26]"Os historiadores que escreviam para audiências mais de elite seriam avaliados por quão plausíveis e retoricamente impressionantes seus discursos eram tanto para os oradores quanto para as situações que descreviam" (Keener, *Acts*, 1:271).
[27]Robert Tannehill é um dos importantes críticos de narrativa que também reconhece a importância de uma compreensão mais do que estritamente narrativa ("The Function of Peter's Mission Speeches in the Narrative of Acts" [A função dos discursos da missão de Pedro na narrativa de Atos], *NTS* 37 [1991]: 400-14). O método básico de Tannehill é incluir perguntas históricas para focalizar a narrativa (cf. Dibelius). No entanto, ele aceita muito mais a importância que os estudos históricos trazem para o estudo da narrativa, chegando a dizer que "o estudo da literatura e da sociedade mediterrânea do primeiro século pode iluminar suposições tácitas por trás da narrativa e também sugerir razões específicas para ênfase no texto" (Robert C. Tannehill, *The Narrative Unity of Luke-Acts* [A unidade narrativa de Lucas-Atos], 2 vols. [Minneapolis: Fortress, 1989, 1994], 2:5).

adotada para explicar as decisões metodológicas. O restante deste ensaio apresentará uma recomendação para essa epistemologia e para uma metodologia de acompanhamento.

HISTORIOGRAFIA REPAGINADA: UM NOVO FUNDAMENTO PARA A PESQUISA DE ATOS

Por trás de todas as metodologias críticas, há um pressuposto epistemológico sobre o acesso que um historiador tem ao conteúdo da análise. Inerente à crítica da forma, a epistemologia que influencia a pesquisa sobre os Evangelhos e Atos é o pressuposto de que existe um núcleo autêntico acessível que pode ser descoberto. O reconhecimento da insuficiência dos critérios de autenticidade na pesquisa dos Evangelhos com vista a efetivamente alcançar essa recuperação trouxe consigo uma epistemologia de substituição, chamada de memória de Jesus por Chris Keith, baseada na teoria da memória social e influenciada especialmente pela "teoria da história" de Jens Schröter.[28] O fundamento dessa epistemologia é que o passado-exatamente--como-aconteceu é impossível recuperar. Em lugar disso, os únicos vestígios de eventos no passado são necessariamente interpretações desde o início, interpretações formadas em comunidades com certos idiomas, costumes, meios de comunicação e narrativas comemorativas formadoras de identidade. Como Schröter escreve: "Fundamental para a presente pesquisa sobre Jesus é a percepção da metodologia da história de que *toda* apropriação do passado repousa sobre uma combinação de evento e narrativa."[29]

A teoria da memória social é o tratamento que melhor compreende a combinação de evento e narrativa a que Schröter se refere.[30] Memória social se refere à relação dinâmica entre o passado (memória coletiva/cultural) e

---

[28]Como Schröter observa, "o arcabouço hermenêutico e epistemológico é formado pelo engajamento com a ciência da história" (Jens Schröter, "Preface to the English Edition" [Prefácio da edição em inglês], em *From Jesus to the New Testament* [De Jesus ao Novo Testamento]). A lista de estudos importantes que utilizam a memória social é longa e, por isso, omitida, mas veja pelo menos Alan Kirk e Tom Thatcher, eds., *Memory, Tradition, and Text: Uses of the Past in Early Christianity* [Memória, tradição e texto: usos do passado no cristianismo primitivo] (Atlanta: SBL Press, 2005).
[29]Schröter, *From Jesus to the New Testament*, 130 (grifo no original).
[30]Defender essa definição com base nas sugestões de Sandra Hübenthal, embora possível, está fora do escopo deste projeto, mas veja seu ensaio "Social and Cultural Memory in Biblical Exegesis: The Quest for an Adequate Application" [Memória social e cultural na exegese bíblica: a busca por uma aplicação adequada], em *Cultural Memory in Biblical Exegesis* [Memória cultural na exegese bíblica], ed. Pernille Carstens, Trine Bjørnung Hasselbalch e Niels Peter Lemche, PHSC 17 (Piscataway, NJ: Gorgias, 2012), 175-99.

o presente (memória individual/coletada) dentro de uma geração específica (memória comunicativa). Keith explica:

> Ao focalizar a formação *social* da memória no presente, quer isso signifique memória autobiográfica que é formada socialmente quer memória cultural da qual autobiograficamente se apropria, a principal tarefa da teoria da memória social é conceituar e explicar as várias maneiras pelas quais as culturas (e os indivíduos, como membros da cultura) apropriam-se do passado à luz do presente, em termos e em nome dele.[31]

É a interpretação inerente de toda a memória que torna incoerente a busca da tradição autêntica não manchada por interpretação. No entanto, Schröter não culpa os críticos da forma e outros historiadores pelas conclusões a que chegaram, mas observa que todo período de investigação e escrita históricas só pode utilizar os conceitos de memória e conhecimento dos quais estava ciente em seu próprio tempo. Ele diz:

> Os pressupostos intelectual-históricos nos quais a [ciência do Novo Testamento] se baseia tomaram forma, pelo menos para a esfera cultural europeia e norte-americana, desde o final do século 18, portanto em um período que foi decisivamente moldado pelo iluminismo, pelo idealismo e pelo historicismo. A consciência histórico-crítica, que emergiu como parte desses desenvolvimentos, foi desde então — o mais tardar a partir de Max Weber — ela mesma sujeita à reflexão crítica.[32]

O processo de chegar a um acordo com o historicismo do iluminismo trouxe uma melhor compreensão sobre o acesso que os historiadores têm à "história". Os historiadores devem avançar de modo responsável a partir de suposições de que se pode voltar ao "que realmente aconteceu", sem negar que algo de fato aconteceu.

Em harmonia com a compreensão acima, Schröter insiste que agora entendemos a "história" como sendo a estruturação de dados históricos em uma imagem coerente do que *pode ter* acontecido.[33] Isso leva Schröter a usar

---

[31]Chris Keith, *Jesus' Literacy: Scribal Culture and the Teacher from Galilee* [Capacidade de ler e escrever de Jesus: cultura escribal e o Mestre da Galileia], LNTS 413 (Londres: T&T Clark, 2011), 56.
[32]Schröter, *From Jesus to the New Testament*, 9.
[33]Isso está de acordo com vários historiadores contemporâneos do Novo Testamento que reconhecem que os artefatos históricos deixam o pesquisador com "dados" que devem ser reunidos a fim

o termo "falsificável", pois ele reconhece que, à medida que novas informações chegam ao conhecimento de historiadores (ou filósofos da história), é possível que a "história" precise ser alterada.[34] "Assim", ele diz, "o resultado desse tratamento não pode ser a reconstrução de uma realidade passada por trás dos textos [...] estamos lidando com conceituações da imaginação histórica que são responsáveis perante as fontes e que interpretam o material histórico da perspectiva do respectivo presente."[35]

A observação de Schröter destaca exatamente o que Keith e Le Donne estão propondo com o método de memória de Jesus. Como os historiadores de Jesus devem ir além da busca pela realidade passada, deve haver uma reformulação da pesquisa histórica. Isso não nega a valiosa *intenção* historiográfica por trás de alguns critérios tradicionais ou de outras metodologias histórico-críticas. Muitas das mesmas questões históricas, políticas e literárias precisam ser feitas. O que o método de memória de Jesus de estudo da história faz é colocar o historiador em uma base *epistemológica* melhor que reconheça o que é realmente possível quando pesquisa histórica é feita. Schröter elabora esse processo: "O objetivo da escrita da história não é, portanto, *a reconstrução do passado*, mas *a construção da história*: constrói uma imagem do passado que tem relativa validade, determinada pelo estado de conhecimento dos pesquisadores e determinada pela visão que o intérprete estabelece com a ajuda do material conhecido."[36]

O que essa nova metodologia contribui para os estudos de Atos dos Apóstolos? Como brevemente examinado na seção sobre Atos, os dois séculos anteriores de pesquisa nos discursos falharam em propor uma epistemologia adequada ou apropriada para explicar a complexa situação da composição de Atos de Lucas, dadas as convenções e a mídia retóricas antigas. Em suma, a

---

de criar "fatos" e a história. Veja especialmente Dunn, *Jesus Remembered*; Michael R. Licona, The Resurrection of Jesus: *A New Historiographical Approach* (Downers Grove, IL: InterVarsity Press, 2011), 27-132; e Robert L. Webb, "The Historical Enterprise and Historical Jesus Research", em *The Key Events in the Life of the Historical Jesus*, ed. Darrell L. Bock e Robert L. Webb (Grand Rapids: Eerdmans, 2010), 9-94.

[34]Schröter, *From Jesus to the New Testament*, 23. Em outro ensaio, Schröter escreve: "A história, como imagem do passado, é sempre devida a revisões e modificações. Quando a imagem do passado muda, o mesmo acontece com nossa percepção. Portanto, é possível transformar ou corrigir as imagens que o historiador faz de Jesus, referindo-se a fontes, não notadas ou desconhecidas até o momento, ou confrontar o material familiar com novas percepções"(Jens Schröter, "Remarks on James D. G. Dunn's Approach to Jesus Research" [Observações sobre o modo como James D. G. Dunn lida com a pesquisa a respeito de Jesus], em *Memories of Jesus: A Critical Appraisal of James D. G. Dunn's Jesus Remembered*, ed. Robert B. Stewart e Gary R. Habermas [Nashville: B&H Academic, 2010], 129-43 [131]).

[35]Schröter, *From Jesus to the New Testament*, 19.

[36]Schröter, *From Jesus to the New Testament*, 35.

abordagem de Atos dos Apóstolos precisa aplicar as observações da abordagem memória de Jesus. A nomenclatura resultante para a pesquisa em Atos poderia ser denominada "memória de Atos" para mostrar a confiança nos mesmos princípios epistemológicos. Mais propriamente, que epistemologicamente o historiador (antigo e moderno) está interpretando o registro de um já interpretado evento/experiência/fonte/testemunha, em uma tentativa não de recriação do passado real, mas de uma construção historicamente plausível facilitada por uma análise histórica, cultural, filológica, social e crítico-religiosa.

Como não estamos mais separando a tradição de seu início ou ignorando a história para elevar a imaginação literária desimpedida de Lucas, por onde devemos começar? A resposta está no artefato histórico como memória cultural. Como observa Pieter Botha, "na medida em que nosso objetivo é entender esses documentos antigos em contextos históricos, é essencial entender o meio em que eles se originaram. A interpretação histórica requer um esforço para experimentar a tradição em seu meio pretendido".[37]

Astrid Erll emprega a expressão "memória cultural", que pode ser usada de duas maneiras: (1) como metonímia (memória "cultural"), resultando em "memória coletada" em nível individual; e (2) como metáfora ("memória" cultural), resultando em "memória coletiva" em nível de grupo.[38] Ele explica: "Ao falar de 'memória cultural', às vezes estamos lidando apenas com metáforas próprias, mas sempre com tropos, isto é, com expressões que têm um significado figurado."[39] O significado figurado é designado por Erll mediante o uso de aspas simples para o aspecto figurado da memória cultural. Para a memória "cultural", o aspecto figurado é "cultural", pelo qual se reflete a influência sociocultural na memória orgânica ou individual. É por isso que ela pode usar a expressão "memória cultural como metonímia", uma vez que a memória é verdadeiramente a memória de um indivíduo.[40] O designador

---

[37]Pieter J. J. Botha, *Orality and Literacy in Early Christianity* [Oralidade e capacidade de ler e escrever no início do cristianismo], BPC 5 (Eugene, OR: Cascade, 2012), 9.

[38]A importância dessa distinção se reflete em várias disciplinas. Um exemplo é a lamentação de Anthony Le Donne em sua obra sobre historiografia, em que ele cita as categorias como "memória" e "comemoração" antes de passar a afirmar que "os teóricos da memória social costumam confundir memória literal com memória como metáfora da tradição" (Anthony Le Donne, *The Historiographical Jesus: Memory, Typology, and the Son of David* [O Jesus historiográfico: memória, tipologia e o Filho de Davi] [Waco, TX: Baylor University Press, 2009], 60).

[39]Astrid Erll, *Memory in Culture* [Memória na cultura], trad. Sara B. Young, PMMS (Nova York: Palgrave Macmillan, 2011), 96-97.

[40]A memória de um indivíduo também será referida como *memória orgânica* e *memória biológica*. *Metonímia* é definida como a figura do discurso (tropo) em que um nome, objeto ou conceito é colocado no lugar de nome, objeto ou conceito relacionado ou idêntico. Nesse caso, Erll sugere que a memória cultural usada como metonímia está no lugar da memória do indivíduo que foi moldada

oposto torna a distinção mais clara: em "memória" cultural, a "memória" é o elemento figurado que reflete o fato de que ela, nesse caso, é uma metáfora para um artefato de memória — nas palavras de Erll, a "ordem simbólica, os meios de comunicação e as instituições pelas quais grupos sociais e sociedades estabelecem seus sistemas de conhecimento e versões do passado (sua 'memória')".[41] Nesse caso, a "memória cultural como metáfora" sinaliza o fato de que a referência não é à memória orgânica (de um indivíduo), mas a um meio *externo* estabelecido ou cristalizado para lembrar.

Como historiadores, é a esse artefato *externo* de comunicação que temos acesso. No entanto, para a cultura de origem, o meio de comunicação externo tem conexão com inúmeras redes de informação. Essa é a informação com que o historiador da memória de Jesus, e de Atos, está trabalhando a fim de entender o significado de um texto antes de fazer julgamentos sobre ele. Em uma cultura complexa de meios de comunicação (que combine habilidades letradas, iletradas e textuais), a compreensão dos artefatos pelos historiadores deve incluir os respectivos meios daquela cultura. Isso se reflete na descritiva expressão "textos com raízes na tradição oral", que aprimora a expressão bastante citada "texto oral derivado", empregada por John Miles Foley.[42] Ambas expressões são usadas para se referir a textos *escritos* como os que temos, os quais contêm elementos previamente existentes em um meio *oral*.[43]

OBSERVAÇÕES PARA A FUTURA PESQUISA DE ATOS

Colocando a investigação histórica em termos de estudo das culturas orais à luz dos textos existentes, Rafael Rodríguez observa de modo perspicaz que "o interesse pela tradição oral certamente abre novas perspectivas sobre os textos escritos do cristianismo primitivo. Mas nunca abre acesso à tradição oral real".[44] Em vez disso, estamos quase compreendendo, de acordo com Rodríguez, "a função dos textos escritos em contextos (orais)

---

pela cultura; por isso, memória "cultural".
[41]Erll, *Memory in Culture*, 99, figura IV.1.
[42]John Miles Foley, *Immanent Art: From Structure to Meaning in Traditional Oral Epic* [Arte imanente: da estrutura ao significado na tradicional epopeia oral] (Bloomington: Indiana University Press, 1991), 15.
[43]Rafael Rodríguez, *Oral Tradition: A Guide for the Perplexed* [Tradição oral: um guia para os perplexos], Guides for the Perplexed (Londres: T&T Clark, 2014), 70; e o gráfico na p. 83: "Os textos orais não são necessariamente compostos oralmente (embora possam ser), nem são necessariamente transcrições de uma apresentação oral real (embora, novamente, possam ser)."
[44]Rodríguez, *Oral Tradition*, 118.

tradicionais".[45] Os textos em questão são os discursos de Atos, que implicam um evento oral. Embora muitos possam duvidar da existência real de um evento oral por trás dos discursos em obras históricas, em função da retórica o uso de discursos significa que, pelo menos, no mundo do primeiro século os discursos eram um veículo importante para a comunicação (mesmo que suas apresentações não fossem "gravações"). Além disso, a cultura de meios de comunicação do primeiro século para os seguidores de Jesus envolveu a propagação de uma mensagem: o evangelho. Quando *comunicar* determinada mensagem está no centro da identidade de um grupo, o aparecimento de "discursos" apela para ser considerado não estritamente em termos retóricos, mas também em termos do *conteúdo* retoricamente comunicado.

O trabalho de John Miles Foley apresenta os conceitos e a terminologia para apreciar a complexa apresentação de discursos em Atos dos Apóstolos, escrito por Lucas. Foley é pioneiro na ideia de que o significado de qualquer comunicação de conteúdo deve ser tratada primeiro pela questão de "como" um texto comunica significado, antes da pergunta "o que significa" ser respondida. Isso coloca os estudos dos meios de comunicação como o primeiro passo importante após o estabelecimento de uma historiografia epistemologicamente responsável.

Então, "como" é a aparência dos discursos de Atos? (Lembre-se de que os discursos em uma forma gráfica são relativamente afastados de qualquer ambiente em que seriam, na sua origem, ouvidos.) Para buscar adequadamente "como" um texto derivado da oralidade comunica significado, há três componentes no ato comunicativo que permitem o acesso ao significado de um texto: (1) ambiente de apresentação, (2) registro e (3) economia comunicativa. Esses três componentes se combinam para criar "palavras de poder", que têm significado por causa de seu relacionamento com a tradição.[46] Tradição aqui significa as narrativas comemorativas usadas em uma comunidade para se identificar.

Em primeiro lugar, o *ambiente de apresentação* refere-se ao contexto de uma apresentação. Para culturas orais, esse poderia ser um local específico, cujo significado se baseia em sua relevância para as tradições de uma comunidade.[47] Assim como a "memória cultural" ou a "narrativa comemorativa

---

[45]Rodríguez, *Oral Tradition*, 118.
[46]Foley dá a esse relacionamento o título de *referencialidade tradicional*, em *Imanent Art*, 6-7.
[47]Ou, como observa Foley: o *"locus* exclusivo em que a alguma forma especializada de comunicação é permitido ocorrer" (John Miles Foley, *The Singer of Tales in Performance* [Bloomington: Indiana University Press, 1995], 8).

principal", as histórias que definem um grupo ou cultura podem ser eficazes, principalmente por causa de experiências *compartilhadas*, criando estruturas. Locais físicos são especialmente adequados para esse fim.

No entanto, depois que você sai do contexto estritamente oral, o ambiente da apresentação deve ser trazido ao público por meio do texto. O ambiente da apresentação deve ser recriado e "convocado [...] por sinais do texto".[48] Somente depois que o texto sinalizar o ambiente da apresentação por meio de fórmula introdutória, configurações geográficas ou espaciais etc., o público poderá estar preparado para responder adequadamente, desde que, em um cenário derivado da oralidade, ele possa não estar mais preparado simplesmente por estar no local certo. Foley comenta:

> Dentro desse quadro situacional [i.e., ambiente da apresentação], o artista e o público adotam uma linguagem e um comportamento adequados (porque especificamente dedicados) a determinado canal de comunicação [...]. Além disso, a familiaridade do ambiente da apresentação — tudo o que é prescrito sobre a presente transação em termos de transações anteriores — coloca o público em posição de construir ponte sobre as lacunas da indeterminação de que são os parceiros naturais para os sinais (agora reconhecíveis) de significado compreendido.[49]

Essa explicação do significado do ambiente da apresentação destaca os próximos dois termos que combinados criam "palavras de poder".

Em segundo lugar, se o ambiente da apresentação é o local (textual ou não), o *registro* é a "versão idiomática da linguagem" usada nesse ambiente.[50] O registro é uma maneira de falar que assume significado extra *somente* quando usada em um ambiente específico de apresentação. Embora isso possa parecer exclusivo, a evocação desse ambiente pode acontecer rapidamente e por qualquer período de tempo. Assim que o ambiente é "inserido", o autor e o público esperam que as palavras tenham um significado especial.[51]

---

[48]Foley, *The Singer of Tales in Performance*, 80.
[49]Foley, *The Singer of Tales in Performance*, 47-49.
[50]Foley, *The Singer of Tales in Performance*, 15.
[51]Como Foley sugere, o registro invoca "sinais contextualmente apropriados para significados institucionalizados" (Foley, *The Singer of Tales in Performance*, 50). Ele continua identificando várias características possíveis de um registro: arcaísmos, paralelismo, linguagem figurada, fórmulas especiais, incluindo referência direta ao material tradicional, características não textuais que podem ser reproduzidas em uma apresentação ou indicada na margem de um texto que está sendo lido, temas recorrentes e dicas estruturais (quiasma etc.). Todas essas características do registro são *uma parte da*

Em terceiro lugar, uma vez que o ambiente da apresentação é acolhido e o registro apropriado é usado, o sucesso da comunicação (apresentação, texto etc.) é denominado *economia comunicativa*. O resumo que Foley faz da economia comunicativa destila adequadamente o processo de transmissão de significado. Se os dois participantes estiverem no ambiente da apresentação — têm as estruturas mnemônicas apropriadas, o contexto etc. —, eles poderão usar o registro com o significado carregado, em que "os sinais são decodificados e as lacunas [na apresentação] são preenchidas com extraordinária fluência, ou seja, economia. [...] Uma vez que esses sinais são organizados [...], o trabalho resulta em superação da economia comunicativa, à medida que a maneira de falar se torna uma forma de significar".[52]

CONCLUSÃO

A separação do material de Atos nas categorias de *ou* realidade histórica *ou* verossimilhança/fabricação literária deve muito aos pressupostos da crítica da forma que foram absorvidos no estudo desse livro ao longo do século 20. Com base nos pressupostos errados sobre a epistemologia, os críticos da forma empregaram critérios de autenticidade para facilitar a separação do material de Atos. Eles assumiram que a separação era possível, desde que houvesse os métodos certos, como conhecer as formas orais e seu contexto social ou identificar cada livro por onde ele se encaixa na guerra civil eclesiástica intramural de Pedro *versus* Paulo. No entanto, parece claro agora que essas ferramentas não eram apenas erradas para o trabalho, mas também não eram particularmente eficazes e nunca entregaram o que delas se esperava.

Empregar estudos de meios de comunicação para entender textos antigos envolve a cooperação de inúmeras linhas de pesquisa, incluindo retórica antiga, normas culturais (como níveis de alfabetização ou estrutura de classes), comparação com outros documentos antigos do período e estruturas e governantes políticos, bem como técnicas literárias. Todos esses elementos são vitais

---

tradição, independentemente do meio (textual ou oral) (82-93). Sobre a permanência da tradição, que fornece um ponto de referência para as palavras do *registro*, Foley observa: "Porque muito do que um registro 'significa' depende crucialmente do que é entendido em seu contexto colocado em jogo pelo evento da apresentação e o referente de tradição, a totalidade dos indivíduos pode, de fato, retratar uma realidade contínua. Ou seja, o mundo ao qual eles fornecem acesso não é simplesmente inaugurado *ex nihilo* a cada instância de verbalização, mas deve ser entendido como sempre presente ao sempre vocalizável código e, portanto, presente a qualquer pessoa que possa usá-lo adequadamente" (55-56).
[52]Foley, *Singer of Tales in Performance*, 53-54.

para o significado de um texto a ser comunicado. No entanto, nenhum deles pode ser eficaz sem uma epistemologia que reflita nossa distância dos eventos passados. A pesquisa de Atos se baseia amplamente na mesma pesquisa dos Evangelhos e, portanto, também precisa seguir em frente. Os discursos em Atos, porque evidenciam pressupostos da comunicação do primeiro século, fornecem o local oportuno para começar a testar o valor da compreensão da memória de Atos para a construção da história.

Em contraste com a crítica da forma, a teoria da memória social, com avanços em nossa compreensão da comunicação antiga, fornece uma maneira melhor de entender a narrativa de Lucas. Deve-se notar que um tratamento a partir da memória não é uma estratégia apologética com o objetivo de provar a história de Atos, nem é o estudo da "tradição" simplesmente reno-meado como "memória", visando enfatizar a distorção da memória cole-tiva no ato de recontar de Lucas. Pelo contrário, a memória de Atos é uma mistura de epistemologia, hermenêutica e estudo de mídia que propõe que evento e interpretação são inerentes a toda memória e transmissão de uma narrativa memorial. Evento e interpretação não podem ser separados em Atos, assim como não se pode separar azul e vermelho do roxo. Sabemos que ambos estão lá; então devemos simplesmente apreciar o artefato — neste caso, a narrativa de Lucas — com suas características e seus referentes.

14 ATOS: HISTÓRIA OU FICÇÃO?

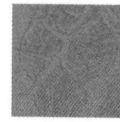

Craig S. Keener

A questão da acurácia de Lucas no Evangelho está relacionada, pelo menos até certo ponto, à acurácia em seu segundo volume, Atos, o qual uma forte maioria dos estudiosos desse livro considera uma monografia histórica. E, se Lucas estava interessado em uma história precisa, presumivelmente ele tinha boas razões para confiar na precisão de suas fontes para o Evangelho, as quais incluem Marcos e material que aparece também em Mateus. Essas fontes eram recentes para Lucas; então, ele estava em uma posição muito melhor para avaliá-las diretamente do que nós.

Se, de fato, Lucas viajou com Paulo conforme o material "nós" de Atos 20—28, como aparentemente afirma, ele passou até dois anos na Judeia e teve acesso a material de testemunhas oculares para os Evangelhos. Mesmo para os que não acreditam que Lucas tenha viajado com Paulo, Atos oferece mais oportunidades para testar a prática historiográfica de Lucas comparando-a a fontes externas (como as cartas de Paulo e outros eventos antigos documentados). Se Lucas provar ser um historiador cuidadoso em Atos, podemos esperar um tratamento não menos cuidadoso dos eventos que cercam Jesus em seu primeiro escrito.

Neste ensaio, defendo a confiabilidade de Lucas como historiador antigo. No breve espaço disponível aqui, não posso tratar de todos os argumentos dos críticos de Lucas, mas respondo a eles detalhadamente em meu comentário sobre Atos em quatro volumes. Apesar desses críticos suporem, como às vezes sugerem, que os defensores de Lucas não estão familiarizados com a força dos argumentos dos críticos, eu estou familiarizado com eles. Meu comentário cita mais de 10 mil fontes secundárias e aproximadamente 45 mil referências antigas extrabíblicas.[1] Aqui, no entanto, apresento uma visão panorâmica do método de Lucas, que mostra uma dependência consistente das informações disponíveis.

LUCAS VIAJOU COM PAULO

Atos com frequência usa a primeira pessoa do plural ("nós"), inclusive em quase toda a quarta parte final do livro. Embora a opinião não seja unânime, a maioria dos estudiosos entende que o material "nós" em Atos deriva de uma testemunha ocular.[2] Isso explica por que essa parte constitui o material mais detalhado em Atos. Sobre a datação crítica mais comum de Lucas-Atos (70 d.C.-90 d.C.), a maior parte da narrativa de Lucas pertence ao período da memória viva (geralmente estimada entre sessenta e oitenta anos). O material "nós" poderia ser mais antigo, mas, se foi escrito ao mesmo tempo que o restante de Atos (o que acredito), a maior parte vem de apenas dez a trinta anos após os eventos finais.[3]

Há boas razões para acreditar que Lucas mesmo foi o autor desse material.[4] Alguns duvidam que um companheiro de viagem de Paulo tenha escrito Atos, observando que o pensamento do autor difere do de Paulo. No entanto, é de esperar que os pensamentos de ambos sejam diferentes: ninguém supõe que *Paulo* tenha escrito Atos. Além disso, os maiores contrastes não são entre Lucas e Paulo, mas entre Lucas e alguns antigos

---

[1]Craig S. Keener, *Acts: An Exegetical Commentary*, 4 vols. (Grand Rapids: Baker Academic, 2012-2015).

[2]Aceito até pelos principais detratores. P. ex., William Sanger Campbell, "The Narrator as 'He,' 'Me,' and 'We': Grammatical Person in Ancient Histories and in the Acts of the Apostles" [O narrador como "ele", "eu" e "nós": pessoa gramatical em histórias antigas e em Atos dos Apóstolos], *JBL* 129 (2010): 385-407 (aqui: 386).

[3]Em minha própria estimativa de datação (*Acts* 1:383-401), cerca de quinze anos após os eventos descritos no quarto final de Atos. Para quem o data no início dos anos 60 d.C., pode ser menos de três anos. Richard I. Pervo, *Dating Acts: Between the Evangelists and the Apologists* [A datação de Atos: entre os evangelistas e os apologistas] (Santa Rosa, CA: Polebridge, 2006), 359-63, sugere uma data do segundo século d.C., mas lista 31 estudiosos que defendem uma data nos anos 60; 48, entre os anos 70 e 80; vinte, na década de 90, e onze para cerca de 100 ou depois.

[4]Veja discussão e fontes mais completas em Keener, *Acts*, 3:2350-74.

estudiosos do entendimento antijudaico de Paulo.[5] Os estudos paulinos hoje reconhecem um Paulo muito mais judeu,[6] minando uma das principais objeções à representação "judaica" que Lucas faz de Paulo.

Uma minoria dos estudiosos sugere que o "nós" de Lucas é apenas um recurso literário fictício. No entanto, esse "recurso literário" não é atestado em nenhum outro lugar! Afirmações fictícias na primeira pessoa aparecem em alguns romances, mas não em obras históricas.[7] Além disso, quando elas são usadas em romances, surgem ao longo da história, mas Lucas só aparece em Atos 16:10, quando fica em Filipos (v. 17) e retorna anos depois à mesma cidade, onde o narrador permaneceu (20:5,6). Uma testemunha ocular falsa pode alegar ter testemunhado a tumba vazia ou o Pentecostes, mas o "nós" de Lucas aparece apenas de modo discreto, principalmente em viagens, mantendo o foco em Paulo.

Alguns têm defendido um tipo específico de "nós" fictício em narrativas de viagem marítima. Uma vez mais, falta esse recurso na literatura antiga,[8] e o "nós" de Lucas não se limita às viagens desse tipo.

De modo mais plausível, alguns sugerem que os detalhes de Lucas no material "nós" mostram que ele usa um diário de viagem como fonte. Mas de quem seria esse diário? Lucas teve acesso a muitas possíveis fontes para partes de Lucas-Atos (Lucas 1:1,2), inclusive de testemunhas oculares (v. 2), mas em nenhum outro lugar ele deixa um "eu" ou um "nós", exceto nessa

---

[5]Desafiando aqui esp. Philipp Vielhauer, "On the 'Paulinism' of Acts" [Sobre o "paulinismo" de Atos], em *Studies in Luke-Acts: Essays in Honor of Paul Schubert* [Estudos em Lucas-Atos: ensaios em homenagem a Paul Schubert], ed. Leander E. Keck e J. Louis Martyn (Nashville: Abingdon, 1966), 33-50. Veja críticas em, p. ex., Peder Borgen, "From Paul to Luke: Observations toward Clarification of the Theology of Luke-Acts" [De Paulo a Lucas: observações sobre o esclarecimento da teologia de Lucas-Atos], *CBQ* 31 (1969): 168-82; Stanley E. Porter, *Paul in Acts* [Paulo em Atos] (Peabody, MA: Hendrickson, 2001; reimp. de *The Paul of Acts: Essays in Literary Criticism, Rhetoric, and Theology* [O Paulo de Atos: ensaios em crítica literária, retórica e teologia], WUNT 115 [Tübingen: Mohr Siebeck, 1999]), 189-206; Karl P. Donfried, *Paul, Thessalonica, and Early Christianity* [Paulo, Tessalônica e cristianismo primitivo] (Grand Rapids: Eerdmans, 2002), 90-96; Darrell L. Bock, *Acts*, BECNT (Grand Rapids: Baker Academic, 2007), 15-19.
[6]Para vários ângulos do assunto, veja, p. ex., E. P. Sanders, *Paul and Palestinian Judaism: A Comparison of Patterns of Religion* [Paulo e judaísmo palestino: uma comparação de padrões de religião] (Filadélfia: Fortress, 1977); idem, *Paul: The Apostle's Life, Letters, and Thought* [Paulo: a vida, as cartas e o pensamento do apóstolo] (Minneapolis: Fortress, 2015); Mark D. Nanos e Magnus Zetterholm, eds., *Paul within Judaism: Restoring the First-Century Context to the Apostle* [Paulo no judaísmo: restaurando o contexto do apóstolo no primeiro século] (Minneapolis: Fortress, 2015).
[7]Veja Arthur Darby Nock, *Essays on Religion and the Ancient World* [Ensaios sobre religião e o mundo antigo], 2 vols., ed. Zeph Stewart (Cambridge: Harvard University Press, 1972), 828; Campbell, "Narrator as 'He,' 'Me,' and 'We'", 388.
[8]Susan Marie Praeder, "The Problem of First Person Narration in Acts" [O problema da narração na primeira pessoa em Atos], *NovT* 29 (1987): 193-218, esp. 210-14, 217-18.

"fonte" específica. Por que Lucas seria um editor inepto de seu material e deixaria apenas aqui um "nós" no qual não se incluiria? Muito provavelmente, o "nós" inclui o autor na primeira pessoa de Lucas 1:3.

Em outras palavras, Lucas era companheiro de viagem de Paulo (cf. Colossenses 4:14). Essa é também a tradição unânime de cristãos antigos, que não tinham motivos para atribuir o livro a um personagem tão diminuto (em oposição a, digamos, um apóstolo principal) se não tivessem motivos para acreditar que isso era verdade.[9] Se esse "nós" aparecesse em qualquer outro lugar da literatura histórica antiga *fora* do Novo Testamento, os estudiosos teriam como certo que o autor se incluía no "nós". Por que os estudiosos do Novo Testamento costumam tratá-lo com maior ceticismo do que os documentos não canônicos, é um assunto para outra oportunidade.

O(S) GÊNERO(S) LITERÁRIO(S) DE LUCAS-ATOS

Lucas é, pelas próprias características, um Evangelho, e a maioria dos estudiosos considera os Evangelhos como biografias. Ao contrário dos pressupostos e alguns estudiosos que têm familiaridade limitada com biografias antigas, o gênero biográfico tem implicações na confiabilidade histórica. É verdade que biógrafos e historiadores antigos não estavam presos a convenções narrativas modernas para esses gêneros, mas seus leitores também não esperavam que eles inventassem eventos.

Como eu e outros já mostramos em vários trabalhos, o período do início do Império Romano foi o auge da influência histórica na biografia antiga: extensas biografias antigas de figuras públicas (em oposição à vida dos poetas) normalmente se baseavam em informações substanciais, e biografias de figuras recentes eram normalmente muito precisas. A comparação entre esses trabalhos biográficos demonstra claramente que aqueles biógrafos conceberam seus projetos como históricos e dependiam de informações históricas substanciais.[10]

Os estudiosos divergem quanto ao Evangelho de Lucas e Atos serem do mesmo gênero literário. Como a biografia era um subtipo da historiografia, os gêneros estão intimamente relacionados em qualquer caso. Assim, alguns estudiosos encontram elementos historiográficos no Evangelho e elementos

---

[9]Veja mais discussões em Keener, *Acts*, 1:402-22.
[10]Veja esp. minha obra *Christobiography: Memories, History, and the Reliability of the Gospels* [Cristobiografia: memórias, história e confiabilidade dos Evangelhos] (Grand Rapids: Eerdmans, 2019).

biográficos em Atos. Especialmente no início do império, os biógrafos escreviam de maneira historiográfica, enquanto a historiografia frequentemente se concentrava nos personagens principais, de maneira biográfica.

Uma significativa maioria de estudiosos entende Atos como uma monografia histórica;[11] o segundo ponto de vista mais comum, que é significativamente menos comum, considera Atos uma narrativa biográfica de sucessão envolvendo os sucessores de Jesus (como Pedro e Paulo). Afirmações de que Atos era um "épico em prosa" (um gênero que, na prática, é inexistente, uma vez que os épicos eram normalmente poéticos) ou um romance são as opiniões menos comuns. Biografia era um gênero primariamente histórico, e tratar Atos como biografia ou como história significa que Lucas baseou sua narrativa em informações anteriores.

É claro que romances e histórias são obras do tipo narrativo; portanto, ambos permanecem úteis para comparações literárias. Mas Atos não é um romance. Em suas últimas obras publicadas, Richard Pervo, mais frequentemente associado ao entendimento de que o segundo texto de Lucas é um romance, concordou que Atos é uma historiografia antiga, e não um romance per se.[12] Infelizmente, ele estendeu a definição de história para incluir romances históricos. Mesmo essa ampliação das fronteiras históricas não justificaria, no entanto, tratar Atos como obra de um romancista. A maioria dos romances era apenas ficção, o que Atos (e os Evangelhos) visivelmente não é. Alguns romances sobre personagens históricos existiam, mas nenhum sobre personagens recentes. Nenhum romance incluía grande quantidade de informações prévias obviamente exibidas nos Evangelhos (óbvias comparando-as em uma sinopse) e Atos (óbvias comparando-as com a história externa; veja a discussão abaixo).[13]

Se Atos é uma obra de historiografia, então o primeiro volume biográfico de Lucas pode ser entendido como um volume biográfico de trabalho de história em dois volumes. Seria assim comparável, digamos, ao tratado de Diodoro Sículo sobre Alexandre da Macedônia, que compreende um livro inteiro na história que Diodoro escreveu em múltiplos volumes. Ao conectar a biografia

[11]Veja, p. ex., Henry J. Cadbury, *The Book of Acts in History* [O livro de Atos na história] (Londres: Black, 1955); Martin Dibelius, *Studies in the Acts of the Apostles*, ed. H. Greeven, trad. M. Ling (Nova York: Scribner's, 1956), 123-37; Luke Timothy Johnson, "Luke-Acts, Book of" [Lucas-Atos, livro de], *ABD* 4:403-20 (aqui: 406); Gregory E. Sterling, *Historiography and Self-Definition: Josephus, Luke-Acts, and Apologetic Historiography* [Historiografia e autodefinição: Josefo, Lucas-Atos e historiografia apologética], NovTSup 64 (Leiden: Brill, 1992); Keener, *Acts*, 1:51-257.
[12]Richard I. Pervo, *Acts: A Commentary* [Atos: um comentário] (Minneapolis: Fortress, 2009), 15.
[13]Para ver mais, Keener, *Acts* 1:63-83, esp. 77-80.

de Jesus à história, Lucas deixa ainda mais claro que a forma de biografia que ele escreve é de acordo com o lado mais historiográfico da biografia.

O PREFÁCIO DE LUCAS (1:1-4)

O prefácio de Lucas-Atos trata de um tópico histórico ("os fatos que se cumpriram entre nós" [Lucas 1:1]). Ele também usa muito vocabulário que é comumente encontrado nos prefácios de outras narrativas antigas. Lucas, portanto, convida seu público a esperar que o assunto seja tratado de modo histórico.[14] Um estudioso também comparou o prefácio com tratados científicos antigos, sustentando que Lucas escreve de acordo com o modo mais técnico (e, portanto, mais preciso) da historiografia, e não segundo o modo mais retórico.[15]

Lucas observa que *muitos* escreveram sobre esses eventos antes dele (1:1); ele, sem dúvida, inclui entre essas fontes Marcos e o outro material em que Lucas se sobrepõe a Mateus.[16] Lucas distingue seu trabalho do realizado pelos antecessores não em termos de confiabilidade de suas informações, mas em termos de estilo de escrita (v. 3).[17] Lucas observa que seu material remonta, por fim, a testemunhas oculares (v. 2) e que ele pode certificar a verdade desse material (v. 3).

Como Lucas pode atestar esse material? Ele pode *ter investigado tudo cuidadosamente* (v. 3), mas as palavras que ele usa podem implicar algo ainda mais do que investigação. Os historiadores às vezes usavam o termo aqui traduzido por "investiguei" para familiaridade pessoal completa com um assunto, especialmente quando participavam de alguns dos eventos que narram.[18]

Essa linguagem se encaixaria no uso de "nós" de Lucas mais tarde em sua narrativa (Atos 16:10-17; 20:5—21:18; 27:1—28:16). A menos que tenha deixado Paulo depois de chegar a Jerusalém e retornado antes da partida dele, parece que Lucas permaneceu perto do apóstolo na Judeia por até dois anos (24:27). Isso certamente daria a Lucas tempo suficiente para falar com os membros do movimento de Jesus que estavam na Judeia, presentes desde

---

[14]Veja, p. ex., Terrance Callan, "The Preface of Luke-Acts and Historiography" [O prefácio de Lucas--Atos e a historiografia], *NTS* 31 (1985): 576-81; David Paul Moessner, *Luke the Historian of Israel's Legacy, Theologian of Israel's 'Christ': A New Reading of the 'Gospel Acts' of Luke* [Lucas, o historiador do legado de Israel, teólogo do "Cristo" de Israel: uma nova leitura do "Evangelho de Atos", de Lucas] BZNW 182 (Berlim: de Gruyter, 2016), 67-123.
[15]Loveday C. A. Alexander, *Acts in Its Ancient Literary Context: A Classicist Looks at the Acts of the Apostles* [Atos em seu antigo contexto literário: um classicista analisa Atos dos Apóstolos], LNTS 298 (Londres: T&T Clark, 2005), 12-13, 16, 41-42.
[16]Eu aceito a hipótese *Q*, mas nada neste ensaio depende dessa premissa
[17]Para ver a variedade de modos de escrever prefácios antigos por parte de predecessores, veja Keener, *Acts*, 1:658-60; nem todos foram críticos (veja, p. ex., Valério Máximo 1.pref; Plínio, *História natural* 3.1.1-2).
[18]Moessner, *Luke the Historian of Israel's Legacy, Theologian of Israel's 'Christ'*, 68-107, esp. 106-7, 328.

os primeiros dias do movimento (cf., p. ex., 21:8,9,16-18). Os historiadores costumam usar o termo traduzido por "cuidadosamente" em Lucas 1:3 para afirmar sua atenção à acurácia nos detalhes.[19]

Podemos ter certeza de que Lucas, de fato, relata com precisão, como afirma? É bastante claro que ele não está inventando material livremente. Em primeiro lugar porque, onde é possível verificá-lo contra suas fontes, ele conta a mesma história essencial que elas contam, apesar do tipo de omissões e variações nos detalhes que são característicos de todas as biografias e histórias antigas. Em segundo lugar, porque Lucas descreve que sua missão é de *confirmar* o que Teófilo já aprendera (v. 4). Lucas não ousaria fazer tal afirmação se ele se afastasse de modo significativo das informações sobre Jesus e seu movimento já amplamente divulgadas em seus dias.

Se quiséssemos investigar a história dentro da memória viva de hoje, consultaríamos testemunhas oculares ou aqueles que ouviram a história delas. Não podemos fazer isso com a história de dois mil anos atrás, mas em Lucas-Atos temos ao alcance das mãos o registro de alguém que fez exatamente isso. É verdade que os interesses de Lucas podem diferir dos nossos, e ele deixa de fora muita informação que interessaria aos historiadores hoje. No entanto, o que Lucas apresenta nos oferece uma janela segura para a vida de Jesus e seu movimento, e devemos ser-lhe gratos. A maioria das figuras da Antiguidade carecia de tais biógrafos capazes de escrever a partir da memória viva.[20]

O CARÁTER DA HISTORIOGRAFIA ANTIGA

Historiadores e biógrafos antigos regularmente reformulavam suas fontes. Os leitores da elite antiga teriam realmente desprezado Mateus e Lucas por seguirem o texto de Marcos tão de perto e com frequência quanto o fizeram.[21] Os biógrafos também reorganizavam livremente os eventos, em

---

[19]Veja, p. ex., Eve-Marie Becker, *The Birth of Christian History: Memory and Time from Mark to Luke-Acts* [O nascimento da história cristã: memória e tempo de Marcos a Lucas-Atos] (New Haven: Yale University Press, 2017), 103-4; cf., p. ex., Diodoro Sículo 1.6.2; Josefo, *Antiguidades* 1.17,82; *Guerra dos judeus* 1.2,6,9,22; *Vida* 358,360,365,412; *Contra Apião* 1.18.

[20]Para a precisão usual das informações na memória viva, em oposição à posterior, veja, p. ex., Jan Vansina, *Oral Tradition as History* [Tradição oral como história] (Madison: University of Wisconsin Press, 1985), 173, 192-93, 197; Craig S. Keener, "Bart Ehrman and Robert McIver on Oral Tradition" [Bart Ehrman e Robert McIver sobre tradição oral], em *Treasures New and Old: Essays in Honor of Donald A. Hagner* [Tesouros novos e velhos: ensaios em homenagem a Donald A. Hagner], ed. Carl S. Sweatman e Clifford B. Kvidahl (Wilmore, KY: GlossaHouse, 2017), 271-318.

[21]Veja, p. ex., John S. Kloppenborg, "Variation in the Reproduction of the Double Tradition and an Oral Q?" [Variação na reprodução da dupla tradição e um Q oral?], *ETL* 83 (2007): 53-80 (aqui: 63-74), esp. 63

geral por tópicos;[22] os historiadores normalmente não agiam de modo tão livre com a sequência, mas, quando não tinham acesso aos registros públicos, nem sempre podiam apresentar uma cronologia precisa.

Os biógrafos tendiam a se concentrar no caráter daqueles sobre quem escreviam, celebrando a pessoa e usando seu comportamento e (no caso dos sábios) o ensino como um modelo a seguir ou (em casos negativos) a evitar. Os historiadores tendiam a se concentrar em eventos públicos que tiveram maior impacto.[23] Lucas, é claro, tem interesse em ambos.

Não se pode escrever história sem perspectivas. Não se pode simplesmente listar alguns eventos-chave sem decidir quais eventos são "chaves". Os historiadores modernos geralmente expressam interesse em aspectos particulares da história: história das mulheres, história militar, história da igreja. Os antigos também tinham interesses e perspectivas que moldavam seus escritos.

Algumas dessas perspectivas eram evidentes. Por exemplo, os próprios historiadores frequentemente observavam que seu registro dos eventos do passado era para que fossem exemplos para a vida no presente.[24] (Nas Escrituras, cf., p. ex., 1Coríntios 10:11.) Tais exemplos podem fornecer boas estratégias militares e políticas. Eles poderiam ser usados para apoiar agendas patrióticas ou políticas. Muitas vezes, eles eram usados para recompensar o bom comportamento com honra e fornecer exemplos morais a seguir. Os historiadores também falaram livremente sobre o papel da providência nos assuntos humanos, como Deus ou os deuses vingaram sua honra, e assim por diante.[25] Historiadores e biógrafos gostavam de algumas pessoas sobre quem escreviam e não gostavam de outras.

Os historiadores modernos podem explorar obras históricas antigas para obter informações, mesmo quando discordam das perspectivas delas, mas

---

[22]Veja, p. ex., Arnaldo Momigliano, *The Development of Greek Biography: Four Lectures* [O desenvolvimento da biografia grega: quatro palestras] (Cambridge: Harvard University Press, 1971), 13-14, 86.

[23]Tomas Hägg, *The Art of Biography in Antiquity* [A arte da biografia na Antiguidade] (Cambridge: Cambridge University Press, 2012), 273.

[24]Veja, p. ex., Heródoto 1.1, pref.; Políbio 1.1.1; 7.12; Diodoro Sículo 10.3.1; 11.11.2,6; 11.38.6; 15.1.1; 17.38.4; Dionísio de Halicarnasso, *Antiguidades romanas* 1.2.1; Tácito, *Agrícola* 1; *Anais* 3.65; Luciano, *História* 59; Colin J. Hemer, *The Book of Acts in the Setting of Hellenistic History* [O livro de Atos no ambiente da história helenística], ed. Conrad H. Gempf, WUNT 49 (Tübingen: Mohr Siebeck, 1989), 79-85; Samuel Byrskog, *Story as History—History as Story: The Gospel Tradition in the Context of Ancient Oral History*, WUNT 123 (Tübingen: Mohr Siebeck, 2000; reimp., Boston: Brill, 2002), 256-65; Keener, *Acts*, 1:148-65.

[25]Veja, p. ex., Políbio 31.9.1-4; 32.15.13; Diodoro Sículo 14.63.1; 14.69.4; 14.76.3; 27.4.3; 28.3.1; Cornélio Nepos 17.4.8; Tito Lívio 42.28.12; Valério Máximo 1.1. ext. 3-5; 1.1.18-21; Josefo, *Guerra dos judeus* 4.622; *Antiguidades* 17.353; Pausânias 9.25.10; 3.23.3-5; 9.33.6; 9.39.12; Apiano, *História romana* 3.12.1-2; John T. Squires, *The Plan of God in Luke-Acts*, SNTSMS 76 (Cambridge: Cambridge University Press, 1993), 15-20, 38-51.

as levam em consideração. Intérpretes cristãos naturalmente repercutem as perspectivas teológicas de Lucas-Atos, mas historiadores, cristãos ou não, podem obter informações desse trabalho, quer compartilhem os pontos de vista de Lucas quer não.

Os historiadores afirmavam regularmente que tinham de se ater aos fatos.[26] Para não supormos que eles eram muito tendenciosos ao relatar corretamente sua pauta, muitos outros escritores antigos que não eram historiadores (como Aristóteles, Plínio ou Luciano) também esperavam que os historiadores se apegassem aos fatos.[27] É claro que houve alguns historiadores ruins, mas eles enfrentaram severas denúncias por seus pares.[28] Eles não representam, então, o padrão normalmente esperado.

Os leitores antigos tinham a expectativa de que as narrativas, fossem romances ou história e biografia, tivessem caráter atraente e agradável,[29] mas esperavam uma base factual para a história e a biografia, em contraste com os romances. Alguns historiadores também assumiram mais liberdades estilísticas ou nas narrativas do que outros na maneira como recontavam seu material; eles diferiam entre si sobre quanto lhes era permitido. Como história era um gênero narrativo, os historiadores também podiam elaborar cenas e discursos a fim de retratá-los o mais próximo possível do que os escritores acreditavam ter acontecido.

Descrições detalhadas são raras em Lucas-Atos, principalmente por causa das limitações de espaço. Atos inclui muitos discursos, mas são resumos, e não discursos detalhados (2:40). Os biógrafos e historiadores antigos tinham diferentes níveis de flexibilidade literária na forma como estruturavam seu material; por qualquer padrão que se adote, Lucas, onde é possível testar o uso que ele faz de Marcos, aproveita essa flexibilidade menos do que a maioria de seus colegas.

---

[26]Políbio 2.56.11; 12.4c.4-5; 34.4.2-3; Josefo, *Contra Apião* 1.26; *Antiguidades* 8.56; 20.156-57; Tácito, *Anais* 4.11; cf. Dionísio de Halicarnasso, *Sobre Tucídides* 8,19,55.

[27]Aristóteles, *Poética* 9.2,1451b; Plínio, *Epístolas* 7.17.3; 8.4.1; Pausânias 1.3.3; Luciano, *História* 7-9,24,25.

[28]P. ex., Tucídides 1.20.3; Políbio 2.56.1-3,7,10; 3.38.3; 12.3.1-12.15.12; 15.34.1; Diodoro Sículo 1.37.4,6; 21.17.1; Veleio Patérculo 2.53.4; Josefo, *Vida* 336-39; *Guerra dos judeus* 1.7; Plutarco, *Sobre a maldade de Heródoto* 3-7, *Moralia* 855C-856B; Arriano, *Indica* 7.1; Luciano, *História* 24-25, 39-40; Cássio Dio 1.1.1-2.

[29]Cf. 2Macabeus 2:24-25; Tácito, *Anais* 4.32-33; Máximo de Tiro 22.5; Cássio Dio 1.1.1-2; C. W. Fornara, *The Nature of History in Ancient Greece and Rome* [A natureza da história na Grécia antiga e em Roma] (Berkeley: University of California Press, 1983), 120-33; Richard A. Burridge, *What Are the Gospels? A Comparison with Graeco-Roman Biography* [O que são os Evangelhos? Uma comparação com a biografia greco-romana], 2.ª ed. (Grand Rapids: Eerdmans, 2004), 146, 181-82, 237-38; Catharine Edwards, "Introduction", em *Suetonius: Lives of the Caesars* [Suetônio: *Vida dos césares*] (Nova York: Oxford University Press, 2000), vii-xxx (aqui: xii-xiii).

De qualquer forma, essa flexibilidade se aplicava aos detalhes, e não aos eventos. Os escritores antigos parecem bastante unânimes em dizer que não se concebia os historiadores inventarem eventos. Se eles relatavam um incidente, o normal era que o houvessem encontrado em suas fontes. Ao longo dos séculos, surgiram lendas, mas os estudos da tradição oral sugerem que a essência de uma narrativa geralmente permanece substancialmente precisa dentro do período mais curto da memória viva. Lucas-Atos reconta eventos em sua maior parte na memória viva. Todos esses fatores nos levam a presumir que Lucas-Atos nos informa sobre eventos históricos genuínos.

AVALIANDO GRAUS DE CONFIABILIDADE HISTÓRICA

Ciência, historiografia, jornalismo e outros processos de investigação usam métodos um pouco diferentes, apropriados à própria esfera de atuação. A metodologia histórica é limitada em sua capacidade de avaliar eventos do passado. Não se pode, por exemplo, fazer experiências com respeito à morte de uma figura histórica matando-a novamente. A historiografia trata de probabilidades, e não do nível de certeza possível na, suponhamos, matemática. No entanto, quando fontes independentes e confiáveis concordam com as informações, o grau de probabilidade pode às vezes estar, para propósitos comuns, além de dúvida razoável.

Como já observado, historiadores que não eram testemunhas oculares usaram fontes.[30] Eles normalmente favoreciam as fontes mais próximas dos eventos originais, e tinham mais confiança quando os eventos eram recentes do que quando pertenciam a um passado distante. Alguns historiadores citaram outras fontes pelo nome apenas quando encontraram relatos conflitantes, em geral sobre o passado mais distante.[31] Lucas não cita suas fontes, embora não deixe dúvidas de que elas lhe estavam disponíveis (Lucas 1:1). O evangelista escreve sobre eventos no âmbito da memória viva, quando os relatos de eventos provavelmente não divergiam de modo significativo. Em Atos, como observado, ele parece estar diretamente familiarizado com os eventos.

---

[30]Veja tb. R. A. Derrenbacker Jr., *Ancient Compositional Practices and the Synoptic Problem* [Práticas compositivas antigas e o problema sinóptico], BETL 186 (Leuven: Leuven University Press, 2005), 52; Keener, *Acts*, 1:170-76; esp. Chris Alfred, "Source Valuation in Greek and Roman Biography: From Xenophon to Suetonius", em *Biographies and Jesus: What Does It Mean for the Gospels to be Biographies?*, ed. Craig S. Keener e Edward T. Wright (Lexington, KY: Emeth, 2016), 77-102.
[31]Veja, p. ex., Valério Máximo 5.7.ext. 1; 6.8.3; Tácito, *Anais* 2.73,88; 4.57; 13.20; Filóstrato, *Vida dos sofistas* 2.4.570

Três critérios são particularmente úteis para avaliar reivindicações históricas específicas. Primeiro: quão próximo o historiador ou suas fontes estão do evento original? Segundo: com que cuidado ele manuseia as fontes? Até onde é possível avaliar Lucas, ele atende a ambos os critérios melhor do que a maioria dos historiadores antigos. Uma vez mais, o uso que Lucas faz de Marcos é bastante conservador para os padrões antigos.

Terceiro: a extensão em que fontes independentes apoiam ou contestam as asserções de um autor também nos ajuda a avaliar a confiabilidade dele. Sem dúvida, o autor pode estar mais correto que a fonte independente ou (com bastante frequência) pode falar a uma situação diferente daquela da fonte disponível mais próxima. O que costuma ocorrer é que fontes que são de fato independentes omitem muito do que outra fonte inclui. Não obstante, esse critério é útil em Lucas-Atos. Para o Evangelho, estamos limitados principalmente a fontes relacionadas à Judeia e à Galileia (a respeito de Herodes Antipas, Pilatos etc.). Por outro lado, Atos apresenta uma vasta gama de paralelos com fontes externas, tratadas mais extensamente a seguir.

Quando os historiadores comparam as limitadas fontes antigas existentes, levantam questões, às vezes insolúveis, sobre algumas afirmações encontradas em qualquer historiador antigo. As questões mais fortes levantadas pelos estudiosos sobre Lucas-Atos (veja a discussão a seguir) tratam de pontos periféricos à narrativa. No entanto, elas são superadas pelos muitos pontos em que dados externos independentes apoiam as afirmações de Lucas. Mesmo dadas as limitações do método histórico, Lucas se sai muito bem.

Embora esses três critérios nos ajudem a avaliar afirmações históricas dadas, um quarto critério ajuda a moldar nossa expectativa a respeito de afirmações que não podem ser testadas tão de imediato. Os historiadores antigos normalmente tinham muito mais fontes para suas narrativas do que as que sobreviveram até o presente, e nem é preciso dizer que eles não sabiam quais fontes sobreviveriam até o presente. Se um historiador segue, como de praxe, suas fontes até onde seja possível testá-lo (ou seja, até onde se tenha a fonte ou a informação disponíveis), deve-se assumir que seu método onde não é possível testá-lo permanece bastante consistente. Argumentar o contrário é apenas especular, argumentar a partir de alguns casos de silêncio contra a preponderância das evidências que existem. Portanto, historicamente, há fortes razões para confiar na imagem que Lucas apresenta dos eventos.

COR LOCAL ACURADA

A descrição acurada das localidades não demonstra a confiabilidade dos relatos que ocorrem lá, mas confirma que o autor tinha uma fonte de informações. Como observam dois classicistas, "é impressionante a precisão de detalhes bastante obscuros".[32] Embora não exista um manual para títulos locais de funcionários que existiram, por exemplo, Lucas sempre corrige os títulos para funcionários em diferentes locais: por exemplo, politarcas ("oficiais da cidade") em Tessalônica e o "escrivão da cidade" em Éfeso (Atos 17:6-8; 19:35).[33] Lucas ou sua fonte devem ter viajado para esses locais, e, se ele relata a viagem de Paulo para lá, por que não se pode pensar que a fonte era o próprio Paulo?

Lucas também exibe informações precisas sobre Éfeso (19:1-41): os efésios usavam um título exclusivo para Ártemis, às vezes defendiam seu culto, eram sensíveis precisamente naquela época a respeito de aspectos econômicos ligados ao culto a Ártemis, podiam ter reuniões não programadas no teatro próximo ao mercado lotado, e inúmeros outros detalhes. Lucas parece familiarizado com Éfeso e com uma revolta que ocorreu lá.[34] Evidências externas não provam que o motim envolveu Paulo, mas por que Lucas, que gasta a parte final de Atos na defesa de Paulo contra a acusação de causar desordem pública (24:5), *inventaria* um motim a respeito do apóstolo?[35]

Mais importantes são as muitas correspondências nos detalhes sobre o ministério de Paulo no interior da Ásia Menor, incluindo as rotas, os locais e as características da narrativa (caps. 13—14).[36] Muitas pessoas viajavam para Éfeso, mas poucas viajavam para o interior acidentado da Ásia Menor.

Embora exemplos possam ser multiplicados, concluo esta seção com a narrativa "nós" de Lucas sobre a viagem marítima (27:1—28:15). Mesmo detalhes do relato correspondem ao que é conhecido sobre as condições

---

[32]Richard Wallace e Wynne Williams, *The Acts of the Apostles: A Companion* [Atos dos Apóstolos: um livro de bolso] (Bristol: Bristol Classical, 1993), 27.
[33]Cadbury, *Acts in History*, 40-41.
[34]Para saber mais, veja Paul R. Trebilco, *The Early Christians in Ephesus from Paul to Ignatius* [Os primeiros cristãos em Éfeso, de Paulo a Inácio] (Grand Rapids: Eerdmans, 2007), 104-7; Keener, *Acts*, 3:2869-71.
[35]Veja Craig S. Keener, "Paul and Sedition: Pauline Apologetic in Acts" [Paulo e sedição: apologética paulina em Atos], BBR 22 (2012): 201-24.
[36]Veja, p.ex., Keener, *Acts*, 2:1976-77.

climáticas e o modo de agir dos marinheiros.[37] Já no século 19, um navegador mostrou como as condições sazonais das tempestades, a direção e o momento da deriva do navio e outros detalhes se encaixam com precisão nas condições do Mediterrâneo.[38] Estudos meteorológicos mais recentes suprem ainda mais confirmações.[39]

Lucas ou sua fonte estavam claramente a bordo de um navio naquelas condições. Os céticos sugerem que talvez o escritor tenha apenas acrescentado as menções de Paulo à narrativa existente, mas, se Lucas descreve as condições com precisão, não é mais fácil supor que ele também estava presente com o apóstolo, como afirma?

EVENTOS EM ATOS

Muitas vezes em Atos, e especialmente quando a narrativa se estende para além da Judeia, há fontes disponíveis que podem confirmar os relatos de Lucas sobre pessoas ou eventos. O escritor não dispõe esses eventos exatamente da mesma maneira que outras fontes — era muito raro que escritores independentes o fizessem —, mas podemos atestar muitas das pessoas e eventos aos quais ele se refere.

Por exemplo, o modo como Herodes Agripa I, Agripa II, Félix e Festo (12:1-23; 23:24—26:32) são apresentados assemelha-se ao que sabemos desses homens por meio de Josefo, mesmo que este seja mais favorável a Herodes Agripa do que Lucas.[40] Mais diretamente,[41] Josefo e Lucas relatam a ocasião da morte de Agripa; o fato de ambos relatarem detalhes incidentais omitidos pela outra fonte sugere registros independentes sobre o mesmo evento, confirmando a sobreposição de características.[42]

---

[37]Veja Hemer, *Book of Acts in the Setting of Hellenistic History*, 132-56.
[38]James Smith, *The Voyage and Shipwreck of St. Paul (with Dissertations on the Life and Writings of St. Luke, and the Ships and Navigation of the Ancients)* [A viagem e o naufrágio de São Paulo (com dissertações sobre a vida e os escritos de São Lucas, e os navios e a navegação dos antigos)], rev. Walter E. Smith, 4.ª ed. (Londres: Longmans, Green, 1880).
[39]R. W. White, "A Meteorological Appraisal of Acts 27:5-26" [Uma avaliação meteorológica de Atos 27:5-26], *ExpTim* 113 (2002): 403-7.
[40]Veja, p. ex., Keener, *Acts*, 2:1867-68, 1873-78, passim; 3:3328-31; 4:3422-24, 3433, 3436, 3441-42, 3450-60, 3473-79, 3495-96, 3548.
[41]Veja Keener, *Acts*, 2:1965-68, incluindo o quadro a seguir.
[42]C. K. Barrett, *A Critical and Exegetical Commentary on the Acts of the Apostles* [Um comentário crítico e exegético sobre Atos dos apóstolos], 2 vols. (Edimburgo: T&T Clark, 1994-98), 589, está provavelmente correto também ao encontrar na curiosa menção de Lucas a "Blasto" o uso sem edição de uma fonte que não seja Josefo.

Josefo, *Antiguidades* 19.343-50	Atos 12:19-23
Agripa estava em Cesareia nesta ocasião (19.343)	Agripa estava em Cesareia nesta ocasião (12:19)
Ambiente público (19.343-44)	Ambiente público (12:21)
O glorioso manto de Agripa (19.344)	As vestes reais de Agripa (12:21)
Os bajuladores saúdam Agripa como divino (19.344-45)	Os bajuladores saúdam Agripa como divino (12:22)
Agripa sofre julgamento divino imediatamente depois (19.346-48)	Agripa sofre julgamento divino imediatamente depois (12:23)
Por causa da blasfêmia dos bajuladores (19.346-47)	Porque ele não transferiu o louvor a Deus (12:23)
Ele sofreu por cinco dias de dores do estômago (19.348-50)	Ele foi comido por vermes (12:23)
Ele morreu (19.350)	Ele morreu (12:23)

A lista potencial de correspondências pode se estender a mais de cem páginas, como ocorre em uma monografia de Colin Hemer,[43] incluindo (aqui está uma pequena amostra dos exemplos dados por ele):

• Atestação sobre Sérgio Paulo (13:7) e suas conexões familiares com a região onde Paulo viajou em seguida, incluindo Antioquia da Pisídia e Icônio (v. 14,51)[44]
• Embora Paulo nunca tenha ostentado a cidadania romana, seu nome apoia fortemente a probabilidade de que ele era de fato cidadão romano (16:37)[45]
• A estrada romana de Filipos a Tessalônica incluiria paradas em Anfípolis e Apolônia (17:1)
• As citações em 17:28 provavelmente derivam de autores que se encaixam nos antecedentes de Paulo em Tarso (uma citação de Arato), e sua menção a um "deus desconhecido" (v. 23; uma citação de Epimênides)

---

[43]Hemer, *Acts*, 108-220, esp. 108-58. Condenso aqui minha lista de exemplos de Keener, *Acts*, 1:204-6.
[44]Veja esp. Stephen Mitchell, *Anatolia: Land, Men, and Gods in Asia Minor* [Anatólia: terra, homens e deuses na Ásia Menor], 2 vols. (Oxford: Clarendon, 1993), 2:6-7.
[45]Veja Keener, *Acts*, 3:2517-27. Os críticos que afirmam que judeus praticantes não teriam sido cidadãos romanos estão pouco informados sobre fontes antigas, como observa corretamente Martin Hengel, *The Pre-Christian Paul* [O Paulo pré-cristão] (Valley Forge, PA: Trinity Press International, 1991), 11-14.

talvez sugira que o relato nesse capítulo condense uma mensagem original de Paulo mais longa
- Um historiador romano atesta a expulsão citada em 18:2, provavelmente na época mencionada
- Uma inscrição atesta que Gálio esteve em Corinto no mesmo ano em que Paulo se apresenta diante dele em 18:12
- As viagens e sua duração em 20:13-17 e 21:1-8 correspondem ao que é conhecido
- O único discurso a cristãos em Atos (20:18-35), notavelmente no material "nós", está cheio da linguagem que Paulo usou em suas cartas às igrejas[46]
- Outras fontes igualmente atestam a pena de morte para gentios que entrassem no templo (21:28)
- Uma coorte romana na Fortaleza Antônia vigiava tumultos no templo que precisassem ser acalmados (21:31)
- Josefo também cita a escada pela qual os soldados alocados na Fortaleza Antônia desciam ao templo em 21:32,35,40[47]
- Um falso profeta judeu egípcio havia reunido seguidores no deserto recentemente (21:38)
- O nome romano adotado por Lísias, "Cláudio" (23:26), sugere que ele conquistou a cidadania sob o governo de Cláudio, que frequentemente vendia o título (e mais barato, com o passar dos anos; cf. 22:28)
- Ananias é o nome correto do sumo sacerdote na época de 23:2
- Félix era o governador na época de 23:24
- A arqueologia confirma que Antipátride era a parada apropriada na estrada de Jerusalém para Cesareia, e o terreno e a demografia étnica demonstram ser o lugar mais seguro para o descanso da infantaria (23:31)
- Ao perguntar qual era a província de Paulo, Félix pode ter planejado encaminhar aquele caso a um governador diferente, mas o prisioneiro era da Cilícia, que precisamente nesse período estava sob o superior de Félix (23:34)
- Embora Félix tenha se casado três vezes, Drusila era precisamente sua esposa na época de 24:24
- Pórcio Festo sucedeu a Félix como governador (24:27) precisamente naquela época

---

[46]Veja esp. Steve Walton, *Leadership and Lifestyle: The Portrait of Paul in the Miletus Speech and 1 Thessalonians* [Liderança e modo de viver: o retrato de Paulo a partir do discurso em Mileto e de 1Tessalonicenses], SNTSMS 108 (Cambridge: Cambridge University Press, 2000).
[47]Josefo, *Guerra dos judeus* 5.243-244.

• Berenice estava casada antes e depois desse período, mas, naquela época exata, estava com seu irmão Agripa II (25:13)

Não conhecemos romancistas antigos que tenham feito pesquisas a fim de produzir essas correspondências. Mesmo que alguém seja tão cético a ponto de duvidar da presença de Paulo na parte final de Atos, é difícil duvidar da presença de Lucas ou de sua fonte!

COMPARAÇÃO DE EVENTOS EM ATOS E NAS CARTAS DE PAULO

Uma fonte externa para Atos está no próprio Novo Testamento: as cartas de Paulo. Elas tratam de situações locais. Os interesses de Paulo, portanto, diferem dos de Lucas; assim, um conjunto de fontes naturalmente omite muito do que o outro inclui. No entanto, o grau de sobreposição é comparável ao que se encontra quando se comparam biografias de várias pessoas com as cartas que elas escreveram.[48]

Por exemplo, Paulo esperava ter problemas na Judeia (Romanos 15:31), e o que, provavelmente, é o seu próximo conjunto de cartas descreve o apóstolo sob custódia romana (p. ex., Filipenses 1:13; Filemom 9).

Há mais de um século, Adolf von Harnack, um notável historiador liberal do cristianismo primitivo, observou que Lucas é preciso onde se pode verificar suas afirmações com respeito a Paulo. Ele destacou 39 casos específicos. Listo aqui apenas alguns:

• O movimento de Jesus foi grande, mesmo antes da pregação apostólica em Jerusalém (Atos 1:15; 1Coríntios 15:6)
• O movimento de Jesus se expandiu a partir de Jerusalém, e não da Galileia (Romanos 15:19,26,27)
• O movimento se expandiu em outros lugares da Judeia (1Tessalonicenses 2:14; Gálatas 1:22; Atos 9:31)
• As igrejas da Judeia enfrentaram perseguição (Atos 7—8; 1Tessalonicenses 2:14), especialmente por Paulo (Atos 8:1-3; 9:1,2; Gálatas 1:13,14; 1Coríntios 15:9; Filipenses 3:6)

---

[48]Veja T. Hillard, A. Nobbs e B. Winter, "Acts and the Pauline Corpus, I: Ancient Literary Parallels" [Atos e o *corpus* paulino, I: Paralelos literários antigos], em *The Book of Acts in Its Ancient Literary Setting*, ed. Bruce W. Winter e Andrew D. Clarke, vol. 1 de *The Book of Acts in Its First Century Setting* (Grand Rapids: Eerdmans, 1993), 183-213.

- Muitos cristãos da Judeia seguiam a Lei (Atos 15:5; 21:20; Gálatas 2:4,12), e nem todos se agradavam de Paulo (Romanos 15:31; Atos 21:21)
- Os Doze lideravam a igreja em Jerusalém (Atos 1:13; 6:2; Gálatas 1:17; 1Coríntios 15:5)
- Entre os Doze, Pedro foi o líder mais significativo, aparentemente seguido por João (Atos 2:37; 3:1; 8:14,17; 1Coríntios 15:5; Gálatas 1:18; 2:9)
- Embora não estivesse entre os Doze, Barnabé também era apóstolo (Atos 14:4,14; 1Coríntios 9:5,6; 15:7), tinha laços com a igreja em Jerusalém (Atos 4:36,37; 11:22; Gálatas 2:13) e trabalhou em estreita colaboração com Paulo (Atos 11:25; 13—14; 1Coríntios 9:6; Gálatas 2:1,9)
- Outro grupo de líderes era composto pelos irmãos do Senhor (Atos 1:14; 1Coríntios 9:5), liderados por Tiago, que passou a exercer autoridade não inferior à de Pedro e João (Atos 12:17; 15:13,19; 21:18; 1Coríntios 15:7; Gálatas 2:9,12)
- Marcos tinha laços estreitos com Barnabé (Atos 15:37; Colossenses 4:10)
- Os companheiros posteriores de Paulo incluíram Silas e, em um papel subordinado, Timóteo (Atos 15:40; 16:1-3; 2Coríntios 1:19; 1Tessalonicenses 1:1)
- Uma revelação de Jesus converteu Paulo perto de Damasco (Atos 9:3-6; Gálatas 1:12,17; 1Coríntios 15:8)
- Paulo escapou de seus oponentes em Damasco ao ser baixado por uma muralha dentro de um cesto (Atos 9:25; 2Coríntios 11:32,33)
- Depois Paulo viajou para Jerusalém (Atos 9:26; Gálatas 1:18,19) e pregou lá (Atos 9:28,29; 23:11; Romanos 15:19)

As cartas de Paulo igualmente revelam um itinerário parcial de seus anos de ministério, que se sobrepõe significativamente a Atos.[49]

- Paulo estava perseguindo os cristãos (Gálatas 1:13,14; Atos 8:1-3)
- Paulo foi convertido perto de Damasco (Gálatas 1:15-17a; Atos 9:3-9)
- Paulo viajou para Jerusalém (Gálatas 1:18,19; Atos 9:26)
- Ele foi para a Síria e a Cilícia (Gálatas 1:21; Atos 9:30; 11:25,26)
- Ele e Barnabé voltaram a Jerusalém para resolver um problema (Gálatas 2:1-10; Atos 15:1,2)

---

[49]Adapto aqui Keener, *Acts*, 1:239-40. Veja Thomas H. Campbell, "Paul's 'Missionary Journeys' as Reflected in His Letters" [As "viagens missionárias" de Paulo, como sugeridas em suas cartas], *JBL* 74 (1955): 80-87 (aqui: 81-84); Charles H. Talbert, *Reading Luke-Acts in Its Mediterranean Milieu* [Lendo Lucas-Atos em seu ambiente mediterrâneo], NovTSup 107 (Leiden: Brill, 2003), 203-4.

- Eles voltaram para Antioquia (Gálatas 2:11; Atos 15:30-35)[50]
- Paulo e Silas pregaram em Filipos (1Tessalonicenses 1:1; 2:1,2; Filipenses 4:15,16; Atos 16:12-40)
- Eles pregaram em Tessalônica (1Tessalonicenses 2:1,2; Filipenses 4:15,16; Atos 17:1-9)
- Paulo permaneceu em Atenas (1Tessalonicenses 3:1-3; cf. Atos 17:16-34)
- Paulo pregou em Corinto (1Coríntios 2:1-5; Atos 18:1-18)
- Depois, em Éfeso (1Coríntios 16:8,9; Atos 19:1-41)
- Depois, na Macedônia (2Coríntios 2:13; 8—9; cf. Atos 20:1,2)
- Depois, em Corinto (2Coríntios 9:4; 7:5; Atos 20:2,3)
- Depois, seguiu para Jerusalém (Romanos 15:22-25; Atos 21:15-19)
- Depois, foi para Roma (Romanos 15:22-25; Atos 28:14-31)

Paulo foi envergonhado publicamente em Filipos (1Tessalonicenses 2:2; Atos 16:22,23) e depois enfrentou severa hostilidade em Tessalônica, a qual continuou depois de Paulo ter partido (Atos 17:13; 1Tessalonicenses 1:6; 2:2). Um estudioso ainda afirma que quase três quartas partes dos detalhes dados por Lucas sobre a permanência de Paulo em Tessalônica "são direta ou indiretamente confirmadas por 1Tessalonicenses".[51]

As cartas de Paulo também confirmam independentemente muitos pontos sobre sua missão em Corinto.[52] Atos e as cartas paulinas descrevem o apóstolo como o fundador da igreja em Corinto (1Coríntios 3:6; 4:15).[53]

- Áquila e Priscila ministram juntos como casal (Atos 18:2,26; Romanos 16:3)
- Eles são conhecidos em Corinto e usam seu lar para a obra de Deus (Atos 18:3; Romanos 16:5; 1Coríntios 16:19)

---

[50]Alinhado à maioria dos estudiosos, encontro inúmeras correlações entre Gálatas 2:1-10 e Atos 15:6-22 (veja Keener, *Acts*, 3:2195-2206; idem, *Galatians* [Gálatas] [Nova York: Cambridge, 2018], 4-7. Também trato aqui as alegadas incongruências), mas uma minoria significativa correlaciona Gálatas 2:1-10 com Atos 11:30.

[51]Rainer Riesner, *Paul's Early Period: Chronology, Mission Strategy, Theology* [O período inicial de Paulo: cronologia, estratégia de missão, teologia], trad. Doug Stott (Grand Rapids: Eerdmans, 1998), 366-67.

[52]Para a opinião majoritária de que Atos é independente da maioria das cartas de Paulo, veja C. K. Barrett, "Acts and the Pauline Corpus", *ExpTim* 88 (1976): 2-5; Walton, *Leadership and Lifestyle*, 14-17; Keener, *Acts*, 1:233-37.

[53]Ben Witherington III, *The Acts of the Apostles: A Socio-Rhetorical Commentary* [Atos dos apóstolos: um comentário sócio-retórico] (Grand Rapids: Eerdmans, 1998), 537 (adaptado em Keener, *Acts*, 3:2682-83).

- Eles têm vínculos com Roma (Atos 18:2; Romanos 16:3) e Éfeso (Atos 18:18,19; 2Timóteo 4:19)
- Paulo inicialmente dedicou-se a um negócio a fim de se sustentar em Corinto (Atos 18:3; 1Coríntios 4:12; 9:6)
- Crispo é convertido e batizado (Atos 18:8; 1Coríntios 1:14)
- Timóteo participa (Atos 18:5; 1Coríntios 4:17; 16:10,11; 2Coríntios 1:19)
- Silas participa (Atos 18:5; 2Coríntios 1:19)
- Paulo começou o ministério em Corinto antes da chegada de Silas e Timóteo (Atos 18:1-4; 1Tessalonicenses 3:6)
- Paulo passou um tempo em Atenas durante a viagem (Atos 17:15-34; 1Tessalonicenses 3:1)
- Sóstenes (provavelmente o mesmo em ambos os casos) é citado em Corinto (Atos 18:17; 1Coríntios 1:1)
- Os cristãos de Corinto aparentemente estão familiarizados com o judaísmo (Atos 18:4-7; 1Coríntios 1:22-24; 9:20; 10:32; 12:13; 2Coríntios 11:22)
- Os cristãos de Corinto conhecem Apolo como pregador importante e, em algum momento, ele está associado a Éfeso e a Paulo (Atos 18:24-28; 1Coríntios 3:5,6; 16:8,12)
- Paulo posteriormente visita Éfeso por um longo período (Atos 18:19; 19:8-10; 1Coríntios 15:32; 16:8; cf. 2Coríntios 1:8)

Paulo continuou a escrever cartas antes de sua viagem a Jerusalém, e novamente depois da custódia romana (segundo a datação mais comum de suas cartas). Isso permite algumas comparações adicionais, como as seguintes:

- Como em Atos 19:21, Paulo planeja visitar a Macedônia (1Coríntios 16:5), depois a Acaia (v. 5,6; cf. 4:18-21), depois a Judeia (Romanos 15:25; 2Coríntios 1:16) e, por fim, Roma (Romanos 1:11-13; 15:23-25)
- Como em Atos 19:21,22, Paulo envia Timóteo de Éfeso à frente de si mesmo (1Coríntios 4:17; 16:8,10); eles se encontram mais tarde (Atos 20:4; Romanos 16:21)
- Paulo visita a Macedônia (Atos 20:1,2; 2Coríntios 2:13; 7:5)
- Como planejado (2Coríntios 13:1), Paulo visita a Acaia (Atos 20:2,3) e logo juntam-se a ele companheiros de viagem de outros lugares (v. 4; 2Coríntios 9:4)
- Depois da Macedônia e da Acaia (Romanos 15:26), Paulo planeja visitar Jerusalém (v. 25; Atos 21:17) a fim de levar uma oferta (Atos 24:17; Romanos 15:25,26,31)

Embora faltem cartas da viagem de Paulo a Jerusalém, as que existem são coerentes com o que se encontra na parte final de Atos, um período em que Lucas viajou com ele:

Paulo encontra violência da multidão em Jerusalém (Romanos 15:31)	Paulo previu o perigo dos incrédulos em Jerusalém (Atos 21:27-31)
Paulo escreve suas próximas cartas existentes (inclusive, pelo menos, Filipenses e Filemom, de acordo com a cronologia mais comum) sob custódia romana	Soldados romanos detêm Paulo e o mantêm sob custódia (Atos 22:24—23:30)
Embora Paulo tivesse plane-jado ir a Roma voluntariamente (Romanos 15:23,24), o próximo fato sobre ele é estar sob custódia lá (Filipenses 4:22, de acordo com a interpretação mais comum)	Paulo usa sua cidadania romana a fim de obter a transferência de seu caso para Roma (Atos 25:10-12)

OBJEÇÕES QUE SÃO, POR VEZES, APRESENTADAS

Alguns argumentam contra a congruência de Atos com outras fontes por indicar pontos onde há diferença em relação a elas. Muitas dessas diferenças mostram-se ser apenas o caso de uma fonte registrar algo que outra fonte não registra, um argumento do silêncio que poderia ser usado para desa-creditar quaisquer fontes independentes. O que distingue obras históricas antigas de romances não é que as primeiras sejam exaustivas; isso exigiria o que nenhuma fonte consegue fornecer: a inclusão de todas as informações possíveis. O que as distingue é dependerem de informações prévias, que, por vezes, podem ser atestadas por compará-las com outras fontes, ao passo que romancistas podiam compor livremente.

As diferenças de ênfase que podem ser vistas mostram interesses dife-rentes de escritores diferentes. Por exemplo, Lucas enfatiza mais a oposi-ção judaica do que Paulo, embora ela também apareça nas cartas paulinas (2Coríntios 11:24; 1Tessalonicenses 2:14); Lucas enfatiza o próprio perfil judaico de Paulo com frequência, embora isso também apareça nas cartas (Romanos 9:2,3; 11:1). Lucas e Paulo escrevem em ocasiões diferentes, tratando de questões diferentes, mas isso não depõe contra a precisão de nenhum deles.

Em alguns pontos, no entanto, diferenças parecem conflitar com outras fontes. Isso é verdade para todos os historiadores e biógrafos antigos (exceto nos casos mais raros em que faltam fontes com as quais fazer comparações).[54] Onde ocorrem conflitos, os estudiosos costumam diferir sobre qual fonte é mais precisa (Josefo, p. ex., muitas vezes se contradiz em detalhes, embora no caso de Atos 5:36,37 os estudiosos sigam Josefo mais do que a Lucas). A seguir, são apresentados alguns dos principais exemplos de conflitos que estudiosos costumam destacar. (Eu omito aqui casos, que trato em outros lugares, em que os críticos de Lucas se mostram apenas historicamente desinformados,[55] ou em que as objeções são baseadas tão somente na visão de mundo do crítico, e não em informações históricas,[56] ou casos de questionamento da plausibilidade sem apoio de dados externos.)[57]

- Atos 5:36,37: Josefo data a revolta de Teudas aproximadamente dez anos *após* esse discurso de Gamaliel
- Atos 15:4-29: os estudiosos identificam o que consideram tensões entre esse relato e o de Paulo em Gálatas

---

[54]Para amostras de sobreposição e de diferenças entre historiadores e biógrafos antigos, consulte Michael R. Licona, *Why Are There Differences in the Gospels? What We Can Learn from Ancient Biography* (Nova York: Oxford University Press, 2017); Craig S. Keener, "Otho: A Targeted Comparison of Suetonius' Biography and Tacitus' History, with Implications for the Gospels' Historical Reliability" [Otho: uma comparação direcionada da *Biografia*, de Suetônio, e da *História*, de Tácito, com implicações para a confiabilidade histórica dos Evangelhos], *BBR* 21 (2011): 331-55.

[55]Veja exemplos em Craig S. Keener, "Note on Athens: Do 1 Corinthians 16.15 and Acts 17.34 Conflict?" [Nota sobre Atenas: 1Coríntios 16.15 e Atos 17.34 estão em conflito?], *JGRChJ* 7 (2010): 137-39; idem, "Acts 10: Were Troops Stationed in Caesarea During Agrippa's Rule?" [Atos 10: havia tropas alocadas em Cesareia durante o governo de Agripa?], *JGRChJ* 7 (2010): 164-76.

[56]Veja Craig S. Keener, *Miracles: The Credibility of the New Testament Accounts* [Milagres: a credibilidade dos relatos do Novo Testamento], 2 vols. (Grand Rapids: Baker Academic, 2011); idem, "A Reassessment of Hume's Case against Miracles in Light of Testimony from the Majority World Today" [Uma reavaliação do argumento de Hume contra os milagres à luz do testemunho do mundo majoritário hoje], *PRSt* 38 (2011): 289-310; idem, "Miracle Reports: Perspectives, Analogies, Explanations" [Relatos de milagres: perspectivas, analogias, explicações], em *Hermeneutik der frühchristlichen Wundererzählungen: Historiche, literarische und rezeptionsästhetische Aspekte*, ed. Bernd Kollmann e Ruben Zimmermann, WUNT 339 (Tübingen: Mohr Siebeck, 2014), 53-65; idem, "'The Dead are Raised' (Matthew 11:5//Luke 7:22): Resuscitation Accounts in the Gospels and Eyewitness Testimony" ["Os mortos ressuscitam" (Mateus 11:5//Lucas 7:22): relatos de ressuscitação nos Evangelhos e no testemunho ocular], *BBR* 25 (2015): 55-79.

[57]Veja Craig S. Keener, "Novels' 'Exotic' Places and Luke's African Official (Acts 8:27)" [Lugares novos e "exóticos" e o oficial africano de Lucas (Atos 8:27)], *AUSS* 46 (2008): 5-20; idem, "The Plausibility of Luke's Growth Figures in Acts 2.41; 4.4; 21.20" [A plausibilidade dos números de crescimento de Lucas em Atos 2.41; 4.4; 21.20], *JGRChJ* 7 (2010): 140-63.

- Atos 17:15,16: Paulo envia Timóteo de Atenas em 1Tessalonicenses 3:1,2, o que sugere que Lucas condensou e simplificou o relato[58]
- Atos 21:38: Josefo se refere aos "assassinos" em separado do egípcio e apresenta números conflitantes

Os estudiosos dão várias explicações para essas diferenças. Em alguns casos, como o alegado conflito em 21:38, elas são facilmente explicadas: o termo traduzido por "assassinos" teve um uso mais amplo, e os números dados por Lucas parecem mais plausíveis que os de Josefo.[59] As diferenças no capítulo 15 são muito menos impressionantes do que as semelhanças e são principalmente questão de uma narrativa omitir o que a outra inclui.[60] Em outros pontos, como 5:36, o debate é mais acalorado.[61]

Deve-se notar, no entanto, que mesmo em um caso como 5:36, se o conflito aparecesse em outro historiador antigo, ninguém o usaria contra a confiabilidade geral daquele escritor. Atos 5:36,37 aparece no discurso a portas fechadas, o tipo de cenário do qual os estudiosos hoje esperam o mínimo dos historiadores antigos. Mesmo 21:38 não é uma afirmação do próprio Lucas, mas o discurso de alguém que a narrativa apresenta como estando confuso por causa de informações conflitantes (v. 34). Todos esses exemplos refletem detalhes periféricos, e não a história principal. Mesmo na leitura menos favorável de Atos, esses desafios não comprometem a credibilidade de Lucas como historiador antigo.

---

[58]Veja Keener, *Acts*, 3:2570-72; Hans Conzelmann, *A Commentary on the Acts of the Apostles* [Um comentário sobre Atos dos Apóstolos], ed. Eldon Jay Epp com Christopher R. Matthews, trad. James Limburg, A. Thomas Kraabel e Donald H. Juel (Filadélfia: Fortress, 1987), 136. Essa simplificação aparece regularmente na biografia e na historiografia antigas; veja F. Gerald Downing, "Redaction Criticism: Josephus' Antiquities and the Synoptic Gospels (I)" [Crítica da redação: *Antiguidades*, de Josefo, e os Evangelhos Sinópticos (I)], *JSNT* 8 (1980): 46-65 (aqui: 57); Brian McGing, "Philo's Adaptation of the Bible in His *Life of Moses*" [Adaptação da Bíblia feita por Fílon em seu *Vida de Moisés*], em *The Limits of Ancient Biography* [Os limites da antiga biografia], ed. Brian McGing e Judith Mossman (Swansea: Classical Press of Wales, 2006), 117-40 (aqui: 131-33); Maarten De Pourcq e Geert Roskam, "Mirroring Virtues in Plutarch's Lives of Agis, Cleomenes and the Gracchi" [Espelhando virtudes em *Vidas paralelas*, de Plutarco, sobre Ágis, Cleómenes e os Gracos], em *Writing Biography in Greece and Rome: Narrative Technique and Fictionalization* [Escrevendo biografia na Grécia e em Roma: técnica narrativa e ficcionalização], ed. Koen De Temmerman e Kristoffel Demoen (Cambridge: Cambridge University Press, 2016), 163-80 (aqui: 176); Licona, *Why Are There Differences in the Gospels?*, 20, 42, 46-48, 50-52, 56, 72, 75, 77, 80, 83, 95, 97, 100, 108-9; Keener, *Acts*, 1:143-47.
[59]Veja Keener, *Acts*, 3:3172-77; Mark Andrew Brighton, *The Sicarii in Josephus's Judean War: Rhetorical Analysis and Historical Observations* [Os sicários na *Guerra dos judeus*, de Josefo: análise retórica e observações históricas], EJL 27 (Atlanta: Society of Biblical Literature, 2009).
[60]Como observado, veja a discussão em Keener, *Acts*, 3:2195-2206; idem, *Galatians*, 4-7.
[61]Veja discussão parcial em Keener, *Acts*, 2:1230-37.

CONCLUSÃO

Neste ensaio, destaquei apenas uma amostra das correlações entre Atos e evidências externas. Longe de escrever com a liberdade criativa de um romancista, Lucas redigiu sua obra com base em informações históricas à sua disposição. Correspondências externas tornam essa dependência clara em Atos, assim como é evidente o uso que faz de Marcos em seu Evangelho. Devemos, portanto, tratar a obra histórica de Lucas com grande confiança.

É claro que Lucas, como outros historiadores antigos, não estava interessado em informações sobre o passado apenas por curiosidade. Ele estava interessado em saber como o passado instrui a viver no presente. Para nós, cristãos, isso significa que ouvimos em Lucas não apenas vozes de épocas passadas, mas a voz de quem fala hoje.

PARTE QUATRO

RESPOSTAS E REFLEXÕES

15

UMA RESPOSTA DE
LARRY W. HURTADO

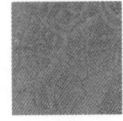

Larry W. Hurtado

Os quatro Evangelhos e o livro de Atos apresentam como reais indivíduos e eventos — em termos atuais, como "históricos". No caso dos Evangelhos, os quatro pretendem apresentar um relato do ministério de Jesus, e todos o situam (com grande quantidade de detalhes) na Galileia e na Judeia do início do primeiro século. Mas, do segundo século em diante, as evidentes diferenças entre os Evangelhos se mostraram uma dificuldade para muitos cristãos (como Taciano) e forneceram munição para os oponentes não cristãos (como Celso).[1] De fato, ironicamente, é a existência desses múltiplos relatos sobre Jesus, todos mais ou menos da mesma época, que permite o estudo crítico deles e da tradição sobre Jesus e evidencia as ênfases individuais. Se houvesse apenas um desses relatos, a tarefa histórica e crítica seria muito mais difícil.

Apesar dos valorosos esforços para fazer isso, é evidente que os Evangelhos não podem ser facilmente harmonizados em um relato plano e coeso. Além disso, fica claro — sem dificuldade, por meio de comparação — que eles

---

[1]Oscar Cullmann, "The Plurality of the Gospels as a Theological Problem in Antiquity" [A pluralidade dos Evangelhos como um problema teológico na Antiguidade], em *The Early Church: Studies in Early Christian History and Theology* [A igreja primitiva: estudos sobre a história e a teologia cristãs primitivas], ed. A. J. B. Higgins (Londres: SCM; Filadélfia: Westminster, 1956), 39-54.

não são de modo algum relatos históricos desapaixonados; em vez disso, são completamente baseados na fé em Jesus como agente único da salvação de Deus, e de várias maneiras moldados por ela. Os Evangelhos não contam apenas o ministério de Jesus; eles o recomendam nos termos mais fortes aos crentes para os quais os autores escreveram. As tradições sobre Jesus não foram preservadas para agradar a antiquários, mas para promover a fé nele. Sendo assim, como os Evangelhos devem ser tratados em investigações históricas críticas sobre Jesus? Em resposta a essa pergunta, vários critérios de autenticidade foram desenvolvidos e implantados, e são alvo de críticas.

Quanto às diferenças entre os relatos dos Evangelhos, elas vão além daquilo que os autores escolheram incluir. Os assuntos mais difíceis são as diferenças no modo como o mesmo incidente ou ensino de Jesus é relatado.[2] Como é bem conhecido entre os estudiosos, essas diferenças geralmente se alinham com outros sinais das ênfases de cada autor. Isso é mais evidente no Evangelho de João, no qual é difícil com frequência distinguir entre o que é apresentado como palavras de Jesus e o discurso do próprio autor. Sem dúvida, o fato é que cada um dos Evangelhos apresenta um relato interpretado de Jesus. Comparei isso ao fenômeno de diferentes interpretações de uma composição musical (sugerindo, nesse modelo, que o Evangelho de João poderia ser considerado a interpretação do jazz!).[3] E, como em Atos, embora tenhamos apenas essa narrativa do cristianismo primitivo, ela também parece combinar reportagem histórica com (e moldada por) as ênfases e objetivos particulares do autor.

No entanto, os quatro Evangelhos e seu foco em Jesus sempre foram o principal objeto dos mais intensos interesse e análise acadêmicos. Pois nada no estudo acadêmico das origens cristãs, teológica ou historicamente, se compara às energias gastas com as perguntas sobre a figura de Jesus. De fato, os recursos e esforços levados a cabo na composição dos quatro Evangelhos atestam que, muito antes dos esforços acadêmicos subsequentes para tratar dessas questões, havia uma preocupação em destacar a importância de Jesus como personagem real e histórico. Tenho argumentado que foi precisamente a ênfase na ressurreição de Jesus existente na fé cristã mais antiga que ajudou a gerar essa preocupação histórica tão antiga pela imagem de Jesus.[4]

---

[2]Cf., p. ex., os dois relatos sobre a questão do divórcio (Marcos 10:1-12; Mateus 19:3-12) ou os dois relatos do milagre ocorrido no mar (Marcos 4:35-41; Mateus 14:22-33).

[3]Larry W. Hurtado, *Lord Jesus Christ: Devotion to Jesus in Earliest Christianity* [Senhor Jesus Cristo: devoção a Jesus no cristianismo primitivo] (Grand Rapids: Eerdmans, 2003), 283-347. E veja as páginas 349-407 para meu exame da versão de Jesus apresentada no Quarto Evangelho.

[4]Larry W. Hurtado, "Resurrection-Faith and the 'Historical' Jesus" [Fé e ressurreição e o Jesus "histórico"], *JSHJ* 11 (2013): 35-52.

Todos os Evangelhos, de modo bem declarado, colocam Jesus na Galileia e na Judeia do início do primeiro século, com abundantes referências a detalhes culturais, geográficos, políticos, institucionais e religiosos daquela época e daqueles locais.[5]

> Em resumo, tudo isso equivale a um esforço programático compartilhado para colocar Jesus em um cenário histórico, geográfico e cultural específico. Representa uma insistência de que o Jesus a quem os escritores e pretendidos leitores (que incluem crentes gentios e judeus em vários locais do mundo romano) desses Evangelhos reverenciavam e deveriam ver como vinculado aos propósitos de Deus de maneira única, é definitivamente *Jesus de Nazaré*. Ele não é um símbolo atemporal, não é uma figura mítica de "era uma vez", mas, de modo muito específico, um judeu cuja vida e atividades estão localizadas geográfica e cronologicamente em determinado lugar e período da história judaica na Judeia romana.[6]

Ou seja, com toda a devida consideração pelas diferenças evidentes entre eles, os quatro Evangelhos compartilham a preocupação de afirmar um forte vínculo entre o *Kyrios* Jesus, exaltado por Deus à glória celestial e legítimo objeto da devoção cúltica nos primeiros círculos cristãos, e a figura histórica, Jesus de Nazaré, o judeu da Galileia.[7] Isso é verdade tanto no Evangelho de João quanto em qualquer dos Evangelhos Sinópticos. De fato, como Udo Schnelle observou, a escolha compartilhada do gênero de narrativa evangélica, e não de coleção de ditos (cf. o *Evangelho de Tomé*) ou de discurso revelador (cf. o *Evangelho da Verdade*), mas "um gênero cujo caráter exige uma descrição da vida e da obra do histórico Jesus de Nazaré a partir de uma perspectiva pós-Páscoa", mostra que "o *vita Jesu* é de fundamental importância" já em todos os quatro Evangelhos.[8]

Como é sabido, no entanto, a forma moderna de "buscas" por um Jesus "histórico" emergiu com força a partir do século 18, especialmente no objetivo deísta de desafiar a autoridade cultural do cristianismo tradicional na

---

[5]Veja meu exame dos detalhes em *Lord Jesus Christ*, 262-70.
[6]Hurtado, *Lord Jesus Christ*, 266.
[7]Udo Schnelle argumentou que o Evangelho de João em particular foi escrito para corrigir tendências docetistas em uma "comunidade joanina" (*Antidocetic Christology in the Gospel of John* [Cristologia antidocetista no Evangelho de João] [Minneapolis: Fortress, 1992]). Quaisquer que sejam os méritos dessa afirmação específica, ele aponta corretamente para a ênfase na figura histórica de Jesus compartilhada pelo Evangelho de João e os demais.
[8]Schnelle, *Antidocetic Christology*, 229.

Europa. Ou seja, o projeto nunca foi perseguido tão somente no interesse do conhecimento histórico, mas sempre com motivos adicionais, e por estudiosos que se alinham com alguma forma de fé cristã ou (por várias razões) por aqueles que não o fazem. E, para ambos tipos de estudiosos, o trabalho com o Jesus histórico não é livre de interesses pessoais. Qualquer pessoa que o realize e alegue não ter essa motivação ou esse interesse está enganando os outros ou encantadoramente enganando a si mesma. Em vez disso, aqueles que se dedicam à investigação histórica da figura de Jesus devem reconhecer abertamente seus próprios interesses no assunto, tentar, pela prática de uma boa disciplina acadêmica, evitar a supervalorização dos resultados e, então, submeter seus resultados a um exame crítico por outros estudiosos, incluindo aqueles com percepções diferentes, que podem ser mais perspicazes ao identificar tendenciosidade e alegações especiais. Outros podem identificar o cisco em nossos olhos melhor do que nós!

Contudo, voltando aos primeiros esforços inspirados pelo deísmo, aplicando uma adaptação inteligente da crítica protestante à Igreja Católica Romana, na qual a tradição da igreja era distinguida do Novo Testamento, e avaliada criticamente em contraste com ele, esse projeto deísta envolveu distinguir e julgar até os escritos do Novo Testamento contrastando os com Jesus. Em resumo: se para os protestantes tradicionais a deterioração se estabeleceu após o Novo Testamento, para os deístas ela começou no período após a crucificação de Jesus e já é evidente nos Evangelhos, atingindo seu zênite na doutrina da Trindade.[9] Então, para citar um exemplo bem conhecido, Thomas Jefferson escreveu (inicialmente para si mesmo) à mão um pequeno livro que distinguia entre as palavras autênticas de Jesus e o que entendia como uma corrupção sobrenaturalista já evidente nos relatos dos Evangelhos.[10]

Esse tipo de projeto, realizado por Jefferson ou por qualquer outra pessoa, no entanto, pressupunha que fosse totalmente possível deixar para trás os Evangelhos e seus elementos miraculosos questionáveis e avançar

---

[9]J. Z. Smith, *Drudgery Divine: On the Comparison of Early Christianities and the Religions of Late Antiquity* [O penoso trabalho divino: comparação dos primeiros cristianismos e as religiões do final da Antiguidade] (Chicago: University of Chicago Press, 1990), 1-35, discute algumas figuras-chave e desenvolvimentos. Seu livro está focado nas origens de estudos comparativos do cristianismo primitivo e de seu ambiente religioso, mas apresenta algum material relevante para o assunto de que trato aqui.
[10]Thomas Jefferson, *The Life and Morals of Jesus of Nazareth* [A vida e a moral de Jesus de Nazaré] (manuscrito não publicado, 1820). Uma edição fac-símile está disponível: *The Jefferson Bible, Smithsonian Edition: The Life and Morals of Jesus of Nazareth* [A Bíblia de Jefferson, Edição Smithsoniana: a vida e a moral de Jesus de Nazaré] (Washington, DC: Smithsonian, 2011). Existem várias edições publicadas; p. ex.: *The Jefferson Bible: Life and Morals of Jesus of Nazareth* (Washington, DC: Smithsonian, 2011).

diretamente para um Jesus historicamente autêntico, que, para deístas como Jefferson, era tão só um respeitado professor de moral. Mas, como mostrou vividamente o estudo clássico de Albert Schweitzer, os esforços nesse sentido, de Reimarus a Wrede, revelaram apenas quão difícil era esse projeto e quão variados eram os resultados.[11]

Os colaboradores do presente livro indicam repetidamente que estão respondendo à coletânea de artigos de vários autores editada por Chris Keith e Anthony Le Donne.[12] No referido livro, os colaboradores (embora não tendo todos o mesmo ponto de vista) tenderam a questionar a utilidade de uma compreensão do Jesus histórico que se apoia fortemente em um conjunto de critérios para distinguir o que, nos Evangelhos, são informações historicamente autênticas sobre Jesus daquilo que é a interpretação dele e de seu significado feita pelos primeiros cristãos. O exemplo agora clássico de um entendimento estritamente baseado em critério é o livro de Norman Perrin, *Rediscovering the Teaching of Jesus* [Redescobrindo o ensino de Jesus].[13] De modo mais específico, depois de insistir que "o ônus da prova estará sobre a reivindicação de autenticidade", Perrin declarou que "o critério fundamental para a autenticidade sobre o qual todas as reconstituições do ensino de Jesus devem ser elaboradas" é o que ele chamou de "o critério de dissimilaridade".[14] Seu objetivo (declarado em termos bastante positivistas) era identificar "um mínimo irredutível de conhecimento histórico disponível para nós atualmente" sobre Jesus.[15] Seus resultados foram um punhado de ditos que vieram de todos os Evangelhos. Foi o livro de Perrin, em particular, que levou Morna Hooker a fazer as muito citadas críticas a esse critério.[16]

Contudo, além da irrefutável crítica de Hooker a uma dependência tão séria desse critério, também devemos observar que o estudo de Perrin foi

---

[11]Albert Schweitzer, *Von Reimarus zu Wrede: Eine Geschichte der Leben-Jesu-Forschung* (Tübingen: Mohr, 1906); tradução em inglês: *The Quest of the Historical Jesus: A Critical Study of its Progress from Reimarus to Wrede*, trad. W. Montgomery (Londres: Macmillan, 1910). Uma tradução mais recente da segunda edição de 1913 inclui na obra cerca de 300 páginas mais: Albert Schweitzer, *The Quest of the Historical Jesus, First Complete Edition* [A busca pelo Jesus histórico: primeira edição completa], trad. John Bowden (Londres: SCM, 2000). [Veja nota 259, cap. 4.]
[12]Chris Keith e Anthony Le Donne, eds., *Jesus, Criteria, and the Demise of Authenticity* (Londres: T&T Clark, 2012).
[13]Norman Perrin, *Rediscovering the Teaching of Jesus* (Nova York: Harper & Row, 1967; Londres: SCM, 1967). Cf., p. ex., a análise extensa (e, na minha opinião, incisiva) de Werner Georg Kümmel, "Norman Perrin's 'Rediscovering the Teaching of Jesus'", *JR* 49 (1969): 59-66.
[14]Perrin, *Rediscovering*, 39.
[15]Perrin, *Rediscovering*, 12.
[16]Morna D. Hooker, "On Using the Wrong Tool", *Theology* 75 (1972): 570-81; também idem, "Christology and Methodology", *NTS* 17 (1970-71): 480-87.

moldado por certos comprometimentos teológicos e hermenêuticos. Esse livro refletiu a mudança de Perrin em relação a seu alinhamento anterior com o orientador de doutorado, Joachim Jeremias, para o que ele chamou de uma visão "mais cética" fortemente influenciada pelas obras de Bultmann, especialmente pela análise da crítica da forma da história da tradição sinóptica.[17] Como evidenciado pelo título de seu livro e pelo interesse exclusivo com os *ditos* autênticos de Jesus, Perrin também foi obviamente influenciado pela ênfase hermenêutica e existencialista de Bultmann com respeito às *palavras* de Jesus como dados-chave, segundo o entendimento de que a pessoa de Jesus é encontrada especialmente em seus ditos.[18]

De fato, no trabalho de Perrin (e no de muitos outros daquele período), havia uma ênfase quase *exclusiva* em palavras/ditos de Jesus, com muito menos atenção dada às *ações* de Jesus descritas nos Evangelhos. Isso deve parecer um tanto estranho, dado que os quatro escritos cruciais para a pesquisa do Jesus histórico são *narrativas*, e não coleções de ditos. Ou seja, os ditos atribuídos a Jesus estão colocados dentro de uma estrutura narrativa, um "mundo" narrativo da atividade de Jesus que realmente serve para lhes dar significado. Como observado anteriormente, essa parece ter sido uma escolha intencional para os autores dos Evangelhos, e é de considerável significado na história literária do cristianismo primitivo e em implicações cristológicas.[19] Um dos pontos fortes do livro de E. P. Sanders sobre Jesus é que ele focou os eventos, aos quais chamou de "*fatos* sobre Jesus, sua carreira e as consequências deles", como base para seu digno de atenção retrato de Jesus.[20] Entre os ensaios anteriores deste livro, os de Evans, Licona e Bock, em particular, tratam, de várias maneiras, de certos eventos ou ações narrados nos Evangelhos, uma louvável ampliação do escopo da investigação para além do material dos ditos.

A obra editada por Keith e Le Donne que motivou o presente livro inclui algumas afirmações fortes sobre as limitações das tentativas baseadas

---

[17]Perrin, *Rediscovering*, 12; Rudolf Bultmann, *The History of the Synoptic Tradition*, 2.ª ed., trad. John Marsh (Oxford: Basil Blackwell, 1968; German, Vandenhoeck & Ruprecht, 1921).

[18]Rudolf Bultmann, *Jesus and the Word* (Nova York: Charles Scribner's Sons, 1958; German, 1934).

[19]Hurtado, *Lord Jesus Christ*, 262-77, esp. 274; e também Richard A. Burridge, "Gospel Genre, Christological Controversy and the Absence of Rabbinic Biography: Some Implications of the Biographical Hypothesis" [Gênero do Evangelho, controvérsia cristológica e ausência de biografia rabínica: algumas implicações da hipótese biográfica], em *Christology, Controversy and Community: New Testament Essays in Honour of David R. Catchpole* [Cristologia, controvérsia e comunidade: ensaios do Novo Testamento em homenagem a David R. Catchpole], ed. David G. Horrell e Christopher M. Tuckett, NovTSup 99 (Leiden: Brill, 2000), 137-56.

[20]E. P. Sanders, *Jesus and Judaism* (Londres: SCM, 1985), 5 (grifo no original), e sua lista resumida das "coisas mais conhecidas sobre Jesus" (321). Observe também a declaração sincera que faz de sua posição religiosa pessoal e do esforço para evitar que ela determine os resultados a que chega (334).

em critérios de produzir o Jesus histórico. De fato, algumas das afirmações (citadas por vários colaboradores deste livro) são ainda mais drásticas em termos de força. Mas, mesmo para os que a advogam, como Perrin, a aplicação estrita dos critérios de autenticidade amplamente utilizados poderia obter apenas um supostamente desprovido corpo *mínimo* de material que passasse nos testes. Se o objetivo fosse simplesmente garantir a nós mesmos que havia um mínimo, em outras palavras, que havia algum *corpo irredutível* de material que tornava praticamente inevitável ter realmente havido uma figura histórica, Jesus, suponho que alguém poderia argumentar que o uso desses critérios teve um uso limitado. Mas, se o objetivo fosse obter um corpo *representativo e adequado* de material com base no qual fosse produzido um retrato histórico de Jesus, penso que os críticos dos critérios estão corretos ao considerar que não obtêm isso.

O amplo efeito dos ensaios anteriores é insistir que os Evangelhos fornecem base para a formação de um retrato do histórico Jesus de Nazaré, e eu concordo. Mas parece-me que os colaboradores do livro de Keith/Le Donne também concordam com isso. Eles apenas duvidam que os critérios tradicionais de autenticidade sejam a melhor maneira de fazer isso. Os Evangelhos preservam e organizam de várias maneiras um "Jesus lembrado", e essas memórias foram adaptadas de muitas formas para atender às necessidades do movimento inicial de Jesus (que se tornou o cristianismo) e, no entanto, muitas vezes também mantinham uma conexão histórica com a figura originadora, Jesus, e com seu impacto. De fato, parece-me que os Evangelhos até mesmo exibem o que podemos chamar de um esforço deliberado de arcaizamento evidente em algumas coisas; por exemplo, preservando os conflitos entre Jesus e os oponentes religiosos por causa da lavagem das mãos, detalhes da observância do sábado, divórcio, impostos romanos e outros assuntos que dificilmente eram motivo de grande interesse nos círculos do final do primeiro século (e predominantemente gentios) para os quais esses textos foram escritos. Mas essas coisas foram preservadas deliberadamente, *como parte da apresentação do significado de Jesus* para os leitores originais dos Evangelhos, e não como coleção de antiguidades.

Para citar outro exemplo disso, há o uso curioso e constante da expressão "o filho do homem" (ὁ υἱὸς τοῦ ἀνθρώπου), que não aparece como título cristológico na evidência das mais antigas confissões cristãs.[21] Em vez disso,

---

[21]Apesar das muitas reivindicações em contrário, essa expressão tampouco funciona como um título conhecido/fixo nos textos judaicos do Segundo Templo. Não há evidências que sustentem a afirmação

julgo que, nas narrativas do Evangelho, o termo é preservado e utilizado simplesmente como a preferida autodesignação de Jesus (em termos linguísticos, uma característica do idioleto de Jesus), e porque *era dessa maneira que isso era lembrado*. Portanto, a expressão aparece nessas narrativas (de forma constante e apenas nos lábios de Jesus) como parte essencial dos esforços dos autores para transmitir algo da "voz" de Jesus de Nazaré, como um meio de respeitar e expressar sua especificidade histórica.[22]

Voltando, porém, à questão dos critérios de autenticidade, os colaboradores do presente livro (como eu os entendi) basicamente sustentam que, apesar dos problemas, os critérios continuam sendo de algum uso significativo na condução de uma análise legitimamente crítica do "Jesus lembrado" nos Evangelhos. Eu me pergunto, no entanto, se esses colaboradores observaram com cuidado suficiente a distinção apresentada na obra de Keith/Le Donne entre *critérios usados para isolar material "autêntico", isto é, material que supostamente não foi afetado por sua transmissão*, e *princípios críticos que podem ser usados na avaliação de afirmações históricas sobre Jesus*. Os colaboradores de Keith/Le Donne (e certamente o próprio Keith) são críticos do primeiro, mas não do segundo.[23] Pois eles julgam o pressuposto subjacente dos critérios familiares de autenticidade usados nos estudos dos Evangelhos como falaciosos: que os Evangelhos contêm material vindo de Jesus junto com material fictício gerado no processo da tradição, e que os critérios podem identificar esse material "autêntico" ou não refratado. Portanto, na

---

de que "o filho do homem" era um título reconhecido para uma figura escatológica. Havia expectativas por figuras escatológicas, mas elas nunca são designadas por esse termo. Veja, p. ex., Maurice Casey, *Son of Man: The Interpretation and Influence of Daniel 7* [Filho do homem: a interpretação e a influência de Daniel 7] (Londres: SPCK, 1979).

[22]Veja minha argumentação em *Lord Jesus Christ*, 290-306; e meu ensaio conclusivo em *Who is This Son of Man? The Latest Scholarship on a Puzzling Expression of the Historical Jesus* [Quem é este Filho do Homem? Os mais recentes estudos acadêmicos sobre uma expressão intrigante do Jesus histórico], ed. Larry W. Hurtado e Paul L. Owen, LNTS 390 (Londres: Bloomsbury T&T Clark, 2011), 159-77. A forma definitiva da expressão "o filho do homem" provavelmente traduz uma forma aramaica particularizadora equivalente (*bar enasha*), que é difícil de encontrar nas fontes aramaicas da época de Jesus. Como a autodesignação preferida de Jesus, ela sugere que ele pensava em si mesmo como alguém que tinha uma identidade e um papel especiais, o que é, obviamente, confirmado no padrão mais amplo de seus ditos e ações.

[23]P. ex.: em uma contribuição à obra, Keith enfatiza que todos os critérios de autenticidade foram conceitualmente baseados no pressuposto da crítica da forma (como defendido por Bultmann et al.) de que os Evangelhos continham uma mistura de material proveniente do Jesus histórico e outro material que veio dos primeiros círculos cristãos, e que a tarefa principal era isolar o primeiro ("The Indebtedness of the Criteria Approach to Form Criticism and Recent Attempts to Rehabilitate the Search for an Authentic Jesus", em *Jesus, Criteria, and the Demise of Authenticity*, ed. Chris Keith e Anthony Le Donne [Londres: T&T Clark, 2012], 25-48; e no mesmo livro, observe uma análise semelhante de Jens Schröter, "The Criteria of Authenticity in Jesus Research and Historiographical Method", 49-70).

visão deles, a historiografia crítica deve, em vez disso, prosseguir reconhecendo que todo o material do Evangelho vem por meio do processo de "lembrança" e de tradição, e que mesmo o material tecnicamente fictício ou lenda ainda pode preservar algo dos efeitos históricos e da natureza do ministério de Jesus.

Em seu livro mais recente sobre o Jesus histórico, Dale Allison (um notável colaborador da obra de Keith/Le Donne) expressa uma preferência por tentar capturar o que podemos chamar de essência da pregação e das atividades de Jesus, admitindo que o Jesus transmitido nos Evangelhos chegou até nós apenas mediante as lembranças de seus seguidores nas décadas entre ele e a composição desses escritos.[24] Desse modo, em lugar de tentar estabelecer uma lista de ditos e ações individuais que passam de maneira incontroversa pelos testes dos critérios familiares — ou seja, ditos e ações que de alguma forma supostamente tenham escapado dos efeitos de serem transmitidos nos primeiros círculos cristãos —, Allison argumenta que podemos identificar de maneira mais ampla quais foram as coisas características que Jesus provavelmente tenha ensinado e feito. Os resultados desse declaradamente modesto entendimento são, no entanto, realmente substanciais (462 páginas) e declarados com robustez. Observe, por exemplo, as observações finais de Allison no capítulo "The Christology of Jesus":

A tese principal do presente capítulo sugere uma explicação para a grande duração desta cristologia e sua prevalência em nossas fontes: o próprio Jesus já promoveu uma versão dela; assim, ela esteve presente desde o início. [...] Jesus não imaginou um "reino sem intermediários". Ele também não proclamou um "reino sem rei". Antes, quando olhou para o futuro, viu tronos, incluindo um para si. [...] Deveríamos realizar um funeral para o ponto de vista de que Jesus não nutria pensamentos exaltados sobre si mesmo.[25]

---

[24]Dale C. Allison, *Constructing Jesus: Memory, Imagination, and History* (Grand Rapids: Baker Academic, 2010).

[25]Allison, *Constructing Jesus*, 303, 304. As frases que Allison cita (e rejeita) aqui vêm, respectivamente, de John Dominic Crossan, *The Historical Jesus: The Life of a Mediterranean Jewish Peasant* (San Francisco: HarperSanFrancisco, 1991), 225; e Richard A. Horsley e Neil Asher Silberman, *The Message and the Kingdom: How Jesus and Paul Ignited a Revolution and Transformed the Ancient World* [A mensagem e o reino: como Jesus e Paulo iniciaram uma revolução e transformaram o mundo antigo] (Nova York: Grosset/Putnam, 1997), 73. O título do capítulo de Allison ecoa o nome de um livro frequentemente esquecido de Ben Witherington, *The Christology of Jesus* (Minneapolis: Fortress, 1990). Mas o objetivo declarado de Witherington difere do de Allison na tentativa de retratar a "autocompreensão" de Jesus, embora as declarações de Allison me pareçam bem próximas de postular algo dos pensamentos de Jesus sobre si mesmo.

Suspeito que os colaboradores do presente livro concordariam com a essência do livro de Allison, embora ele tenha se unido a uma crítica da confiança nos critérios de autenticidade na obra de Keith/Le Donne.[26]

Na preparação de minha resposta aos ensaios deste livro, li novamente a argumentação de Nils Dahl sobre o Jesus histórico que se originou no início dos anos 50, um exercício que recomendo a todos.[27] Como ocorre com qualquer outra coisa da autoria de Dahl que li, ela permanece instrutiva e até antecipa onde muitos bons estudiosos do Jesus histórico acabaram subsequentemente. Por exemplo, Dahl observou de modo arguto: "O interesse da fé na tradição sobre Jesus serviu não apenas para moldar, mas também para preservar a tradição."[28] Ou o que dizer deste julgamento: "Não escapamos ao fato de que conhecemos Jesus apenas na medida do que os discípulos lembraram dele."[29] Ou este (que me parece antecipar notavelmente o tipo de posição que Allison adota mais recentemente): "Mesmo sem uma clara diferenciação entre história pura e teologia posterior, a tradição do Evangelho nos permite traçar uma imagem muito clara de o que era *típico e característico* de Jesus."[30]

Quanto ao método no estudo do Jesus histórico, considere estes comentários de Dahl, que apresentam o que poderíamos chamar de teste da crucificação para a pesquisa do Jesus histórico.

> Um ponto da vida de Jesus está determinado incondicionalmente: sua morte. Uma descrição historicamente sustentável da vida de Jesus só seria possível na forma de uma descrição de sua morte, dos pressupostos históricos dela e dos eventos que a precederam e se seguiram a ela.
>
> De qualquer forma, é claro que o que sabemos com certeza sobre a vida de Jesus é que ela terminou na cruz. Esse fim deve ser lembrado ao se tentar

---

[26]P. ex., a argumentação de McIver sobre "Collective Memory and the Reliability of the Gospels' Traditions" parece-me ficar não muito longe de onde Allison se posiciona sobre o assunto.

[27]O ensaio está agora mais facilmente acessível em Nils Alstrup Dahl, *Jesus the Christ: The Historical Origins of Christological Doctrine* [Jesus, o Cristo: as origens históricas da doutrina cristológica], ed. Donald H. Juel (Minneapolis: Fortress, 1991), 81-111, "The Problem of the Historical Jesus" [O problema do Jesus histórico], que cito aqui. Apareceu também em uma coleção anterior dos ensaios de Dahl, *The Crucified Messiah e Other Essays* [O Messias crucificado e outros ensaios] (Minneapolis: Augsburg, 1974), 48-89; e em *Kerygma and History* [Querigma e história], ed. Carl E. Braaten e Roy A. Harrisville (Nashville: Abingdon, 1962), 21-49. Originou-se, no entanto, em uma coleção de palestras publicadas em 1953 (Oslo).

[28]Dahl, *Jesus the Christ*, 93.

[29]Dahl, *Jesus the Christ*, 94.

[30]Dahl, *Jesus the Christ*, 95 (grifo nosso).

entender a pregação e o ensino de Jesus. Uma fraqueza óbvia de muitas descrições de Jesus — como um mestre muito piedoso, humano e um tanto inofensivo — reside no fato de que não se pode entender por que sumos sacerdotes e romanos teriam algum interesse na execução desse homem.

Por conseguinte, ninguém pode sustentar que a pesquisa histórica tenha acesso apenas à pregação de Jesus, e não à sua vida. Antes, devemos afirmar que um entendimento histórico de sua pregação só pode ser alcançado quando ela é vista em conexão com sua vida, ou seja, com a vida que terminou na cruz.[31]

No entanto, esse teste da crucificação não funciona como os melhores conhecidos critérios de autenticidade, criticados na obra de Keith/Le Donne. Esses critérios são usados para tentar separar, no micronível, ditos individuais autênticos e, ocasionalmente, eventos autênticos, e aqueles que formularam e aplicaram classicamente esses critérios de autenticidade o fizeram com a premissa de que os Evangelhos distorceram tanto a figura histórica de Jesus que é necessário submetê-los a um suposto banho ácido de critério. Mas o que Dahl propõe é efetivamente um critério ou teste a ser aplicado no macronível, para julgar se determinado retrato histórico de Jesus pode explicar de forma convincente sua crucificação. Formulando em termos simples: é preciso oferecer um Jesus histórico que, à luz de seu ambiente religioso e político, tenha gerado seguidores devotos e opositores mortais, culminando em uma execução estatal por crucificação.

Vou adicionar outro critério também de macronível, considerado crucial por Sanders.[32] Outro dos fatos que devemos reconhecer é que Jesus gerou seguidores durante seu ministério, e, o que é mais importante, houve um movimento sectário dedicado a ele depois de sua execução. Ou seja, nesse movimento a pessoa de Jesus era central e o fator definidor do que era considerado um relacionamento válido com Deus. Concordo com Sanders que "uma hipótese que ofereça uma razoável e bem fundamentada conexão entre Jesus e o movimento cristão é melhor do que aquela que não oferece conexão".[33] Na minha opinião, a razão mais lógica para a proeminência de Jesus no movimento pós-crucificação por parte de seus seguidores é que durante

---

[31]Dahl, *Jesus the Christ*, 98, 99. Aponto também para minha discussão em *Lord Jesus Christ*, 53-64, esp. 56-60, em que trato de propostas de Geza Vermes e J. D. Crossan segundo as quais a execução de Jesus foi simplesmente um tipo de ação policial equivocada.
[32]Sanders, *Jesus and Judaism*, p. ex., 18-22.
[33]Sanders, *Jesus and Judaism*, 22.

seu ministério ele já havia se tornado o tópico polarizador, tanto para seus seguidores quanto para seus oponentes.[34] Novamente, isso não serve para avaliar ditos ou eventos individuais nas narrativas dos Evangelhos. Em vez disso, atua como um teste para determinado retrato final do Jesus histórico: nosso retrato deve ser adequado para ajudar a explicar o movimento em seu nome que continuou e até assumiu uma vida mais vigorosa após sua morte.

Concluo essa resposta aos ensaios anteriores, expressando minha gratidão por ter a oportunidade de lê-los antes da publicação. Considero alguns um pouco mais agradáveis do que outros, mas isso, é claro, diz mais sobre mim do que sobre eles. No entanto, a ampla linha adotada neste livro de que a figura histórica de Jesus é importante, tanto para os estudos quanto para a fé cristã, e que para os estudos críticos continuará a haver uma necessidade de maneiras de fazer julgamentos sobre o que é narrado nos Evangelhos e em Atos, me parece válida. Mas, sobre esse assunto, não penso que as contribuições deste livro estejam realmente em severo conflito com as da obra de Keith/Le Donne.[35]

---

[34]Ao propor "forças e fatores" que moldaram e impulsionaram a primeira devoção a Jesus no período pós-crucificação, proponho o próprio Jesus, mais especificamente o impacto que ele teve sobre seus contemporâneos (seguidores e oponentes) em seu próprio ministério, como a principal razão para a centralidade dele (*Lord Jesus Christ*, 53-64).

[35]A exceção pode ser a posição de Scot McKnight, "Why the Authentic Jesus is of No Use for the Church", 173-85. Ele está certo de que a fé cristã não pode esperar que os estudiosos do Jesus histórico concordem com a mesma descrição. Mas, em um mundo contemporâneo no qual até a existência histórica de Jesus é questionada (e com um efeito surpreendentemente comum), a concordância entre os estudiosos de que *há* uma figura histórica a tentar descrever é, sem dúvida, significativa para os cristãos.

16

O JESUS HISTÓRICO

E O TESTEMUNHO: O PROBLEMA NÃO É O MÉTODO, MAS OS RESULTADOS

Scot McKnight

A presente coleção de ensaios, otimista e de cunho apologético, de notáveis estudiosos evangélicos, alguns dos quais são meus amigos, demonstra mais uma vez que os registros sobre Jesus e a igreja primitiva podem estar à altura das exigências quando se trata dos métodos de historiadores. Se o mundo acadêmico fosse tão simples assim, se ele concordasse não apenas com o método, mas também com as implicações desses métodos quando aplicados aos registros sobre Jesus, então todos estaríamos em concordância. Mas as conclusões nítidas de um estudioso baseadas em métodos altamente reputados — digamos, os critérios para avaliar os registros evangélicos sobre Jesus — é a oportunidade para outro estudioso duvidar de qualquer método ou da inferência extraída da evidência estudada por meio de método que produz ainda outra representação de Jesus ou da igreja primitiva. Não sou cético, mas honesto, depois de três décadas ensinando com profundidade sobre essa troca de ideias. O que tenho aprendido é que registrar listas impressionantes de estudos recentes que concluem a historicidade de ditos ou eventos é uma vitória de Pirro anunciada por um advogado a seus amigos que já sabiam o conteúdo do anúncio antes mesmo de este ser feito. Essas listas funcionam bem em uma câmara de eco. O outro lado também está apenas ouvindo a si mesmo. O comentário de Dan Wallace sobre George Tyrrell, de que o Jesus de Harnack era apenas "o reflexo de um rosto protestante liberal, visto no fundo de um poço profundo", descreve ainda mais hoje as faces do estudo acadêmico do Jesus histórico do que nos dias de Tyrrell.[1]

SE TÃO SOMENTE OS MÉTODOS FOSSEM APLICADOS DE MODO COERENTE

Um tema que percorre este livro é que, se o historiador simplesmente aplicar os métodos de modo consistente, os Evangelhos e Atos despontarão com gloriosa confiabilidade ou, pelo menos, vão se mostrar essencialmente históricos. Estive no passado convencido dessa maneira de tratar com o assunto, mas o tempo que passei entre os estudiosos do Jesus histórico me convenceu de que ela não funcionaria de modo algum. De fato, o argumento lembra o dos criacionistas, de quem não menos importante é o pessoal do projeto inteligente, que defende que, se a ciência for aplicada de modo correto, provará que Gênesis 1—2 é, afinal de contas, cientificamente presciente. Ambas são questões bem difíceis. Difíceis demais, na verdade. Assim como os cientistas não estão ouvindo o pessoal do projeto inteligente, os estudiosos acadêmicos do Jesus histórico não estão dando muita atenção aos evangélicos que pensam que seu modo de tratar o assunto é mais consistente com os métodos.

Há um livro que, embora não seja muito lido hoje em dia, merece ser, e foi com ele que tive meu primeiro encontro sério com uma obra poderosa que contendia a favor da confiabilidade. Da autoria de E. C. Hoskyns e N. Davey, é um argumento empolgante a favor da confiabilidade e escrito de forma muito bela.[2] Depois veio o estudo de I. Howard Marshall sobre Lucas, que de modo rápido, mas inteligente, apresentou argumentos curtos a favor da confiabilidade de quase tudo em Lucas.[3] Naqueles dias, um católico romano, B. F. Meyer, impactou os estudos acadêmicos sobre Jesus com seu apelo ao realismo crítico e transformou os "critérios" em "índices" de confiabilidade.[4] Os que estavam mais convencidos da confiabilidade dos

---

[1] Veja o capítulo 4, "Crítica textual e o critério de constrangimento", de Daniel B. Wallace, no presente livro.
[2] E. C. Hoskyns e N. Davey, *The Riddle of the New Testament* [O enigma do Novo Testamento], 3.ª ed. (Londres: Faber and Faber, 1947).
[3] I. Howard Marshall, *The Gospel of Luke* [O Evangelho de Lucas], NIGTC (Grand Rapids: Eerdmans, 1978).
[4] Ben F. Meyer, *The Aims of Jesus*, Princeton Theological Monographs Series (reimp., San Jose, CA: Wipf & Stock, 2002).

Evangelhos embarcaram no trem do realismo crítico, mas seu entendimento não convenceu o outro lado. Na mesma época, o evangélico Royce Gordon Gruenler defendeu um argumento semelhante em relação ao rigor filosófico e seu tratamento foi ainda mais convincente, pois ele mesmo havia escrito um livro muito mais cético antes.[5] Vou avançar para a enorme obra prevista e editada por Darrell Bock e Robert Webb, mais uma publicação inteligente que procura demonstrar que os eventos na vida de Jesus podem ser identificados como confiáveis pelos métodos históricos.[6] Eu li essas obras, estou impressionado com cada uma e estou convencido pela solidez de cada uma. Mas nós que estamos no lado conservador sobre essas questões somos os que estão convencidos desses fatos, e, verdade seja dita, na maioria dos casos estávamos convencidos antes de começar a estudá-los.

Isso leva ao que considero ser o elemento mais significativo em todas as discussões da historiografia sobre Jesus, os apóstolos e a igreja primitiva: *testemunhas*. Essa coisa rapidamente se torna pessoal. O que N. T. Wright pensa ser autêntico não é o que Marcus Borg pensa ser autêntico, que não é o que John Dominic Crossan pensa ser autêntico, que não é o que Paul Fredriksen pensa ser autêntico, que não é o que Darrell Bock pensa ser autêntico, que não é o que Amy Jill Levine pensa ser autêntico, que não é o que Dale Allison pensa ser autêntico, que não é o que Richard Bauckham pensa ser autêntico. E assim por diante. Em quem, então, podemos confiar? Em quem devemos acreditar? Qual historiador tem o melhor método e as implicações mais consistentes com esse método? Nossa escolha continua sendo escolha nossa, e ela nos leva de volta à mesma questão das testemunhas. As conclusões de cada uma estão muito próximas do ponto de partida teológico de cada uma. A estreita relação entre o que alguém crê e onde ele se encontra em uma variedade de espectros importa mais do que queremos admitir. Admiti isso há algum tempo e desisti do jogo dos estudos do Jesus histórico.

"INÚTIL PARA A IGREJA"?

O ensaio de abertura deste livro começa citando-me e a meu chamado tratamento "provocativo", e eu não mudei de ideia: "estudos sobre o Jesus

---

[5]Royce Gordon Gruenler, *New Approaches to Jesus and the Gospels: A Phenomenological and Exegetical Study of Synoptic Christology* [Novos modos de compreender Jesus e os Evangelhos: um estudo fenomenológico e exegético da cristologia sinóptica] (Grand Rapids: Baker, 1982).
[6]Darrell L. Bock e Robert L. Webb, eds., *Key Events in the Life of the Historical Jesus: A Collaborative Exploration of Context and Coherence*, WUNT 247 (Tübingen: Mohr Siebeck, 2009).

histórico são inúteis para a igreja". Essas são palavras minhas que os autores do ensaio de abertura, Robert Bowman Jr. e J. Ed Komoszewski, citam. Não creio que um número suficiente de estudiosos evangélicos tenha lido um número suficiente de estudiosos do Jesus histórico ou sentado à mesa com o outro lado para saber o que de fato são os estudos acadêmicos sobre o Jesus histórico. Então, vou dizer mais uma vez: esses estudos — e refiro-me à multiplicidade deles que começaram, pelo menos, com Hermann Samuel Reimarus por meio de Albert Schweitzer e Rudolf Bultmann e Ernst Käsemann por meio de E. P. Sanders e J. P. Meier —:

1. examinam os Evangelhos e outras fontes antigas
2. com base nos métodos de historiografia sofisticada, adaptados aos estudos a respeito de Jesus, a fim de
3. determinar o que é autêntico e o que não é
4. para que o historiador possa reunir evidências confiáveis e, então, propor um retrato de Jesus que seja
5. distinguível daquele vindo dos Evangelhos canônicos da igreja (Mateus, Marcos, Lucas, João) e
6. da apresentação credal de Jesus (teologia trinitariana).[7]

É isso que a análise histórica faz quando toca os Evangelhos, e é o que essa linha de estudos acadêmicos sempre fez. Muita confusão surge quando se trata do que "Jesus histórico" significa, e, para alguns dos autores da presente obra, não é surpresa que isso signifique mostrar o contexto histórico e social dos Evangelhos ou de determinados ensinamentos de Jesus. Alguns, por exemplo, mostram o que "reino" significava no mundo judaico de Jesus e depois "contextualizam" Mateus 4:17 ("o Reino dos céus está próximo"). Mas isso não é estudo acadêmico do Jesus histórico como praticado desde os dias de Reimarus. Antes, os seis elementos mencionados acima é o que está implicado quando é feito esse estudo. Batizar o Jesus de Marcos em seu contexto judaico não é estudo acadêmico sobre o Jesus histórico, mas exegese contextual de Marcos. O estudo acadêmico a que nos referimos tem um objetivo desde o dia da publicação póstuma da obra de Reimarus: corrigir as crenças erradas da igreja sobre Jesus e mais ou menos despi-lo de

---

[7] Observe neste livro a definição de Michael Licona: "Por 'histórico' refiro-me ao Jesus composto apenas por aqueles elementos sobre ele que podem ser estabelecidos com razoável certeza histórica e à parte da fé" (p. 337 n25). Ele diz que o Jesus "real" não é igual ao Jesus "histórico" e é muito mais do que ele. E é isso mesmo.

sua divindade e torná-lo um humano judeu novamente. Remova os estudos acadêmicos evangélicos da expressão do Jesus histórico e você não encontrará nada além desses seis elementos atuando em cada estudioso. Como um bem conhecido estudioso do assunto me disse certa vez, depois que tentei provar que o "Jesus histórico" cria que sua morte era expiatória:[8] "Isso não é um estudo acadêmico sobre o Jesus histórico. Por quê? Porque o Jesus histórico não poderia ser tão teológico." O mesmo estudioso também me disse, em outra ocasião, que, se as conclusões do trabalho histórico se alinhassem com a ortodoxia cristã, não era mais estudo acadêmico sobre o Jesus histórico!

Estive por mais de cinco anos em cada Sociedade de Literatura Bíblica no comitê consultivo do Seminário do Jesus Histórico em seu auge, e ouvi esses seis elementos repetidamente. Não estou criticando tanto os estudiosos do Jesus histórico quanto os que pensam que esse termo pode ser aplicado ingenuamente a muito do que os evangélicos estão fazendo hoje. Eu afirmo que (1) o que os evangélicos estão fazendo é uma câmara de eco dos evangélicos que pensam que esses estudos podem, em alguma medida, confirmar o Jesus canônico ou o Jesus credal com base em um método rigoroso aplicado de forma consistente; (2) que os métodos que usamos nunca nos levarão a abraçar completamente o Jesus canônico ou o Jesus credal — você não pode provar pela história que Jesus morreu por nossos pecados ou que foi ressuscitado para nossa justificação; e (3) que nós, evangélicos, estamos nos rendendo a métodos céticos quando entramos no empreendimento do Jesus histórico. Se queremos jogar este jogo, temos de jogá-lo até o fim, e, quando o fizermos, não teremos o Jesus dos Evangelhos ou do Credo.

TESTEMUNHO É A PALAVRA NA HISTÓRIA

O quarto ponto acima ("e, então, propor um retrato de Jesus") merece algum esclarecimento. A consideração acadêmica sobre o Jesus histórico, como praticada pela maioria dos que dela participam, sempre tratou de compor uma visão mais precisa de Jesus. Pense no Jesus escatológico ou apocalíptico de Albert Schweitzer, ou no Jesus protestante liberal de Adolf Harnack, ou no Jesus existencial de Bultmann, ou no Jesus judeu de Geza Vermes, ou no Jesus contracultural de Crossan, ou no gênio religioso de Marcus Borg, ou no Jesus que volta do exílio para o templo de N. T. Wright, ou no Jesus de D. G.

---

[8]Scot McKnight, *Jesus and His Death: Historiography, the Historical Jesus, and Atonement Theory* (Waco, TX: Baylor University Press, 2005).

Dunn, como ele era lembrado. É disso que se trata esse tipo de estudo: alguns estão muito próximos dos próprios Evangelhos (Wright, Dunn), enquanto outros são bastante céticos em relação aos Evangelhos (Bultmann, Crossan). O que quero dizer é o seguinte: *o objetivo desses estudiosos é apresentar a seus leitores e a si mesmos um Jesus que corrige a igreja ou leigos ou outros estudiosos ou a tradição da igreja sobre Jesus.* Eles não estão apenas perguntando: "O que aconteceu?" Não, eles vão além disso a fim de criar uma nova narrativa sobre Jesus, uma descrição que melhore o que é crido por outros hoje. Minha experiência com esses estudiosos é que essas reconstruções de Jesus são idênticas ao Jesus em que eles realmente acreditam.

Em outras palavras, esse trabalho de compor Jesus tem tudo a ver com testemunho, e o testemunho da igreja é que o Jesus canônico e o Jesus credal são o Jesus da igreja, e os Jesus históricos são uma tentativa de substituir o Jesus da igreja pelo Jesus do historiador. Os estudiosos que fazem esse trabalho se tornam as próprias testemunhas de quem Jesus era e quem ele é para nós hoje. Não que eu seja cético em relação à história ou a métodos históricos, e tratarei disso em breve, mas por ora considero desta maneira:

> Eu acredito que a história importa. Nossa fé é uma fé enraizada em eventos e pessoas reais.
>
> Eu acredito que os métodos históricos podem estabelecer razoavelmente certos fatos.
>
> Eu acredito que a história pode ser usada para defender nossa fé.
>
> Eu sei que os estudos sobre o Jesus histórico são pensados com outro objetivo.
>
> Eu acredito que o testemunho dos Evangelhos, reformulado séculos depois no Credo, é o Jesus em que nós, cristãos, acreditamos.

Acredito que Jesus pode ser defendido apologeticamente pela tarefa histórica, mas não é isso que os referidos estudiosos estão fazendo. Eles operam com base no fato de a igreja ter errado com respeito a ele ou de parte dele estar errado, ou com base no julgamento de uma pessoa sobre os dados para determinar o que essa pessoa acreditará sobre Jesus.

Parece duro, mas é nisto que acredito: se confiarmos nos métodos do historiador, a manhã de domingo deverá aguardar o julgamento do historiador antes que o culto comece. Levei muito tempo para admitir isso e renunciar aos estudos acadêmicos sobre o Jesus histórico. Mais uma vez, esses termos são importantes, e tenho um modo de ver a questão a partir do qual argumentar. Robert M. Bowman Jr. e J. Ed Komoszewski afirmam que o "Jesus histórico" é o Jesus "real" (p. 34), aquele que viveu na Galileia, contou parábolas e tudo o mais, e querem que tenhamos cuidado em chamar o Jesus histórico apenas de "Jesus do historiador". Eles sabem que outros pensam que o Jesus histórico é uma apresentação de Jesus metodologicamente induzida por um historiador, e apontam para Leander Keck e Marianne Meye Thompson. Quero aceitar seus argumentos, exceto pela realidade de que o "Jesus histórico" é uma empreitada, conforme descrito acima. Isso muda as regras pelas quais o jogo está sendo jogado. Bowman e Komoszewski, então, estão dizendo, em essência, que o jogo disputado hoje pela grande maioria dos estudiosos dessa área é o Jesus "reconstruído", e não o histórico ou o real. Posso concordar com isso, desde que se admita que esse é o jogo que está sendo jogado hoje (eles o fazem na p. 38).[9]

Agora, deixe-me tratar da razão mais significativa para meu ceticismo com respeito a tais estudos.

O QUE É HISTÓRIA?

O que é história? Apresento esta descrição, que deriva dos seis pontos apresentados anteriormente:

> Um historiador (testemunha) examina evidências (textos, registros arqueológicos etc.) a fim de apurar fatos com o objetivo de construir uma hipótese razoável do que aconteceu e situar o que aconteceu em uma narrativa que tenha sentido.

Não existe história não interpretada, quer estejamos falando de estudos sobre Júlio César, Nero, Agostinho, Calvino quer sobre os grandes avivamentos dos Estados Unidos. Cada historiador reúne os fatos em um feixe de interpretação. Assim, não existe um Jesus não interpretado. A testemunha chamada historiador constrói desse modo uma narrativa sobre Jesus que o interpreta.

Além disso, não há acesso ao Jesus "real" à parte das construções chamadas Mateus, Marcos, Lucas e João e outras narrativas do mundo antigo.

---

[9]Eles afirmam que os métodos do "naturalismo metodológico" dos estudos acadêmicos sobre o Jesus histórico (p. 41) estão errados se considerados de modo genérico. Para alguns, sim, mas não para todos. E. P. Sanders, e muitos outros, aceita que alguns milagres são fidedignos.

Os Evangelhos são interpretações de Jesus, e não apenas registros de fatos sobre ele. A genealogia inicial de Mateus é um caminho hermenêutico que conecta Jesus a Abraão, a Davi e ao exílio e depois o interpreta como "Deus conosco" (1:23), e João dá início a seu relato chamando Jesus de nada menos que Deus (1:1). Essa é a interpretação, e afirmo que essas interpretações de nossos Evangelhos canônicos são o *Jesus da igreja*. Qualquer outro Jesus, não importa quão circunspectamente examinado e modelado, não é o Jesus da igreja. Os escritores dos Evangelhos, então, estão fazendo o mesmo que aquele que estudam o Jesus histórico: apresentando um retrato de Jesus. Isso tem relação total com testemunhas, e estou conclamando a que escolhamos qual será nossa testemunha autorizada.

Sim, esses métodos funcionam, mas devemos perguntar o que esperamos alcançar. Os assim chamados critérios, mencionados e explicados e examinados com sofisticação neste livro, funcionam. Eles produzem resultados. Os historiadores descobrem dados e encontram os fatos a partir dos dados, mas, para descobri-los, precisam avaliar a confiabilidade dos dados do modo como juízes e júris determinam quem está dizendo a verdade. Os métodos que os estudiosos dos Evangelhos usam são os aplicados a outros personagens, como Robin Hood. Diferentes estudiosos separam os fatos e os colocam em uma lista, começando com Bultmann, mas encontramos um aqui na lista de eventos, ditos e ensinamentos de Bowman e Komoszewski (p. 21-22). Os métodos precisam ser escrutinados, e, neste livro, há uma boa quantidade de escrutínio, e estou pensando na análise de Michael Metts sobre a crítica de forma e os critérios, no ponto de vista de Dan Wallace sobre o critério de constrangimento, ou no de Robert McIver, Michael Bird e Ben Sutton sobre o tratamento da memória coletiva e da memória social, no entusiasmo de Paul Anderson com os estudos recentes sobre o Evangelho de João, no conhecimento de Michael Licona com respeito à confiabilidade dos relatos da ressurreição, e também na extraordinária descrição de Craig Keener a respeito do valor histórico de Atos dos Apóstolos. Esses especialistas provam que os métodos dos historiadores podem ser usados para produzir resultados que confirmam a confiabilidade dos Evangelhos e de Atos.

No entanto, os métodos não são filtros em um mundo objetivo e, portanto, eles falham, pois diferentes historiadores os consideram de maneira diferente. O que Keener encontra em Atos não é o que Ernst Haenchen, J. A. Fitzmyer, C. K. Barrett ou Richard Pervo concluem. Apelo mais uma vez à importância do testemunho. E quero sustentar que a ausência dessa discussão a partir do testemunho e o voltar-se aos métodos históricos elaborados por um longo tempo por historiadores inteligentes levam os estudos acadêmicos ao que, em outro lugar, tenho chamado erastianismo acadêmico.

ERASTIANISMO

O erastianismo é uma teoria política sobre igreja-Estado e pode ser definida como a igreja protegida por um Estado em que este ainda exerce a autoridade final, se não absoluta. Em outras palavras, o erastianismo faz a igreja responder ao Estado. Argumento, então, que determinar se acreditamos nos registros evangélicos sobre Jesus com base nos historiadores é *erastianismo historiográfico, senão epistemológico,* no sentido de que a fé da igreja deve responder à suposta imparcialidade e à pesquisa desinteressada dos historiadores. A historiografia erastiana ocorre, então, quando outra pessoa — alguém que não está no círculo da fé — determina as regras.

Não duvido da erudição dos historiadores nem de sua capacidade de investigar a ponto de provar. Também não duvido do valor desse tipo de esforço histórico para a apologética cristã e para ajudar alguns a construírem sua fé.[10] O que questiono é *o valor da prova histórica para a construção da própria fé cristã.* No mais simples dos termos, a fé cristã, a ortodoxia cristã, a fé dos nossos pais, como se preferir chamar, é algo que foi construído entre 1.500 e 2.000 anos atrás, e não algo que está continuamente em construção. Para aqueles com uma visão tradicional das Escrituras, essa interpretação narrativa de Jesus e os rótulos que lhe foram dados foram *inspirados pelo Espírito* para a igreja registrar. Repito: isso não é o Jesus histórico atuando, mas a fé ortodoxa em ação.

Então, voltando ao modo erastiano de pensar, se a fé que temos *depende da pesquisa do historiador,* três coisas acontecem.

Primeira: devemos aguardar as últimas descobertas de cada geração ou de cada estudioso a fim de saber em que crer. Devemos escolher nosso historiador favorito (N. T. Wright, James D. G. Dunn, D. C. Allison, Craig Keener) — e essa escolha não será ainda baseada em posições preconcebidas na fé? Ou deveremos escolher um representante ou o voto dos professores universitários (a famosa prática do Seminário de Jesus)?

---

[10]Um bom exemplo disso é Craig L. Blomberg, "The Historical Reliability of John: Rushing in Where Angels Fear to Tread?" [A confiabilidade histórica de João: correndo por onde os anjos temem andar?], em *Jesus in Johannine Tradition*, ed. R. T. Fortna e Tom Thatcher (Louisville: Westminster John Knox, 2001), 71-82. Para um estudo completo, novamente Craig S. Keener, *Miracles: The Credibility of the New Testament Accounts*, 2 vols. (Grand Rapids: Baker Academic, 2011).

Segunda: se escolhermos crer com base nos historiadores, devemos viver com o que os historiadores concluem. Não se poderá dizer: "Ok! Agora vejo que a maioria dos historiadores não acredita que Jesus andou sobre a água, que isso é um mito. Então, eu aceitarei isso. Mas, quando se trata da ressurreição, não posso aceitar o que a maioria dos historiadores diz, porque agora está mexendo com a centralidade da própria fé." Em outras palavras, *se você quer seguir os historiadores, deverá ir até o fim com eles*. A historiografia erastiana é absoluta.

Terceira: nossa fé se torna um fluxo. E se, por exemplo, os historiadores mais recentes concluírem que *Jesus não apenas não é o Messias judeu, mas também não é o Filho de Deus ou o Senhor dos senhores ou o Rei dos reis, mas apenas um profeta judeu mal orientado? Ou, no mínimo, um profeta muito poderoso, mas muito menos que o Jesus da igreja? Ou um profundo mestre da moralidade?* Devemos revisar nosso credo e nossa confissão com base nesse tipo de conclusão dos historiadores?

O erastianismo não é o entendimento de Jesus ou dos apóstolos, nem da ortodoxia cristã ou dos reformadores. Eles não transferiram o evangelho às autoridades que podiam determinar o que era para ser crido ou não. Eles sabiam onde estavam posicionados. Aquilo em que cremos é ordenado desde o início pelas linhas do evangelho agora encontradas em 1Coríntios 15:3-8. Se esperarmos pelas descobertas e articulações mais recentes dos historiadores, não saberemos em que crer até que essas articulações tenham sido integradas às igrejas mediante os desafios intelectuais adequados. Em que Jesus, devemos perguntar, vamos crer? Será no Jesus de Reimarus? No de Strauss? No de Thomas Jefferson? No de Albert Schweitzer? No de Bultmann? No de B. F. Meyer? No de Sanders? No de Crossan? No de Dale Allison Jr.? No de N. T. Wright? Ou naquele apresentado anualmente na CNN e na Fox News? Ou será no Jesus da igreja?[11] Tudo isso tem relação com o testemunho, e o testemunho da igreja são os Evangelhos e sua mensagem conforme desenvolvida no Credo.

---

[11]Este trecho é uma parte ligeiramente reformulada de meu ensaio "The Misguided Quest for the Nature Miracles" [A mal encaminhada busca pela natureza dos milagres], em *The Nature Miracles of Jesus: Problems, Perspectives, and Prospects* [A natureza dos milagres de Jesus: problemas, perspectivas e probabilidades], ed. Graham H. Twelftree (Eugene, OR: Cascade, 2017), 174-91 (extraído das p. 188-89). Por motivos importantes, esse foi o assunto da resposta de Martin Kähler ao avanço do método histórico-crítico na Alemanha e suas implicações para a teologia, disciplina dele! Veja Martin Kähler, *So-Called Historical Jesus and the Historic, Biblical Christ* [O assim chamado Jesus histórico e o Cristo histórico e bíblico], trad. Carl E. Braaten, ed. rev. (Filadélfia: Fortress, 1964).

HISTORIOGRAFIA E APOLOGÉTICA

Eu tenho sido duro com historiadores e a historiografia porque o objetivo dos estudiosos do Jesus histórico é reconstruir Jesus. Mas os métodos funcionam se reconhecermos suas limitações. Pode-se provar que a tumba estava vazia mediante a razão; pode-se provar que Jesus morreu; pode-se provar que eventos aconteceram ao redor de Jesus para os quais não há explicação natural. O que não se pode provar com base no método histórico é que a morte de Jesus foi expiatória, que sua ressurreição introduz em nós uma nova vida que dura para a eternidade, que milagres são uma explicação razoável para as coisas feitas por Jesus e que Deus estava por trás de tudo. Simplesmente não se pode provar essas coisas como historiador; os métodos históricos esgotam-se uma vez que as evidências sejam determinadas. A composição final é uma interpretação, e isso nos leva ao próximo ponto.

Ninguém fez um trabalho melhor demonstrando a viabilidade dos milagres do que Craig Keener e Graham Twelftree. Nenhum deles pretende reconstruir Jesus. Em vez disso, ambos examinam os Evangelhos no âmbito de sua fé ortodoxa e concluem que os milagres dos Evangelhos são relatos confiáveis e que milagres são possíveis hoje. Craig Evans, um dos autores deste livro, tem-se ocupado com a defesa da veracidade histórica das alegações do Novo Testamento sem tentar construir um novo Jesus para nós. N. T. Wright, que é uma ponte entre os estudos clássicos do Jesus histórico e a igreja, vez após vez apresenta a seus leitores relatos credíveis e envolventes dos Evangelhos e de Jesus emoldurados pela história de Israel, além de oferecer, indiretamente, garantia aos crentes de que os Evangelhos são fidedignos. Esse tipo de história é apologético. A história e o método histórico, portanto, são eminentemente úteis e necessários para a igreja em sua apologética e defesa das reivindicações de verdade que faz no evangelho.

No final, para a igreja, o Jesus histórico deve ceder lugar ao Jesus canônico e credal da igreja. Os Evangelhos, o Credo e a igreja são nossa testemunha.

17

JESUS, CETICISMO

E O PROBLEMA DA HISTÓRIA:
A CONVERSA CONTINUA

Nicholas Perrin

Na guilda acadêmica — a arena em que os estudiosos refletem sobre coisas como Jesus, ceticismo e o problema da história —, as conversas mais importantes levam tempo para se desenrolar. A presente é uma dessas conversas. Embora o argumento nunca seja declarado de maneira definitiva, a compilação de ensaios apresentados neste livro é essencialmente uma resposta coletiva a uma obra colaborativa anterior, *Jesus, Criteria, and the Demise of Authenticity*, de Chris Keith e Anthony Le Donne (daqui em diante *JCDA*), publicado há cerca de seis anos.[1] Embora preocupações semelhantes tenham sido discutidas no passado (aqui se pensa especialmente em um importante ensaio de 1972 de Morna Hooker), a publicação de Keith e Le Donne apresenta um desafio ao *status quo*, convidando-nos, estudiosos de Jesus, a romper com os princípios metodológicos que conhecemos e amamos — ou conhecemos e evitamos, conforme o caso —, como o critério de autenticidade.[2] Para o coro de vozes

---

[1] *Jesus, Criteria, and the Demise of Authenticity* (Londres: T&T Clark, 2012). Como limitarei minhas observações a ensaios sobre as tradições de Jesus, devo, com pesar, renunciar à interação com o texto de Craig Keener sobre Atos, bem como aos de Michael Bird e de Ben Sutton, e implorar o perdão desses autores. [A informação quanto à data refere-se à primeira edição americana do presente livro. (N. do T.)]

[2] Cf. Morna Hooker, "On Using the Wrong Tool", *Theology* 75 (1972): 570-81.

por trás de *JCDA*, não é suficiente influenciar os estudiosos de Jesus de hoje a manejar os critérios-padrão com mais cuidado: nada menos do que uma ordem de cessar e desistir serve. E, mesmo que nenhum dos ensaios contidos no projeto de Keith e Le Donne seja o que se possa considerar inovador, a obra como um todo provou ser maior que a soma de suas partes individuais. *JCDA* marcou um claro ponto de virada no diálogo. Quer tenhamos percebido ou não, quer gostemos ou não, a conversa mudou. E entra a presente coleção de ensaios.

Como seu antecessor, o presente conjunto de contribuições trata, de diferentes ângulos, do problema de Jesus e a história. Juntos, os ensaios não oferecem tanto uma compilação de respostas ponto por ponto a argumentos separados, mas uma visão caleidoscópica da tarefa histórica que reconhece humildemente as limitações dos critérios, ao mesmo tempo que reafirma a utilidade deles em um sentido específico. De acordo com Michael Metts ("A negligenciada descontinuidade entre a Antiga Crítica da Forma e a Nova Busca com referência à Última Ceia"), por exemplo, "Keith [está] correto em algumas das afirmações metodológicas que ele atribuiu à criteriologia da Nova Busca" (p. 73), fornecendo pesquisa com "um corretivo útil" (p. 75). Para Darrell Bock, mesmo que seja "culpada de exagero", a obra de Keith/Le Donne identificou com sucesso as origens defeituosas dos critérios (p. 310). Como vê Paul Anderson ("O Projeto João, Jesus e História e a Quarta Busca por Jesus"), "os principais critérios emergentes da Nova Busca merecem um exame crítico, e os artigos reunidos por Chris Keith e Anthony Le Donne criam um conjunto de análises incisivas sobre os pontos fortes e os pontos fracos" (p. 335). Na verdade, suspeito que a maioria, senão todos os colaboradores aqui, concordaria com Craig Blomberg e Darlene Seal ("O Jesus histórico na recente erudição evangélica") quando sustentam que o livro de Keith/Le Donne nos ajudou a chegar a um lugar onde a busca não está morta, mas simplesmente precisa assumir contornos diferentes (p. 69). Como tal, a presente coletânea, precisamente como uma resposta a *JCDA*, adota uma firme qualidade do tipo "Sim, mas..." — um encorajador sinal de que a conversa está progredindo em vez de parar.

EM DEFESA DOS CRITÉRIOS DE AUTENTICIDADE

Ainda assim, o "mas" — ou melhor, os "mas" — não é importante nem substancial. A esse respeito, devo mencionar o fascinante ensaio de Daniel Wallace, "Crítica textual e o critério de constrangimento". Escrito em resposta à crítica de Rafael Rodríguez ao critério de constrangimento (o princípio de que ações ou ditos de Jesus que poderiam constranger a igreja provavelmente não foram inventados por ela), o argumento de Wallace é simples e direto.[3] Se a comparação crítica de textos aplicada aos manuscritos mostra que os escribas às vezes emendavam textos em razão do constrangimento que o conteúdo lhes causava, o que é patente no caso (p. 115-140), o que sugere que evangelistas/comunidades primitivos não estavam imunes às mesmas tendências editoriais (p. 140). Com respeito a isso, de acordo com esse critério, o material potencialmente constrangedor para a pauta eclesial *a priori* permanece em boa parte autêntico. O argumento de Wallace é, de modo geral, persuasivo. No entanto, acho que ele poderia tê-lo defendido com mais veemência, especialmente porque (1) esse é muitas vezes considerado como um dos mais fortes dos critérios e porque (2) o argumento apresentado por Rodríguez, embora muito bem escrito, é muitíssimo utilizado para ancorar pronunciamentos acadêmicos extremos (e geralmente pouco convincentes) sobre textos classicamente associados ao critério.

Darrell Bock também apresenta um argumento convincente, primeiro emitindo algumas observações introdutórias salutares (p. 235-237) e, depois, por apresentar um caso de teste na confissão de Jesus perante o sumo sacerdote, para mostrar como os critérios podem, de fato, ser úteis na autenticação de eventos e/ou de palavras dominicais. As observações iniciais de Bock são três breves pinceladas. A segunda e a terceira são vigorosas; a primeira, eu temo, é menos, simplesmente porque ali ele parece estar debatendo com seus interlocutores sem ouvi-los. Bock escreve que a obra de Keith/ Le Donne não consegue convencer na medida em que insiste que "os critérios são profundamente assentados em uma imperfeita forma de crítica", pois "uma origem imperfeita ainda não remove a meta que esse projeto tem, a saber: prover um tratamento das fontes do Evangelho que argumenta que é preciso defender sua credibilidade" (p. 236). Admitido, mas isso *pode* exigir — como Keith, Le Donne e companhia insistem — que pensemos sobre credibilidade de modo diferente; para ser mais preciso, que reorientemos nossa investigação para um conjunto de realidades diferentes daquele que os critérios tradicionais foram projetados para recuperar. (Ao firmar esse ponto, Bock parece assumir que os autores de *JCDA* não estão interessados em defender a credibilidade dos Evangelhos, quando, na verdade, até onde

---

[3]"The Embarrassing Truth about Jesus: The Criterion of Embarrassment and the Failure of Historical Authenticity", em Keith e Le Donne, *Jesus, Criteria, and the Demise of Authenticity*, 132-51.

sabemos, eles só estão interessados em redefinir como deve ser a "credibilidade".) Enquanto isso, as segunda e terceira observações de Bock são incisivas, principalmente quando ele escreve que os Evangelhos "foram escritos com uma consciência da história mais ampla e da série de eventos que são apresentados em sua narrativa" (p. 236). Entendo que isso signifique (e, se for o caso, concordo plenamente) que a interpretação responsável não deve começar com uma consideração atomística da perícope, como muito da pesquisa sobre o Evangelho no século 20 fez, mas com a devida apreciação da unidade textual dada dentro de uma unidade maior de composição.[4] O comentário final de Bock se concentra no julgamento da evidência: "As pessoas podem estar trabalhando com diferentes padrões de prova e também podem estar esquecendo o que a falha em obtê-los pode ou não dizer sobre o tipo de julgamento que está sendo feito" (p. 237). Esse é um ponto em extremo importante e traz uma reafirmação: onde exatamente o ônus da prova se encontra em qualquer instância depende de qual versão do "norte verdadeiro" você está dependendo. Esse é um grande problema que necessita de uma solução melhor.

No estudo de Marcos 14:53-65, Bock argumenta de modo persuasivo a favor da autenticidade do julgamento de Jesus, bem como das palavras dele registradas como parte desse evento. É, no mínimo, persuasivo o suficiente. A múltipla atestação ajuda a garantir que o julgamento de Jesus é histórico? Acho que sim. E o critério (de nome estranho) de rejeição e execução? Mais uma vez, sim. Algum desses *prova* que o julgamento é um fato histórico? Não. Também não é o que Bock pretende. Em vez disso, nosso autor tem por alvo, de modo modesto, mostrar que os critérios *podem* ter algum peso probatório, mesmo que, por si mesmos, falhem em ser probatórios. Por esse motivo (e acho que esse é o ponto principal dele), seria apenas super-reativo pensar que é exigido de nós que passemos das anteriores aplicações incorretas dos critérios para a conclusão de que os próprios critérios são *ipso facto* ilegítimos.

Craig Evans e Greg Monette ("O sepultamento de Jesus: arqueologia, autenticidade e história") também fazem uso efetivo dos critérios de múltipla

---

[4]Esse argumento é apresentado regularmente — e também regularmente ignorado — nos estudos acadêmicos. Veja, p. ex., os comentários *à propos* de Brant Pitre (*Jesus and the Last Supper* [Jesus e a Última Ceia] [Grand Rapids: Eerdmans, 2015]: 51): "Muitos estudiosos de Jesus rejeitarão um episódio específico dos Evangelhos como não histórico ou implausível *antes mesmo de interpretarem a evidência em seu contexto*. Desse modo, conclusões históricas são deduzidas com base em pressupostos e preconceitos que geralmente não são declarados, à parte de qualquer análise detalhada da passagem em questão. Esse é [...] um dos pontos fracos mais sérios de muitas obras acadêmicas sobre Jesus" (grifo no original).

atestação e do constrangimento em sua argumentação sobre o sepultamento de Jesus, mostrando que este, "como um evento na história é altamente provável" (p. 309). Seu propósito maior, assim como o de Michael Licona, no ensaio "A ressurreição de Jesus, o realismo e o papel dos critérios de autenticidade", nas palavras deste último, não é tanto garantir a historicidade do evento, mas mostrar que as objeções feitas recentemente aos critérios "não são tão difíceis de superar quanto imaginam aqueles que os postulam" (p. 325). Ao longo do caminho, como uma espécie de "adendo", os dois autores do capítulo 11 também destacam que os critérios usados pelos estudiosos acerca de Jesus não são exclusivos desse campo específico de pesquisa, mas semelhantes aos procedimentos usados a todo tempo em outras áreas de investigação histórica. Tudo para dizer que não são apenas (supostamente) antiquados eruditos de Jesus que se interessam por "credibilidade, verossimilhança, múltipla atestação, corroboração, testemunho ocular" (p. 315-316); historiadores com múltiplos interesses de pesquisa há muito tempo veem um valor probatório nessas coisas. Isso representa uma réplica vigorosa a uma das afirmações básicas de Keith e Le Donne, a saber: que os critérios de autenticidade devem ser descartados como o filho bastardo de uma união doente entre positivismo e crítica da forma. Mais uma vez, embora o espírito positivista dominante de muito da pesquisa do século 20 comprometa severamente a confiabilidade das conclusões tiradas das mesmas investigações não criticamente praticadas, isso por si só não é fundamento para alegar que os princípios básicos subjacentes aos critérios são intrinsecamente — sempre e em todo lugar — defeituosos.

Nesse sentido, há certa ironia no fato de que, enquanto Morna Hooker, de olho na Nova Busca, faz um apelo por "menos dogmatismo em nossas conclusões" (p. 325-326), muitos dos que levaram adiante sua causa têm provado serem muito mais dogmáticos em suas conclusões metodológicas do que seus herdeiros-alvo da Nova Busca.[5] Aqui pode ser perdoado quem se perguntar se muitos dos pós-modernistas historiográficos entre nós estão, de fato, respondendo a um problema palpável sem refletir estarem conscientes de que sua solução para ele não é menos escravizada pelas mesmas — finalmente injustificadas — ansiedades kantianas. Às vezes, percebe-se que os detratores mais ferozes dos critérios são aqueles que, ao contrário da senhorita Havisham, de Dickens, flertaram com "fatos recuperáveis" e depois continuaram a viver no passado iluminista ao se recusar a deixar o vestido de noiva que agora se decompõe da pureza empírica, o que nos obriga a

---

[5]Citado em Morna D. Hooker, "Christology and Methodology", *NTS* 17 (1971): 480-87 (485).

escolher entre absoluta certeza e ceticismo absoluto. No nível fundamental, o ceticismo pós-moderno (insistindo que *não podemos* ter certeza de nada) é muito mais semelhante ao positivismo moderno (insistindo que *podemos* ter certeza de qualquer coisa) do que diferente.

Enquanto Evans e Monette estão preocupados com o sepultamento de Jesus, o já citado Michael Licona ("A ressurreição de Jesus, o realismo e o papel dos critérios de autenticidade") retoma eventos relatados em ambos os lados deste: a morte de Jesus por crucificação e sua ressurreição. Como Craig e Monette, Licona também apela ao critério de múltipla atestação e ao critério de constrangimento. Apreciei o tratamento de realismo do senso comum, personalizado pelo relato da experiência com seu amigo Josh. No entanto, há também uma ousadia no argumento de Licona. "Eu gostaria de saber, daqueles que pedem o abandono dos critérios ou os consideram de pouco valor", ele escreve, desafiando (p. 346-347). Como outros colaboradores deste livro, ele defende uma compreensão holística dos Evangelhos.

A objeção mais estrênua ao boato do fim dos critérios parece ser de Michael Metts [cap. 3, "A negligenciada descontinuidade entre a Antiga Crítica da Forma e a Nova Busca com referência à Última Ceia"], que argumenta que historicamente a Nova Busca não era uma continuação da crítica da forma clássica, mas uma tentativa de revogar alguns de seus princípios fundamentais. Assim, argumenta Metts, a tentativa de desacreditar os critérios em virtude de sua dívida histórica com a crítica da forma, na pior das hipóteses, entra em conflito com a falácia genética, ou, na melhor das hipóteses, falha em apreciar até que ponto a Nova Busca foi verdadeiramente uma revolta contra a clássica crítica da forma. Existem pontos fortes e fracos nesse ensaio. Por um lado, Metts, de modo muito útil, apresenta uma revisão sucinta da Nova Busca, mesmo quando nos lembra a situação histórica do movimento. (Os movimentos acadêmicos nunca surgem do vácuo, e a Nova Busca não é exceção, uma vez que busca responder a Bultmann segundo seus próprios termos.) Por outro lado, sinto que o argumento de Metts (não muito diferente da principal observação introdutória de Bock discutida acima) falha em envolver o argumento essencial de Keith, não menos importante que a principal objeção deste — o que ele vê como tal — à bifurcação metodicamente injustificada de material "autêntico" e "inautêntico", com base em uma objeção filosófica de separar fato de interpretação. Suspeito que Keith concordasse com Metts que a Nova Busca era essencialmente um projeto repudiador: Keith apenas acrescentaria que o repúdio não foi longe ou profundo o suficiente.

ALÉM DOS CRITÉRIOS

No diálogo coletivo com o *JCDA*, vários ensaios aqui buscam restituir os critérios com uma ampla gama de entendimentos historiográficos. O texto de Beth Sheppard (cap. 8, "História alternativa e o Sermão do Monte: novas trajetórias de pesquisa") é um exemplo. Embora eu não tenha sido persuadido pela proposta específica de Sheppard de que Jesus proferiu seu Sermão do Monte em um teatro (p. 227-234), suas observações mais amplas sobre o método histórico são dignas de reconhecimento. Sheppard escreve que "quando nós, como historiadores, focamo-nos quase exclusivamente em determinar a autenticidade dos milagres de Jesus, de seus ditos individuais, de sua teologia ou do conteúdo de sua mensagem, por mais dignas que essas tarefas sejam, podemos perder outras informações que talvez permitam deduzir detalhes sobre o Jesus histórico" (p. 214). Embora as limitações do atual *modus operandi* sejam palpáveis, "o paralelo quase paralisante do difícil problema dos Evangelhos em fornecer um retrato definitivo e completo de Jesus baseado apenas em suas palavras ou milagres pode ser um pouco aliviado fazendo novas perguntas e procurando fontes indiretas" (p. 215). Afinal, "nenhuma regra para analisar os Evangelhos funciona perfeitamente o tempo todo" (p. 217). É difícil argumentar com sentimentos como esses. Além disso, quem pode deixar de concordar quando Sheppard convida a guilda de pesquisadores sobre Jesus a encarar sua tarefa com maior flexibilidade e, de fato (ouso dizer?), imaginação?[6]

Respondendo à conclamação, Jeannine Brown, "Reconstruindo os fariseus históricos: O Evangelho de Mateus tem alguma contribuição a dar?", parece apresentar exatamente o tipo de renovado estudo acadêmico pelo qual Sheppard está esperando. Nesse ensaio, focando "a contribuição do retrato de Mateus para uma compreensão histórica dos fariseus no início do primeiro século d.C." (p. 190-191), impressionou-me o fato de que dar mais atenção à coerência entre o texto do evangelista e as realidades históricas do início do primeiro século (verossimilhança) promete não apenas lançar luz sobre a qualidade da historiografia do escritor do Evangelho, mas também, por extensão, aprimorar nossa capacidade de atribuir com precisão o *Sitz im Leben* distinto. Levando em conta que as porções de Mateus mais diretamente polêmicas têm sido, de modo geral, normalmente consideradas

---

[6]Registro um apelo semelhante em *Jesus the Priest* (Londres: SPCK; Grand Rapids: Baker Academic, 2018), 11-15.

"criação eclesial" ou "redacional" (na suposição de que a retórica "antijudaica" de Jesus é provavelmente reflexo de uma situação pós-separação dos caminhos do que algo que assemelha-se a seu tempo), a triangulação que Brown faz dessas mesmas passagens em contraste com as fontes relevantes fora dos Evangelhos revela que essa manobra-padrão foi repetida com muito pouca reflexão crítica. Se existe um critério implícito de *in*autenticidade em jogo quando se trata desse tipo de material (i.e., qualquer traço de antissemitismo provavelmente não é dominical), o ensaio de Brown é um alerta salutar contra inferências apressadas.

Paul Anderson (cap. 10, "O Projeto João, Jesus e História e a Quarta Busca por Jesus") relata detalhadamente os esforços do que se tornou para ele a tarefa de décadas, dedicada a avaliar os méritos probatórios do Evangelho de João na pesquisa histórica de Jesus. Na avaliação dos critérios, Anderson está muito mais próximo da compreensão de Keith/Le Donne do que seus colegas ensaístas; ele é, em termos gerais, a favor de dispensar os critérios como os conhecemos, até porque eles são "elaborados para favorecer as características sinópticas em detrimento das joaninas" (p. 282-283). (À parte do critério de múltipla atestação, não sei por que Anderson pensa ser esse o caso.) Confio que a maioria dos leitores desse artigo perceberá rapidamente o débito que os estudos acadêmicos sobre o Jesus histórico têm com Anderson não apenas por seus esforços a fim de reabilitar João, mas também para esclarecer por que essa recuperação está atrasada.

Ao mesmo tempo, achei a contribuição intrigante em vários aspectos. Em primeiro lugar, em face disso, é difícil conciliar a inconsistência irritante entre a crítica dos critérios na perspectiva de Keith/Le Donne feita por Anderson, por um lado, e sua reiteração da hipótese composicional de Raymond Brown (envolvendo o movimento fortemente positivista de colocar múltiplas camadas de redação no texto com base em leituras em espelho), por outro. Parece um pouco como ter seu bolo metodológico e comê-lo também. O segundo aspecto é que, dado o interesse de Anderson em recuperar impressões, em vez de fatos, questiona-se, primeiro, se os benefícios que ele lista (296) são tão generalizados que, na verdade, acrescentam relativamente pouco ao retrato sinóptico do Jesus histórico e, em segundo lugar, se várias dessas "impressões" não podem ser totalmente atribuídas a redatores tardios. Por exemplo, se a "justaposição de João de Pedro e o 'discípulo amado' apresenta uma visão apostólica alternativa como corretivo ao surgimento da liderança hierárquica inaciana", em que base também se pode afirmar que isso reflete "entendimentos mais primitivos do que os transmitidos nos Sinópticos" (p. 298)? Francamente, eu me sinto confuso neste momento.

Robert McIver (cap. 5, "Memória coletiva e a confiabilidade das tradições evangélicas") e Paul Eddy (cap. 6, "A historicidade da primitiva tradição oral sobre Jesus: Reflexões sobre as 'guerras de confiabilidade'") apresentam excelentes tratamentos para duas questões muito críticas: (1) qual é a probabilidade geral de que as tradições de Jesus tenham sido fielmente lembradas pelos mais próximos a ele e (2) que tipo de controle comunitário provavelmente existia na transmissão das tradições de Jesus no primeiro século? Juntos, os dois artigos injetam uma dose esclarecedora de realidade em uma discussão carregada de imaginação desenfreada, discussão essa que supõe que, na época em que os Evangelhos foram escritos, as palavras e as ações públicas de Jesus ou caíram no esquecimento histórico ou foram tão fundamentalmente mudadas em seu recontar que não há como contar o que Jesus fez e não fez. Ao mesmo tempo, os ensaios alinhados são, se nada mais, um lembrete simbólico de que a guilda nunca estabeleceu se a trajetória do verdadeiro Jesus aos registros sinópticos é mais bem explicada recorrendo à pesquisa sobre memória ou ao estudo da oralidade. Esclarecer a inter-relação entre testemunhas oculares autorizadas e processos de tradições comunitárias permanece um *desideratum*.

PARA ONDE VÃO OS CRITÉRIOS DE AUTENTICIDADE, JESUS E A HISTÓRIA

Os ensaios aqui reunidos se preocupam não apenas com os minuciosos detalhes do método, mas também com a conversa maior e contínua sobre fé e história. Blomberg e Seal (cap. 2) apresentam uma visão geral dos estudos sobre Jesus nos últimos anos, com especial atenção à contribuição evangélica, não sem algumas prescrições daqui para a frente. Eles citam "algumas antologias muito grandes da pesquisa do Jesus histórico na última década que combinam perspectivas díspares de uma maneira que era bastante rara uma geração atrás" (p. 48-50). Embora a variação de perspectiva que eles tenham em mente seja principalmente de natureza teológica (um sinal de que os estudiosos evangélicos de Jesus agora realmente ganharam um lugar à mesa), é igualmente verdade que estamos — para melhor ou para pior — testemunhando uma crescente diversidade metodológica. Por esse motivo, confesso certo desapontamento com a discussão final dos autores, "Perspectivas para a pesquisa do Jesus histórico", na qual eles preveem a possibilidade de um segundo volume de *Key Events in the Life of the Historical Jesus*, "tratando outras dez a doze perícopes com evidências corroboradoras talvez um pouco menos sólidas por meio dos critérios-padrão de autenticidade" (p. 69-70), mesmo quando defendem a aplicação dos critérios ao Evangelho de João (p. 70). Por mais vitalmente importantes que sejam esses projetos, a visão proposta, como é apresentada, me parece levemente sem graça, desnecessariamente amarrada a um conjunto de ferramentas que agora devem, de fato — como alguns dos outros ensaístas deste livro nos lembram — interagir com outros tipos de pesquisas, dando lugar a uma convergência criativa, mas coerente, de métodos.

Por fim, fechando o circuito com o ensaio de abertura ("O Jesus histórico e a igreja bíblica: por que essa busca é importante"), encontramos Robert Bowman e Ed Komoszewski (re)afirmando a importância da história nos estudos sobre Jesus — considero que os autores estejam se referindo não apenas a uma história de impressões, mas a uma história factual. Nesse contexto, Bowman e Komoszewski se veem afetados pela contribuição de Scot McKnight à *JCDA* por duas razões.[7] Eles se opõem não apenas à afirmação de McKnight de que "os estudos históricos sobre Jesus são inúteis para a igreja", mas também à afirmação de que existem muitos Jesus (um Jesus judeu, um Jesus canônico, um Jesus ortodoxo etc.). Contra essa segunda afirmação (que está obviamente relacionada à primeira), os dois autores insistem, concordando com Lesslie Newbigin, em que "existe apenas um só Jesus, e há apenas uma história" (p. 18-19).

Nessa queda de braço entre Bowman e Komoszewski, por um lado, e McKnight, por outro, seria muito fácil extrair inferências desnecessárias e interpretar demais o interlocutor de alguém; por isso, devemos ser cuidadosos. Em certo aspecto, McKnight está, sem dúvida, correto sobre a existência de muitos Jesus. Mateus, Marcos, Lucas e João têm cada um seu próprio Jesus, assim como os compiladores por trás do *Evangelho de Tomé* têm o deles. O Jesus canônico chega até nós em termos diferentes daquele formulado por Niceia; assim como o Jesus que emerge dos "resultados garantidos" da pesquisa crítica é diferente de ambos. Aqui, as distinções entre todos esses Jesus têm a ver com distintos universos de discurso. Para colocar o mesmo ponto em termos wittgensteinianos, é praticamente inevitável que

---

[7]"Why the Authentic Jesus Is of No Use for the Church", em Keith e Le Donne, *Jesus, Criteria, and the Demise of Authenticity*, 173-85.

o conceito de "Jesus" adquira significados diferentes em contextos sociais diferentes, em jogos linguísticos diferentes, mesmo que eles sejam governados por diferentes gramáticas, objetivos e expectativas. No que diz respeito a isso, McKnight está bastante correto: existem diferentes Jesus.

Ao mesmo tempo, como Bowman e Komoszewski parecem reconhecer, há claramente certos perigos teológicos inerentes à asserção de haver múltiplos Jesus, o mesmo perigo que levou, por fim, Käsemann a declarar o projeto de Bultmann um fracasso. Pois, nesse tocante, Bultmann não apenas fez uma distinção nítida entre o Jesus da história e o Cristo da fé, mas também aplaudiu implicitamente a igreja primitiva por (em tese) ter feito isso. Com certeza, havia alguma conveniência teológica nesse julgamento histórico. Apenas postulando o desinteresse da igreja primitiva pelos fatos históricos sobre Jesus é que podemos crer em alguma medida que a mesma igreja empreendeu o tipo de programa de demitologização agora recomendado por Bultmann. Sem dúvida, como Käsemann apontou quase setenta anos atrás, o projeto de Bultmann foi essencialmente uma ressuscitação do docetismo primitivo. O docetismo, com certeza, tem seu próprio conjunto de atrações. Uma vez tendo sido Jesus abstraído da carne incorporada na história e remodelado para se adequar ao contexto contemporâneo, a humanidade está mais uma vez onde quer estar, nesse sentido conveniente demais (para não dizer familiar demais) onde ela pode, como Calvino diz, "imaginar deus de acordo com a própria capacidade, ao [...] conceber uma irrealidade e uma aparência vazia como Deus" (*Institutas* 1.11.8). Da mesma forma, se com a expressão "muitos Jesus" queremos sugerir que estamos renunciando à busca de reconstruir o Jesus real por meio de uma imaginação rigorosamente instruída e criticamente responsável, então, em essência, já abdicamos da posição da encarnação e assumimos uma posição gnóstica. Em sua época, Ireneu insistia na necessidade de quatro Evangelhos, assim como insistia igualmente na existência de um Evangelho subjacente aos quatro. Por analogia, os estudiosos de Jesus que operam dentro de uma estrutura confessional, se quiserem ser, pelo menos, coerentes, acabam não tendo escolha a não ser insistir em que os muitos Jesus de nossos discursos eclesiais e acadêmicos são, por fim, conectados a um Jesus real que viveu na história. Se optarmos por acreditar que esse Jesus real é inexistente para todos os efeitos e propósitos (como uma árvore silenciosa caindo na floresta), isso significa apenas que permitimos que nossos compromissos fundamentais ficassem em segundo plano em relação às epistemologias iluministas ainda na moda.

Mesmo assim, a epistemologia molda a cultura, a qual deve, por sua vez, moldar a natureza de nossos argumentos. Se a utilidade percebida de nosso empenho na compreensão usual do Jesus histórico vem se deteriorando constantemente, perdendo terreno naquilo que Jeffrey Stout poderia chamar de "espaço lógico de discurso normativo", talvez seja a hora de emendarmos nossos caminhos.[8] Talvez a moral da história, ao menos neste ponto, seja que a guilda de Jesus deve ser mais hesitante em aplicar seu método um-serve-pra-todos, além de proporcionar mais espaço para novos argumentos, seguindo diferentes eixos, envolvendo uma variedade de disciplinas e critérios. Isso não precisa significar o fim dos critérios de autenticidade. Afinal de contas, na análise final, os critérios nada mais são do que certos argumentos que, tendo sido dados à luz em um contexto específico e organizados para fins específicos, foram congelados criogenicamente na forma de um método, somente para, então, vir a ser implacavelmente reaplicado com resultados variados. Alguma consciência de que os critérios de autenticidade foram aplicados de maneira pseudocientífica não invalida, em princípio, os argumentos que deram origem aos critérios, mas certamente deve nos fazer parar antes de chegar a conclusões por meio de fundamentos muito limitados. Ainda assim, que os critérios de autenticidade podem e fornecem fundamentos é indubitável. Os relatos de suas muitas mortes foram grosseiramente exagerados.

---

[8]Jeffrey Stout, *Ethics after Babel: The Languages of Morals and Their Discontents* [Ética após Babel: as linguagens da moral e seus descontentamentos] (Boston: Beacon, 1988), 28.

Sobre os editores

Darrell L. Bock (PhD, University of Aberdeen; Humboldt Scholar, Universidade de Tübingen) é professor sênior de pesquisa de estudos do Novo Testamento no Dallas Theological Seminary. É autor de mais de trinta livros, incluindo comentários muito recomendados sobre Lucas e Atos e muitos livros sobre os estudos a respeito do Jesus histórico, como *Who Is Jesus? Linking the Historical Jesus with the Christ of Faith*.

J. Ed Komoszewski (ThM, Dallas Theological Seminary) é pesquisador e escritor *freelance* que mora no Texas. Além de sua atuação anterior no pastorado, Ed ensinou estudos bíblicos e teológicos na University of Northwestern — St. Paul and Bethlehem College & Seminary. Ele é coautor de *Reinventing Jesus: How Contemporary Skeptics Miss the Real Jesus and Mislead Popular Culture* e *Putting Jesus in His Place: The Case for the Deity of Christ* [Colocando Jesus em seu lugar: uma defesa da deidade de Cristo].

Colaboradores

BEN SUTTON (PhD, Ridley College) é um especialista em ética de uma organização sem fins lucrativos da área da saúde e um estudioso independente que pesquisa a função da memória na cultura.

BETH M. SHEPPARD (PhD, University of Sheffield) é reitora de bibliotecas e professora da University of West Georgia. É autora de *The Craft of History and the Study of the New Testament*.

CRAIG A. EVANS (PhD, Claremont Graduate University) é John Bisagno Professor Distinto de Origens Cristãs na Houston Baptist University. Ele é autor de *O Jesus fabricado* e do *Novo comentário bíblico contemporâneo — Lucas*.

CRAIG L. BLOMBERG (PhD, University of Aberdeen) é ilustre professor de Novo Testamento no Denver Seminary. Ele é o autor de *A confiabilidade histórica dos Evangelhos*, *Introdução aos Evangelhos*, *Introdução de Atos a Apocalipse* e *Pregando as parábolas*.

CRAIG S. KEENER (PhD, Duke University) é professor de Estudos Bíblicos F. M. e Ada Thompson no Asbury Theological Seminary. É o autor de *Comentário histórico-cultural da Bíblia — Novo Testamento*.

DANIEL B. WALLACE (PhD, Dallas Theological Seminary) é professor sênior de pesquisa do Novo Testamento no Dallas Theological Seminary e diretor executivo do Centro para o Estudo dos Manuscritos do Novo Testamento. É coautor de *Reinventing Jesus* [Reinventando Jesus] e *Dethroning Jesus* [Destronando Jesus].

DARLENE M. SEAL (MA, Denver Seminary; estudante de PhD, McMaster Divinity College) é autora de "The Form Criticism of Vincent Taylor", em *Pillars in the History of Biblical Interpretation*, vol. 3 (no prelo).

DARRELL L. BOCK (PhD, University of Aberdeen) é professor sênior de pesquisa do Novo Testamento no Dallas Theological Seminary. Ele é autor de *Introdução e comentário aos Evangelhos — Jesus segundo as Escrituras* e coeditor de *Key Events in the Life of the Historical Jesus*.

GREG MONETTE (MA, MDiv, Acadia University; cand. PhD, University of Bristol, Trinity College) é professor adjunto de estudos bíblicos na Acadia Divinity College. É autor de *The Wrong Jesus: Fact, Belief, Legend, Truth... Making Sense of What You've Heard.*

JEANNINE K. BROWN (PhD, Luther Seminary) é professora de Novo Testamento e diretora de programas *on-line* no Bethel Seminary. Ela é autora de *Matthew* (Teach the Text Commentary) e editora associada do *Dictionary of Jesus and the Gospels* (2.ª ed.).

J. ED KOMOSZEWSKI (ThM, Dallas Theological Seminary) anteriormente ensinou estudos bíblicos e teológicos na University of Northwestern — St. Paul and Bethlehem College & Seminary. É coautor de *Reinventing Jesus* e *Putting Jesus in His Place.*

LARRY W. HURTADO (PhD, Case Western Reserve University) é professor emérito de língua, literatura e teologia do Novo Testamento na University of Edinburgh. É o autor de *Senhor Jesus Cristo: devoção a Jesus no cristianismo primitivo* e *Novo comentário bíblico contemporâneo — Marcos.*

MICHAEL B. METTS (MA, Criswell College; MDiv, Southwestern Baptist Theological Seminary) é candidato a PhD em Novo Testamento na University of Aberdeen, sob a orientação de Tomas Bokedal, especializado em estudos históricos sobre Jesus.

MICHAEL F. BIRD (PhD, University of Queensland) é reitor acadêmico e professor de teologia e Novo Testamento no Ridley College (Melbourne, Austrália). Ele é o autor de *The Gospel of the Lord: How the Early Church Wrote the Story of Jesus.*

MICHAEL R. LICONA (PhD, University of Pretoria) é professor associado de teologia na Houston Baptist University. É o autor de *The Resurrection of Jesus: A New Historiographical Approach* [A ressurreição de Jesus: uma nova compreensão historiográfica] e *Why Are There Differences in the Gospels? What We Can Learn from Ancient Biography.*

NICHOLAS PERRIN (PhD, Marquette University) é o presidente da Trinity International University em Deerfield, Illinois. É autor de *Jesus the Temple, Jesus the Priest* [Jesus o Templo, Jesus o Sacerdote] e editor associado do *Dictionary of Jesus and the Gospels* (2.ª ed.).

PAUL N. ANDERSON (PhD, University of Glasgow) é professor de estudos bíblicos e dos quacres na George Fox University (Newberg, Oregon). Ele é o autor de *The Fourth Gospel and the Quest for Jesus* e o coeditor da série de três volumes *John, Jesus, and History.*

PAUL RHODES EDDY (PhD, Marquette University) é professor de estudos bíblicos e teológicos na Bethel University. Ele é coautor de *The Jesus Legend: A Case for the Historical Reliability of the Synoptic Jesus Tradition* e coeditor de *The Historical Jesus: Five Views*.

ROBERT M. BOWMAN JR. (PhD, South African Theological Seminary) faz palestras anualmente no New Orleans Baptist Theological Seminary e é um estudioso independente em Rockford, Michigan. É autor de *Por que devo crer na Trindade* e coautor de *Putting Jesus in His Place*.

ROBERT MCIVER (PhD, Andrews University) é professor sênior de estudos bíblicos e diretor da Escola de Ministério e Teologia, Avondale College, Austrália. Ele é autor de *Mainstream or Marginal? The Matthean Community in Early Christianity* [Principal ou marginal? A comunidade de Mateus no cristianismo primitivo] e *Memory, Jesus, and the Synoptic Gospels*.

SCOT MCKNIGHT (PhD, University of Nottingham) é titular da cátedra Julius R. Mantey de Novo Testamento no Northern Seminary. É autor de *Jesus and His Death: Historiography, the Historical Jesus, and Atonement Theory* e coeditor de *Faces do Novo Testamento — um exame das pesquisas mais recentes*.

Índice de Escrituras

12:34   248
15:27   19
18:13,14   238
18:15   245
19:16,17   152
19:29,30   220
20:28   294
20:30   292
21   20, 68
21:25   20, 68

ATOS
1:8   155
1:15   76, 383
4:23-26   238
7   131, 239, 249, 383
7:56   249
12:19-23   381
13:1   77, 184
15:5   189, 205, 384
16:10   370, 373
17:1   385, 386, 389
17:6-8   379
18:2   385, 386
18:12   316
19:1-41   385
19:23-41   233
19:35   233
20—28   368

ROMANOS
6:1-11   318
6:5   318
9:2   387
12:7   77, 184
15:19   383, 384
15:31   383, 384, 387

1CORÍNTIOS
9:5   384
10:11   375
11:2   77, 184

11:23   78, 184
12:28,29   77, 184
14:29   187
15:1-11   343
15:3   316, 317, 318, 319, 343, 346, 345, 414
15:3-8   316, 317, 318, 319, 414
15:9   321, 383

2CORÍNTIOS
1:19   384, 386
2:13   385, 386
9:4   385, 386
11:22   386
11:24   387
11:32,33   384

GÁLATAS
1:11—2:10   318
1:13   321, 383, 384
2:20,21   343
6:6   77, 184

EFÉSIOS
4:11   77, 184

FILIPENSES
1:13   383
2:5-11   296
3:6   383
4:9   77, 184
4:15,16   385
4:22   387

COLOSSENSES
1:15-20   296
2:6,7   184
2:12   318
4:10   384
4:14   371

1TESSALONICENSES
1:1   343, 384, 385
1:6   385
2:1,2   385
2:14,15   238
3:1-3   385
4:1   184
5:19-22   187

2TESSALONICENSES
2:15   77, 184
3:6   184

1TIMÓTEO
5:17,18   184

2TIMÓTEO
4:4   27
4:19   386

HEBREUS
1:1-4   296
2:6   249
5:12   77, 184

TIAGO
3:1   77, 184

1JOÃO
1:1-3   296
2:15-17   295
2:18-25   294
4:1-3   295

3JOÃO
9,10   295

APOCALIPSE
1:13   249

Índice de assuntos

Índice de autores

Este livro foi impresso pela Corprint, em 2024,
para a Thomas Nelson Brasil. A fonte do miolo é Adobe
Garamond Pro. O papel do miolo é ivory 65g/m²,
e o da capa é cartão 250g/m².